böhlau

Forschungen zum Römischen Recht

Herausgegeben von
Rolf Knütel (†) und Ulrich Manthe

62. Abhandlung

Thorsten Bolte

Pecunia constituta

Erfüllungszusage und Konstitutsklage im römischen Recht

Eine historisch-dogmatische Untersuchung

BÖHLAU VERLAG WIEN KÖLN WEIMAR

Gedruckt mit Unterstützung des Förderungsfonds Wissenschaft der VG Wort

Zugleich Dissertation 2018 an der Universität Bielefeld

Bibliografische Information der Deutschen Nationalbibliothek:
Die Deutsche Nationalbibliothek verzeichnet diese Publikation in der Deutschen Nationalbibliografie; detaillierte bibliografische Daten sind im Internet über https://dnb.de abrufbar.

Satz und Layout: büro mn, Bielefeld
Druck und Bindung: Hubert & Co BuchPartner, Göttingen
Printed in the EU

Vandenhoeck & Ruprecht Verlage | www.vandenhoeck-ruprecht-verlage.com

ISBN 978-3-412-52040-3

AVI PIAE MEMORIAE

Inhalt

Vorwort

Habent sua fata libelli, sagt man und betrachtet als Beginn eines solchen *fatum suum* gewöhnlich die Übergabe eines Werks an die Öffentlichkeit. Der vorliegende Band allerdings hat, so erscheint es jedenfalls seinem Verfasser, bis zu diesem Zeitpunkt bereits ein wechselvolles und durchaus eigenes Schicksal vorzuweisen. Die Untersuchung beruht auf einer Anregung meines verehrten Lehrers, Prof. Dr. Ingo Reichard. Bis zum Ende meiner Beschäftigung an seinem Lehrstuhl waren wesentliche Teile der Arbeit, insbesondere zu Herkunft und klassischer Ausgestaltung des Schuldkonstituts, fertiggestellt. Referendariat und anschließende berufliche Tätigkeit erwiesen sich indes als hinderlich bei der noch ausstehenden weiteren Forschungsarbeit. Der erste Entwurf des vollständigen Textes aus dem Jahr 2008 bedurfte einiger Nachbearbeitung, die ich 2011 abschließen konnte. Die Arbeit wurde der Fakultät für Rechtswissenschaften der Universität Bielefeld im September 2011 vorgelegt, aber erst im Wintersemester 2017/18 als Dissertation angenommen, nachdem sich Eröffnung und Durchführung des Promotionsverfahrens durch Krankheit und manch anderes Hindernis verzögert hatten. Die in der Zwischenzeit erschienene Literatur habe ich soweit möglich für die Veröffentlichung eingearbeitet.

Dass die Untersuchung heute der Öffentlichkeit übergeben werden kann, ist wesentlich Herrn Prof. Dr. Reichard zu danken, der nie das Vertrauen in ihre Fertigstellung verloren hat. Herrn Prof. Dr. Ulrich Manthe und dem leider bereits verstorbenen früheren Mitherausgeber Prof. Dr. Rolf Knütel schulde ich Dank nicht nur für die Aufnahme in die Forschungen zum römischen Recht, sondern auch für zahlreiche Anregungen und Hinweise.

Bielefeld, im Juni 2020 — Thorsten Bolte

Ach, reines Glück genießt doch nie,
wer zahlen soll und weiß nicht wie.
Wilhelm Busch

§ 1 Einleitung

Das *constitutum debiti*[1] des klassischen römischen Rechts war – kurz gesagt – die Zusage, eine bestehende Schuld zu einem bestimmten Zeitpunkt zu erfüllen. Kam der Konstituent seiner Zusage nicht nach, haftete er mit einer prätorischen Klage, der *actio de pecunia constituta*. Das ist der heute allgemein anerkannte Kern der Lehre vom *constitutum debiti*[2].

Was hingegen die einzelnen Fragen angeht, die sich im Zusammenhang mit dieser Materie stellen, sei es hinsichtlich der Entstehung und Entwicklung des Instituts, sei es in Bezug auf seine Voraussetzungen und rechtlichen Wirkungen, so ist eine Vielzahl von ihnen noch nicht befriedigend geklärt, obwohl es an Aufsätzen und monographischen Abhandlungen nicht fehlt. Die wichtigsten davon seien an dieser Stelle kurz erwähnt: Die erste umfassende Untersuchung des Themas aus historischer Sicht verdanken wir Carl Georg Bruns[3]. Dessen Lehren trat der

---

1 Den Terminus *constitutum debiti* verwenden die römischen Juristen selbst nicht (aber gelegentlich *constitutum* bzw. *constituta* ohne den Zusatz *debiti*); er hat sich erst in der späteren Lehre eingebürgert. Die Römer sprechen in der Regel von *pecunia constituta*.

2 Vgl. die zahlreichen Lehrbücher und Abhandlungen, die eine vergleichbare Definition liefern: Apathy/Klingenberg/Pennitz, Einführung, S. 207f.; Arangio-Ruiz, Istituzioni, S. 334; Astuti I, S. 95; ders. II, S. 2; Berger, Dictionary, sv. *constitutum*, S. 410; Bonfante, Istituzioni, S. 512; Bruns, ZRG 1 (1861), S. 18 (42); Buckland, RL, S. 529; Contat, Constitut, S. 10; Costa, SDHI 77 (2011), S. 129ff.; Frezza, Garanzie I, S. 229; Girard, Manuel, S. 640; Grosso, Obbligazioni, S. 214; Guillard, Banquiers, S. 104; Hausmaninger/Selb, RP, S. 263; Jacob, Constitut, S. 21; Karlowa, RG II, S. 1371; Kaser, RP I, S. 583f.; Kaser/Knütel/Lohsse, Studienbuch, § 46 Rn. 2; LaRosa, Labeo 43 (1997), S. 202 (203); Leage, RPL, S. 380; Mayer-Maly, RP, S. 135; Miquel, Lecciones, S. 300; Ricart Martí, SCDR III (1991), S. 135f.; dies. Homenaje Murga Gener, S. 695; Roussier, Constitut, S. 1; Schulz, CRL, S. 560; Sohm/Mitteis/Wenger, Institutionen, S. 450; Tondo, Labeo 4 (1959), S. 208; Zimmermann, Obligations, S. 511; dagegen stellen einige Autoren nicht auf die Festlegung eines bestimmten Termins ab: so beschreiben noch Honsell/Mayer-Maly/Selb, RR, S. 254 n. 34 das Konstitut als „Versprechen, eine eigene oder fremde Schuld zu erfüllen"; vgl. auch Fuchs, AcP 42 (1859), S. 172; Leonhard in Realencyclopaedie, sv. *constituere*, Sp. 1104ff.; Philippin, Constitut, S. 7; Valery, Histoire, S. 1f.; Weiss, Institutionen, S. 288; ähnlich jetzt auch Platschek, Das Edikt de pecunia constituta, München 2013.

3 Sein Aufsatz „Das constitutum debiti" erschien 1861 im ersten Band der Zeitschrift für Rechtsgeschichte; vor ihm hatte sich Gustav Mehls in einer Haller Dissertation aus dem Jahre 1854 mit einem Teilaspekt der Lehre vom Konstitut beschäftigt (*De pecuniae constitutae origine atque prima natura*).

niederländische Advokat und frühere Premierminister[4] Johannes KAPPEYNE VAN DE COPPELLO in einer Abhandlung entgegen, die – von Max CONRAT (COHEN) übersetzt – 1885 auch in deutscher Sprache erschien[5]. Bis in die zwanziger Jahre des 20. Jahrhunderts entstand eine ganze Reihe französischer Monographien von sehr unterschiedlicher Qualität, unter denen nur die Werke von Jules VALERY[6], Jacques DEJARDIN[7] und Albert PHILIPPIN[8] besondere Erwähnung verdienen. Guido ASTUTI widmete dem Konstitut eine zweiteilige Untersuchung und begründete (in Anlehnung an BRUNS) die bis heute herrschende Lehre, das Konstitut sei ursprünglich die einvernehmliche Festlegung eines absoluten Leistungstermins durch die Parteien eines bestehenden Schuldverhältnisses gewesen[9]. 1958 veröffentlichte der in Algier lehrende Jules ROUSSIER eine Untersuchung, deren Ziel nach eigenem Bekunden des Autors vor allem darin bestand, die Materie und ASTUTIS Ergebnisse dem französischsprachigen Publikum zugänglich zu machen[10]. Die letzte Monographie, die das klassische römische Konstitut *ex professo*[11] behandelt und mir bis zur Fertigstellung dieser Untersuchung vorlag[12],

4 Im 16. Kabinett der Niederlande, das vom 3. 11. 1877 bis zum 20. 8. 1879 bestand, war KAPPEYNE VAN DE COPPELLO Innenminister und zugleich Vorsitzender des Ministerrats.

5 In Band 2 einer von COHEN herausgegebenen Sammlung von Abhandlungen, die im Verlag der J. B. Metzler'schen Buchhandlung in Stuttgart erschien.

6 Histoire du pacte de constitut, Montpellier 1889; RGD 15 (1891), S. 528 ff.; 16 (1892), S. 193 ff.; 17 (1893), S. 52 ff. und S. 97 ff.

7 L'action *pecuniae constitutae* principalement dans ses rapports avec l'action *certae creditae pecuniae*, Paris 1914.

8 Le pacte de constitut. Paris 1929.

9 Studi preliminari intorno alla promessa di pagamento. I. Il costituto di debito. In: Annali della Facoltà Giuridica della Università degli studi di Camerino, vol. XI, Napoli 1937, Seite 83–250 und Studi intorno alla promessa di pagamento. Il costituto di debito – II, Milan 1942. – Rezensionen: GROSSO, SDHI 5 (1939), S. 234 ff.; KOSCHAKER, SZ 63 (1943), S. 469 ff.

10 Le constitut. Varia III (1958), S. 1–152. – Rezensionen: MAYER-MALY, SZ 76 (1959), Seite 616 ff.; BURDESE, IVRA 10 (1959), S. 216 ff.; BONIFACIO, TR 28 (1960), S. 374 ff.

11 Auch die Straßburger Dissertation des französischen Juristen Francois JACOB („Le constitut ou l'engagement autonome de payer la dette d'autrui à titre de garantie") aus dem Jahr 1995 enthält ein Kapitel zum römischen Konstitut. Leider ist dies der schwächste Teil der ansonsten höchst einfallsreichen Arbeit; der Autor entnimmt seine Ergebnisse hier ausschließlich dem modernen Schrifttum, ohne selbst auch nur eine einzige Quelle aus dem Corpus Iuris Civilis zu untersuchen. Dabei straft er zudem nicht nur die gesamte nicht-französische Literatur, sondern auch die Arbeit seines Landsmannes ROUSSIER mit völliger Nichtachtung.

12 Seither sind neben einigen kürzeren Aufsätzen noch ein längerer von Paolo COSTA (*Pecunia constiuta*, ipotesi interpretative, SDHI 77 (2011), S. 129 ff.) sowie eine monographische Untersuchung von Johannes PLATSCHEK (Das Edikt *de pecunia constituta* – Die römische Erfüllungszusage und ihre Einbettung in den hellenistischen Kreditverkehr; München 2013) erschienen. Beide waren mir bei Abschluss dieser Untersuchung noch nicht bekannt, ich habe sie soweit möglich nachträglich eingearbeitet. Während dies bei COSTA, der das Konstitut von einem ganz ähnlichen Ausgangspunkt wie ich untersucht (und weitgehend zu ähnlichen Ergebnissen

stammt von der türkischen Romanistin Özcan KARADENIZ und erschien – leider nur in türkischer Sprache[13] – 1962 in Ankara[14].

Vor etwa 60 Jahren hatte ROUSSIER wenig Anlass gesehen, den Ergebnissen der umfassenden Untersuchungen ASTUTIS zu widersprechen, der sich in vielen Punkten von der bis dahin herrschenden Lehre vom Schuldkonstitut abgewandt hatte. Sein Rezensent MAYER-MALY stellte daher die Frage, „ob eine weitere Gesamtdarstellung des Rechtsinstituts überhaupt notwendig war"[15]. Wie aus damaliger Sicht zu antworten war, mag dahinstehen; in neuerer Zeit jedenfalls wurde die Diskussion um *pecunia constituta* wieder angeregter geführt und beispielsweise um einige Gedanken zur Rolle des römischen Prätors in der Rechtsentwicklung[16] und zur Funktion der Erfüllungszusage im antiken Zahlungsverkehr[17] bereichert.

Grundlegend gewandelt hat sich seit den Arbeiten von ASTUTI und ROUSSIER vor allem die Lehre von der Textkritik. Nicht zu Unrecht bedauerte schon MAYER-MALY, dass ROUSSIER den „textkritischen Radikalismus" ASTUTIS zumeist keiner eingehenden Überprüfung unterzogen hatte[18]. Die bisherigen monographischen Untersuchungen sind zu einer Zeit entstanden, in der man gerade erst begann, zu einer konservativeren Haltung gegenüber den Quellen zurückzukehren. Wegweisend war hier bekanntlich einmal mehr die Arbeit Max KASERS[19], an dessen grundsätzlicher Haltung – im Zweifel für die Echtheit – sich auch die vorliegende Arbeit orientiert. Wir werden im Verlauf der Untersuchung auf eine stattliche Anzahl von Interpolationsvermutungen der

---

gelangt), auf wenig Schwierigkeiten stieß, war es bei PLATSCHEK, dessen Arbeit von einem ganz anderen Grundgedanken ausgeht ungleich problematischer. Ich habe mich schließlich entschlossen, PLATSCHEKS Überlegungen in einem Anhang (s. u. S. 444 ff.) im Zusammenhang zu diskutieren. Dort habe ich meine Ergebnisse mit den seinen abgeglichen und soweit erforderlich ergänzt oder korrigiert. Auf solche Erörterungen weise ich jeweils an den entsprechenden Stellen der Arbeit in einer Fußnote hin.

13 Immerhin bietet die Autorin als Anhang eine Zusammenfassung der wichtigsten Ergebnisse in deutscher und italienischer Sprache, die freilich den Zugang zu dem Werk nur unwesentlich erleichtern.

14 Klasik Roma Hukukunda *constitutum debiti*.

15 MAYER-MALY, SZ 76 (1959), S. 616.

16 LAROSA, Labeo 43 (1997), S. 202 – 224.

17 WAELKENS, FS Spruit, S. 171 ff.; Mémoires de la société pour l'Histoire du Droit et des Institutions des Ancien Pays Bourguignons, Comtois et Romands 65 (2008), S. 67 ff.

18 MAYER-MALY, SZ 76 (1959), S. 616 f.

19 KASER, Zur Methodologie der römischen Rechtsquellenforschung, Wien 1972, nach einem Vortrag, den Kaser bereits 1967 auf dem Zweiten Internationalen Kongress der Società Italiana di storia del diritto gehalten hatte; s. ferner WIEACKER, SZ 91 (1974), S. 1 ff. und Römische Rechtsgeschichte, Band 1, S. 154 ff.; BEHRENDS, Index 19 (1991), S. 169 ff. Allgemein zum Stand der Forschung WALDSTEIN/RAINER, RR, § 43 Rn. 28 ff.

älteren Lehre stoßen, die wir nach dem heutigen Stand der Wissenschaft nicht mehr als zutreffend betrachten können. Auf der anderen Seite steht aber gerade beim Konstitut fest, dass Justinian an dem maßgeblichen Titel der Digesten Änderungen vornehmen ließ. Der Kaiser hatte nämlich im Jahre 531 die Klage aus einem anderen Geschäft, dem *receptum argentarii*, förmlich abgeschafft und mit der Konstitutsklage verschmolzen. Dabei hatte er ausdrücklich angeordnet, dass diejenigen Regeln des *receptum*, die über den Anwendungsbereich der Konstitutsklage hinausreichten, auf diese übertragen werden sollten. Aufgrund dieser Anordnung haben die Kompilatoren einige Quellen kurzerhand vom *receptum* auf das Konstitut überschrieben. Wir müssen uns also andererseits hüten, einer allzu kritiklosen Akzeptanz des überlieferten Quellenmaterials das Wort zu reden.

Der erste Teil der Untersuchung ist der Erforschung der Ursprünge des Konstituts und der Konstitutsklage gewidmet. Der zweite Teil gilt dem klassischen Recht. Im dritten und letzten Teil der Arbeit werden wir die Entwicklung des Konstituts vom nachklassischen Recht über Justinian und das Mittelalter bis in die Moderne verfolgen.

Teil I: Die Ursprünge des *constitutum debiti* und der Konstitutsklage

Kapitel 1 – Das Schuldkonstitut und der Begriff *constituere*

§ 2 Grundlegung

Pacta sunt servanda – Verträge muss man einhalten. Für den heutigen Juristen selbstverständlich: Grundprinzip des modernen Schuldrechts ist die Vertragsfreiheit. Was Rechtssubjekte im Rechtsverkehr miteinander vereinbaren, das gilt – wenn es nicht gegen Gesetze (§ 134 BGB) oder die guten Sitten (§ 138 BGB) verstößt. Die bloße Willensübereinkunft, der Konsens, begründet ein Rechtsverhältnis zwischen den Beteiligten, aus dem sich für sie Rechte und Pflichten ergeben. Mit anderen Worten, im Verhältnis der Parteien zueinander entstehen materielle Bindungen, weil sie gewollt sind. Deshalb kennt das deutsche Schuldrecht keinen Typenzwang. Beliebige rechtliche Pflichten können geschaffen und ggf. im Klagewege durchgesetzt werden. Für die Römer war das keineswegs selbstverständlich.

Schon die systematische Trennung von materiellem und Prozessrecht ist bekanntlich eine – in rechtshistorischen Dimensionen gedacht – recht neue Vorstellung; sie geht auf die Pandektisten des 19. Jahrhunderts, insbesondere Bernhard Windscheid[20] zurück. Die Römer dachten anders: Ein Recht hatte, wer klagen konnte. Sie sagten *mihi competit actio* – mir steht das Klagrecht zu. Eine materielle Pflicht des Schuldners war für sie zunächst nur Reflex dieser *actio*. Das ist die vielzitierte „aktionenrechtliche" Denkweise[21]. Anders als heute konnte man nicht jede Vereinbarung mit einer solchen *actio* durchsetzen. Es gab vielmehr einen *numerus clausus* von Rechtsgeschäften, aus denen eine Klage erwuchs[22].

---

20 Richtungsweisend war seine Monographie zur „Actio des römischen Civilrechts vom Standpunkt des heutigen Rechts", erstmals veröffentlicht Düsseldorf 1856.

21 S. zu diesem Phänomen Schulz, Prinzipien, S. 28 f.; Wieacker, RG I, S. 463 und die von ihm S. 437 n. 42 angeführte Literatur.

22 Zu den römischen Vertragstypen s. auch Hähnchen, GS Kupiszewski, S. 87 ff.

Der frühe römische Vertrag war ein Formalgeschäft. Dahinter stand zwar eine Willenseinigung, die übereinstimmend gewollte Rechtsfolge trat aber nicht nur *bei*, sondern *durch* Einhaltung der Form ein; die Form war nicht Geltungsvoraussetzung, sie war Geltungsgrund[23]. Erst in einem fortgeschrittenen Entwicklungsstadium (vermutlich aber spätestens seit dem zweiten vorchristlichen Jahrhundert[24]) entwickelten sich die sogenannten Konsensualkontrakte, die formlos aufgrund der bloßen Einigung galten. Sie blieben jedoch auf bestimmte typisierte Inhalte beschränkt. Anerkannt waren nur vier: *emptio venditio* (Kauf), *locatio conductio* (Miete, Pacht, Dienst- oder Werkvertrag), *societas* (Gesellschaft) und *mandatum* (Auftrag)[25].

Das alte *ius civile*, das Recht, das für *cives Romani* galt, hatte also zunächst nur bestimmte Formalgeschäfte mit Klagen ausgestattet. Mit der territorialen und wirtschaftlichen Expansion Roms vom mittelitalischen Weiler zur Hegemonial- und später zur Weltmacht erwiesen sich die auf die kleine Agrargemeinschaft zugeschnittenen Regeln in mancher Hinsicht als unzureichend. Ohne das alte Recht in seinem Bestand anzutasten überließen es die traditionsbewussten aber pragmatischen Römer weitgehend ihrem Gerichtsmagistrat, dem Prätor, das Recht den Anforderungen der Rechtswirklichkeit anzupassen – *adiuvandi vel supplendi vel corrigendi iuris civilis gratia*, zur Unterstützung, Ergänzung und Korrektur des Zivilrechts, wie Papinian[26] es formuliert. Der Prätor tat das unter anderem, indem er neue Klagemöglichkeiten in sein Edikt aufnahm, so z. B. für die o. g. typisierten Konsensualverträge (die man freilich alsbald zum *ius civile* rechnete) – aber eben nicht für alle formlosen Willenseinigungen.

Pacta conventa […] *servabo*[27] – vereinbarte *pacta* werde ich anerkennen, versprach der Prätor zwar, meinte mit *pacta* aber nicht, was der heutige Jurist darunter versteht, wenn er die Regel *pacta sunt servanda* zitiert. *Pacta* waren für den römischen Gerichtsmagistrat formlose Willenseinigungen, die etwa eine Streitbeilegung oder gewisse Nebenabreden beinhalten. Jedenfalls gewährte er aus einer solchen Vereinbarung keine Klage, sondern allenfalls eine *exceptio*, eine Einrede[28]. Deshalb bezeichnet die neuzeitliche Lehre bestimmte Geschäfte

---

23 Vgl. Honsell/Mayer-Maly/Selb, RR, S. 98; Kaser/Knütel/Lohsse, Studienbuch, § 6 Rn. 2.

24 Kaser, RP I, S. 546.

25 Gai. 3, 89.

26 Papinian D. 1, 1, 7, 1 (2 def.).

27 Ulpian D. 2, 14, 7, 7 (4 ad ed.). Magdelain, Consensualisme, S. 109 ff. sieht in diesem Edikt die Wurzel der Klagbarkeit der *bonae fidei iudicia*. Kritisch hierzu Kaser, RP I, S. 527 n. 42.

28 Ulpian D. 2, 14, 7, 4 (4 ad ed.): […] *igitur nuda pactio obligationem non parit, sed parit exceptionem.*

nicht ganz zu Recht als *pacta praetoria*[29]: Denn diese Geschäfte erzeugten eine Klage, obwohl sie sich nicht ohne weiteres in eine der vier gaianischen Kategorien (Real-, Verbal-, Litteral-, Konsensualverträge) einordnen lassen.

Das *constitutum debiti*, das man ebenfalls zu dieser Gruppe von Geschäften zählt, bewegt sich also etwas außerhalb der Bahnen, in denen wir im Hinblick auf das römische Obligationenrecht zu denken gewohnt sind. Es liegt gewissermaßen quer zum System des Gaius[30]: Als „echter" Konsensualvertrag kann es nicht gelten, obgleich es einerseits klagbar, andererseits – wie Ulpian[31] in seinem Kommentar zum Edikt geschrieben haben soll[32] – *ex consensu factum* ist. Ein *pactum* ist es ebenfalls nicht, kann aber wie ein solches formlos erteilt werden: *sicut pacisci*, sagt Ulpian[33]. Es mutet den Betrachter auf den ersten Blick etwas eigentümlich an, dieses Konstitut, beinahe wie ein Fremdkörper im Gefüge der römischen Obligationen.

Den Weg nachzuzeichnen, auf dem es in dieses Gefüge gelangt ist, wird Gegenstand des ersten Teils der vorliegenden Untersuchung sein. Dass es seine Anerkennung dem römischen Prätor – sehr wahrscheinlich beraten von seinem aus Juristen bestehenden *consilium*[34] – verdankt, lässt sich in Anbetracht der häufigen Nennung dieses Magistrats und seines Edikts[35] sowie der Tatsache, dass die Fragmente in D. 13, 5 *de pecunia constituta* nicht den Kommentaren zum Zivilrecht, sondern ganz überwiegend denen zum Edikt entnommen sind, kaum bestreiten.

29 Eine Bezeichnung übrigens, die die Klassiker niemals verwenden. Dazu Kappeyne, Abhandlungen, S. 247 n. 1 deutlich: „Die *pacta praetoria* der Neueren bestehen lediglich in ihrer Einbildung." – Auch Costa, SDHI 77 (2011), S. 129 (151 ff.) weist diese (mittelalterliche, s. u. S. 407 n. 1761) Terminologie zurück.

30 Anders jetzt Platschek, Edikt, S. 1 ff.; 56 ff. und passim, der im Konstitut den von Gaius 3, 134 erwähnten Litteralkontrakt peregrinen Rechts erblickt; dazu näher unten S. 445 ff.

31 Ulpian D. 13, 5, 1 pr. (27 ad ed.).

32 An Interpolationsverdächtigungen mangelt es nicht, s. etwa Beseler, SZ 45 (1925), S. 453; Philippin, Constitut, S. 30; Pringsheim, SZ 42 (1921), S. 667 n. 5; in FS Lenel, S. 267; Roussier, Constitut, S. 13; Schulz, Einführung, S. 35. Für Echtheit dagegen Astuti I, S. 89; II, 14 f. und n. 12; Tondo, Labeo 4 (1959), S. 208 (220).

33 Ulpian D. 13, 5, 14, 3 (27 ad ed.).

34 Zur beratenden Tätigkeit von Juristen im *consilium* der Magistrate s. Schulz, Rechtswissenschaft, S. 62 f.; dagegen stellt neuerdings Tellegen-Couperus, TR 69 (2001), S. 11 ff. die These auf, eine Beratung des Prätors durch ein *consilium* habe nicht oder doch nicht in dem bisher vermuteten Maße stattgefunden.

35 D. 13, 5, 1 pr., 1 und 2; 16, 2 und 4; 18 pr.; 21, 1. In den Institutionen Justinians (Inst. 4, 6, 8) und in der Paraphrase des Theophilos zu dieser Stelle wird die *actio de pecunia constituta* ausdrücklich als Beispiel für eine vom Prätor geschaffene *actio in personam* genannt.

Uns interessieren vor allem drei Fragen:

1. Welches Phänomen der Rechtswirklichkeit hat den Prätor ursprünglich veranlasst, tätig zu werden (und schließlich gar ein Edikt *de pecunia constituta* zu erlassen)? – Dazu dieses Kapitel 1 des ersten Teils.
2. Warum musste er reagieren? – Dazu Kapitel 2.
3. Wie fiel seine Reaktion aus? – Dazu Kapitel 3.

Die Antwort auf die erste Frage liegt auf der Hand: Der Prätor hat dasjenige Verhalten im Auge, das er im Edikt mit *constituere* beschreibt[36]. Voraussetzung und erster Anhalt für das Verständnis unseres Geschäfts ist daher die exakte Erfassung der semantischen Bedeutung dieses Wortes.

Bereits ein Blick in die einschlägigen Wörterbücher zeigt ein breites Anwendungsgebiet: In verschiedenen Kontexten und syntaktischen Konstruktionen bezeichnet *constituere* ganz unterschiedlicher Handlungen[37]. Es wird in der älteren römischen Literatur gelegentlich, später von Caesar, von Sallust und besonders von Cicero häufig verwendet[38]. Vor allem aber findet man das Verbum in juristischen Texten[39].

In juristischem Zusammenhang maß man ihm – soweit nicht zur Bezeichnung eines legislativen Akts gebraucht – traditionell die Bedeutung „versprechen" bei[40]. Bruns und Astuti hingegen gelangten zu dem Ergebnis, dass das Wort im prätorischen Edikt *de pecunia constituta* mit „festlegen" zu übersetzen sei[41]. Diese Auffassung kann heute als herrschend bezeichnet werden, was uns aber nicht der Aufgabe entheben kann, sie im Einzelnen zu überprüfen.

Methodisch ist wie folgt vorzugehen: Wenn sich in der Vielzahl von literarischen Zeugnissen ein roter Faden finden lässt, oder mit anderen Worten, alle Verhaltensweisen, die man im Lateinischen mit *constituere* beschreiben kann, auf einen gemeinsamen Nenner zurückgeführt werden können, so muss dieser gemeinsame Nenner den Ausgangspunkt für die Erörterung des Schuldkonstituts bilden. Daher sind zunächst solche Textstellen heranzuziehen, die den Terminus n i c h t im Zusammenhang mit dem *constitutum debiti* verwenden. Erst wenn sich aus der Durchsicht dieses Materials ein Bild von dem

36 Ulpian D. 13, 5, 1, 1 (27 ad ed.): *Ait Praetor: „Qui pecuniam debitam constituit".*

37 Der Thesaurus linguae latinae, Bd. 4, Sp. 510–527 unterscheidet 26 Bedeutungsvarianten; das Oxford Latin Dictionary, S. 420, hat 13. – Georges, Bd. 1, Sp. 1554–1559 und Klotz, Bd. 1, S. 1088–1090 zeichnen ein ähnliches facettenreiches Bild.

38 Bei Cicero ca. 720 mal, s. Thesaurus linguae latinae, Bd. 4, Sp. 510.

39 Lt. Thesaurus linguae latinae, Bd. 4, Sp. 510 über 1200mal.

40 S. etwa noch Heumann/Seckel, S. 99 s. v. *constituere*, Anm. 6.

41 Astuti I, S. 88 ff.; Bruns ZRG 1 (1861), S. 28 (30 ff.).

allgemeinen Sprachgebrauch herauskristallisiert, sind hieraus Rückschlüsse auf die spezifische Verwendung von *constituere* im Bereich des Schuldkonstituts möglich.

Die von Bruns[42] und Astuti[43] unternommenen Versuche, sich der Lehre vom Konstitut zunächst von der linguistischen Seite her zu nähern, zeichnen sich durch einen gegenüber dem hier verfolgten etwas eingeschränkten Ansatz aus: Sie ziehen von vornherein vor allem solche Stellen heran, an denen *constituere* ihrer Ansicht nach in derselben Bedeutung verwendet wird wie in der Rubrik *de pecunia constituta*[44]. Das hat schon Philippin[45] bemängelt, doch trachtete er nur danach, die Bruns'schen Feststellungen zu entkräften, indem er zahlreiche Stellen anführte, in denen *constituere* eine andere Bedeutung hat, unternahm aber keine vollständige eigene Prüfung.

Die früheren Untersuchungen der Wortbedeutung von *constituere* als Bezeichnung für das Schuldkonstitut sollten vor allem beweisen, dass *constituere* häufig die Beteiligung mehrerer Personen an einer Willenseinigung bezeichne, insbesondere die Verabredung eines Termins für eine Handlung. Nach Ansicht einiger Autoren impliziert schon der Wortbestandteil *con* das Zusammenwirken mehrerer Personen[46]. Im Folgenden ist daher insbesondere zu untersuchen, ob solche Überlegungen eine Grundlage in den Quellen finden oder ob die von der romanistischen Lehre gezogenen Folgerungen zu weit gehen. Dabei können wir für die frühe Verwendung des Begriffs und deren Entwicklung weitgehend auf eine neuere Arbeit von Giodice-Sabatelli zurückgreifen, die den Akzent allerdings auf die staatsrechtliche Dimension des Wortes legt und dem privatrechtlichen *constituere* nur eine beiläufige Behandlung zukommen lässt[47].

---

42 ZRG 1 (1861), S. 28 (30 ff.).

43 Astuti I, S. 88 ff.

44 Diesen Ansatz wählt (jedenfalls für die Verwendung des Begriffs in einem rechtlichen Kontext) neuerdings auch Costa, SDHI 77 (2011), S. 129 (142 ff.).

45 Constitut, S. 9 f.

46 Vgl. Bruns, ZRG 1 (1861), S. 28 (32); Dejardin, L'action, S. 7 und Bertolini, Appunti, S. 900 f. Auch Giodice-Sabatelli, Labeo 27 (1981), S. 338 (348 n. 54) gibt als Wortbedeutung beim Schuldkonstitut „convenire („stabilire mediante un accordo")" an. Nach anderer Auffassung bezeichnet *constituere* stets einen einseitigen Akt, etwa ein Versprechen, s. etwa Philippin, Constitut, S. 9 f.

47 Labeo 27 (1981), S. 338 ff., mit Erwähnung des Schuldkonstituts nur in n. 54.

§ 3 Constituere in den literarischen Quellen

I. Grundbedeutung: *constituere* als physischer Akt

1. *Constituere* ist zusammengesetzt aus *cum*[48] („mit", „zusammen mit", „gemeinsam") und *statuere* („stellen", „errichten", „bestimmen")[49]. Die Kombination sollte also etwa ein „gemeinsam hinstellen" oder „zusammenstellen" ergeben, zunächst einmal ganz einfach im physischen Sinne. Als Präfix in einem zusammengesetzten Verb verliert *cum* jedoch gelegentlich seinen komitativen bzw. soziativen Charakter. In einem solchen Fall verschiebt sich der Blickwinkel, aus dem die Handlung betrachtet wird, auf deren Abschluss[50]. Oder die semantische Bedeutung weicht gar nicht (oder doch kaum) von der des Stammwortes ab[51]; allenfalls wird sie intensiviert[52].

Ein Beispiel genau dieser Art findet sich in den Komödien des Plautus[53] (ca. 250–184 v. Chr.), den ältesten literarischen Quellen, in denen *constituere* auftaucht, genauer gesagt, im *Miles gloriosus*:

> Miles gloriosus 915–917:
> nam, mi patrone, hoc cogitato, ubi probus est architectus,
> bene lineatam si semel carinam conlocavit,
> facile esse navem facere, ubi fundata, constitutast[54].

Es wird etwas fest hingestellt, hier ein körperlicher Gegenstand, der Kiel eines Schiffes[55]. Objekt eines solchen Aufstellens können aber auch Tiere[56] oder Menschen[57] sein, letztere vor allem im militärischen Sinne[58].

---

48 In Komposita ist gelegentlich die vermutlich älteste Form *com* erhalten, meist aber findet sich – je nach dem darauffolgenden Laut – wie hier die Abschwächung zu *con* oder *co*, s. Ernout/Meillet, Dictionnaire, S.156.

49 S. Thesaurus linguae latinae, Bd. 4, Sp. 510.

50 Ernout/Meillet, Dictionnaire, S. 156.

51 Ernout/Meillet, Dictionnaire, S. 156 ; s. auch Astuti I, S. 97.

52 Philippin, Constitut, S. 11.

53 Diese wurden so weit ersichtlich bisher im Hinblick auf den juristischen Sprachgebrauch nur von Giodice-Sabatelli, Labeo 27 (1981), 338 (338 f.) berücksichtigt, die ihre Überlegungen indes vor allem auf die staatsrechtliche Dimension des Wortes konzentriert. Der Dichter verwendet *constituere* insgesamt fünfmal, s. Lodge, Lexicon I, S. 304.

54 Dass Plautus hier *constituere* nur anstelle von *statuere*, ohne Veränderung des Sinns, gebraucht, zeigt der Fortgang des Textes, in dem er es durch das Simplex ersetzt: *nunc* [...] *probe fundatast, bene statutast.*

55 Etwa auch *mensas* (Ennius ann. 120), *signa* (Livius 22, 30, 2), *candelabrum* (Cicero Verr. 5, 65).

56 Caesar civ. 1, 64, 6; Vergil, Aen. 5, 237.

57 Cicero Att. 2, 24, 3; Verr. 5, 86; 6, 3; Seneca dial. 3, 18, 5; Valerius Maximus 7, 2, 5.

58 Truppen aufstellen: Caesar gall. 1, 1, 51; 1, 43, 2; Sallust Catil. 59, 2; Truppen Halt machen lassen: Sallust Iug. 49, 5; Livius 35, 28, 8.

2. Zumeist aber bleibt das *cum* wirksam; es drückt dann über das bloße *statuere* hinaus ein Zusammenstellen, bisweilen sogar eine feste Verbindung, ein Zusammenfügen aus, impliziert also eine Mehrheit von Objekten, nicht von Subjekten. Mit einer derartigen Bedeutung begegnet uns *constituere* etwa bei Varro:

> Lingua latina 5, 7:
> Aventinum aliquot de causis dicunt. Naevius ab avibus, quod eo se ab Tiberi ferrent aves, alii ab rege Aventino Albano, quod ibi sit sepultus, alii Adventinum ab adventu hominum, quod commune Latinorum ibi Dianae templum sit constitutum.

Auch hier wurde etwas hingestellt, nämlich ein Tempel der Göttin Diana. Doch die Tätigkeit des Konstituierens reicht weiter als das bloße Platzieren. Das Gotteshaus ist erst erbaut worden, es wurde neu geschaffen. Dabei steht, vor allem in der passiven Perfektform *constitutum est*, nicht die Tätigkeit des Errichtens selbst im Vordergrund, sondern ihr Ergebnis: Es ist ein neues Gebäude entstanden. Auch bei der Gründung einer Stadt[59] oder dem Zusammenstellen einer Herde[60] bezeichnet *constituere* einen derartigen Schaffensakt: Die einzelnen Bestandteile werden so angeordnet, dass sie sich zu einer neuen Struktur vereinigen.

II. Übertragene Bedeutung: *constituere* als intellektueller Akt

1. Neben dieser rein körperlich-tatsächlichen Ebene, die Giodice-Sabatelli[61] mit Recht als die ursprüngliche ansieht, hat *constituere* aber auch und vor allem eine intellektuelle Dimension. Zum einen kann *constituere* eine Art von Hinstellen im übertragenen Sinne bezeichnen. Dies ist etwa der Fall, wenn jemand zum Inhaber eines Amtes gemacht wird: *Vilicus agri colendi causa constitutus* schreibt Varro[62]. Der Sklave wird zwar sozusagen auf das Landgut gestellt, aber in einer konkreten Funktion, nämlich als Verwalter desselben.

Auch die kreative Tätigkeit, die oben bezeichnet wurde, kann sich auf intellektueller Ebene vollziehen. Hierher gehört die von Cicero off. 1, 75 mit *constituere* beschriebene Schaffung der, wie er sich ausdrückt, *areopagitas* in Athen durch Solon ebenso wie die Errichtung einer sittlichen Ordnung, der *mores*, auf die sich Livius 1, 46, 5 und Seneca *clem.* 1, 22, 3 beziehen. Ein so geschaffenes,

59 Varro, ling. 5, 28; Caesar civ. 1, 15, 2; Tacitus Germ. 3.
60 Varro rust. 2, 3, 1.
61 Labeo 27 (1981), 338 (338).
62 Varro rust. 1, 2, 14; weitere Beispiele: *praetorem* (Cicero Cluent. 79); *regem* (Caesar gall. 4, 21, 7; 5, 54, 2).

hauptsächlich intellektuelles Konstrukt kann auch ein Gesetz oder gar das gesamte *ius civile* sein[63].

2. Schon Plautus verwendet *constituere* noch in einem anderen, für die Zwecke unserer Studie eher bedeutsamen Zusammenhang. Auch hier findet ein innerer Vorgang statt, nämlich der Abschluss eines Prozesses der Willensbildung bzw. der Entscheidungsfindung. Die Gedanken des Handelnden werden gewissermaßen ordnend zusammengefügt und zu einer Absicht, einem Plan verdichtet[64].

Amphitryon, der König von Theben, kehrt von einem Feldzug heim. In seiner Abwesenheit hat Göttervater Zeus in der Gestalt des Amphitryon mit dessen (ahnungsloser?) Gattin Alkmene den Herakles gezeugt. Als ihm der Einlass in seinen eigenen Palast verweigert wird, vermutet der König sogleich einen Ehebruch der Alkmene. Am Ende des vierten Aktes trifft er endlich auf sein Ebenbild, kann sich aber mit seiner Behauptung, er sei der echte Amphitryon, weder bei seinen Bediensteten noch bei seinen Freunden durchsetzen und wird schließlich von Zeus einfach stehen gelassen. Wutentbrannt schickt er sich an, gewaltsam in das Gebäude einzudringen, um zu erschlagen, wen immer er dort antreffen mag, wobei er ausruft:

> Plautus Amphitryon 1051–1052:
> Neque me Iuppiter neque di omnes id prohibebunt, si volent,
> quin sic faciam uti constitui. Pergam in aedis nunciam.

Constituere bezieht sich hier auf einen rein inneren Vorgang: Der Konstituierende fügt seine Gedanken zusammen und gelangt durch einen autonomen Willensakt[65] zu einem Entschluss. Die Entscheidung über das zukünftige eigene Verhalten findet also vorerst nur im Inneren des Subjekts statt und manifestiert sich gegenüber der Umwelt erst mit ihrer äußeren Bekundung oder Betätigung[66].

Sind an dem Entschließungsprozess mehrere Personen beteiligt, treffen sie den Beschluss gemeinsam durch Übereinkunft. So berichtet etwa Cicero (*de finibus* 5, 1) von einer Verabredung: [...] *constituimus inter nos ut ambulationem postmeridianam conficeremus in Academia* [...]. Zu der Entscheidung, wegen der dort herrschenden Ruhe einen Nachmittagsspaziergang in der Academia

---

63 *Leges*: Cicero S. Rosc. 16; *ius civile*: Cicero inv. 2, 57; vgl. auch off. 2, 65. Später bezeichnet *constituere* insbesondere die kaiserliche Rechtssetzung, s. hierzu sogleich II.

64 Vgl. zu dieser Funktion von *constituere* auch Woodcock, Syntax, S. 105 f.

65 Wie Giodice-Sabatelli, Labeo 27 (1981), 338 (340) sehr richtig konstatiert.

66 Ebenso liegt der Fall im letzten Plautus-Zitat, Pseudolus 549: *Quin rus ut irem iam heri constitueram*. Vgl. auch Terenz Eun. 205; Hec. 437; Ht. 726.

zu machen, gelangen Cicero und seine Freunde gemeinschaftlich und einhellig. Diese Bi-(hier eigentlich Multi-)lateralität der Entscheidungsfindung ist aber keineswegs bereits durch das *con* vorgegeben[67], noch scheint sie mir zwingend die ursprüngliche Form zu sein[68]. Sie taucht allerdings schon bei Plautus[69] auf, im *Miles gloriosus*: Der listige Palaestrio, Sklave des großspurigen Offiziers Pyrgopolicines, berät mit Pleusicles, einem Athener, dessen Geliebte Philocomasium der Soldat entführt und zu seiner Konkubine gemacht hat, wie deren Rettung und die gemeinsame Flucht zu bewerkstelligen sei. Zu diesem Behufe hat er kurzerhand eine Zwillingsschwester der Philocomasium erfunden und ermahnt nun seinen Komplizen, das Mädchen keinesfalls bei ihrem richtigen Namen zu nennen.

> Plautus Miles gloriosus 807 f.:
> Pleusicles: Quem nominam?
> Palaestrio: Diceam.
> Pleusicles: Nempe eandem quae dudum constitutast.

„Wie es ja längst beschlossen ist", erwidert also Pleusicles. Ein Beschluss, der, bedenkt man die entscheidende Rolle, die der Ränkeschmied Palaestrio in der Handlung des gesamten Stücks spielt, letztlich zweifellos eher dem Sklaven als dem Jüngling zuzurechnen sein dürfte. Immerhin nimmt aber auch letzterer insofern daran teil, als er ihn sich zu eigen macht. Der überlegene Verstand des Sklaven verschafft ihm ein gewisses Übergewicht in der Planung. Das schließt aber das Moment der Einigung nicht völlig aus. Mag die Intensität der Beteiligung der beiden Personen an der Festlegung des Namens auch sehr unterschiedlich sein; letztlich tragen beide den Beschluss. Dieser betrifft wie in Amphitryon 1051 und Cicero *de finibus* 5, 1 zunächst nur den Kreis der an der Beschlussfassung Beteiligten.

---

67 So auch PHILIPPIN, Constitut, S. 10 f. und ASTUTI I, S. 88 f. PHILIPPIN, Constitut, S. 11 führt im Bemühen um den Beweis, dass aus dem *con* kein Kapital zu schlagen sei, noch die Ähnlichkeit der Kürzel für *in* und *con* in den Handschriften an. Dies mag im Einzelfall tatsächlich zu Verwechslungen geführt haben (er nennt wohl mit Recht Gaius 3, 32); doch Abschreibfehler dieser Art dürften die Ausnahme geblieben sein und geben keinen Anlaß zu der Annahme, das sich aus den Quellen ergebende Bild sei insgesamt schief.

68 Das aber glaubt BRUNS, ZRG 1 (1861), 28 (32), der allzu einseitig auf den Aspekt der Personenmehrheit abstellt, den *con* zwar implizieren kann, aber nicht muss. Auch DEJARDIN, L'action, S. 7 und BERTOLINI, Appunti, S. 900 f. glaubten schon aus dem *con* auf ein zweiseitiges Geschäft schließen zu können. Es darf aber nicht bereits in der Wortwahl *con-stituere* ein Anhaltspunkt dafür gesehen werden, dass das Geschäft zweiseitig sei; vielmehr kann erst eine genaue Untersuchung der juristischen Quellen erweisen, ob die Juristen an der *sedes materiae* dem Begriff *constituere* eine solche Bedeutung beimessen.

69 Ähnlich bei Terenz Hec. 195; Phor. 676.

Wenn hingegen die Person (oder die Personen), die eine Entscheidung fällt, aufgrund ihrer faktischen, sozialen oder rechtlichen Position in der Lage ist, eine Bestimmung zu treffen, die Dritten gegenüber Wirkung hat, so wird auch eine solche einseitige Festlegung mit *constituere* ausgedrückt.

> Plautus Trinummus 580 f.:
> I hac, Lesbonice, mecum, ut coram nuptiis
> dies constituatur; eadem haec confirmabimus.

Philto hat von Lesbonicus die Zustimmung zu einer Ehe zwischen dessen Schwester und seinem Sohn erwirkt. Nunmehr lädt er ihn sein Haus ein, damit ein Termin für die Hochzeit bestimmt werden kann.

Die Fundstelle ist in dreierlei Hinsicht interessant. Erstens bezeichnet *constituere* hier eine Festlegung, die durch eine Einigung unter prinzipiell Gleichgestellten (d. h. abgesehen davon, dass der Verschwender Lesbonicus verarmt und Philto reich ist) erfolgen soll, ganz wie wir es bereits bei Cicero *de finibus* 5, 1, 1 und Plautus *Miles* 807 kennengelernt haben.

Zweitens ist die Entscheidung über den Tag der Hochzeit auch für die künftigen Eheleute bindend, obgleich sie daran nicht beteiligt sind. Die Stellung als Vater respektive Bruder gestattet es den Konstituenten, ihren Schützlingen gegenüber einseitig, d. h. ohne diese in den Entscheidungsprozess einzubeziehen, zu disponieren. Ist dieser Aspekt im *Trinummus* auch nicht mehr als eine Art Nebenwirkung oder ein Begleitumstand, so kann eine Entscheidung auch von vornherein ausschließlich an Dritte gerichtet sein. Caesar etwa berichtet uns *de bello gallico* 6, 13, 5, dass bei den gallischen Stämmen die Druiden *fere de omnibus controversiis publicis privatisque constituunt* und dabei *praemia poenasque constituunt*. Die gallischen Druiden stellen in dieser Hinsicht eine Art keltisches Pendant zur altrömischen Pontifikaljurisprudenz dar[70]. Sie hatten die Macht, denjenigen, der sich ihrem Befund nicht beugen wollte, von der Teilnahme am Ritus auszuschließen, was einer Ächtung nahekam. Daher konnten sie – gemeinsam, aber einseitig – eine für Dritte bindende Entscheidung treffen.

Drittens begegnet uns hier zum ersten Mal das Element der Festlegung einer Zeit für ein zukünftiges Ereignis, ein Element, das schon BRUNS[71], aber

70 Zur Bedeutung der Priesterkollegien für die römische Rechtsentwicklung vgl. etwa WALDSTEIN/RAINER, RG, § 9 Rn. 17 ff.; KASER, RG, S. 50 ff.; SCHULZ, Geschichte, S. 6 ff. und HAUG, Ius und fas (1996).

71 ZRG 1 (1861), 28 (32 f. und besonders 39); er meint, dass man „die Bestimmung der Zahlungszeit schon als von selber wesentlich im Begriffe des *constituere* liegend ansah."

mehr noch ASTUTI[72] nicht nur für den eigentlichen Nukleus der juristischen Verwendung des Wortes hielt, sondern auch für den Dreh- und Angelpunkt der Lehre vom Konstitut. Als Gegenstand einer solchen Festlegung finden wir in den literarischen Quellen aber auch eine Grenze[73], den Preis einer Sache[74] oder vor allem einen Ort[75], etwa für ein Treffen oder für eine gemeinsame Unternehmung, wie im bereits zitierten Fragment Cicero *de finibus* 5, 1, 1, wo ja weniger über das „Ob" als über das „Wo" des gemeinsamen Spaziergangs entschieden wird.

III. Zusammenfassung

Ich fasse zusammen. Der Terminus *constituere* wird einerseits als Intensivum zu *statuere* gebraucht, ohne wesentliche Abweichung in der semantischen Bedeutung. Er kann aber auch einen weiterreichenden kreativen Akt beschreiben, der sich materiell oder immateriell vollzieht. Schließlich bezeichnet *constituere* eine Entscheidung oder Festlegung, die von einer oder mehreren Personen mit oder ohne Wirkung gegenüber Dritten vorgenommen wird.

Wo liegt nun das gemeinsame Prinzip, das verbindende Element, das diese Nuancen im Gebrauch von *constituere* miteinander verknüpft? Den Schlüssel zur Lösung bietet eine Beobachtung PHILIPPINS, der feststellt, dass das Verbum „s'emploie d'une façon absolue, intransitive et désigne alors nécessecairement une action émanant du seul sujet du verbe[76]". Weiter weist er darauf hin, dass eine etwaige Einigung des Subjekts mit anderen Personen durch Ergänzungen wie *cum aliquo*, *inter nos* oder *communiter* zum Ausdruck gebracht werde, wobei die Anzahl der daran beteiligten Personen sich aus dem Kontext ergebe. Damit berührt er den entscheidenden Punkt.

Constituere bezeichnet in allen Fällen stets einen Akt des ordnenden Zugreifens des Subjekts auf einen körperlichen oder unkörperlichen Gegenstand. Dabei ist es eine Frage der Umstände, wessen Mitwirken zu einer derartigen Disposition erforderlich ist. Das Subjekt kann einen solchen Zugriff nämlich nur

72 ASTUTI I, S. 91ff., 95 und passim.

73 Varro ling. lat. 5, 34; 7, 9; Seneca epist. 15, 11.

74 Varro ling. lat. 5, 177; Cicero Att. 12, 23, 1; Seneca contr. 1, 2, 1.

75 Häufig ist die Kombination von Zeit und Ort, s. etwa Terenz Eun. 541; Sallust Iug. 113, 2; Livius 22, 22, 16; nur der Ort wird bestimmt in Cicero Cael. 31; Livius 38, 24, 5. Das Partizip *constitutum* nimmt geradezu die Bedeutung „Verabredung" an, vgl. Cicero Att. 12, 1; 12, 23; Seneca nat. 7, 6, 2; Petron Sat. 15; Sueton Otho 6.

76 PHILIPPIN, Constitut, S. 9f.

dann ohne weiteres vornehmen, wenn der Gegenstand seiner Disposition unterliegt. Die Fähigkeit zur Disposition ergibt sich aus dem real-sozialen Rahmen, in dem die Handlung stattfindet[77]. Ein Tisch, ein Leuchter ist leicht aufzustellen. Ein körperlicher Zugriff, der jedem gelingt, der nur in irgendeiner Weise die reale Möglichkeit hat, Hand an einen solchen Gegenstand zu legen. Auch einen rein inneren Entschluss fasst ohne weiteres der Konstituent allein; nur er kann letztlich über seine Gedanken verfügen, mögen auch äußere Einflüsse sie in die eine oder andere Richtung lenken. Einen König, einen Prätor kann dagegen nur derjenige einsetzen, dessen soziale, nämlich politische bzw. verfassungsrechtliche Position ihn dazu befähigt. Bei all diesen Handlungen handelt es sich stets um einen prinzipiell einseitigen Akt, und zwar auch dann, wenn mehrere Personen sie gemeinsam vornehmen. Wie passen die zuletzt besprochenen Fälle in dieses Bild, diejenigen, die ein Element der Einigung enthalten, also ein auf den ersten Blick durchaus zweiseitiges Geschehen behandeln?

Die zwischen den Parteien erzielte Übereinkunft ist unbestreitbar vorhanden. Sie ist aber nicht Gegenstand oder Ziel des Konstituierens, sondern dessen notwendige Bedingung. Wollen nämlich mehrere Personen auf einen Gegenstand zugreifen, der nicht ihrer alleinigen Disposition unterliegt, so müssen sie sich eine Position, die ihnen den ordnenden Zugriff ermöglicht, erst noch verschaffen. Und hier kommt, dem eigentlichen Konstituieren vorgelagert, die Übereinkunft ins Spiel: Sind sich all diejenigen Personen einig, derer es zu der erwünschten Entscheidung oder Festlegung bedarf, so haben sie als Gruppe die erforderliche Position inne. Die Umstände also sind es, die ggf. ein Zusammenwirken oder eine Einigung erforderlich machen. *Constituere* bezeichnet dabei weniger diese Einigung als das daraus resultierende Ergebnis. Wer konstituiert, bewirkt aus einer Stellung der tatsächlichen, gesellschaftlichen oder rechtlichen Fähigkeit zur Einflussnahme eine Neuordnung der bisherigen Verhältnisse. Der ordnende Zugriff erfolgt dabei – je nach den Umständen – von einer oder mehreren Personen, die sich in einer solchen Position befinden.

77 Einen ganz ähnlichen Gedanken formuliert nun auch Costa, SDHI 77 (2011), S. 129 (143).

§ 4 Constituere in den juristischen Quellen

I. Parallelen zum allgemeinen Sprachgebrauch

Auch in der juristischen Literatur ist *constituere* ein gängiger Begriff. Seine Verwendung entspricht im Wesentlichen derjenigen in den literarischen Quellen[78]. Dabei liegt es in der Natur der Sache, dass er eher auf der intellektuellen als auf der körperlich-materiellen Ebene Verwendung findet[79].

Zum einen beschreibt man auch hier die Übertragung eines Amtes, einer Stellung oder einer Aufgabe mit *constituere*[80]. Sodann findet sich nicht selten das Moment des Entscheidens, etwa bei einer schwierigen oder streitigen Rechtsfrage, deren Beantwortung dem Subjekt obliegt[81], oder des Festlegens, z. B. von Ware und Preis, einer Mitgift oder auch von Zeit und Ort[82]. Besonders wichtig ist aber im Sprachgebrauch der Juristen das kreative Element, das häufig mit einem Festlegen koinzidiert. So sagt man *constituere* vom Bestellen eines dinglichen Rechts[83], der Begründung einer Obligation[84] oder von der Einrichtung eines neuen Rechtsinstituts[85]. Dieses zuletzt genannte Schaffen von (objektivem) Recht stellt den Hauptanwendungsbereich des Terminus dar, übrigens den einzigen Bereich neben dem des *constitutum debiti*, in dem er technisch

78 Auch Astuti I, S. 95 und Bruns, ZRG 1 (1861), S. 28 (31) gelangen, freilich von einem anderen Ausgangspunkt, zu diesem Ergebnis.

79 Allerdings kommt auch letzteres gelegentlich vor: Scaevola D. 19, 1, 52, 3 berichtet von einem Grundstückseigentümer, der eine Uferanlage errichtet; Ulpian D. 50, 1, 4 und D. 50, 4, 3, 1 handeln vom Bau eines Hauses, Pomponius D. 50, 16, 239, 7 vom Bau einer Stadtmauer.

80 Das auszufüllende Amt steht hier wie dort im Akkusativ: *decem viros* (Pomponius D. 1, 2, 2, 4), *consules* (Pomponius D. 1, 2, 2, 16), *censores* (eod. tit. 17), *iudices* (Paulus D. 1, 15, 3, 5), *curatores* (Julian D. 3, 5, 29/30), *actorem* (Paulus D. 26, 7, 24), *tutorem* (Papinian D. 26, 7, 39, 2).

81 So hat es Africanus in D. 35, 2, 88 mit einer widersprüchlichen Bedingung in einem Testament zu tun und konstatiert das Versagen eines logisch-deduktiven Lösungsversuchs mit den Worten: *quidquid constituerimus verum esse, falsum reperietur*; eine ausführliche Exegese zu diesem Problem bietet Backhaus, Casus perplexus, S. 62 ff. Um die Entscheidung einer Rechtsfrage („Was ist Sommerwasser?") geht es auch bei Neraz D. 43, 20, 6: *constituendum, quae esset aqua aestiva.*

82 *Mercedem* bei Gaius 3, 143; Iavolenus D. 19, 2, 51, 1; *pretium* bei Callistratus D. 49, 14, 3, 5; Tryphoninus D. 49, 15, 13, 18; *dotem* bei Gaius 1, 178; *tempus* bei Gaius 2, 167.

83 Gaius 2, 32: *sed cum ususfructus* [...] *constitui possit, intellegere debemus* [...] *usufructum* [...] *per in iure cessionem constitui posse.*

84 Paulus D. 44, 3, 1: *Non satis autem est dantis esse nummos et fieri accipientis, ut obligatio nascatur, sed etiam hoc animo dari et accipi, ut obligatio constituatur.*

85 Neraz D. 41, 10, 5 pr.: *Usucapio* [...] *constituta est, ut aliquis litium finis esset.* Gaius 1, 40: [...] *modus manumittendi* [...] *constitutus sit.* Gaius 1, 42: [...] *modus constitutus est in servis testamento manumittendis.*

gebraucht wird[86]. Ein Beispiel liefern die berühmten ersten Paragraphen in den Institutionen des Gaius:

> Gaius 1, 1 ff.
> 1. [...] nam quod quisque populus ipse sibi ius constituit, id ipsius proprium est vocaturque ius civile, quasi ius proprium civitatis [...]
> 3. Lex est, quod populus iubet atque constituit. plebiscitum est, quod plebs iubet atque constituit. [...]
> 4. Senatus consultum est, quod senatus iubet atque constituit; [...]
> 5. Constitutio principis est, quod imperator decreto vel edicto vel epistula constituit. [...]

Gaius beginnt sein Lehrbuch mit einer Untersuchung der römischen Rechtsquellen und zählt deren sechs auf: Volksgesetze, Plebiszite, Senatsbeschlüsse, kaiserliche Konstitutionen, Edikte der Magistratur und Gutachten von Rechtsgelehrten. Bei den drei ersten wiederholt er gebetmühlenartig *iubet atque constituit*. Angesichts der auch für Gaius typischen knappen und ungekünstelten Ausdrucksweise der römischen Juristen wird man diese Wiederholung kaum für ein Stilmittel halten dürfen, das seinen Zweck in sich selbst findet. Man muss also annehmen, dass sie aus didaktischen Gründen erfolgt; den Lesern seines Werkes, das sich ja an den Anfänger wendet, soll diese Wortkombination verinnerlicht werden[87]. Daraus ist zu schließen, dass es sich um einen technischen Begriff handelt, zu dessen Verwendung der Leser angehalten wird.

Interessant ist, dass die legislative Tätigkeit des Princeps nicht mit *iubet*, sondern nur mit *constituit* beschrieben wird[88], die der Magistrate dagegen und die der Rechtsgelehrten weder mit dem einen noch mit dem anderen Begriff. Bei letzteren ist das ohne weiteres zu erklären: Die Gelehrten können, wie Gaius 1, 7 ausführt, nicht ohne weiteres festlegen, was Rechtens ist und somit neues Recht schaffen; vielmehr bringen sie lediglich ihre Ansicht (*sententia*) zum Ausdruck, die nur dann gesetzesgleiche Kraft hat, wenn alle sie teilen. Auch bei den Magistraten überrascht die Wortwahl nicht: Ihre Rechtssetzungstätigkeit vollzieht sich mittels Edikt; der Fachbegriff für den Erlass eines solchen ist *edictum proponere*[89], *constituere* wäre also unpassend. Bleibt die Frage, warum der Princeps nicht *iubet*.

---

86 Das Besitzkonstitut – *constitutum possessorium* – war zwar bereits im klassischen Recht bekannt, doch stammt der Begriff erst aus dem Mittelalter (wenn er sich auch an Ulpian D. 41, 2, 17, 1 – [...] *ut quisque constituit nolle possidere* – anlehnt), vgl. KASER, RP I, S. 394; GORDON, Studies in the transfer of property by traditio, S. 13 n. 1.

87 Ebenfalls zu diesem Schluss gelangt BRETONE, Tecniche, S. 27.

88 Auf diesen Umstand weist auch GIODICE-SABATELLI, Labeo 27 (1981), S. 338 (347) hin.

89 Vgl. Gaius 1, 6; D. 1, 2, 2, 10; Ulpian D. 21, 1, 1, 2; D. 47, 11, 6, 1; Modestinus D. 48, 10, 32 pr.

Giodice-Sabatelli[90] hat die Frage aufgeworfen, ob es denkbar sei, dass *constituit* hier eine von den anderen Stellen abweichende Bedeutung habe, und stützt diese Erwägung vor allem auf folgenden Ausspruch Capitos, den Gellius uns bewahrt hat: *lex est generale iussum populi aut plebis, rogante magistratu*[91]. Gesetze und Plebiszite kommen bekanntlich durch Beschluss der jeweiligen Versammlung auf Antrag eines Magistrats zustande, die Gesetzgebung in dieser Form setzt also eine Art Einigung[92] voraus. Capito weist daraufhin mit den Worten *rogante magistratu*; Giodice-Sabatelli meint nun, diese Wendung sei bei Gaius 1, 3 einfach durch *constituit* ersetzt, welches jedoch sowohl im Falle der *lex* als auch in dem des *plebiscitum* ganz dieselbe Implikation, nämlich die einer Einigung, enthalte. Entsprechendes sei von Gaius 1, 4 anzunehmen: Senatsbeschlüsse entstehen ja gleichfalls durch ein Verfahren, das von einem Magistrat eingeleitet wird, der mit dem *ius agendi cum patribus* ausgestattet ist. Daher enthalte *constituere* auch hier einen Anklang von Übereinkunft. Anders liege der Fall dagegen bei der Rechtssetzung durch den Princeps. Zwar werde er durch sein *consilium* beraten, entscheide aber letztlich eindeutig selbst. Aufgrund dieser absoluten Entscheidungsbefugnis entspreche *constituere* hier anders als vorher dem *placere* oder *velle* des Kaisers[93].

Diese Beobachtungen sind sicher zutreffend, soweit sie die Abweichungen der kaiserlichen Rechtssetzung von derjenigen der republikanischen Staatsorgane betreffen. Die Tatsache, dass Gaius in einem zusammenhängenden Text *constituere* zur Beschreibung dieser in ihrem Zustandekommen so verschiedenen gesetzgeberischen Akte verwendet, widerlegt indes die Annahme, er habe das konsensuale Element des republikanischen Verfahrens hervorheben wollen. Vielmehr zeigt gerade diese Wortwahl in einem Kontext, der von den *iura* des römischen Volkes handelt, dass es dem Rechtslehrer primär auf das Ergebnis der Tätigkeit ankommt, dass also – wie in den literarischen Quellen – eine eventuelle Einigung zwar Voraussetzung, aber nicht zentraler Inhalt der mit *constituere* bezeichneten Handlung sein kann.

Dennoch erklärt sich das Fehlen des *iubere* in Gaius 1, 5 aus dem Zusammenhang mit dem kaiserlichen Verfahren. Schon in den ersten drei Fällen wird *constituere* als technische Bezeichnung gebraucht, die allgemein für jeden Normerlass

---

90 Labeo 27 (1981), S. 338 (347 ff.).

91 Gellius, noct. att. 10, 20, 2.

92 Das Verständnis der *lex* als Übereinkunft zwischen Magistrat und Volk findet ihre Grundlage in dem typisch römischen Verfahren der *rogatio*, von dessen Ablauf uns Gellius noct. att. 5, 19, 9 berichtet: der Magistrat fragt *velitis iubeatis Quirites, haec ita uti dixi vos Quirites rogo*, woraufhin jeder Bürger seine Stimme mit den Worten *uti rogas* oder *antiquo* abgab (ursprünglich mündlich, seit dem Jahre 139 durch Abgabe des entsprechenden Täfelchens); zu diesem Verfahren s. Waldstein/Rainer, RG, § 17 Rn. 21.

93 Giodice-Sabatelli, Labeo 27 (1981), S. 338 (351).

passend ist. Das *iubet atque constituit* ist also kaum mehr als ein Hendiadyoin[94]. Ein kaiserlicher Erlass dagegen ist eine *constitutio*, der Vorgang seines Zustandekommens ist – wenn nicht von einer der bei Gaius 1, 5 genannten spezifischen Handlungsformen die Rede ist – nur mit *constituere* richtig wiedergegeben. Bei den Juristen der Kaiserzeit ist *constituere* im Zusammenhang mit der Kaisergesetzgebung nicht nur ein, sondern d e r technische Fachbegriff, der gerade diese Gesetzgebungstätigkeit des Princeps insgesamt bezeichnet.

II. „Versprechen“ als spezifisch juristische Bedeutung?

Mit einer Bedeutung, die uns bisher noch nicht begegnet ist, nämlich der des einseitigen Versprechens, glaubt PHILIPPIN[95] *constituere* im Dotalrecht zu finden. Die römische Mitgift wird durch Barleistung oder Versprechen für die Zukunft bestellt[96], letzteres durch Stipulation[97] (*dotis promissio*), Damnationslegat[98] oder *dotis dictio*[99]. Bei der *dotis dictio* handelt es sich um das Versprechen der Frau, ihres Gewalthabers oder eines von ihr delegierten Schuldners, dem Ehemann eine Geldsumme oder bestimmte Sachen als Mitgift zu übergeben[100]. Diese einseitige (Gaius 3, 96: *uno loquente*) und *solemnibus verbis* vollzogene Form der Mitgiftbestellung wurde (ebenso wie die *dotis promissio*) im Jahre 428 n. Chr. durch ein Dekret des Kaisers Theodosius II. obsolet, das die Gültigkeit auch formloser Dotalversprechen (*dotis pollicitatio*) verfügte[101]. Im Corpus Iuris Civilis ist die *dotis dictio* durch Interpolation beseitigt[102]. PHILLIPPIN behauptet nun, dass *constituere* stets im Zusammenhang mit solchen einseitigen Versprechen vorkomme, *ergo* bezeichne es ebenfalls ein solches. ASTUTI[103] hat ihm diesbezüglich nicht zu Unrecht „un certo semplicismo“ vorgehalten und die Folgerung verworfen. Tatsächlich entbehrt schon der Befund, an den PHILIPPIN seinen Schluss knüpft, jeglicher Grundlage, wie die von ihm selbst angeführten Quellen beweisen:

---

94 Anderer Ansicht GIODICE-SABATELLI, Labeo 27 (1981), S. 338 (347).
95 Constitut, S. 13.
96 Vgl. KASER, RP I, S. 335; ausführlich zur *dos*-Bestellung BECHMANN, Dotalrecht II, S. 4–141.
97 Ulpian/Paulus D. 23, 3, 21–23.
98 Julian D. 23, 3, 48, 1; Gaius D. 30, 69, 2.
99 Gaius 3, 95a; UE 6, 2.
100 BERGER, Dictionary, S. 435; KASER, RP I, S. 336.
101 C. Th. 3, 13, 4 nennt noch ausdrücklich die *dotis dictio*, in C. 5, 11, 6 ist sie getilgt. Dazu CORBETT, Law of marriage, S. 166 und n. 2.
102 CORBETT, Law of marriage, S. 166; KASER, RP I, S. 336 n. 34; STREICHER, Periculum dotis, S. 55 und n. 61.
103 ASTUTI I, S. 90f. n. 20.

Gaius 1, 178 und 180:
§178: Nam et lege Iulia de maritandis ordinibus ei, quae in legitima tutela pupilli sit, permittitur dotis constituendae gratia a praetore urbano tutorem petere.
§180: Item si qua in tutela legitima furiosi aut muti sit, permittitur ei senatus consulto dotis constituendae gratia tutorem petere.

Gaius untersucht die Frage, wann eine Frau das Recht hat, sich einen anderen als ihren gesetzlichen Geschlechtsvormund bestellen zu lassen. Dies sei, so stellt der Jurist fest, etwa dann möglich, wenn der gesetzliche Vormund abwesend oder rechtlich handlungsunfähig sei. So erlaube es die *lex Iulia*, dass eine Frau unter der Tutel eines Minderjährigen sich einen anderen bestellen lassen kann zum Zwecke der Bestellung einer Mitgift (der *pupillus tutor* war dazu mangels Geschäftsfähigkeit nicht in der Lage). Gleiches gelte aufgrund eines Senatsbeschlusses auch, wenn der gesetzliche Vormund geisteskrank oder taubstumm sei.

Es ist schlechterdings nicht ersichtlich, dass Gaius hier allein das Dotal*versprechen* behandelt. Denn die *ratio* der von ihm beschriebenen Regelung trifft auch bei der *dos*-Bestellung durch Verfügungsgeschäft zu, können doch *pupillus* und *furiosus* (und in gewissen Grenzen auch der *mutus*) ohne die *auctoritas tutoris* ebenso wenig verfügen wie sich verpflichten. Es geht vielmehr ganz allgemein um das Bestellen, das Herstellen einer Mitgift; *constituere* weist also hier ein kreatives Element auf[104]. Die Bedeutung eines einseitigen Versprechens (oder auch nur ein unmittelbarer Zusammenhang mit einem solchen) ist hingegen nicht erkennbar. Ähnliches gilt für

D. 23, 3, 5, 5 (Ulpian 31 ad Sab.):
Si pater repudiaverit hereditatem dotis constituendae causa (forte quod maritus erat substitutus aut qui potuit ab intestato hereditatem vindicare), dotem profecticiam non esse Iulianus ait. sed et si legatum in hoc repudiaverit pater, ut apud generum heredem remaneat dotis constituendae causa, Iulianus probat non esse profectam id de bonis, quia nihil erogavit de suo pater, sed non adquisivit.

Julian befindet, dass eine *dos*, die durch Verzicht auf eine Erbschaft oder ein Legat bestellt wird, nicht profektizisch sei[105]. Wie die *dos* stattdessen

104 In diesem Sinne übersetzt auch Zulueta, Institutes I, S. 57 mit „for the purpose of creating a *dos* (dowry)".

105 In der Sache eine etwas überraschende Entscheidung: der Vater hätte ja auch erst annehmen und dann das Empfangene als Mitgift auszahlen können. So aber wird ihm die von ihm gewählte „Abkürzung" zum Verhängnis, denn im Falle des vorzeitigen Ablebens seiner Tochter kann er nur eine *dos profecticia* herausverlangen.

einzuordnen ist (rezeptizisch? adventizisch?), oder ob am Ende etwa gar keine *dos* bewirkt wurde, lässt sich der Stelle nicht ohne weiteres entnehmen, ist aber auch für unsere Zwecke nicht entscheidend. Jedenfalls handelte der Vater *dotis constituendae causa*, und zwar nicht durch einseitiges Versprechen, sondern durch unmittelbare Herstellung des gewünschten Vorteils zugunsten des Schwiegersohns.

Auch in den übrigen von PHILIPPIN herangezogenen Quellen[106] bezeichnet *constituere* allgemein die Bestellung der Mitgift und nicht spezifisch die Bestellung durch einseitiges Versprechen, und zwar auch dort, wo die Bestellung im Einzelfall durch *dotis promissio* oder *dotis dictio* erfolgt. Richtig ist immerhin, dass es sich bei allen Formen der *dos*-Bestellung um einseitige Akte desjenigen handelt, der die Frau dotiert. Allein, dies ist nicht etwa ein für *constituere* typisches Phänomen, sondern hängt damit zusammen, dass der Mitgiftbesteller über sein eigenes Vermögen grundsätzlich frei (wenn auch in diesem Zusammenhang durch sittliche Rücksichten beeinflusst) verfügen kann.

III. Zusammenfassung

Der ordnende Zugriff auf eine der Disposition des oder der Handelnden unterliegende Materie ist auch im Bereich der juristischen Literatur das zentrale, stets wiederkehrende und daher alle Anwendungen verbindende Kernelement des Wortes *constituere*. Dabei steht, wie sich gezeigt hat, vor allem die Bedeutungsebene des Erschaffens, des Bestimmens, des kreativen Festlegens im Vordergrund.

§ 5 Constituere pecuniam debitam

Nach diesen Vorüberlegungen kommen wir nun zum eigentlichen Gegenstand, zum Kern unserer linguistischen Erwägungen. Es gilt festzustellen, welche Bedeutung *constituere* in der konkreten Verwendung im Titel D. 13, 5 *de pecunia constituta* und in anderen Texten hat, die sich mit dem *constitutum debiti* beschäftigen.

106 Er nennt (Constitut, S. 13) aus dem Titel D. 23, 3 noch fr. 5, 12; 36; 43 pr. (alle Ulpian); 58, 1 (Celsus); 69, 4 und 5 (Papinian); 78, 1 (Tryphoninus).

I. Syntaktischer Zusammenhang

Schon BRUNS[107] hat darauf hingewiesen, dass *constituere* in diesem Zusammenhang in drei verschiedenen syntaktischen Konstruktionen[108] vorkommt, nämlich erstens mit nachfolgendem A. c. I.[109], zweitens mit einfachem Akkusativobjekt und drittens absolut, ohne jedes Objekt. In allen drei Fällen kann der Ausdruck durch eine Dativ-Ergänzung erweitert werden, die den Empfänger des Konstituts bezeichnet. Welche Bedeutungsebene lässt sich mit allen Konstruktionen vereinbaren? Die des Erschaffens scheitert einerseits schon daran, dass die Schuld, die konstituiert wird, bereits existiert, es eines kreativen Akts daher gar nicht mehr bedarf[110]. Andererseits verlangt *constituere* in dieser Verwendung ein Objekt, der nachfolgende A. c. I. kann dessen Stelle nicht einnehmen. Typischerweise taucht letzterer auf, wenn es um einen Entschluss über das zukünftige eigene Verhalten geht. *Constituere* als Bezeichnung einer solchen inneren Entscheidung verträgt sich indes weder mit dem Objekt *pecuniam* noch mit der Ergänzung im Dativ.

Bleibt also die Ebene des Bestimmens, des Festlegens. Aber auch hier bestehen aus syntaktischer Sicht Einwände: Zwar ergibt sich in allen Konstruktionen rein syntaktisch ohne weiteres ein sinnvoller Ausdruck; Schwierigkeiten bereitet aber die Satzergänzung im Dativ. Was meinen die Römer, wenn sie sagen „jemandem geschuldetes Geld festlegen“?

II. *Constituere* als einseitiges Versprechen? – Cicero *pro Quinctio*

Nach dem bisherigen sprachlichen Befund ist die Deutung der älteren Lehre[111], die noch heute in der Definition bei HONSELL/MAYER-MALY/SELB anklingt[112], es handele sich beim Schuldkonstitut schlicht um das erneute Versprechen einer

107 ZRG 1 (1861), S. 28 (31 f.); dazu ASTUTI I, S. 90 und n. 20.

108 Vgl. auch WOODCOCK, Syntax, S. 105.

109 Oder mit *ut*-Satz. Zu dieser Konstruktion und zum A. c. I. vgl. auch SCHERER, Syntax, S. 87 und 135.

110 A. A. WAELKENS Mémoires de la société pour l'Histoire du Droit et des Institutions des Anciens Pays Bourguignons, Comtois et Romands 65 (2008), S. 67 (72), der gerade diesen kreativen Aspekt des Verbums *constituere* in den Vordergrund stellt, wenn er *pecunia constituta* als "argent créé en droit" und Gegenbegriff zu *pecunia numerata* betrachtet.

111 CONTAT, Constitut, S. 9 und 10; LEONHARDT in Realencyclopaedie, sv. *constituere*, Sp. 1104; schon CUJAZ, Parat. ad. h. t. definiert: *Conventio qua quis respondet citra stipulationem soluturum se quod ipse vel alius debet: quo genere priorem obligationem non novari constat.*

112 HONSELL/MAYER-MALY/SELB, RR, S. 254 n. 34.

bereits geschuldeten Leistung, nicht überzeugend. Denn nirgendwo sonst wird *constituere* in diesem Sinne verwendet[113]. Dennoch ist das Element des Versprechens in der justinianischen Kodifikation nicht von der Hand zu weisen[114]: Es erklärt die Gleichstellung des *constitutum* mit dem *receptum argentarii* in C. 4, 18, 2 und auch seine von Justinian dort und in Nov. 115, 6 offenbar empfundene Nähe zur Stipulation.

Der älteste Bericht von einem Schuldkonstitut[115], den wir Cicero verdanken[116], scheint diese Auffassung bei oberflächlicher Betrachtung gleichfalls zu stützen. In seiner Rede *pro Quinctio* (3–5) berichtet der große Advokat folgenden Sachverhalt: Gaius Quinctius betreibt (in *societas*) mit seinem etwas zwielichtigen Kompagnon P. Naevius in Gallien Ländereien. Er verstirbt in der Provinz, nachdem er Ciceros Mandanten, seinen Bruder Publius Quinctius, testamentarisch zum Erben eingesetzt hatte. Der macht sich alsbald nach Gallien auf und lebt dort auf freundschaftlichem Fuße mit Naevius, zumal dieser mit einer seiner Nichten verheiratet ist. Obwohl verschiedentlich von dem Landgut die Rede ist, deutet Naevius im Verlauf des nächsten Jahres nicht einmal an, dass ihm noch Ansprüche gegen die Gesellschaft oder gegen seinen verstorbenen Mitgesellschafter Gaius zustünden.

Die Erbschaft ist mit Forderungen eines gewissen Scapula belastet, der seinerseits verstorben ist und eine Erbengemeinschaft hinterlassen hat; Bestimmung und Umrechnung dieser Verbindlichkeiten in römische Währung bereiten einige Mühe. Publius, der die Angelegenheit geregelt wissen will, schickt sich an, die erforderlichen Mittel durch Versteigerung seiner privaten gallischen Besitztümer zu beschaffen. Davon rät ihm Naevius wegen der momentan ungünstigen Marktlage dringend ab. Er selbst könne in Rom auf hinreichende Summen zugreifen, die er dem Publius zur Verfügung stellen wolle. Man reist also nach Rom und lässt durch den bekannten Juristen C. Aquilius Gallus[117],

113 So auch Astuti I, S. 91.

114 Zu dieser Erkenntnis gelangt auch Astuti I, S. 107.

115 Platschek, Edikt, S. 236 ff. hält allerdings nicht für sicher, dass Cicero hier ein *constituere* im Rechtssinne beschreibt.

116 Zwar glaubt Platon, NRH 35 (1911), 158 f. in den Terenz-Stellen Heauton. 726 und vor allem Phormio 676 die ältesten Zeugnisse von einem Schuldkonstitut vor sich zu haben. Indes verwendet Terenz *constituere* dort in einer anderen Bedeutung, nämlich der des Beschließens (ebenso Dejardin, L'action, S. 42 f.). Tatsächlich ist also die im Jahre 81 (s. Grimal, Cicéron, S. 449 und MacKendrick, Cicero, S. 1) gehaltene Gerichtsrede Ciceros der erste sichere literarische Beleg für die Existenz des *constitutum debiti*.

117 Aquilius Gallus ist später im Prozess gegen P. Quinctius auch als *iudex privatus* tätig; dieser Rolle scheint er sich überhaupt (als einziger der republikanischen Juristen) in besonderer Weise verschrieben zu haben: von einer Bewerbung um das Konsulat hielt ihn laut Cicero

einen Freund der Familie der Scapulae, die Höhe der Schuld in römischen Denaren bestimmen. Im Vertrauen darauf, dass Naevius ihm das Geld verschaffen werde, konstituiert Publius seine Schuld *quasi domi nummos haberet*, als habe er das Geld im Hause.

Es sieht also ganz so aus, als ob das Konstitut hier zu Abrechnungszwecken verwendet wurde, um eine einheitliche, auf römische Währung lautende Forderung zu schaffen. Beweist dies indes, dass nur ein erneutes zusammenfassendes Versprechen der bestehenden Schulden abgegeben wurde, oder ist der Inhalt des Geschäfts ein ganz anderer? Man könnte zunächst daran denken, den Hauptzweck des Geschäfts in der Umrechnung zu sehen, in der Weise, dass nunmehr die Art und Weise der Erfüllung, nämlich durch Zahlung in Denaren, festgelegt wird. Sicherlich wird auch dies eine Rolle gespielt haben, doch wirft der Fortgang der Geschichte weitere Fragen auf.

Jetzt nämlich zeigt Naevius sein wahres Gesicht und setzt P. Quinctius das Messer auf die Brust: Er weigert sich, seinen Worten Taten folgen zu lassen, bevor nicht Publius mit ihm wegen sämtlicher Gesellschaftsangelegenheiten nach seinen Vorstellungen abgerechnet habe und er sicher sein könne, dass es diesbezüglich keinen Streit zwischen ihnen geben werde. Publius, der sich weder dem Zwang seines treulosen Kompagnons beugen noch seinem Wort gegenüber den Scapulae untreu werden will, erwirkt bei letzteren einen kurzen Zahlungsaufschub und sendet sofort nach Gallien, damit sein dortiges Vermögen schnellstens zu Geld gemacht werde. Schließlich gelingt es ihm, freilich zu ziemlich ungünstigen Bedingungen, die Erben zu befriedigen.

Warum gerät Quinctius hier so sehr unter Druck (Naevius glaubt ihn *in summas angustias adductum*)? Das Geld schuldete er – ungeachtet der Berechnungsproblematik – auch vorher schon. Es war bereits mehr als ein Jahr seit dem Erbfall verstrichen, ohne dass ihm seine Gläubiger allzu sehr zugesetzt hätten. Weshalb also benötigt er auf einmal einen Zahlungsaufschub, zudem von wenigen Tagen (*paucos dies aufert*)? Es liegt nahe, den Grund dafür in dem zwischenzeitlichen Abschluss des Konstituts zu sehen. Handelte es sich dabei lediglich um ein erneutes Leistungsversprechen, so bliebe die plötzliche Eile des Quinctius unerklärlich. Doch es fehlt nicht an Hinweisen, dass das Konstitut einen anderen Inhalt hatte.

---

ad Att. 1, 1, 1 u.a. *illud suum regnum iudiciale* ab; s. hierzu KUNKEL, Herkunft und soziale Stellung der römischen Juristen, S. 22; SCHULZ, Rechtswissenschaft, S. 63.

III. *Constituere* als Terminbestimmung – Paulus D. 13, 5, 21, 1

Zahlreiche Stellen zeigen nämlich, dass es beim Konstituieren einer bestehenden Schuld gar nicht oder jedenfalls nicht nur um die Abgabe eines zweiten, inhaltsgleichen Zahlungsversprechens ging; so konnte per Konstitut etwa eine bestimmte Zeit oder ein Ort für die Zahlung festgelegt werden[118]. Ebenso konnte eine Bestimmung darüber getroffen werden, an welchen von mehreren Gläubigern zu leisten[119], oder dass mit einer anderen als der ursprünglich geschuldeten Leistung zu erfüllen sei[120]. Mit dem *constitutum* hat man also die Modalitäten, die genauen Umstände der Erfüllung der bereits bestehenden Schuld festgelegt. Vor allem der Bestimmung eines Termins für die geschuldete Leistung ist besonderes Gewicht beizumessen. Es war unter den römischen Juristen sogar streitig, ob die Bestimmung eines solchen für die Wirksamkeit des Konstituts notwendige Voraussetzung sei. Diese Frage behandelt Paulus im 29. Buch seines Ediktskommentars.

> Paulus D. 13, 5, 21, 1 (29 ad edictum):
> Si sine die constituas, potest quidem dici te non teneri, licet verba edicti late pateant: alioquin et confestim agi tecum poterit, si statim ut constituisti non solvas: sed modicum tempus statuendum est non minus decem dierum, ut exactio celebretur.

Um die exakte Bedeutung des Fragments wird gestritten. Einig ist man sich darüber, dass der Bericht des Paulus, das Edikt habe keine Bestimmung hinsichtlich eines *dies* enthalten, glaubhaft ist. Wir erfahren auch von Justinian C. 4, 18, 2, 1, dass man angeblich bis zu seiner Zeit gezweifelt habe, ob die Bestimmung eines solchen *dies* Wirksamkeitsvoraussetzung für das Konstitut sei, und dass erst er selbst diese Frage *hac apertissima lege* – im ablehnenden Sinne – geklärt habe.

Welcher Ansicht aber war Paulus? Versteht man *alioquin* als Anknüpfung an das *quidem* des ersten Satzes („im Übrigen kann aber auch sofort geklagt werden …"), und folgert, dass erst der zweite die eigentliche Entscheidung des Juristen enthält, so macht Paulus die Gültigkeit des Geschäfts grundsätzlich nicht von der Festlegung eines *dies* abhängig[121]. Zum entgegengesetzten Ergebnis gelangt, wer – wie schon die *glossa ordinaria*[122] – den zweiten Satz für ein

118 Ulpian D. 13, 5, 16, 1 (27 ad ed.).

119 Paulus D. 13, 5, 10 (29 ad ed.).

120 Ulpian D. 13, 5, 1, 5 (27 ad ed.).

121 So wird die Stelle etwa verstanden von Girard, Manuel, S. 641; Perozzi, Istituzioni, Bd. 2, S. 240.

122 Glossa *solvas* ad D. 13, 5, 21, 1: *quod est absurdum!*

argumentum ab absurdo hält[123] und übersetzt „ansonsten könnte ja sofort geklagt werden…"[124].

Die zweite Lösung scheint mir vor allem im Hinblick auf den dritten Satz des Fragments die richtige zu sein. Paulus vermeidet am Ende das seiner Ansicht nach absurde Ergebnis, dass der Konstituent auf der Stelle verklagt werden kann, indem er ihm eine mäßige Frist zur Zahlung gewährt. Das *sed* im letzten Satz knüpft an das *quidem* im ersten an. Eigentlich müsste das Konstitut nichtig sein, aber es kann durch die Ergänzung einer angemessenen Frist gerettet werden. Diesen letzten Satz hat man zwar aufgrund der „gesetzgeberischen" Festlegung einer zehntägigen Frist und des Sprachgebrauchs allgemein für einen Zusatz der Kompilatoren gehalten[125]. Doch auch wenn der Ausdruck *ut exactio celebretur* möglicherweise nicht für klassisch zu erachten ist[126], ginge es zu weit, den Satz deshalb insgesamt (und zwar auch inhaltlich) für verfälscht zu erklären.

Die Bestimmung eines *modicum tempus* muss durchaus nicht unklassisch sein, mag dem Begriff auch eine gewisse Schärfe abgehen[127]. Immerhin berichtet Ulpian davon, dass schon Celsus diese Wendung gebraucht, noch dazu in einem dem Konstitut nicht unähnlich gelagerten Fall.

> Ulpian D. 4, 8, 21, 12 (13 ad edictum):
> Intra quantum autem temporis, nisi detur quod arbiter iusserit, committatur stipulatio, videndum est. et si quidem dies adiectus non sit, Celsus scribit libro secundo digestorum inesse quoddam modicum tempus: quod ubi praeterierit, poena statim peti potest: et tamen inquit, et si dederit ante acceptum iudicium, agi ex stipulatu non poterit.

---

123 Astuti II, S. 42 f.; Kappeyne, Abhandlungen, S. 261 f.; Roussier, Constitut, S. 98.

124 Vgl. auch den Übertragungsvorschlag in der von Behrends/Knütel//Kupisch/Seiler herausgegebenen Neuübersetzung des Corpus Iuris Civilis: „Wenn du eine Erfüllungszusage ohne Zeitbestimmung abgegeben hast, lässt sich, obwohl der Wortlaut des Edikts weit gefasst ist, die Ansicht vertreten, dass du nicht haftest; anderenfalls würde man dich sofort verklagen können, wenn du entgegen deiner Erfüllungszusage nicht alsbald leistest."

125 Astuti II, S. 40; Beseler, Beiträge, II, S. 152; Guarneri-Citati Bull. 32 (1922), S. 241 (251 ff.); Kappeyne, Abhandlungen, S. 261; Roussier, Constitut, S. 97 f. folgern dies im Anschluss an Faber, Rationalia I+II, ad h. l. S. 579 f., dagegen aber Knütel, Stipulatio poenae, S. 137/138 n. 9.

126 Klingenberg, SZ 126 (2009), S. 187 (231 ff.) weist darauf hin, dass dieser Ausdruck durchaus auch im spätklassischen Kanzleistil Verwendung findet.

127 Daran stößt sich vor allem Guarneri-Citati Bull. 32 (1922), S. 241 (251 ff.), der die Bestimmung eines *modicum tempus* für eine justinianische Aufweichung des klassischen Grundsatzes *quotiens dies non ponitur, praesenti die debetur* hält; dagegen hält jetzt Klingenberg, SZ 126 (2009), S. 187 ff. im Wesentlichen für die Echtheit des *modicum*-Kriteriums in klassischen Texten, wobei er auf S. 231 ff. auch für die Echtheit unseres Fragments eintritt.

Die Parteien haben ein *compromissum* geschlossen, d. h. sie haben sich dem Urteil eines *arbiter* unterworfen. Dieser hat einen Spruch gefällt, dessen Bindungswirkung die Parteien mittels wechselseitiger (Straf-)Stipulationen herstellen. Denkbar ist ein Strafversprechen auch unselbständig, in Form einer Doppelstipulation (*spondesne fieri quod arbiter iusserit? si non feceris C dari?*), in den Quellen begegnet uns aber meist wie hier die selbständige Form *si non feceris quod arbiter iusserit spondesne C dari*? Der Schiedsrichter hat indes versäumt, seinem Spruch einen Termin hinzuzufügen, so dass sich die Frage stellt, wann die Strafe verfällt. Nach dem Wortlaut des Strafversprechens soll das geschehen, wenn der Verurteilte dem Spruch des *arbiter* nicht nachgekommen ist, was erst dann endgültig feststeht, wenn er die Leistung nicht mehr erbringen kann. Nach dem Grundsatz *in dubio contra stipulatorem* würde die Strafe also nie verfallen. Diese Maxime kann hier aber keine Geltung beanspruchen, denn die Ungenauigkeit geht nicht auf den Stipulator, sondern auf den *arbiter* zurück[128]. Kann die Bedingung demnach so nicht aufgefasst werden, ist der sofortige Verfall in Betracht zu ziehen, dem Celsus hier grundsätzlich den Vorzug gibt, jedoch mit der Einschränkung, dass zunächst ein *modicum tempus* für die Erbringung der Leistung zu gewähren sei.

Auf die strukturelle Ähnlichkeit von Konstitut und Strafversprechen wird im Folgenden noch einzugehen sein, hier aber interessiert uns nur, dass Celsus – wie Paulus beim Konstitut – im Falle einer fehlenden Terminsbestimmung die Gewährung einer mäßigen Zahlungsfrist fordert – ein Gedanke, der sich nach Africanus D. 44, 7, 23 (7 quaestionum) sogar schon bei Servius findet.

Ferner ist dies nicht der einzige Fall, in dem die Juristen ein *modicum tempus* oder ähnliches gewährten. So billigten sie auch dem vor Prozessbeginn geständigen Schuldner[129] und dem mit Geldlegaten belasteten Erben[130] eine angemessene Zeit zu, die geschuldete Leistung zu erbringen. Die Länge der Frist wurde dabei nach den jeweiligen Umständen bemessen. Dem geständigen Schuldner etwa stand die gleiche Zeit von 30 Tagen zu, wie sie *post condemnationem reis iudultum est*[131].

Auch den angeblich gesetzgeberischen Charakter der Festlegung einer Frist von zehn Tagen, deren Bestimmung den klassischen Juristen nicht zugestanden haben soll, vermag ich nicht zu erkennen: Schon Labeo (bei Pomponius D. 41,

128 Knütel, Stipulatio poenae, S. 136.

129 Ulpian D. 5, 1, 21 (70 ad edictum).

130 Ulpian D. 30, 7, 1, 2 (51 ad edictum); vgl. auch Paulus D. 46, 3, 105 (l. sing. ad Legem Falcidiam): *aliquo temperamento temporis*; Paulus D. 35, 2, 1, 8 (l. sing. ad Legem Falcidiam): *cum aliquo spatio*.

131 Ulpian D. 5, 1, 21 (70 ad edictum); Gellius Noct. Att. 20, 1, 42.

3, 30, 1) verwandte eine Art zehntägige Gnadenfrist[132]. Er gestattete dem Ersitzungsbesitzer von Baumaterialien, dem am Ablauf der Ersitzungszeit nur noch zehn Tage oder weniger fehlten, dieselben ohne Unterbrechung der *usucapio* in ein Gebäude einzubauen, wenn dieses sich gleichfalls in seinem Besitz befand. Ebenso berichtet Ulpian D. 5, 1, 69 von einer mindestens zehntägigen Frist, die im Versäumnisverfahren des Kognitionsprozesses gegen den *contumax* zwischen den verschiedenen ediktalen Ladungen einzuhalten sei[133]. Die Ansetzung von zehn Tagen als kurze Frist kommt also auch anderswo vor. Im Übrigen berühmt sich ja wie gesagt Justinian, die Frage nach dem Erfordernis eines Termins durch dessen vollständige Ablehnung endgültig geklärt zu haben. Die Kompilatoren müssten also gegen die ausdrückliche Bestimmung des Kaisers durch die Hintertür doch wieder eine – wenn auch weiche – Frist eingeführt haben.

Nach allem ist die Verwendung eines (angeblich) unscharfen Begriffs wie *modicum tempus* nicht als ausreichendes Verdachtsmoment gegen die inhaltliche Klassizität des fr. 21, 1 anzusehen.

Für plausibler halte ich die Erklärung, dass Paulus sich hier von der Erforderlichkeit eines *dies*, die er grundsätzlich anerkennt, ein Stück weit entfernt und begünstigend im Falle seines Fehlens das Geschäft nicht vollständig scheitern lässt, sondern einen solchen gleichsam als *ipso iure* ergänzt betrachtet. Ganz ohne *dies* kam das Konstitut zur Zeit des Paulus eben noch nicht aus.

Eines jedenfalls macht die Diskussion um die Erforderlichkeit eines Termins deutlich: Es handelt sich beim *dies* um einen zentralen Punkt des Geschäfts[134]. Das Verdienst, als erster dessen besondere Bedeutung herausgearbeitet zu haben, wird allgemein Bruns[135] zugeschrieben[136]. Astuti[137] ist, die Folgerungen

132 Darauf weist schon Karlowa, RG II, S. 1376 f. und 400 n. 1 hin.

133 Auf die von Steinwenter, Versäumnisverfahren, S. 47 f. erhobene Frage, ob *per intervallum non minus decem dierum* mit „während eines Zeitraums von zehn Tagen“ oder – wie er und Kaser/Hackl, RZ, S. 478 annehmen – „nach einem Zeitraum von zehn Tagen“ zu übersetzen sei, braucht hier nicht eingegangen werden, da jedenfalls die Länge der Frist unstreitig ist.

134 Anders jetzt Platschek, Edikt, S. 145 ff., der bezweifelt, dass der *dies* jemals essentieller Bestandteil des ediktalen *constituere* war; dazu unten S. 460 ff.

135 ZRG 1 (1861), S. 28 (31). Dagegen misst Philippin, Constitut, S. 14 dem *dies* keine besondere Bedeutung für das Verständnis des Wortes *constituere* bei, wenn er formuliert „c'est donner l'assurance au créancier que la somme est ou sera disponible“, „que la dette sera payée“ (s. auch S. 37 und S. 47).

136 Freilich nicht ganz zu Recht, denn bereits sieben Jahre vor Bruns hatte Mehls in einer (in der Diskussion offenbar völlig unberücksichtigt gebliebenen) Leipziger Dissertation aus dem Jahre 1854 die Änderung bzw. erstmalige Festlegung eines Leistungstermins *ex intervallo* als die ursprüngliche Funktion des *constitutum debiti* angesehen.

137 Astuti I, S. 107 ff.

KARLOWAS[138] aus der BRUNS'schen Erkenntnis vertiefend, einen Schritt weiter gegangen. Die Tatsache, dass ein *dies* von den Klassikern als Wirksamkeitsvoraussetzung des Konstituts betrachtet wurde, zeige, dass es sich bei dessen Festlegung um den eigentlichen Inhalt des Geschäftes handelte. Ein erneutes Zahlungsversprechen habe der Rechtsakt *constituere* ursprünglich allenfalls „in secondo piano" dargestellt[139].

Unser sprachlicher Befund stützt diese Annahme. Wird nämlich erstens mit *constituere* stets ein Akt des ordnenden Zugriffs bezeichnet, verwenden aber zweitens außer Justinian auch schon die klassischen Juristen den Terminus im Sinne eines Versprechens, so liegt eine Deutung, die beide Erscheinungen befriedigend zu erklären vermag, auf der Hand: Wer einen Termin für eine Leistung bestimmt, setzt zunächst einmal voraus, dass er sie überhaupt erbringen wird[140]. Implizit sagt er also die Erfüllung selbst zu, mag es ihm auch in erster Linie auf die Festlegung eines Termins ankommen. Dieser zweite, ursprünglich nachrangige Aspekt hat im Laufe der Entwicklung mehr und mehr an Bedeutung gewonnen. In klassischer Zeit wurde die Erforderlichkeit eines Termins dann bereits angezweifelt und von Justinian schließlich ganz und gar aufgehoben.

IV. Bedeutung des Termins – *dies intra quem* oder *dies quo*?

Indes machte nicht jede Bestimmung eines *dies* eine *pecunia debita* zur *pecunia constituta.* Paulus[141] lehrt, dass das römische Recht grundsätzlich zwei Arten des *dies* unterscheide: einen Zeitpunkt, von dem an eine Leistung vom Schuldner verlangt werden kann (aufschiebender Termin oder *dies a quo*), und einen Zeitpunkt, bis zu dem sie gefordert werden kann (auflösender Termin oder *dies ad quem*). Mit einem Termin der zuletzt genannten Art haben wir es hier sicher nicht zu tun: die konstituierte Schuld sollte ja nicht mit Verstreichen des Termins erlöschen. Ganz im Gegenteil: Erst mit Ablauf des bestimmten *dies* entsteht die Konstitutsklage. Also scheint es sich um einen *dies a quo* zu handeln[142]. Ganz so einfach liegt der Fall jedoch nicht: Gegenüber dem *dies a quo* bei Paulus,

138 RRG II, S. 1371.

139 ASTUTI I, S. 89.

140 In dieser Richtung äußert sich auch KNÜTEL, Stipulatio poenae, S. 192 f. (bezogen auf Paulus D. 13, 5, 17): „Paulus […] spaltet die terminierte Zusage […] in das „doppelte" Versprechen auf, zum Termin zu leisten und überhaupt zu erfüllen."

141 D. 44, 7, 44, 1 (22 ad ed.): *Circa diem duplex inspectio est: nam vel ex die incipit obligatio aut confertur in diem.* […]

142 Das folgert auch MEHLS, De origine, S. 14 f.

dessen Folge eine andere ist, als uns die trügerische Wortwahl des Juristen (*incipit obligatio*) glauben machen könnte, besteht ein wichtiger Unterschied. Beim einfachen *dies a quo* entstand die Verbindlichkeit sofort mit Abschluss des Geschäftes, nur ihre Erfüllung war hinausgeschoben, wie ein anderes Paulus-Fragment beweist: *praesens obligatio est, in diem autem dilata solutio*[143]. Die Situation beim Konstitut war eine andere: Auf der einen Seite steht die Hauptverbindlichkeit, auf die sich das Konstitut bezieht. Zwar findet sich nirgends in den Quellen ein Beweis dafür, dass der Gläubiger vor Ablauf des *dies* nicht einfach die Hauptklage anstrengen konnte, indes wird man annehmen müssen, dass der Prätor dem Schuldner in diesem Fall häufig eine *exceptio* gewährte[144]. Dann entspricht die Situation soweit derjenigen bei einem einfachen *dies a quo*.

Doch die *actio de pecunia constituta* selbst entsteht erst mit Ausbleiben der Leistung am festgelegten Termin. Der Schuldner muss also nicht *ab*, sondern *an* dem festgelegten Tag leisten, um den Verfall der Konstitutsklage zu vermeiden.

Astuti verwendet hierfür den Begriff *dies intra quem*[145]. Da es beim Konstitut aber um die exakte Festlegung des Zeitpunkts für die Leistung geht, ist die Bezeichnung nicht vollkommen präzise, denn der Schuldner sagte nicht etwa zu, b i s z u dem Termin die Leistung zu erbringen, sondern gerade a n d e m T e r m i n . Das beweisen die nachstehenden Texte.

> Ulpian D. 13, 5, 18 pr. (27 ad edictum):
> Item illa verba praetoris ‚neque per actorem stetisse' eundem recipiunt dubitationem. Et Pomponius dubitat, si forte ad diem constituti per actorem non steterit, ante stetit vel postea. Et puto et haec ad diem constituti referenda. [...]

Die Konstitutsklage konnte der Kläger grundsätzlich nur erheben, wenn das Ausbleiben der Leistung nicht ihm selbst vorzuwerfen war. Pomponius zweifelte, was zu gelten habe, wenn ein vom Kläger ausgehendes Leistungshindernis zwar nicht am Tag der Leistung selbst, aber doch vorher oder nachher bestanden hatte. Auf das Problem der nachträglichen Erfüllung und ihrer Auswirkung auf den Verfall der Konstitutsklage wird im zweiten Teil der Arbeit einzugehen sein. An dieser Stelle braucht uns nur zu interessieren, dass Ulpian ein derartiges Leistungshindernis v o r dem vereinbarten Tag für unbeachtlich hält, wenn er die ediktale Bestimmung *neque per actorem stetisse* einzig und allein auf den

143 D. 45, 1, 46 pr. (12 ad Sab.): ‚*Centesimis kalendis dari*' *utiliter stipulamur, quia praesens obligatio est, in diem autem dilatam solutio*. S. auch Paulus D. 12, 6, 10 (7 ad Sab.): *In diem debitor adeo debitor est, ut ante diem solutum repetere non possit.*

144 Jedenfalls dann, wenn die Parteien zum Ausdruck gebracht hatten, dass der Konstituent vor dem *dies constituti* nicht in Anspruch genommen werden sollte.

145 Astuti I, S.109.

dies constituti beziehen will. Vor dem Termin konnte der Gläubiger die Leistung also zurückweisen, ohne dass er sich damit die Konstitutsklage abgeschnitten hätte. Wenn es um Geldschulden ging, wird ein solcher Fall in der Praxis freilich kaum vorgekommen sein, denn die Entgegennahme der Leistung war dann für den Gläubiger nicht mit nennenswertem Aufwand verbunden. Anders liegt der Fall jedoch, wenn es um eine größere Menge vertretbarer Sachen ging, die etwa eingelagert werden mussten o. ä.; hier konnte der Gläubiger, z. B. wenn er Zeit benötigte, entsprechende Lagerkapazitäten zu beschaffen, durchaus ein Interesse daran haben, dass der Schuldner nicht vorzeitig leistete. Daher durfte er die Annahme der vorzeitigen Leistung verweigern. Eine präzisere Bezeichnung als die von Astuti gewählte scheint mir deshalb die als *dies quo* zu sein.

Es geht also um einen absoluten Leistungstermin, nach dessen Verstreichen die *actio de pecunia constituta* entsteht. Dieses Verständnis des Konstituts galt zwar in klassischer Zeit nicht mehr unbestritten, doch wird es noch von Ulpian gegen eine weniger strenge Ansicht verteidigt:

> Ulpian D. 13, 5, 16, 4 (27 ad edictum):
> Haec autem verba praetoris neque fecisse reum quod constituit utrum ad tempus constituti pertinent an vero usque ad litis contestationem trahimus, dubitari potest: et puto ad tempus constituti.

Nach der Gegenauffassung, vertreten übrigens von Paulus[146], der ja schon oben gezeigt hat, dass ihm die Bedeutung eines *dies* zwar noch bewusst ist, er ihr aber keine alles entscheidende Bedeutung mehr beimisst, soll der Konstituent entweder im Wege einer „gerechten Auslegung“[147] oder einer vom Prätor zu gewährenden *exceptio* auch dann noch einmal davon kommen, wenn er die Leistung erst nach dem Termin anbietet und der Gläubiger kein Recht hat, die Annahme zu verweigern.

---

146 Paulus D. 13, 5, 17 (29 ad edictum): *Sed et si alia die offerat nec actor accipere voluit nec ulla causa iusta fuit non accipiendi, aequum est succurri reo aut exceptione aut iusta interpretatione, ut factum actoris usque ad tempus iudicii ipsi noceat: ut illa verba neque fecisset hoc significent, ut neque in diem in quem constituit fecerit neque postea.*

147 Insoweit wird die Paulus-Stelle häufig verdächtigt, s. etwa Kaser, Restituere, S. 122; Magdelain, Consensualisme, S. 132 n. 285, 134 n. 291 und 293, 169 n. 380; Roussier, Constitut, S. 108. Am weitesten gehen Astuti II, S. 28 ff. und Guarneri Citati, Contributi, S. 175 ff., 237 und 240 ff., die *aut, aut iusta interpretatione* und *ut illa verbis* rell. streichen wollen. Demgegenüber hat Knütel, Stipulatio poenae, S. 192 und n. 29 mit Recht darauf hingewiesen, dass der Kontext eine Interpolation äußerst unwahrscheinlich macht: stammte die Paulus zugeschriebene Ansicht tatsächlich von den Kompilatoren, so hätten sie sich kaum damit begnügt, sie in die Ausführungen Ulpians einzubetten, in denen dieser das genaue Gegenteil vertritt. Man sollte annehmen, dass sie zumindest D. 13, 5, 16, 4 gestrichen hätten, um ihre Auffassung als unangefochten erscheinen zu lassen. Die Mutmaßung Astutis II, S. 31, man habe die Gegenansicht schlicht übersehen, ist mehr als unglaubwürdig.

V. *Constituere* als einseitiger Akt

Es bleibt noch die schon oben § 3 n. 68 aufgeworfene Frage, ob das *constitutum* durch einen einseitigen Akt erfolgt, oder ob sein Zustandekommen das Resultat eines zweiseitigen Geschehens ist. BRUNS und DEJARDIN wollen letzteres schon aus dem *con* schließen, das die Beteiligung mehrerer Personen zum Ausdruck bringe[148]. Wie sich gezeigt hat, ist dieses Argument wenig stichhaltig: Das *con* in *constituere* bezeichnet in aller Regel keine Subjekts-, sondern eine Objektsmehrheit. Als aktiver Part begegnet uns in den Quellen immer allein der Konstituent, der dem – passiv bleibenden – Gläubiger die Begleichung der Schuld bis zu einem bestimmten Tag zusagt[149]; der Gläubiger nimmt das Konstitut nur entgegen und ist nicht etwa selbst Konstituent[150]. Dennoch spricht Ulpian D. 13, 5, 1 pr. von *constituta ex consensu facta*, er scheint also von einer Beteiligung des Gläubigers am Abschluss des Geschäfts auszugehen. Die Stelle ist sicherlich nicht frei von Verdachtsmomenten[151], doch spricht die Tendenz Justinians, das Konstitut als einseitiges Erfüllungsversprechen aufzufassen, für die Echtheit jedenfalls des zitierten Satzteils[152].

Der entscheidende Punkt ist die tatsächliche Dispositionsfähigkeit des Konstituenten. Auf der einen Seite geht es beim Konstitut um das zukünftige Verhalten des Schuldners, nämlich seine Zahlung am *dies*. Zwar war er zur Leistung schon vorher verpflichtet, doch solange sein Gläubiger ihn nicht verklagte und mit Erfolg die Zwangsvollstreckung betrieb, entschied rein tatsächlich er allein darüber, ob und wann er seine Leistung erbrachte. Wenn er demnach erklärte, er werde zu einem bestimmten Zeitpunkt leisten, bedurfte es dazu der Mitwirkung des Gläubigers nicht, es sei denn, mit dieser Erklärung sollten Rechtswirkungen erzielt werden, die in dessen Sphäre eingriffen. Dass der

148 BRUNS, ZRG 1 (1861), 28 (32); DEJARDIN, L'action, S. 7; a. A. ASTUTI I, 87 ff.; PHILIPPIN, Constitut, S. 9 ff.; einschränkend COSTA, SDHI 77 (2011), S. 129 (160): „forse ipotizzabile per le origini dell'istituto".

149 Vgl. in D. 13, 5 die Fragmente 2; 3, 2; 4; 5 pr., 1, 4, 5, 6, 8; 11 pr.; 13; 14 pr.; 18, 1; 19, 2; 21 pr. und 2; 23; 28. S. auch D. 46, 3, 59; PS 2, 2, 1; Inst. 4, 6, 9; C. 4, 18, 1. Keine Ausnahme bildet – entgegen COSTA, SDHI 77 (2011), S. 129 (160 n. 33) – fr. 16, 1, s. u. S. 142 n. 521.

150 Irreführend ist es daher, wenn in der älteren Literatur gelegentlich von einem konstituierenden Gläubiger, einem *creditor constituens* die Rede ist; wie hier jetzt mit Recht auch PLATSCHEK, Edikt, S. 175: der Empfänger der Zusage wird in den Quellen nie als *constituens* bezeichnet; vgl. auch COSTA, SDHI 77 (2011), S. 129 (160 ff.).

151 ROUSSIER, Constitut, S. 13 bezeichnet sie als „pieuse genuflexion"; die Echtheit bezweifeln auch BESELER, SZ 45 (1925), S. 453; PHILIPPIN, Constitut, S. 30; PRINGSHEIM, SZ 42 (1921), S. 667 n. 5; SCHULZ, Einführung, S. 35. Für Echtheit dagegen TONDO, Labeo 4 (1959), S. 208 (220); auch ASTUTI I, S. 89; II, 14 f. und n. 12.

152 TONDO, Labeo 4 (1959), S. 208 (220).

Schuldner nicht durch einseitige Erklärung, er werde am *dies* leisten, bis dahin eine *exceptio* gewinnen konnte, liegt auf der Hand[153]. Sollte das Konstitut eine aufschiebende Wirkung haben, so musste sich der Konstituent darüber mit dem Gläubiger einigen, damit der Prätor eine *exceptio* gewähren konnte[154]. Diese Einigung fand aber wiederum, wie schon mehrfach beobachtet, im Vorfeld des eigentlichen Konstituts statt. Die Handlung *constituere* selbst erfolgt hier wie stets allein durch das Subjekt, den Schuldner.

Für die Zwecke der *actio de pecunia constituta* genügte also die einseitige Zusage des Schuldners, er werde an einem bestimmten Termin leisten; ausschließlich an dieses *factum* knüpft der Prätor an.

VI. Folgerungen

Bezogen auf den Fall des P. Quinctius bei Cicero müssen wir nach dem bisher Gesagten davon ausgehen, dass er seinen Gläubigern (einseitig) die Begleichung seiner Verbindlichkeiten in einer bestimmten Weise (nämlich in Denaren), vor allem aber an einem bestimmten Termin – wahrscheinlich noch am gleichen Tage, denn er glaubte ja, über die Mittel des Naevius sofort[155] verfügen zu können – zugesagt hatte[156].

Dem *constituere pecuniam debitam*, das wir im Corpus Iuris Civilis vorfinden, lag also ursprünglich ein Festlegen zugrunde, nämlich das Festlegen eines Termins (und anderer Modalitäten) für die Leistung, das zwar in den justinianischen Quellen durch das Element des Versprechens verschüttet sein mag, keineswegs aber völlig verloren gegangen ist. Diese Erkenntnis bildet den Schlüssel zum richtigen Verständnis der Entstehung und der Entwicklung des *constitutum debiti*, die im Folgenden untersucht werden.

153 Vgl. Costa, SDHI 77 (2011), S. 129 (164).

154 Nach Frezza, Garanzie, S. 267 soll infolge des Konstituts die Hauptschuld regelmäßig durch eine *exceptio* gehemmt sein. Ricart, FS Murga-Gener S. 695 (700) glaubt einen Beweis hierfür in Paulus D. 13, 5, 17 zu finden, doch betrifft die dort diskutierte *exceptio* einen völlig anderen Fall, nämlich die Erhebung der *actio de pecunia constituta* nach Ablauf des *dies*, wenn der Konstituent in der Zwischenzeit die Leistung verspätet angeboten und der Gläubiger sie *sine iusta causa* nicht angenommen hat. Für die Frage, ob sich aus dem *constitutum* eine *exceptio* gegen die Hauptschuld ergab, lässt sich dem Fragment m. E. nichts entnehmen. Soweit sie eine *exceptio in factum* für wahrscheinlicher hält als eine *exceptio pacti conventi*, bin ich geneigt, ihr beizupflichten. – Ausführlich zu dieser Frage nun Platschek, Edikt, S. 84 ff., wozu näher unten S. 451 ff.

155 Cic. pro Quinct. 5: *Quasi domi nummos haberet, ita constituit Scapulis se daturum.*

156 Vgl. Gasquy, Cicéron jurisconsulte, S. 50 und n. 3; Guigné, Constitut, S. 18; Roussier, Constitut, S. 125.

Kapitel 2 – Die Entstehung des Konstituts als eigenständiges Rechtsinstitut

§ 6 Grundlegung

I. Kurze Exposition der einschlägigen Quellen und ihrer Deutung

Die klassische *actio de pecunia constituta* war eine Schöpfung des römischen Prätors. Die Suche nach den Anfängen des ihr zugrunde liegenden Geschäfts ist die Suche nach den Gründen, die den Magistrat zu ihrer Gewährung bewogen haben mögen. Das Quellenmaterial, das uns unmittelbar diesbezügliche Informationen zur Verfügung stellt, nimmt sich recht bescheiden aus: Auf der einen (der nachklassischen) Seite steht die Konstitution Justinians (C. 4, 18, 2) aus dem Jahr 531, in der er die Verschmelzung der *actio constitutoria* mit der *actio recepticia* anordnet, und die Darstellung des byzantinischen Rechtslehrers und Kompilators Theophilos in seiner griechischen Paraphrase der justinianischen Institutionen (Theoph. par. 4, 6, 8), in deren Verlauf er sich über die Gründe des Prätors für die Bereitstellung der Konstitutsklage äußert.

Auf der anderen Seite nennt (Pseudo-?) Ulpian als Grund für das Einschreiten des Prätors in der Titeleinleitung zu D. 13, 5 *De pecunia constituta* den Treubruch, das *fidem fallere* des Schuldners. Ulpian (D. 13, 5, 3, 2) verdanken wir auch ein Labeo-Zitat zur Einführung des Konstituts.

In der romanistischen Literatur hat die unsichere Quellenlage eine kontrovers geführte Diskussion ausgelöst, in deren Verlauf man eine Vielzahl von mehr oder weniger gelungenen Hypothesen aufgestellt und wieder verworfen hat. Bald betrachtete man das Konstitut als Erweiterung des *receptum argentarii*[157], bald nahm man an, es habe lediglich zur Festlegung oder Änderung eines Termins *ex*

---

157 Guigné, Constitut, S. 16; Haranger, Constitut, S. 16 f. und 273; Ortolan, Explication Bd. 3, S. 342; van Wetter, Pandectes Bd. 3, S. 395 f.

intervallo gedient[158], bald befand man, es handele sich um eine Fortbildung aus der *pactio* der 12 Tafeln und habe ursprünglich die Aussetzung der Vollstreckung in die Person des Schuldners bewirkt[159], oder man sah den ursprünglichen Zweck ganz allgemein in der Vereinbarung eines Zahlungsaufschubs[160]. Ausländische Einflüsse glaubte man entdecken zu können[161]: Das Konstitut sei nichts anderes als die Übernahme der im orientalischen Rechtskreis üblichen ἡμιολία[162] oder eine Imitation des griechischen δάνειον[163]. Der überwiegende Teil der monographischen Literatur des 20. Jahrhunderts sucht die Anfänge des *constitutum debiti* in der Unzulänglichkeit der strengrechtlichen Klagen, dem Gläubiger sein Interesse an der pünktlichen Erfüllung einer Verbindlichkeit zu verschaffen[164].

II. Historischer Rahmen

Bevor die genannten Quellen und die von der romanistischen Literatur daraus gezogenen Schlüsse einer genauen Analyse unterzogen werden können, sind einige Überlegungen voranzuschicken.

Eine zweifelsfreie Rekonstruktion der Entstehung des ursprünglichen Konstituts lässt sich aufgrund der Defizienz der Quellen nicht bewerkstelligen. Wir sind vielmehr auf Hypothesen angewiesen. Ohne solche kann bekanntlich Geschichte (und gerade auch Rechtsgeschichte) nicht betrieben werden. Den besonderen Reiz der Ergründung der Frühgeschichte eines Rechtsinstituts und den wissenschaftlichen Nutzen, den sie verspricht, aber auch ihre Gefahren, kann man nicht besser beschreiben als Kübler[165] es tut:

> „Solche Wanderungen in das Nebelland der Urzeit sind stets ein anmutiges Spiel der Phantasie. Sie entbehren auch nicht des wissenschaftlichen Wertes, denn ohne Hypothesen ist es nicht möglich, die Anfänge der Institutionen aufzudecken."

Eine gelungene Hypothese muss auf einer soliden Tatsachenbasis gründen, nur eine möglichst genaue Kenntnis der historischen Fakten ermöglicht die

158 Mehls, De pecuniae constitutae origine atque prima natura , passim.
159 Valery, Histoire, S. 74.
160 Kappeyne, Abhandlungen, S. 245; Cuq, Institutions, S. 511; neuerdings LaRosa, Labeo 43 (1997), S. 202 (212), die an eine Herkunft aus dem Legisaktionenprozess glaubt.
161 So jetzt auch Platschek, Edikt, S. 1 ff.; 56 ff.: „griechisches Recht im prätorischen Edikt".
162 Revillout, Origines, S. XLV ff.; vgl. auch Cuq, Institutions, S. 512 n. 1.
163 So Philippin, Constitut, S. 38 ff.
164 Astuti I, S. 128 f.; II, S. 2; Dejardin, L'action, S. 28 ff.; Karadeniz, Constitutum, S. 23 ff. und 243; Roussier, Constitut, S. 106 ff.
165 SZ 30 (1908), S. 420.

Überprüfung ihrer Tauglichkeit. Es ist daher erforderlich, in einem ersten Schritt einige Eckdaten zu ermitteln, die als gesichert oder doch ganz überwiegend wahrscheinlich gelten können, und so einen Rahmen zu schaffen, der die Bewertung der bereits vorgetragenen Systeme ermöglicht und gleichzeitig die Grundlage für die Entwicklung einer eigenen Meinung bildet. Die folgenden fünf Punkte verdienen besondere Aufmerksamkeit.

1. Das Konstitut als Terminzusage

Zunächst ist zu bedenken, dass eine rechtschöpferische oder rechtsfortbildende Intervention des Prätors nur erfolgte, wenn eine Unzulänglichkeit des bereits geltenden Rechts sie erzwang, etwa weil ein im Rechtsverkehr üblich gewordenes Verhalten keine zivilrechtlichen Folgen auslöste. Daher ist im Folgenden der Versuch zu unternehmen, Regelungslücken im Zivilrecht aufzuzeigen, welche die *actio de pecunia constituta* in ihrer ursprünglichen Form zu schließen geeignet (und deshalb möglicherweise bestimmt) war.

Inhaltlich ist der entscheidende Punkt im vorangegangenen Abschnitt herausgearbeitet worden: Das Konstitut diente ursprünglich der Festlegung eines bestimmten Termins für die Leistung des Schuldners. Obwohl es sich hierbei nicht um eine in den Quellen unmittelbar zum Ausdruck gebrachte Tatsache handelt, dürfen wir uns aufgrund der oben durchgeführten Untersuchung für berechtigt halten, diesen Inhalt des Geschäfts als so überwiegend wahrscheinlich zu betrachten, dass er als gesichert gelten kann. Die Entstehung der Konstituts*klage* muss mit diesem ursprünglichen Geschäftsinhalt zusammenhängen.

2. Beschränkung auf Geld und fungible Sachen

Eine weitere wichtige Beobachtung ist die ursprüngliche Beschränkung des Konstituts auf Schulden eines bestimmten Inhalts. Justinian berichtet ausdrücklich[166], dass die Konstitutsklage nach den *veteres* auf (Geld und) vertretbare Sachen[167] beschränkt war. Neben der Titelüberschrift *de pecunia constituta* (D. 13, 5) bzw. *de constituta pecunia* (C. 4, 18) und der häufigen Bezeichnung der Konstitutsklage als *actio de pecunia constituta* oder *actio pecuniae constitutae* bestätigen auch die sonstigen Quellen, dass ursprünglich nicht jeder Schuldgegenstand Objekt eines Konstituts sein konnte.

166 C. 4, 18, 2, 1.

167 Dazu jetzt kritisch VARVARO, AUPA 52 (2007–2008), S. 327 ff., der davon ausgeht, dass ursprünglich nur *pecunia numerata* Gegenstand des Konstituts sein konnte; ihm zustimmend COSTA, SDHI 77 (2011), S. 129 (148); dagegen sogleich im Text.

Eine Ausnahme scheint auf den ersten Blick der von Julian diskutierte Fall eines verstorbenen Sklaven darzustellen.

> Julian D. 13, 5, 23 (11 digestorum):
> Promissor hominis homine mortuo, cum per eum staret quo minus traderetur, etsi hominem daturum se constituerit, de constituta pecunia tenebitur, ut pretium eius solvat.

Jemand hat in Stipulationsform die Übereignung eines Sklaven versprochen. Obwohl dieser noch vor der Übergabe, die aus vom Schuldner zu vertretenden Gründen unterblieben war, stirbt, konstituiert der Schuldner *hominem se daturum*. Julian befindet, das Konstitut sei wirksam, der Gläubiger könne mit der Konstitutsklage die Verurteilung in den Wert des Sklaven erreichen.

Astuti und Roussier halten die Stelle für verfälscht. Geschuldet sei wegen des Grundsatzes der *perpetuatio obligationis* weiterhin der Sklave gewesen. Da der Schuldner gleichwohl konstituiert hatte, den Sklaven zu übereignen, ein solches Spezies-Konstitut aber nach klassischem Recht nicht möglich gewesen sei, hätte Julian ihrer Ansicht nach die Haftung ablehnen müssen[168].

Wenn man Astuti und Roussier darin folgt, dass der Sklave selbst wegen *perpetuatio obligationis* geschuldet und konstituiert war, entgegen ihrer Ansicht aber die Stelle für echt hält, so ergibt sich dennoch nicht, dass bereits im klassischen Recht das Konstitut einer Spezies möglich war.

Die Annahme dieser Autoren, in dem Fragment solle ein *constitutum* für eine Speziesschuld anerkannt sein, ist ebenso wenig haltbar wie die Interpolationsvermutung: Julian hat hier nicht ein Spezies-Konstitut für gültig erklärt, sondern eine Auslegung nach dem Parteiwillen vorgenommen. In der Tat schuldet der *perpetuatio obligationis* auslösende Schuldner eigentlich weiterhin die Sache, doch ist dies eine bloße Fiktion, ein gedanklicher Behelf, um die Verurteilung in deren Wert zu ermöglichen[169]. Das war einem Juristen vom Range Julians natürlich bewusst. Es ist daher viel wahrscheinlicher, dass Julian die Fiktion hier ganz einfach nicht weiter treibt, als ihr Zweck es erfordert, und dass er als materiell geschuldet das *pretium* betrachtet. So verhilft er der in ihrer Bezugnahme auf den Sklaven formal richtigen, aber gerade deshalb eigentlich unwirksamen[170]

---

168 Astuti II, 178 f.; Roussier, Constitut, S. 84 f.; a. A. Koschaker, SZ 63 (1943), S. 469 (474 n. 7); Mayer-Maly, SZ 76 (1959), S. 616 (619 und n. 22).

169 Vgl. Koschaker, SZ 63 (1943), S. 469 (474 n. 7); Mayer-Maly, SZ 76 (1959), S. 616 (619 und n. 22); Voci, Risarcimento e pena privata, S. 33.

170 Denn ein Konstitut *se hominem daturum* war zu klassischer Zeit gerade nicht möglich; insofern haben Astuti II, 178 f. und Roussier, Constitut, S. 84 durchaus Recht; vgl. auch Koschaker, SZ 63 (1943), S. 469 (474 n. 7).

Konstitutserklärung im Wege der begünstigenden Auslegung zur Wirksamkeit. Das entspricht auch der Lösung, die Paulus D. 13, 5, 21 pr. für den Fall findet, dass nach dem Tod des Sklaven während des Schuldnerverzugs tatsächlich *pretium se soluturum* konstituiert wurde: Der Konstituent haftet, obwohl eigentlich nicht der Wert, sondern weiter der Sklave geschuldet war. Damit entfällt zugleich der einzige Verdachtsgrund, den ASTUTI und ROUSSIER gegen die Stelle vorbringen können. Wir werden beide Texte weiter unten noch ausführlich untersuchen[171]; einstweilen mag genügen, dass sie kein Argument gegen die ursprüngliche Beschränkung des Konstituts auf Geld und fungible Sachen liefern.

Neuerdings hat VARVARO die These aufgestellt, die Konstitutsklage sei ursprünglich allein auf Geldschulden beschränkt gewesen[172]. Ein Konstitut fungibler Sachen sei in den Quellen erstmals bei Ulpian erwähnt (D. 13, 5, 1, 5). Bei den früheren Autoren wie Julian, Gaius und Pomponius gehe es stets um *pecunia numerata*. Die Anwendung auch auf andere Sachen sei als eine spätklassische Entwicklung im Zusammenhang mit der Zulassung der *datio in solutum* zu betrachten[173]. Die *veteres*, denen Justinian in C. 4, 18, 2, 1b die Subsumtion auch der *res quae pondere numero mensura constant* unter den Begriff *pecunia constituta* zuschreibt, seien nicht die Klassiker, sondern nachklassische Bearbeiter[174]. Denn es sei kein Grund ersichtlich, warum die Klassiker in Anwendung des Gedankens der *datio in solutum* nicht-fungible Sachen vom Anwendungsbereich der Klage hätten ausnehmen sollen[175].

Einen solchen Grund hatten indes auch die Nachklassiker, die VARVARO hinter den *veteres* bei Justinian vermutet, nicht. Im Gegenteil: wie wir noch sehen werden[176], verlor das Konstitut im Vulgarrecht an Eigenständigkeit gegenüber der Stipulation. Beide Geschäfte wurden zu einem allgemeinen Leistungsversprechen verschmolzen, so dass jegliche – noch dazu gegenüber den Klassikern neue und eigenständige – Beschränkung des Anwendungsbereichs des Konstituts durch die Postklassik ausgeschlossen erscheint.

171 S. u. S. 223 ff.

172 VARVARO, AUPA 52 (2007–2008), S. 327 ff.

173 VARVARO, AUPA 52 (2007–2008), S. 327 (362 ff.).

174 VARVARO, AUPA 52 (2007–2008), S. 327 (345 mit Lit. zu dieser Verwendung des Wortes *veteres* in n. 48).

175 VARVARO, AUPA 52 (2007–2008), S. 327 (364); tatsächlich wird der Grund in der prozessbegleitenden *sponsio dimidiae partis* zu suchen sein: Während es keinerlei Schwierigkeiten bereitete, die Hälfte einer konstituierten Menge fungibler Sachen zum Gegenstand der *sponsio restipulatio* zu machen, hätte es bei anderen Sachen einer vorherigen Schätzung ihres Wertes bedurft.

176 S. u. Seite 365 ff.

Richtig ist allerdings, dass nur in der zitierten Ulpian-Stelle ein Konstitut erwähnt ist, das fungible Sachen zum Gegenstand hat. Das Schweigen der Quellen ist indes erklärlich: die kaiserliche Aufhebung der Beschränkung wird zu deren Tilgung bei der Zusammenstellung der Digesten geführt haben.

Die ursprüngliche Beschränkung auf Geld und fungible Sachen ist daher als Tatsache zu betrachten[177].

3. Gemeinsamkeiten der Konstitutsklage mit der *actio certae creditae pecuniae*

Beachtung verdienen ferner die prozessualen Besonderheiten der *actio de pecunia constituta*, die – ebenso wie die Beschränkung des Konstituts auf Geld- und Fungibilienschulden – deutliche Parallelen zur *condictio* (auch als *actio certae creditae pecuniae* bezeichnet[178]) aufweisen[179].

Zu nennen ist zunächst die *sponsio dimidiae partis*, die der Kläger vom Konstituenten verlangen konnte.

> Gai. 4, 171:
> ------- pecuniaria poena modo iurisiurandi religione *coerc*en----. eaque praetor ---- ideo -------- adversus in*fitiantes ex quibusdam* causis dupli actio constituitur, velut si iudicati aut depensi aut damni iniuriae aut legatorum per damnationem relictorum nomine agitur. Ex quibusdam causis sponsionem facere permittitur, velut de pecunia certa credita et pecunia constituta, sed certae quidem creditae pecuniae tertiae partis, constitutae vero pecuniae partis dimidiae.

Leider ist der Anfang der Stelle teilweise unleserlich. Man kann aber aus Inst. 4, 16 pr. wenn nicht den Wortlaut, so doch den Zusammenhang wiederherstellen[180]: Es geht um die *temeritas litigantium*, zu deren Abwehr man sich unter anderem der *sponsio* bediente[181]. Der Kläger ließ sich vom Beklagten die Hälfte der streitigen Summe für den Fall seines Obsiegens im Prozess versprechen.

---

177 Im Ergebnis ebenso Astuti II, S. 178 f.; Roussier, Constitut, S. 83 f.; a. A. Varvaro, AUPA 52 (2007–2008), S. 327 ff., der für eine ursprüngliche (und bis zu den Severern geltende) Beschränkung allein auf Geld eintritt.

178 Die in der früheren Lehre verbreitete Annahme, es handele sich um verschiedene Klagen, dürfte heute überwunden sein, vgl. Kaser, RP I, S. 531 mit Nachweisen auch zur Gegenansicht; Kaser/Knütel/Lohsse, Studienbuch, § 39 Rn. 5, § 83 Rn. 12.

179 Anders Platschek, Edikt, S. 41: keinerlei Gemeinsamkeit der beiden Klagen.

180 Vgl. Zulueta, Gaius I, S. 300 im Anschluss an Krüger; Seckel/Kübler, Gaius, S. 253 n. 14.

181 Vgl. für die *sponsio tertiae partis* bei der *actio certae creditae pecuniae* auch Gai. 4, 13: […] *periculosa est actio certae creditae pecuniae propter sponsionem, qua periclitatur reus, si temere neget, et restipulationem, qua periclitatur actor, si non debitum petat.*

Im Gegenzug musste er eine *restipulatio* in gleicher Höhe leisten[182]. Mit dem Prozessverlust zeigte sich nach römischer Auffassung, dass der Verlierer sich zu Unrecht auf ein streitiges Verfahren eingelassen hatte, wofür er mit der Zahlung des spondierten Teils der Streitsumme bestraft wurde. Ob die gegenüber der *sponsio tertiae partis* der *actio certae creditae pecuniae* erhöhte Sponsion bei der Konstitutsklage – wie etwa Magdelain[183] meint – einen zweiten, nicht prozessualen, sondern materiellen Zweck darin hatte, die Verzögerung der Leistung zu sanktionieren, und ob man mit Kappeyne[184] den Abschluss der *sponsio* für zwingend zu halten hat, wird an anderer Stelle zu erörtern sein[185]. Hier mag die Feststellung genügen, dass eine *sponsio* bei der *actio de pecunia constituta* ebenso vorkam wie bei der *actio certae creditae pecuniae.*

Das gilt auch für eine zweite prozessuale Eigenheit der *actio constitutoria.* Der Kläger konnte – wiederum wie bei der *condictio* – dem Beklagten ein *iusiurandum necessarium* (nicht zu verwechseln mit dem Kalumnieneid, den bestimmte Gruppen von Beklagten anstelle der *sponsio* ablegen durften) deferieren und so eine schnelle Entscheidung herbeiführen (vgl. Ulpian D. 12, 2, 14)[186].

Hinzu kommt noch die Stellung des Titels *de pecunia constituta* im Edikt: Gemeinsam mit dem *edictum de eo quod certo loco dari oportet* bildet er gewissermaßen einen Anhang zum Abschnitt *si certum petatur*, in welchem die *condictio* geregelt ist[187].

4. Datierung der Konstitutsklage

Gerade im Hinblick auf diese Verwandtschaft mit der *actio certae creditae pecuniae* spielt ohne Zweifel auch die zumindest ungefähre zeitliche Einordnung der Konstitutsklage eine wichtige Rolle. Ist sie noch vor dem Hintergrund des Legisaktionensystems entstanden, etwa im Zusammenhang mit der *legis actio per condictionem*, entstammt sie gar dem Zwölftafelrecht oder ist sie ein Produkt des Zeitalters des Formularprozesses?

Der zeitliche Rahmen ist nicht leicht abzustecken. Der älteste Quellenausspruch zur Konstitutsk l a g e stammt von Labeo. Das Konstitut als solches findet sich aber auch bei älteren Autoren. Unzutreffend ist allerdings der

182 Vgl. Gai. 4, 13; 174; 180 f.
183 Consensualisme, S. 140 f.
184 Abhandlungen, S. 209 ff. Vgl. neuerdings LaRosa, Labeo 43 (1997), S. 202 (210 f.).
185 S.dazu u. S. 284 ff.
186 Einzelheiten bei Kaser/Hackl, RZ, S. 266 ff.; Dejardin, L'action pecuniae constitutae, S. 188 ff.; Demelius, Schiedseid und Beweiseid, S. 64 ff.; Kappeyne, Abhandlungen, S. 235; Lenel, EP, S. 249; Roussier, Constitut, S. 61 ff.
187 Vgl. die Anordnung bei Lenel, EP, S. 247 ff. und schon bei Rudorff, EP, S. 103 ff.

Hinweis PLATONS[188] auf Terenz *Phormio* 676 und *Heauton.* 726, denn der Dichter gebraucht *constituere* hier in der Bedeutung des Beschließens und nicht in der spezifisch juristischen des Schuldkonstituts[189].

Jedenfalls finden wir das Konstitut in Ciceros Rede *pro Quinctio*, also zu Beginn des ersten vorchristlichen Jahrhunderts[190]. Anders als BRUNS[191] glaubt ROUSSIER[192], bei Cicero in den Atticus-Briefen noch zwei weitere Beispiele zu finden, und zwar ein Konstitut an einen anderen als den Gläubiger (*ad Att.*1, 7[193], November 68) sowie ein Konstitut fremder Schuld, *constitutum debiti alieni* (*ad Att.* 16, 15, 5, November 44).

Da das Konstitut mit Personenwechsel einer späteren Entwicklungsstufe angehören dürfte, könnte man annehmen, die Wurzeln des Konstituts müssten deutlich vor Cicero liegen. Gegen die Schlüssigkeit einer solchen Folgerung sprechen indes zwei Gründe: Zum einen stammt die Gerichtsrede *pro Quinctio* etwa aus dem Jahre 85 v. Chr., die Atticus-Briefe sind 20, bzw. 40 Jahre später verfasst worden, auch in Rom genügend Zeit für die Weiterentwicklung eines Rechtsinstituts. Zum anderen ist die Frage, ob man ROUSSIER ohne weiteres zustimmen kann, wenn er in beiden Äußerungen Ciceros ein Konstitut im technischen Sinne sehen will. Während dies für den ersten Brief trotz der von BRUNS geäußerten Zweifel anzunehmen ist, bin ich im Falle des zweiten entschieden anderer Ansicht als ROUSSIER.

Zunächst der ältere Brief. Cicero hatte Atticus gebeten, *ornamenta* für das γυμνάσιον seines tuskulanischen Domizils zu beschaffen[194]. Atticus hatte dem Wunsch seines Freundes entsprochen und eine Anzahl Statuen in Megara erworben. Dabei hatte er offenbar HS 20.400 verauslagt und dies Cicero auch mitgeteilt. Darauf wird sich die Antwort des Cicero beziehen:

> Cicero *ad Atticum* 1, 7:
> Apud matrem recte est, eaque nobis curae est. L. Cincio HS XXCD constitui me curaturum Idibus Februariis. Tu velim ea, quae nobis emisse et parasse scribis, des operam ut quam primum habeamus, et velim cogites, id quod mihi pollicitus es, quem ad modum bibliothecam nobis conficere possis. Omnem spem delectationis nostrae, quam, cum in otium venerimus, habere volumus, in tua humanitate positam habemus.

---

188 NRH 35 (1911), S. 158 (ibid.).

189 A. A. PLATON NRH 35 (1911), S. 158 (ibid.); gegen ihn DEJARDIN, L'action, S. 42 f.

190 Vgl. COSTA, SDHI 77 (2011), S. 129 (145 f.); zweifelnd PLATSCHEK, Edikt, S. 238 ff.

191 ZRG 1 (1861), S. 28 (34 n. 10, 42 und n. 23).

192 Constitut, S. 81 f. Vgl. auch GIRTANNER, Bürgschaft, S. 47 sowie REIN, Privatrecht, S. 729. Skeptisch auch DEJARDIN, L'action, S. 45.

193 Numerierung nach der Ausgabe von WINSTEDT (die der Vulgata folgt); in der Ausgabe von KASTEN 1, 3.

194 Cic. ad Att. 1, 6, 3.

Roussier versteht die Bemerkung Ciceros im technischen Sinn: Der Rhetor habe Atticus mitgeteilt, dass er dem L. Cincius, der die Interessen des Atticus in Rom vertrat[195], die ausstehende Summe für den 15. Februar konstituiert habe.

Die präzise Bezeichnung des Zahlungstermins ist in der Tat ein starkes Indiz dafür, dass Cicero dem Cincius eine Zahlungzusage im Sinne des Edikts erteilt hatte. Dagegen bezweifelt Bruns[196] wegen des Ausdrucks *me curaturum*, der nach seiner Ansicht zur Bezeichnung der Begleichung einer Schuld unpassend ist, den Abschluss eines Konstituts – kein sehr überzeugendes Argument, findet sich diese Wendung bei Cicero doch des Öfteren, insbesondere wenn die Zahlung über Dritte (etwa eine Bank) abgewickelt wird[197].

Schwerer wiegt eine sprachliche Unsicherheit: Ob der Dativ *Cincio* das Prädikat *constitui* ergänzt („ich habe dem Cincius zugesagt, an den Iden des Februar 20.400 Sesterzien zu bezahlen") oder zu dem A.c.I. *HS XXCD me curaturum* gehört („ich habe mich entschlossen, dem Cincius an den Iden des Februar 20.400 Sesterzien zu bezahlen"), ist nicht ganz eindeutig zu erkennen. Kasten gibt in seiner zweisprachigen Ausgabe der Atticus-Briefe der zweiten Variante den Vorzug[198]. Der Kontext legt aber nahe, dass Cicero mitteilen wollte, er habe dem Cincius die Zahlung bereits fest zugesagt, denn immerhin bittet er im Folgenden um die möglichst schnelle Übersendung der von Atticus gekauften Statuen sowie darum, ihm eine Bibliothek zusammenzustellen, also wohl auch weitere Kosten vorzuschießen. Die Mitteilung einer rechtsverbindlichen Zusage gegenüber Cincius dürfte er als eher geeignet empfunden haben, Atticus zu weiterer Tätigkeit zu motivieren, als einen bloßen Entschluss. Daher ist mit Roussier anzunehmen, dass Cicero tatsächlich ein Konstitut gegenüber Cincius abgegeben hatte[199].

Anders ist jedoch der neuere Atticus-Brief zu beurteilen, dem folgende Vorgeschichte vorangegangen ist. Tullius Montanus, ein Studiengefährte von Ciceros Sohn Marcus, hat dem damaligen *praefectus urbi* Plancus gegenüber eine Bürgschaft in Höhe von 20.000 Sesterzien für einen gewissen Flaminius Flamma übernommen[200]. Flaminius zahlt – aus welchen Gründen auch immer – nicht,

195 Vgl. das Personenregister bei Shackleton Bailey, Atticus IV, S. 412 s.v. Cincius.

196 ZRG 1 (1861), S. 28 (34).

197 Darauf hat außer Roussier, Constitut, S. 82 auch schon Astuti II, S. 205f. und n. 39 aufmerksam gemacht. Zu nennen sind etwa Cic. *pro Quinctio* 15; *ad Q.fr.* 2, 42; *ad fam.* 16, 9, 3; *ad Att.* 12, 21, 4.

198 Er übersetzt: „L. Cincius werde ich am 13. Februar 20400 Sestertien auszahlen" (S. 11).

199 Im Ergebnis ebenso Costa, SDHI 77 (2011), S. 129 (145); a. A. Platschek, Edikt, S. 242, der dies für zweifelhaft hält.

200 Cic. *ad Att.* 12, 52, 1. Möglicherweise stand die Schuld des Flaminius im Zusammenhang mit dem Erwerb beschlagnahmter Grundstücke, vgl. Shackleton Bailey, Atticus IV, S. 23 n. 1.

und Plancus schickt sich an, Montanus als Bürgen in Anspruch zu nehmen. Montanus wendet sich hilfesuchend an Atticus, während offenbar Marcus seinen Vater um ein gutes Wort bei Atticus ersucht. In späteren Briefen berichtet Cicero, er habe Flaminius in dieser Sache angeschrieben[201], und bittet Atticus, gleichfalls tätig zu werden[202]. Die gemeinsamen Bemühungen bleiben jedoch ohne Erfolg und Cicero berichtet schließlich das Ende der Geschichte.

> Cicero *ad Atticum* 16, 15, 5:
> Scis nos pridem iam constituisse Montani nomine HS xxv dissolvere. Pudentissime hoc Cicero petierat ut fide sua. Liberalissime, ut tibi quoque placuerat, promiseram Erotique dixeram ut sepositum haberet. Non modo sed iniquissimo faenore versuram facere Aurelius coactus est.

Anscheinend hatte Marcus ihn gebeten, im nun immer wahrscheinlicher werdenden Ernstfall die Summe vorzustrecken. Cicero hatte seinen Verwalter Eros angewiesen, das Geld bereitzuhalten. Dies war jedoch nicht geschehen und es war eine Versur zu ungünstigsten Zinsbedingungen erforderlich geworden.

Wiederum ist die Frage, ob *constituere* schlicht den Entschluss des Cicero bezeichnet oder ob Cicero bereits weitere Schritte unternommen und dem Plancus die Zahlung der geschuldeten Summe[203] im Rechtssinne konstituiert hatte. Roussier nimmt wie gesagt letzteres an und stützt sich dabei vor allem auf die Bedrängnis, die Aurelius, den Sachwalter des Montanus, zur Aufnahme eines höchst ungünstigen Kredits zwingt. Er mutmaßt, der auf Aurelius lastende Druck sei derselbe, der P. Quinctius in der bereits zitierten Prozessrede zum Verkauf seiner gallischen Besitzungen genötigt hatte: Die drohende Konstitutsklage mit ihrer *sponsio dimidiae partis*.

Abgesehen davon, dass diese im vorliegenden Fall nicht dem Aurelius (bzw. Montanus), sondern Cicero drohen würde, ist die Bedrängnis, in die Aurelius gerät, auch ohne bevorstehende *actio constitutoria* erklärlich. Montanus schuldete HS XX, konnte aber diese Summe nicht aufbringen. Cicero hatte sich entschlossen, sie ihm zur Verfügung zu stellen, doch durch ein Versehen seines Verwalters Eros stand das Geld nicht bereit. Da einerseits von Flaminius keine Zahlung zu erwarten, andererseits Plancus, nachdem er bereits über ein Jahr still gehalten hatte, mit seiner Geduld am Ende war und nun ernsthaft auf Zahlung drängte, musste Aurelius sich irgendwie die erforderlichen Mittel verschaffen,

201 Cic. *ad Att.* 14, 16, 4.
202 Cic. *ad Att.* 14, 17, 6.
203 Die Differenz von HS 5.000 zwischen den beiden von Cicero genannten Beträgen erklärt sich vielleicht daraus, dass Cicero zunächst nur vom Schwager des Montanus über dessen Schuld informiert worden war, und dieser von HS 20.000 gesprochen hatte.

wenn er nicht eine Verurteilung und möglicherweise gar die Exekution gegen Montanus riskieren wollte.

Ist damit bestenfalls unsicher, ob Cicero *constituere* hier im Rechtssinne verwendet[204], bietet die Stelle keinerlei Beweis für (oder gegen) die Existenz des *constitutum debiti alieni* – und damit einer weiterentwickelten Form des Konstituts – zu Ciceros Zeit. Die Folgerung, das Konstitut sei damals schon sehr lange in Gebrauch gewesen, ist nicht zwingend.

Es kann jedenfalls als gesichert angesehen werden, dass Cicero jedenfalls das *constitutum debiti proprii* bereits als junger Mann kannte, dass es demnach zu oder vor seiner Zeit aufgekommen sein muss. Über die Einführung der Konstitutsklage erfahren wir bei Cicero nichts. Der älteste Jurist, der das Konstitut erwähnt, ist Labeo. Auch wenn seine Äußerung streng genommen nicht sicher erkennen lässt, dass zu seiner Zeit schon eine als solche bezeichnete *actio de pecunia constituta* existierte, ist dies doch recht wahrscheinlich[205]. Namentlich ist sie zuerst bei Juristen des 2. Jahrhunderts n. Chr. erwähnt, nämlich bei Julian und Gaius. Die Klage ist also spätestens Mitte des 2. Jahrhunderts eingeführt worden, wahrscheinlich aber deutlich früher[206].

5. Zeitpunkt des Konstituts

Schließlich sei noch auf einen letzten in diesem Zusammenhang bedeutsamen Umstand hingewiesen, der sich den Quellen entnehmen lässt: Obwohl – wie Koschaker[207] mit Recht bemerkt – *constituere* sprachlich ein Festlegen oder Bestimmen ausdrückt, nicht aber notwendig einen von der Schuldbegründung verschiedenen Akt, sind alle Konstitute, die in den Quellen beschrieben werden, nachträglich abgeschlossen[208]. Das muss zwar nicht unbedingt heißen,

---

204 So jetzt auch Platschek, Edikt, S. 242; a. A. Costa, SDHI 77 (2011), S. 129 (144 f.).

205 Denn Labeo spricht von der Einführung des Konstituts (*propter has potissimum pecunias, quae nondum peti possunt, constituta inducta*); die aktionenrechtliche Denkweise bringt mit sich, dass die „Einführung" eines Verpflichtungsgeschäfts ohne Anerkennung einer aus diesem erwachsenden Klage kaum denkbar ist; i. E. ebenso Varvaro, AUPA 52 (2007/08), S. 327 (333). Es ist aber jedenfalls mit (zunächst nur im Einzelfall gewährten) Vorläufern zu rechnen, die noch nicht Eingang ins *edictum perpetuum* gefunden hatten.

206 Platschek, Edikt, S. 67 ordnet das Edikt *de pecunia constituta* in die Zeit zwischen der Errichtung der Fremdenprätur und der *lex Aebutia* ein (also in die zweite Häfte des dritten oder die erste des zweiten Jahrhunderts v. Chr.), allerdings auf der Grundlage seiner Theorie, dieses Edikt habe der Durchsetzung peregriner Schuldurkunden gedient, wogegen unten S. 445 ff.

207 SZ 63 (1943), S. 469 (472).

208 Soweit ersichtlich ist vor Koschaker die Nachträglichkeit des Konstituts stets als unverrückbare Tatsache betrachtet worden, so schon von den italienischen Juristen des Mittelalters, s. Alciatus, Comment. in tit. de verborum obligationibus. (Opera, Bd. 2, 1582), Sp. 13 n. 20,

dass Konstitute stets nachträglich abgeschlossen wurden, doch ist mit Sicherheit anzunehmen, dass dies zu der Zeit, in die uns das Quellenmaterial einen Einblick gestattet, der Fall war. Denn das Fehlen jeglichen Anzeichens für ein bereits bei Schuldbegründung abgeschlossenes Konstitut[209] wäre äußerst überraschend, wenn es gängige Praxis gewesen wäre, bereits zu diesem Zeitpunkt zu konstituieren[210].

Diese Schlüsselfakten bilden den Rahmen, in dem sich eine sinnvolle Hypothese bewegen muss. Eine solche aus einer gründlichen Durchsicht der einschlägigen Quellen und der in die Diskussion eingebrachten Interpretationen zu entwickeln, ist das Ziel der nachfolgenden Abschnitte.

§ 7 Meinungsstand

I. Konstitut als Weiterentwicklung des *receptum argentarii*

Eine im 19. Jahrhundert vor allem in Frankreich sehr verbreitete Ansicht[211] sah den wichtigsten Anhaltspunkt für die Herkunft des Konstituts in C. 4, 18, 2 pr. und Inst. 4, 6, 8.

> C. 4, 18, 2 pr. (Justinian):
> Recepticia actione cessante, quae sollemnibus verbis composita inusitato recessit vestigio, necessarium nobis visum est magis pecuniae constitutae naturam ampliare.
>
> Inst. 4, 6, 8:
> In personam quoque actiones ex sua iurisdictione propositas habet praetor. veluti de pecunia constituta, cui similis videbatur recepticia: sed ex nostra constitutione, cum et, si quid plenius habebat, hoc in pecuniam constitutam transfusum est, ea quasi supervacua iussa est cum sua auctoritate a nostris legibus recedere. […]

---

zitiert nach Astuti, Tradizione romanistica I.2, S. 109; vgl. auch Roussier, Constitut, S. 102 f.; Mehls, De origine, S. 15 und jetzt Jakab, SZ 133 (2016), S. 487 (491).

209 Koschaker SZ 63 (1943), S. 469 (472) glaubt, dass man möglicherweise in Ulpian-Labeo D. 13, 5, 3, 2 ein Indiz für seine These zu erblicken hat. Hierzu und zu den von Roussier, Constitut, S. 102 f. dagegen vorgebrachten Argumenten sogleich.

210 So aber nun Platschek, Edikt, S. 80; s. dazu auch unten S. 448.

211 Guigné, Constitut, S. 16; Haranger, Constitut, S. 16 f. und 273; Ortolan, Explication Bd. 3, S. 342; van Wetter, Pandectes Bd. 3, S. 395 f. Crapelet, Constitutum, S. 2 erachtet diese Ansicht als zu seiner Zeit vorherrschend; ähnlich Contat, Constitut, S. 11 und Valery, Histoire, S. 55.

Justinian fasst in einer Konstitution aus dem Jahre 531 die Konstitutsklage mit der Klage aus einem anderen Geschäft, dem *receptum argentarii*, zusammen. Die Ähnlichkeit beider Klagen hebt er auch in seinen Institutionen bei der Behandlung der *actio constitutoria* hervor.

Man glaubte diesen Quellen entnehmen zu können, dass das Konstitut schlicht eine prätorische Fortentwicklung des – für zivil gehaltenen – *receptum argentarii*[212] darstellte. Das Konstitut sei ursprünglich geschaffen worden, um die als unbefriedigend empfundene Beschränkung des *receptum argentarii* auf Bankiers zu überwinden und dieses Geschäft auch anderen Geschäftsleuten und Privatpersonen zu ermöglichen.

Diese Ansicht ist mit dem soeben aufgezeigten historischen Rahmen unvereinbar. Abgesehen davon, dass man das *receptum* heute ganz überwiegend dem Honorarrecht zuordnet[213], ist sie schon im Ansatz verfehlt: Sie verkennt das ursprüngliche Wesen des Konstituts, wenn sie darin von Anfang an ein dem *receptum* vergleichbares Zahlungsversprechen sehen will. Sicher, schon in (spät-)klassischer Zeit standen sich *receptum argentarii* und *constitutum* (*debiti alieni*) nicht ganz fern[214], und Justinian vereinigte wie gesehen die *actio recepticia* mit der *actio de pecunia constituta*[215]. Das muss aber nicht heißen, dass diese Ähnlichkeit schon immer bestanden hat, denn Justinian steht am Ende einer jahrhundertelangen Entwicklungsgeschichte. Gerade das entscheidende Element, das Festlegen eines *dies*, war beim *receptum* ohne Bedeutung.

Doch noch weitere Unterschiede zwischen den beiden Instituten machen eine Abstammung der *actio constitutoria* von der *actio recepticia* mehr als unwahrscheinlich[216]. Vor allem ist hier die *sponsio dimidiae partis* zu nennen, die der Prätor, wie uns Gai. 4, 171 lehrt, bei der *actio de pecunia constituta* zuließ. Für die *actio recepticia* hingegen findet sich nirgends auch nur die geringste Andeutung davon[217]. Haranger[218] muss denn auch etwas resigniert eingestehen, dass ihn die *sponsio* vor ein Rätsel stellt, versucht aber die Bedeutung

212 Dabei handelt es sich um die „Übernahme" (von *recipere* auf sich nehmen, übernehmen) eines Bankiers, für die Leistung an den anderen Teil Sorge zu tragen, vgl. Frezza, Garanzie, S. 274ff; Kaser, RP I, S. 585; Partsch, SZ 29 (1908), S. 403ff.; Rossello, AG 45 (1890), S. 1–83.

213 Wie das Konstitut wird das *receptum* unter der Überschrift *pacta praetoria* geführt von Kaser, RP I, S. 585; Zimmermann, Obligations, S. 514.

214 Vgl. Kaser, RP I, S. 585; Zimmermann, Obligations, S. 514.

215 C. 4, 18, 2, 1.

216 So schon Contat, Constitut, S. 14f.; Crapelet, Constitut, S. 10f.; Valery, Histoire, S. 55ff.

217 Wie Haranger, Constitut, S. 15 richtig erkennt, muss man sich hüten, mangels entgegenstehender Hinweise in C. 4, 18, 2, 1 die *sponsio* kurzer Hand auf das *receptum* zu übertragen.

218 Constitut, S. 17.

dieses und aller anderen Unterschiede mit der Bemerkung herunterzuspielen, dass „toutes les différences existant entre les deux institutions peuvent, en effet, sauf la *sponsio poenalis* à l'egard de laquelle tout est douteux, etre considérées comme des attenuations du *receptum*". In zweierlei Hinsicht enthält das *constitutum* dem *receptum* gegenüber aber nicht etwa eine Erleichterung, sondern eine Einschränkung: Zum einen war das Konstitut – nicht aber das *receptum* – auf *pecunia* oder fungible Sachen beschränkt[219]. Zum anderen war die Existenz einer Hauptschuld nicht Voraussetzung für die Wirksamkeit des *receptum*. Die Antwort auf die Frage, aus welchen Gründen ein Geschäft, das angeblich geschaffen wurde, um den Anwendungsbereich eines anderen zu erweitern, diesem gegenüber solche Einschränkungen aufweisen sollte, bleiben die Vertreter dieser Auffassung schuldig.

II. Herkunft aus dem hellenisch-orientalischen Rechtsraum

Andere Autoren haben den Ursprung des Konstituts nicht im römischen Zivilrecht, sondern in vergleichbaren Regelungen anderer antiker Rechtsordnungen gesucht und sind insbesondere im griechischen bzw. graeco-ägyptischen und orientalischen Rechtsraum fündig geworden[220].

Die schnelle Expansion Roms brachte unter anderem auch einen gesteigerten Kontakt zu Peregrinen sowie deren Anwesenheit in der *urbs* mit sich. Für diese *peregrini* galt aber nicht das *ius civile* der Römer, sondern das Recht ihrer eigenen *civitates* (sog. Personalitätsprinzip[221]). Streitigkeiten unter ihnen (und zwischen Fremden und römischen Bürgern) waren nur mit dem *ius gentium* zu bewältigen[222]. Davon konnte die Aufgabe des Prätors nicht unbeeinflusst bleiben. Die ihm anvertraute Unterstützung, Ergänzung und Korrektur des Zivilrechts vollzog sich gerade auch im Spannungsfeld zwischen diesen verschiedenen Rechtsschichten. Die Tatsache, dass etwa seit

219 C. 4, 18, 2, 1; Theoph. par. 4, 6, 8 zeigen, dass noch bis in die Zeit Justinians nur Geld- und Fungibilienschulden Gegenstand eines Konstituts sein konnten. Die Anwendbarkeit des *receptum* bei Speziesschulden ist auf die beruflichen Aufgaben des Argentariers zurückzuführen, der auch im Auktionswesen eine wichtige Rolle spielte, wo er es naturgemäß eben nicht nur mit Fungibilien zu tun hatte; vgl. im Einzelnen Bürge, SZ 104 (1987), S. 465 (527 f.).

220 So vermutet etwa Kaser, RP I, S. 584, hellenistische Einflüsse; vgl. auch Philippin, Constitut, S. 38 ff.; Revillout, Origines, S. XLV ff.

221 Bei diesem „Prinzip" handelt es sich eher um ein tatsächliches Phänomen der antiken Rechtsordnungen denn um eine als solche empfundene feste Regel; s. hierzu Kaser, RP I, S. 32; Kunkel/Schermaier, Römische Rechtsgeschichte, S. 98 ff.

222 Soweit nicht beide Parteien aus derselben *civitas* stammten.

dem Jahr 242 v. Chr.[223] eigens ein Fremdenprätor eingesetzt wurde[224], spricht Bände[225]. Es blieb nicht aus, dass das formstrenge römische *ius civile* aus dieser Richtung Impulse erhielt, die zu einer gewissen Auflockerung, aber auch zur Anerkennung neuer Rechtsinstitute führte. So liegt bekanntlich die Vermutung nicht ganz fern, dass die Entstehung der *ex fide bona* klagbaren Obligationen zumindest auch auf das *ius gentium* und den *praetor peregrinus* zurückzuführen sind[226].

1. Philippin: Abstammung vom griechischen δάνειον

a. Philippin[227], der das Konstitut vor allem als einseitiges Zahlungsversprechen des Schuldners betrachtet[228], nimmt an, der römische Prätor habe sich durch eine griechische Geschäftspraxis inspirieren lassen: Im Gegensatz zum römischen *mutuum* sei das griechische δάνειον kein Real-, sondern ein Konsensualvertrag gewesen und habe daher nicht die tatsächliche Auszahlung der Darlehenssumme erfordert. Wenn jemand zur Zahlung eines Geldbetrages verpflichtet werden sollte, etwa weil er einen geforderten Kaufpreis nicht sogleich bezahlen konnte, habe man sich von ihm eine subjektiv gefasste Schuldurkunde (χειρόγραφον, im Unterschied zur objektiv abgefassten συγγραφή[229]) ausstellen lassen, in welcher der Schuldner erklärte, er habe ein Darlehen in entsprechender Höhe erhalten.

Diesem Verfahren, das auch von den Peregrinen in Rom verwendet wurde, soll nach Philippin der Prätor vier Ideen entnommen und zum *constitutum debiti* ausgearbeitet haben: Zunächst die Verpflichtung durch eine Willensbekundung des Schuldners, sodann die Freiheit von solenner Form[230], ferner die

223 Zur Datierung vgl. Kaser/Hackl, RZ, S. 172 m.w.N.

224 Zum Amt des Fremdenprätors s. Arriat, Le préteur pérégrin; Wlassak, Römische Prozessgesetze I, S. 204f.

225 Vgl. Kunkel/Schermaier, Römische Rechtsgeschichte, S. 95ff.

226 Magdelain, Consensualisme, S. 42ff.; Wieacker, SZ 80 (1963), S. 1 (9ff.). Kaser, RP I, S. 203 hält die Frage, ob der eigentliche Anstoß zur Ausbildung der *bonae fidei iudicia* aus der Gerichtsbarkeit des Fremdenprätors kam, für offen; vgl. auch Das altrömische Ius, S. 295ff. – In diese Richtung geht auch die zentrale These von Platschek, Edikt, S. 56ff., wozu näher unten S. 445ff.

227 Constitut, S. 38ff.

228 Trotz seiner Definition des *constituere* als „donner l'assurance au créancier que la somme est ou sera disponible“ (Constitut, S. 14) betrachtet Philippin das Konstitut nicht als bloße Wissenserklärung, wie seine weiteren Ausführungen und gerade auch seine Behauptung einer Parallele zum δάνειον zeigen.

229 Vgl. hierzu Weiss, Griechisches Privatrecht, S. 431 n. 8; Girard, Manuel, S. 510f. S. auch Gaius 3, 134.

230 Denn die Abfassung der Schuldurkunde sei nicht konstitutiv gewesen, sondern habe lediglich Beweiszwecken gedient; Philippin, Constitut, S. 39f.

Möglichkeit des Schuldners, sich gegen die Inanspruchnahme zu verteidigen[231], und schließlich, dass die Rechtshandlung im Zusammenhang mit einer betagten Schuld erfolgte[232].

Diese Sichtweise ist in verschiedener Hinsicht fragwürdig: Abgesehen davon, dass sie zu Unrecht das Moment des Zahlungsversprechens in den Vordergrund stellt, bestand im römischen Recht kein Bedürfnis dafür, ein fiktives Darlehen heranzuziehen, um die Kreditierung einer Schuld, etwa eines noch nicht gezahlten Kaufpreises, zu ermöglichen. Vielmehr stand den Römern zu diesem Zweck neben der *stipulatio* die – wenngleich nicht unbestrittene – Möglichkeit offen, diesbezüglich eine Darlehensschuld durch bloße Vereinbarung zu begründen[233]. Wenn PHILIPPIN selbst anmerkt, die Verteidigung gegen die Inanspruchnahme aus der beurkundeten Schuld ähnele in ihrem Mechanismus der Verteidigung gegen eine abstrakt gefasste Stipulation, der im Einzelfall die *exceptio doli* entgegengehalten werden konnte, so spricht gerade dies dafür, dass die Römer zu dem von ihm angeführten Zweck die Stipulation verwendeten. Allenfalls mag eine Befreiung von deren strenger Form wünschenswert erschienen sein, doch gilt dies stets, und einen besonderen Grund, warum der Prätor die Parteien gerade in diesem Fall nicht auf das Formalgeschäft verwiesen haben sollte, nennt PHILIPPIN nicht.

b. Auf eine dem von PHILIPPIN vermuteten Ursprung des Konstituts sehr ähnliche Konstellation hat kürzlich ERNST[234] aufmerksam gemacht. Da das römische Recht keinen echten Gattungskauf kannte, waren die klassischen Juristen, denen das ökonomische Bedürfnis nach dieser Art von Geschäften durchaus bewusst war, gezwungen, den wirtschaftlichen Zweck des Gattungskaufs durch alternative Geschäftsformen zu verwirklichen. Zu nennen ist etwa die mittelbare (Gattungs-) Schuldbegründung durch Strafstipulation[235] oder die unmittelbare durch direkte Stipulation[236]. Die von PHILIPPIN geschilderte griechische Urkundenpraxis ließ sich unter Verwendung des Konstituts wie folgt imitieren: Zunächst überließ der Käufer dem Verkäufer den vereinbarten Kaufpreis als Darlehen. Dann konstituierte der Verkäufer unter Auswechselung des Schuldgegenstands die

231 Offenbar meint PHILIPPIN den Hinweis auf das Fehlen einer *causa* für die Ausstellung der Urkunde.

232 PHILIPPIN, Constitut, S. 42.

233 Ulpian D. 12, 1, 15 lässt ein solches Vereinbarungsdarlehen zu, Julian-Africanus D. 17, 1, 34 pr. lehnt es dagegen ab.

234 ZEuP 1999, S. 583 (603).

235 Etwa bei Paulus D. 19, 1, 47 (6 resp.); dazu ERNST SZ 114 (1997), 277 (292 ff.).

236 Etwa die *stipulatio triticaria*, vgl. Ulpian D. 45, 1, 75, 2 (22 ad ed.).

Rückzahlung des Darlehens in Form einer entsprechenden Warenmenge, also *aliud pro alio*[237]. Auf diese Weise wurde durch ein Pränumerationsgeschäft die Pflicht zur generischen Warenleistung begründet[238].

Obwohl im Fehlen des Gattungskaufs eindeutig eine ergänzungsbedürftige Schwäche des römischen Kaufrechts zu sehen ist, kann die Verwendung des Konstituts in der beschriebenen Weise – so es sie je gegeben hat – doch nur eine spätere Entwicklung sein (und ERNST behauptet auch nichts anderes). Zum einen wäre die Bezeichnung *constituta pecunia* ungewöhnlich, wenn es von vornherein darum gegangen wäre, nicht Geld sondern stattdessen vertretbare Sachen gleichen Wertes zurückzuzahlen. Zum anderen beschreiben die Quellen beinahe ausschließlich Fälle, in denen es um Geldschulden geht, die auch als solche konstituiert wurden. Mit der Herkunft des Konstituts hat diese mögliche Form der wirtschaftlichen Anwendung nichts zu tun[239].

2. Revillout: Abstammung von der ἡμιολία

REVILLOUT sieht das entscheidende Merkmal der Konstitutsklage in der Gewährung der *sponsio dimidiae partis* durch den Prätor[240]. Das materielle Ergebnis, zu dem die Verurteilung des Konstituenten führt, ist, dass der von ihm zu zahlende Geldbetrag sich um 50 % erhöht. Die Erhöhung der Schuldsumme um diesen Teil kommt schon im babylonischen Recht vor[241] und findet sich als sog. ἡμιολία[242] häufig in ägyptischen Papyrusurkunden. Dieser bezeichnende Begriff (zusammengesetzt aus ἥμι halb und ὅλος ganz) stellt jedoch nur einen Hinweis auf das mathematische Ergebnis der Vereinbarung dar, sagt aber nichts über ihren Zweck aus[243]. Vielmehr handelt es sich je nach Zusammenhang bald um eine Zinsvereinbarung[244], bald (und weitaus häufiger) um eine Vertragsstrafe[245], die der Schuldner verwirkt, wenn er den vereinbarten Zahlungstermin nicht einhält.

Die Ähnlichkeit des Resultats im zuletzt genannten Fall liegt auf der Hand und hat außer REVILLOUT auch andere Autoren veranlasst, in dem *constitutum*

237 Vgl. Ulpian D. 13, 5, 1, 5 (27 ad ed.).

238 ERNST, ZeuP 1999, S. 583 (603); vgl. auch RÜFNER, Vertretbare Sachen?, S. 43 f.

239 Wir werden sie im Kapitel über die verschiedenen Funktionen und Einsatzmöglichkeiten des *constitutum debiti* im klassischen Recht noch näher untersuchen, s. u. S. 339 ff.

240 Origines, S. XLV ff.

241 REVILLOUT, Origines, S. XLV ff.

242 Zu diesem Begriff s. BERGER, Strafklauseln, S. 19 ff.

243 BERGER, Strafklauseln, S. 23.

244 Etwa in Pap. Grenf. II, 16 (137 v. Chr.).

245 So in Pap. Amh. II, 147, 2, 7; Pap. Oxy. VII, 1040, 20.

„l'un des cas très rares où les Romains ont consacré l'hemiolion, emprunté à la pratique grecque[246]", zu sehen[247].

Jedoch ergibt sich dieses ähnliche Ergebnis aus vollkommen unterschiedlichen Gründen: Bei der ἡμιολία ist auf vertraglicher Ebene (und zwar entweder von vornherein oder durch spätere Hinzufügung) die zusätzliche Zahlung der halben Schuldsumme für den Fall des Ausbleibens der Leistung bestimmt; es handelt sich in den uns interessierenden Fällen also um eine Konventionalstrafe[248]. Beim Konstitut hingegen tritt diese Folge erst aufgrund der vor dem Prätor abgegebenen *sponsio* ein. Hierbei handelt es sich, wie wir der Eingliederung der *sponsio* in die Darstellung der Sanktionen für *temeritas litigantium* bei Gaius entnehmen können, um einen zwar von den Parteien vorgenommenen, letztlich aber doch durch das *imperium* des Gerichtsmagistrats erzwungenen Rechtsakt, der die Parteien vor allem von vorschnellem Prozessieren abhalten sollte[249]. Hinzu kommt, dass auch der Gläubiger die Hälfte der Schuldsumme versprechen musste (sog. *restipulatio*). Anders als bei der ἡμιολία lief er also Gefahr, selbst eine Strafe zahlen zu müssen.

III. Mehls: Verlegung oder erstmalige Bestimmung eines Leistungstermins ohne Novation

Mehls, der mit Recht in der Vereinbarung eines *dies* den zentralen Inhalt des *constitutum debiti* erkennt, erklärt dessen Aufkommen im Zusammenhang mit diesem Inhalt[250]. Seine Argumentation ist die folgende: Ein Termin für eine Leistung, so meint er, habe zwar schon immer durch ein *pactum adiectum* bestimmt werden können. Rechtswirkungen habe eine solche Vereinbarung aber nur ausgelöst, wenn sie *in continenti*, d.h. gleichzeitig mit der Hauptverbindlichkeit, getroffen wurde[251]. Eine nachträgliche Terminierung oder eine Änderung eines in dieser Form verabredeten Termins sei nur durch Novation – *verbis* oder *litteris* – möglich gewesen[252]. Eine solche Novation sei aber für beide Parteien nicht ungefährlich gewesen: Der Schuldner sei Gefahr gelaufen, etwaige Einreden

246 Cuq, Manuel, S. 512 n. 1.
247 Mitteis, Reichsrecht und Volksrecht, S. 513; Visky, Spuren der Wirtschaftskrise, S. 112; vgl. jetzt auch Platschek, Edikt, S. 56 ff.
248 Zu generell Mitteis, Reichsrecht und Volksrecht, S. 512.
249 Zu der Frage, ob diese *sponsio* noch einen zweiten pönalen Zweck hatte, s. sogleich S. 106 ff.
250 De pecuniae constitutae origine atque prima natura, Diss. Leipzig 1854.
251 Mehls, De pecuniae constitutae origine atque prima natura, S. 13.
252 Mehls, De pecuniae constitutae origine atque prima natura, S. 16.

gegen die alte Schuld zu verlieren, der Gläubiger verliere seine Sicherheiten und Strafversprechen, auch beende die Novation den Verzug[253]. Darüber hinaus seien die erforderlichen Formalgeschäfte nicht einmal jedem stets zugänglich, beispielsweise könne ein Tauber oder Stummer nicht stipulieren; auch ein Abschluss unter Abwesenden sei unmöglich. Der Prätor habe nun dem steigenden Handelsaufkommen Rechnung tragen wollen und habe daher mit der Anerkennung einer formlosen Abrede, eben des *constitutum*, die Voraussetzungen für einen bequemeren Handelsverkehr geschaffen[254].

Wenn MEHLS von der Festlegung eines *dies* spricht, so meint er einen *dies a quo*[255]. Ein solcher konnte selbstverständlich per Nebenabrede bei Begründung der jeweiligen Verbindlichkeit vereinbart werden (im Falle der Verbalobligation sogar durch Aufnahme in die Sponsionsformel selbst, etwa *spondesne centum dari Idibus Martiis?*). Dann drohte dem vorzeitig klagenden Gläubiger die Abweisung wegen *pluris petitio tempore*. Aber auch nachträglich konnten die Parteien effektiv einen *dies a quo* bewirken oder einen bestehenden hinausschieben, indem sie eine dilatorische Abrede der Art, von der Gaius 4, 122 berichtet[256], später noch trafen.

Soweit der Gläubiger dem Schuldner einen solchen Zahlungsausstand gewähren wollte, konnte die Durchsetzbarkeit der Schuld auch nachträglich durch einfaches *pactum* auf eine beliebige Zeit verschoben werden. In der Zwischenzeit konnte der Schuldner das Zahlungsbegehren des Gläubigers mit einer vom Prätor gewährten *exceptio pacti conventi* abwehren. Damit war dem Schuldner ein ähnlich starker Schild in die Hand gegeben, wie ihn die *pluris petitio* bildet: Eine verfrühte Klage des Gläubigers führte zum Verlust des Prozesses, und damit, da die Sache einmal *in iudicium* deduziert war, zum endgültigen Verlust der Forderung[257].

Nicht anders dürfte der umgekehrte Fall zu beurteilen sein, in dem eine Vorverlagerung der Leistungszeit bezweckt wurde. Hier musste erst recht gelten, was laut Gaius 4, 126 sogar bei nachträglicher vollständiger Aufhebung eines Zahlungsaufschubs galt: Die Einwendung des Schuldners wurde durch eine dem Gläubiger zu gewährende *replicatio* überwunden.

---

253 MEHLS, De pecuniae constitutae origine atque prima natura, S. 17 und n. 1.

254 MEHLS, De pecuniae constitutae origine atque prima natura, S. 17.

255 Zu den unterschiedlichen Terminarten s. o. S. 52 ff.

256 Gai. 4, 122: *Dilatoriae sunt exceptiones, quae ad tempus valent, veluti illius pacti conventi, quod factum est verbi gratia, ne intra quinquennium peteretur; finito enim eo tempore non habet locum exceptio.*

257 Gai. 4, 123: *Observandum est autem ei, cui dilatoria obicitur exceptio, ut differat actionem; alioquin si obiecta exceptione egerit, rem perdit; non enim post illud tempus, quo integra re eam evitare poterat, adhuc ei potestas agendi superest re in iudicium deducta et per exceptionem perempta.*

Also bestand die von Mehls angenommene Schwierigkeit, einen *dies* in seinem Sinne noch nachträglich zu bestimmen oder zu ändern, in Wahrheit nicht. Für den Prätor gab es hier keinerlei Anlass tätig zu werden.

IV. Kappeyne van de Coppello u. a.: Zahlungsaufschub – Theoph. par. 4, 6, 8

Auch in einem Bericht aus der griechischen Institutionen-Paraphrase[258] des byzantinischen Rechtslehrers Theophilos wird häufig ein entscheidender Hinweis auf die Herkunft und ursprüngliche Funktion des Konstituts gesehen.

Paraphrase des Theophilos zu Inst. 4, 6, 8:

Οὐ μόνον δὲ in rem καθὸ εἴρηται, ἀλλὰ καὶ personalías ὁ praetor ἐπενόησεν, οἷον τὴν pecuniae constitutae. αὕτη γὰρ οὐκ ἔστι πολιτική. χώραν δὲ ἔχει ἐπὶ τούτου τοῦ θέματος· ἐχρεώστεις μοι ἑκατὸν νομίσματα· περιέτυχόν σοι· ἀπῄτουν σε ταῦτα. ἀπαιτούμενος σὺ καὶ βουλόμενος τὴν παροῦσαν ὄχλησιν διαφυγεῖν, ἀντεφώνησας εἰπὼν ὅτι „τῇ δεκάτῃ τοῦ μηνὸς ταῦτά σοι καταβαλῶ.“ παρελθούσης τῆς προθεσμίας, ἀπῄτοθν σε. ἔλεγες σὺ τοὺς ὅρους τῶν ἀγωγῶν τεχνολογῶν μηδαμόθεν σεαυτὸν ὑπεύθυνον εἶναι. οὐδὲ γάρ ἐπερώτησις γέγονεν, ἵνα κινηθῇ κατὰ σοῦ ἡ ex stipulatu, οὐδὲ μανδάτον παρηκολούθησεν, ἵνα ἁρμόσῃ ἡ mandati. ἑωρακὼς τοίνυν τὴν σὴν ἀγνωμοσύνην ὁ praetor ὡς ὑπεναντίον, ὅτι μάχῃ ταῖς σαυτοῦ ὑποσχέσεσιν, ὥρισε τὴν pecuniae constitutae. […].

Nicht nur dingliche, wie erwähnt, sondern auch persönliche Klagen hat der Prätor geschaffen, wie zum Beispiel die Klage aus Erfüllungszusage. Denn dabei handelt es sich nicht um eine zivilrechtliche Klage. Sie findet Anwendung in folgendem Fall: Du warst mir einhundert Aurei schuldig; ich begegnete dir zufällig und forderte sie von dir; so in Anspruch genommen und um dieser Unannehmlichkeit zu entgehen, erklärtest du: „Am Zehnten des Monats werde ich sie dir zahlen.“ Nachdem der Tag gekommen war, forderte ich dich [zur Zahlung] auf. Du sagtest, innerhalb der Grenzen des Systems der Klagen unter keinem Gesichtspunkt haftbar zu sein. Denn weder war eine Stipulation erfolgt, so dass gegen dich die [Klage] *ex stipulatu* erhoben werden könnte, noch war ein Auftrag übernommen worden, so dass die Auftragsklage statthaft wäre. Der Prätor bemerkte also deine Unredlichkeit, da du dich zu deinen eigenen Versprechungen in Widerspruch begabst, und verhieß die [Klage] aus Erfüllungszusage.

Theophilos beschreibt die für den Abschluss eines Konstituts typische Situation. TU schuldet EGO 100 Goldstücke. Die beiden begegnen sich und EGO fordert sogleich, was ihm zusteht. TU will sich der momentanen Belästigung entziehen und verspricht Zahlung für den Zehnten des Monats. An oder nach dem 10. sucht EGO den TU auf und stellt ihn zur Rede, weil er noch immer nicht gezahlt habe. TU antwortet, er schulde das Geld unter keinem rechtlichen Gesichtspunkt[259],

258 Zu deren Entstehung vgl. Falcone, TR 69 (2001), S. 417 ff.

259 Sc. aus seiner damaligen Zahlungszusage.

insbesondere sei es nicht zu einer Stipulation oder einem *mandatum* gekommen. Diese Unredlichkeit (ἀγνωμοσύνη) des Schuldners soll laut Theophilos der Prätor zum Anlass genommen haben, für derartige Fälle die *actio de pecunia constituta* zu proponieren.

Kappeyne van de Coppello sieht in Anlehnung an diesen Text das Konstitut als einen gegenseitigen obligatorischen Vertrag an, bei dem die eine Seite Zahlung zu einem bestimmten Termin versprach und im Gegenzug bis dahin einen Zahlungsaufschub erhielt. Das eigentliche Wesen des Konstituts vermutet er in diesem Zahlungsausstand[260].

Kappeynes Grundidee sind verschiedene Autoren gefolgt, die sich aber darum bemühen, seinen Gedanken weiter zu vertiefen. Insbesondere vermutet man die Wurzeln des per Konstitut gewährten Aufschubs im Prozess.

1. Valery

Valery etwa sucht die Wurzeln der *actio constitutoria* im zivilen Recht, genauer gesagt im Recht der Zwölftafeln[261]. Er sieht im Konstitut eine Fortentwicklung der einvernehmlichen Prozessbeendigung durch *pactio*, die schon die Zwölftafeln kannten (12 Taf. 1, 6: *REM UBI PACUNT, ORATO*; 8, 2: *NI CUM EO PACIT, TALIO ESTO*). Das Konstitut ist seiner Ansicht nach im Verfahren nach den Zwölftafeln zur Aussetzung der *manus iniectio* gegen den Schuldner erfolgt.

Über den Ablauf der Vollstreckung unterrichtet uns Aulus Gellius (Noctes Atticae 20, 1, 42 ff.): Nach Verurteilung erhielt der Schuldner dreißig Tage Zeit, dem Gläubiger die Summe, in die er verurteilt worden war, auszuzahlen. Geschah dies nicht, so durfte der Gläubiger den Schuldner ergreifen und dem Prätor vorführen. Zahlte der Schuldner noch immer nicht, so konnte der Gläubiger ihn abführen und weitere sechzig Tage in Gefangenschaft halten. Kam es im Verlaufe dieser Zeit nicht zu einer Einigung, so hatte der Gläubiger ihn an drei aufeinander folgenden Markttagen dem Ausrufer[262] vorzuführen, damit die Höhe der Schuld öffentlich bekannt gegeben werden konnte, um der Familie und den Freunden des Gefangenen Gelegenheit zu bieten, ihn auszulösen. Am dritten

260 Abhandlungen, S. 246.

261 Histoire, S. 25 und 74 ff.; RGD 16 (1892), S. 193 (194 ff.).

262 Bei Gellius heißt es (20, 1, 47): *Inter eos dies trinis nundinis continuis ad praetorem in comitium producebantur, quantaeque pecuniae iudicati essent, praedicabatur.* – Dem Zweck der Vorführung entsprechend ist es jedoch wahrscheinlicher, dass der *addictus* zum *praeco* (Ausrufer) und nicht zum *Praetor* gebracht wurde, um die Höhe der Schuld öffentlicht bekannt zu geben; vgl. Flach, Gesetze, S. 125.

Markttage durfte der Gläubiger ihn angeblich töten[263] oder *trans Tiberim*, d.h. ins Ausland, verkaufen. Die Schärfe des Vollstreckungsverfahrens erklärt Gellius mit der hervorragenden Bedeutung, die in alter Zeit der *fides* beigemessen worden sei: Wer sie nicht beachtete, musste mit der schärfsten Sanktion rechnen.

Innerhalb dieses Verfahrens soll das ursprüngliche Konstitut nach Valery eine Möglichkeit dargestellt haben, die gegen den Schuldner geübte körperliche Vollstreckung aufzuhalten[264]: In den sechzig Tagen nach der *manus iniectio*, so führt er aus, konnte der *addictus* sich entweder selbst mit dem Gläubiger dahingehend einigen, dass er zu einem festgelegten Zeitpunkt doch noch leisten werde, oder Dritte konnten die Zahlung der Lösungssumme für diesen Termin zusagen[265], ganz so, wie man nach einem Privatdelikt die drohende Talion durch die Einigung auf ein Sühnegeld abwenden durfte. Wenn die Zahlung nicht sofort erfolgen konnte, musste eine Klage bereitgestellt werden, die dem Gläubiger im Fall der fortgesetzten Nichtleistung die Möglichkeit bot, die Zahlung zu erzwingen[266].

Bald aber habe man das Einsetzen der Vollstreckung nicht mehr abgewartet, sondern bereits in der 30-Tages-Frist konstituiert[267] und schließlich nicht einmal

263 Die Grausamkeit der Zwölftafeln, die in dem von Gellius hier beschriebenen Dialog der Jurist Sextus Caecilius Africanus gegen die von Favorinus vorgebrachte Kritik glaubt verteidigen zu müssen, könnte indes auf einem Missverständnis beruhen: Der Zwölftafelsatz *TERTIIS NUNDINIS PARTIS SECANTO* soll nach einer verbreiteten Auffassung in der Literatur keine körperliche Zerteilung des Schuldners bzw. seiner Leiche gemeint haben, wie außer Gellius auch Quintilian (inst. 3, 6, 84), Tertullian (apol. 4, 9) und Cassius Dio (frg. 17, 8 Boissevain) glaubten, sondern die Zerteilung seiner Habe bzw. des bei dem Verkauf gelösten Erzes, vgl. Flach, Gesetze, S. 126; Kaser/Hackl, RZ, S. 144 und n. 90; Wieacker, Römische Rechtsgeschichte, Band 1, S. 297 n. 61; Erman, SZ 26 (1905), S. 556 (560 f.); Lenel, SZ 26 (1905), S. 498 (507 f.); Londres da Nobrega, SZ 76 (1959), S. 499 ff.

Valery, Histoire, S. 75 dagegen zweifelt nicht an der Richtigkeit der gellianischen Interpretation, ebenso Behrends, Zwölftafelprozess, S. 141, 144 ff., 207; Düll, SZ 56 (1936), S. 282 (289 f.); Kaser, RZ, 1. Auflage, S. 163 n. 82; Pólay, SZ 101 (1984), S. 142 (155 und n. 22, 23); Wenger, Quellen, S. 371 und n. 134; vgl. auch Knütel, FS Mayer-Maly (2002), S. 337–339, der von einem Tötungsrecht des Gläubigers ausgeht und den Sinn einer Zerteilung des Leichnams darin sieht, mehreren Gläubigern ein Pfand zu verschaffen, um auf diese Weise Druck auf die sakralrechtlich zur Bestattung verpflichtete Sippe des Schuldners auszuüben. Diese uralte Vorstellung habe sich etwa in einem Typus von Volksmärchen erhalten, in dem ein Wanderer in einem Kamin eine geräucherte Leiche sieht, sie bei dem jeweiligen Gläubiger auslöst und für diese gute Tat in der Folge belohnt wird.

264 Histoire, S. 74, 76 f.; RGD 17 (1893), S. 52 (58 ff.; 97 ff.).

265 Also stellt nach Valery, Histoire, S. 77, 89 das *constitutum debiti alieni* keine Fortentwicklung des *constitutum debiti proprii* dar, sondern beide sind zur gleichen Zeit aufgekommen.

266 Denn die ursprüngliche Klage war ja durch *litis contestatio* verbraucht.

267 Auf diesen Fall will Valery, Histoire, S. 78 auch die Äußerung Labeos in D. 13, 5, 3, 2 beziehen, denn, so argumentiert er, in dem als *iustitium* (nach Gellius aus *iuris stitium*, Hemmung des Gerichts, entstanden) bezeichneten Zeitraum von dreißig Tagen, konnte der Gläubiger keine

mehr die vorherige Klageerhebung gefordert[268]. Auf diese Weise soll aus prozessualen Anfängen das klassische Konstitut erwachsen sein.

2. LaRosa

Diesem Konzept nähert sich auch LaRosa[269], die der Ansicht ist, das Konstitut habe ursprünglich die Unterbrechung des Legisaktionenverfahrens bewirkt. Genauer gesagt soll es im Verlauf der *legis actio per condictionem* abgeschlossen worden sein, die gegen den geständigen, aber zahlungsunfähigen Schuldner betrieben wurde, der sich doch noch zur Leistung bereit erklärte, sie aber nicht sogleich zu erbringen imstande war. Mit dem Konstitut sei ihm ein letzter Aufschub bis zum festgelegten Termin gewährt worden, dessen ergebnisloses Verstreichen man daraufhin mit der Wiederaufnahme des Prozesses mit erhöhter *sponsio* sanktioniert habe.

3. Kritische Würdigung

Das Motiv des Zahlungsaufschubs erklärt die Bedeutung des *dies* ebenso wie die Nachträglichkeit seiner Vereinbarung. Glaubt man an die Entstehung im Rahmen der *legis actio per condictionem*, so passt diese Deutung auch zur Beschränkung auf Geld und fungible Sachen sowie zu den prozessualen Ähnlichkeiten mit der *condictio*.

Die Theophilos-Stelle erscheint auf den ersten Blick allerdings als ein wenig zuverlässiges Zeugnis für das Wesen des Konstituts, insbesondere für sein ursprüngliches Wesen. Abgesehen davon, dass Theophilos mindestens 600 Jahre nach Aufkommen des Konstituts schreibt, glänzt die Passage nicht eben durch Klarheit und Folgerichtigkeit. Die Argumente, die der Schuldner gegen seine Inanspruchnahme anführt, sind für sich genommen ziemlich unverständlich: Er behauptet, er schulde das Geld nicht; was ist mit der ursprünglichen Forderung? An Novation kann der Paraphrast nicht gedacht haben, denn er weist im Folgenden ausdrücklich auf die Unwirksamkeit der Stundungsabrede als eigenständige *causa* hin: Weder *stipulatio* noch *mandatum* seien zustandegekommen.

---

weiteren Schritte gegen den Schuldner einleiten, was Labeo mit *nondum peti posse* umschrieben haben soll. Eine wenig überzeugende Erklärung, die jedenfalls den Zusammenhang mit Forderungen *in diem* verkennt, in dem Labeos Ausspruch erfolgt. Die Schuld, die Valery vorschwebt, war dagegen fällig, ja der Gläubiger hatte bereits ein Urteil erstritten und damit gerade bewiesen, dass er Zahlung fordern durfte. Dass Labeo mit *peti* die Einleitung der Vollstreckung durch *manus iniectio* bezeichnen wollte, ist äußerst unwahrscheinlich.

268 Valery, Histoire, S. 78; vgl. auch Cuq, Institutions, S. 511; Kappeyne, Abhandlungen, S. 245, die das Konstitut ebenfalls auf die Gewährung eines Zahlungsaufschubs durch den Gläubiger zurückführen wollen.

269 Labeo 43 (1997), S. 202 ff. Ähnlich auch schon Dejardin, L'action, S. 12 f.

Hat Theophilos die alte Forderung also schlicht vergessen? Die beste Erklärung ist noch immer die, dass mittlerweile *praescriptio* eingetreten sein müsse: Die ὅροι τῶν ἀγωγῶν, auf die sich der Schuldner beruft, dürften die zeitlichen, nicht die sachlichen Grenzen der Klagen sein, auch wenn der Fortgang der Argumentation, die sich im Anschluss eben auf sachliche Gesichtspunkte bezieht, in die entgegengesetzte Richtung weist[270].

Nur in dieser Lesart ergeben die Gedanken des Theophilos überhaupt einen Sinn: Nachdem er festgestellt hat, dass die alte Klage nicht mehr zur Verfügung steht, überlegt er, wie dem Gläubiger zu helfen sei, ob etwa für eine Haftung des Schuldners an dessen Zusage, am Zehnten des Monats zu leisten, angeknüpft werden könne. Eigentlich nicht, stellt er fest, denn ein nach Zivilrecht gültiges Geschäft hat nicht stattgefunden. Immerhin hat aber der Schuldner, seinem nachsichtigen Gläubiger erneut Zahlung versprechend, einen Aufschub erwirkt und sich dann nicht an sein Wort gehalten. Diese ἀγνωμοσύνη des Schuldners habe der Prätor nicht dulden können und die *actio de pecunia constituta* gewährt.

Diese Formulierung erinnert an den Bruch der Vertragstreue, der *fides*, den Ulpian in der Titeleinleitung als den entscheidenden Grund für die Gewährung der *actio de pecunia constituta* nennt. Auf die *fides* beruft sich auch Papinian in D. 13, 5, 25. Selbst wenn es sich – wie viele Autoren gefolgert haben – bei der Berufung auf die *fides* um einen Zusatz der Kompilatoren handeln sollte[271], darf die Stelle nicht gleich als völlig wertlos betrachtet werden[272]. Kann aber tatsächlich bereits die bloße Tatsache, dass der Konstituent nicht Wort gehalten hat, als Grund für die Anerkennung des Konstituts angesehen werden? Wohl kaum, denn sonst müsste die Nichteinhaltung jeglicher Abrede mit einer Klage sanktioniert sein. Für das römische Klagensystem ist aber gerade typisch, dass sich nicht aus jeder Abrede eine Klage ergab, sondern nur in den anerkannten Fällen. Aussicht auf den Schutz des Prätors hatten darüber hinaus nur solche Abreden, die dem Magistrat in besonderer Weise schutzwürdig erschienen. Darauf, dass bereits eine Verbindlichkeit bestand, an die sich das Konstitut anschließt, wird man eine solche besondere Schutzwürdigkeit nicht stützen können, denn auch

270 Dies hält Philippin, Constitut, S. 28 f. für den entscheidenden Punkt. Er führt die Widersprüchlichkeit des Textes auf die mangelnde Kenntnis des Theophilos vom (west-) römischen Recht zurück; vgl. auch Collinet, Etudes 1, S. 276.

271 So meint etwa Roussier, Constitut, S. 13, es handele sich bloß um „une pieuse génuflexion"; Pringsheim SZ 42 (1921), S. 667 hält derartige Titeleinleitungen ganz allgemein für verdächtig; für Unechtheit auch Beseler SZ 45 (1925), S. 453; Albertario, St. Bonfante I, S. 644 n. 129.

272 Mayer-Maly SZ 76 (1959), S. 616 f.; Koschaker SZ 63 (1943), S. 472 f.; a. A. Roussier, Constitut, S. 13.

insofern gilt das oben Gesagte: Nicht jede Nebenabrede wird durch eine Klage sanktioniert[273]. Legt man aber das Konzept Kappeynes zugrunde, so ist der Treubruch beim Konstitut dadurch qualifiziert, dass der Gläubiger sich bereits einmal nachsichtig gezeigt und dem Schuldner eine letzte Frist gewährt hat, seine Verbindlichkeit zu begleichen. Dieser Treubruch wiegt natürlich noch schwerer, wenn man mit LaRosa und Valery vermutet, der Schuldner habe sich mit seiner Zahlungszusage der drohenden Verurteilung bzw. Zwangsvollstreckung entzogen.

Für einen prozessualen Hintergrund des von Theophilos mitgeteilten Geschehens spricht jedoch nicht der geringste Anhaltspunkt. Wenn dagegen Philippin allen Ernstes meint, die Formulierung *adpellatus* beweise mehr oder weniger, dass der Gläubiger den Schuldner vor Gericht zitiert habe, so zieht er die lateinische Übersetzung der Paraphrase von Reitz[274] (!) heran – kaum ein Beweis für die Richtigkeit seiner Annahme. Theophilos verwendet die Begriffe ἀπῄτουν bzw. ἀπαιτούμενος (von ἀπαιτέω), die nicht unbedingt eine Prozesshandlung bezeichnen, sondern ganz allgemein ein Zahlungsbegehren[275].

Richtig ist immerhin, dass ein Konstitut im Verlauf des Prozesses abgeschlossen werden *konnte*, wie ein anonymes Basiliken-Scholion (zu B. 26, 7, 16) zeigt.

Anonymos zu B. 26, 7, 16[276]:

Οἶον, ἐχρεώστουν τινὶ καὶ ἤχθην εἰς δικαστήριον. Εἶτα ἀντεφώνησα ἐμαυτῷ ἢ ἄλλῳ τινί, ἵνα παράσχω αὐτὰ εἰς τὴν α΄. τοῦ Ἰουλίου μηνός. Παρῆλθον ἔκτοτε εἴκοσι ἡμέραι καὶ οὐδὲν δέδωκα. Πρὸ οὖν τοῦ προκατάρξαι αὐτὸν ἢ κατ᾽ ἐκείνου ἢ κατ᾽ ἐμοῦ δέδωκα αὐτῷ το χρέος. Καὶ βοηθοῦμαι ἐν τούτῳ, ἐν ᾧ οὐ διέφερε τῷ ἐνάγοντι, τουτέστιν εἴπερ οὐκ ἦν πραγματευτὴς ὁ ἐνάγων, ἵνα ἔχῃ ζημίαν τινὰ ἐξ αὐτων ἢ ὠφέλειαν.

Zum Beispiel, ich schuldete jemandem und wurde vor Gericht gebracht. Dann sagte ich durch mich selbst oder einen anderen zu, dass ich das Geld bis zum Ersten des Monats Juli zahlen werde. Es vergingen danach noch zwanzig Tage, und ich zahlte nicht. Bevor er nun die Streitbefestigung herbeiführte, entweder gegen jenen oder gegen mich, zahlte ich ihm das Geschuldete. Und dies hilft mir in dem Fall, in dem es für den Kläger keinen Unterschied machte, das heißt, wenn der Kläger kein Vermögensverwalter war, als der er davon einen Nachteil oder einen Nutzen hätte haben können.

273 Vgl. allgemein zur Klagbarkeit von Nebenabreden im römischen Recht Hohlweck, Nebenabreden, S. 12 ff.

274 Der gleiche Missgriff unterläuft auch Dejardin, L'action, S. 11 f., der sich allerdings auf die Übersetzung Ferrinis bezieht.

275 So übersetzt Ferrini erheblich neutraler *cum ita peterentur*. Vgl. auch Gemoll, Handwörterbuch, S. 88 s. v. ἀπαιτέω.

276 B V 1795 Sch.; III 137 Hb.

Der Fall ist dem bei Theophilos ähnlich, doch hat hier in der Tat bereits eine Verfahrenshandlung stattgefunden, der Schuldner ist vor Gericht zitiert worden. Darauf hat er (oder ein anderer für ihn) konstituiert, er werde am 1. Juli zahlen. Die Zahlung erfolgt jedoch weder zum 1. Juli, noch innerhalb von 20 Tagen danach.

Mehr verrät der byzantinische Text, der sich mit dem Problem der Zahlung nach dem Verfallstag, aber vor der *litis contestatio* beschäftigt, unmittelbar nicht. Offenbar war der Prozess nach dem Konstitut zunächst nicht weiter verfolgt worden, der Gläubiger hatte sich mit der Zusage des Schuldners, er werde am 1. Juli zahlen, ködern lassen und ihm Aufschub gewährt. Nicht einmal, ob zuvor überhaupt in der Hauptsache verhandelt worden war, lässt sich der Passage sicher entnehmen, erst recht nicht, dass der Schuldner mittels seines Konstituts die bereits drohende Vollstreckung abgewendet hätte.

Es lässt sich also den Quellen nur entnehmen, dass zur Zeit des Theophilos per Konstitut ein Zahlungsaufschub gewährt werden konnte und dass dies auch nach Prozessbeginn möglich war. Ob es sich hierbei um den ursprünglichen Anwendungsfall handelt, kann hingegen nicht ohne weiteres geschlossen werden. Zwar passt diese Erklärung in den oben gesteckten historischen Rahmen, doch erweckt die Tatsache, dass in den klassischen Quellen das Motiv des Prozesses nicht hervortritt, einige Zweifel daran, dass hierin der Ursprung des Konstituts gesehen werden kann. Auch in dem ältesten erhaltenen Bericht von einem Konstitut, der schon zitierten Gerichtsrede des Cicero *pro Quinctio*, lässt ebenfalls nicht erkennen, dass die Zusage des Quinctius im Verlauf eines Prozesses erfolgte; Aquilius Gallus war zwar für seine juristische Tätigkeit bekannt, hier aber nicht als vom Prätor eingesetzter Geschworener tätig, sondern *propter necessitudinem [...] cum Scapulis*[277].

V. Die herrschende Meinung: Konstitutsklage als Mittel zur Überwindung der Beschränkungen der *actio certae creditae pecuniae*

Im 20. Jahrhundert hat sich die Ansicht durchgesetzt, der Grund für die Anerkennung des Konstituts sei in einem Mangel des Formelsystems zu suchen, nämlich in der Unzulänglichkeit der Prozessmittel, dem Interesse des Gläubigers an der termingerechten Leistung des Schuldners angemessenen Schutz zu gewähren[278].

---

277 Cicero *pro Quinctio* 5; vgl. PHILIPPIN, Constitut, S. 32, dazu eingehend unten S. 94.

278 ASTUTI I, S. 128 f.; II, S. 2; DEJARDIN, L'action, S. 28 ff.; KARADENIZ, Constitutum, S. 23 ff. und 243; ROUSSIER, Constitut, S. 106 ff.

1. Dejardin

Den ersten Schritt in diese Richtung hat DEJARDIN unternommen[279]. Da das ursprüngliche Konstitut sich allein auf Geldschulden bezogen habe, die mit der strengrechtlichen *actio certae creditae pecuniae* bzw. *condictio* einzuklagen waren, habe der Richter die Verzögerung der Leistung bei der Verurteilung des Schuldners nicht berücksichtigen können. Bei dem Konstitut habe es sich nämlich um ein bloßes *pactum (praetorium)* gehandelt, aus dem sich zivilrechtlich – weil *ex intervallo* geschlossen – keinerlei rechtliche Wirkung ergeben habe[280]. Daher sei eine zusätzliche Klage erforderlich gewesen.

2. Astuti

ASTUTI[281] hat diesen Grundgedanken weiter ausgearbeitet und auf eine breitere argumentative Basis gestellt. In seiner detailreichen Untersuchung der Frage, welche Vertragstypen einen festen Leistungstermin in irgendeiner Form aufnehmen konnten und welchen Einfluss dessen Missachtung auf die *condemnatio* aus der entsprechenden Klage hatte, hebt er insbesondere den Zusammenhang des Konstituts mit dem *mutuum* bzw. den durch Verbal- oder Litteralakt begründeten Darlehensforderungen hervor[282].

Da die klassischen Juristen sich der Existenz einer *utilitas temporis* durchaus bewusst waren[283], konnten sie sich der Berücksichtigung einer vertraglichen Bestimmung der Leistungszeit nicht versagen. Dies fiel ihnen bei den *bonae fidei iudicia* auch nicht weiter schwer, da deren auf *quidquid dare facere oportet* gerichtete Urteilsformel die Einbeziehung aller näheren Umstände des jeweiligen Geschäfts nicht nur ermöglichte, sondern sogar gebot[284]. Auch bei den prätorischen Klagen und den sonstigen Klagen auf ein *incertum* gestand die zumeist auf *quanti ea res est* lautende *condemnatio* dem *iudex* einen gewissen Spielraum bei der Berücksichtigung eines festen Zahlungstermins zu[285].

Anders lag der Fall indes bei der *actio certae creditae pecuniae*, deren Formel auf ein *certum* gerichtet war, denn hier war die exakte Übereinstimmung des in der *intentio* genannten Betrages mit der Kondemnationssumme unumgänglich.

---

279 L'action, S. 25 ff.

280 DEJARDIN, L'action, S. 29 f.

281 ASTUTI I, S. 107 ff. und passim; ihm folgt nun auch COSTA, SDHI 77 (2011), S. 129 (147 ff.).

282 Mit diesem engen Zusammenhang begründet er auch seine Vermutung, das Konstitut habe sich entgegen der von BRUNS ZRG 1 (1861), S. 28 (49) geäußerten Ansicht von Anfang an nicht nur auf Geldschulden, sondern – im Falle des Sachdarlehens – auch auf fungible Sachen beziehen können, ASTUTI I, S. 126.

283 ASTUTI I, S. 112 ff. und passim.

284 ASTUTI I, S. 113 ff.

285 ASTUTI I, S. 115 ff.

Lag der Klage ein *mutuum* zugrunde, so konnten die Parteien zwar die Zeit der Rückzahlung per *pactum adiectum* vereinbaren, doch war eine derartige Abrede weder selbständig klagbar noch konnte sie in irgendeiner Form in die starre Formel einbezogen werden. Auch der Abschluss einer *stipulatio* unter Aufnahme des Zahlungstermins in die Stipulationsformel (ob als Ergänzung des *mutuum* oder selbständig, spielt keine Rolle) ändert nichts an diesem Befund: Es blieb bei der *condemnatio certa*, d.h. wann immer der Gläubiger klagte, er konnte nie mehr als die Schuldsumme erstreiten[286].

3. Roussier

Roussier[287] bemüht sich, Astutis Konzept durch eine Verknüpfung mit der Frühzeit des römischen Rechts zu vertiefen. Die Eigenheit des Darlehens wurzele in seinem ursprünglichen sozio-ökonomischen Zweck: Im Gegensatz zum *nexum* habe es sich beim *mutuum* in der agrargesellschaftlichen Frühzeit um ein mehr oder weniger altruistisches kurzfristiges Darlehen unter Nachbarn und Freunden gehandelt, das eher Saatgut als Geld zum Gegenstand hatte und dessen Rückzahlung aufgrund sozialer Rücksichtnahme nicht an einen festen Termin habe geknüpft werden können. Vielmehr habe die Übung bestanden, solche Darlehen nach der nächsten Ernte zurückzuzahlen. Nur wenn der Schuldner auch dann noch nicht zahlen konnte, sei das Bedürfnis aufgetreten, einen festen Zahlungstermin festzulegen. Mehr aus dieser alltäglichen Praxis als aus juristischer Planung heraus sei so das Konstitut entstanden[288]. Welches Maß an Rücksichtnahme des Gläubigers als dem gesellschaftlichen Anstand entsprechend betrachtet wurde, sei etwa noch der Rede des Cicero *pro Quinctio* zu entnehmen. Dem Antrag des Naevius auf *missio in possessionem* (wegen eines *vadimonium desertum*) hält Cicero dessen eiliges Vorgehen entgegen. Ist es etwa schicklich, so fragt er den Richter Aquilius Gallus und das Publikum, eine derartige Hast bei der Rechtsdurchsetzung an den Tag zu legen wie Naevius sie zeigt? Die Antwort gibt er selbst: Abwarten, sich im Kreis seiner Freunde beraten und dann die Schuld erst einmal freundschaftlich einfordern muss der anständige Gläubiger, um dem gesellschaftlichen Idealbild, das Cicero hier entwirft, zu entsprechen[289].

Es ist zwar richtig, dass derartige gesellschaftliche Rücksichten im römischen Klientel- und Patronatssystem eine erheblich größere Rolle gespielt haben als in

286 Astuti I, S. 124ff.

287 Constitut, S. 114ff.

288 Roussier, Constitut, S. 114ff.

289 Cic. pro Qu. 17: *Profecto si recte vestram bonitatem atque prudentiam cognovi, non multum me fallit si consulamini quid sitis responsuri: primum exspectare, deinde si latitare ac diutius ludificare videatur, amicos convenire, quaerere quis procurator sit, domum denuntiare.*

der heutigen Gesellschaft. Gerade das zinslose *mutuum* wurde in der Tat eher unter Freunden und Verwandten gewährt[290]; es handelte sich offenbar um eine Pflicht, die dem *vir bonus* von der *amicitia* auferlegt wurde[291]. Dennoch überzeugt das von Roussier gezeichnete Bild nicht, und zwar aus verschiedenen Gründen. Dass Cicero hier übertreibt, um Naevius zu diskreditieren, bedarf wohl kaum einer Erläuterung. Davon abgesehen mögen soziale Gesichtspunkte beim *mutuum* unter Nachbarn und Freunden ein besonderes Gewicht gehabt haben[292]; das heißt aber nicht, dass nicht auch ein handfestes Interesse bestand, ggf. auf dem Klagewege vorgehen zu können: Das Herkommen nützte dem Gläubiger wenig, wenn der Schuldner sich nicht daran hielt.

Für die klassische Zeit zeigt Gaius 3, 90[293], dass ein Rückzahlungstermin eine typische Bestimmung beim *mutuum* war[294]. Zur Zeit der Entstehung des Konstituts mag es anders gewesen sein, doch einen konkreten Anhaltspunkt hierfür kann Roussier nicht anführen. Soweit er dem freundschaftlichen *mutuum* das seiner Ansicht nach streng geschäftliche *nexum* gegenüberstellt[295], dürfte es spätestens mit dessen allmählichem Verschwinden[296] auch beim *mutuum* mit freundschaftlicher Rücksicht ein Bewenden gehabt haben.

Schließlich spricht schon die in den Quellen stets wiederkehrende Bezeichnung *constituta pecunia* gegen die Herkunft des Konstituts aus dem Bereich des Sachdarlehens.

Die Ausführungen Roussiers schaffen nach allem keine bessere Grundlage für die Annahme, dass die Herkunft des *constitutum* mit dem Darlehen zusammenhängt, als sie schon Astuti[297] geliefert hatte. Zwar ist die Ähnlichkeit der

290 Johnston, Roman Law in Context, S. 84. Ähnliches galt auch in Athen, s. Millett, Lending and Borrowing in Ancient Athens, S. 218.

291 Vgl. Cic. ad fam. 14, 1, 5; 14, 2, 3.

292 S. auch Honsell/Mayer-Maly/Selb, RR, S. 297 f.

293 […] *quas res* […] *in hoc damus, ut accipientium fiant et* ***quandoque*** *nobis* […] *reddantur* (Hervorhebung des Verf.).

294 Etwas zurückhaltender, aber in eben diesem Sinne äußern sich Burdese, IVRA 10 (1959), S. 216 (220); Astuti I, S. 128; Grosso, Memoria Torino 3 (1928) S. 3 (9); vgl. nun auch Costa, SDHI 77 (2011), S. 129 (156 f. m. w. N.). Auch Koschaker, SZ 63 (1943), S. 469 (474) betont, es liege „in der Natur der Sache", dass jemand, der einem anderen Geld leiht, einen Termin für die Rückerstattung bestimmt.

295 Constitut, S. 114 f. und n. 2.

296 Sofern man nicht die Existenz des *nexum* als Libraldarlehen überhaupt bestreitet. So spricht etwa Behrends, RIDA 21 (1974), 137 von einer „quellenwidrigen und geschichtslosen Hypothese". Vgl. auch Behrends, Zwölftafelprozess, S. 37 f. und n. 32 sowie schon Lenel, SZ 23 (1904), S. 84 ff. und Pflüger, Nexum. Überwiegend ist man jedoch von der Geschichtlichkeit dieser Form der Darlehensgewährung überzeugt, vgl. Kaser, RP I, S. 166; Honsell/Mayer-Maly/Selb, RR, S. 100 n. 7 jeweils m. w. N. zur umfangreichen Literatur.

297 Astuti I, S. 128 ff.

actio de pecunia constituta mit der *actio certae creditae pecuniae*, mit der Darlehensschulden einzuklagen waren, in der Tat auffällig[298]: beide Klagen waren mit *sponsiones* ausgestattet[299], bei beiden war unter gewissen Umständen ein *iusiurandum necessarium* möglich[300], beide waren (zumindest ursprünglich) auf *certa pecunia* beschränkt. Doch mit der *actio certae creditae pecuniae* wurde auf jede Art von *pecunia certa credita* geklagt, egal ob sie ihre *causa* in einem *mutuum*, einer *stipulatio* oder einer *expensilatio* hatte. Es ist daher nicht undenkbar, dass das Konstitut von Anfang an auf alle bestimmten Geldschulden Anwendung fand, denn sie alle hatten gemeinsam, dass die Klageformel keine Berücksichtigung des Zeitinteresses erlaubte[301].

§ 8 Stellungnahme

I. Ausgangspunkt: Bestimmung eines absoluten Leistungtermins

Da der zentrale Aspekt des *constitutum debiti* ursprünglich die Festlegung eines absoluten Leistungstermins war, ist davon auszugehen, dass die Entstehung der Konstitutsklage mit dieser Funktion zusammenhängt.

Einen allgemeinen Fälligkeitstermin konnten die Parteien praktisch beliebig bestimmen; der Schuldner konnte, wenn er vor Fälligkeit verklagt wurde, mit Hinweis auf eine *pluris petitio temporis* die Abweisung der Klage erwirken oder erhielt eine *exceptio*, gegen die der Gläubiger allenfalls, wenn die Parteien den Termin zwischenzeitlich vorverlegt hatten, seinerseits diese neue Abrede replizieren konnte. Dieser Mechanismus erfüllte seinen Zweck deshalb, weil ein *dies a quo* grundsätzlich zu Gunsten des Schuldners bestellt war, und dieser sein Interesse daran, nicht früher als vereinbart zahlen zu müssen, einfach mit der (ggf. auf die *exceptio* gestützten) Leistungsverweigerung durchsetzen konnte.

Der Blickwinkel der Konstitutsklage ist gerade umgekehrt: Sie sollte primär sicherstellen, dass der Schuldner pünktlich leistete, diente also vornehmlich dem Interesse des Gläubigers[302]. Von einer Wirkung des konstituierten Termins zugunsten des Schuldners ist in den Digesten nie ausdrücklich die Rede. Dennoch ist anzunehmen, dass regelmäßig auch der Schuldner wie beim *dies a quo* geschützt war, so dass der Gläubiger vor Eintritt des *dies* die

298 Kappeyne, Abhandlungen, S. 200 bezeichnet sie geradezu als „Zwillingsschwestern".
299 Gai. 4, 171.
300 Gai. 4, 172.
301 So auch Dejardin, L'action, S. 26 ff; vgl. auch Burdese, IVRA 10 (1959), S. 216 (220).
302 Vgl. Ricart in Hom. Murga-Gener S. 695 (695 und 699).

Leistung im Klagewege nicht erzwingen konnte[303]. Man kann sagen, dass der *dies quo* einen *dies a quo* zwar nicht mitenthalten musste, aber doch konnte und häufig wohl auch tatsächlich enthielt. Der Gläubiger konnte in so einem Fall erst dann mit Aussicht auf Erfolg klagen, wenn der Schuldner nicht termingerecht geleistet hatte[304].

II. Folgen unpünktlicher Leistung – eine Regelungslücke

Für die Frage, was dem Gläubiger seine Leistungsklage nach ergebnislosem Verstreichen des *dies* einbrachte, ist, wie von Astuti richtig erkannt, nach der Art des Geschäfts und vor allem nach der daraus resultierenden Klage zu differenzieren[305]. Es galt das Prinzip der *condemnatio pecuniaria*, d. h. der Privatrichter musste auf eine von ihm zu ermittelnde Geldsumme (sog. *litis aestimatio*) erkennen. Je nachdem, wieviel Spielraum ihm die Klageformel einräumte, war der *iudex* bald mehr, bald weniger in der Lage, eine Festlegung zu berücksichtigen, der zufolge der Schuldner an einem bestimmten Tag zu leisten hatte.

Die Quellen zeigen, dass jedenfalls bei den *bonae fidei iudicia* das Interesse des Gläubigers an pünktlicher Leistung voll in die Litisästimation einbezogen werden konnte[306].

> C. 4, 49, 10 (Diocletian und Maximinian, anno 293):
> Cum venditorem carnis fide conventionis rupta tempore placito hanc non exhibuisse proponas, empti actione eum quanti interest tua tunc tibi praestitam fuisse apud praesidem provinciae convenire potes.

Der Fleischverkäufer, der seinen Kunden zum vereinbarten Termin nicht beliefert hatte, musste ihm ersetzen *quanti interest tunc praestitam fuisse*, d. h. er musste

---

303 Jedenfalls in dem Fall, dass der Termin in beiderseitigem Einvernehmen festgelegt wurde, vgl. oben § 5 n. 154.

304 Das heißt er konnte erst am Tag nach dem festgelegten *dies* klagen: Inst. 3, 15, 2: [...] *totus dies arbitrio solventis tribui debet.*

305 Astuti I, S. 107ff.

306 Diese Einbeziehung kann dogmatisch auf einen von zwei Gesichtspunkten gestützt werden: entweder man nimmt an, der Schuldner gerate mit Verstreichen des Termins ohne weiteres in Verzug (die Regel *dies interpellat pro homine* ist zwar nicht einmal klassisch, aber eine Abrede, die einen *dies quo* festlegen soll, konnte es durchaus als *dolus malus* erscheinen lassen, wenn der Schuldner zum Termin nicht leistete), oder man sieht die Leistung *intra diem* nach dem Termin als nicht mehr erbringbar an. Dann greift die *perpetuatio obligationis*, bei der die folgenden Gedanken ebenfalls gelten. Vgl. Astuti I, S. 118ff. und Bruns ZRG 1 (1861), S. 28 (65f.), die den letzten Ansatz für den richtigen halten.

nicht nur den Schätzwert des Fleisches, sondern auch den Verzögerungsschaden zahlen[307]. Dessen Berücksichtigung wurde durch die auf *quidquid dare facere oportet ex fide bona* lautende *intentio* der Formel der *actio empti* möglich, die dem Richter derartige Erwägungen nicht nur gestattete, sondern sogar gebot.

Ähnliches galt bei strengrechtlichen Klagen auf ein *incertum*, wie schon Celsus lehrt:

> Celsus D. 42, 1, 11 (5 digestorum):
> Si Kalendis fieri aliquid stipulatus sum, nempe quandocumque post Kalendas accepto iudicio tanti tamen aestimanda lis est, quanti interfuit mea Kalendis id fieri: ex eo enim tempore quidque aestimatur, quod novissime solvi poterit.

Die Formel der *actio incerti ex stipulatu* lautete ebenfalls auf *quidquid dare facere oportet*[308], so dass der Richter auch hier bei der *litis aestimatio* einen weiten Ermessensspielraum hatte.

Wenn der Gläubiger allerdings ein *certum* verlangen konnte, so gestaltete sich die Berücksichtigung seiner *utilitas temporis* deutlich schwieriger. Ging es um eine *certa res*, so konnte er mit der *condictio (certae rei)* vorgehen. Die *condemnatio* dieser Klage lautete auf *quanti ea res est*[309], d. h. der *iudex* hatte nur den objektiven Marktwert der geschuldeten Sache zu ermitteln. War eine Zeit für die Leistung bestimmt, so musste er den Wert der Sache an dem vereinbarten Zeitpunkt zugrundelegen[310], konnte aber das darüber hinausgehende Interesse des Gläubigers an der pünktlichen Leistung nicht mit einfließen lassen.

Ging es nun gar um eine *certa pecunia*, so waren ihm vollends die Hände gebunden: die statthafte Klage war die *actio certae creditae pecuniae*. Ihre *condemnatio* lautete stets exakt auf die in der *intentio* geltend gemachte Summe. Infolgedessen war es bei den auf ein *certum* gerichteten Klagen unmöglich, das Zeitinteresse des Gläubigers im Falle der Nichtleistung zum Termin angemessen zu berücksichtigen.

---

307 Ein anderes Beispiel, in dem die *utilitas creditoris* berücksichtigt wird (allerdings nicht das Zeitinteresse), findet sich bei Paulus D. 19, 1, 21, 3 (33 ad ed.): *Cum per venditorem steterit, quo minus rem tradat, omnis utilitas emptoris in aestimationem venit, quae modo circa ipsam rem consistit* […].

308 Denn diese war nur bei Stipulation eines *incertum* anwendbar. War ein *certum* stipuliert, so musste der Versprechensempfänger mit der *condictio* vorgehen, s. Ulpian D. 12, 1, 24 und sogleich im Text.

309 Kaser/Knütel/Lohsse, Studienbuch, § 83 Rn. 13.

310 Julian-Sabinus D. 12, 1, 22; Gaius D. 13, 3, 4.

III. Nichteinhaltung der Terminzusage als qualifizierter Treubruch

1. Die prozessualen Waffen waren also, was die Einhaltung einer fest bestimmten Leistungszeit angeht, sehr ungleich verteilt: Während der Schuldner seine gerichtliche Inanspruchnahme noch am vereinbarten Tag abwehren konnte, stand dem Gläubiger kein adäquates prozessuales Mittel zur Verfügung, mit dem er die Einhaltung des Termins durch den Schuldner zu erzwingen vermochte. Frühestens am folgenden Tag konnte er mit seiner Klage durchdringen, aber selbst wenn er nunmehr im Prozess obsiegte, durfte er, wenn es um eine *certa pecunia* ging, in keinem Fall darauf rechnen, dass ein Ausgleich seines Interesses an pünktlicher Leistung durch den Richter erfolgte.

War dem säumigen Schuldner durch Anwendung des Zivilrechts nicht beizukommen, so musste, wollte man dem Gläubiger nicht zumuten, sich – etwa durch Vereinbarung einer Konventionalstrafe[311] – selbst zu helfen, der Prätor einschreiten.

Dennoch ergeben sich Zweifel daran, ob tatsächlich allein diese Unzulänglichkeit des zivilen Rechts das Motiv des Magistrats bei der rechtlichen Anerkennung des Konstituts war. Das Interesse des Gläubigers an termingerechter Befriedigung seiner Forderungen bestand unabhängig von dem Zeitpunkt, in dem dieser Termin vereinbart wurde. Denn ihm entstand durch die Nichteinhaltung eines anfänglich festgelegten Termins kein anderer Schaden als durch die Nichteinhaltung eines nachträglich bestimmten Termins. Es ist daher etwas überraschend, dass sich in den Quellen nicht ein einziger Fall nachweisen lässt, in dem die Konstitutsklage aufgrund der Versäumnis eines bereits bei Schuldbegründung vereinbarten Termins gewährt wird[312].

Gleichwohl sieht Koschaker[313] gerade die Vereinbarung eines festen Leistungstermins bereits im Schuldvertrag selbst als den Urfall des Konstituts an. In diesem Sinne will er auch eine Äußerung Labeos bei Ulpian D. 13, 5, 3, 2 verstehen: *propter has potissimum pecunias, quae nondum peti possunt, constituta inducta.*

311 Auf diese Möglichkeit macht Roussier, Constitut, S. 109 aufmerksam, hält jedoch die Vereinbarung einer *stipulatio poenae* – und überhaupt die Bestimmung eines festen Termins – für unvereinbar mit der freundschaftlichen Natur des frühen Darlehens. Darüber hinaus wendet Burdese, IVRA 10 (1959), S. 216 (221) mit Recht ein, dass die Möglichkeit, einem Mangel der Rechtsordnung durch entsprechende Vertragsgestaltung von Seiten der Rechtssubjekte zu begegnen, den Magistrat nicht seiner Aufgabe entheben konnte, selbst auf eine Optimierung der rechtlichen Verhältnisse hinzuwirken.

312 Koschaker, SZ 63 (1943), S. 469 (472); Roussier, Constitut, S. 102 f.; Mehls, De origine, S. 15; vgl. jetzt auch Jakab, SZ 133 (2016), S. 487 (491).

313 SZ 63 (1943), S. 469 (472).

Dieses Zitat mag ein Indiz dafür darstellen, dass der Prätor mit der Konstitutsklage ein Mittel bereitgestellt hat, zwischen Schuldner und Gläubiger für den Fall einer *obligatio in diem* in gewisser Weise Waffengleichheit herzustellen; dass aber kein von der Terminfestsetzung bei der Schuldbegründung verschiedener Akt erforderlich gewesen sein soll, lässt sich der Stelle nicht ohne weiteres entnehmen.

Darüber hinaus ist kein Grund ersichtlich, warum die anfängliche Terminfestlegung als Urfall des *constitutum debiti* später so außer Übung gekommen sein sollte, dass sie in den Quellen überhaupt keine Rolle mehr spielt. Ein solcher Grund kann nicht etwa im späteren Verständnis des Konstituts als „zweites Zahlungsversprechen" gesehen werden. Ein zweites Zahlungsversprechen wird zwar *per definitionem* von der Schuldbegründung gesondert zu einem späteren Zeitpunkt abgegeben. Dadurch ändert sich indes nichts an dem Schutzbedürfnis des Gläubigers gegenüber der Verspätung der Leistung. Vielmehr legt umgekehrt die Entwicklung des Konstituts zum Zahlungsversprechen nahe, dass es sich von Anfang um ein zweites, nachträgliches Geschäft handelte.

Gibt es keine überzeugende Erklärung für das Verschwinden der mit der Schuldbegründung zusammenfallenden Terminbestimmung aus den Quellen zum Konstitut, so spricht alles dafür, dass eine solche Terminfestlegung bereits im schuldbegründenden Akt niemals zum Anwendungsbereich der *actio de pecunia constituta* gehörte. Dann kann aber auch die Bestimmung eines festen Leistungstermins allein nicht der Grund für die Gewährung der Konstitutsklage gewesen sein.

2. Wenn die überwiegende Lehre[314] einzig auf diesen Aspekt abstellt, greift sie zu kurz. Es gilt nun, das Element herauszuarbeiten, das den vom Prätor gewährten Schutz des Gläubigers gegen das Versäumen eines festen Leistungstermins rechtfertigte, ein Element, das nur bei nachträglicher Fixierung der Leistungszeit gegeben war.

Zu denken ist hier an das Motiv des Zahlungsaufschubs, den der Gläubiger dem Schuldner gegen die feste Zusage, dann an dem bestimmten *dies* pünktlich zu leisten, zugestand. Zwar tritt dieses Motiv jedenfalls in den älteren Quellen nicht deutlich hervor; immerhin deutet aber die Gewährung eines *modicum tempus* im Falle des Konstituts ohne Zeitbestimmung durch Paulus D. 13, 5, 21,

314 Zuletzt Costa, SDHI 77 (2011), S. 129 (164ff.), der unter Rückgriff auf eine Äußerung des Aristoteles in der Nikomachischen Ethik (8, 13, 5–7) darauf hinweist, dass die Verschiebung einer Leistung in die Zukunft stets eine Vertrauensbezeugung darstelle, und über die Bezugnahmen auf die *fides* in D. 13, 5, 1 pr. und 25 pr. sowie D. 12, 1, 1 pr. argumentiert, der Bruch der *fides* stelle den Grund nicht nur für die Einführung des Edikts *de pecunia constituta*, sondern auch für dessen Einordnung in den Titel *de rebus creditis* dar.

1 in diese Richtung. Auch fällt es nicht schwer, eine Begründung dafür zu finden, dass ein Konstitut nur im nachträglich vereinbarten Zahlungsaufschub gesehen wurde: Der Treubruch des Schuldners wog dann besonders schwer, wenn der Schuldner durch eine zweite bestimmte Zusage das Vertrauen des Gläubigers in besonderem Maße in Anspruch genommen hatte[315].

Gegen die Vermutung, der Ursprung des Konstituts könne ein nachträglich gewährter Zahlungsaufschub sein, wird häufig Ulpian D. 13, 5, 3, 2 angeführt:

> Ulpian D. 13, 5, 3, 2 (27 ad edictum):
> Si is qui et iure civili et praetorio debebat in diem sit obligatus, an constituendo teneatur? Et Labeo ait teneri constitutum, quam sententiam et Pedius probat: et adicit Labeo vel propter has potissimum pecunias, quae nondum peti possunt, constituta inducta: quam sententiam non invitus probarem: habet enim utilitatem, ut ex die obligatus constituendo se eadem die soluturum teneatur.

Fraglich ist bereits die genaue Problemstellung. So viel ist klar: S ist Schuldner des G, allerdings ist er nur *in diem* verpflichtet, braucht also einstweilen noch nicht zu leisten[316]. Er konstituiert seine Schuld und Ulpian fragt sich, ob ein derartiges Konstitut wirksam sei. Diese Frage kann sich ihm kaum im Zusammenhang mit dem ediktalen Erfordernis einer *pecunia debita* gestellt haben, lehrt er doch selbst D. 50, 16, 213 pr. (1 *regularum*), dass bei Obligationen *ex die* (im Gegensatz zu solchen *sub condicione*[317]) bei Vertragsschluss der *dies cessit, nondum venit*, das Geld also sogleich geschuldet ist, aber noch nicht gefordert werden kann. Wäre dies der Grund seiner Fragestellung, so wäre sie ziemlich banal und kaum einer längeren Betrachtung wert. Und doch beruft sich Ulpian zur Begründung seiner Ansicht, ein derartiges Konstitut sei wirksam, gleich auf zwei Gewährsmänner, Labeo und Pedius. Das Problem dürfte vielmehr darin bestehen, dass bereits ein Leistungstermin bestimmt war.

Dem Einleitungssatz lässt sich nicht ohne weiteres entnehmen, welchen Inhalt das Konstitut des Schuldners hatte. Es bestehen vier Möglichkeiten:

a. Das Konstitut bestimmte überhaupt keinen Termin,

---

315 Die angebliche Herkunft des Konstituts aus dem Prozess, wie sie von Valery, Histoire, S. 25 und 74 ff. und zuletzt von LaRosa, Labeo 43 (1997), S. 202 ff. verfochten wurde, bietet zwar ebenfalls eine Erklärung, ist aber aus den oben S. 79 f. dargelegten Gründen nicht sehr wahrscheinlich.

316 Der Ausdruck *in diem* ist freilich zweideutig: die Römer bezeichnen damit sowohl einen auflösenden (etwa Ulpian D. 7, 3, 1, 3) als auch einen aufschiebenden Termin (etwa Paulus D. 12, 6, 10 und D. 35, 2, 45 pr.). Der Kontext zeigt aber deutlich, dass Ulpian hier letzteres meint, denn Labeo spricht von *nondum peti* und Ulpian selbst verwendet im Schlusssatz die eindeutige Formulierung *ex die*.

317 Vgl. die Lösung bei Paulus D. 13, 5, 19 pr. (29 ad ed.).

b. es nannte einen späteren Termin als die Hauptschuld,
c. einen früheren oder
d. denselben.

Im letzten Satz des Fragments wird die Wirksamkeit des Konstituts mit der *utilitas* für den Gläubiger begründet, dass der Schuldner aus der Zusage, er werde *eadem die* leisten, haftet. Damit scheiden die Möglichkeiten a. und b. aus, denn offenbar hatte der Konstituent die Zahlung *eadem die* zugesagt. Dies kann sich nur entweder auf den Tag des Konstituts selbst (im Sinne von „noch heute", als äußerste Variante der Möglichkeit c.) beziehen oder auf den bereits in der Hauptschuld bestimmten Termin (Möglichkeit d.).

Während MEHLS[318] die erste Alternative favorisiert, weil er keine *utilitas* in einem Konstitut zu sehen vermag, das bloss den Termin der Hauptschuld wiederholt, spricht sich ASTUTI[319] dafür aus, das *eadem die* auf den Termin der Hauptschuld zu beziehen. MEHLS gelangt zu seiner Ansicht von der unzutreffenden Vorstellung aus, dass sich der Termin des Konstituts in keiner Weise von jedem anderen Zahlungs- oder Fälligkeitstermin unterscheide, dass es sich in der oben gewählten Terminologie[320] um einen einfachen *dies a quo* handele. Bei diesem Verständnis ist ein Konstitut auf den alten Termin in der Tat sinnlos.

Dagegen liegt die *utilitas* auf der Hand, wenn man davon ausgeht, dass das Konstitut einen absoluten Leistungstermin bestimmte; gestattete nämlich das Verstreichen eines bloßen Fälligkeitstermins bei einer *pecunia certa credita* dem Gläubiger nichts weiter als die klagweise Durchsetzung seiner Forderung, so gewährte ihm der Prätor bei Verstreichen des *dies constituti* einen zusätzlichen, weiterreichenden Schutz.

Was die Frage nach dem möglichen ursprünglichen Zusammenhang des Konstituts mit einem nachträglichen Zahlungsaufschub betrifft, so ist festzuhalten, dass der Konstituent in der einen wie in der anderen Lesart durch das Konstitut keine Zeit gewinnt. Gerade dies begründet die Zweifel Ulpians an der Wirksamkeit des Geschäfts.

Labeo weiß zu berichten, dass *propter has potissimum pecunias, quae nondum peti possunt, constituta inducta*. Wenn dies als historisches Argument gemeint ist, drängt sich die Frage auf, wieso Ulpian hier über die Anwendbarkeit des Konstituts auch nur nachdenkt. Gewohnt drastisch formuliert KAPPEYNE VAN DE COPPELLO, dass man „doch nicht bei gesundem Verstand darüber streiten

318 De origine, S. 14.
319 ASTUTI I, S. 215 ff.
320 S. o. § 5 IV, S. 52 ff.

konnte, ob das *constitutum* bei derjenigen Klasse von Forderungen verwendbar war, um derentwillen es eingeführt wurde[321]". Er löst den Zweifel auf, indem er die Behauptung aufstellt, Labeo habe – bei grundsätzlicher Anerkennung des Erfordernisses eines Zahlungsaufschubs – gegen eine strengere Ansicht für hinreichend erachtet, wenn der Aufschub selbst bereits bei Schuldbegründung bestand und nur das Konstitut und damit die Absicherung des aufgeschobenen Termins für den Gläubiger später erfolgte[322].

Wahrscheinlicher ist indes, dass Labeo sich zu einem anderen Fall geäußert hat als zu dem, den Ulpian erst im letzten Satz als den von ihm selbst behandelten offenlegt: Labeo wird die Frage nach der Wirksamkeit eines auf eine *obligatio in diem* bezogenen Konstituts tatsächlich im Zusammenhang mit dem Erfordernis einer *pecunia debita* gestellt haben[323]. Zu seiner Zeit mag der *dies* in seiner Wirkung der Bedingung noch näher gestanden haben; möglicherweise war auch das *edictum de pecunia constituta* noch nicht voll ausdiskutiert. Jedenfalls hat er sich zur Begründung seiner Auffassung offenbar auf eine teleologische Argumentation verlegt: Der typische Fall des Konstituts war der, dass der Schuldner bei Fälligkeit nicht leisten kann und sich unter Benennung eines festen Termins für die nachzuholende Zahlung einen Aufschub verschafft. Also musste dem Gläubiger eine solche Zusage auch nutzen, wenn der Schuldner bereits vor Fälligkeit seine Zahlungsunfähigkeit erkennt und den Gläubiger mit den gleichen Versprechungen hinhält, wie er dies anderenfalls bei Fälligkeit getan hätte. Dass auch Labeo ein Konstitut *eadem die se soluturum* behandelt hätte, ist durch nichts bewiesen.

In diesem Sinne ist übrigens auch die nachfolgende Paulus-Stelle, die ebenfalls aus ihrem Zusammenhang gerissen wurde, zu lesen: *Sed et si citeriore die constituit se soluturum, similiter tenetur.* Die Stellung des *citeriore die* im Satz zeigt, dass sich diese Zeitbestimmung nicht auf die zugesagte Handlung bezieht, sondern auf die Zahlungszusage selbst. Dieses Verständnis passt erheblich besser zum Wesen des Konstituts als das herkömmliche, nach dem Paulus hier eine Ausnahme von dem Grundsatz zugelassen haben soll, dass sich der Konstituent nicht zu mehr verpflichten konnte, als er nach der Hauptschuld leisten musste[324].

---

321 Abhandlungen, S. 262.

322 KAPPEYNE, Abhandlungen, S. 262 f.

323 So jetzt auch PLATSCHEK, Edikt, S. 111 ff.; dazu näher unten S. 456 ff.

324 Anders COSTA, SDHI 77 (2011), S. 129 (213 f.) mit dem Hinweis, es habe dem Schuldner ja auch freigestanden, vor dem in der Hauptschuld bestimmten Termin zu erfüllen; nicht ganz eindeutig PLATSCHEK, Edikt, S. 118, der aber wohl ebenfalls die herkömmliche Lesart favorisiert.

Ulpian spitzt den Gedanken Labeos weiter zu und stellt fest, dass ein vor Fälligkeit geschlossenes Konstitut, dessen Wirksamkeit nach obigen Ausführungen zweifelhaft sein musste, wenn es dem Schuldner keinen weiteren Zahlungsaufschub brachte, auch dann wirksam war, wenn der Schuldner pünktliche Leistung an dem bereits bestehenden Termin zusagte. Da dies dem eigentlichen Zweck des Konstituts widersprach, verweist der Jurist zur Begründung seiner Ansicht auf die *utilitas* für den Gläubiger. Es handelt sich demnach bei Ulpians Lösung um eine durch den Zweckgedanken motivierte entsprechende Anwendung der Konstitutsklage. Die Stelle liefert daher kein stichhaltiges Argument gegen die Annahme, dass ein Zahlungsaufschub ursprünglich wesentliches Element des Konstituts war.

IV. Cicero

Es verbleibt ein Argument gegen die These vom Zahlungsaufschub: Gerade bei Cicero, unserem ältesten Gewährsmann, tritt dieses Element auf den ersten Blick nicht deutlich hervor[325], zumindest in der Rede pro Quinctio[326]. Dort gerät der Schuldner scheinbar sogar durch das Konstitut unter zusätzlichen zeitlichen Druck und muss einen Zahlungsaufschub erst erwirken, nachdem er Zahlung zugesagt hatte *quasi domi nummos haberet*[327]. Doch der Schein trügt: Stellt man sich nämlich die Situation des Quinctius vor, liegt auch in dieser Zusage eine Verzögerung der tatsächlichen Leistung. Quinctius hatte die Scapulae aufgesucht, um seine Verbindlichkeiten auszugleichen, Gallus hatte den dazu erforderlichen Betrag ermittelt. Die Forderung war also nunmehr liquide geworden, die Scapulae erwarteten, dass Quinctius ihnen das Geld sogleich auszahlte. Er hatte es aber – natürlich – nicht bei sich, da er ja auf die Mittel des Naevius zurückgreifen wollte. Also erklärte er, er könne nicht unmittelbar zahlen, aber noch am gleichen Tage, denn er ging davon aus, dass Naevius ihm die Summe ohne weiteres überlassen würde. Als dies nicht geschah, musste er einen weiteren Zahlungsaufschub erwirken, um seine gallischen Besitztümer zu Geld zu machen. Unter diesem Blickwinkel spricht auch die Quinctius-Rede nicht entscheidend gegen den Zweck des Konstituts, dem Schuldner eine – wenn auch kurze – Zahlungsfrist zu verschaffen.

325 S. PHILIPPIN, Constitut, S. 32.

326 In dem älteren Atticus-Brief (*ad Att.* 1, 7 aus dem Jahr 67) teilt Cicero mit, er habe dem Verwalter des Atticus Zahlung für einen späteren Zeitpunkt zugesagt. Angesichts der bekanntermaßen stets angespannten finanziellen Situation Ciceros (vgl. dazu etwa SCHEUERMANN, Cicero und das Geld, Frankfurt am Main 2015) legt dies zumindest nahe, dass er auf diese Weise Zeit gewinnen wollte, sich liquide Mittel zu verschaffen.

327 Cic. pro Quinct. 5, wozu o. S. 45.

V. Ergebnis

Es war der qualifizierte Treubruch des Schuldners, der den Prätor zum Handeln zwang. Der Schuldner verschaffte sich durch die Zusage, an einem bestimmten Tag zu leisten, Freiheit von der Rechtsdurchsetzung durch den Gläubiger, sei es, indem er diesen dazu bewegte, im Vertrauen auf die feste Zusage vorerst von einer Klage abzusehen, sei es, indem er tatsächlich einen rechtlich auch für den Gläubiger verbindlichen Zahlungsaufschub erwirkte. Das Verhalten des Schuldners, der sich den Gläubiger so durch Versprechungen und feste Zusagen zunächst vom Leibe hielt, um dann doch nicht zu leisten, stellte sich bei den hier interessierenden bestimmten Geldschulden als für den Gläubiger besonders schädlich dar, weil die allein zur Verfügung stehende *actio certae creditae pecuniae* eine Berücksichtigung dieser Umstände aufgrund des starren Formalismus ihrer *condemnatio* nicht gestattete.

Es spielten demnach zwei Faktoren eine Rolle: Auf der einen Seite das Vertrauen, das der Gläubiger dem Konstituenten durch das Absehen von der sofortigen Geltendmachung seiner Forderung entgegenbrachte und das vom Schuldner enttäuscht wurde, als das *factum* der Rechtswirklichkeit, an das der Prätor seine Reaktion anknüpfte. Auf der anderen Seite die aufgezeigten Mängel des Klagesystems, die eine Berücksichtigung dieses Fehlverhaltens im Rahmen der strengen Vertragsklagen nicht gestatteten und damit dem Magistrat den Grund lieferten, *supplendi iuris civilis gratia* tätig zu werden[328].

Diese Erklärung berücksichtigt sowohl den Charakter des Konstituts als Terminbestimmung als auch die Beschränkung auf Geldschulden, sowohl die Ähnlichkeit von *actio certae creditae pecuniae* und *actio de pecunia constituta* als auch die zeitliche Einordnung vor dem Hintergrund des Aufkommens der Formularprozesse, schließlich auch den Umstand, dass die Quellen nur Konstitute bezeugen, die nach Begründung der Hauptschuld erfolgten.

---

328 Diese Schutzlücke erkennt auch PLATSCHEK, Edikt, S. 66; S. 77, sieht die Motivation des Prätors zum Einschreiten aber vor allem in einer Steigerung der Attraktivität des Marktplatzes Rom für peregrine Kaufleute; dazu unten S. 448 f.

Kapitel 3 – Die ursprüngliche Sanktion des Konstituts

§ 9 Das Verhältnis von actio in factum und sponsio dimidiae partis

In den klassischen Quellen eröffnet die unter Verletzung eines Konstituts vom Schuldner unterlassene Zahlung dem Gläubiger die Möglichkeit, eine von den Juristen bald als *actio de pecunia constituta*, bald als *actio pecuniae constitutae* oder auch als *actio constitutoria* bezeichnete Klage zu erheben. Diese Klage weist zwei Besonderheiten auf, die sie mit der *actio certae creditae pecuniae* gemein hat, nämlich die Möglichkeit des Klägers, dem Beklagten ein *iusiurandum necessarium* zu deferieren, und eine *sponsio poenalis*. Das zuletzt genannte Charakteristikum, eine innerprozessuale, vom Prätor erzwungene[329] und noch *in iure* einzugehende Verbalobligation, zeichnet sich gegenüber seinem Pendant bei der *actio certae creditae pecuniae* allerdings durch eine bedeutende Abweichung aus: Der Gläubiger durfte sich im Falle des Konstituts die Hälfte der Schuldsumme versprechen lassen, während er bei einer einfachen Schuld nur eine *sponsio tertiae partis* verlangen konnte[330]. Die grundsätzliche Ähnlichkeit beider Klagen, eine Ähnlichkeit, die sich auch auf ihren Anwendungsbereich – bestimmte Geldschulden – erstreckt, haben verschiedene Autoren[331] zum Anlass genommen, diesem auffälligen Unterschied besondere Aufmerksamkeit zu schenken und der Erhöhung der Sponsionsquote eine größere Bedeutung beizumessen als ihr zukommt.

---

329 Dem Beklagten, der die von ihm geforderte Sponsionsleistung verweigerte, wird – ähnlich wie beim *iusiurandum* – die Behandlung als *indefensus* gedroht haben, vgl. Kappeyne, Abhandlungen, S. 201 f.

330 Gai. 4, 171.

331 Neben den im Folgenden ausführlich erörterten Beiträgen seien noch genannt: Beseler, Edictum de eo quod certo loco, S. 104 ff.; Biondi, Istituzioni, S. 520 und n. 181; Bonnecarrére, De l'action *pecuniae constitutae*, S. 12 ff.; Jobbé-Duval, Études, Bd. 1, S. 35 ff.; 163; Kaser, Quanti ea res est, S. 195, jetzt jedoch unter Aufgabe seiner früheren Ansicht RP I, S. 584 und n. 12; Magdelain, Consensualisme, S. 137 ff.

I. Erhöhung der sponsio als ursprünglich einzige Sanktion des Konstituts? Die Lehren LaRosas, Kappeynes, Karlowas und Roussiers

1. LaRosa

So hat zuletzt LaRosa im Rahmen ihrer Ausführungen zur Formbedürftigkeit prätorischer Geschäfte die bereits beschriebene Hypothese aufgestellt, das Konstitut habe ursprünglich eine prozessuale Funktion gehabt, nämlich die Unterbrechung eines begonnenen Legisaktionenverfahrens (*per condictionem*) mit dem Ziel, dem geständigen, aber zahlungsunfähigen Beklagten eine letzte Frist zur Zahlung zu gewähren. Blieb die Leistung auch am festgesetzten Termin aus, habe man den Prozess mit erhöhter *sponsio* fortgesetzt, um das Fehlverhalten des Schuldners zu sanktionieren[332].

Abgesehen davon, dass der angebliche prozessuale Hintergrund des Konstituts kaum eine Stütze in den Quellen findet, spricht gegen diese Sichtweise auch folgende Erwägung: Wenn das Konstitut im Laufe der Verhandlung abgeschlossen wurde, nachdem der Beklagte seine Schuld gestanden hatte, und die Erhöhung der *sponsio* eine Sanktion ausschließlich für die fortgesetzte Nichtleistung bildete, ist kein Grund ersichtlich, warum bei Wiederaufnahme des Verfahrens auch der Kläger (mittels *restipulatio dimidiae partis*) ein höheres Risiko sollte eingehen müssen – auch wenn es sich um ein faktisch nicht existentes Risiko handelt: Es ist nämlich zu beachten, dass in der von LaRosa vermuteten Konstellation die Existenz der Schuld (weil gestanden) und der Abschluss des Konstituts (weil *in iure* oder doch *in iudicio* erfolgt) bereits gerichtsbekannt waren und keines weiteren Beweises bedurften. Die Leistung der *restipulatio* durch den Kläger erschiene zumindest als sinnlose Förmelei.

2. Kappeyne van de Coppello

Aus einer anderen Perspektive findet Kappeyne van de Coppello, eine beiläufig geäußerte Vermutung Puchtas[333] weiterverfolgend, in dem Gaius-Text,

332 Labeo 43 (1997), S. 202 (212).

333 Dieser hatte bereits einige Jahrzehnte vor Kappeyne in seinen Institutionen[7], Bd. 2, § 168, S. 132f. (allerdings ohne weitere Vertiefung des Problems) gemutmaßt, die Wirkung des Konstituts habe vielleicht ursprünglich nur in der Gewährung der *sponsio dimidiae partis* bestanden. Wohl erst in einem zweiten Schritt sei der Prätor dahin gelangt, dem in seinem Vertrauen auf die Erfüllungszusage enttäuschten Gläubiger eine eigenständige Klage *in factum* zu gewähren. Zunächst aber habe der Prätor den Konstituenten zu einer *sponsio* angehalten, die dann die Grundlage einer *in ius* konzipierten *condictio* gebildet habe, ähnlich wie bei den Interdikten, die *cum poena* verhandelt wurden. Ungenau hierzu Roussier, Constitut, S. 6, der behauptet, schon Puchta habe in der Erhöhung der *sponsio* die ursprüngliche

der von den *sponsiones* bei den *actiones certae creditae pecuniae* und *de pecunia constituta* handelt, „das Mittel [...], die wahre Natur der klassischen *actio pecuniae constitutae* zu ergründen[334]".

Die Strafsponsionen bei der *actio certae creditae pecuniae* und bei der Konstitutsklage hält er für präjudiziell, d. h. er nimmt an, in beiden Fällen habe sich das Verfahren – wie beim Streitverfahren aus den Interdikten[335] – *per sponsionem* abgespielt: Der Kläger provozierte den Beklagten zur Abgabe einer *sponsio*, die unter der Bedingung stand, dass eine bestimmte Summe geschuldet bzw. konstituiert und nicht beglichen worden war. Darauf wurde ein *iudicium* eingesetzt, das über die Schuld aus der Sponsion und damit inzidenter über die Richtigkeit der eigentlichen Rechtsbehauptung zu befinden hatte. Nach gewonnenem Prozess *de sponsione* konnte der Kläger dann die Schuldsumme in einem *iudicium secutorium* beitreiben[336].

Da er das *constitutum* für ein gewöhnliches *pactum* hält[337], glaubt KAPPEYNE nicht daran, dass der Prätor jemals auf seiner Grundlage eine eigenständige Klage gewährt haben soll. Seine zentrale These ist, dass der Schuldgrund, ob nun ein Konstitut abgeschlossen wurde oder nicht, stets derselbe blieb und in der Hauptschuld zu suchen war[338]. Daher, so folgert er, beschränkte sich die Intervention des Prätors darauf, „dass, wo zufolge des erschwerenden Umstandes eines angeblichen Wortbruchs der Streit einen schärferen Charakter annahm, die für beide Parteien gleich gefährliche Erhöhung der *summa sponsionis* stattfand"[339]. Die *actio de pecunia constituta* ist nach seiner Betrachtungsweise also eine bloß geringfügig modifizierte *actio certae creditae pecuniae*, die in dieser Form bis zur Ablösung des Formularverfahrens durch die kaiserliche *cognitio* in Gebrauch geblieben sein soll.

Wirkung des Konstituts gesehen. Von einer Erhöhung spricht PUCHTA aber schon deshalb nicht, weil sein *tertium comparationis* nicht die *actio certae creditae pecuniae*, sondern das Inderdikten-Verfahren ist. Vielmehr lässt er die Verwandtschaft der beiden Klagen völlig außer Acht.

334 Abhandlungen, S. 200 ff.

335 Vgl. Gai. 4, 141 und 163 ff. Zum Streitverfahren wegen Verstoßes gegen ein *interdictum* s. im Einzelnen KASER/HACKL, RZ, S. 416 ff.

336 Ein ähnliches Verfahren *per sponsionem* hat die *legis actio sacramento in rem* abgelöst. Auch hier diente die *sponsio* der Klärung der Frage des Eigentums; anders als bei den Interdikten und der *actio certae creditae pecuniae* kommt es jedoch nicht zur Auszahlung der versprochenen Summe von HS XXV (vgl. Gai. 4, 93). Weitere Beispiele bei KASER/HACKL, RZ, S. 105 ff.

337 KAPPEYNE, Abhandlungen, S. 248.

338 KAPPEYNE, Abhandlungen, S. 241.

339 KAPPEYNE, Abhandlungen, S. 247.

3. Karlowa

Ein ähnliches System nimmt Karlowa an[340]. Wie Kappeyne betrachtet er die *sponsio* als ursprünglich zugleich pönal und präjudiziell[341], doch steht er den Vermutungen des niederländischen Autors in einigen Punkten kritisch gegenüber. Zum einen hält er ein *iudicium secutorium* nicht für erforderlich, sondern ist der Auffassung, die *condemnatio* aus dem Sponsionsprozess sei sogleich auf Schuldsumme u n d Strafe gerichtet gewesen[342]. Vor allem aber wendet er ein, dass es bei der modifizierten *actio certae creditae pecuniae* nicht geblieben sei. Zwar teilt er die Ansicht, dass noch zu Zeiten Ciceros und der Lex Rubria *per sponsionem* über *certa credita pecunia* und über *pecunia constituta* verhandelt wurde. Jedoch habe diese *sponsio* im Laufe einer Entwicklung, die im Zeichen der Ausweitung des Konstituts auf andere als Geldschulden stand[343], ihre präjudizielle Funktion verloren und sei bereits von Gaius als rein pönal (und zudem nur noch optional) betrachtet worden. Diese Annahme stützt er auf die von Gai. 4, 171 gewählte Formulierung *sponsionem facere permittitur*, aufgrund derer er es als erwiesen erachtet, dass die *sponsio* in klassischer Zeit nicht mehr zwingender Bestandteil des Verfahrens selbst war, sondern nur mehr eine Strafe für leichtfertiges Prozessieren, deren Anwendung im Belieben des Klägers stand[344].

4. Roussier

Roussier[345] weist darauf hin, dass die Vorstellung von einem *per sponsionem* geführten Prozess auch bei persönlichen Klagen, insbesondere der *actio certae creditae pecuniae*, als überwunden gilt[346]. Auch er selbst hält grundsätzlich die heute herrschende Ansicht für vorzugswürdig, nach der die *sponsio* bei der *actio certae creditae pecuniae* rein pönal war.

---

340 RG, Bd. 2, S. 1371 ff.

341 Als präjudiziell wird die *sponsio* (*tertiae partis*) auch betrachtet von Jobbé-Duval, Études, S. 180 ff. und Mel. Cornil 1, S. 555.

342 Karlowa, RG II, S. 1371.

343 Denn andere Klagen wurden, selbst wenn sie auf ein *certum* gerichtet waren, nach Karlowas Ansicht nicht *per sponsionem* verhandelt, d. h. es war auch keine Erhöhung der Quote möglich, so dass es erforderlich wurde, ein anderes, besser geeignetes Prozessmittel zu ersinnen, vgl. Karlowa, RG II, S. 1373.

344 Karlowa, RG II, S. 596 und 1372 f. Gerade in diesem Punkt soll sich die *actio certae creditae pecuniae* von der *condictio certi* unterschieden haben, bei der das Wechselspiel von *sponsio* und *restipulatio* nicht vorgekommen sei.

345 Constitut, S. 9.

346 S. etwa Kaser, Altrömisches Ius, S. 284 und n. 7; vgl. ferner Koschaker, SZ 63 (1943), S. 469 (471); Lenel, EP, S. 239; Pernice, Labeo, Bd. 3, S. 227; Paoli, Lis infitiando crescit in duplum, S. 28 sowie Wlassak, Konfessio, S. 71 n.9.

Dennoch nicht geneigt, der *sponsio* jeglichen präjudiziellen Hintergrund abzusprechen oder gar den Gedanken an eine ursprüngliche Beschränkung der Wirkung des Konstituts auf die Gewährung der höheren *sponsio* fallenzulassen, unternimmt er den Versuch, wenigstens einen Teil des KARLOWA'schen Systems zu retten. Letzterer hatte noch einen Unterschied in Natur und Herkunft zwischen *condictio certi* und *actio certae creditae pecuniae* gesehen und vermutet[347], nur jene rühre von der durch eine Lex Silia eingeführten *legis actio per condictionem* her, diese aber von der *legis actio per iudicis arbitrive postulationem*. Während der Anwendungsbereich der *legis actio per condictionem* jegliche Art von bestimmten Geldschulden erfasst haben soll, sei die *actio certae creditae pecuniae* stets auf solche vertraglich geschuldete *certae pecuniae* beschränkt gewesen, denen ein Darlehen, eine Stipulation oder ein Litteralkontrakt zugrunde lag[348]. Zur Durchsetzung derartiger Verbindlichkeiten habe man die *legis actio per iudicis arbitrive postulationem* verwendet, die – im Gegensatz zur *legis actio per condictionem* – *per sponsionem* verhandelt worden sei.

ROUSSIER glaubt, die von ihm im Grundsatz gebilligte Deutung KARLOWAS mit Hilfe des ägyptischen Gaius-Fundes von 1933 präzisieren zu können. Durch das neue Gaiusfragment 4, 17a sind wir erheblich besser über die Verfahrensart *per iudicis arbitrive postulationem* unterrichtet[349] als dies zu KARLOWAS Zeit der Fall war, insbesondere weiß man nun, dass sie nur in gesetzlich angeordneten Fällen statthaft war, nach einer Bestimmung der Zwölftafeln etwa bei Verbalobligationen[350]. ROUSSIER stellt sich das Aufkommen der prozessualen *sponsiones* wie folgt vor[351]: Ursprünglich soll für alle persönlichen Schulden die *legis actio sacramento in personam* statthaft gewesen sein. Als dann (spätestens) durch die Zwölftafeln für Stipulationsverbindlichkeiten das einfachere Verfahren *per iudicis postulationem* festgelegt wurde, habe das praktische Bedürfnis bestanden, diesem Verfahren auch aus anderen Geschäften herrührende Schulden zuzuführen, insbesondere solche, die durch *mutui datio* entstanden waren. Zu diesem Zweck soll man eine *sponsio* verwendet haben, die einzig den Zweck verfolgte,

347 RG, Bd. 2, S. 595.

348 KARLOWA, RG II, S. 595 unter Hinweis auf Cic. pro Rosc. com. 4, 10/14.

349 S. hierzu außer ARANGIO-RUIZ, PSI XI, 1182 (1933), S. 42 ff. etwa BEHRENDS, Zwölftafelprozess, S. 39 ff.; KASER, SZ 100 (1983), S. 111; Altrömisches Ius 250 ff.; LEVY, SZ 54 (1934), S. 296 ff.; MONIER, Nouveaux fragments, S. 27 ff.; TALAMANCA, ED 36 (1987), s. v. Processo civile (diritto romano), S. 17 ff. Ferner KASER/HACKL, RZ, S. 107 m. w. N.

350 Und zwar trotz der Erwähnung einer *certa pecunia* in der von Gaius angeführten Musterformel, die sicherlich nur beispielhaft ist, bei allen Schulden *ex stipulatu*, also auch für solche, die *alia certa res* oder sogar ein *incertum* zum Gegenstand hatten, vgl. BEHRENDS, Zwölftafelprozess, S. 97 f.; KASER/HACKL, RZ, S. 108 f. und n.8.

351 ROUSSIER, Constitut, S. 10 ff.

die *postulatio iudicis* zu ermöglichen. Da es aber in diesem Verfahren an einer *poena temere litigantium* fehlte[352], sei man in der Praxis dazu übergegangen, eine solche mit Hilfe der beschriebenen *sponsio* zu schaffen, und zwar sowohl im Falle der Schuld *ex stipulatu* als auch in dem der in der beschriebenen Weise justitiabel gemachten Schuld aus einer *mutui datio.*

Waren derartige Strafversprechen bei Einführung der *legis actio per condictionem* durch die Lex Silia bereits gängige Praxis[353], so ist es nach ROUSSIERS Auffassung nicht unwahrscheinlich, dass man sie auch in diesem Verfahren ermöglichte, jedenfalls wenn es um *pecunia credita* ging. Ansonsten, so ROUSSIER, hätte sich die Praxis bei Schulden *ex mutuo* auch weiterhin der *legis actio per iudicis postulationem* bedient, bei der die *sponsio* möglich war, und die *condictio* hätte nur als Bereicherungsklage Bedeutung gewonnen.

II. Die Gegenansicht: Bruns und Astuti

Dagegen hat BRUNS[354] die ursprüngliche Beschränkung der Rechtsfolgen des Konstituts auf eine Erhöhung der *sponsio* für möglich, aber nicht beweisbar gehalten, ASTUTI[355] diese Möglichkeit sogar scharf zurückgewiesen.

Der zuletzt genannte Autor stützt seine ablehnende Haltung im Wesentlichen auf drei Argumente: Zum einen hält er es für nicht ausgeschlossen, dass die *sponsiones* nur optional und deshalb ungeeignet waren, die alleinige Sanktion des Konstituts darzustellen[356]. Zweitens weist er den *sponsiones* keine präjudizielle, sondern eine ausschließlich pönale Funktion zu[357]. Drittens führt er eine prozessrechtliche Erwägung ins Feld: Es scheint ihm nicht denkbar, dass der Prätor im Falle des Konstituts eine nur durch die höhere Sponsionsquote modifizierte *condictio* gewährt haben soll, weil die Verurteilung in diese höhere Summe notwendig die Feststellung erforderte, dass der Schuldner konstituiert

352 Gai. 4, 17a: *itaque in eo genere actionis sine poena quisque negabat.*

353 ROUSSIER, Constitut, S. 11; vgl. hierzu auch KOSCHAKER, SZ 63 (1943), S. 469 (471), der jedoch eher an eine Anlehnung an typische Strafzuschläge des Geschäftsverkehrs denkt als an eine prozedurale Entstehungsgeschichte der *sponsio.*

354 ZRG 1 (1861), S. 28 (58).

355 ASTUTI I, S. 143ff., insbesondere S. 204ff. und 221ff.; ihm beipflichtend KOSCHAKER, SZ 63 (1943), S. 469 (472); ebenso KARADENIZ, Constitutum, S. 42ff.; RICART, Hom. Murga Gener, S. 695 (705f.); FERNANDEZ BARREIRO, Seminarios Complutenses I (1990), S. 67f.; kritisch auch GIRTANNER, Bürgschaft, S. 50 n. 8.

356 Wie BRUNS, ZRG 1 (1861), S. 28 (58) vor ihm beruft er sich (I, S. 148) dabei auf das *permittitur* in Gai. 4, 171.

357 ASTUTI I, S. 236 u. n. 316; vgl. auch BRUNS, ZRG 1 (1861), S. 28 (58).

und nicht pünktlich geleistet hatte – eine Feststellung, die dem Prozessprogramm der normalen *condictio*, an das der *iudex* sich zu halten hatte, fremd war[358].

1. Optionalität der *sponsio*

Dem ersten Punkt misst Astuti schon deshalb nur geringes Gewicht bei, weil er glaubt, die Frage nach der Optionalität der Strafversprechen nur für die klassische Zeit eindeutig (im bejahenden Sinne) beantworten zu können[359]. Aber selbst wenn man dieses Ergebnis auch für die Frühzeit unterstellt und annimmt, der Gläubiger hätte von Anfang an ein Wahlrecht gehabt, ist dies zwar ein schlagendes Argument gegen das Verständnis der *sponiso* als präjudiziell, jedoch kein stichhaltiger Grund, in ihr nicht das ursprüngliche Prozessmittel in der von Roussier vorgestellten Form zu sehen: Wenn der Gläubiger ohne weiteres überhaupt auf Rechtsschutz verzichten konnte, warum sollte nicht auch die erhöhte *sponsio* zu seiner freien Disposition stehen?

2. Schranken der Prozessformel

Schwerer wiegen die weiteren Einwände. Stellen wir die (wie sich zeigen wird, entscheidende) Untersuchung der Funktion der *sponsio restipulatio* noch einen Augenblick zurück und wenden uns der Frage zu, ob und in welcher Weise die Aufnahme der für die Gewährung der höheren Sponsionssumme maßgeblichen Umstände in das Prozessprogramm möglich war, so zeigen sich nicht zu unterschätzende Schwierigkeiten. Die Formel der *condictio* lautete abstrakt auf eine bestimmte Schuldsumme[360], d. h. der Richter musste nur feststellen, ob die intendierte *certa pecunia* geschuldet war oder nicht. Damit war zugleich auch über die prozessbegleitenden wechselseitigen Strafversprechen entschieden.

Dagegen stellte sich dem Prätor ein ganz anderes Problem, wenn der Gläubiger behauptete, der Schuldner habe ihm bereits die Zahlung für einen bestimmten Tag zugesagt und dann doch nicht geleistet. Wenn der Magistrat den Richter auch in diesem Fall im Hinblick auf die *sors* nur mit der Klärung der Frage nach deren Geschuldetsein beauftragte, so musste doch die erhöhte *sponsio* unter einer anderen Bedingung als sonst stehen, nämlich unter derjenigen der Nichtleistung des Schuldners am zugesagten Termin. Zu der Feststellung, ob diese Bedingung eingetreten sei, bot indes das Prozessprogramm der *condictio* keinen Raum.

---

358 Astuti I, S. 238 ff.

359 Astuti I, S. 236; s. dazu ausführlich u. S. 284 ff.

360 Und zwar sowohl die klassische *condictio* als auch schon die *legis actio per condictionem* der Lex Silia, s. Gai. 4, 17b; vgl. hierzu auch Liebs, FS Honoré, S. 165; Kaser/Hackl, RZ, S. 111; Behrends, Zwölftafelprozess, S. 103 ff.

Roussier tut diesen Einwand mit leichter Hand ab: Er hegt keinen Zweifel, „qu'il existait quelque moyen de saisir le juge et de l'investir du pouvoir de condamner au principal et à la poena"[361]. Für möglich hält er etwa die Abgabe einer novierenden Stipulation, welche Schuldsumme und Strafe zu einer neuen Schuld zusammenfasste, so dass aus HS 10.000 – je nach Fall – HS 13.333 oder HS 15.000 wurden.

Abgesehen von der Frage, ob die Summe von Schuld und Strafzuschlag noch als *idem debitum* angesehen werden kann, lässt diese Lösung die *restipulatio* völlig außer Acht. Darüber hinaus wäre mit der *deductio in iudicium* bzw. der *litis contestatio*, da es sich bei der *condictio* um ein *iudicium legitimum* handelt, Konsumption eingetreten[362], mit der Folge, dass der Prozessverlust, der etwa aus dem Grunde eintrat, dass der Gläubiger zwar die Schuld, nicht aber die Zahlungszusage beweisen konnte, dazu hätte führen müssen, dass der Kläger nunmehr vollständig leer ausging. Angesichts des Zwecks der Konstitutsklage, die den Gläubiger gegen die Säumigkeit des Schuldners sichern sollte, ein sehr fragwürdiges Ergebnis.

Dennoch sind die dargestellten prozessualen Schwierigkeiten wohl in der Tat nicht unüberwindlich. Denkbar ist etwa, dass der Sieger aus dem Prozess um die *sors*, der insoweit als unmodifizierte *condictio* geführt wurde, sein Recht aus der *sponsio* bzw. *restipulatio* in einem Folgeverfahren geltend machen musste, in dem der Richter bei der Entscheidung über das *dare oportere* der Sponsionssumme allein über den Bedingungseintritt zu befinden hatte[363].

3. Keine präjudizielle Funktion der *sponsio* – TPSulp 31 = TPN 29

Was die Funktion der Strafversprechen betrifft, insbesondere einen möglichen präjudiziellen Charakter, so hat die von Roussier für längst überwunden gehaltene Auffassung Karlowas neuen Aufwind erhalten durch einen

361 Roussier, Constitut, S. 12.

362 Nach Gai. 3, 180 tritt durch die *litis contestatio* an die Stelle des *dari oportere* ein *condemnari oportere*, vgl. hierzu Kaser/Hackl, RZ, S. 299 f. und n. 29. Möglicherweise wird diese Folge der *litis contestatio* schon von einigen Klassikern in die Nähe der Novation gerückt, vgl. Biscardi, Litis Contestatio, S. 141 ff.; Bonifacio, Novazione, S. 74 ff. Wlassak, FS Windscheid, S. 57 und n. 1 erklärt diese „Prozessnovation" mit der von ihm entwickelten Vorstellung von der *litis contestatio* als Prozessvertrag.

363 Das Schweigen der Quellen zu einem solchen *iudicium secutorium* lässt sich, was die Digesten betrifft, darauf zurückführen, dass die *sponsiones* generell von Justinian aus dem Corpus Iuris getilgt worden sind. Gaius erwähnt ein *iudicium Cascellianum sive secutorium* beim Interdiktenverfahren *per sponsionem* (Gai. 4, 166a). Zwar verfolgen, wie sich zeigen wird, *sponsio* und *restipulatio* in unserem Zusammenhang einen anderen Zweck, es ist aber nicht *a priori* ausgeschlossen, dass auch hier ein Folgeverfahren durchgeführt wurde.

Urkundenfund aus dem Jahr 1959. Bei einer Notgrabung in der Gegend der italienischen Ortschaft Murécine war man auf ein Archiv der puteolanischen Bankiersfamilie der Sulpicier gestoßen. Unter den dort entdeckten Urkunden befand sich auch folgendes Triptychon[364], das die Niederschrift zweier Prozessformeln enthält:

TPSulp. 31 (=TP 34 = TPN 29)[365]:

S. 2
1 Ea res agetur de sponsione.
2 C(aius) Blossius Celadus iudex esto;
3 si parret C(aium) Marcium Satur[ninum]
4 C(aio) Sulpicio Cinnamo HS I)) d[are]
5 oportere, q(ua) d(e) r(e) agitur,
6 C(aius) Blossius Celadus iudex C(aium)
7 Marcium Saturninum HS I))
8 C(aio) Sulpicio Cinnamo cond[em]nato;
9 si non parret apsolvito.
10 C(aius) Blossius Celadus iudex esto;

S. 3
1 [si pa]rret C(aium) Marcium [Sat]urninum
2 [C(aio)] Sulpicio Cinnam[o] HS [((]I)) I))
3 dare oportere, q(ua) [d(e) r(e) agi]tur,
4 C(aius) Blossius Celadus iude[x] C(aium)
5 Marcium Satu[r]ninum [HS] ((I)) ((I))

364 Zu der Erkenntnis, dass es sich um eine dreiteilige Urkunde, ein Triptychon, handelt, ist man erst nach einiger Diskussion gelangt. Während Onorato, der die aufgefundenen Tonscherben als erster untersucht und geordnet hatte, offenbar bereits einen Zusammenhang zwischen den hier als S. 3 und 5 bezeichneten Bruchstücken vermutete und diese mit den Siglen AAF1 und AAF2 versah (vgl. Wolf, SDHI 45 (1979), S. 144 und n. 7; Santoro, AUPA 38 (1985), S. 335 ff.), kehrte Giordano (Rend. Acc. Di Archeol. Lett. e Belle Arti 46 (1971), S. 187 f.), dem wir die erste Veröffentlichung der Urkunden verdanken, die Reihenfolge um, indem er die Tafeln mit den laufenden Nummern Tab. 7 und 6 bezeichnete. – Aufgrund der unterschiedlichen Klagsummen in den beiden Täfelchen bestritt Villers, St. Biscardi 1 (1982), S. 218 f. trotz der auffälligen Übereinstimmung der Parteien jeden Zusammenhang der beiden Urkunden, gestützt vor allem auf ihre verschiedenen Maße. Kunkel, Epigraphik und Geschichte des römischen Privatrechts, S. 193 ff. hingegen hielt die Tafeln für zwei Fassungen ein und derselben Formel, ähnlich Sacconi, Pluris petitio, S. 101 und n. 54.

365 Transkription nach Camodeca, Tabulae Pompeianae Sulpiciorum, S. 97 ff.; anders noch Giordano, Rend. Acc. Di Archeol. Lett. e Belle Arti 46 (1971), S. 187 f.; ihm folgend Selb, Formeln mit unbestimmter intentio iuris, S. 57 f.; vgl. auch Bove, Documenti processuali, S. 95 ff.; im Wesentlichen wie hier Wolf, SDHI 45 (1979), S. 141 (145 ff.); s. auch die bei Varvaro, AUPA 47 (2002), n. 1 zitierte weitere Literatur).

6 [C(aio)] Sulpicio Cinnam[o] c[o]ndemnato;
7 si non parret apsolvito.
8 Iudicare iussit A(ulus) Cossinius Priscus IIvir.
9 [Actu]m Puteol[i]s
9a *vacat*
10 [F]austo Cornelio Sulla [Fel]ice
11 Q(uinto) Marcio Barea Sorano Co(n)s(ulibus)
S. 5
S[aturninum C(aio) Sulpicio Cinnamo]
H[S I)) dare oportere q(ua) d(e) r(e) a(gitur) C(aius)]
[Blossius Celadus iudex C(aium) Marcium]
[Saturninum HS I)) C(aio) Sulpicio Cinnamo]
[condemnato; si non parret apsolvito. C(aius)]
[Blossius Celadu]s iud[ex es]to; si parret
C(aium) [Marcium Saturninum C(aio) Sulpicio Cinnamo]

Nach anfänglicher Unsicherheit stimmt der überwiegende Teil der Lehre heute überein, dass es sich um zwei verschiedene (Kondiktions-)Formeln[366] handelt, von denen die eine auf eine Summe von HS 6.000, die andere auf eine Summe von HS 18.000 gerichtet ist. Die wahrscheinlichste Erklärung für das Auftauchen beider Formeln in einer einzigen Urkunde ist angesichts des Verhältnisses beider Werte, dass Sulpicius Cinnamus mit der ersten die *sponsio tertiae partis* geltend machte, mit der zweiten die eigentliche Schuldsumme[367].

Die Reihenfolge der Formeln hat Santoro veranlasst, die längst vergessen geglaubte Ansicht Karlowas, die *sponsio* habe eine präjudizielle Funktion gehabt, erneut zur Diskussion zu stellen[368]. Kaser/Hackl haben – obwohl der Aufsatz Santoros bereits erschienen war – bei der Neuauflage des „Römischen Zivilprozessrechts" im Jahre 1996 keinen Anlass gesehen, die Möglichkeit eines *per sponsionem* geführten Prozesses *de certa credita pecunia* auch nur zu erwähnen. Gleichwohl hat – einer ablehnenden Bemerkung

366 Für unsere Problematik unerheblich ist, ob die *tabellae* lediglich als Entwurf abgefasst oder von dem Duovir A. Cossinius Priscus bereits zur Übergabe an den *iudex* fertiggestellt waren; s. dazu Wolf, SDHI 45 (1979), S. 141 (150).

367 So zuerst Santoro, AUPA 38 (1985), S. 335 ff.; ebenso Gröschler, Tabellae-Urkunden, S. 162 ff.; Camodeca, Tabulae Pompeianae Sulpiciorum, S. 97 ff.; Sturm, Atti SIHDA 1999, S. 90 (97 f.); Varvaro, AUPA 42 (2002), S. 1 ff. mit zahlreichen weiteren Nachweisen). – Anders Purpura, Atti dell'Academia di Scienze, Lettere ed Arti di Palermo, serie V, vol. II (1981/82), S. 449 ff. (= Atti del XVII. Congr. Int. Di Papirologia 3 (1984), S. 1245 ff.), der annimmt, der in der Urkunde festgehaltenen Klage habe ein Seedarlehen zugrunde gelegen und Cinnamus habe mit der ersten Formel die Zinsen, mit der zweiten das Kapital verfolgt.

368 AUPA 38 (1985), S. 335 ff.

TALAMANCAS[369] zum Trotz – KARLOWAS Lehre nun in GUTIERREZ-MASSON[370] eine neue Verfechterin gefunden, die jedoch auf den Widerspruch VARVAROS[371] gestoßen ist.

Die ablehnende Haltung der modernen Lehre gegenüber KARLOWAS These ist berechtigt. Da eine ausführliche Auseinandersetzung mit den verschiedenen Ansichten zu diesem Thema den Rahmen unserer Untersuchung sprengen würde, beschränke ich mich auf das m. E. schlagende Argument: Gaius 4, 172 teilt uns mit, dass die *sponsio tertiae partis* von Frauen und Kindern nicht verlangt wurde. Hätte sie tatsächlich präjudizielle Funktion gehabt, so wäre sie auch in diesen Fällen nicht verzichtbar gewesen; da sie aber offenbar zur Durchführung des Verfahrens *de sorte* nicht zwingend erforderlich war, kann sie nicht präjudiziell gewesen sein[372]. Es gibt keinen Grund zu der Annahme (und auch unser Triptychon bietet einen solchen nicht), dass die Römer jemals *per sponsionem* über die *actio certae crediate pecuniae* verhandelt hätten.

Dieses Ergebnis lässt sich, bedenkt man die enge Verwandtschaft der *actio de pecunia constituta* mit der *actio certae creditae pecuniae*, auch auf das Verfahren *de pecunia constituta* übertragen. Anderenfalls müsste man die Gemeinsamkeiten beider Klagen für vollkommen zufällig halten und auf ganz verschiedene Ursachen, gar auf Reformen zurückführen, die nirgends in den Quellen einen nachweisbaren Niederschlag gefunden haben[373].

Doch auch diesen – gegen die älteren Vorschläge zur Begründung der These von der höheren (zugleich präjudiziellen und pönalen) *sponsio* als ursprünglich einzigem Prozessmittel gerichteten – Angriff pariert ROUSSIER, indem er auf die präjudizielle Funktion der *sponsio* verzichtet und dennoch in der Erhöhung der *sponsio* die ursprüngliche Sanktion sieht.

III. Strafzweck der *sponsio poenalis*

Damit ist unser Augenmerk auf den entscheidenden Punkt gerichtet: die Funktion der *sponsio*. Interessanterweise hat es für die meisten Autoren, insbesondere für die älteren, mit der Untersuchung dieser Frage ein Bewenden, wenn sie für geklärt halten, ob die *sponsio* präjudiziellen oder pönalen Charakter hat. Diese Frage beantwortet die romanistische Lehre wie gesagt inzwischen überwiegend

---

369 ED, s. v. „Processo civile", S. 40 n. 291.
370 Mel. Magdelain, S. 201 ff.
371 AUPA 47 (2002), S. 1 ff.
372 Vgl. VARVARO AUPA 47 (2002), S. 1 ff.
373 In diesem Sinne auch ROUSSIER, Constitut, S. 9.

im zuletzt genannten Sinn, und zwar für die *actio certae creditae pecuniae* ebenso wie für die *actio de pecunia constituta*.

Allerdings gerät eine zweite, für unser Thema nicht weniger interessante Frage dabei häufig in Vergessenheit, nämlich die, für was der Verlierer des Prozesses mit der Strafe eigentlich büßen musste. Offenbar gilt es den Vertretern der Ansicht, in der *sponsio* sei die ursprüngliche Sanktion des Konstituts zu sehen, als selbstverständlich, dass diese *sponsio* die Verspätung der Leistung sanktionierte[374].

Soweit ersichtlich versucht lediglich MAGDELAIN[375], den Nachweis für die Richtigkeit dieser Auffassung zu erbringen. Im Unterschied zur *sponsio* bei der *actio certae creditae pecuniae* gesteht er der *sponsio dimidiae partis* jedenfalls bei einem Konstitut „de type ancien" – gemeint ist ein Konstitut, das nur eine Terminbestimmung (aber keine weiteren Modifikationen gegenüber der Hauptschuld) enthält – eine Doppelfunktion zu: Zum einen diene sie der Bestrafung des Schuldners, der es leichtfertig auf einen Prozess hatte ankommen lassen, zum anderen aber auch dem Interesse des Gläubigers an pünktlicher Leistung. Bei der Wahrung dieses Interesses steht für MAGDELAIN die Erzwingungsfunktion des Konstituts im Vordergrund, die er aus einem Vergleich mit der durch eine *stipulatio poenae* vereinbarten Konventionalstrafe schöpft. Selbst wenn – was er für nicht bewiesen hält – die Urteilsformel der *actio de pecunia constituta* eine Berücksichtigung von Verzugszinsen (respektive sonstiger Verzögerungsschäden) ermöglicht haben sollte, betrachtet er diesen Umstand als keinen hinreichenden Anreiz für den Schuldner, die bestimmte Leistungszeit einzuhalten. Nur die Höhe der dem Schuldner im Falle eines Prozesses drohenden Strafe stelle ein ausreichendes Druckmittel dar. Einen Beweis für diese Deutung sieht MAGDELAIN in dem Umstand, dass die nachträgliche Leistung, mochte sie auch noch vor der Litiskontestation erbracht werden, den Schuldner nicht mehr vor der *actio de pecunia constituta* samt *sponsio* zu bewahren vermochte, während die *actio certae creditae pecuniae* – und damit auch die *sponsio tertiae partis* – noch bis zur *litis contestatio* durch Zahlung abgewendet werden konnte[376].

374 So soll nach BRUNS, ZRG 1 (1861), 28 (62) die *sponsio* „die Interesseforderung des Gläubigers in sich aufnehmen, um den Nachweis eines besonderen Interesses entbehrlich zu machen"; HUSCHKE, AcP 65 (1882), S. 240 (251 n. 8) behauptet, dass die *sponsio* „die eigentliche kaufmännische Interessenberechnung vertrat"; vgl. auch FREZZA, Garanzie, S. 230; ROUSSIER, Constitut, S. 9; ablehnend RICART, Hom. Murga Gener, S. 695 (706). – Anders jetzt PLATSCHEK, Edikt, S. 42 ff., der auf S. 55 zu dem Schluss gelangt, mit dem Verfall der – nach seiner Ansicht zwingenden – *sponsio* im Falle des Unterliegens werde „das Bestreiten des Beklagten, nicht seine frühere Nichterfüllung des *constitutum*" bestraft.

375 Consensualisme, S. 137 ff.

376 Selbst wenn der Schuldner die Leistung erst *in iure* anbot, durfte der Gläubiger sie nicht zurückweisen, da der Prätor ihm in diesem Fall den Rechtsschutz versagte, Ulp. D. 46, 3, 30:

Gaius 4, 171 erörtert die *sponsio dimidiae partis* beim Konstitut nur unter dem Gesichtspunkt der *temeritas litigantium*. Das zeigt nicht nur die Einleitung des Paragraphen, die zwar in den Handschriften unleserlich ist, sich aber mit einiger Sicherheit sinngemäß aus I. 4, 16 pr. rekonstruieren lässt, sondern auch der Zusammenhang mit den folgenden Erörterungen, die eben dieses Thema betreffen. Allerdings lässt sich aus dem Schweigen des Juristen zu einem möglichen zweiten Zweck der Buße nicht das Geringste für oder gegen die Existenz eines solchen Zwecks gewinnen, da jegliche Äußerung zur Erzwingungs- oder gar Kompensationsfunktion der *sponsio* im vorliegenden Kontext fehl am Platze wäre[377].

Eine Vermischung von zwei so verschiedenen Zielen in einer einzigen prozessualen Maßnahme, wie MAGDELAIN hier vermutet, wirkt indes wenig präzise und daher untypisch für das römische Rechtsdenken. Zwar ist eine scharfe Trennung von materiellem und Verfahrensrecht erst eine Errungenschaft der Neuzeit. Dennoch zeigen die zahlreichen verschiedenen, bis ins Detail ausgearbeiteten und nicht selten facettenreich variierten Rechtsbehelfe, die das römische Privatrecht und der römische Zivilprozess kennen, dass die Römer in aller Regel auf unterschiedliches Fehlverhalten mit unterschiedlichen Sanktionen antworteten. Darüber hinaus informiert uns Gaius 4, 172, dass Erben, Frauen und Pupillen nicht spondieren, sondern nur schwören mussten, sie ließen es guten Glaubens auf den Prozess ankommen. Nehmen wir an, dass dies von Anfang an so war, so drängt sich die Frage auf, welchen praktischen Wert die Anerkennung des Konstituts durch Frauen[378] oder Haussöhne[379] hatte, wenn der Gläubiger in diesen Fällen auf den einzigen Effekt der Zahlungszusage verzichten musste.

Ferner ist die Bestimmung der *poena* nach einem Bruchteil der Schuldsumme typisch für eine Kalumnienstrafe: ein Drittel bzw. die Hälfte bei der *sponsio restipulatio*, ein Zehntel oder ein Drittel bei dem *iudicium calumniae* sowie ein Zehntel oder ein Fünftel bei den nur in bestimmten Fällen zulässigen *iudicia contraria*[380]. Dagegen wurden Strafen für außerprozessuales Fehlverhalten zumeist entweder konkret am Schaden berechnet oder abstrakt bestimmt, etwa

---

si debitor offeret pecuniam, quae petetur, creditor nollet accipere, praetor ei denegat actiones. Vgl. KASER, RP I, S. 517.

377 Anders RICART, Hom. Murga Gener, S. 695 (705 f.), die das Fehlen eines zweiten, materiellen Zwecks der *sponsio* allein auf den Kontext stützt, in dem Gaius sie erwähnt.

378 Ulpian D. 13, 5, 1, 1.

379 Ulpian D. 13, 5, 1, 3.

380 Vgl. KASER/HACKL, RZ, S. 283 ff. Eine Ausnahme bildete insofern die Litiskreszenz, die unzweifelhaft eine Sanktion für unberechtigtes Bestreiten war und zu einer Verdoppelung der Urteilssumme führte.

als feststehende Straftaxe[381] oder nach einem Vielfachen der Schuldsumme: doppelter Sachwert bei der *actio furti*, vierfacher bei der *actio furti manifesti* usw.[382]

Schließlich vernachlässigt MAGDELAIN die *restipulatio*, die bei der Konstitutsklage ebenfalls *dimidiae partis* war[383]. Wenn angesichts der erhöhten *sponsio* der Gedanke nicht allzu fern liegt, diese Erhöhung könne der mittelbaren Erzwingung pünktlicher Leistung bzw. der Kompensation eventueller Verzögerungsschäden dienen, so ist eine entsprechende Überlegung hinsichtlich der *restipulatio* nicht möglich. Denn dem Konstitutsgläubiger, der im Prozess unterlag, konnte man ausschließlich seine *temeritas* vorwerfen.

Die Funktion der *sponsio dimidiae partis* unterschied sich nach allem nicht von derjenigen der *sponsio tertiae partis*. Beide sollten die Parteien von voreiliger Bemühung der Gerichte abhalten[384]. Auch der Grund für die höhere Quote der *actio de pecunia constituta* ist in dieser Richtung zu suchen. Er bestand nicht in der Verspätung der Leistung, sondern darin, dass die Zahlungsverweigerung des Schuldners einen besonders schweren Fall der *temeritas* darstellt, wenn er die Schuld erst einmal konstituiert (und damit praktisch anerkannt[385]) hatte. Umgekehrt war das Verhalten des unterlegenen Klägers als besonders verwerflich zu betrachten, wenn er nicht nur behauptet hatte, der Schuldner sei ihm zur Zahlung verpflichtet, sondern darüber hinaus hinzufügte, der Schuldner habe die Zahlung sogar nachträglich noch einmal auf einen bestimmten Tag fest zugesagt. Dass der Konstituent sich durch die höhere Quote der im Falle einer Klage drohenden *sponsio* zur pünktlichen Leistung besonders angespornt fühlen mochte, mag eine nicht unwillkommene Nebenwirkung gewesen sein, dies war aber eben nicht primäres Ziel des erhöhten Strafversprechens. Nichts spricht dafür, dass die höhere Summe auch das Interesse des Gläubigers an pünktlicher Leistung ersetzen sollte[386].

---

381 Vgl. die Strafkataloge der Zwölftafeln, hierzu KASER, RP I, S. 155 ff. Paradigmatisch ist die Injurienstrafe von 25 *asses* (12 Taf. 8, 4), nach der bekannten Labeo-Anekdote bei Gellius (*Noct. Att.* 20, 1, 13) von einem gewissen L. Veratius *ad absurdum* geführt, der (angeblich zum Vergnügen) seine Mitbürger ohrfeigte und ihnen dann von einem Sklaven, der eigens zu diesem Zweck eine mit Assen gefüllte Börse mit sich führte, die ihnen nach den Zwölftafeln zustehende Buße auszahlen ließ.

382 Vgl. KASER, RP I, S. 502.

383 Er selbst hält es offenbar nicht für problematisch, der *sponsio* eine andere Funktion zuzuerkennen als der *restipulatio*, wenn er ausführt: „La première [sc. *sponsio*] sanctionne le retard, la seconde [i. e. *restipulatio*] la témérité de la demande“; s. Consensualisme, S. 139.

384 Ebenso jetzt PLATSCHEK, Edikt, S. 42 ff.

385 Zum Beweiswert des Konstituts s. u. S. 269 ff.

386 Im Ergebnis ebenso RICART, Hom. Murga, S. 695 (706).

IV. Exkurs: Einordnung der Konstitutsklage in den historischen Kontext des Legisaktionen- und des Formularverfahrens

Auch die von Roussier versuchte Einordnung des Aufkommens der *sponsio restipulatio* in die Geschichte des römischen Zivilprozesses ist wenig überzeugend. Insbesondere seine Mutmaßung, die Strafversprechen seien bei der *legis actio per iudicis arbitrive postulationem* aufgekommen und von der *legis actio per condictionem* als bereits gängige Praxis übernommen worden, ist in mehrfacher Hinsicht zweifelhaft.

Vor allem findet sich in den Quellen, wie Roussier auch selbst einräumt, nicht die geringste Spur einer die *iudicis postulatio* begleitenden Prozessstrafe. Vielmehr weist Gaius 4, 17a pointiert darauf hin, bei dieser *legis actio* habe jedermann die Rechtsbehauptung des Klägers gefahrlos abstreiten und sich auf einen Prozess einlassen können: *Itaque in eo genere actionis sine poena quisque negabat*[387]. Mit diesem Einschub unterstreicht er den entscheidenden Unterschied zur *legis actio sacramento*, die dem Schuldner die Verteidigung gegen die Rechtsbehauptung des Klägers nur ermöglichte, wenn er willens und in der Lage war, das entsprechende *sacramentum* einzusetzen. Gerade dies konnte sich der Schuldner jedoch häufig nicht leisten, so dass das Sakramentserfordernis in vielen Fällen, insbesondere für die mittellosen Schichten, faktisch auf eine Verweigerung von Rechtsschutz hinauslief[388].

Darin dürfte überhaupt der Grund für die Einführung der Verfahrensart *per iudicis postulationem* in den Zwölftafeln bestanden haben, die bekanntlich im Verlauf der Ständekämpfe geschaffen wurden. Wenn auch die römische Überlieferung den revolutionären Charakter der dezemviralen Gesetzgebung stark übertreibt[389], so bleibt es doch dabei, dass sie das Produkt der für die frühe Republik so kennzeichnenden Auseinandersetzungen zwischen Patriziern und Plebejern war und als ein wichtiger Erfolg der Plebs angesehen werden muss[390]. Vor diesem Hintergrund wird der Verzicht auf den Sakramentsprozess in dem praktisch besonders bedeutsamen Fall der Stipulationsdarlehen verständlich: Die Kodifikation des Zivilprozesses in den Zwölftafeln nützte dem Plebejer wenig, wenn er den erforderlichen Wetteinsatz nicht erbringen konnte. War damit der Schutz des Kreditnehmers vor dem Risiko, das die Verhandlung *per sacramentum*

387 Wenn gelegentlich vermutet wird, der Text müsse nicht *negabat* sondern *agebat* gelesen werden, vgl. etwa Zulueta, Gaius I, S. 239, ändert dies am Sinn nichts.

388 Vgl. Behrends, Zwölftafelprozess, S. 34 ff. und 39 ff.; Kaser/Hackl, RZ, S. 108 f.

389 Waldstein/Rainer, RG, § 10 Rn. 1.

390 So Heuss, Römische Geschichte, S. 18; vgl. auch Bleicken, Geschichte der römischen Republik, S. 23 f.

mit sich brachte, der Grund für die Einführung der Verfahrensart *per iudicis postulationem*[391], so wäre es schwer verständlich, wenn der Prätor einer Praxis Vorschub geleistet hätte, die das Ziel verfolgte, dem Kreditnehmer diesen Schutz wieder zu entziehen.

Wahrscheinlicher ist, dass erst das mit der weiteren Ausdehnung der Reichsgrenzen ab dem 3. vorchristlichen Jahrhundert, vor allem nach den Erfolgen in den beiden ersten Punischen Kriegen, einsetzende Anwachsen des Fernhandels und (damit verbunden) des Kreditwesens eine Abkehr von diesem Zustand brachte, weil neben den plebejischen Kleinkreditnehmer (oder sogar an dessen Stelle) der Kaufmann trat, der sein Geschäft, insbesondere den Seehandel, auf Kredit betrieb[392]. Dem wird die Lex Silia, auf die Cicero *pro Roscio com.* 10 wohl anspielt[393], wenn er das Strafversprechen des Klägers als *legitimae partis sponsio* bezeichnet, mit der Einführung der *sponsio restipulatio tertiae partis* Rechnung getragen haben.

Erst danach, nämlich zu einem Zeitpunkt, als bereits die *condictio* samt Strafversprechen in das Formularverfahren übernommen worden war, ist mit der Entstehung der *actio de pecunia constituta* zu rechnen, die, an die *actio certae creditae pecuniae* angelehnt, eine Erhöhung der Strafquote mit sich brachte, sich darin aber nicht erschöpfte. Die Erörterung von Inhalt und Voraussetzungen dieser honorarrechtlichen Klage in der Form, die sie anfangs hatte und in der sie uns noch im prätorischen Edikt erhalten ist, wird den Gegenstand des folgenden Zweiten Kapitels bilden.

---

391 Die etwa von Frezza, SDHI 9 (1943), S. 21ff. oder Broggini, Iudex arbiterve, S. 173 vorgeschlagene Begründung, dass die alten *sacramenta* einfach als überholt betrachtet wurden, ist, wie Kaser/Hackl, RZ, S. 108 n. 6 mit Recht anmerken, schon deshalb fragwürdig, weil die Zwölftafeln (etwa 12 Taf. 2, 1 = Gai. 4, 14) die *legis actio sacramento* noch ausdrücklich regeln und sie als generelle Verfahrensart behandeln.

392 Zur aus dem attischen Recht stammenden *pecunia traiecticia*, auch als *fenus nauticum* bekannt, vgl. Kaser, RP I, S. 532f.; Zimmermann, Obligations, S. 181ff. sowie die dort zitierte Literatur.

393 So auch LaRosa, Labeo 43 (1997), S. 202 (213); vgl. Platschek, Edikt, S. 45ff.

§ 10 Die pönale Wurzel der Konstitutsklage

I. Der Streit um die pönale Natur der Konstitutsklage – Ulpian D. 13, 5, 18, 2

Stellte die *sponsio restipulatio dimidiae partis* eine reine Kalumnienstrafe dar, so bleibt zu ergründen, welche Natur die *actio constitutoria* selbst hatte[394]. Die klassischen Juristen unterschieden bekanntlich zwischen Strafklagen und sachverfolgenden Klagen[395]. Zu welcher Kategorie die *actio de pecunia constituta* zu zählen war, scheint auf den ersten Blick eindeutig:

> Ulpian D. 13, 5, 18, 2 (27 ad edictum):
> E re autem est hic subiungere utrum poenam contineat haec actio an rei persecutionem: et magis est, ut et Marcellus putat, ut rei sit persecutio.

Ulpian schließt seinen Kommentar zum Edikt *de pecunia constituta*, wie es seine Gewohnheit ist[396], mit der Erörterung von Einzelfragen wie Klagezweck und Konkurrenzen ab. Er hält dafür, die Klage als sachverfolgend zu betrachten und schließt sich damit einer bereits von Marcellus geäußerten Ansicht an.

Dennoch, und obwohl niemand die Echtheit des Textes ernstlich bezweifelt[397], vertritt ein Teil der romanistischen Literatur nicht zu Unrecht den Standpunkt, die *actio constitutoria* sei, wenigstens ihrer ursprünglichen Natur nach, Strafklage[398]. Dieses in Anbetracht des Ulpian-Textes zunächst etwas überraschende Ergebnis wird gelegentlich mit dem Strafzweck der *sponsio dimidiae partis*

394 Zu Platschek, Edikt, S. 80 ff., der die Pönalität der Klage mit der das griechische Recht beherrschenden Vorstellung von der (strafbaren) Verletzung einer Zweckverfügung in Verbindung bringt, s. u. S. 445 ff.

395 Vgl. etwa Gai. 4, 6: *Agimus autem interdum, ut rem tantum consequamur, interdum ut poenam tantum, alias ut rem et poenam.*

396 Der Ulpian-Kommentar zum Edikt enthielt, wo die Sache dies erforderte, am Ende eines Titels jeweils einen Schlussabschnitt über Haftung für Gewaltunterworfene, Vererblichkeit, Annalität und Konkurrenzen, s. etwa die von Liebs, Klagenkonkurrenz, S. 169 f. zusammengetragenen Stellen; vgl. auch Levy, Konkurrenz I, S. 287 n. 1; Nachträge, S. 63.

397 Gegen die Echtheit des Textes werden keine Einwände erhoben (vgl. Astuti II, S. 79 f.) – trotz des an anderer Stelle häufig als verdächtig empfundenen *magis est*; dazu Guarneri-Citati, Indice II, S. 54; Riccobono, Mel. Cornil, Bd. 2, S. 274 n. 1. Aber selbst wenn das *magis est* hier von den Kompilatoren stammen sollte, ist anzunehmen, dass sie eine klassische Kontroverse aufgelöst und nur die Vertreter der von ihnen favorisierten Ansicht zu Wort kommen lassen haben, vgl. Astuti II, S. 83 n. 17.

398 Astuti II, S. 81 ff.; Bruns, ZRG 1 (1861), S. 28 (67 ff.); Frezza, Studi Funaioli, S. 701 ff; Garanzie I, S. 229 ff.; Koschaker, SZ 63 (1943), S. 469 (473); Levy, Privatstrafe, S. 17 ff.; Valery, Histoire, S. 97 ff.

begründet[399], meistens jedoch mit dem Hinweis auf typisch pönale Strukturelemente der Konstitutsklage[400] und auf ihre Herkunft aus dem Amtsrecht, ferner mit der Annahme, Ulpian behandele nicht die Natur der Klage, sondern ihre Funktion[401]. Die heute wohl herrschende Meinung hingegen spricht der Klage jegliches pönale Element ab[402]. Die Unterscheidung von Natur und Funktion einer Klage hält man für „unglücklich[403]", die Aussage Ulpians für „so deutlich wie möglich[404]".

1. Denkbarkeit der von Ulpian aufgeworfenen Fragestellung für das klassische Recht

Dem kann nicht zugestimmt werden. Man wird zunächst bemerken, dass der Jurist die aufgeworfene Frage nach der Einordnung der *actio de pecunia constituta* mit *magis est* beantwortet, zudem nicht ohne sich auf die Autorität des Marcellus zu berufen. Für diese Ausdrucksweise lassen sich natürlich verschiedene Erklärungen finden: Es ist nicht ausgeschlossen, dass Ulpian hier eine vorher selten gestellte, aber eigentlich unstreitige Frage beantwortet[405], es ist möglich, dass ihn nur die in fr. 18, 3 angeschlossene Folgefrage nach der Konkurrenz von Haupt- und Konstitutsklage interessiert[406], aber ist es wahrscheinlich? Man mag darauf hinweisen, dass gerade Ulpian seine Antworten gerne mit *magis est* einleitet[407], und dies nicht immer bei besonders schwierigen oder umstrittenen Fragen[408]. Das ändert jedoch nichts daran, dass er in den

399 S. Frezza, Studi Funaioli, S. 701 ff; Garanzie I, S. 229 ff.; vgl. auch Accarias, Bd. 2, § 721 n.1; Bonnecarrère, Constitut, S. 67 f.; Kappeyne, Abhandlungen, S. 236 ff. und Philippin, Constitut, S. 106 ff., die ebenfalls annehmen, die *sponsio dimidiae partis* habe Ulpian zu seiner Fragestellung veranlasst, aber keinerlei Zweifel an der sachverfolgenden Natur der Klage haben.

400 S. Astuti II, S. 81 ff.; Bruns, ZRG 1 (1861), S. 28 (67 ff.); vgl. ferner Frezza, Studi Funaioli, S. 701 ff; Garanzie I, S. 229 ff.

401 So Levy, Privatstrafe, S. 17 ff.; zustimmend Astuti II, S. 84 f.

402 Vgl. die neueren Abhandlungen zu dieser Frage bei Karadeniz, Constitutum, S. 143 ff.; 262; Roussier, Constitut, S. 34 ff; Tondo, Labeo 4 (1959), S. 208 (213 ff.); s. aber auch schon Beseler, Abhandlungen IV, S. 260; Bonnecarrère, Constitut, S. 60 ff.; Crapelet, Constitutum debiti alieni, S. 58; Perozzi, Istituzioni, Bd. 2, S. 238 n. 3; Philippin, Constitut, S. 101 ff.; Voci, Risarcimento e pena privata, S. 149.

403 Liebs, Klagenkonkurrenz, S. 23.

404 Beseler, Abhandlungen IV, S. 260.

405 Beseler, Abhandlungen IV, S. 260.

406 Vgl. Mitteis, SZ 37 (1916), S. 328 (334).

407 Der Ausdruck kommt in den Digesten an 197 Stellen in der hier interessierenden Bedeutung vor, etwa drei Viertel davon stammen von Ulpian.

408 Bei der Behandlung der entsprechenden Frage bei der *actio legatorum* etwa begründet Ulpian D. 29, 4, 12, 1 (50 ed.) die unstreitige passive Vererblichkeit der Haftung des Erbschaftsbesitzers mit *magis est*:

weitaus meisten Fällen antwortet, „es ist eher so, dass ...“, wenn es eben nicht um eine banale oder einfache Frage geht. Dafür, dass ein echter Zweifel bestand, spricht auch eine weitere Beobachtung: Ob eine Klage *poenam contineat*[409], stellt in den Quellen sonst so gut wie nie die *ratio dubitandi* eines Textes dar, sondern wird zur Begründung der Lösung ganz anderer Probleme herangezogen. Die Klassiker argumentieren mit dem Strafzweck, wenn es darum geht, ob die jeweilige Klage eine andere konsumiere[410], ob sie gegen mehrere Schuldner multipliziert werden könne[411], ob sie *intra annum* zu erheben[412], schließlich ob sie aktiv und passiv vererblich sei[413]. Wenn Ulpian hier ausnahmsweise einmal den Zweck einer Klage nicht voraussetzt, sondern erst nach ihm fragt, weckt dies erhebliche Zweifel an der Annahme, die Einordnung sei unproblematisch gewesen. Bedenkt man schließlich, dass auch die Kompilatoren noch Anlass sahen, das Fragment in ihre Sammlung aufzunehmen, so ist kaum glaubhaft,

---

Heredem eius, qui omissa causa testamenti ab intestato possidet hereditatem, in solidum legatorum actione teneri constat: magis est enim rei persecutionem quam poenam continere et ideo et perpetuam esse. [...]

Vgl. ferner Ulpian D. 38, 2, 3, 12 (41 ed.); D. 38, 17, 1, 1 (12 Sab.), wo ebenfalls Unstreitiges mit *magis est* motiviert wird.

409 Andere Formulierungen sind etwa *poenalis esse, poenam/rei persecutionem habere, poenam/rem persequi/petere* o. ä.; zu der Frage, ob diese Ausdrücke kongruent oder – als technische Bezeichnung für Natur (*poenalis esse, poenam/rem persequi*) und Funktion (*poenam/rei persecutionem continere*) einer Klage – inkongruent sind, vgl. Mitteis, SZ 37 (1916), 328 (330); ablehnend Voci, Risarcimento e pena privata, S. 102 f.

410 Das vielleicht bekannteste Beispiel betrifft das Verhältnis von *actio furti* und *condictio furtiva*, Ulpian D.13, 1, 7, 1 (42 Sab.): *Furti actio poenam petit legitimam, condictio rem ipsam. ea res facit, ut neque furti actio per condictionem neque condictio per furti actionem consumatur*; vgl. ferner Paulus D. 27, 3, 22 (8 Sab., itp.?); Paulus D. 44, 7, 34, 2 und 35 ff. (l. s. de conc. act.); Ulpian D. 47, 2, 27 (37 ed.); Gaius D. 47, 2, 55, 3 (13 ed. prov.).

411 So etwa hinsichtlich der Haftung aus der Lex Aquilia Ulpian/Julian D. 9, 2, 11, 2 (18 ed.): *Sed si plures servum percusserint, utrum omnes quasi occiderint teneantur, videamus. Et si quidem apparet cuius ictu perierit, ille quasi occiderit tenetur: quod si non apparet, omnes quasi occiderint teneri Iulianus ait, et si cum uno agatur, ceteri non liberantur: nam ex lege Aquilia quod alius praestitit, alium non relevat,* ***cum sit poena.***

412 Allein die Gewährung der Klage *post annum* betrifft nur D. 25, 5, 1, 4 (Ulp. 34 ed.), wo Ulpian über die Klage gegen eine Mutter, die *ventris nomine* in den Besitz einer Sache eingewiesen war und diesen arglistig einem Dritten überlassen hat, wie folgt befindet: *Haec actio etiam post annum dabitur,* ***quia rei habet persecutionem.***

Meistens wird die zeitliche Beschränkung der Klage zusammen mit der Vererblichkeit diskutiert, etwa bei Ulpian D. 4, 9, 3, 4 (14 ed.); 9, 3, 5, 5 und 13 (23 ed.); Paulus D. 25, 2, 21, 6 (37 ed.); Ulpian D. 29, 4, 12, 1 (50 ed.); Ulpian D. 42, 1, 6, 3 (66 ed.).

413 Hier nur noch Beispiele, in denen es allein um den Erbübergang geht: Bei der *condictio furtiva* fährt Ulpian nach dem in n. 410 zitierten Text (D. 13, 1, 7, 1) in § 2 fort: *Condictio rei furtivae,* ***quia rei habet persecutionem,*** *heredem quoque furis obligat, nec tantum si vivat servus furtivus, sed etiam si decesserit* [...]; vgl. außerdem Julian D. 14, 4, 7, 5 und 8 (11 dig.); Ulpian D. 16, 1, 10 (29 ed.)und 29, 2, 20, 5 (61 ed.).

dass seine Bedeutung sich in der Darstellung einer eindeutigen Rechtslage erschöpft haben soll[414].

Es ist vielmehr anzunehmen, dass man noch zu klassischer Zeit unter Juristen ernsthaft darüber diskutieren konnte, *utrum poenam contineat haec actio*, und zwar deshalb diskutieren konnte, weil die Konstitutsklage ursprünglich als Strafklage betrachtet worden war.

2. Frezza: Pönalität als Folge der *sponsio dimidiae partis*

Diese Betrachtungsweise hing freilich nicht, wie Frezza meint[415], mit dem Strafzweck der *sponsio dimidiae partis* zusammen: Es hat sich gezeigt, dass diese *sponsio* das prozessuale Unrecht des pflichtwidrigen Bestreitens bestrafte, nicht das Ausbleiben der Leistung am zugesagten Termin. Daher ist nicht anzunehmen, dass die Natur der Klage mit der Natur der *sponsio* in Zusammenhang stand. Daran ändert auch der Umstand nichts, dass nach Gaius 4, 172 die Erben des Beklagten die *sponsio* nicht leisten mussten; dieser Umstand ist zwar in der Tat dem Strafzweck der *sponsio* zuzuschreiben, hat aber nichts mit dem der Klage selbst zu tun.

3. Levy: Trennung von Natur und Funktion einer Klage

Ernst Levy lehrt, dass den römischen Juristen neben den zivilen Deliktsklagen auch jede prätorische Klage *in personam* mit *formula in factum concepta* von Haus aus als Strafklage galt, und führt zum Beweis u. a. die Konstitutsklage und fr. 18, 2 an[416]. Seiner Auffassung hat sich Astuti angeschlossen, der in der fortschreitenden Abkehr der *actio constitutoria* von ihrem ursprünglich pönalen Charakter geradezu das ihre gesamte Entwicklung beherrschende Prinzip erblickt[417].

Levy gelangt zu seinem Ergebnis durch die Analyse des Verhältnisses von Pönalität und Annalität einer Klage. Ausgangspunkt seines Gedankens ist der Vergleich von Gaius 4, 111[418] und Cassius D. 44, 7, 35[419]: Nach Gaius sind diejenigen Klagen *intra annum* zu erheben, die der Prätor innerhalb seiner eigenen *iurisdictio* gewährt, nach Cassius hingegen diejenigen, die n i c h t *rei persecutionem habent*. Obwohl beide auf verschiedene Kriterien abzustellen scheinen, so Levy, meinen

414 Vgl. Astuti II, S. 83; Tondo, Labeo 4 (1959), S. 208 (214).

415 Studi Funaioli, S. 701 ff; Garanzie I, S. 229 ff.

416 Levy, Privatstrafe und Schadensersatz, Berlin 1915; rezensiert von Mitteis SZ 37 (1916), S. 328 ff. sowie Beseler, Beiträge IV, S. 258 ff.

417 Astuti I, S. 243 ff.; II, S. 79 ff.

418 *Actiones quae ex Lege Senatusve Consultis proficiscuntur, pepetuo solere praetorem accomodare, eas vero quae ex propria ipsius iurisdictione pendent, plerumque intra annum dare.*

419 Paulus 1 ed. praet.: *In honorariis actionibus sic esse definiendum Cassius ait, ut quae rei persecutionem habeant, hae etiam post annum darentur, ceterae intra annum.*

sie dasselbe: Denn die *ceterae actiones* des Cassius – also die pönalen – seien gerade mit den prätorischen *actiones in factum conceptae* bei Gaius identisch, die der Prätor *ex propria ipsius iurisdictione* zuerkannte. Den Römern seien also die persönlichen Klagen *in factum* sämtlich als Strafklagen erschienen[420].

Der innere Grund für diese Betrachtungsweise ergibt sich für ihn aus der Stellung des Prätors im römischen Rechtssystem. Selbst habe dieser nicht vom *ius* anerkannte Rechtsverhältnisse schaffen können, allenfalls in neuartigen Fällen Rechtsbehelfe an ein nach *ius civile* bestehendes Rechtsverhältnis anlehnen, so geschehen etwa bei den fiktizischen Klagen. Ansonsten habe er nur auf Handlungen reagieren können, indem er eigene Sanktionen verhieß, die *actiones in factum*. Seine Reaktion sei hier „notwendig Strafe“[421].

Pönal sei aber nur die Natur dieser Klagen. Von der Natur einer Klage unterscheidet Levy ihre Funktion[422]: Eine prätorische Strafklage *in factum* konnte nach seiner Auffassung ohne weiteres eine sachverfolgende Funktion erfüllen, zumindest sich in diese Richtung entwickeln. So erklärt er die Quellen, in denen einer prätorischen *actio in factum* sachverfolgender Charakter zugewiesen wird – insbesondere auch unser fr. 18, 2: Die römischen Juristen hätten der – ihrer Natur nach weiterhin pönalen – *actio de pecunia constituta* im Laufe der Zeit eine sachverfolgende Funktion zugewiesen, was im Text mit *rei persecutionem continere* ausgedrückt sei[423].

Vollständig befriedigend ist Levys These nicht. Wenn sie auch nicht gleich „den Cassius zu einem Toren degradiert“, wie Beseler[424] ihm vorwirft, so darf doch vermutet werden, dass Cassius sich klarer ausgedrückt hätte, wenn er tatsächlich die *actiones in factum* im Sinn gehabt hätte. Auch den Nachweis, dass *continere* im klassischen Sprachgebrauch tatsächlich allein auf die Funktion einer Klage hindeutete, deren Natur aber mit *poenalis esse* usw. bezeichnet wurde, bleibt Levy schuldig[425]. Dann ist aber auch fraglich, ob die Römer tatsächlich

420 „Sämtlich“ ist allerdings *cum grano salis* zu verstehen, wie Levy, Privatstrafe und Schadensersatz, S. 16 n. 2 selbst einräumt.

421 Levy, Privatstrafe und Schadensersatz, S. 13; kritisch zu diesem Gedankengang Mitteis, SZ 37 (1916), S. 328 (332), der darin einen „logischen Sprung“ findet.

422 Diese Trennung von Natur und Funktion hatte vor ihm schon de Francisci, Azioni penali, S. 10 f. vorgenommen; vgl. ferner Perozzi, Istituzioni, Bd. 2, S. 90 und n. 3; Zanzucchi, RISG 42 (1906), S. 46 ff.; Albertario, BIDR 26 (1913), S. 97 ff.; Rotondi, Scritti giuridici, Bd. 2 S. 497 ff.

423 Levy, Privatstrafe, S. 20 ff.

424 Beiträge IV, S. 260; weniger polemisch formuliert seine Zweifel Mitteis, SZ 37 (1916), S. 328 (332).

425 Dass der Sprachgebrauch vielmehr uneinheitlich war, weist überzeugend Voci, Risarcimento e pena privata, S. 102 ff. nach.

zwischen Natur und Funktion einer Klage unterschieden, oder ob die zum Teil widersprüchlichen Quellen anders zu erklären sind.

4. Stellungnahme

Die Lösung ergibt sich aus der Entwicklung des Strafbegriffs im römischen Recht. Strafe ist Reaktion, nämlich Reaktion der Rechtsordnung auf normwidriges Verhalten. Auf primitiver Stufe ist dem Verletzten selbst die Rache an der Person des Täters erlaubt[426]. Bereits im altrömischen Recht hatte man diese Privatrache durch ein rituelles Verfahren gemildert, früh auch die Ablösung des Racherechts zugelassen; der Staat führte alsbald Bußsätze ein, die sich an festen Beträgen oder am (meistens mehrfachen) Wert des verletzten Rechtsguts orientierten[427]. Durch Zahlung dieser Buße (*poena*) verlor der Verletzte sein Racherecht, weil seinem berechtigten Verlangen nach Vergeltung Genüge getan war. Als *poena* bezeichnete man also zunächst das, was der Täter (oder seine soziale Gruppe) zahlen musste bzw. durfte, um den körperlichen Zugriff des Verletzten auf die Person des Täters abzuwenden[428].

Mit der Zeit wurde die *poena* vom bloßen Ablösungsmittel zum eigentlichen Ziel des Verfahrens. Spätestens seit der Lex Aquilia (wohl 286 v. Chr.) setzte zudem eine Tendenz zur Bemessung der Buße nach dem tatsächlich erlittenen Schaden ein[429]. Obwohl dieser Wechsel in der Perspektive den Gedanken des Schadensausgleichs nahelegt, sprach man weiterhin von *poena*. Auch die Klage, mit der die Zahlung durchgesetzt wurde, empfand man als *poenalis*, und zwar selbst dann, wenn sie nur noch den Schaden des Verletzten ausgleichen sollte[430].

Eine Strafklage war also ursprünglich eine Klage, mit welcher der Täter in Ansehung der Verletzungshandlung zu einer – wie auch immer bemessenen – Leistung an den Verletzten veranlasst werden konnte.

---

426 Kaser, RP I, S. 147.

427 Kaser, RP I, S. 147 f.

428 Vgl. Kaser, RP I, S. 148 und n. 11.

429 Allerdings noch recht krude berechnet nach dem höchsten Wert des beschädigten Gegenstandes im letzten Jahr, s. für den Fall eines getöteten Sklaven D. 9, 2, 2 pr.; vgl. dazu Watson, Obligations, S. 246 n. 7.

430 In der älteren Lehre ist aus diesem Wortgebrauch, der sich auch in klassischer Zeit teilweise noch erhalten hat, der Begriff der „einseitigen Strafklage“ entstanden: Einseitig ist eine Strafklage danach, wenn sie zwar den Beklagten dadurch bestraft, dass sie ihn zu einer Zahlung veranlasst, dem Kläger aber nur Ersatz seines Schadens einträgt; beidseitig ist sie dann, wenn sie den Beklagten über den Ersatz des Schadens des Klägers hinaus zu einer Bußzahlung verpflichtet, vgl. Savigny, System V, §§ 210 f.; Obligationen II, §§ 82 f.

a. Entwicklung des Begriffs *poena*

Mit der Entwicklung des Formularsystems und der damit einhergehenden Differenzierung der einzelnen Rechtsbehelfe gewann der Begriff der *poena*, und damit der *actio poenalis*, eine andere, neue Bedeutung. Es fand eine Begriffsverengung statt, in deren Verlauf „aus dem komplexen Gebilde der *poena* […] der materielle Schadensersatz herausgelöst[431]" wurde.

Den Anstoß zur Ausbildung einer größeren begrifflichen Schärfe lieferte wahrscheinlich das Recht der Konkurrenzen: Anders als die *actio de dolo* enthielten die meisten Klageformulare keine Subsidiaritätsklausel, so dass ohne eine einschränkende Auslegung alle ihrem Wortlaut nach einschlägigen Klagen auch kumulativ hätten geltend gemacht werden können. Das war nicht sachgerecht. Um aber die Konkurrenzfragen einheitlich zu lösen, mussten die Juristen sich in dieser Lage über die Funktion der einzelnen konkurrierenden Klagen Rechenschaft ablegen. Anders als zuvor konnte ihnen als *poena* nun nicht mehr jede von der Rechtsordnung vorgesehene Sanktion gelten, sondern nur noch eine solche, die einen von der bloßen Herstellung rechtmäßiger Verhältnisse – der *rei persecutio* – verschiedenen Zweck verfolgte. Nur eine Klage, die vom Sachinteresse unabhängig war, konnte technisch als *poenalis* gelten.

Zu einer ähnlichen Einschätzung gelangt auch Detlef LIEBS im Rahmen seiner Untersuchung zur Klagenkonkurrenz, die sich ausweislich ihres Untertitels auch als Beitrag zur Geschichte der Scheidung von Schadensersatz und Privatstrafe versteht:

> „Die Qualifizierung einer Klage als strafverfolgend bedeutet dasselbe wie die normative Aussage, sie sei mit einer schadensausgleichenden Klage zu häufen; die normative Aussage ist nur in eine begriffliche verwandelt, deren Sinn sich aber in eben jener Norm erschöpft. Wir können eine römische *actio* dann als allein strafverfolgend bezeichnen, wenn der aus demselben Ereignis wie die in Rede stehende *actio* etwa entstandene Vermögensschaden von anderen Klagen voll abgedeckt werden kann, ohne dass das diese *actio* berührt[432]."

Sicher erkennbar ist diese Begriffsverwendung erst im entwickelten klassischen Recht; selbst in den klassischen Quellen wird sie jedoch nicht immer konsequent eingehalten. Das ist nicht etwa auf die Ungenauigkeit der Kompilatoren zurückzuführen, sondern als Relikt der alten, weiteren Bedeutung zu betrachten.

---

431 LIEBS, Klagenkonkurrenz, S. 22; zur vorherigen Entwicklung des Begriffs s. LIEBS, SZ 85 (1968), S. 173 (198).

432 LIEBS, Klagenkonkurrenz, S. 264.

b. Pönale Wurzel der Konstitutsklage

In diesem weiteren Sinne geht auch die Konstitutsklage auf eine pönale Wurzel zurück. Das Konstitut stellte, obwohl Teil des Geschäftsverkehrs, ursprünglich selbst kein Rechtsgeschäft dar, das eine vertragliche Verbindlichkeit (oder eine *ex pacto*) begründete. Die wegen seiner Nichtbeachtung gewährte Klage war daher zunächst Sanktion gegen den Schuldner, der einen qualifizierten Treubruch begangen hatte. In diese Richtung deuten etwa die Formulierungen *fidem fallere* und *fidem frangere* bei Ulpian D. 13, 5, 1 pr. und Papinian D. 13, 5, 25[433]. Auch wenn der Inhalt der Klage sich nach dem verletzten Vermögensinteresse des Gläubigers bemaß, wurde die Klage als Strafklage betrachtet, einfach deshalb, weil – soweit verdient LEVY Zustimmung – die Sanktion des Prätors sich hier wie so oft primär gegen den Rechtsbrecher richtete. Mit dem allgemeinen Wandel des Strafbegriffs und der Erweiterung des Anwendungsbereichs des Konstituts änderte sich auch die Einordnung der *actio constitutoria*. Sie erfüllte immer mehr den Zweck, das Sachinteresse des Gläubigers zu wahren. Hinzu kommt, dass ein wesentlicher Teil des anfangs als *poena* empfundenen mit *quanti ea res erit* beschriebenen Klaginhalts mit dem Inhalt der – allein sachverfolgenden – *actio certae creditae pecuniae* übereinstimmte. Denn solange der Kläger die Leistung noch nicht erhalten hatte, setzte sich sein Interesse zusammen aus der geschuldeten Leistung selbst und seinem Verzögerungsschaden als dem eigentlichen Klageziel, der eigentlichen Pön[434].

5. Spuren ursprünglicher Pönalität

Tatsächlich lassen sich noch an der klassischen Konstitutsklage Spuren ihrer ursprünglichen Pönalität nachweisen. Die Qualifikation einer Klage als Strafklage hatte bekanntlich Folgen: Da Strafklagen (im neuen, engeren Sinne) und sachverfolgende Klagen unterschiedlichen Zwecken dienten, wurden sie auch unterschiedlich gehandhabt[435].

Eine Klage, die der Bestrafung desjenigen dient, der eine von der Rechtsordnung missbilligte Handlung begangen hat, soll die Rechtsgüter des Täters beschneiden, nicht den Verlust des Opfers ausgleichen. Bei der sachverfolgenden Klage ist die Blickrichtung genau umgekehrt: Sie ermöglicht es dem Opfer, seinen Verlust an Rechtsgütern (wenngleich natürlich auf Kosten des Täters) auszugleichen[436]. In

433 So schon BRUNS, ZRG 1 (1861), S. 28 (68); zweifelnd ASTUTI II, S. 8; ablehnend BESELER, Beiträge IV, S. 260.

434 Interessanterweise bezeichnet Ulpian D. 13, 4, 10 das in der *actio de eo quod certo loco* berücksichtigte Ortsinteresse ebenfalls als *poena*.

435 VOCI, Risarcimento e pena privata, S. 6 ff.; vgl. KASER, RP I, S. 612 ff.

436 Vgl. LEVY, Privatstrafe, S. 2: [Der Unterschied] „besteht im Grunde genommen darin, dass für Grund und Höhe des Ersatzes die Person des Klägers, für die Strafe dagegen die Person

beiden Fällen findet eine Vermögensverschiebung[437] vom Täter zum Opfer statt, so dass Ersatz und Strafe äußerlich nicht (mehr) unterscheidbar sind, aber durch ihren Zweck innerlich verschieden.

a. Typische Merkmale einer Strafklage

Die *actio* als das von der römischen Rechtsordnung bereitgestellte Mittel, diese Vermögensverschiebung herbeizuführen, blieb von ihrem Zweck nicht unberührt, sie reflektierte ihn in ihrer Struktur[438]. Denn diejenigen unter den römischen Klagen, die den Täter bestrafen sollten, erfuhren eine Gestaltung, die das Erreichen des Strafzwecks sicherstellte: Da es um die persönliche Bestrafung des Täters ging, haftete in aller Regel nur dieser selbst, nicht hingegen seine Erben[439], sein *pater* oder *dominus* nur mit der Person des ihrer Gewalt unterworfenen Täters, d. h. sie konnten ihn *in noxam* ausliefern, sog. Noxalhaftung. Von mehreren Mittätern musste jeder einzelne die Strafe aufbringen, da diese primär an das persönliche Fehlverhalten des einzelnen anknüpfte und nur in zweiter Linie an den Schaden des Opfers; die Strafklagen gegen mehrere Mittäter wurden also kumuliert (oder, in der von Liebs[440] vorgeschlagenen Terminologie, multipliziert).

Vor allem aber war die Strafe wie gesagt unabhängig vom Ausgleich des entstandenen Schadens, weshalb auch die Strafklage nicht durch eine bereits erfolgte oder klagweise geltendgemachte Ausgleichsleistung (etwa Herausgabe der gestohlenen Sache o. ä.) ausgeschlossen wurde. Umgekehrt schloss das *in iudicium* deduzierte Strafverlangen nicht eine konkurrierende sachverfolgende Klage aus. Beide konnten ungehemmt kumuliert werden[441].

Alle prätorischen Strafklagen weisen noch eine weitere Eigenheit auf[442], die sich nicht ohne weiteres mit dem Strafzweck begründen lässt: Die römischen Juristen bringen den Strafcharakter einer Klage häufig mit ihrer (kurzen) Lebensdauer in Verbindung[443]. Der Verletzte sollte nicht „kalte Rache üben[444]".

---

des Beklagten entscheidend ist."

437 Und keine körperliche Bestrafung, etwa in Form der Talion, mehr.

438 Voci, Risarcimento e pena privata, S. 6 ff.; Kaser, RP I, S. 612 spricht von „Grundsätzen, in denen sich der Sühnezweck der Pönalklagen offenbart".

439 Es sei denn, die Klage war im Zeitpunkt des Todes des Schädigers bereits bis zur *litis contestatio* gediehen, s. Kaser, RP I, S. 612 und die dort n. 24 zitierten Stellen.

440 Klagenkonkurrenz, S. 20 f.

441 Nach Liebs, Klagenkonkurrenz, S. 264 das allein entscheidende Kriterium.

442 Kaser, RP I, S. 613.

443 Etwa D. 4, 9, 3, 4 (Ulp. 14 ed.); 9, 3, 5, 5 und 13 (Ulp. 23 ed.); 25, 2, 21, 6 (Paulus 37 ed.); 29, 4, 12, 1 (Ulp. 50 ed.); 42, 1, 6, 3 (Ulp. 66 ed.); zu den Folgerungen Levys aus diesem Umstand s. o. S. 115 f.

444 Kaser, RP I, S. 613.

b. Merkmale der Konstitutsklage

Zwar zeigt die Struktur der klassischen Konstitutsklage ein überwiegend sachverfolgendes Gepräge: Sie wurde nicht ungehemmt mit der Hauptklage kumuliert[445], mehrere Konstituenten hafteten *in solidum*[446], es gab keine Noxal-, sondern eine Pekuliarhaftung[447]. Immerhin lässt sich aber zwei kaiserlichen Konstitutionen entnehmen, dass noch die klassische Konstitutsklage teilweise *annalis* war, und dass die Kaiser auch ihre passive Vererblichkeit für klarstellungsbedürftig hielten.

aa. Ursprüngliche Unvererblichkeit - C. 4, 18, 1 und C. 4 18, 2, 1

Bezeichnend ist in zuletzt genannter Hinsicht, dass der Titel 18 *De constituta pecunia* sich im vierten Buch des Codex unmittelbar an die Titel 16 *De actionibus heredetariis* und 17 *Ex delictis defunctorum in quantum heredes conveniantur* anschließt, wo gerade die passive Vererblichkeit von S t r a f klagen thematisiert wird. Diese Frage behandelt dann auch die erste Konstitution in Titel 18:

> C. 4, 18, 1 (Imp. Gordianus A. Felici):
> Si pro alieno debito te soluturum constituisti, pecuniae constitutae actio non solum adversus te, sed etiam adversus heredes tuos perpetuo competit.
> *D. VII k. Iul. Sirmi CC. conss.*(a. 294)

Der Kaiser erteilt einem gewissen Felix die Rechtsauskunft, dass aus dessen Konstitut für fremde Schuld nicht nur Felix selbst, sondern auch seine Erben haften, und zwar, wie am Ende noch eingeworfen wird, dauerhaft.

Die Betonung des Umstandes, dass Felix für eine f r e m d e Schuld konstituiert hatte, legt die Vermutung nahe, dass gerade das den Grund für die passive Vererblichkeit der Klage darstellte, mit anderen Worten, dass die Vererblichkeit beim Konstitut einer e i g e n e n Schuld nicht anerkannt war. Diese Ungleichbehandlung der beiden Konstitutstypen ist erklärlich: Denn während der Schuldner selbst, der dem Gläubiger die Zahlung auf einen Termin zugesagt und dann nicht geleistet hatte, gegenüber dem Gläubiger besonders treuwidrig handelte, lässt sich dies von demjenigen, der Zahlung einer fremden Schuld zugesagt hatte, nicht in gleicher Weise sagen. Hier lag der Gedanke an Sachverfolgung viel näher, so dass man die Klage auch gegen die Erben gewährte[448].

---

445 Ulpian D. 13, 5, 18, 3 (27 ed), wozu im Einzelnen unten S. 326 ff.

446 Ulpian D. 13, 5, 16 pr. (27 ed.).

447 Dies macht Ulpian freilich in D. 13, 5, 1, 3 (27 ed.) zum Gegenstand einer *quaestio*, was ebenfalls mit der alten Vorstellung von der Pönalität der Klage zusammenhängen mag; keinen Zweifel an der Pekuliarhaftung lässt er dagegen in D. 15, 3, 15 (2 disp.) aufkommen.

448 Vgl. Astuti II, S. 167 ff; Karlowa, RG II, S. 1379 f.

Einigen Autoren erscheint diese Folgerung zu gewagt[449], andere halten den Text für interpoliert[450]. Auffällig ist in der Tat die Diskrepanz zwischen Inskription und Subskription (die für sich betrachtet allerdings noch kein Indiz für eine inhaltliche Veränderung ist): Während jene das Reskript Gordian (III.) zuschreibt, verlegt diese es in das Jahr 294, also in die Regierungszeit von Diokletian (und Maximian). Kappeyne hält die Inskription für richtig, weil er davon ausgeht, der Text sei Teil eines längeren Reskripts des Gordian an Felix, von dem noch weitere drei Fragmente erhalten seien[451] und das noch im Codex Gregorianus vollständig gewesen sei[452]. Die korrekte Datierung ergebe sich aus dem Codex Veronensis (fr. Ver. 53) und laute *pp. VII k. Dec. Pio et Pontano conss.* Tatsächlich habe das Reskript nur die Haftung des Felix selbst betroffen und weder seine Erben noch die fortdauernde Haftung erwähnt. Felix sei mit der Verwaltung der Angelegenheiten seiner verwaisten Neffen durch deren Tutoren nicht einverstanden gewesen. Daher habe er sich für deren Interessen eingesetzt, z. B. indem er sich nach einer Möglichkeit zur Absetzung der Tutoren erkundigte, aber auch indem er für ihre Schulden konstituierte. Gordian habe ihm auf seine Beschwerde lediglich unter anderem mitgeteilt, dass er aus einer solchen Zahlungszusage hafte; ob diese Haftung auch seine Erben betraf, habe weder Felix noch den Kaiser interessiert. Erst die Kompilatoren hätten den diesbezüglichen Teil aus dem Reskript exzerpiert und um die Erbenhaftung (und die Langlebigkeit) ergänzt, und zwar um das Reskript mit der folgenden justinianischen Reformkonstitution aus dem Jahre 531 in Einklang zu bringen. Deren maßgebliche Passagen lauten:

> C. 4, 18, 2, 1 (Imp. Justinianus A. Iuliano pp.):
> Cum igitur praefata actio […] in his tantummodo a veteribus conclusa est, ut […] neque in omnibus casibus longaeva sit constituta, sed in speciebus certis annali spatio concluderetur, […] hac apertissima lege definimus, ut […]: et neque sit in quocumque casu annalis, sed (sive pro se quis constituat sive pro alio) sit et ipsa in tali vitae mensura, in qua omnes personales sunt actiones, id est in annorum metis triginta: […] sed et heredibus et contra heredes competat, ut neque recepticiae actionis neque alio indigeat res publica in huiusmodi casibus adminiculo, sed sit pecuniae constitutae actio per nostram constitutionem sibi in omnia sufficiens[…].

449 Roussier, Constitut, S. 43 ff.; Tondo, Labeo 4 (1959), S. 208 (216 ff., insbes. 218).

450 Beseler, Beiträge IV, S. 260; Bonnecarrère, Constitut, S. 66; Kappeyne, Abhandlungen, S. 249.

451 Nämlich in C. 5, 43, 6; 5, 73, 1 und 7, 66, 5.

452 Abhandlungen, S. 249; ebenso Bonnecarrère, Constitut, S. 66.

Justinian kritisiert die Gestaltung der Konstitutsklage durch die *veteres* insofern, als sie nicht in jedem Falle *longaeva* war, sondern in bestimmten Fällen *annalis*, und brüstet sich, diesem Missstand abgeholfen zu haben, mit dem Ergebnis, dass die Klage nunmehr – ob auf ein Konstitut eigener oder fremder Schuld gegründet – stets lang verjähre. Außerdem solle sie den Erben und gegen die Erben zustehen, damit nicht die *actio recepticia* und jeglicher andere Rechtsbehelf in Fällen dieser Art vermisst würden.

Eine Interpolation des Gordian-Reskripts im Sinne KAPPEYNES ist unwahrscheinlich[453]. Wenn auch seine Prämisse, der Text sei Teil einer längeren Auskunft an Felix aus dem Dezember 238, eine Annahme von der die Interpolationsvermutung wesentlich abhängt, nicht ganz unwahrscheinlich ist, so ist sie doch nicht beweisbar. Die anderen Fragmente stammen aus dem Oktober und November dieses Jahres. Nur zwei davon betreffen offensichtlich Fragen, die mit der Vormundschaft über die Neffen des Felix zusammenhängen. Weder in unserer c. 1 noch in C. 7, 66, 5 gibt es Anhaltspunkte für einen Zusammenhang mit dieser Problematik oder auch nur für die Identität des „Felix" in allen Stellen[454]. Auch Diokletian und Maximian (denen nach der Subskription das Reskript zuzurechnen wäre), haben mit einem (Aurelius) Felix korrespondiert[455]. Mit kaum geringerer Berechtigung könnte man das Reskript diesem Briefwechsel zuschreiben. Aber selbst wenn man den Text als Teil eines einheitlichen Austauschs über die Verwaltung der Angelegenheiten der Neffen des Felix betrachtet, schließt dies keineswegs aus, dass Felix sich auch nach der Dauer der Haftung und dem Übergang auf seine Erben erkundigt haben mag[456].

Vor allem aber sprechen zwei Gründe gegen einen Eingriff der Kompilatoren. Zum einen müsste man ohne die angeblichen Zusätze annehmen, dass Felix lediglich wissen wollte, ob er aus einem Konstitut für die Schulden seiner Neffen hafte – am Ende der Hochklassik sicherlich kein Problem mehr, das eine Anfrage beim Kaiser erforderlich gemacht hätte. Zum anderen wäre ein solcher Eingriff vollkommen sinnlos gewesen, da das Fragment auch ohne die angeblichen Zusätze der reformierten Rechtslage nicht widersprechen würde – es sei

453 Unhaltbar ist auch die Interpolationsvermutung BESELERS, Beiträge IV, S. 260 f.: „Durch Justinian C. (4. 18) 2 1 wissen wir trotz Bruns mit Wahrscheinlichkeit, dass die Klage aus dem *pro alio constitutum* nach klassischem Recht annal und passiv unvererblich war. Folglich ist C. (4. 18) 1 *Gordian* verfälscht [...]".

454 Der Name Felix war im römischen Reich nicht ganz selten. Im Codex Justinianus finden sich 16 Reskripte an Träger dieses Namens.

455 C. 4, 45, 2, allerdings aus dem Jahr 293.

456 Denkbar ist auch, dass er nur nach der Dauer seiner Haftung gefragt hatte, die kaiserliche Kanzlei ihm aber – entsprechend der römischen Tendenz, beide Fragen in Zusammenhang zu bringen – mitgeteilt hatte, nicht nur er, sondern auch seine Erben hafteten *perpetuo*.

denn, man wollte annehmen, der Text hätte vorher gerade das Gegenteil belegt, nämlich die Freiheit der Erben von jeglicher Haftung und/oder die Annalität der Klage[457], womit jedoch beide Charakteristika ebenfalls nachgewiesen wären.

Ist das Gordian-Reskript als echt zu betrachten, bestätigt der wortreiche Diskurs Justinians in der folgenden Konstitution auch unsere Deutung des Textes, zumindest mittelbar. Zunächst stellen wir fest, dass auch dieser Kaiser, freilich nur im Zusammenhang mit der Verjährungsfrage, zwischen *constitutum debiti proprii* und *alieni* unterscheidet, worauf wir noch näher eingehen werden[458]. Ferner lässt die Formulierung *et heredibus et contra heredes competat, ut neque recepticiae actionis neque alio indigeat res publica adminiculo* den Schluss zu, dass die alte Konstitutsklage auch in puncto Vererblichkeit aus Sicht des Reformgesetzgebers Justinian zu wünschen übrig ließ. Denn die neue Klage sollte, wie er betont, aktiv und passiv vererblich sein, damit – und das ist der springende Punkt – der Gläubiger, der nach Abschaffung der Klage aus *receptum* an sich seines *adminiculum* beraubt war, nicht auf rechtlichen Schutz verzichten musste. Das aber war nur zu befürchten, wenn die alte Konstitutsklage in diesem Punkt zu Lasten des Gläubigers von der *actio recepticia* abwich, also den Erbübergang nicht kannte.

Es ist daher anzunehmen, dass ursprünglich wenigstens im Falle des Konstituts einer eigenen Schuld die *actio constitutoria* nicht gegen den Erben des säumigen Konstituenten erhoben werden konnte.

bb. Ursprüngliche Annalität

Nichts anderes galt hinsichtlich der zeitlichen Grenzen, innerhalb derer der Gläubiger die Klage erheben musste. Nach Justinian C. 4, 18, 2 war die Konstitutsklage in bestimmten Fällen *annalis*. Entgegen ROUSSIER[459] lässt sich mit hoher Wahrscheinlichkeit feststellen, welche Fälle das waren. Wenn Justinian im Fortgang des Textes ausführt, die Klage solle fortan stets der allgemeinen Verjährung persönlicher Klagen unterliegen, und zwar *sive pro se quis constituat sive pro alio*, so zeigt dies deutlich, dass der Kaiser davon ausging, dass entweder die Klage aus *constitutum debiti proprii* oder aus *constitutum debiti alieni* annal war, dass die *species certae* sich also durch persönliche Identität oder Verschiedenheit von Schuldner und Konstituent auszeichneten[460].

457 So BESELER, Beiträge IV, S. 260.

458 S. sogleich unter bb.

459 Constitut, S. 44 f.; ihm zustimmend TONDO, Labeo 4 (1959), S. 208 (218 f.).

460 So auch ASTUTI II, S. 163 ff.; vgl. BRUNS ZRG 1 (1861), S. 28 (69); BESELER, Beiträge IV, S. 260 f.; KAPPEYNE, Abhandlungen, S. 245, 250; KARLOWA, RG II, S. 1379; UNTERHOLZNER, Zusammenstellung, Bd. 2, § 762 n. e; a. A. sind dagegen ACCARIAS, Précis de droit romain,

Demgegenüber will TONDO[461] der Bemerkung Justinians *per se* keinen Glauben schenken. Gestützt auf Gaius 4, 110 f. und Cassius/Paulus D. 44, 7, 35 führt er aus, dass annal nur die pönalen Honorarklagen waren (mit Ausnahme der Klagen *quibus imitatur ius legitimum*) und diejenigen unter den sachverfolgenden, die *contra ius civile dantur*. Da er die Konstitutsklage nicht letzteren zuschreiben will und Ulpian sie als sachverfolgend einordnet, glaubt er, Justinians Bericht jeglichen Wert absprechen zu müssen. Dabei unterliegt er jedoch einem Zirkelschluss: Er untersucht die Annalität als Kennzeichen des möglicherweise pönalen Charakters der Klage, lehnt sie deshalb ab, weil die Klage sachverfolgend sei (!), begründet damit sein Ergebnis, dass die Klage keinerlei pönale Charakteristika aufweise, woraus er wiederum schließt, sie habe nicht nur in der Klassik, sondern zu allen Zeiten als sachverfolgend gegolten. Man mag Zweifel hegen, ob die Unterscheidung beider Konstitutsarten in diesem Punkt nicht schon lange vor Justinian überwunden worden war[462], aber nicht daran, dass sie überhaupt je existierte. Welchen Grund hätte der Kaiser gehabt, sie zu erfinden? Bei der Konstitutsklage gab es ja auch sonst genügend Reformbedarf, um seine Neigung zur Selbstbeweihräucherung zu befriedigen.

Nicht überzeugend ist ferner die Behauptung BESELERS[463], Annalität habe man angenommen in den Fällen des Konstituts *pro alio*, was er mit Verweis auf die Biennalität und passive Unvererblichkeit der *obligatio sponsoris* zu begründen sucht[464]. Selbst wenn das Konstitut für fremde Schuld eine bürgschaftsähnliche Funktion erfüllt hätte – und wir werden noch sehen, dass dies nicht der Fall war[465] – kann man die zeitliche Beschränkung nicht als Nachahmung der Regelung der *Lex Furia de sponsu* betrachten: Das ist schon in Anbetracht der unterschiedlichen zeitlichen Beschränkung (hier ein Jahr, dort zwei Jahre) kaum denkbar. Hinzu kommt, dass die jüngste Bürgschaftsstipulation, die *fideiussio*, die genannten

---

Bd. 2, S. 618 n. 1 und 2, der an verjährte und naturale Schulden denkt, und BERTOLINI, Appunti didattici I, S. 927 n. 1, der mit GIRARD, Manuel, S. 603 n. 3 annimmt, die *certis speciebus* ließen sich überhaupt nicht mehr ermitteln, wogegen sogleich im Text.

461 Am Ende seiner Ausführungen zu diesem Punkt fragt er (Labeo 4 (1959), S. 208 (218)): „[...] come si può prestar fede alla notizia di Giustiniano?".

462 Vgl. ASTUTI II, S. 171; LEVY, Privatstrafe, S. 18. Das Edikt kannte die Unterscheidung nicht, wie D. 13, 5, 5, 2 (Ulp. 27 ed.) zeigt; das heißt aber nicht notwendigerweise, dass beide Konstitutsarten den gleichen Regeln bezüglich Verjährung und passiver Vererblichkeit folgten; beides war im Edikt zumeist nicht geregelt, sondern wurde von der Jurisprudenz mit Blick auf Bedeutung und Zweck der Klage gefolgert, so etwa bei Ulpian D. 2, 3, 1, 4 (1 ed.) und 27, 6, 9, 1 (12 ed.); vgl. LENEL, EP, S. 64 n. 2; WLASSAK, Edict und Klageform, S. 84 n. 19.

463 Beiträge IV, S. 260 f.; ebenso KAPPEYNE, Abhandlungen, S. 245, 250 sowie UNTERHOLZNER, Zusammenstellung, Bd. 2, § 762 n. e.

464 Beiträge IV, S. 261.

465 S. u. S. 352 ff.

Eigenschaften nicht mehr aufwies[466]. Schließlich sagt Gordian in c. 1 ausdrücklich, dass die Konstitutsklage beim *constitutum debiti alieni* nicht annal war[467].

Wir müssen vielmehr davon ausgehen, dass ganz wie bei der passiven Vererblichkeit, die in den Quellen auch sonst meistens mit der Annalität gemeinsam behandelt wird, so auch bei der zeitlichen Beschränkung der Haftung *in speciebus certis* die Tatsache entscheidend war, ob der Konstituent die Begleichung einer eigenen Schuld zugesagt hatte. Nur in diesem Falle des *constitutum debiti proprii* war die Klage einst *annalis*[468].

cc. Keine anderen Erklärungen für diese Charakteristika

Die Klage war demnach ursprünglich und möglicherweise noch in klassischer Zeit annal und passiv unvererblich, wenn sie auf ein Konstitut eigener Schuld gestützt wurde. Beide Charakteristika sind typisch für pönale Klagen, kommen jedoch gelegentlich auch bei sachverfolgenden vor. Es bleibt daher zu prüfen, ob sie sich anders als mit dem ursprünglich pönalen Charakter der Klage erklären lassen.

Keine Erklärung für die passive Unvererblichkeit bietet Gaius 4, 172, nach dem die prozessualen *sponsiones* von den Erben der Parteien nicht verlangt werden konnten[469]. Ebenso wenig wie der Strafcharakter dieser *sponsiones* die Konstitutsklage zu einer Strafklage machte, kann man die Bemerkungen Justinians zur Vererblichkeit auf sie beziehen, denn zum einen stellten sie nicht den eigentlichen Kern der *actio constitutoria* dar, zum anderen waren sie im kaiserlichen Kognitionsverfahren außer Gebrauch gekommen und von Justinian schließlich aus den Quellen getilgt worden.

Nicht recht wahrscheinlich ist auch die Vermutung Koschakers[470], Justinian habe mit der Hervorhebung der Vererblichkeit lediglich die von ihm beabsichtigte Gleichstellung mit der Stipulation ausmalen, und Gordian habe den Gegensatz zur Obligation des *sponsor* betonen wollen. Letzteres wäre überraschend, weil die Sponsionsbürgschaft zur Zeit Gordians zwar noch in Gebrauch war[471], aber im Wesentlichen der jüngeren *fideiussio* Platz gemacht hatte, die wie gesagt weder unvererblich noch *annalis* war. Ersteres passt nicht zu der Begründung, die Konstitutsklage solle künftig vererblich sein, damit sich die Beseitigung der

466 Gai. 3, 120 f.; vgl. Kaser, RP I, S. 663.

467 Selbst wenn *perpetuo* in diesem Text von den Kompilatoren hinzugefügt sein sollte, wie Beseler, Beiträge IV, S. 260 glaubt, folgt daraus nicht notwendig, dass Gordian im entgegengesetzten Sinn geurteilt hat.

468 Vgl. Astuti II, S. 163 ff.; Bruns ZRG 1 (1861), S. 28 (69); Karlowa, RG II, S. 1379.

469 So aber Bonnecarrère, Constitut, S. 67; Philippin, Constitut, S. 106 f.; vgl. auch Kappeyne, Abhandlungen, S. 251 und n. 2; zurückhaltend Roussier, Constitut, S. 47 n. 2.

470 SZ 63 (1943), S. 469 (473).

471 Levy, Sponsio, S. 113 ff.

actio recepticia nicht nachteilig auswirke; Justinian hat hier ersichtlich nicht mehr die Stipulation als Vergleichsobjekt vor Augen, die er im vorherigen Satz im Zusammenhang mit der Wirksamkeit eines Konstituts für bedingte oder befristete Schulden ins Spiel gebracht hatte, sondern das *receptum argentarii*.

II. Ergebnis

Nach allem ist davon auszugehen, dass die Konstitutsklage auf eine pönale Wurzel zurückgeht. Sie stellte ursprünglich in erster Linie eine Sanktion des Prätors dar gegen das persönliche Fehlverhalten des Konstituenten, das noch Ulpian und Papinian mit *fidem fallere/frangere* beim Namen nennen. Nicht alles, was dem modernen Denken als bloßer Vertragsbruch erscheint, galt auch der antiken Vorstellung lediglich als solcher. In diesem Zusammenhang sei daran erinnert, dass der jüngere Plinius in dem berühmten Briefwechsel zur Frage der Christenverfolgung dem Kaiser Trajan mitteilte, dass die Christen sich verschworen *ne furta ne latrocinia ne adulteria committerent ne fidem fallerent*[472]. Er nennt das *fidem fallere* also in einem Atemzug mit Tatbeständen, die auch dem modernen Betrachter als eindeutig strafbare Delikte erscheinen. Darüber hinaus hat Frezza darauf hingewiesen, dass Cicero pro Roscio comoedo 16 die Wendung *fidem frangere* mit Klagen (*fiduciae, tutelae, societatis*) in Verbindung bringt, die zwar nicht im engeren Sinne pönal sind, gleichwohl aber im Falle der Verurteilung die Infamie des Beklagten nach sich ziehen[473]. Vielleicht ist es nicht zu gewagt, dies auch von der Konstitutsklage anzunehmen, als weiteres Relikt ihrer ursprünglichen Pönalität.

Im Laufe ihrer Entwicklung wurde die *actio constitutoria* mehr und mehr als eine auf ein Sachinteresse gerichtete Klage betrachtet, was schon Marcellus zu der Äußerung veranlasste, er halte die Klage für sachverfolgend[474]. Demgegenüber gab es aber wohl auch Stimmen, die an der alten Betrachtungsweise bzw. Terminologie festhielten. Dies führte dazu, dass die Konstitutsklage nicht alle pönalen Strukturelemente ablegte, vielmehr dort, wo der Konstituent selbst von dem Entgegenkommen des Gläubigers profitiert hatte und seine Missachtung des Konstituts deshalb besonders treuwidrig erschien, nämlich beim Konstitut *pro se*, Annalität und passive Unvererblichkeit (und vielleicht auch Infamie) erhalten blieben.

472 Plin. Min. Epist. 10, 96, 7.

473 Frezza, Garanzie I, S. 232 n. 1 gegen Beseler, Beiträge IV, S. 260, der mit der Cicero-Stelle seine Ansicht belegt hatte, der Ausdruck *fidem frangere* sei kein Anzeichen von Pönalität.

474 Zitiert von Ulpian in D. 13, 5, 18, 2 (27 ed.).

Teil II: *Pecunia constituta* im klassischen Recht

§ 11 Einleitung

Der Prätor gewährte vermutlich anfangs nur im Einzelfall eine Klagformel gegen den Schuldner, der sich unter Zusage der pünktlichen Zahlung zu einem bestimmten Termin bei seinem Gläubiger einen Zahlungsaufschub verschafft und dann das in ihn gesetzte Vertrauen enttäuscht hatte. Da diese Formel nicht an das geltende zivile Recht anknüpfte, sondern an das vom Prätor als ein besonders schwerwiegender Treubruch missbilligte Verhalten des Schuldners, handelte es sich um eine *formula in factum concepta*. Zu einem nicht näher bestimmbaren späteren Zeitpunkt fand die Klage Berücksichtigung auch im Edikt des Prätors; verschiedene Bruchstücke des Ediktstextes finden sich in den Ediktskommentaren des Ulpian und des Paulus. Dabei handelt es sich freilich um das Edikt in seiner julianischen Redaktion, es ist also nicht ausgeschlossen, dass (und jeweils zu überprüfen, ob) der Text, der sich aus den Ulpian- und Paulusfragmenten rekonstruieren lässt, nicht der ursprüngliche war[475]. Daneben ist zu beachten, dass der einmal fixierte Text des Edikts und der Formel der Auslegung durch die Juristen zugänglich wurde, was eine rasche Fortentwicklung der Rechtsfigur des Schuldkonstituts zur Folge hatte, dessen Anwendungsbereich immer weiter ausgedehnt wurde[476]. In den klassischen Quellen finden wir das Konstitut in seiner voll entwickelten Form. Die Juristen behandeln es bereits konsequent als Rechtsgeschäft, ohne freilich jegliches Gespür für seine Wurzeln verloren zu haben. Dieser Wechsel in der Perspektive, der durch die Herkunft des Konstituts geradezu vorgegeben war und dem ursprünglichen Zweck der Klage nach beinahe zwangsläufig erfolgen musste, führte auch dazu, dass spätestens seit Marcellus die *actio de pecunia constituta* nicht mehr als pönal galt[477]. Ob sie hingegen, wie insbesondere Bruns[478] meint, schon von den Klassikern als Klage auf Erfüllung und nicht mehr als Klage wegen Nichterfüllung betrachtet wurde,

475 S. Bruns, ZRG 1 (1861), S. 18 (49); zu einer möglichen älteren Form des Edikts vgl. auch Astuti II, S. 5 n. 5; Lenel, EP, S. 248 n. 1; Roussier, Constitut, S. 15.

476 Vgl. Astuti II, S. 149 ff.; Bruns, ZRG 1 (1861), S. 18 (87 ff.).

477 Ulpian D. 13, 5, 18, 2 (27 ed.); hierzu ausführlich bereits o. § 10 (S. 112 ff.).

478 Er führt hierzu ZRG 1 (1861), S. 18 (91 f.) aus: „Man kann die Veränderung kurz damit bezeichnen, dass die Klage aus einer (einseitigen) Strafklage wegen Nichterfüllung des Constitutes zu einer Vertragsklage auf Erfüllung des Constituts umgewandelt wurde." Bruns geht sogar noch weiter (S. 92): „Selbst wenn noch ein Zahlungstag beigefügt wurde, musste dieser in der Regel, wie bei anderen Verträgen, als unwesentliche Nebenbestimmung aufgefasst werden, auch im Zweifel nur *pro reo* als Fälligkeitstermin erscheinen, so dass die alte Bedeutung des *dies* nur noch ausnahmsweise durch besondere Verabredung bewirkt werden konnte. [...] Die Klage aus dem Constitute war nun eigentlich gar keine *actio in factum* mehr, sondern eine gewöhnliche Vertragsklage."

oder ob diese Entwicklung – so die These ASTUTIS[479] – erst der byzantinischen Epoche zuzuschreiben ist, werden wir im Folgenden herauszuarbeiten haben.

Dem Interpreten stellt sich daher eine doppelte Aufgabe: Zunächst ist der Wortlaut des julianischen Edikts samt Formel aus den klassischen Kommentaren (soweit möglich) zu rekonstruieren (Kapitel 1). In einem zweiten Schritt ist zu untersuchen, wie die Klassiker mit dem Edikt *de pecunia constituta* umgingen, d. h. welche materielle Ordnung sie dem nunmehr zum Rechtsgeschäft gewordenen Konstitut auf seiner Grundlage gaben und wie sie die in den Quellen mitgeteilten Lösungen erreichten. Dabei sind die historischen Entwicklungslinien aufzuzeigen, die von der ersten Anerkennung einer solchen Zahlungszusage über die Aufnahme einer entsprechenden Klage ins Edikt zur vollständigen Ausbildung des Geschäfts in der klassischen Zeit geführt haben (Kapitel 2). Hierher gehört auch die Frage, welche Folgen das Konstitut für die beteiligten Personen hatte und welche Funktion es erfüllte (Kapitel 3).

479 ASTUTI II, S. 149 ff.

Kapitel 1 – Das Edikt de pecunia constituta

§ 12 Ediktsklausel und Klagformel

Die Erforschung der materiellen Ordnung des Konstituts in klassischer Zeit muss von der Grundlage ausgehen, an der sich auch die Juristen dieser Epoche orientiert haben, von dem prätorischen Edikt. Im Digestentitel 13, 5 *de pecunia constituta* finden sich sechs Stellen, die uns über den Wortlaut der Ediktsklausel und der Formel Aufschluss geben. Es handelt sich jeweils um Passagen aus den Ediktskommentaren des Paulus und vor allem des Ulpian, in denen ein Zusatz wie *ait Praetor* oder *illa verba Praetoris* anzeigt, dass es sich um Zitate aus dem prätorischen *album* handelt, nämlich die Fragmente 1, 1; 16, 2; 16, 4; 17; 18 pr. sowie 18, 1.

I. Die Ediktsklausel – Ulpian D. 13, 5, 1, 1

Zunächst zum Edikt selbst. Ausgangspunkt der Untersuchung ist das

> Fr. 1, 1 (Ulpian 27 ad edictum):
> Ait praetor: 'qui pecuniam debitam constituit'. [...]

Dieser Ausspruch des Prätors enthält zwei grundsätzliche Gedanken. Zum einen die rechtliche Anerkennung des Konstituts durch Gewährung einer *actio* an sich, denn man wird mit Rudorff[480] den Satz zu beenden haben *in eum iudicium dabo*[481]. Zum anderen, dass der vom Magistrat versprochene Rechtsschutz als

480 Edictum, S. 106.

481 Anders Bruns, ZRG 1 (1861), S. 28 (53), der seinen Vorschlag *constituendo tenetur* auf das häufige Vorkommen dieser Wendung im Digestentext stützt. Die Annahme Rudorffs, die etwa auch von Astuti, II, S. 5; Karlowa, RG II, S. 1375; Lenel, EP, S. 248 und Roussier, Constitut, S. 25, geteilt wird, ist im Hinblick auf die Üblichkeit dieser Formulierung im Edikt aber die wesentlich wahrscheinlichere.

Objekt des Konstituts eine *pecunia debita* voraussetzte, eine bestehende Geldschuld[482]. Es ist vorgeschlagen worden, im Fragment *debitam* durch *creditam*[483] zu ersetzen, um eine anfängliche Begrenzung auf Darlehensverbindlichkeiten zu berücksichtigen[484]. Bedenkt man die bereits erörterten Ähnlichkeiten zwischen *actio certae creditae pecuniae* und *actio de pecunia constituta* und die Gründe, die zur Entstehung der Konstitutsklage geführt haben, so ist man geneigt, dem für die älteste Fassung des Edikts zuzustimmen: Da sich der Bedarf nach einer Sanktion für die Nichteinhaltung eines fest bestimmten Leistungstermins gerade bei der strengen *actio certae creditae pecuniae* besonders deutlich zeigte, mag der Prätor durchaus in Anlehnung an die Bezeichnung dieser Klage von *pecunia credita* gesprochen haben[485]. Ein ursprüngliches *creditam* ist daher nicht auszuschließen. Umgekehrt besteht jedoch kein Grund zu bezweifeln, dass im julianischen Edikt *creditam* bereits einem *debitam* Platz gemacht hatte, weil der Anwendungsbereich der Klage entsprechend erweitert worden war.

Ferner fügt Rudorff hinzu *se soluturum satisve facturum* [sc. *esse*][486]. Die von Bruns zur Rechtfertigung dieser Annahme unternommenen Anstrengungen, die sprachliche Notwendigkeit eines (futurischen) A. c. I. nachzuweisen[487], gehen fehl. Zwar hat er in einer ausführlichen Untersuchung der Quellen herausgearbeitet, dass *constituere* häufig in dieser Form verwendet wird[488]. Doch zwingt dies nicht, wie neben ihm insbesondere auch Lenel[489] meint, zu dem Schluss, dass die Worte *se soluturum* ediktal waren. Denn schon die Bezeichnung der Klage als *actio de pecunia constituta*, die sicherlich auf den ältesten Sprachgebrauch zurückgeht, und die Titelrubrik *de pecunia constituta* zeigen, dass *constituere* ursprünglich mit dem einfachen Akkusativobjekt *pecuniam*

482 Näheres zu den Schulden, die einem Konstitut zugänglich waren, oben S. 59 f. und unten S. 181 ff.

483 Rudorff, EP, S. 106 und n. 4.

484 Huschke, AcP 65 (1882), S. 240 (250 und n. 7) denkt in eine völlig andere Richtung, wenn er gegen diesen Vorschlag argumentiert, der Rechtsakt *constituere* sei insgesamt vom Schuldner her gedacht, und dieser könne nur sein *debitum*, nicht aber die Forderung des Gläubigers (*creditum*) konstituieren; Roussier, Constitut, S. 15 äußert ähnliche Gedanken, wofür er freilich zu Unrecht nicht Huschke, sondern Astuti II, S. 5 n. 5 als Gewährsmann in Anspruch nimmt.

485 Was aber nicht notwendigerweise bedeutet, dass nur Darlehensschulden konstituiert werden konnten; denn mit der *actio certae creditae pecuniae* konnten auch andere bestimmte Geldschulden klagweise geltend gemacht werden.

486 Rudorff, Edictum, S. 106.

487 Bruns ZRG 1 (1861), S. 28 (31 ff., 45).

488 Vgl. etwa D. 13, 5, 2; 3, 2; 4; 5 pr., 1, 4, 5 und 6; 8; 11 pr.; 13; 14 pr.; 18, 1; 19, 2; 21 pr. und 2; PS 2, 2, 1; Inst. 4, 6, 9.

489 EP, S. 248 („Kein Zweifel"); vgl. auch Karadeniz, Constitutum, S. 63 ff., insbes. S. 76; Roussier, Constitut, S. 15 und 25.

verwendet wurde. Daher ist in der Ediktsklausel jedenfalls für die erste Zeit weder mit dem in der Literatur einhellig eingefügten *se soluturum* noch mit dem höchst umstrittenen *satisve facturum*[490] zu rechnen. Sie dürfte vielmehr ganz allgemein gelautet haben[491]:

QUI PECUNIAM DEBITAM CONSTITUIT, IN EUM IUDICIUM DABO.

Im Hinblick auf die *sponsio restipulatio* und das *iusiurandum necessarium* ist darüber hinaus jeweils mit einer entsprechenden Klausel zu rechnen; für die Strafversprechen etwa in der von LENEL vorgeschlagenen Formulierung *partisque dimidiae sponsionem et restipulationem facere permittam*[492], für den Eideszwang vielleicht in Anlehnung an Ulpian D. 12, 2, 34, 6[493] *iureiurandoque delato solvere aut iurare cogam.*

II. Die Klagformel

Die übrigen fünf Fragmente befassen sich mit Teilen der Klagformel[494]. Zu nennen sind folgende Stellen, die sich sämtlich auf die *intentio* der Konstitutsklage beziehen:

490 Zu der Frage, ob die Anerkennung eines nicht auf Zahlung, sondern lediglich auf Sicherheitsleistung gerichteten Konstituts klassischen Ursprungs ist, s. u. S. 233 ff. – Da der Punkt bei den klassischen Juristen jedenfalls nicht völlig geklärt gewesen zu sein scheint, ist eine entsprechende ediktale Klausel sehr unwahrscheinlich, vgl. ASTUTI II, S. 204; DEJARDIN, L'action, S. 108 ff.

491 Im Ergebnis ebenso rekonstruiert PLATSCHEK, Edikt, S. 11 ff.

492 LENEL, EP, S. 249.

493 Die dortige Formulierung *ait praetor: eum a quo iusiurandum petetur, solvere aut iurare cogam* wird auf einer Veränderung durch die Kompilatoren beruhen. Ein Eid wird nicht „gefordert", sondern deferiert. Man muss daher, wie LENEL, EP, S. 235 f. und GRADENWITZ, SZ 8 (1887), S. 269 (275) für die *actio certae creditae pecuniae* wahrscheinlich gemacht haben, lesen *eum a quo certum petetur, solvere aut iurare cogam* und einen Hinweis auf die vorherige Eidesdelation durch den Kläger hinzudenken.

494 So auch LENEL, EP, S. 250; a. A. BRUNS, ZRG 1 (1861), S. 18 (46 ff.), der es für unwahrscheinlich hält, dass Ulpian hier die Formel eines Kommentars gewürdigt haben soll. Die ausführliche Kommentiertung der *verba Praetoris*, die Ungewöhnlichkeit des Ausdrucks *appareat* (und dessen Modus) in fr. 16, 2 sowie die zur Zeit der Zusammenstellung der Digesten längst erfolgte Abschaffung des Formularverfahrens (durch Constantius und Constans im Jahre 342, s. C. 2, 57 (58), 1) seien eindeutige Beweise für die Zugehörigkeit zum Edikt selbst; vgl. auch WLASSAK, Edikt und Klageform, S. 92 f. Indes ist die Aufnahme von Erläuterungen zu den *formulae* in die Digesten durchaus keine Seltenheit (vgl. KARLOWA, RG II, S. 1373 f.; LENEL, EP, S. 249, n. 4). Die Behauptung, die Klassiker hätten sich vor allem mit dem Edikt selbst, nicht aber mit den hinzugefügten Formeln beschäftigt, ist so nicht haltbar: Immerhin

(1) fr. 16, 2 (Ulpian 27 ad edictum):
Ait praetor: ‚si appareat eum qui constituit neque solvere neque fecisse neque per actorem stetit, quo minus fieret quod constitutum est'.
(2) fr. 16, 4 (Ulpian 27 ad edictum):
Haec autem verba praetoris ‚neque fecisse reum quod constituit' [...]
(3) fr. 17 (Paulus 29 ad edictum):
Illa verba ‚neque fecisset' [...]
(4) fr. 18 pr. (Ulpian 27 ad edictum):
Item illa verba praetoris ‚neque per actorem stetisse' [...]
(5) fr. 18, 1 (Ulpian 27 ad edictum):
Quod adicitur: ‚eamque pecuniam cum constituebatur debitam fuisse' [...]

1. Aufriss der Probleme

Die Stelle (1) enthält offenbar einen längeren Teil der *intentio.* Allerdings fallen auf den ersten Blick die ungewöhnliche und uneinheitliche Formulierung der Fragmente sowie deren Unvollständigkeit ins Auge. So heißt es in Stelle (1) *si appareat* anstelle des üblichen *si paret* und *stetit* statt wie in Stelle (4) *stetisse.* Umgekehrt hat Stelle (3) *neque fecisset* und nicht das *neque fecisse* der Stelle (1). Eben dieses *neque fecisse* ist aber nach dem vorherigen *neque solvere* sehr überraschend, vor allem in Kombination mit dem Relativsatz *quod constituit* aus Stelle (2): Was sollte der Schuldner denn konstituiert haben, wenn nicht *solvere* bzw. *se soluturum*? Ferner sind die zur Bezeichnung der Parteien gewählten

sahen sich Gaius und Marcian veranlasst, ihre Werke zur *hypotheca* als *libri singulares ad formulam hypothecariam* zu bezeichnen (vgl. Lenel, Palingenesia, Bd. I, Sp. 240 ff. und 643 ff.). Ungewöhnlich ist in der Tat der Gebrauch des untechnischen *apparere*, noch dazu im Konjunktiv, statt des üblicherweise am Beginn der Formel stehenden *parere*. Es wird aber nicht dadurch plausibler, dass man es in das Edikt selbst hineinzieht. Natürlich könnte dieser Begriff verwendet worden sein, um den Sprachgebrauch der Formeln zu vermeiden. Die Ähnlichkeit des Wortes deutet aber eher auf eine Ungenauigkeit oder Textverderbnis nachklassischen Ursprungs hin (so meint Karlowa, RG II, S. 1374, der Wortgebrauch gehe auf die Kompilatoren zurück), bzw. darauf, dass es sich hier ursprünglich nicht um ein wörtliches Zitat des Formeltextes, sondern um eine Wiedergabe in indirekter Rede gehandelt hat (so Lenel, EP, S. 251). Es ist daher davon auszugehen, dass uns jeweils von der Formel der *actio constitutoria* berichtet wird. Noch anders Kappeyne, Abhandlungen, S. 205 und Frezza, St. Funaioli, S. 701 (711 ff.) sowie Garanzie I, S. 252, die jedenfalls fr. 16, 2 für einen Teil der Sponsionsformel halten; auch Babusiaux, Id quod actum est, S. 65 n. 10 bezeichnet das Wort als "möglicherweise ediktal". Nach den oben in § 9 (S. 96 ff.) gewonnenen Erkenntnissen ist jedoch zu vermuten, dass die gegenseitigen Strafversprechen, die ja ausschließlich eine Sanktion gegen die *temeritas* der im Prozess unterlegenen Partei darstellten, nicht unter der gleichen Bedingung standen wie die *actio de pecunia constituta*, sondern allein unter der des Prozessverlustes durch den Konstituenten, vgl. Lenel, EP, S. 252 mit Verweis auf seine Bemerkungen zur parallelen Frage bei der *actio certae creditae pecuniae* (l. c. S. 238 f. und n. 4), die er unter Berufung auf Gai. 4, 180 (*si causam non tenuerit*) in unserem Sinne beantwortet.

Ausdrücke *is qui constituit* und *actor* für den sonstigen Sprachgebrauch in den Klagformeln mehr als untypisch. Ferner ist der Abschluss eines Konstituts, der doch Hauptvoraussetzung der Klage sein musste, überhaupt nicht erwähnt. Die *condemnatio* schließlich wird nicht im Ansatz zitiert.

2. Beseitigung textlicher Ungereimtheiten

Einige dieser Ungereimtheiten lassen sich ohne größere Schwierigkeiten bereinigen:

Man wird zunächst für das *si appareat* in Stelle (1) das übliche formulare *si paret* einzusetzen haben, sei es, dass die Kompilatoren Ulpian einen von ihm selbst in indirekter Rede verfassten Satz als unmittelbare Äußerung in den Mund gelegt haben[495], sei es, dass es sich um eine sonstige Textverderbnis handelt[496]. Das unpassende *stetit* ist aus Stelle (4) in *stetisse* zu emendieren; ferner zeigen die Stellen (1) und (2), dass in Stelle (3) wie dort nicht *fecisset*, sondern *fecisse* zu lesen ist. Zu diesem ansonsten wenig aussagekräftigen[497] Verbum fügt sich das konkretisierende *quod constituit* aus Stelle (2). Die Hauptvoraussetzung der Klage, nämlich dass überhaupt ein Konstitut erfolgt ist, erwähnt wie gesagt weder Ulpian noch Paulus. Daraus darf freilich nicht gefolgert werden, dass sie – ähnlich wie das Erfordernis eines *dies*, vgl. Paulus D. 13, 5, 21, 1 – im ediktalen Klagformular nicht enthalten war, sondern nur, dass die Juristen sie, weil selbstverständlich, nicht weiter kommentiert haben. Wenn wir schließlich noch die üblichen Blankettnamen einsetzen, erhalten wir einstweilen das folgende Stück der *intentio*:

> Si paret Numerium Negidium Aulo Agerio HS X constituisse[498] neque solvere neque fecisse quod constituit neque per Aulum Agerium stetisse, quominus fieret, quod constitutum est, eamque pecuniam cum constituebatur debitam fuisse.

---

495 So Lenel, EP, S. 251; man beachte, dass allgemein in der lateinischen Sprachentwicklung zu beobachten ist, wie sich Simplicia als Archaismen in der Fachsprache – insbesondere in Formeln – noch lange halten, während die Alltagssprache sie durch Komposita ersetzt; s. hierzu Leumann/Hofmann/Szantyr, Lateinische Grammatik, Bd. 2, S. 298 f. mit zahlreichen Nachweisen. Es ist gut denkbar, dass Ulpian die Formel nicht wörtlich wiedergab und sich deshalb des in der Alltagssprache gebräuchlicheren *apparere* bediente. – Nicht zu folgen ist Babusiaux, Id quod actum est, S. 65 n. 10, die das *appareat* in unserer Stelle für "möglicherweise ediktal" hält.

496 In diesem Sinne Karlowa, RG II, S. 1374.

497 Denn es konnten zunächst nur auf *dari* einer Geldsumme, später auch einer bestimmten Menge fungibler Sachen gerichtete Schulden konstituiert werden, das *facere* ist hier also jedenfalls nicht technisch gemeint.

498 Gegen die Ergänzung von *se soluturum* (vgl. Karadeniz, Constitutum, S. 63 ff., insbes. S. 76; Roussier, Constitut, S. 15 und 25) oder gar *se soluturum eove nomine satisfacturum* (vgl. Rudorff, EP, S. 106; Lenel, EP, S. 251) sprechen die oben S. 134 ff. genannten Gründe; ersteres wird beibehalten von Costa, SDHI 77 (2011), S. 129 (138), wie hier Platschek, Edikt, S. 11 ff.

3. Das erste Hauptproblem: Das Nebeneinander von *neque solvere* und *neque fecisse* in der *intentio*

Noch nicht überwunden sind damit allerdings die Schwierigkeiten, vor die uns die Worte *neque solvere neque fecisse* stellen: Nimmt man sie, wie sie stehen, so war Voraussetzung der Verurteilung, dass der Beklagte „weder zahlt noch das getan hat, was er zugesagt hat". Demnach hätte der Konstituent die Konstitutsklage vermeiden können, indem er (beliebig?) entweder die mit *solvere* oder die mit *fecisse* bezeichnete Handlung vornahm. Das setzt voraus, dass beide Ausdrücke eine unterschiedliche Bedeutung haben.

In Betracht kommt zunächst der auffällige Unterschied im Tempus. Anders als *solvere* steht *fecisse* im Perfekt. Die Erklärung für dieses Perfekt liefert Ulpian in seiner Kommentierung zu den Stellen (2) und (4): Für die vom *iudex* zu entscheidende Frage, ob der Beklagte *ex constituto* zu verurteilen sei, kam es grundsätzlich darauf an, ob er am festgelegten Termin geleistet hatte oder zu diesem Zeitpunkt in vom Kläger zu vertretender Weise an der Leistung gehindert gewesen war. Sowohl das *fecisse* als auch das *stetisse* bezieht Ulpian scharf auf den *dies constituti*, wenn er in fr. 16, 4 ausführt *ad tempus constituti* [sc. *verba ‚neque fecisse' pertinent*] und in fr. 18 pr. *haec* [sc. *verba ‚neque per actorem stetisse'*] *ad diem constituti referenda*. Eine nachträgliche Leistung konnte demnach grundsätzlich nicht mehr zur Befreiung des Schuldners von seiner Haftung *ex constituto* führen. Zu Ulpians Verständnis des *fecisse* will demgegenüber das *solvere* nicht recht passen, ja es steht in direktem Gegensatz dazu: Denn das Präsens scheint darauf hinzudeuten, dass der Konstituent noch bis zur Urteilsverkündung[499] sich zur Leistung entschließen und die Verurteilung abwenden konnte.

a. Dejardin: Die Konstitutsklage als *actio arbitraria*

Dejardin[500] sieht in dem *neque solvere* eine Arbiträrklausel wie man sie von einigen anderen Klagen kennt[501]. Bei der Konstitutsklage handele es sich um eine *actio arbitraria*, der Schuldner habe seine Verurteilung, die nach Ansicht

499 Und nicht bis zur *litis contestatio*, wie es bei anderen Klagen der Fall ist. Man kann zwar in der Tat darüber nachdenken, wie es Ulpian auch tut, ob das Perfekt *fecisse* sich auf den *dies constituti* oder aber auf die aus Sicht des Geschworenen ebenfalls in der Vergangenheit liegende *litis contestatio* bezieht. Das gilt jedoch nicht in gleicher Weise für das *solvere*: Der Richter musste, wenn die Formel tatsächlich *solvere* enthielt, nach dem Wortlaut auch dann freisprechen, wenn der Beklagte erst *in iudicio* zahlte.

500 L'action, S. 145.

501 Vor allem sind hier die Leistungsklagen *in rem* zu nennen, aber auch die Nachverfahren der Interdikte (also das *iudicium de re restituenda vel exhibenda* bei den restitutorischen und exhibitorischen Interdikten, bei den prohibitorischen das *iudicium Cascellanium sive secutorium*); hierzu und zu weiteren Fällen s. Kaser/Hackl, RZ, S. 335 ff.

Dejardins die Verurteilung aus der *sponsio dimidiae partis* mitumfasste, noch verhindern können, indem er die Forderung des Gläubigers auf das Geheiß (*iussum*) des Richters erfüllte.

Abgesehen davon, dass Arbiträrklauseln in der Regel im Futur stehen (etwa *nisi restituetur/exhibebitur*[502]), wäre eine solche in der Formel der *actio de pecunia constituta* vollkommen sinnlos. Alle *actiones arbitrariae* haben nämlich gemein, dass die Verurteilung des Schuldners in Geld, die nach dem Grundsatz *omnis condemnatio pecuniaria* stets zu erfolgen hatte, den Gläubiger nicht vollkommen zufriedenzustellen vermochte[503]. Daher wurde der Beklagte durch mittelbaren Zwang zu der eigentlich geschuldeten Handlung, etwa Restitution einer Sache, angehalten, indem der Richter zunächst erklärte, dass er die Voraussetzungen einer Verurteilung für gegeben halte, und dann den Beklagten aufforderte (und damit ermächtigte), die drohende Verurteilung durch Herausgabe abzuwenden. Kam der Beklagte dem *iussum* des Richters nach, wurde er im Endurteil freigesprochen. Bei der *actio de pecunia constituta* dagegen hatte der Kläger nicht das geringste Interesse daran, statt einer Verurteilung in Geld die (Geld-)Leistung des Schuldners ohne jeden Ausgleich seines Zeitinteresses zu erhalten. Darüber hinaus würde der Freispruch des Schuldners dazu führen, dass der Kläger aus der *restipulatio* wegen des „formellen" Prozessverlustes die Hälfte der geschuldeten Summe sofort wieder herausgeben müsste[504].

b. Arangio Ruiz: *Fecisse* als Bezugnahme auf das Satisfaktionskonstitut

Eine andere Erklärung für das Nebeneinander von *solvere* und *fecisse* wäre, dass beide Wörter unterschiedliche Handlungen bezeichnen, nämlich einerseits *solvere*[505] die Zahlung, andererseits *fecisse* die Gewährung einer geeigneten Sicherheit. Doch auch diese – von Arangio Ruiz[506] aufgeworfene – Lösung ist mehr als zweifelhaft[507].

---

502 Vgl. Kaser/Hackl, RZ, S. 336 f.

503 Vgl. Kaser/Hackl, RZ, S. 335 und die dort n. 4 nachgewiesene Literatur.

504 Denn die *restipulatio* stand einzig unter der Bedingung des Prozessverlustes, s. o. S. 135 n. 494.

505 Dann wäre es allerdings glatter, mit Haloander *solvisse* zu lesen, vgl. Bruns, ZRG 1 (1861), S. 18 (44).

506 Le genti e la città, S. 148.

507 Arangio-Ruiz selbst (Le Genti e la città, S. 148) will *neque solvere* streichen, mit der Begründung, das *constitutum se satisfacturum* sei eine nachklassische Entwicklung, der die Kompilatoren durch die Gegenüberstellung von *solvere* und *facere* Rechnung tragen wollten. Ohne an dieser Stelle auf die Frage nach der Klassizität des auf Sicherheitsleistung gerichteten Konstituts einzugehen (s. dazu u. S. 233 ff.), spricht gegen diesen Vorschlag, dass die Kompilatoren dann jedenfalls nicht *neque solvere*, sondern *neque solvisse* eingefügt hätten.

Erstens wäre die Formel dann missverständlich und gäbe Anlass zu der Vermutung, der Konstituent hätte seine Haftung auch dann durch Sicherheitsleistung abwenden können, wenn er pünktliche Zahlung zugesagt hatte. Nach Paulus D. 13, 5, 21, 2 tat der Schuldner dem Konstitut aber gerade nicht Genüge, wenn er erst Zahlung (*se soluturum*) zusagte und später nur Sicherheitsleistung anbot. Allenfalls könnte man mit Fuchs[508] das *fecisse* ausschließlich auf solche Fälle beziehen, in denen von Anfang an Sicherheitsleistung konstituiert war. Der Prätor hätte dann jeweils den nicht zutreffenden Teil der Musterformel bei der Erteilung *in iure* ausgelassen und entweder eine Formel mit *solvere* oder eine mit *fecisse* ausgegeben[509].

Zweitens wäre dieses Verfahren recht umständlich, da *fecisse quod constituit* sich ohne weiteres so auslegen ließ, dass darunter je nach der Vereinbarung der Parteien Zahlung und/oder Sicherheitsleistung zu verstehen war; das *solvere* wäre also überflüssig gewesen. Ließe sich die *solutio* nicht unter *facere* bzw. *fieri* subsumieren, so müsste auch in der Formel nicht *neque per actorem stetisse quominus fieret, quod constitutum est* stehen, sondern neben das *fieret* ein *solveretur* treten.

Vor allem aber knüpfen Paulus und Ulpian bei der Diskussion der Frage, welches der für die Konstitutsklage maßgebliche Zeitpunkt sei, an das *neque fecisse* an. Diese Frage dürfte sich am Normalfall des Konstituts, dem auf Zahlung gerichteten, entzündet haben. Wenn beide Juristen in ihrer Kommentierung das *solvere* nicht erwähnen, deutet dies darauf hin, dass es ihnen als Alternative zu *fecisse* nicht geläufig war, vielmehr *fecisse* den Regelfall der Erfüllung des Konstituts durch die jeweils zugesagte Handlung, also regelmäßig eine Zahlung bezeichnete.

Das *neque solvere* lässt sich folglich nicht als eine vom *facere quod constituit* verschiedene Möglichkeit des Schuldners, die Klage zu verhindern, rechtfertigen. Es ist in der Formel schlicht überflüssig.

c. Lenel: *Neque* als Kopistenversehen

Am plausibelsten ist daher die Ansicht Lenels[510], der das erste *neque* der Unachtsamkeit eines Kopisten zuschreibt und auf diese Weise ebenfalls die seltsame Dichotomie beseitigt. Durch die beiden folgenden *neque* verleitet, hat der

508 Fuchs, AcP 42 (1859), S. 172 (186).

509 Möglicherweise auch eine Formel, die beide Wendungen enthielt, wenn der Schuldner nach seiner Wahl zahlen oder Sicherheit leisten durfte.

510 EP, S. 250; ihm folgt auch die neuere romanistische Literatur, vgl. Astuti II, S. 7 m.w.N. zur älteren Literatur; Karadeniz, Constitutum, S. 78; Roussier, Constitut, S. 26.

Schreiber das unterschiedliche Tempus übersehen und die Infinitiverweiterung vom dazugehörigen *constituit* getrennt[511].

Es ergeben sich demnach drei Textstufen: (1.) Ursprünglich hatte Ulpian den Wortlaut der Formel übernommen: *Numerium Negidium neque fecisse neque per Aulum Agerium stetisse* [...]. (2.) Die Kompilatoren ersetzten das formulare *Numerium Negidium* durch *eum qui constituit solvere*[512]. (3.) Ein Kopist fügte versehentlich das *neque* hinzu.

Die wahrscheinlichste Rekonstruktion der *intentio* lautet also:

> Si paret Numerium Negidium Aulo Agerio HS X constituisse neque fecisse quod constituit neque per Aulum Agerium stetisse, quominus fieret, quod constitutum est eamque pecuniam cum constituebatur debitam fuisse.

4. Das zweite Hauptproblem: Die *condemnatio* – Ulpian D. 13, 5, 16, 1

Textstellen, die unmittelbar die *condemnatio* zitieren, sind nicht erhalten[513]. Dennoch lässt sich mit einiger Sicherheit sagen, dass sie auf *quanti ea res est* (oder *erit*) gelautet haben muss[514].

Dafür spricht, dass die Konstitutsklage keine *in ius* konzipierte Leistungsklage war, sondern an das *factum* der Nichteinhaltung des fest zugesagten Zahlungstermins anknüpfte. Hätte die *actio de pecunia constituta* nur wieder die ursprüngliche Schuldsumme zum Gegenstand gehabt, so wäre das Konstitut für den Gläubiger nutzlos gewesen[515], es sei denn, er hätte die Konstitutsklage mit der Hauptklage ungehemmt kumulieren können. Gerade das war jedoch, wie D. 13, 5,

---

511 Der denkbare Einwand, auch hiernach bleibe der Text schief, es hätte *se soluturum* heißen müssen, ist von geringem Gewicht. Da *solvere* nur das *constituit* erweitert, handelt es sich um eine mindere sprachliche Ungenauigkeit, die – im Gegensatz zu *neque solvere* – ohne weitere Konsequenzen bleibt und den Kompilatoren ohne weiteres zugetraut werden darf.

512 Diesen Zwischenschritt übersieht Tondo, Labeo 4 (1959), S. 208 (209), der meint, die Formel habe gelautet *si paret eum qui constituit solvere neque fecisse* [...].

513 Immerhin berichtet aber Ulpian D. 13, 5, 14, 2 von einer Haftung des Konstituenten auf *id quod interest*. Die Stelle ist sicherlich überarbeitet, deshalb aber trotz Astuti II, S. 37; Magdelain, Consensualisme, S. 129 und n. 278; Philippin, Constitut, S. 74 nicht ohne jeden Wert für die Erforschung auch des klassischen Rechts; s. sogleich im Text S. 147.

514 Astuti I, S. 241 ff., insbes. 248; II, S. 10; Bruns, ZRG 1 (1861), S. 18 (60); Contat, Constitut, S. 71; Guigné, Constitut, S. 75; Karadeniz, Constitutum, S. 88; Karlowa, RG II, S. 1375 f.; Lenel, EP, S. 251; Roussier, Constitut, S. 34; Varvaro, AUPA 52 (2007/08), S. 327 (335 f.); Zimmermann, Obligations, S. 511; nun auch Platschek, Edikt, S. 34 ff.

515 Ebenso wenig wie der sporadische Nutzen, den sie dem Gläubiger einer naturalen, schnell verjährenden oder schwer beweisbaren Forderung bringen mochte (vgl. dazu Beseler, Edictum de eo quod certo loco, S. 105) kommt die Erhöhung der *sponsio* in Betracht, s. o. § 9 (S. 96 ff.).

18, 3 zeigt, nicht der Fall[516]. Der Vorteil des Konstituts für den Gläubiger muss sich daher aus der Kondemnationsformel ergeben, die zu berücksichtigen hatte, dass nicht nur Zahlung einer *certa pecunia* zugesagt war, sondern Zahlung an einem bestimmten Tag. Es konnte also bei der Verurteilung des Konstituenten nicht allein darum gehen, dem Gläubiger die Schuldsumme zu verschaffen, sondern auch darum, sein Interesse an einer pünktlichen Leistung zu wahren[517]. Bei *in factum actiones* wird ein solches Ziel in aller Regel durch ein *quanti ea res est* in der Urteilsformel erreicht[518].

Dagegen findet sich vor allem bei denjenigen Autoren, die im Konstitut ein reines Leistungsversprechen und in der erhöhten *sponsio* der Konstitutsklage deren primären Nutzen sehen, eine *condemnatio certa*[519]. Dass die *sponsio dimidiae partis* – ganz wie die *sponsio tertiae partis* bei der *actio certae creditae pecuniae* – nicht die Verspätung der Leistung, sondern das Verhalten des Schuldners unter Strafe stellt, der es trotz des Konstituts auf einen Prozess ankommen lässt, ist bereits deutlich geworden[520]. Von der Argumentation mit dem Nutzen des Konstituts abgesehen, stützt man die angebliche *condemnatio certa* praktisch ausschließlich auf die folgende Äußerung Ulpians.

> Ulpian D. 13, 5, 16, 1 (27 ad edictum):
> Sed et certo loco et tempore constituere quis potest, nec solum eo loci posse eum petere, ubi ei constitutum est, sed exemplo arbitrariae actione ubique potest.

Der Jurist bemerkt in diesem sprachlich arg entstellten[521] Passus zunächst, dass ein Konstitut auch die Bestimmung eines Leistungsorts enthalten kann. Daran

516 Zu dieser Stelle s. unten S. 326 ff.

517 Man könnte – natürlich nicht vollkommen präzise und auf den ersten Blick sogar etwas paradox – formulieren, dass die Bestimmung eines *dies certus* per Konstitut die *pecunia certa* zu einem *incertum* machte. Darum findet sich in der *intentio* auch kein *dare*, sondern ein *facere*.

518 Vgl. Bruns, ZRG 1 (1861), S. 18 (59 f.); Lenel, EP, S. 251 f. n. 3.

519 Beseler, Edictum, S. 104 ff.; Kappeyne, Abhandlungen, S. 230 und passim; Kaser, Quanti ea res est, S. 195 (anders aber nunmehr in RP I, S. 584 n. 12 und 630); vgl. auch Wesener, SZ 75 (1958), S. 220 (231) sowie mit einer ohne weiteres auf *tantam pecuniam eiusque pecuniae dimidium* gerichteten *condemnatio* Rudorff, EP, S. 106.

520 S. o. S. 106 ff.

521 Zunächst ist *et tempore* aus der Sicht des Klassikers Ulpian überflüssig, da die Festlegung eines *dies certus* für ihn noch integraler Bestandteil jedes Konstituts war und es zudem im Text ausschließlich um die Problematik des *certus locus* geht; es dürfte sich um eine Glosse handeln, vgl. Astuti I, S. 195 f.; Roussier, Constitut, S. 29. Auffällig ist auch der Wechsel des Subjekts (*quis* bezeichnet – entgegen Costa, SDHI 77 (2011), S. 129 (160 n. 133) – den konstituierenden Schuldner, *eum*, *ei* und das zweite *potest* beziehen sich dagegen auf den Gläubiger), ebenso der Übergang von *potest* auf *posse* und schließlich wieder auf *potest*, vgl. Biondi, BIDR 26 (1914), S.21 und n. 3. Beides wird durch eine Kürzung des Klassikertextes zu

knüpft er die Überlegung, welche Folgen ein solches Konstitut *certo loco se soluturum* hat und gelangt zu dem Ergebnis, dass der Gläubiger die Konstitutsklage trotz der Bestimmung eines Leistungsortes nicht nur dort erheben könne. Vielmehr sei es gestattet, *exemplo arbitrariae actione* an einem beliebigen Ort[522] zu klagen.

a. Beseler: Die *actio constitutoria* als strengrechtliche Klage mit *condemnatio certa*

Aus der Erwähnung der *actio arbitraria* hat insbesondere BESELER[523] den Schluss gezogen, die *actio de pecunia constituta* müsse eine *condemnatio certa* gehabt haben.

Zweck der auch als *actio de eo quod certo loco dari oportet* bezeichneten *actio arbitraria* war es, dem Gläubiger einer *certa credita pecunia* die Klage auch an einem anderen Ort als dem in der Schuld bestimmten Leistungsort zu ermöglichen. Eine solche Klage war unter dem Gesichtspunkt der *pluris petitio loco* sehr problematisch: Hatte der Schuldner versprochen, in Ephesus zu zahlen, und verklagte ihn der Gläubiger in Rom, so konnte dies für den Schuldner eine unbillige Härte bedeuten, etwa weil er in Rom nicht über die erforderlichen Mittel verfügte bzw. dieselbe Summe einen anderen Wert hatte, oder weil er sich ganz allgemein auf die Leistung in Ephesus eingestellt hatte. Dem Schuldner drohte also der Verlust des Vorteils, der für ihn darin liegen mochte, in Ephesus leisten zu dürfen. Andererseits konnte der Gläubiger durchaus ein berechtigtes Interesse daran haben, den Prozess in Rom (oder an einem anderen Ort) zu führen, etwa weil der Schuldner dort seinen Wohnsitz hatte. Um diesen Interessenkonflikt auszugleichen, proponierte der Prätor das *edictum de eo quod certo loco dari oportet*[524], nach welchem dem Gläubiger die Klage in Rom gestattet wurde[525], jedoch nur unter Einfügung des Leistungsorts in die *intentio*,

erklären sein. ARANGIO-RUIZ, Le Genti e la città, S. 161 stößt sich ferner an *ubi constitutum est*, weil nicht klar werde, ob der Jurist den Ort meint, an dem das Konstitut stattgefunden hat, oder den, an dem die Leistung erfolgen sollte. Dem ist mit BIONDI a. a. O. entgegenzuhalten, dass der Ausdruck mit dem vorherigen *et certo loco* […] *constituere quis potest* übereinstimmt und daher kein Zweifel über seinen Sinn bestehen kann. Zur Erwähnung der *actio arbitraria* sogleich im Text.

522 Unter der Voraussetzung, dass der Schuldner dort einen Gerichtsstand hatte, etwa das (unrömisch so genannte) *forum domicilii*.

523 Edictum, S. 104 ff.; ihm folgend KASER, Quanti ea res est, S. 195; WESENER, SZ 75 (1958), S. 220 (231).

524 D. 13, 4; C. 3, 18.

525 Natürlich konnte der Gläubiger ohne weiteres und mit unmodifizierter *actio certae creditae pecuniae* auch weiterhin am vereinbarten Leistungsort klagen. Zur Wahl des Gerichtsstandes durch Vereinbarung des Leistungsortes vgl. KASER/HACKL, RZ, S. 247 und n. 45.

d. h. der Gläubiger musste statt *HS X dari oportere* intendieren *HS X Ephesi dari oportere*[526]. Da auch die *condemnatio* entsprechend angepasst wurde und nicht mehr auf ein *certum* lautete, sondern auf ein *incertum*[527], war es dem Richter möglich, die objektive Wertdifferenz zugunsten des Schuldners zu berücksichtigen[528]. Der Grund für die Gewährung der *actio arbitraria* lag somit – ähnlich wie bei der Konstitutsklage – in der Strenge der Kondemnationsformel der *actio certae creditae pecuniae*. Bei Klagen, die von vornherein auf ein *incertum*, etwa auf *quidquid dare facere oportet* o. ä. gerichtet waren, erübrigte sich die *adiectio loci* in der *intentio*[529], die Wertdifferenz konnte ohne weiteres unmittelbar in die Urteilssumme einkalkuliert werden.

Wenn Ulpian hier hervorhebt, bei einem Konstitut *certo loco* finde eine Klage nach dem Vorbild der *actio arbitraria* statt, dann hat – so meint Beseler – dieser Hinweis nur guten Sinn, wenn nicht schon die unmodifizierte Konstitutsklage denselben Zweck erfüllen konnte; da aber die *adiectio loci* nur bei der strengen *actio certae creditae pecuniae* notwendig gewesen sei, müsse die *actio de pecunia constituta* wie diese auf ein *certum*, nämlich den Betrag der Hauptschuld gerichtet gewesen sein[530].

b. Stellungnahme

Das ist nicht zwingend. Nicht überzeugend ist zwar die gegen Beselers Lehre vorgebrachte Vermutung, es handele sich bei dem Hinweis auf die *actio arbitrariae* um eine Glosse. Schon die Formulierung *exemplo* (oder *ad exemplum*) hat hier wie anderswo den Verdacht verschiedener Autoren geweckt[531]. Da diese Formulierung allein schwerlich entscheidend ist[532], wird der Verdacht auf weitere Umstände gestützt, namentlich auf das Fehlen des Verweises in den Basiliken (26, 7, 16) und in anderen Stellen, die ein Konstitut *certo loco* behandeln (D. 5, 1, 8; 13, 5, 5 pr. und 1). Die Basiliken sind allerdings nicht auf der Grundlage der klassischen Schriften entstanden; überwiegend haben die Redaktoren ihren Stoff nicht einmal der (in lateinischer Sprache verfassten) justinianischen Kompilation entnommen, sondern den griechischen Bearbeitungen, Übersetzungen,

526 Vgl. Kaser, RP I, S. 639 n. 42 und die dort nachgewiesene Literatur.

527 Kaser, RP I, S. 639 und n. 43.

528 Später (nach Julian-Labeo-Ulpian D. 13, 4, 2, 8) auch zugunsten des Gläubigers, vgl. Kaser, RP I, S. 639 und n. 44; ausführlich zum Verhältnis beider Klagen Astuti I, S. 157 ff.

529 Kaser, RP I, S. 639 und n. 45.

530 Beseler, Edictum, S. 104 f.; vgl. auch Kaser, Quanti ea res est, S. 195; Wesener, SZ 75 (1958), S. 220 (231).

531 Vgl. Arangio-Ruiz, Le Genti e la città, S. 161 n. 1; Biondi, BIDR 26 (1914), S. 21; Pringsheim, FS Lenel, S. 1 (19); Segré, Mel. Girard, Bd. 2, S. 582 f., 583 n.2; Scritti, Bd. 2, S. 206 n. 3.

532 Das räumt auch Arangio-Ruiz, Le genti e la città, S. 161 n. 1 ein.

Kommentaren und Auszügen[533], den κατὰ πόδας, ἴνδικες und παράτιτλα[534]. Dass dabei Abweichungen vorgekommen sind, ist erklärlich. In den anderen Fragmenten stellt sich jeweils ein anderes Problem, so dass es nicht überrascht, wenn die Juristen dort die Frage nach einer Modifikation der Konstitutsklage mit Stillschweigen übergehen[535].

BESELER ist jedoch zu entgegnen, dass man die *actio arbitraria* im Falle einer auf Geld gerichteten *condemnatio certa*, wie es in der Glosse[536] geschieht und wie es noch GLÜCK[537] vorschlägt, unmittelbar hätte anwenden können. Zudem ist es unwahrscheinlich, dass in dem – sicherlich nicht seltenen – Fall, dass ein Konstitut neben einer genauen Festlegung der Leistungszeit auch eine Bestimmung darüber enthielt, an welchem Ort die Zahlung zur angegebenen Zeit erfolgen sollte, die Konstitutsklage nur mit einer modifizierten Urteilsformel *exemplo arbitrariae actione* gewährt wurde, ohne dass dies auch an anderer Stelle einen Niederschlag in den Quellen[538] gefunden hätte[539].

ASTUTIS gründliche Exegese dieser Stelle[540] birgt im Hinblick auf unsere Fragestellung die Gefahr eines Zirkelschlusses, da dieser Autor bei der Behandlung des Fragments davon ausgeht, dass die Konstitutsklage jedenfalls anfangs (dem ursprünglichen Zweck des Konstituts entsprechend) eine auf Ersatz des Zeitinteresses gerichtete Schadensersatzklage war[541]. Daher habe dem Gläubiger nicht die *pluris petitio loco* gedroht, wenn er an einem anderen als dem konstituierten Ort klagte. Erst in einem zweiten Stadium, als das Konstitut bereits als ein Leistungsversprechen aufgefasst wurde, hält er eine der *actio arbitraria* vergleichbare Interessenlage für wenigstens theoretisch möglich[542].

Diese Erkenntnis verliert ihre Gültigkeit indes auch dann nicht, wenn man nicht wie ASTUTI von einer *a priori* feststehenden Rechtsfolge her denkt, sondern die Voraussetzungen der *actio de pecunia constituta* in den Vordergrund stellt. Wie sich bei der Rekonstruktion der *intentio* gezeigt hat, war für die Verurteilung

---

533 WENGER, Quellen, S. 703.

534 Zu diesen (nach den Bestimmungen der Konstitutionen *Deo auctore* § 12 und *Tanta* § 21 einzig erlaubten) Literaturgattungen vgl. WENGER, Quellen, S. 681.

535 Vgl. ASTUTI I, S. 201.

536 Vgl. gl. *constat* zu fr. 5: *et erit arbitraria.*

537 Pandecten, § 846 (S. 322).

538 Zu nennen sind, obwohl für unser Problem wenig aussagekräftig, D. 5, 1, 8 (Gai. 2 ed. prov.) sowie D. 13, 5, 5 pr. und 1 (Ulp. 27 ed.), wo Ulpian ausdrücklich von einer Klage *de constituta* [sc. *pecunia*] spricht.

539 ROUSSIER, Constitut, S. 29.

540 ASTUTI I, S. 195 bis 204.

541 ASTUTI I, S. 199.

542 Kommt aber dennoch zum gegenteiligen Ergebnis, s. ASTUTI I, S. 200 ff.

des Schuldners grundsätzlich allein entscheidend, ob er zur festgesetzten Zeit geleistet hatte oder nicht. Wenn zusätzlich ein Leistungsort bestimmt war, musste er pünktlich an diesem Ort leisten. Hatte etwa der Schuldner die Leistung nicht wie zugesagt in Ephesus erbracht, war er vom vereinbarten Zeitpunkt an der Konstitutsklage des Gläubigers ausgesetzt und konnte sie auch durch nachträgliche Zahlung in Ephesus grundsätzlich nicht mehr abwehren[543]. Wer in Rom forderte, was ihm aus einer Stipulation in Ephesus geschuldet war und daher noch bis zur *litis contestatio* in Ephesus geleistet werden konnte, forderte zuviel, nicht aber, wenn die Klage erst infolge der Nichtleistung zum bestimmten Zeitpunkt entstanden war und durch spätere Zahlung in Ephesus ohnehin nicht mehr beseitigt werden konnte. Denn in diesem Fall galt die *ratio* des Edikts *de eo quod certo loco*, die Ulpian D. 13, 4, 2, 2 nennt (*ne auferat* [sc. *actor*] *loci utilitatem reo*), deshalb nicht, weil der Schuldner sich diese *utilitas* gewissermaßen selbst entzogen hatte.

Dazu passt auch, was wir oben zur Herkunft des Konstituts vermutet haben. Wenn das Konstitut darauf ausgerichtet war, dem Schuldner eine Erleichterung der Zahlung zu verschaffen, nämlich genügend Zeit, die erforderlichen Mittel aufzubringen, so lässt sich denken, dass mit der zusätzlichen Bestimmung des Zahlungsortes ein ähnlicher Zweck verfolgt wurde: Der Schuldner erhielt die Möglichkeit, an einem anderen als dem ursprünglich bestimmten Ort zu zahlen, weil der Gläubiger hoffte, auf diese Weise noch ohne Prozess zu seinem Geld zu kommen. Gelang es dem Schuldner jedoch bis zum Termin nicht, am vereinbarten Ort zu leisten, konnte er sich auf das Konstitut nicht mehr berufen. Es liegt in der Natur der Konstitutsklage, dass der säumige Schuldner mit Verstreichenlassen des Termins das Privileg verlor, an einem anderen Ort zahlen zu dürfen.

Der Hinweis Ulpians auf die *actio arbitraria* darf daher nicht überbewertet werden. Vermutlich sollte er verdeutlichen, dass die wegen der Nichteinhaltung eines *certo loco* abgefassten Konstituts angestrengte Klage, wenn sie an einem anderen als dem bestimmten Ort erfolgte, insofern die gleiche Wirkung wie die *arbitraria* hatte, als sie auch dort zugelassen wurde. Ulpian hat nicht mehr und nicht weniger lehren wollen, als das, was der Text bei genauer Betrachtung wörtlich sagt, dass nämlich der Kläger *ubique potest* [sc. *agere*].

Der Vergleich mit der *actio arbitraria* lag besonders nahe, weil das Edikt *de pecunia constituta* wie dasjenige *de eo quod certo loco* an die *actio certae creditae pecuniae* anknüpfte und weil beide Edikte dem Kläger einen Rechtsbehelf zur Verfügung stellten, der der Bestimmung eines Leistungsorts Rechnung tragen

543 Zu der *exceptio* oder *iusta interpretatio* mit der Paulus D. 13, 5, 17 dem Konstituenten zu Hilfe kommen will s. u. S. 264 ff. (insbes. 266 f.).

konnte[544]. Richtig verstanden schließt die Stelle eine *condemnatio* auf *quanti ea res est/erit* nicht aus.

Einen weiteren Hinweis liefert eine Stelle, die bisher in der romanistischen Lehre als gänzlich unzuverlässig galt[545] und in der Diskussion um die *condemnatio* der Klagformel daher kaum jemals berücksichtigt worden ist, nämlich Ulpian D. 13, 5, 14, 2. Dort führt Ulpian aus, der Konstituent, der zugesagt hatte, eine bestimmte Person als Bürgen zu stellen, hafte *in id quod interest*. So verdorben der Text auch äußerlich ist, kann ihm ein inhaltlich klassischer Kern doch nicht abgesprochen werden. Der nachklassische Verfasser hat den ursprünglichen Text lediglich sinnwidrig zusammengefasst, ohne dabei den klassischen Gedanken vollständig zu tilgen[546]. Auch die Haftung auf *id quod interest* wird er nicht frei erfunden oder dem zu seiner Zeit geltenden Recht entnommen, sondern aus seiner Vorlage abgeschrieben haben.

Ist somit eine *condemnatio incerta* ganz wahrscheinlich, bleibt nur noch zu klären, ob diese, wie weit überwiegend gelehrt wird[547], auf *quanti ea res est* lautete, oder aber auf *quanti ea res erit*[548]. Die Quellen helfen nicht weiter, auch fr. 14, 2 nicht: Der Begriff *id quod interest* ist mehrdeutig und lässt keinen Rückschluss auf den Zeitpunkt der Beurteilung zu. Nach Sinn und Zweck der Konstitutsklage – Berücksichtigung des Zeitinteresses – musste aber die Haftung auch die Entwicklung bis zur Urteilsfällung beinhalten[549]. Die besseren Gründe sprechen daher für eine Verurteilung in *quanti ea res erit*.

544 Dass hierzu eine *adiectio loci* in der *intentio* erforderlich gewesen sein soll, ist trotz Astuti I, S. 202 ff. und Roussier, Constitut, S. 34 im Hinblick darauf wenig wahrscheinlich, dass eine Berücksichtigung der Wertdifferenz bei anderen *formulae incertae*, möglicherweise sogar bei Klagen auf *certa* außer Geld, ohne Erweiterung des Wortlauts erfolgte, vgl. Kaser, RP I, S. 639 und n. 45.

545 Neben den zahlreichen Nachweisen im Ind. Itp. vgl. noch Astuti II, S. 188 ff.; Magdelain, Consensualisme, S. 129 und n. 278; S. 137 f. n. 302; Medicus, Id quod interest, S. 265; Roussier, Constitut, S. 21 ff.

546 Siehe hierzu die ausführliche Exegese unten S. 241 ff.; für Echtheit auch Sanguinetti, SDHI 65 (1999), S. 151 (191 ff.); Stolfi, Studi sui „libri ad edictum" di Pomponio, Bd. 2 S. 172 n. 156.

547 Vgl. etwa Astuti II, S. 10; Bruns, SZ 1 (1861), S. 21 (59 ff.).; Karadeniz, Constitutum, S. 81 ff.; Lenel, EP, S. 251; Koschaker, SZ 63 (1943), S. 469 (472 f.); Mayer-Maly, SZ 76 (1959), S. 616 (617); Kaser, RP I, S. 584 n. 12; Zimmermann, Obligations, S. 511. – Für *erit* jedoch schon Karlowa, RRG II, S. 1375 und Roussier, Constitut, S. 26 ff.

548 Maßgebend für die Schadensberechnung war bei Klagen auf *quanti ea res est* der Zeitpunkt der *litis contestatio*, bei solchen auf *quanti ea res erit* derjenige des Urteils, s. Kaser, RP I, S. 500 mit Lit. in n. 11.

549 A. A. jetzt Costa, SDHI 77 (2011), S. 129 (173 n. 191); offen bei Platschek, Edikt, S. 34 ff., der für eine Haftung auf das Interesse eintritt, dabei die bisherigen Begründungsversuche für eine auf *quanti ea res est* lautende Verurteilungsformel als „unsicher" bezeichnet (S. 35 mit. n. 114, wo er als deren Vertreter Roussier, Constitut, S. 28 ff. benennt, obwohl dieser für *quanti ea res erit* eintritt), aber keinen konkreten Vorschlag zur Rekonstruktion macht.

5. Ergebnis: Die Klagformel

Wir erhalten damit folgende, freilich sehr allgemein gehaltene Formel[550]:

> Si paret Numerium Negidium Aulo Agerio HS X constituisse neque fecisse quod constituit neque per Aulum Agerium stetisse, quominus fieret, quod constitutum est, eamque pecuniam cum constituebatur debitam fuisse, quanti ea res erit, tantam pecuniam, iudex, Numerium Negidium Aulo Agerio condemna, si non paret absolve.

550 Interessanterweise gelangt Platschek, Edikt, S. 31ff. trotz einer gänzlich anderen Einschätzung von Herkunft, Funktion und Inhalt des Konstiuts zu einem praktisch identischen Rekonstruktionsvorschlag; ähnlich auch Costa, SDHI 77 (2011), S. 129 (138), der allerdings nicht auf das *se soluturum* verzichtet.

Kapitel 2 – Die Voraussetzungen der actio de pecunia constituta

Der Formel der *actio de pecunia constituta* lassen sich die Voraussetzungen entnehmen, unter denen der Gläubiger die Verletzung eines Konstituts geltend machen und Ersatz seines Interesses am Erhalt der Leistung zum zugesagten Zeitpunkt verlangen konnte. Es sind deren vier, zwei positive und zwei negative:
(1) Jemand hatte einen festen Termin für eine Leistung benannt.
(2) An diesem Termin hatte er jedoch nicht geleistet.
(3) Das Ausbleiben der Leistung hatte nicht der Gläubiger zu vertreten.
(4) Die zugesagte Leistung war zur Zeit der Zusage geschuldet gewesen.

Waren diese Voraussetzungen erfüllt, so hatte der Geschworene den Beklagten auf *quanti ea res erit* zu verurteilen.

§ 13 *Constituisse* – Die Erfüllungszusage als *factum*

Was das *constituisse* der Formel betrifft, so ist im ersten Teil der Untersuchung deutlich geworden, dass der Prätor im Edikt mit dem Wort *constituere* die Festlegung eines präzise bestimmten Leistungstermins durch den Schuldner bezeichnete[551]. Damit sind aber noch nicht alle Fragen geklärt, die sich im Zusammenhang mit diesem *factum* stellen.

Zu untersuchen bleibt auf der einen Seite, welche Personen in klassischer Zeit an einem wirksamen Konstitut beteiligt sein konnten. Dabei geht es nicht um das Problem, ob und in welchen Grenzen gegenüber der Hauptschuld ein

---

551 Anders jetzt Platschek, Edikt, S. 143 ff., der letztlich (S. 173) definiert: „Erklärungen über eine bestehende Schuld lassen sich als *constituere* qualifizieren, wenn sie eine Zusage enthalten, deren Einhaltung anhand der Formelklausel *neque fecisse* messbar ist"; dazu unten S. 460 ff.

Personenwechsel stattfinden konnte[552]. Vielmehr soll zunächst nur festgehalten werden, welchen Personen überhaupt die Haftung mit der Konstitutsklage drohte, bzw. wem dieser Rechtsbehelf zustand, wenn ein Schuldner ihm eine Zahlungszusage gegeben und nicht eingehalten hatte.

Auf der anderen Seite ist noch in jüngster Zeit die Frage neu aufgeworfen worden, ob es sich beim Konstitut um ein formloses Geschäft handelte oder ob nicht vielmehr die Verwendung des Wortes *„constituo"* Voraussetzung für die Rechtsgültigkeit einer solchen Zahlungszusage war[553].

In den folgenden Abschnitten ist daher zu erörtern, wer wem gegenüber in welcher Art und Weise konstituiert haben musste, damit eine Haftung mit der *actio de pecunia constituta* eintreten konnte.

I. Die am Konstitut beteiligten Personen

Wie bereits ausgeführt, haben wir uns als den Ursprungsfall (und über einen langen Zeitraum auch als den Normalfall) des Konstituts die Zusage eines Schuldners an seinen Gläubiger vorzustellen, er werde an einem bestimmten Termin die geschuldete Leistung erbringen. Das Anknüpfen der *actio de pecunia constituta* an die Nichtleistung des Schuldners trotz Erfüllungszusage, also allein an dessen qualifiziert treuwidriges Verhalten, und die Einseitigkeit der Zusage selbst rücken zunächst den Konstituenten in das Blickfeld, wenn es um die Beantwortung der Frage geht, welche Personen an einem Konstitut beteiligt sein konnten. Es gilt aber auch zu klären, wem der Konstituent rechtswirksam sein Wort geben konnte, ob also jedermann, dem konstituiert worden war, im Falle der Nichtleistung die *actio de pecunia constituta* zustand. Daher werden im Folgenden neben dem Konstituenten selbst auch dem Empfänger der Erfüllungszusage einige Ausführungen gewidmet. In beiden Fällen ist weiter zu unterscheiden, ob die Parteien persönlich handeln mussten oder ob sie sich dritter Personen bedienen konnten, m. a. W. ist die Frage zu beantworten, ob und in welchen Fällen das Konstitut als honorarrechtliches Geschäft eine – auch unmittelbare[554] – Stellvertretung zuließ.

552 Wie Ulpian D. 13, 5, 5, 2 zeigt, sahen die Römer das Hauptproblem im Falle des Gläubiger- oder Schuldnerwechsels darin, ob eine *pecunia debita* existierte, die konstituiert werden konnte; s. zu dieser interessanten Frage ausführlich S. 248 ff.

553 Von LaRosa, Labeo 43 (1997), S. 202 ff., die im Anschluss an Kniep, Praescriptio und pactum, S. 142 f. für ein prätorisches Formerfordernis bei Konstitut und *receptum argentarii* eintritt.

554 So die Annahme Hellmanns, Stellvertretung, S. 57.

1. Der Konstituent

Aus einer dem Gläubiger erteilten Zusage, eine eigene oder fremde Schuld zu einem bestimmten Zeitpunkt zu begleichen, haftete mit Selbstverständlichkeit jede Person, die rechts- und geschäftsfähig war, also grundsätzlich jede volljährige Person eigenen Rechts[555]. Dies galt ungeachtet ihres Geschlechts, so dass auch Frauen mit der *actio de pecunia constituta* in Anspruch genommen werden konnten, allerdings nur in den Grenzen des SC Velleianum[556].

a. Konstitut einer Person *sui iuris* und Mängel der Geschäftsfähigkeit

Mängel in der Geschäftsfähigkeit des Konstituenten hatten auch beim Konstitut die sonst üblichen Folgen. Nach Ulpian D. 13, 5, 1, 2 konnte der Mündel nicht in Anspruch genommen werden, wenn er *sine tutoris auctoritate* konstituiert hatte.

Die Unwirksamkeit eines *constitutum*, das von einem *adulescens* oder einem *furiosus* ohne Mitwirkung des *curator* abgegeben wurde, ist hingegen nicht textlich belegt. Roussier[557] folgert jedoch, wenn wir ihn richtig verstehen, das gleiche Ergebnis für alle Fälle, in denen einer nicht voll geschäftsfähigen Person ein *curator* oder ein sonstiger gesetzlicher „Vertreter“ bestellt ist, daraus, dass Ulpian diese Vertreter in D. 13, 5, 5, 8 in einem Atemzug mit dem *tutor pupilli* nennt und in D. 13, 5, 5, 9 befindet, dass die Vertreter *et ipsi constituentes tenebuntur*. Die Abgabe einer Zahlungszusage sei demnach nicht Sache des Vertretenen, sondern des Vertreters.

Das ist in dieser Allgemeinheit kaum haltbar. Die zitierten Stellen enthalten gerade keine Aussage zu den Auswirkungen der Zahlungszusage eines *furiosus* oder *adulescens*; sie behandeln ausschließlich den Fall, dass die diesbezüglichen Verhandlungen von dem *curator* vorgenommen wurden. Die allgemeine Handhabung der Geschäftsfähigkeit durch die römischen Juristen legt vielmehr eine

555 Da es sich um eine prätorische Klage handelte, ist davon auszugehen, dass sie nicht nur römischen Bürgern, sondern auch Peregrinen zustand und gegen sie geltend gemacht werden konnte.

556 Ulpian D. 13, 5, 1, 1: […] *si non intercesserint*; das Mitte des ersten Jahrhunderts n. Chr. ergangene SC Velleianum (oder Vellaeanum, vgl. Kaser, RP I, S. 667 n. 3) verbot Frauen das *intercedere*, das Eingehen von Verbindlichkeiten im Interesse Dritter; vgl. hierzu den Titel D. 16, 1 und Berger, Dictionary, S. 700, s. h. v. sowie Medicus, Zur Geschichte des SC Velleianum; Vogt, Studien zum SC Velleianum und TR 35 (1967), S. 90 ff. Ulpian verrät uns freilich nicht, ob eine solche Interzession *per constitutum* ohne weiteres oder nur *ope exceptionis* unwirksam war; da das SC Velleianum der Frau auch ansonsten stets nur eine Einrede gewährte, dürfte letzteres der Fall sein.

557 Etwas vage formuliert er Constitut, S. 76 f.: „On peut déduire d'un autre passage du même Ulpien (D., h. t. 5,8) qu'il appartient au curateur de l'adolescent de constituer et c'est lui qui sera tenu. C'est le même texte que nous invoquerons pour donner la même règle, que la logique imposerait à elle seule, dans le cas du fou et de municipes“ ; vgl. auch n. 2 auf S. 76.

differenzierte Betrachtungsweise nahe. Da Geisteskrankheit den Betroffenen sowohl geschäfts- als auch deliktsunfähig machte[558], kann ROUSSIER insoweit im Ergebnis zugestimmt werden, als tatsächlich nicht zu erwarten ist, dass der *furiosus* mit der *actio de pecunia constituta* haftete.

Der *adulescens* oder *minor XXV annis*[559] hingegen genoss seit Anfang des zweiten vorchristlichen Jahrhunderts zwar gegen Übervorteilung (*circumscriptio*) den Schutz einer *lex Laetoria*[560]. Dabei handelte es sich jedoch um eine *lex minus quam perfecta*, so dass ein Geschäft, das unter Verstoß gegen dieses Gesetz zustandegekommen war, zunächst wirksam blieb[561]. Der Prätor gewährte dem *minor* freilich bald eine *exceptio legis Laetoriae*[562]; im Einzelfall mag wohl (ggf. auch ohne Übervorteilung) eine *in integrum restitutio* möglich gewesen sein[563]. Das Geschäft des *minor* war aber jedenfalls nicht *ipso iure* nichtig, was auch beim Konstitut gegolten haben wird.

b. Konstitut einer Person *alieni iuris*

Personen, die nicht *sui iuris* waren, konnten sich durch eine Zahlungszusage nicht ohne weiteres selbst haftbar machen. Die vermögensrechtliche Stellung der Gewaltunterworfenen war bekanntlich gekennzeichnet durch ihre Unfähigkeit, selbst Inhaber von Rechten und Pflichten zu sein[564]. Sie unterstanden der Herren- bzw. der väterlichen Gewalt, was einerseits zur Folge hatte, dass jeglicher Erwerb dem *pater familias* zufiel[565], und andererseits, dass ihre Verpflichtungsgeschäfte teils nichtig, teils gegen sie selbst überhaupt nicht oder doch nur in engen Grenzen durchsetzbar waren.

---

558 KASER, RP I, S. 278.

559 Zur Gleichsetzung dieser Begriffe s. BERGER, Dictionary, S. 352 s.v. *adulescens*; S. 583 s.v. *minores*.

560 Die auf Z. 112 der *lex Iulia municipalis* gestützte Schreibweise Plaetoria dürfte nach dem Fund der *lex Irnitana* nicht mehr haltbar sein, vgl. BÜRGE, Römisches Privatrecht, S. 36 f. n. 39; SCHULZ, CRL, S. 191.

561 Vgl. KASER, RP I, S. 277 und n. 24; H. KRÜGER, SZ 37 (1916), S. 230 (287) bezeichnet sie als *lex imperfecta*.

562 Der Sache, aber nicht dem Namen nach überliefert in D. 44, 1, 7, 1 (Paulus 3 Plaut.); vgl. LENEL, EP, S. 513.

563 KASER, RP I, S. 277.

564 Gai. 2, 86 ff.; Ulpian D. 28, 1, 20, 7 (1 Sab.); 50, 17, 22 pr. (28 Sab.); 50, 17, 32 (43 Sab.).

565 Vgl. neben den in n. 13 zitierten Stellen im Einzelnen KASER, RP I, S. 286 ff. und 343 ff. mit zahlreichen weiteren Nachweisen. Eine Ausnahme bildete insofern das *peculium castrense* eines Haussohnes im Heeresdienst (vgl. Inst. 2, 12 pr.; D. 49, 17), das in der Hoch- und Spätklassik wie ein freies Eigenvermögen behandelt wurde, dazu eingehend FITTING, Castrense Peculium (1871); LAROSA, Peculii speciali (1953), S. 61 ff.

Sklaven konnten, da sie weder des *ius civile*, noch des Honorarrechts teilhaftig waren[566], keine wirksame Verpflichtung eingehen und nicht als Partei im ordentlichen Zivilprozess auftreten[567]. Ihre Geschäftsschulden galten zwar seit der Hochklassik als Naturalobligationen; daraus folgerte man jedoch nur, dass eine solche Verbindlichkeit durch Pfänder, Bürgschaften etc. gesichert und das zu ihrer Erfüllung Geleistete nicht kondiziert werden konnte[568]. Ähnliches galt für die anderen Gewaltunterworfenen.

Mit einer Ausnahme zwar: Haussöhne[569] konnten sich in klassischer Zeit geschäftlich verpflichten und auch im ordentlichen Zivilverfahren belangt werden[570]. Doch war die Vollstreckung gegen sie nur in ein etwa vorhandenes *peculium castrense* möglich[571].

Die Quellen zeigen, dass die Klassiker diese Regeln auch beim Konstitut anwandten: Der Haussohn machte sich durch Zahlungszusage dem Empfänger der Zusage verbindlich[572]. Dagegen ist das Konstitut eines Sklaven in den Quellen nicht behandelt, doch konnte der Sklave sich selbst nach obigen Grundsätzen allenfalls *naturaliter* verpflichten.

c. Handeln für oder durch Dritte

Bisher haben wir untersucht, in welchen Fällen der Erklärende sich selbst der *actio de pecunia constituta* aussetzte. Konnte sein Handeln aber auch einen anderen dieser Haftung unterwerfen, gab es beim Konstitut eine Verpflichtungsvertretung?

Der Gedanke, ein Rechtsgeschäft könne über den Kreis der an dem Rechtsakt unmittelbar beteiligten Personen hinaus Wirkungen – insbesondere negative Wirkungen – unmittelbar für und gegen Dritte zeitigen, ist den römischen Juristen stets suspekt geblieben. Einen allgemeinen Begriff der Stellvertretung haben sie nicht ausgebildet[573], ebenso wenig die Möglichkeit eines Vertrages zugunsten Dritter. Vielmehr schlossen sie grundsätzlich die Möglichkeit einer unmittelbaren

566 Vgl. Ulpian (1 Sab.) D. 28, 1, 20, 7: *Servus* [...] *iuris civilis communionem non habeat in totum, ne praetoris quidem edicti.*

567 Kaser/Hackl, RZ, S. 205; die kaiserlichen Kognitionsgerichte konnten sie dagegen in bestimmten Fällen anrufen, vgl. Kaser/Hackl, RZ, S. 483. .

568 Kaser, RP I, S. 605.

569 Nicht aber Haustöchter, s. Gai. 3, 104; Gaius (2 verb. obl.) D. 45, 1, 141, 2 (*impubere* itp., vgl. Kaser, RP I, S. 343 n. 16); Ulpian (28 ed.) 13, 6, 3, 4. Daher muss auch Haranger, Constitut, S. 24 widersprochen werden, der annimmt, auch die *filia familias* unterliege wie ein Haussohn der Haftung mit der *actio de pecunia constituta.*

570 Gaius (2 verb. obl.) D. 45, 1, 141, 2.

571 Kaser, RP I, S. 343 und n. 18.

572 Ulpian (27 ed.) D. 13, 5, 1, 3; ders. (2 disp.) D. 15, 3, 15.

573 Kaser, RP I, S. 260 m. w. N. in n. 1.

Drittverpflichtung (und Drittberechtigung) aus[574]. Über die Gründe für das zähe Festhalten an dieser archaisch anmutenden Haltung ist viel nachgedacht und geschrieben worden[575]. Eine eingehende Erörterung würde den Rahmen dieser Untersuchung sprengen, es sei lediglich festgehalten, dass die überzeugenderen Ansätze auf den Formalismus der altzivilen Rechtsgeschäfte, den römischen Konservativismus und darauf abstellen, dass es schlicht kein zwingendes Bedürfnis nach einer Abkehr von den hergebrachten Prinzipien gab[576].

Die zahlreichen Einzelentscheidungen, die sich mit der Problematik der Drittwirkung von Rechtsakten befassen, lassen sich im Wesentlichen zu drei bekannten Rechtsregeln zusammenfassen:

---

574 So die heute ganz herrschende Auffassung in der romanistischen Lehre, s. Buchka, Stellvertretung, S. 115 ff.; Claus, Stellvertretung, S. 5 ff.; Flume, Rechtsgeschäft, § 43, 2; Kaser, RP I, S. 261; Mitteis, Stellvertretung, S. 9 ff.; Müller, Stellvertretung, S. 14 m. w. N. in n. 5.

Namhaftester Gegner dieser Lehre war Savigny, System § 113 und Obligationenrecht II, §§ 54 – 60, der die Stellvertretung nur bei der förmlichen *stipulatio* für unzulässig hielt. Zu dieser Ansicht gelangte er, indem er jeglichen Unterschied zwischen Bote und Stellvertreter leugnete und alle Fälle der Verwendung eines *nuntius* als Fälle der Stellvertretung betrachtete; ähnlich Hellmann, Stellvertretung, S. 43 ff., 66 ff., 103; kritisch auch Schlossmann, Stellvertretung, S. 293 ff. und passim.

575 Noch im 19. Jahrhundert empfand man, wie Mitteis, Stellvertretung, S. 9 ff. referiert, teilweise das Verbot der unmittelbaren Wirkung von Rechtsakten gegenüber Dritten als ein „Rechtsprinzip von unabweislicher Richtigkeit“, dessen Beachtung man auch für das damals geltende Recht forderte (so laut Mitteis zuerst Mühlenbruch, Cession, § 2; Pandekten, § 130, 131; weitere Vertreter dieser Auffassung benennt Mitteis auf S. 10 in n.10). Das römische Recht fasse die Obligation als höchstpersönliches Verhältnis zwischen Gläubiger und Schuldner auf, sie müsse daher streng auf die an ihrer Entstehung beteiligten Personen beschränkt bleiben.

Unger (Verträge zugunsten Dritter, S. 12 ff.) und Laband (Goldschmidts Zeitschrift 10 (1868), S. 186) stellten auf die Souveränität ab, die das römische Recht dem individuellen Willen beimesse, welcher sich nach römischer Auffassung nicht zur bloßen Durchgangsstation für fremde Interessen habe herabwürdigen lassen.

Jhering (Geist, Bd. 3, S. 166) hielt die Technizität des altzivilen Rechtsgeschäfts für einen möglichen Grund, der eine Stellvertretung ausschloss. Schultze (Privatrecht und Proceß, S. 304 ff.) sucht den Ursprung in den Mechanismen des Formularprozesses, Schlossmann (Besitzerwerb durch Dritte, S. 47 ff.; Stellvertretung, Bd. 2, S. 194 ff.) in einer sozialpolitischen Tendenz, wenn er das Drittwirkungsverbot – mit den Worten von Mitteis – betrachtet als „Bollwerk zum Schutz der persönlichen Freiheit gegen wirtschaftliche Ausbeutung und Vernichtung der Persönlichkeit, welche zuletzt die Grenzen zwischen Sklaven und Freien hätte verwischen können“.

Kaser/Knütel/Lohsse (Studienbuch, § 11 Rn. 1 f.), Rabel (Atti Congr. Dir. Rom. 1933, Bd. 1, S. 238) und Riccobono (AP 14 (1930), S. 392) möchten den Römern das zur Entwicklung einer unmittelbaren Stellvertretung erforderliche Abstraktionsvermögen nicht zutrauen.

Claus schließlich (Stellvertretung, S. 13, 14 ff. und passim) sucht den Grund für das Verbot der Drittwirkung in dem von Seidl, Ägyptische Rechtsgeschichte, S. 45 postulierten Prinzip der notwendigen Entgeltlichkeit, das – so seine These – ursprünglich auch in Rom Geltung beanspruchte.

576 Ausführlich hierzu Müller, Stellvertretung, S. 14 ff.; vgl. auch Kaser, RP I, S. 261.

Condicio nostra per alterum deterior fieri non potest[577],
alteri stipulari nemo potest[578] und
per liberam personam obligationem nullam adquirere possumus[579].

Wie alle „Regeln“ des römischen Rechts beanspruchen auch diese keine absolute Geltung. Die römischen Juristen waren zu sehr Pragmatiker, als dass sie die wirtschaftliche Notwendigkeit des Einsatzes Dritter im entwickelten Geschäftsverkehr verkannt hätten. Es gelang ihnen auch hier – wie so oft – rechtliche Konstruktionen zu ersinnen, die den begehrten Zweck erfüllten, ohne das Herkommen zu verletzen. Dabei sind die Lösungen, die sie für den Einsatz Gewaltunterworfener fanden, naturgemäß verschieden von denen, die das Tätigwerden eines Gewaltfreien für einen anderen betrafen.

aa. Einsatz gewaltunterworfener Personen

Wie wir gesehen haben, konnten Gewaltunterworfene – ob frei oder unfrei – sich selbst nicht vollwirksam gegenüber ihren Geschäftspartnern verpflichten (sehr wohl aber für ihren Gewalthaber Rechte erwerben). Auch der Gewalthaber wurde als Dritter ursprünglich durch ihre Geschäfte nicht verpflichtet. Umgekehrt waren die Geschäftspartner ohne jede Einschränkung der Klage des jeweiligen Gewalthabers ausgesetzt. Hätten die Römer es bei diesem Ergebnis belassen, so hätten Gewaltunterworfene niemals selbständig wirtschaften können, da sie mangels Durchsetzbarkeit der gegen sie gerichteten Forderungen keinerlei Kredit besessen hätten. Um die aus diesem Grund drohende „Paralyse des Rechtsverkehrs[580]“ zu vermeiden und dem *pater familias* den Einsatz seiner Gewaltunterworfenen im Geschäftsverkehr zu ermöglichen[581], gewährte der Prätor aus deren Verpflichtungsgeschäften unter bestimmten Voraussetzungen sog. adjektizische Klagen gegen den Gewalthaber selbst[582], die neben die nicht durchsetzbaren *obligationes naturales* traten, etwa, wenn dem Gewaltunterworfenen ein Sondergut eingeräumt war, die sog. *actio de peculio*[583].

---

577 Vgl. Gaius (3 verb. obl.) D. 3, 5, 38 (39); Paulus (54 ad ed.) D. 3, 3, 49; Justininan C. 7, 32, 12, 2 bezeichnet diesen Rechtssatz als *antiqua regula*.

578 Ulpian (49 Sab.) D. 45, 1, 38, 17; vgl. ferner Paulus (12 Sab.) D. 44, 7, 11; Quintus Mucius Scaevola (sing. ὅρων) D. 50, 17, 73, 4.

579 Paulus (3 quaest.) D. 45, 1, 126, 2; vgl. auch Gai. 2, 95; Diokletian C. 4, 27, 1.

580 Müller, Stellvertretung, S. 21.

581 Vgl. Buchka, Stellvertretung, S. 23 f.; Wenger, Stellvertretung, S. 158.

582 Zu diesen *actiones adiecticiae qualitatis* s. etwa Wacke, SZ 111 (1994), S. 280 ff.; vgl. auch Kaser, RP I, S. 605 ff.

583 Mit dieser Klage haftete der *pater familias*, der einem Haussohn oder Sklaven ein *peculium* zur eigenständigen Bewirtschaftung überlassen hatte, für dessen Geschäftsschulden bis zum

(1) Das Konstitut des Haussohns

Was die Haftung für Zahlungszusagen Gewaltunterworfener betrifft, so ist in den Quellen wie gesagt lediglich das Konstitut des Haussohnes ausdrücklich behandelt, und zwar an zwei Stellen.

> Ulpian (27 ed.) D. 13, 5, 1, 3:
> Sed si filius familias constituerit, an teneatur, quaeritur: sed puto verum et ipsum constituentem teneri et patrem de peculio.

Ulpian berichtet von der Zweifelsfrage, ob ein Haussohn aus seinem Konstitut haftet. Er beantwortet sie nicht nur – wie wir bereits gesehen haben – im positiven Sinne, sondern fügt noch hinzu, dass auch der *pater familias* in Anspruch genommen werden könne, nämlich mit der *actio de peculio*. Wir sehen also auch hier, dass die klassischen Juristen das Konstitut als Rechtsgeschäft behandelten und die allgemeinen Regeln darauf anwendeten.

Die Frage, für wessen Verbindlichkeit der Haussohn pünktliche Zahlung zugesagt hatte, ob für eine eigene, eine des *paterfamilias* oder die eines Dritten, ob es sich also um ein *constitutum debiti proprii* oder *alieni* handelte, lässt Ulpian außer Betracht, sie ist aber auch irrelevant: Der Haussohn haftet, mit den oben dargestellten Einschränkungen, in jedem Falle, der *pater familias*, soweit die Voraussetzungen der *actio de peculio* vorliegen.

Den Fall des Konstituts eines Haussohnes für eine Verbindlichkeit des Vaters behandelt

> Ulpian (2 disp.) D. 15, 3, 15:
> Si filius familias constituerit quod pater debuit, videndum est, an de in rem verso actio dari debeat. Atquin non liberavit patrem: nam qui constituit, se quidem obligat, patrem vero non liberat. Plane si solvat post constitutum, licet pro se videatur solvisse, hoc est ob id quod constituit, in rem tamen vertisse patris merito dicitur.

Der *pater familias* schuldet seinem Gläubiger einen nicht näher bezeichneten Betrag. Ein Haussohn sagt pünktliche Zahlung zu. Diese erfolgt jedoch nicht und der Zugriff auf das *peculium*, sei es durch eine Konstitutsklage unmittelbar gegen den Sohn, sei es mittels der *actio de peculio* gegen den Gewalthaber, genügt dem Gläubiger nicht zu seiner Befriedigung[584], etwa weil das Sondergut überschuldet ist oder weil überhaupt keines besteht. Ulpian erörtert daher, ob

---

Wertbetrag des Sonderguts; zum Haftungsumfang und zur Bestimmung dieses Wertbetrages vgl. im Einzelnen Kaser, RP I, S. 606f.

584 Ansonsten wäre es nicht erforderlich, über die *actio de in rem verso* nachzudenken, vgl. Roussier, Constitut, S. 76 n. 1.

der Vater mit einer weiteren adjektizischen Klage, der *actio de in rem verso*[585], belangt werden kann.

Die *ratio dubitandi* ist, ob der Vater durch den bloßen Abschluss des Konstituts bereichert ist. Anknüpfungspunkt für die Versionsklage bei Eingehung einer schuldrechtlichen Verbindlichkeit durch den Sohn ist die mögliche Befreiung des väterlichen Vermögens von der ursprünglichen Schuld. Wenn nämlich der *pater familias* durch ein Geschäft seines Haussohnes von der Hauptschuld (und damit von seiner unbeschränkten persönlichen Haftung) frei wurde, haftete er dem Gläubiger fortan allenfalls noch – adjektizisch – mit dem *peculium* für die neu entstandene Sohnesschuld[586]. Wenn nun der Betrag der Schuld den des Sonderguts überstieg, drohte dem Gläubiger der Ausfall in Höhe des Überschusses. Wollte er das verhindern, so musste er sich der *actio de in rem verso* gegen den Vater bedienen. Beim Konstitut jedoch, so befindet Ulpian, trat ein solcher Fall nicht ein. Der Vater wurde nämlich nicht bereits durch das Konstitut selbst frei, sondern erst, wenn der Sohn die geschuldete und konstituierte Leistung tatsächlich erbrachte[587].

Das Konstitut eines (mit einem Sondergut ausgestatteten) Haussohnes hatte also grundsätzlich eine Doppelwirkung: Auf der einen Seite wurde der Sohn selbst verpflichtet, auf der anderen entstand eine Haftung des Vaters *de peculio*, nicht aber auch, wenn Gegenstand des Konstituts eine Schuld des Vaters war, *de in rem verso*[588].

---

585 Die *actio de in rem verso* stand gegen den Gewalthaber zu, wenn dieser durch ein Geschäft seines Gewaltunterworfenen bereichert war, vgl. BERGER, Dictionary, S. 624 s. v. *peculium*; ZIMMERMANN, Obligations, S. 878.

586 Der Sohn trat infolge der privativen Interzession an die Stelle des bisherigen Gläubigers mit einem naturalen Rückgriffsanspruch aus Geschäftsführung, vgl. SECKEL, Die Haftung de peculio, S. 9 ff.; 28 ff.; VON TUHR, Actio de in rem verso, S. 60, 145.

587 In diesem Fall war der Gläubiger allerdings befriedigt. Er konnte die Klage *de in rem verso* also nicht mehr erheben. SECKEL, Die Haftung de peculio, S. 23 ff. hat daher mit Recht angenommen, dass im zweiten Satz erst die Kompilatoren die Zahlung an die Stelle der von Ulpian eigentlich behandelten *litis contestatio* setzten (dazu und zu der Verdächtigung des *hoc est* usw. als Glossem durch EISELE, SZ 18 (1897), S. 1 (39) s. unten S. 336 ff.). Das macht indes den ersten Teil des Textes nicht verdächtig.

588 Die Möglichkeit der Haftung des Vaters aus anderen adjektizischen Klagen ist in den Quellen nicht erwähnt, dürfte aber anzunehmen sein. Hatte der Haussohn als Schiffskapitän oder Geschäftsführer des Vaters konstituiert oder auf dessen Ermächtigung, so spricht nichts gegen die Vermutung, dass der *pater familias* für eine solche Zusage mit der *actio exercitoria*, *institoria* oder *quod iussu* in Anspruch genommen werden konnte.

(2) Das Konstitut eines Sklaven

Demgegenüber kann bei einer von einem Sklaven gegebenen Erfüllungszusage von einer Doppelwirkung nur mit einer Einschränkung die Rede sein: Der nicht rechtsfähige Sklave konnte sich selbst nicht wie ein Haussohn verpflichten. Es kam nur eine Naturalobligation zustande. Der *dominus* hingegen haftete aller Wahrscheinlichkeit nach wie im Falle des Haussohnes mit den adjektizischen Klagen, sofern deren Voraussetzungen vorlagen.

In den Quellen findet sich freilich nicht ein einziger Fall, der das Konstitut eines Sklaven zum Gegenstand hat. Roussier[589] folgert aus diesem Fehlen eines Textbeleges und aus Ulpian D. 13, 5, 1, 8 (27 *ad edictum*)[590], das Konstitut eines Sklaven sei für den *dominus* nur dann verbindlich gewesen, wenn es im Einzelfall genehmigt war[591]. Anderenfalls überschreite die Abgabe einer derartigen Zahlungszusage erkennbar die Befugnisse des Gewaltunterworfenen; die tatsächliche Praxis sei daher die in dem genannten Fragment dargestellte gewesen: Der Herr sei es, der die bei der Verwendung des Sonderguts entstandenen Verbindlichkeiten ggf. konstituiert habe.

Ganz abgesehen davon, dass sich der Ulpianstelle eine so allgemeine Aussage über die Praxis des Verkehrs in klassischer Zeit nicht entnehmen lässt, unterschätzt Roussier die wirtschaftliche Unabhängigkeit des *peculium*. Zwar ist es richtig, wie er S. 76 ausführt, dass dem Sklaven sein *peculium* nur „par la grâce du chef de famille et tant que celui-ci ne le retire pas" zustand. Dennoch behandelte die soziale Anschauung es seit alters als sein Eigenvermögen[592]. Hatte der Sklave somit bei der Verwendung des Sondergutes grundsätzlich freie Hand und war es ihm auch möglich, Verbindlichkeiten einzugehen, die eine adjektizische Haftung des Gewalthabers bis zur Höhe des *peculium* mit sich brachten, so ist nicht ersichtlich, warum nicht auch ein Konstitut – wie jedes andere schuldrechtliche Geschäft – zur Haftung des *dominus* führen sollte. Allein die Tatsache, dass die *actio de pecunia constituta* gegenüber anderen Klagen gewisse Verschärfungen mit sich brachte, konnte keinen hinreichenden Grund für die Unwirksamkeit eines derartigen Konstituts darstellen; immerhin war die Haftung des Herrn ja auf den Betrag des Sonderguts beschränkt.

---

589 Constitut, S. 75 und n. 1.

590 […] *Et ideo et pater et dominus de peculio obstricti si constituerint, tenebuntur usque ad eam quantitatem, quae tunc fuit in peculio, cum constituebatur: ceterum si plus suo nomine constituit, non tenebitur in id quod plus est.*

591 Roussier begründet seine Ansicht nicht näher, denkt aber vermutlich an eine Haftung *quod iussu*.

592 So Kaser, RP I, S. 287 mit Verweis auf Plautus Bacch. 465; Capt. 1028, Most. 252 f.; Persa 192; vgl. auch Micolier, Pécule, S. 66 ff.

bb. Einsatz gewaltfreier Personen

Bei einem gewaltfreien Vertreter war es schwieriger, den rechtlichen Erfolg seines Handelns auf den Vertretenen zu projizieren. Da er selbst rechtsfähig war, konnten und mussten die Folgen seines Handelns grundsätzlich ihn selbst treffen. Daher war er in aller Regel (um einen modernen Begriff zu verwenden) mittelbarer Stellvertreter[593], d. h. nur er trat in Rechtsbeziehungen zu dem Vertragspartner ein, die Überleitung erworbener Rechte und Pflichten erfolgte nicht unmittelbar *ipso iure*, sondern in einem zweiten Schritt im Innenverhältnis zum Vertretenen. Dieser konnte etwa mit der Geschäftsführungs- oder Auftragsklage auf Ersatz von Aufwendungen in Anspruch genommen werden; umgekehrt konnte er seinerseits mit diesen Klagen die Herausgabe des Erlangten erstreiten.

Es fehlt freilich nicht an Ausnahmen von der Regel: So haftete der Geschäftsinhaber oder Reeder auch dann unmittelbar selbst mit der *actio institoria* bzw. *exercitoria*, wenn der Geschäftsführer/Kapitän, den er präponiert hatte, eine gewaltfreie Person war, etwa ein *libertus* oder ein emanzipierter Sohn. Nichts spricht gegen die Annahme, diese Klagen seien auch beim Konstitut angewendet worden[594].

Aber auch über eine solche adjektizische – also zusätzliche – Haftung des Vertretenen hinaus konnten Handlungen eines freien Vertreters in manchen Fällen unmittelbar auf den Vertretenen wirken. Vor allem bei den Verträgen des Honorarrechts, die sich bekanntlich häufig durch größere Elastizität auszeichneten, gab es Konstellationen, in denen das Vertreterhandeln sich unmittelbar auf den Vertretenen auswirkte. Mitteis nennt als Beispiele die Präposition eines *institor*[595] und das *receptum nautarum*[596], gelangt gar zu dem Schluss, bei prätorischen Geschäften sei es die regelmäßige Anschauung der Juristen gewesen, dass „die durch den Stellvertreter vorgenommene Handlung unter den Voraussetzungen des prätorischen Edicts ebenso gut enthalten ist, wie die im eigenen Namen vollzogene[597]“.

---

593 Kritisch zur Anwendung der Kategorien „mittelbarer“ und „unmittelbarer“ Stellvertretung auf das römische Recht bzw. zu deren Herleitung aus dem römischen Recht Schlossmann, Stellvertretung, S. 294.

594 Anders nun Platschek, Edikt, S. 221: *Constituta* von *institores* seien nicht deren Verträge; die Haftung mit der *actio institoria* setze aber nach D. 14, 3, 1 (Ulp. 28 ed.) eine Haftung *ex contractibus ipsorum* voraus.

595 Ulpian (28 ed.) D. 14, 3, 5, 18: *Sed et si procurator meus, tutor, curator institorem praeposuerit, dicendum erit veluti a me praeposito dandam institoriam actionem.*

596 Ulpian (14 ed.) D. 4, 9, 1, 3: *Et sunt quidam in navibus, qui custodiae gratia navibus praeponuntur, ut nauphylakes et diaetarii. Si quis igitur ex his receperit, puto in exercitorem dandam actionem, quia is qui eos huiusmodi officio praeponit, committi eis permittit* [...].

597 Mitteis, Stellvertretung, S. 69; er führt weiter aus, man habe diesen Gedanken durch eine Fiktion zum Ausdruck gebracht: Die Handlung des Stellvertreters sei gleichsam eine vom *dominus* vorgenommene.

(1) Keine echte Stellvertretung beim Konstitut – Paulus D. 13, 5, 15

Nach HELLMANN[598] war auch beim Konstitut eine Stellvertretung ohne weiteres möglich. Er stützt seine Ansicht auf

> Paulus D. 13, 5, 15 (29 ad edictum):
> Et licet libera persona sit, per quam tibi constitui, non erit impedimentum, quod per liberam personam adquirimus, quia ministerium tantummodo hoc casu praestare videtur.

Ego hat Tu eine Zahlungszusage erteilt, und zwar nicht persönlich, sondern *per liberam personam*. Paulus befindet, dies stelle kein Hindernis dar, weil die freie Person in diesem Falle ersichtlich nur einen Dienst leiste.

Richtig ist, dass eine freie Person zum Einsatz kommt, die an den Wirkungen des Konstituts nicht teilhat. Schon MITTEIS hat jedoch mit Recht auf den Textzusammenhang mit fr. 14, 3 aufmerksam gemacht und gezeigt, dass es nicht um einen Fall der Stellvertretung (im modernen Sinne), sondern um den Einsatz eines Boten geht[599]. HELLMANN unterscheidet freilich – wie schon SAVIGNY – nicht scharf zwischen diesen Figuren. Dass ein wesentlicher Unterschied besteht, hat jedoch offenbar bereits Paulus empfunden, der seine Ansicht damit begründet, die freie Person leiste erkennbar nur einen Dienst.

An der Klassizität der Hauptaussage des Textes – Zulässigkeit des Konstituts *per nuntium* – bestehen trotz der merkwürdigen Tempuswechsel keine nennenswerten Zweifel. Der Einsatz von Boten war in der Klassik grundsätzlich möglich, soweit nicht die Förmlichkeit eine eigene Verlautbarung des Erklärenden verlangte[600]. So ist ihre Verwendung etwa belegt für die Eheschließung[601] und -scheidung[602], den Kauf[603] und das *pactum*[604]. Es überrascht also nicht, wenn auch beim Konstitut Boten eingesetzt werden konnten, und zwar gewaltunterworfene wie freie.

598 Stellvertretung, S. 57.

599 Dass der Zusammenhang von den Kompilatoren hergestellt wurde, darf uns nicht stören: Zwar ist umstritten, ob im justinianischen Recht bereits eine unmittelbare Drittwirkung von Rechtsakten in größerem Umfange anerkannt war. Selbst wenn aber die Rechtslage von der klassischen abweichen sollte, ist kein Grund ersichtlich, warum die Kompilatoren einen Fall der Stellvertretung durch die Angliederung an fr. 14, 3 zu einer bloßen Botenschaft hätten herabwürdigen sollen. Wahrscheinlicher ist, dass sie dem ursprünglichen Zusammenhang des Paulustextes entnehmen konnten, dass die *libera persona* als Bote fungierte.

600 KASER, RP I, S. 262.

601 Pomponius (3 ad Sab.) D. 22, 2, 5.

602 Ulpian (3 ad leg. Iul. Pap.) D. 23, 2, 45, 4; vgl. KASER, RP I, S. 327 m. w. N. in n. 22.

603 Paulus (33 ad ed.) D. 18, 1, 1, 2.

604 Paulus (3 ad ed.) D. 2, 14, 2 pr.

Nur die eingeschobene Bemerkung *quod per liberam personam adquirimus* gibt Rätsel auf. Der Einschub erinnert sogleich an den bereits zitierten Rechtsgrundsatz, den Paulus selbst an anderer Stelle wie folgt zusammenfasst: *per liberas personas, quae in potestate nostra non sunt, adquiri nobis nihil potest*[605]; da einer freien Person jeglicher Erwerb selbst zufiel, konnte man durch sie keinerlei[606] Rechte erwerben.

Unklar ist in unserem Fragment schon, wen der Jurist mit „wir" (*adquirimus*) meint. Die konkreten Parteien Ego und Tu[607]? Dagegen spricht, dass nur derjenige in Konflikt mit der o. g. Regel geraten konnte, auf dessen Seite die freie Person aufgetreten war, hier demnach Ego, der *per liberam personam* konstituiert hatte. Im Hinblick auf die vorherige Wahl des Singulars in *constitui* ist aber unwahrscheinlich, dass allein Ego gemeint ist. Hinzu kommt, dass nicht der Konstituent Ego die Konstitutsklage erwirbt, sondern der Zusageempfänger Tu.

Bleibt also die Allgemeinheit[608]. Dann fehlt ein *non* oder *nihil* vor *adquirimus*, denn man erwarb eben n i c h t durch einen Freien. Astuti[609] neigt zu der schon von Hotomanus[610] vertretenen Auffassung, dieses *non* sei ausgefallen und müsse ergänzt werden[611]; für denkbar hält er es auch, mit Pacchioni[612] den *quod*-Satz ganz zu streichen.

Einen anderen Gedanken verfolgt Roussier[613]: Er will den Satz durch ein einschränkendes Adverb verständlicher machen und lesen: „ce n'est pas un empêchement à la validité du constitut que nous puissions utiliser une personne libre *seulement* pour acquérir (et non pour devenir débiteur ou, ici, pour être astreint à une action)".

Demnach soll Paulus noch an eine andere Regel gedacht haben, nämlich an *condicio nostra per alterum deterior fieri non potest*[614], ohne dies zum Ausdruck

---

605 PS 5, 2, 2 – sicher klassisch, vgl. nur die Ausführungen bei Gai. 2, 95; Ulpian (28 ad ed.) D. 13, 7, 11, 6 sowie Diocletian/Maximian C. 4, 27, 1 pr.

606 Keine Regel ohne Ausnahme: Ein freier Mensch, der einem Gutgläubigen als Sklave diente (*homo liber bona fide serviens*), erwarb seinem „Herrn", was er aus dessen Vermögen erhielt und was er durch seine *opera* erlangte, vgl. Gai. 2, 92.

607 Ein solches konkretisierendes Verständnis klingt bei Behrends u. a., CIC II, S. 156, an, die den Satz wie folgt übertragen: „[...] dass wir durch diese [Unterstr. des Verf.] freie Person erwerben [...]".

608 *Adquirimus* als generalisierender Plural, etwa wie in *hoc iure utimur*.

609 Astuti II, S. 15 n. 16.

610 Vgl. Mommsen/Krueger, Ed. Stereotypa, n. 18 *ad h. l.*

611 Vgl. auch Eisele, SZ 30 (1909), S. 99 (112); Appleton, NRH 40 (1916), S. 45.

612 Contratti a favore di terzi, S. 376.

613 Constitut, S. 78 n. 4.

614 Vgl. Gaius (3 verb. obl.) D. 3, 5, 38 (39); Paulus (54 ad ed.) D. 3, 3, 49.

zu bringen. Diesem Verbot des Vertrags zu Lasten eines Dritten soll der Jurist das Prinzip gegenübergestellt haben, dass man durch eine freie Person einzig und allein etwas erwerben könne. Ein solches Prinzip existierte aber überhaupt nicht – im Gegenteil, Paulus selbst teilt mit, dass man eine freie Person eben nicht zum Erwerb einsetzen konnte; Ausnahmen galten (auch beim Konstitut, s. fr. 6 D. h. t.) nur etwa bei einem *homo liber bona fide serviens* sowie beim Besitzerwerb[615]. ROUSSIER erhebt also mit seiner Deutung die Ausnahme zur Regel. Dazu dürfte ihn – was er freilich nicht offenlegt – der Umstand veranlasst haben, dass nur schwer erkennbar ist, wie der Konstituent in Konflikt mit der *per liberam personam* Regel geraten sollte: Denn es ist ja nicht der Versprechende, der eine Forderung erwirbt, sondern der Empfänger der Zusage.

Allenfalls kommt als Erwerbsgegenstand der Zahlungsaufschub in Betracht, den der Konstituent sich unter Umständen verschaffte. Tatsächlich erscheint zweifelhaft, ob ein Klassiker den Erwerb einer Stundung mit *adquirere* bezeichnet hätte. Wenn aber der Konstituent Ego nichts im Rechtssinne „erwirbt", wo hat dann Paulus einen möglichen Konflikt mit der zitierten *regula iuris* gesehen?

Vorstellbar ist am ehesten, dass das erste *per* auf Ego bezogen ist, der durch die freie Person seine Erklärung abgibt, das zweite hingegen auf Tu, der seinerseits durch die freie Person die Konstitutsklage erwirbt. Der Mittelsmann wurde also zugleich von beiden Parteien utilisiert, etwa in der Weise, dass Tu den Boten zur Einziehung der Forderung entsandt und Ego ihm nicht das geschuldete Geld gezahlt, sondern nur eine Zahlungszusage gegeben hatte.

Jedenfalls lässt sich der Stelle nicht entnehmen, dass die Römer beim Konstitut eine unmittelbare Verpflichtungsvertretung allgemein zugelassen hätten.

(2) „Gesetzliche Vertreter"

Auch die (im weitesten Sinne) „gesetzlichen Vertreter" von Mündeln, Minderjährigen und Geisteskranken verpflichteten durch ein Konstitut in Sachen des ihrer Pflegschaft Unterstehenden zwar sich selbst, s. D. 13, 5, 5, 8: *sed et ipsi constituentes tenebuntur*, nicht aber den Vertretenen. Man kann also nur von mittelbarer Stellvertretung sprechen[616].

615 Endgültig zugelassen unter Septimius Severus, vgl. CLAUS, Stellvertretung, S. 315.

616 Keine Anhaltspunkte gibt es für die neuerdings von PLATSCHEK, Edikt, S. 220 vermutete Gegenauffassung, die Ulpian veranlasst haben soll, hier in aller Deutlichkeit auf die Eigenhaftung der Vertreter zu pochen.

(3) Ein Sonderfall: Munizipalgemeinden und ihr *actor*

Für Munizipalgemeinden trat im Prozess ein *actor municipum* auf, der grundsätzlich ebenfalls als indirekter Stellvertreter behandelt wurde[617]. Der Prätor gewährte jedoch der Gemeinde *actiones utiles*, etwa dann, wenn dem *actor* wie in D. 13, 5, 5, 7 Zahlung (und zwar Zahlung an die Gemeinde) konstituiert war[618]. Kaser[619] nimmt an, dass eine solche *actio utilis* auch umgekehrt, also gegen die Gemeinde, geltend gemacht werden konnte. Zur Begründung kann er jedoch nur D. 13, 5, 5, 7 bis 9 anführen. Diese Stellen sprechen indes lediglich von einer *actio utilis* zugunsten der Gemeinde und gerade nicht von einer Haftung der Gemeinde *utilitatis gratia*[620]. Die Gemeinde selbst wurde vermutlich nur durch Geschäfte ihrer Magistrate als Gemeindeorgane unmittelbar verpflichtet[621].

2. Der Zusageempfänger als Klageberechtigter

a. Geschäftsfähigkeit

Die Konstitutsklage stand grundsätzlich demjenigen zu, dem der Konstituent Zahlung zugesagt hatte. Die Quellen enthalten keinerlei Hinweis darauf, welche Auswirkungen Mängel in der Geschäftsfähigkeit des Zusageempfängers auf die Wirksamkeit des Konstituts hatten. Da das Konstitut selbst dem Empfänger nur rechtliche Vorteile brachte, liegt die Vermutung nahe, dass allenfalls die vollständige Geschäftsunfähigkeit zur Unwirksamkeit der Zusage führte, andere Einschränkungen sich hingegen nicht auswirkten; denn nur bei völliger Geschäftsunfähigkeit ließe sich die Unwirksamkeit begründen, etwa mit folgender Argumentation: Der Geschäftsunfähige konnte ein schutzwürdiges Vertrauen nicht aufbauen. Daher fehlte der qualifizierte Treubruch, der die Gewährung der *actio de pecunia constituta* ursprünglich motiviert hatte. Die besseren Gründe sprechen jedoch dafür, dass selbst in diesem Fall die Konstitutsklage statthaft war. Denn das Edikt gründet auf einer typisierten Schutzwürdigkeit des Zusageempfängers,

617 Kaser, RP I, S. 307.

618 Weitere Beispiele finden sich in D. 3, 4, 10 (Paulus 1 man.): *Constitui potest actor etiam ad operis novi nutiationem et ad stipulationes interponendas, veluti legatorum, damni infecti, iudicatum solvi, quamvis servo potius civitatis debeat: sed et si actori cautum fuerit, utilis actio administratori rerum civitatis dabitur.*

619 RP I, S. 307.

620 In D. 13, 5, 5, 9 heißt es wie gesagt: *et ipsi constituentes tenebuntur*; insoweit treffend daher Roussier, Constitut, S. 76 n. 2.

621 Zu dieser Möglichkeit s. Kaser, RP I, S. 307; ferner Mitteis, Römisches Recht bis auf Diocletian, S. 382 ff.; Schulz, Classical Roman Law, S. 93. Offenbar hafteten aber auch Gemeindebeamte für ihre Zusagen *durante officio*, wie sich *e contrario* aus D. 50, 8, 5, 1 (Pap. 1 resp.) ergibt.

die bei Vorliegen der ediktalen Voraussetzungen im Einzelfall schwerlich geprüft wurde. Daher ist anzunehmen, dass Mängel in der Geschäftsfähigkeit den Erwerb der Konstitutsklage grundsätzlich nicht hinderten.

b. Zusage gegenüber einem Sklaven

Das gegenüber einem Sklaven abgegebene Konstitut war wirksam; der nicht rechtsfähige Sklave erwarb die Konstitutsklage für seinen Herrn, und zwar unabhängig davon, wen der Konstituent als Zahlungsempfänger benannt hatte, den Herrn oder den Sklaven selbst[622]. Gleiches galt beim *homo liber bona fide serviens*[623] und beim Haussohn[624].

c. Zusage gegenüber einem gewaltfreien Dritten

Interessant sind wiederum die Fälle, in denen eine freie Person für eine andere auftritt. Die Quellen unterscheiden zwischen der Tätigkeit eines gewillkürten (*procurator*) und der eines gesetzlichen Repräsentanten (*tutor pupilli, actor municipum, curator furiosi* etc.).

aa. Zunächst zum Konstitut gegenüber einem Prokurator als gewillkürtem Vertreter.

> Ulpian D. 13, 5, 5, 7 (27 ad edictum):
> Iulianus libro undecimo digestorum scribit procuratori constitui posse: quod Pomponius ita interpretatur, ut ipsi procuratori constituas te soluturum.

Ulpian berichtet von einem Ausspruch des Julian, nach dem auch das Konstitut gegenüber einem Prokurator (sc. des Gläubigers) zulässig war. Pomponius, so führt er weiter aus, habe dies so verstanden, dass man dem Prokurator selbst Zahlung zusagen solle.

Die Bedeutung der referierten Meinungen und ihr Verhältnis zueinander werden in der Literatur unterschiedlich beurteilt. Mitteis nimmt an, Julian habe das Konstitut an den Prokurator für schlechthin zulässig erklärt. Er hält es für fraglich, ob die Interpretation des Pomponius, zulässig sei nur das Konstitut des Inhalts „an den Prokurator selbst zu zahlen", der Meinung Julians entsprach[625].

---

622 Ulpian D. 13, 5, 5, 10 (27 ed.): *Servo quoque constitui posse constat et, si servo constituatur domino solvi vel ipsi servo, qualemqualem servum domino adquirere obligationem.* Trotz der verdächtigen Bezeichnung der Konstitutsklage als *obligatio* ist die inhaltliche Echtheit der Stelle nicht zu bezweifeln.

623 Paulus D. 13, 5, 6 (2 sent.) = PS 2, 2, 2.

624 Ulpian D. 13, 5, 7 pr. (27 ed.).

625 Mitteis, Römisches Recht, S. 221.

Seine Zweifel stützt er auf die Beobachtung, dass der Prätor die Stellvertretung freier gehandhabt habe (als das *ius civile*) und die Auslegung der späteren Juristen nicht im Einklang mit dieser Handhabung stand[626]; Pomponius und Ulpian hätten hier – entgegen der sonstigen Praxis im Amtsrecht – zivile Prinzipien ins prätorische Recht rezipiert[627].

Claus, der die Stelle wie Mitteis auf Spuren unmittelbarer Stellvertretung untersucht, vermutet, Pomponius habe den Fall nur verdeutlicht, indem er ausdrücklich klarstellte, dass der Prokurator selbst das formlose Leistungsversprechen entgegennehme. Jedenfalls was Julian betreffe, sei mit der Stelle gesagt, dass der *procurator* dem *dominus* die aus dem Versprechen resultierende Konstitutsklage erwerbe[628].

Das lässt sich dem Fragment nicht ohne weiteres entnehmen: Welche Folge ein Konstitut gegenüber dem Prokurator hatte, ob nämlich die *actio de pecunia constituta* im Falle der Nichtzahlung dem Vertreter oder dem Vertretenen zustand, teilt Ulpian gerade nicht mit. „Wirksamkeit des Konstituts" ist nicht zwingend gleichzusetzen mit „Erwerb der Klage durch den *dominus*". Claus begründet seine Ansicht nicht, er bemüht sich lediglich im Folgenden um die Erklärung, *warum* dem Vertretenen die Klage gewährt wurde.

Hierbei beruft er sich auf den engen Zusammenhang von Konstitut und Hauptschuld: Die prätorische Verbindlichkeit sei, da an die bestehende Forderung angelehnt, nicht so sehr als eigenständige Rechtsposition betrachtet worden. Daher habe man die Entstehung der Klage in der Hand des Vertretenen als zweckmäßig und interessengerecht erachtet[629].

Diese Argumentation ist durchaus schlüssig – das heißt, sie wäre es, wenn tatsächlich der Vertretene die Klage erworben hätte. Mit anderen Worten: Sie wäre zwar geeignet, eine von den allgemeinen Prinzipien abweichende Handhabung durch die klassischen Juristen zu erklären, wenn diese Abweichung sich nachweisen ließe; keinesfalls aber zwingt sie dazu, eine solche von der Norm abweichende Handhabung zu attestieren, wenn die Quellen auch eine grundsatzkonforme Deutung zulassen.

Die Ulpiankatene (fr. 5, 2–9 D. h. t.), zu der unser Fragment gehört, zeigt mit großer Klarheit, dass aus einem Konstitut gegenüber einem Prokurator allein

626 Mitteis, Römisches Recht, S. 220 f.

627 Mitteis, Römisches Recht, S. 221; wie weit freilich dieser „retrograde Zug" gegangen ist, lässt er offen.

628 Claus, Stellvertretung, S. 257; in n. 180 führt er aus, er halte auch eine harmonistische Auslegung in der Weise für möglich, dass beide Juristen eine übereinstimmende Meinung geäußert haben.

629 Claus, Stellvertretung, S. 258.

dieser berechtigt wurde: Zunächst stellt Ulpian in § 4 fest, dass ein Konstitut unwirksam ist, in dem der Konstituent die Zahlung eines Dritten verspricht. Dem stellt der Jurist in § 5 den Fall gleich, dass der Empfänger der Zusage sich Zahlung an einen Dritten versprechen lässt, ein Ausfluss der Regel *alteri caveri nemo potest*. Dann folgt unser Fragment, ganz offensichtlich als Beispiel zur Erläuterung dieser Regel: Julian hat ausgesprochen, dass ein Konstitut gegenüber dem Prokurator wirksam ist. Meinte er jedes Konstitut? Nein, sagt Pomponius (und ihm folgend Ulpian), nur dasjenige, das auf Zahlung an den Prokurator gerichtet ist; denn, so können wir seinen Gedankengang aus dem Vorhergehenden rekonstruieren, ansonsten läge ja ein *alteri caveri* vor. Das aber war beim Konstitut wie sonst auch unzulässig.

Diese strenge Handhabung eines prätorischen Geschäfts mag man mit MITTEIS als überraschend empfinden, wenn man ihm in der Anschauung folgt, das Amtsrecht habe tendenziell Handlungen des Vertreters als solche des Vertretenen aufgefasst und daher eine unmittelbare Stellvertretung zugelassen. Sie wird sich aber mit dem engen Zusammenhang erklären lassen, in dem das Konstitut zur – in der Regel zivilrechtlichen – Hauptschuld stand, worauf CLAUS nicht zu Unrecht hinweist.

Wir können daher festhalten, dass Empfänger der Zusage und der in der Zusage benannte Empfänger der zugesagten Zahlung, anders als beim Konstitut gegenüber einer gewaltunterworfenen Person, übereinstimmen mussten, und zwar auch beim Konstitut gegenüber dem Prokurator[630].

bb. Eine gewisse Bestätigung für diese These liefert auch der Fortgang des Textes, in dem der gesetzliche Vertreter eine andere Behandlung erfährt als der gewillkürte. Ulpian erklärt in D. 13, 5, 5, 7 auch das gegenüber einem gesetzlichen Vertreter abgegebene Konstitut für wirksam, und zwar *item*, also nach den gleichen Maßgaben wie beim Prokurator. Nach dem bisher beobachteten Prinzip, dass der gesetzliche Vertreter als mittelbarer Stellvertreter auftrat, wäre zu erwarten, dass wiederum allein er aus der ihm gegebenen Zahlungszusage vorgehen konnte. Gleichwohl lesen wir im Folgenden bei

> Ulpian D. 13, 5, 5, 9 (27 ad edictum):
> Si actori municipum vel tutori pupilli vel curatori furiosi vel adulescentis ita constituatur municipibus solvi vel pupillo vel furioso vel adulescenti, utilitatis gratia puto dandam municipibus vel pupillo vel furioso vel adulescenti utilem actionem.

630 Zu diesem Ergebnis gelangt auch ROUSSIER, Constitut, S. 78.

Nach Ulpians Ansicht ist der Bürgergemeinde, dem Mündel, dem Geisteskranken und dem Heranwachsenden eine *actio utilis* zu gewähren, wenn dem jeweiligen Vertreter eine Zahlungszusage mit dem Inhalt gegeben wurde, die Zahlung werde an den Vertretenen geleistet.

Das verstößt, wie beim Prokurator, gegen den Grundsatz *alteri stipulari nemo potest* – der, wie fr. 5, 5[631] zeigt, auch beim Konstitut Geltung beanspruchte – und ist daher erklärungsbedürftig[632]. Roussier merkt an, dass nach dem reinen klassischen System allein der Repräsentant die Konstitutsklage erworben habe; das Fragment beruhe auf der Übernahme einer mehr oder weniger späten Reform der Regeln zur Stellvertretung[633].

Das ist unwahrscheinlich. Schon in klassischer Zeit ist eine unmittelbare Berechtigung des gesetzlich Vertretenen in bestimmten Fällen nachzuweisen, und zwar sogar bei strengrechtlichen Geschäften[634]. Gerade beim Konstitut zeigt sich, dass eine strikte Anwendung des Prinzips unbillig wäre. Hatte der Schuldner dem gesetzlichen Vertreter seines Gläubigers pünktliche Zahlung an den Gläubiger zugesagt, so wäre diese Zusage streng genommen wirkungslos: Dem Vertreter war nicht Zahlung an ihn selbst zugesagt, dem Vertretenen überhaupt keine Zusage erteilt worden. Da aber das Konstitut an eine bestehende Schuld anknüpfte, wird es häufig vorgekommen sein, dass der Schuldner Zahlung an seinen Gläubiger – den Vertretenen – zusagte, auch wenn er mit dessen gesetzlichem Vertreter verhandelte. Der Jurist hatte, wollte er dieser offenbaren Unbilligkeit abhelfen, zwei Möglichkeiten: Er konnte die Klage dem Vertreter zuerkennen, obwohl an diesen ohnehin nicht gezahlt werden sollte. Oder er konnte das Prinzip *alteri stipulari* durchbrechen und unmittelbar den Vertretenen berechtigen. Ulpian wählt den zuletzt genannten Weg und gewährt eine *actio utilis*, wohl nicht neben der Klage des Vertreters, sondern an deren Stelle.

Wenn Ulpian es für erforderlich hielt, besonders darauf hinzuweisen, dass dem gesetzlich Vertretenen eine *actio utilis* zuzuerkennen sei, so bestätigt dies die Richtigkeit unserer Überlegungen zum Prokurator. Denn Ulpian zieht in § 6 eine Klage *utilitatis gratia* zugunsten des von einem Prokurator Vertretenen nicht einmal in Betracht und nimmt ersteren dann weiter unten auch nicht mit auf in die lange Liste derjenigen Vertreter, die ihrem Geschäftsherrn die Klage

---

631 […] *quod si mihi constitueris Sempronio te soluturum, non teneberis.*

632 Vgl. Roussier, Constitut, S. 78.

633 Roussier, Constitut, S. 77.

634 Etwa Paulus D. 3, 4, 10 (1 man.). Weitere Beispiele bei Finkenauer, SZ 125 (2008), S. 440 ff., der zeigt, dass eine direkte Stellvertretung (im Wege der Gewährung einer *actio utilis*) sogar bei Verbalobligationen, insbesondere bei den sog. prätorischen Stipulationen, häufiger vorkam als bisher allgemein angenommen.

zu verschaffen vermögen. Das lässt nur den Schluss zu, dass beide Formen der Repräsentation unterschiedlich behandelt wurden.

Im Ergebnis konnte demnach allen Vertretern Zahlung an sie selbst vollwirksam zugesagt werden, Zahlung an den Vertretenen konnten sich dagegen nur gesetzliche Vertreter zusagen lassen[635]. Der Grund für diese Differenzierung ist in der besonderen Schutzbedürftigkeit der gesetzlich Vertretenen zu suchen: Während es dem *dominus* des Prokurator grundsätzlich freisteht, seine Geschäfte selbst zu betreiben, ist der gesetzlich Vertretene auf seinen Vertreter in aller Regel angewiesen. Er sollte aber aus der gesetzlichen Vertretung keinen Nachteil haben, so dass man ihm hier eine *actio utilis* gewährte.

II. Form des Konstituts

Hinsichtlich der Form des Konstituts herrschte größte Freiheit. Voranzuschicken ist, dass die Form einer Rechtshandlung in Rom eine völlig andere Bedeutung hatte als im geltenden Recht[636]. Wenn das moderne Recht die Wirksamkeit einer Willenserklärung von der Wahrung einer bestimmten Form abhängig macht, so verfolgt es damit einen rechtspolitischen Zweck[637]; zu nennen sind etwa die Klarstellung des Inhalts und die Sicherung der Beweisbarkeit des Geschäfts[638], der Schutz des Erklärenden vor Übereilung[639] sowie – immer häufiger – die Versorgung des Verbrauchers mit Informationen[640]. Die Nichteinhaltung einer solchen gesetzlichen (oder vertraglichen) Form führt zwar gemäß § 125 BGB

635 In diesem Sinne schon KAPPEYNE, Abhandlungen, S. 265.

636 Zur Entwicklung von der „absoluten Form“ zur modernen „Zweckform“ vgl. FLUME, Rechtsgeschäft, § 15 I 1 (S. 244ff.); zum römischen Rechtsformalismus in vorklassischer und klassischer Zeit s. KASER, RP I, S. 230 ff.

637 Vgl. FLUME, Rechtsgeschäft, § 15 I 1 (S. 245); WOLF/NEUNER, Allgemeiner Teil des Bürgerlichen Rechts, § 44, Rn. 3ff.

638 Dieser Zweck gilt nahezu für alle formbedürftigen Geschäfte, z.B. Eheschließung (§ 1310 BGB), Ehevertrag (§ 1408 BGB), Testament (§ 2231 BGB) und Erbvertrag (§ 2276 BGB), vgl. WOLF/NEUNER, Allgemeiner Teil des Bürgerlichen Rechts, § 44 Rn. 4f. mit weiteren Beispielen.

639 Hierher gehören insbesondere Grundstücksgeschäfte (§ 311b BGB), Schenkungsversprechen (§ 518 BGB) und Bürgschaft (§ 766 BGB), vgl. allgemein zur Warnfunktion Palandt – ELLENBERGER, § 125 BGB, Rn. 2; MEDICUS, Allgemeiner Teil des BGB, Rn. 614 sowie WOLF/NEUNER, Allgemeiner Teil des Bürgerlichen Rechts, § 44 Rn. 9f. mit weiteren Beispielen.

640 Vgl. §§ 312c, 492 BGB; s. WOLF/NEUNER, Allgemeiner Teil des Bürgerlichen Rechts, § 44 Rn. 7f. mit weiteren Beispielen; weitere Zweckrichtungen bei HELDRICH, AcP 147 (1941), S. 89 (91), der insgesamt acht nennt: Abschlussklarheit, Inhaltsklarheit, Beweissicherung, Übereilungsschutz, Erkennbarkeit für Dritte, fachmännische Beratung, Überwachung im

zur Nichtigkeit des Rechtsgeschäfts, ändert jedoch nichts daran, dass das Rechtsgeschäft als solches existiert[641]. Nicht zuletzt deshalb ist in vielen Fällen eine nachträgliche Heilung des Formmangels, insbesondere durch Erfüllung möglich[642], ohne dass eine Neuvornahme des Geschäfts erforderlich wäre.

Anders im römischen Recht, das, wie eingangs erwähnt, nur einer begrenzten Zahl von Geschäften überhaupt eine (zivil-)rechtliche Wirkung zuerkannte: Wenngleich in klassischer Zeit die Form dieser Rechtsakte nicht mehr Wirkform im Sinne einer sakral-magischen Herbeiführung der gewünschten Rechtsbindung war, so blieb sie doch integraler Bestandteil und Wesensmerkmal des jeweiligen Geschäfts und machte geradezu dessen Natur aus. Die Form war nicht nur Geltungsvoraussetzung, sie war konstitutives Element des Rechtsaktes selbst. Wurde sie nicht eingehalten, so lag kein formnichtiger, sondern überhaupt kein Rechtsakt vor. Wollte etwa Titius sich dem Seius zur Übereignung des Sklaven Stichus durch Verbalobligation verpflichten, so genügte es nicht, dass zwischen beiden ein Briefwechsel in dem bekannten Wechselspiel von Frage und Antwort (*Spondesne Stichum dari? – Spondeo.*) erfolgte. Die verbale Form setzte vielmehr ihrer ganzen Natur nach den Austausch der Erklärungen unter Anwesenden voraus[643]. Waren nicht beide Parteien anwesend, fand keine Stipulation statt. In gleicher Weise war die Litteralobligation[644] nicht etwa durch ein dem heutigen Recht (§ 126 BGB) vergleichbares Schriftformerfordernis gekennzeichnet, sondern fand ihren Wirkungs*grund* in der Eintragung in das Hausbuch des Gläubigers. So verstanden waren auch die Konsensualverträge nicht formfrei: Erforderlich, aber auch ausreichend, war hier zwar die (irgendwie manifestierte) Einigung der Parteien (*consensus ad idem*), diese musste sich aber auf einen anerkannten Geschäftsinhalt richten[645].

Sinne des Gemeinschaftsinteresses, Erschwerung des Vertragsschlusses im Interesse der Gemeinschaft.

641 Eine Ausnahme stellt insofern Art. 2 WechselG dar, nach dem eine Urkunde, die nicht die nach Art. 1 WechselG erforderlichen Bestandteile enthält, nicht als gezogener Wechsel gilt.

642 Vgl. hierzu FLUME, Rechtsgeschäft, § 15 III 3 b (S. 268 ff.); WOLF/NEUNER, Allgemeiner Teil des Bürgerlichen Rechts, § 44 Rn. 59.

643 Daher war dieses Geschäft auch dem Tauben oder Stummen nicht zugänglich, D. 45, 1, 1 pr.: *Stipulatio non potest confici nisi utroque loquente: et ideo neque mutus neque surdus neque infans stipulationem contrahere possunt: nec absens quidem, quoniam exaudire invicem debent* [...].

644 Vgl. hierzu ausführlich THILO, Der Codex accepti et expensi im römischen Recht, Göttingen 1980.

645 FLUME, Rechtsgeschäft, § 15 I 1 (S. 244) spricht anschaulich von einer „inneren Form", die an die Stelle der äußeren getreten sei.

1. Meinungsstand und Quellenbefund, insbesondere Ulpian D. 13, 5, 14, 3

Demnach können wir unsere Fragestellung präzisieren: Es ist zu untersuchen, ob die römischen Juristen immer dann im Rechtssinne von *constituere* sprechen, wenn der Schuldner einen festen Leistungstermin zusagt, oder ob sie dies nur tun, wenn die Zusage in einer bestimmten Art und Weise erfolgt, mit anderen Worten, ob die Rechtshandlung *constituere* ihrer Natur nach durch eine besondere Erklärungsmodalität gekennzeichnet ist.

Nicht in Betracht kommt ein Schriftformerfordernis: Zwar finden sich in den Quellen einige schriftlich abgefasste Konstitute[646], doch zum einen wäre ein Schriftformerfordernis im römischen Recht für ein Geschäft des Honorarrechts einzigartig, zum anderen fehlt es nicht an Beispielen, in denen wirksam mündlich konstituiert wurde[647].

Dagegen ist zu erwägen, ob der Schuldner eine bestimmte Wortform wahren musste, um sich zur Einhaltung des zugesagten Termins zu verpflichten. Die Juristen sprechen, wie von LaRosa[648] zutreffend bemerkt, bei der Behandlung der Erfüllungszusage immer und überall von *constituere* (in seinen verschiedenen Beugeformen)[649]. Musste auch der Schuldner das Wort *constituere* verwenden und etwa erklären *pecuniam debitam constituo me soluturum Idibus Maiis*, wenn seine Erklärung vor der Rechtsordnung als Konstitut gelten sollte?

Nach Ansicht einiger Autoren ist dies der Fall. So vermuten Kniep[650], Ferrini[651] und Perozzi[652] ohne größere Vertiefung einen jedenfalls anfänglichen Wortformalismus; in klassischer Zeit habe man sich vom Erfordernis der Verwendung von *constituo* bereits wieder gelöst. LaRosa[653] schließt dagegen aus dem Sprachgebrauch der klassischen Juristen, dass *constituo* ein *terminus technicus* und das Konstitut auch in der Klassik noch ein prätorisches Verbalgeschäft war. Sie postuliert geradezu eine dem modernen Denken entsprechende Zweckform, wenn sie hierzu ausführt: „La solennità della forma serviva a sottolineare ancor più la gravità dell'impegno[654]" und am Ende ihrer Ausführungen zusammenfasst: „[...] il [...] formalismo serviva a contrasegnare la gravità dei [...]

646 D. 13, 5, 5, 3; 24 und 26, im folgenden Text ausführlich diskutiert.

647 Paradigmatisch ist insofern der Beispielsfall, den Theophilos bildet, vgl. Paraphr. zu Inst. 2, 4, 6.

648 Labeo 43 (1997), S. 202 (205).

649 Bzw. in den griechischen Texten (Theophilos, Novellen, Basiliken) von ἀντιφωνέω und ἀντιφώνησις o. ä.

650 Praescriptio und pactum, S. 142 f.

651 Manuale, S. 481 und n. 4.

652 Istituzioni, S. 239.

653 Labeo 43 (1997), S. 202 (205).

654 LaRosa, Labeo 43 (1997), S. 202 (213).

effetti ed eventualmente a distinguere questi accordi da altri aventi lo stesso scopo ma che non producevano effetti altrettanto gravi[655] ".

Drei Überlegungen überzeugen uns vom Gegenteil. Erstens: Es ist zwar durchaus richtig, aus dem häufigen Gebrauch des Wortes *constituere* darauf zu schließen, dass es sich um einen juristischen Fachbegriff handelte. Demgegenüber ist es jedoch keinesfalls zulässig, den weiteren Schluss zu ziehen, auch der Konstituent sei an diese Terminologie gebunden gewesen: Obwohl die Rechtshandlung des Käufers in den Quellen zumeist mit *emere* beschrieben wird, die des Verkäufers mit *vendere*, wir diese Terminologie mithin getrost als technisch bezeichnen dürfen, ist soweit ersichtlich noch niemand auf den Gedanken gekommen, Käufer und Verkäufer hätten nur unter Verwendung dieser Begriffe einen wirksamen Vertrag schließen können. Schon die Entstehungsgeschichte des Konstituts[656] weist in die andere Richtung: Wenn der Prätor dem Gläubiger, der auf eine Erfüllungszusage seines Schuldners vertraut hatte, zu seinem Interesse an pünktlicher Erfüllung verhelfen wollte, so ist es äußerst unwahrscheinlich, dass er dies nur tat, wenn der Schuldner sich des formalen *constituo* bedient hatte, denn sonst hätte es der Schuldner in der Hand gehabt, sich durch vorsichtige Formulierung seiner Versprechungen von der Haftung *ex constituto* freizuhalten. Gerade in der Frühzeit ist daher mit einer festen Wortform nicht zu rechnen. Dass aber im Laufe der Zeit aus einem formfreien zunächst ein formelles und spätestens unter Justinian wieder ein formloses Geschäft geworden sein soll, ist wenig glaubhaft.

Zweitens: In den Quellen sind drei schriftlich abgefasste Erklärungen im Wortlaut wiedergegeben, die von den Juristen als wirksame Konstitute behandelt werden, nämlich in den Fragmenten 5, 3 (Julian-Ulpian), 24 (Marcellus) und 26 (Scaevola) unseres Titels. Dabei verwendet keiner der Aussteller das Wort *constituere*. Das ist mehr als auffällig: Wer nicht als Jurist ein Rechtsgeschäft beschreibt oder über einen Fall befindet, sondern als Teilnehmer am Rechtsverkehr eine bestimmte Rechtsfolge erzielen will, muss sich, wenn es eine zwingende Wortformel gibt, dieser bedienen. Wenn die Schuldner das in den genannten Fällen nicht tun, und die Juristen sich dennoch für eine Haftung *ex constituto* aussprechen, so drängt sich der Eindruck auf, dass es nicht erforderlich war, eine bestimmte Wortform einzuhalten.

Drittens: Diesen Eindruck bestätigt Ulpian im 27. Buch seines Ediktskommentars ausdrücklich.

---

655 LaRosa, Labeo 43 (1997), S. 202 (224).

656 Die LaRosa, Labeo 43 (1997), S. 202 (210 ff.) freilich in Zusammenhang mit dem Legisaktionenverfahren sieht. Ein solcher Zusammenhang ist aus den bereits oben S. 66 ff. genannten Gründen nicht wahrscheinlich.

Ulpian D. 13, 5, 14, 3 (27 ad edictum):
Constituere autem et praesentes et absentes possumus, sicut pacisci, et per nuntium et per nosmet ipsos, et quibuscumque verbis.

Bei der Erörterung des Zustandekommens eines Konstituts stellt der Jurist fest, man könne unter Anwesenden wie unter Abwesenden konstituieren, einen Boten einsetzen oder die erforderliche Erklärung selbst abgeben. In jedem Fall, so wird im Schlusssatz hinzugefügt, sei der Gebrauch beliebiger Worte zulässig, man könne sich *quibuscumque verbis* verpflichten.

2. LaRosas Textkritik

Dem eindeutigen Befund, den die Quellen insoweit bieten, versucht LaRosa mit den Mitteln der Textkritik beizukommen: Sie hält alle vier Texte für bearbeitet und daher unzuverlässig. Die Gründe, die sie für die Interpolationsvermutungen anführt, sind jedoch nur zum Teil stichhaltig und beweisen ihre Sache nicht.

a. Scaevola D. 13, 5, 26

Am ehesten kann ihr im Falle des Scaevolareskripts zugestimmt werden.

Scaevola D. 13, 5, 26 (1 responsorum):
Quidam ad creditorem litteras eiusmodi fecit: 'Decem, quae Lucius Titius ex arca tua mutua acceperat, salva ratione usurarum habes penes me, domine.' Respondit secundum ea quae proponerentur actione de constituta pecunia eum teneri.

Zuzugeben ist LaRosa, dass der Brief bei Scaevola (fr. 26) eigentlich keine Zahlungszusage enthält, der *quidam* vielmehr nur erklärt, er habe das von einem anderen darlehensweise empfangene Geld bei sich. Darüber hinaus bedient dieser *quidam* sich einer für Argentarier typischen Wortwahl: *habes penes me, domine*[657]. Man darf sich daher in der Tat fragen, ob der Brief nicht wesentlich verkürzt wiedergegeben ist, und weiter, ob man die Stelle nicht mit Astuti[658] und Roussier[659] dem Bereich des *receptum argentariorum* zuzuordnen hat. Ein Anhaltspunkt für diese Annahme lässt sich vielleicht aus dem palingenetischen Zusammenhang des Fragments gewinnen: Im ersten Buch der Rechtsgutachten behandelt Scaevola noch ein anderes *receptum*, nämlich das eines *arbiter*[660].

657 So wohl mit Recht Kappeyne, Abhandlungen, S. 272 und n. 3 ff.; vgl. schon Kuntze, Exkurse, S. 561; zweifelnd Lenel, SZ 2 (1881), 14 (64 n. 137) und Palingenesia II, Sp. 290.
658 Astuti II, S. 280 n. 40.
659 Constitut, S. 145.
660 Vgl. Lenel, Palingenesia II, Sp. 288 (fr. 218).

Angesichts der Vielfalt der in diesem Buch angesprochenen Themen ist diesem Indiz jedoch nur geringe Beweiskraft beizumessen[661].

Gegen die Einordnung des Schreibens als Konstitut spricht aber auch ein vergleichbarer Fall, von dem Paulus berichtet.

> Paulus D. 16, 3, 26, 2 (4 responsorum):
> ‚Titius Semproniis salutem. Habere me a vobis auri pondo plus minus decem et discos duos saccum signatum: ex quibus debetis mihi decem, quos apud Titium deposuistis: item quos Trophimati decem: item ex ratione patris vestri decem et quod excurrit.' quaero, an ex huiusmodi scriptura aliqua obligatio nata sit, scilicet quod ad solam pecuniae causam attinet. respondit ex epistula, de qua quaeritur, obligationem quidem nullam natam videri, sed probationem depositarum rerum impleri posse: an autem is quoque, qui deberi sibi cavit in eadem epistula decem, probare possit hoc quod scripsit, iudicem aestimaturum.

Titius erklärt in einem Brief den Söhnen seines offenbar verstorbenen Geschäftspartners Sempronius, er habe etwa zehn Pfund Gold, zwei Teller sowie einen versiegelten Geldbeutel von ihnen bei sich, und verrechnet diese Posten mit Beträgen, die ihm seiner Ansicht nach zustehen. Auf die Frage, ob Titius mit diesem Schreiben eine Verbindlichkeit eingegangen sei, antwortet Paulus verneinend, befindet aber, das Schriftstück sei geeignet, zu beweisen, dass Titius die deponierten Gegenstände in Verwahrung habe (ob das auch für die erwähnten Schulden gelte, müsse indes der Geschworene beurteilen). Von einer Haftung des Titius *ex constituto*, wie sie sich nach dem, was Scaevola zu berichten scheint, ergeben müsste, weiß Paulus nichts[662].

Das Reskript Scaevolas ist also tatsächlich kein sehr sicheres Zeugnis und daher mit großer Vorsicht zu genießen[663]. Gleiches gilt indes nicht für die übrigen von LaRosa kritisierten Stellen.

661 Die Gutachten aus Scaevolas erstem Buch finden sich in so verschiedenen Digestentiteln wie *de pactis, de minoribus XXV annis, de rei vindicatione, familiae erciscundae* oder *ad SC Velleianum*, um nur einige zu nennen. Interessant ist für uns vielleicht noch ein Reskript, das ein weiteres Schreiben betrifft: D. 16, 3, 28. Caecilius Candidus hat von Paccius Rogatianus fünfundzwanzig Goldstücke erhalten und versichert nunmehr schriftlich, er werde sie verwenden *ut usuras eorum accipias*. Scaevola entscheidet, Candidus müsse – *ex bonae fidei iudicio* – neben dem Geld auch Zinsen herausgeben. Auch dabei dürfte es um ein typisches Bankgeschäft (*depositum irregulare*) gehen. Zum Text jetzt Platschek, Edikt, S. 164.

662 Vgl. zu diesem Text Astuti II, S. 238 f., der das Fragment allerdings im Hinblick auf den Beweiswert des Konstituts für die Existenz der Hauptschuld untersucht.

663 Es sei angemerkt, dass Schulz, FS Lenel, S. 143 ff. annimmt, die *responsa* des Scaevola seien erst nach dessen Tod, und zwar in nachklassischer Zeit herausgegeben worden.

b. Ulpian D. 13, 5, 5, 3

Das zweite zu untersuchende Fragment ist

> Ulpian D. 13, 5, 5, 3 (27 ad edictum):
> Iulianus quoque libro undecimo scribit: Titius epistulam ad me talem emisit: ‚Scripsi me secundum mandatum Seii, si quid tibi debitum adprobatum erit me tibi cauturum et soluturum sine controversia.' Tenetur Titius de constituta pecunia.

Titius wendet sich im Auftrag des Seius schriftlich an Ego und sagt ihm unter Offenlegung des Auftragsverhältnisses zu, er werde, sowie zu seiner Zufriedenheit feststehe, dass Seius tatsächlich Schulden bei Ego habe[664], für diese Schulden Sicherheit leisten und sie begleichen. Seine Zahlungsabsicht bekundet er jedoch nicht mit dem Wort *constituo*, sondern mit *scripsi*.

Die Stelle ist schon früher verdächtigt worden[665]. LaRosa[666] stützt ihren Verdacht auf mehrere Momente. Zunächst weist sie darauf hin, dass ein solches Schreiben, sollte es als Konstitut Anerkennung finden, alle wesentlichen Voraussetzungen dieses Geschäfts aufweisen musste. Ihrer Ansicht nach hätte Julian dem Brief schon deshalb die Wirksamkeit als Konstitut versagen müssen, weil er keinen Zahlungstermin enthielt, den sie – völlig zu Recht – als essentielles Element des Konstituts betrachtet. Hinzu komme, dass zum Zeitpunkt des Konstituts offenbar keine Sicherheit darüber bestand, ob es überhaupt eine Hauptschuld des Seius gab, die Titius hätte konstituieren können; vielmehr sollte die Zahlungszusage nur für den Fall des erfolgreichen Nachweises einer solchen Schuld gelten. Schließlich hatte Titius zugesagt *se cauturum et soluturum*; die Zulässigkeit eines auf Kaution gerichteten Konstituts zu Julians Zeiten aber hält LaRosa für zumindest zweifelhaft[667].

Dem ist entgegenzuhalten, dass man schon in klassischer Zeit dazu übergegangen ist, die Bedeutung des *dies* zu vernachlässigen und auch Zahlungszusagen

---

664 Ob es für dieses Textverständnis erforderlich ist, mit Behrends u. a., CIC III, S. 153 n. 2 nicht *debitum*, sondern *debet cum* zu lesen, mag dahinstehen.

665 Von Beseler, Beiträge IV, S. 260 Fußnote, der das *quoque* für falsch, die Stelle im übrigen für transplantiert hält; die *ratio dubitandi* sucht er in der Frage nach der Zulässigkeit eines *constitutum se cauturum*. Ferner von Roussier, Constitut, S. 139 n. 4, der sich an der Bedingung *si adprobatum erit* stößt.

666 Labeo 43 (1997), S. 202 (205 f.).

667 LaRosa, Labeo 43 (1997), S. 202 (205 ff.). Nicht nachvollziehbar ist allerdings ihre gegen das *cauturum* gerichtete Argumentation, dessen Gebrauch sei sehr seltsam, da „col constitutum ci si impegna attualmente a pagare in un tempo successivo, qui invece tra *cauturum* e *soluturum* non c'è stacco di tempo, quindi l'impegno non è attuale ma futuro": Entscheidend ist nicht, dass aus der Sicht des Verfassers des Briefs *cauturum* und *soluturum* auf einer zeitlichen Ebene liegen, sondern dass beides für die Zukunft zugesagt wird.

ohne Terminfestlegung zuzulassen[668]. Im Übrigen könnte der mitgeteilte Text der Epistel gekürzt worden sein, da Julian-Ulpian ihn nicht unter dem Gesichtspunkt des zugesagten Termins untersuchen, sondern er, wie der Zusammenhang mit der vorherigen und der folgenden Stelle zeigt, der Illustration des von Ulpian kurz zuvor (in § 2) beschriebenen Prinzips dient, dass der Bestand einer konstituierbaren Hauptschuld *in rem*, also unpersönlich, zu beurteilen sei, mit dem der Jurist die Wirksamkeit eines *constitutum debiti alieni* begründet. Dazu passt auch der Fortgang des Textes: In § 4 stellt Ulpian, diesmal gestützt auf die Autorität des Pomponius, fest, man könne zwar eine eigene Zahlung auf fremde Schuld (also wie in dem von Julian referierten Fall), nicht aber eine fremde Zahlung auf eigene Schuld wirksam zusagen[669].

Auch der Hinweis auf das mögliche Nichtbestehen der Schuld des Seius und die Erklärung des Titius, er werde nur zahlen, wenn die Schuld feststehe, konnte das Konstitut nicht scheitern lassen: Julian beurteilt den Fall – anders als der Konstituent Titius – selbstverständlich *ex post* und weiß daher um die Existenz der Schuld des Seius. Die Bedingung[670], unter der die Zahlungszusage zu stehen scheint, ist in Wahrheit keine[671], weil die Existenz der Hauptschuld ohnehin Voraussetzung der Konstitutsklage war und überdies hier bereits feststand. Julian hatte also auch unter diesem Aspekt keinen Anlass, an der Wirksamkeit des Konstituts zu zweifeln.

Ebenso wenig Kopfzerbrechen dürfte ihm die Formulierung *se cauturum et soluturum* bereitet haben. Selbst wenn zu seiner Zeit ein auf Sicherheitsleistung gerichtetes Konstitut noch nicht zulässig gewesen wäre[672], musste er, dem Sinn der Konstitutshaftung entsprechend, folgern, dass das *se cauturum* eine bloße Floskel und damit unbeachtlich war, und den Konstituenten jedenfalls an seiner Zusage *se soluturum* festhalten.

---

668 Vgl. den oben S. 48 ff. diskutierten Paulustext D. 13, 5, 21, 1.

669 Denn dem Grundsatz *nemo alteri stipulari potest* (Ulp. D. 45, 1, 38, 17 (49 Sab.)) korrespondiert das ähnliche Prinzip *nemo factum alienum promittendo obligatur* (Ulp. D. 45, 1, 28 pr.); vgl. zu ersterem Ankum, Études Macqeron, S. 21 ff.; Kaser, FS Seidl, S. 75 ff; Coudert, Stipulations, passim (insbes. S. 194 ff.); zu letzterem Sanguinetti, SDHI 65 (1999), S. 151 ff. mit weiteren Nachweisen in n. 6.

670 Es geht auch nicht etwa um erst zukünftig entstehende Schulden: Mit *adprobatum erit* will Titius sich lediglich eine Rückfrage bei seinem Auftraggeber Seius vorbehalten.

671 Bzw. nur eine Rechtsbedingung, was auf dasselbe hinausläuft, vgl. Pomponius D. 36, 2, 22, 1: *Si Titius hereditatem meam adierit, Maevio decem dato.* S. ferner Kaser, Symb. Taubenschlag I, S. 421 ff. (mit, wie er selbst RP I, S. 253 n. 5 einräumt, zu weitgehender Textkritik); Zimmermann, Obligations, S. 719; vgl. auch Flume, Rechtsgeschäft, § 38 Nr. 1 c.

672 Eine verbreitete Annahme, die jedoch einer näheren Überprüfung nicht standhält, s. u. S. 233 ff.

Dabei konnte er sich freilich nicht auf eine sinngemäße Heranziehung der Unklarheitenregel *ambiguitas contra stipulatorem*[673] berufen. Der Grundgedanke dieser Regel war, dass derjenige, der (einseitig) die Bedingungen einer Obligation festlegte, weil er sie zu formulieren, die Gegenpartei hingegen sie nur noch *in toto* anzunehmen oder abzulehnen hatte, sich verständlich ausdrücken und im Falle der Unklarheit eine ihm ungünstige Auslegung hinnehmen musste[674]. Diese im Mittelalter von den Glossatoren zu einer allgemeinen *interpretatio contra eum qui clarius loqui debuisset* ausgebaute *regula iuris*[675], fand schon in Rom breitere Anwendung[676]. Dagegen hatte Titius sich völlig klar ausgedrückt, wenn er nicht alternativ, sondern kumulativ Sicherheitsleistung und Zahlung versprochen hatte.

Dennoch konnte der Fall nur dahingehend entschieden werden, dass der Konstituent haftete, denn ansonsten hätte dem Gläubiger der Umstand geschadet, dass sich der Konstituent über das zulässige Maß (nämlich alsbaldige Leistung) hinaus zur vorherigen Sicherheitsleistung verpflichten wollte; die Quellen zeigen aber, dass in solchen Fällen, um einen modernen Begriff zu verwenden, eine „geltungserhaltende Reduktion" auf das zulässige Maß der übernommenen Verpflichtung vorgenommen wurde[677].

Ist also die von Ulpian übernommene Entscheidung Julians in allen Punkten folgerichtig, so besteht, von geringfügigen Bedenken gegen die Genauigkeit der Textüberlieferung abgesehen[678], kein Anlass, die Echtheit der Lösung Julians zu bezweifeln[679].

---

673 Celsus D. 34, 5, 26; vgl. hierzu HONSELL, FG Kaser [1986], S. 73 ff.; KLEINERTZ, Unklarheitenregel, S. 1 ff.; KRAMPE, Unklarheitenregel, S. 1 ff. und SZ 100 (1983), S. 185 ff.

674 In moderner Terminologie könnte man von einer Obliegenheit des Stipulators sprechen, deren Verletzung ein Verschulden gegen sich selbst darstellte.

675 KRAMPE, Unklarheitenregel, S. 14.

676 Etwa auf die *leges emptionis* und *locationis*, vgl. ZIMMERMANN, Obligations, S. 639.

677 So haftete, wer neben der Schuldsumme noch bisher nicht geschuldete Zinsen zusagte, nur auf die *sors*, also das Kapital (fr. 5, 24), wer zweihundert Goldstücke zusagte, obwohl er nur hundert schuldete, nur auf hundert (fr. 11, 1), usw.

678 Unerklärlich bleibt das doppelte *me*; auch auf die bekannte Frage, ob die Worte *sine ulla controversia* wirklich den Brief des Titius beenden oder, wie im Text der Magna Glossa, den Anfang des folgenden Satzes bilden, lässt sich keine sichere Antwort finden. Vielleicht darf man einem bei ARANGIO-RUIZ, FIRA III (Negotia), S. 391 abgedruckten transsylvanischen Täfelchen die Üblichkeit einer solchen Formulierung entnehmen und daraus auf die Richtigkeit der MOMMSEN-KRÜGER'schen Lesart schließen. In der Sache macht beides keinen großen Unterschied.

679 Allein damit ist LAROSAS These von einer prätorischen Wortform widerlegt: Wäre der Gebrauch von *constituo* tatsächlich erforderlich gewesen, hätten die Klassiker in keinem

c. Marcellus D. 13, 5, 24

Nun zum Reskript des Marcellus:

> Marcellus D. 13, 5, 24 (sing. responsorum):
> Titius Seio epistulam emisit in haec verba: ‚Remanserunt apud me quinquaginta ex credito tuo ex contractu pupillorum meorum, quos tibi reddere debebo idibus Maiis probos: quod si ad diem supra scriptum non dedero, tunc dare debebo usuras tot.' Quaero, an Lucius Titius in locum pupillorum hac cautione reus successerit. Marcellus respondit, si intercessisset stipulatio, successisse. Item quaero, an, si non successisset, de constituta teneatur. Marcellus respondit in sortem teneri: est enim humanior et utilior ista interpretatio.

Titius teilt Seius in einem Brief mit, er, Seius, habe aus einem Kredit, den er den Mündeln des Titius gewährt hatte, bei Titius noch eine Summe von fünfzig Goldstücken gut. Diese Summe werde Titius an den Iden des Mai zurückzuzahlen haben. Für den Fall der Nichtleistung am besagten Tag verspricht er zusätzlich ein bestimmtes Zinsmaß. Marcellus befindet, Titius sei zwar, wenn nicht eine Stipulation hinzugetreten sei[680], allein aufgrund des Briefes nicht an die Stelle seiner Mündel getreten; immerhin hafte er aber, wenngleich beschränkt auf das Kapital, aus einem Konstitut.

Wenig Gewicht hat zunächst LAROSAS Bemerkung, der Text entstamme dem *liber singularis responsorum* des Marcellus, einer Zusammenfassung seiner Digesten, die nachklassische Interpolationen enthalte. Dass ein Werk eines klassischen Juristen nur in überarbeiteter Form Eingang in die Digesten gefunden hat, ist schwerlich ein Argument dafür, dass ein konkreter daraus entnommener Text verdorben ist[681].

---

einzigen Fall ein Konstitut angenommen, in dem der Konstituent eine abweichende Formulierung gewählt hatte.

680 BEHRENDS U. A., CIC III, S. 160 fügen der Übersetzung ein „[gleichzeitig]" hinzu, doch dürfte auch eine vorherige oder spätere Stipulation die beschriebene (nämlich novatorische) Wirkung gehabt haben.

681 A. A. LAROSA, Labeo 43 (1997), S. 202 (208); als Gewährsmann nennt sie SCHULZ, Rechtswissenschaft, S. 293, der über den *liber singularis responsorum* ausführt: „Möglicherweise war dies nur ein nachklassischer Auszug aus den *Digesta*. Der Text, den die Byzantiner lasen, enthielt jedenfalls, wie unsere Fragmente zeigen, eine Fülle nachklassischer Interpolationen." – Das ist freilich nur eine grobe Wiedergabe der Ergebnisse, zu denen SCHULZ anlässlich einer umfangreichen Untersuchung der Überlieferungsgeschichte der *responsa* des Scaevola gelangt war (FS Lenel, S. 143 ff. (Beilage IV, S. 236)), einer Sammlung, von der er annimmt, sie sei erstmals in der Nachklassik herausgegeben worden. Seiner Ansicht nach ist das Werk des Marcellus in nachklassischer Zeit mit einem anonymen Notenapparat versehen worden und in dieser Form auf die Byzantiner gekommen. Dass es inhaltlich kein klassisches Gedankengut enthält, behauptet er gerade nicht. Was speziell unseren Text

Der Haupteinwand richtet sich gegen die Abfolge von Anfragen und Antworten. Auf die präzise Frage *an Titius hac cautione reus successerit* antworte Marcellus nicht unmittelbar, sondern unter Einführung eines weiteren Elements, der *stipulatio*. Die zweite Frage sei in Anbetracht der Antwort des Marcellus ihrerseits ungenau, sie habe nicht *an, si non successisset,* [...] *teneatur*, sondern *an, si non intercessisset,* [...] *teneatur* lauten müssen. Schließlich gebe Marcellus auch hier insofern keine unmittelbare Antwort, als er zwar die Summe nenne, auf die Titius hafte, nicht aber die konkrete Haftungsgrundlage[682].

Unterzieht man die Darstellung des Falles und des Austauschs zwischen Marcellus und dem Fragesteller einer kritischen Würdigung, so werden die angeblichen Unstimmigkeiten erklärlich. Offenbar hatten die Mündel des Titius bei Seius einen Kredit in unbekannter Höhe aufgenommen. In der einen oder anderen Weise ist ein Rest des Geldes zu Titius gelangt. Dieser wendet sich nunmehr an Seius und sagt ihm die pünktliche Rückzahlung zu, ggf. wolle er das Kapital sogar verzinsen. Wenn Titius sich nicht an seine Zusage hält, stellt sich für Seius die Frage, wie er zu seinem Geld kommt. Natürlich könnte er die Mündel verklagen; der Richter mag jedoch befinden, diese seien nicht mehr Schuldner, vielmehr sei Titius an deren Stelle getreten. Verklagt er Titius, droht ihm das umgekehrte Schicksal, wenn er *nicht* an die Stelle der Mündel getreten ist. Also wendet er (oder ein bereits mit der Sache befasster *iudex*, s. sogleich) sich an Marcellus und bittet um ein Rechtsgutachten.

Entscheidend ist, ob Titius die Schuld der Mündel übernommen hat und somit in eigenem Namen verklagt werden kann. Das ist nur dann der Fall, wenn sie noviert ist, denn, wie Gaius 2, 39 lehrt, *sine hac vero novatione non poteris tuo nomine agere*. Novation aber bewirkt neben der *litis contestatio* nur ein zivil wirksamer Rechtsakt, vor allem die *stipulatio*[683]. Das Marcellus vorgelegte Schriftstück lässt nicht erkennen, ob es eine Stipulation belegt oder ob eine Stipulation im Nachhinein abgeschlossen wurde. Daher kann er nur zurückhaltend antworten: Nur wenn außerdem eine Stipulation vorliegt, hat Titius als Schuldner die Stelle seiner Mündel eingenommen.

Wenn der Fragesteller, der über die Sachlage besser informiert ist als Marcellus, diesem nunmehr die Frage vorlegt, ob Titius, wenn schon nicht als Rechtsnachfolger der Mündel an deren Stelle, so doch wenigstens – neben

---

betrifft, so hält er nur den inhaltsleeren letzten Satz für eine Hinzufügung, und zwar, insoweit gegen KRÜGER, SZ 19 (1898), S. 6 (32), nicht der Kompilatoren, sondern des anonymen nachklassischen Bearbeiters.

682 LAROSA, Labeo 43 (1997), S. 202 (207 f.).

683 Vgl. KASER, RP I, S. 647 ff.

ihnen (!)[684] – aus einer Zahlungszusage hafte, so ist dies keineswegs als eine gewisse *inconcinnitas* zu tadeln[685]. Eher legt das Abstellen auf das *succedere* des Titius nahe, dass der Fragesteller fähig war, aus der Antwort des Marcellus einen eigenen Schluss zu ziehen, und er den Juristen mit der Frage, warum keine Sukzession eingetreten sei, nicht weiter behelligen wollte. Das könnte für eine gewisse juristische Vorbildung oder vielleicht dafür sprechen, dass sich hier ein mit dem Rechtsstreit befasster Geschworener an Marcellus gewandt hatte.

Dass schließlich Marcellus die Konstitutsklage in seiner abschließenden Stellungnahme nicht mehr nennt, ist nicht überraschend und entspricht dem üblichen knappen Gutachtenstil, zumal er als Gutachter spezifisch nach der möglichen Haftung *ex constituto* gefragt worden war[686].

Interessant ist in diesem Zusammenhang die Parallelstelle in den Basiliken (26, 7, 24), in der es heißt, der Verfasser des Briefes hafte ὡς ἀπὸ τῆς ἀντιφωνήσεως, also nicht aus einem Konstitut, sondern nur wie[687] aus einem Konstitut. Wie auch immer dieses ὡς zu erklären ist, es kann seinen Grund nicht darin haben, dass der Vormund nicht den Ausdruck *constituo* bzw. dessen griechische Entsprechung ἀντιφωνέω gebraucht hatte. Denn wenn das Konstitut jedenfalls seit Justinian keiner Form mehr bedurfte[688], den Verfassern der Basiliken die Klassikertexte zudem allenfalls in der justinianischen Redaktion vorlagen[689], gab es für letztere nicht den geringsten Anlass, die Konstitutsklage im Falle der fehlenden Wortform nur entsprechend anzuwenden.

Ein letzter Hinweis auf die Hand der Kompilatoren ist nach LaRosas Dafürhalten der Umstand, dass hier Konstitut und Stipulation in einem Atemzug genannt werden und sogar die Formulierung des Marcellus an eine Passage aus den Institutionen Justinians (4, 6, 9) erinnert. Dort wird ausgeführt: *de pecunia constituta* [...] *agitur* [...] *nulla scilicet stipulatione interposita.* Zwischen dieser Passage und dem *responsum* des Marcellus besteht jedoch ein entscheidender

684 Vgl. Gaius D. 13, 5, 28 (allerdings itp.) und zur Frage der novatorischen Wirkung des Konstituts unten S. 294 ff.

685 So aber LaRosa, Labeo 43 (1997), S. 202 (208).

686 Keineswegs unerklärlich ist auch, dass Marcellus ungefragt darauf hinweist, dass Titius nur auf das Kapital hafte: Damit trägt er einer Besonderheit der *actio de pecunia constituta* Rechnung, die er möglicherweise nicht als bekannt voraussetzte.

687 Heimbach übersetzt wohl richtig *quasi ex constituto*; vgl. Liddell-Scott, Dictionary, s. v. ὡς, S. 2038, A. b.II.2.

688 Vgl. C. 4, 18, 2.

689 Nach Wenger, Quellen, S. 703 haben die Redaktoren ihren Stoff wie bereits erwähnt nicht einmal der Kompilation entnommen, sondern nur den griechischen κατὰ πόδας, ἴνδικες und παράτιτλα.

Unterschied: Im Gegensatz zu Justinian sind Stipulation und Konstitut für Marcellus nicht praktisch identisch, denn nur die Stipulation führt nach seiner Auskunft zur Sukzession des Versprechenden, während das Konstitut ihn zwar zum Schuldner macht, aber nicht an die Stelle des bisherigen Schuldners treten lässt. Marcellus unterscheidet also beide Geschäfte scharf nach ihrer Wirkung, so dass von einer der byzantinischen Tendenz entsprechenden Gleichsetzung keine Rede sein kann.

d. Nochmals: Ulpian D. 13, 5, 14, 3

Das deutlichste Zeugnis für das Fehlen einer Wortform stellt Ulpians Erklärung dar, das Konstitut könne *quibuscumque verbis* abgegeben werden[690]. Die gegen diesen Zusatz geübte Kritik beruft sich auf den Textzusammenhang: Ulpian (und auch Paulus im nachfolgenden fr. 15) handele von den Personen, die beim Abschluss eines Konstituts auftreten können (*praesentes et absentes*; *per nuntium*; *per nosmet ipsos*; *libera persona, per quam tibi constitui*), nicht aber von der Art und Weise des Zustandekommens; daher sei die Hinzufügung fehl am Platze und nur durch die nachklassische Abkehr von den altzivilen (oder wie hier altprätorischen) Formen zu erklären[691].

Abgesehen davon, dass das Abstellen auf den (von den Kompilatoren hergestellten!) Zusammenhang mit dem folgenden Paulus-Text irreführend ist, wird dem Klassikertext hier eine moderne Denkform oktroyiert. Ulpian denkt nicht in den abgrenzbaren Kategorien „Vertragsschluss", „Form", „beteiligte Personen". Er untersucht, wann bei einer Betrachtung aller Umstände ein *factum* vorliegt, das man rechtlich als *constituere* einstufen kann. Welche Personen hierbei auftreten können, ist in seinen Augen nicht davon zu trennen, mit welchen Worten diese Personen den Tatbestand des Konstituierens erfüllen. Nachdem er festgestellt hat, dass hinsichtlich der Personen eine ähnliche Freiheit herrscht wie beim Abschluss eines *pactum* (*sicut pacisci*), merkt er an, dass dies – unabhängig von

690 D. 13, 5, 14, 3.

691 LaRosa, Labeo 43 (1997), S. 202 (209) führt die berühmte Konstitution C. 8, 37, 10 des Kaisers Leo an, der im Jahre 472 verfügte, die Stipulation könne fortan *quibuscumque verbis* abgeschlossen werden. Nachdem die Form dieses „*negozio formale per antonomasia*" weggefallen war, habe auch die Förmlichkeit des Konstituts ihren Sinn verloren. Damit setzt sie sich dem Vorwurf der inneren Widersprüchlichkeit ihrer These aus: Wenn, wie sie meint, die angebliche Form des Konstituts – anders als die der Stipulation – eine Zweckform war, die einerseits eine Warnfunktion hatte, andererseits aber auch die Abgrenzung des Konstituts von ähnlichen Geschäften ermöglichen sollte, so wurde diese Form durch die genannte Konstitution weder unter dem ersten noch unter dem zweiten Aspekt sinnlos. Im Gegenteil: Die Abgrenzungsfunktion hätte an Bedeutung gewinnen müssen, weil die Stipulation in der Folge äußerlich vom Konstitut kaum mehr zu unterscheiden war.

der Person, die letztlich die Erklärung abgibt – auch für die Wortwahl gelte. Die Bemerkung *et quibuscumque verbis* fällt also nicht im Geringsten aus dem Rahmen des Kontextes. Sie ist als klassisch zu betrachten[692].

3. Ergebnis

Halten demnach die untersuchten Stellen der textkritischen Überprüfung stand, so besteht kein Anlass, von dem in den Quellen gezeichneten Bild abzurücken[693]. Vielmehr ist an der traditionellen Ansicht festzuhalten, dass die römischen Juristen nicht nur solche Zahlungszusagen als Konstitut im rechtlichen Sinne betrachteten, die unter Verwendung des Wortes *constituo* abgegeben wurden, sondern auch solche, die *quibuscumque* [sc. *aliis*] *verbis* erfolgten[694].

§ 14 *Pecuniam debitam fuisse* – Das Erfordernis einer Hauptschuld

Die ediktale Bestimmung, dass das Konstitut sich auf eine bestehende Schuld, und zwar auf eine zum Zeitpunkt der Zusage bestehende Schuld, beziehen musste, kommentieren die klassischen Juristen recht umfangreich, und auch Justinian fördert unser Verständnis des klassischen Rechtszustandes mit einem ausführlichen Bericht über die – nach seinem Empfinden verbesserungsbedürftige – Handhabung bei den *veteres*. Die Probleme und Zweifelsfragen, die sich in dieser Hinsicht stellen, lassen sich grob in drei Kategorien einteilen. Zum einen betreffen sie die Hauptschuld als solche, insbesondere ihren Gegenstand und ihren Schuldgrund. Zum zweiten stellt sich die Frage, inwiefern die Haftung *ex constituto* von Bestand und Entwicklung der ursprünglichen Obligation abhing. Eine dritte Gruppe von Texten schließlich beschäftigt sich mit dem Inhalt des Konstituts selbst, der in verschiedenen Punkten von dem der Hauptschuld abweichen konnte.

---

692 So auch Perozzi, Istituzioni, S. 239 n. 1, der jedoch meint, der Jurist betone die Formfreiheit hier überdeutlich, weil sie nicht stets bestanden habe. Gegen ein ursprüngliches Formerfordernis sprechen aber die soeben ausgeführten Gründe.

693 Im Ergebnis ebenso Platschek, Edikt, S. 71 ff., der allerdings auf der Grundlage seiner These zur Beeinflussung des Edikts *de pecunia constituta* durch die Rechtsvorstellungen der hellenistischen Praxis argumentiert.

694 Auch wenn es in der Praxis häufig vorgekommen sein wird, dass man sich dieses Wortes bediente, vgl. etwa das anonyme Scholion Nr. 1 zu B. 26, 7, 5 (B V 1794 Sch.; III 136 Hb.); s. auch Roussier, Constitut, S. 71.

I. Art und Inhalt der Hauptschuld

1. Rekapitulation der gewonnenen Erkenntnisse

Wie bereits festgestellt[695], spielte die Tatsache, dass die nicht rechtzeitige Erfüllung den Gläubiger bei strengrechtlichen Klagen auf ein *certum*, genauer gesagt auf eine *certa pecunia*, besonders hart traf, eine wichtige Rolle bei der Entstehung der Konstitutsklage. Die zwingende Entsprechung von *intentio* und *condemnatio* bei der *actio certae creditae pecuniae* schloss die Berücksichtigung einer festen Terminzusage in der Bemessung der Urteilssumme aus[696]. Da sich dieser Mangel des Formelsystems besonders deutlich bei den Darlehensgeschäften zeigte, gewährte der Prätor die neue Klage zunächst nur bei solchen[697], was, wenn man so will, eine zweifache Begrenzung (nach Gegenstand und *causa* der Hauptschuld) ihres Anwendungsbereichs mit sich brachte. Nach dem Bericht Justinians haben die *veteres* die Konstitutsklage zwar nicht nur bei Geldschulden angewendet, sondern auch bei solchen Schulden, die vertretbare Sachen betrafen[698], eine Interpretation des Begriffs *pecunia*, die sicher dem Umstand zu verdanken ist, dass Gegenstand von Darlehen nicht nur Geld, sondern auch vertretbare Sachen sein konnten[699]; wenn aber – nach Genus oder Spezies bestimmte – nicht vertretbare Sachen oder gar ein *facere* geschuldet waren, blieb die *actio de pecunia constituta* ausgeschlossen[700]. Demzufolge kam als *causa* der Hauptschuld zunächst nur ein ziviles Darlehensgeschäft in

695 S. o. S. 86 ff.

696 Vgl. Astuti I, S. 107 ff.; Dejardin, L'action, S. 28 ff.; Roussier, Constitut, S. 107.

697 Vgl. Astuti I, S. 124 ff.; Roussier, Constitut, S. 84.

698 C. 4, 18, 2, 1b (Justinian anno 531): *Et neminem moveat, quod sub nomine pecuniae etiam omnes res exigi definimus, cum et in antiquis libris prudentium, licet pecunia constituta nominabatur, tamen non pecuniae tantum per eam exigebantur, sed omnes res quae pondere numero mensura constitutae sunt.*

699 Selbst wenn man nicht Roussier, Constitut, S. 114 ff. folgen kann, der den Ursprung des Konstituts gerade im Bereich des Sachdarlehens (nämlich von Saatgut) sucht, liegt die Vermutung nahe, dass die Gewährung der Konstitutsklage in diesen Fällen, wenn nicht von Anfang an, so doch sehr bald gängige Praxis war, vgl. Astuti I, S. 126; II, S. 21 f.; Bruns, ZRG 1 (1861), S. 28 (88).

700 Erst die Reform des Jahres 531 erweiterte die Klage auf alle Sachen, s. C. 4, 18, 2, 1: [...] *hac apertissima lege definimus, ut liceat omnibus constituere non solum res quae pondere numero mensura sunt, sed etiam alias omnes sive mobiles sive immobiles sive se moventes sive instrumenta vel alias quascumque res, quas in stipulationem possunt homines deducere.* Streng genommen bezieht Justinian diese Erweiterung allerdings nicht auf die Hauptschuld, sondern auf das Konstitut: Er sagt nicht, dass eine Hauptschuld beliebigen Inhalts konstituiert werden kann, sondern dass mit dem Konstitut die Leistung jeder Sache zugesagt werden kann, die auch Gegenstand einer Stipulation sein kann.

Betracht, das mit der *actio certae ceditae pecuniae* durchgesetzt wurde, also *mutuum*, Darlehensstipulation und *expensilatio*[701].

2. Die weitere Entwicklung im Spiegel der klassischen Quellen

An der ersten Beschränkung (nach dem Schuldgegenstand) hielten die römischen Juristen noch während der gesamten klassischen Zeit fest, die zweite (nach dem Schuldgrund) überwanden sie jedoch alsbald. Von der Rechtslage in der Hochklassik berichtet

> Ulpian D. 13, 5, 1, 6 – 8 (27 ad edictum):
> *§ 6* Debitum autem ex quacumque causa potest constitui, id est ex quocumque contractu sive certi sive incerti, et si ex causa emptionis quis pretium debeat vel ex causa dotis vel ex causa tutelae vel ex quocumque alio contractu. *§ 7* Debitum autem vel natura sufficit. *§ 8* Sed et is, qui honoraria actione, non iure civili obligatus est, constituendo tenetur: videtur enim debitum et quod iure honorario debetur. et ideo et pater et dominus de peculio obstricti si constituerint, tenebuntur usque ad eam quantitatem, quae tunc fuit in peculio, cum constituebatur: ceterum si plus suo nomine constituit, non tenebitur in id quod plus est.

Dieser Darstellung zufolge konnte die Konstitutsklage sich auf beliebige Schulden beziehen, ohne Rücksicht darauf, aus welcher Art von Vertrag sie sich ergaben, ob sie bestimmt oder unbestimmt waren, ob sie dem zivilen oder prätorischen Recht angehörten, sogar eine bloße Naturalobligation lässt § 7 ausreichen.

Genügte auf der einen Seite das Geschuldetsein nach prätorischem Recht als Anknüpfungspunkt für ein Konstitut, so durfte auf der anderen das Amtsrecht der Durchsetzung der Hauptschuld nicht entgegenstehen.

> Ulpian D. 13, 5, 3, 1 (27 ad edictum):
> Si quis autem constituerit quod iure civili debebat, iure praetorio non debebat, id est per exceptionem, an constituendo teneatur, quaeritur: et est verum, ut et Pomponius scribit, eum non teneri, quia debita iuribus non est pecunia quae constituta est.

Ulpians auf Pomponius zurückgehende Interpretation des *debere* ist im Kern sicherlich echt[702], selbst wenn man den Einschub *id est per exceptionem* als Glosse

---

701 Vgl. Cicero *Pro Rosc. com.* 14: *Pecunia petita est certa; cum tertia parte sponsio facta est. Haec pecunia necesse est aut data aut expensa lata aut stipulata sit*; s. auch Roussier, Constitut, S. 87.

702 Vgl. Astuti II, S. 218; Roussier, Constitut, S. 126 und n. 2.

betrachten[703], das *constituendo* für überflüssig[704] und das *iuribus* für unwahrscheinlich[705] halten mag. Von *pecunia debita* konnte keine Rede sein, wenn der Schuldner der Forderung eine *exceptio* entgegenhalten konnte. Die zivile oder prätorische Forderung musste also effektiv geschuldet sein, sollte die Missachtung einer Zahlungszusage die Haftung mit der *actio de pecunia constituta* nach sich ziehen. Das so gezeichnete Bild rundet Paulus noch ab, indem er die Konstitutsklage auch bei Schulden aus einigen Deliktsklagen gewährt[706]:

> Paulus D. 13, 5, 29 (24 ad edictum):
> Qui iniuriarum vel furti vel bonorum raptorum tenetur actione, constituendo tenetur.

Entscheidend war demnach allein, dass überhaupt etwas – genauer: Geld oder eine Quantität – geschuldet war, mit anderen Worten, dass der Konstituent[707] der Forderung, deren Begleichung er für einen bestimmten Zeitpunkt zugesagt hatte, auch tatsächlich ausgesetzt war. Während viele ältere Autoren, allen voran Bruns, den Quellen in dieser Hinsicht Vertrauen schenken[708], halten die neueren das in den Digesten vermittelte Bild für wenigstens verzerrt[709]. Man bezweifelt, dass eine Zahlungszusage ohne weiteres auch bei unbestimmten Schulden jeglicher Art wirksam war, insbesondere im Falle von deliktischen Ansprüchen[710], bei denen es erst dem *iudex* zukam, den genauen Forderungsbetrag festzusetzen[711]. Auch

703 Eisele, SZ 18 (1897), S. 1 (39); vgl. Levy, Konkurrenz I, S. 225 n. 4; Philippin, Constitut, S. 57; Wlassak, Ursprung der römischen Einrede, S. 47.

704 Oder als Ersatz für echtes *ex hac formula*, vgl. Beseler, Beiträge IV, S. 128; zustimmend Philippin, Constitut, S. 57.

705 Vgl. Frese, SZ 43 (1922), S. 466 (473); zustimmend Philippin, Constitut, S. 57. Der Florentinus hat übrigens *viribus*.

706 Trocken zu diesem Text Frezza, Garanzie I, S. 249: „Il testo non ha bisogno di commento."

707 Oder, im Falle des *constitutum debiti alieni*, ein Dritter.

708 S. die Aufzählung der klassischen Erweiterungen der Konstitutsklage bei Bruns ZRG 1 (1861), S. 28 (87 ff.); vgl. ferner Contat, Constitut, S. 37 ff.; Coulon, Constitut, S. 25 ff.; Fuchs AcP 42 (1859), S. 172 (175 ff.); Guignè, Constitut, S. 19 ff.; Guillard, Constitut, S. 106; Haranger, Constitut, S. 30; Karlowa, RG II, S. 1378; Valery, Histoire, S. 8 f.

709 Vgl. Astuti II, S. 209 ff.; s. außer der dort S. 210 n. 2 nachgewiesenen Literatur noch Karadeniz, Constitutum, S. 96 ff.; z. T. auch Roussier, Constitut, S. 89 ff.; dagegen übernimmt neuerdings Jacob, Constitut, S. 34 völlig unkritisch (und beinahe wörtlich) die Haltung Harangers, Constitut, S. 28 ff., ohne sich im Geringsten mit den seither erschienenen Stellungnahmen – oder auch nur den Quellen – auseinanderzusetzen.

710 Roussier hält den Ausschluss deliktischer Schulden aus dem Anwendungsbereich des Konstituts in der Praxis für einen so zentralen Punkt seiner Lehre, dass er ihn bereits in den ersten Zeilen seiner Einleitung hervorhebt und umfangreich erläutert, s. Constitut, S. 1 f. und S. 2 n. 1.

711 Astuti II, S. 214 ff. setzt voraus, dass bei einer unbestimmten Obligation die Schuldsumme zwischen den Parteien unstreitig sein musste, Roussier, Constitut, S. 89 ff. hält gar eine präzisierende Novation vor dem Konstitut für erforderlich; vgl. auch Philippin, Constitut,

an die Gültigkeit des Konstituts einer bloßen Naturalobligation mag man nicht recht glauben[712].

a. Beliebigkeit der *causa*

Voranzuschicken ist, dass die allmähliche Abkehr von der Beschränkung der Konstitutsklage auf eine aus Darlehen geschuldete *certa pecunia* aus verschiedenen Gründen nachvollziehbar und wahrscheinlich ist. Auf der einen Seite handelte es sich bei dieser Beschränkung weniger um eine bewusste und zweckgerichtete Eingrenzung des Anwendungsbereichs der Konstitutsklage als um einen ihrer Herkunft geschuldeten Reflex: Das Bedürfnis nach einem neuen Rechtsbehelf hatte sich ja an einem Mangel des Formelsystems entzündet, der vor allem bei der *actio certae creditae pecuniae* klar zutage trat, und die *actio constitutoria* war dementsprechend in Anlehnung an diese konzipiert worden, weshalb anfangs auch der Wirkungskreis beider Klagen kongruent war. Auf der anderen Seite brachte die einmal anerkannte und ins Edikt aufgenommene Konstitutsklage weitere Vorteile mit sich, die es angebracht erscheinen ließen, sie auch in anderen Fällen anzuwenden[713]. So mochten die weniger strengen Klagen dem Geschworenen die Berücksichtigung eines festen Leistungstermins in der Verurteilung ermöglichen, sie boten dem Kläger jedoch zumeist nicht die Möglichkeit der Eidesdelation, die *sponsio dimidiae partis* und das ihm günstigere Beweisprogramm[714]. Allein schon die Bereitstellung eines neuen, selbständigen Rechtsbehelfs im Edikt musste eine solche Entwicklung begünstigen, insbesondere wenn, wie es möglich erscheint, dessen Formel von Anfang an schlicht eine *pecunia debita* voraussetzte[715].

Unter diesen Gesichtspunkten stand einer Deutung des Ediktstextes, die auch Schulden aufgrund anderer *causae debendi* dem Konstitut zugänglich machte, kein unüberwindliches Hindernis entgegen. Warum sollte nicht, so fragt ASTUTI[716] völlig zu Recht, der Erbe aus einem Konstitut haften, mit dem

---

S. 55 f., der jedoch keine Spekulationen darüber anstellt, in welcher Weise die Bestimmtheit einer Forderung herbeizuführen war.

712 ASTUTI II, S. 219 ff.; BARON, Krit. VJSchr. 28, S. 243; KAPPEYNE, Abhandlungen, S. 242 f.; 342 f.; KARADENIZ, Constitutum, S. 101 ff.; PFERSCHE, GrünhutsZ 14 (1887), S. 175; PHILIPPIN, Constitut, S. 58 ff.

713 Vgl. ASTUTI II, S. 214.

714 Zur Beweislast bei der Konstitutsklage in diesem Sinne FUCHS, AcP 42 (1859), S. 172 (184 ff.); auch BRUNS ZRG 1 (1861), S. 28 (78) hält einen Beweis der Hauptschuld durch Nachweis der Zahlungszusage in geeigneten Fällen für möglich; ähnlich ROUSSIER, Constitut, S. 127 ff.; ihm zustimmend MAYER-MALY, SZ 76 (1959), S. 616 (620); a. A. ASTUTI II, S. 225 ff.; s. ausführlich zu dieser Frage unten S. 269 ff.

715 Vgl. ASTUTI II, S. 214.

716 ASTUTI II, S. 214.

er dem Damnationslegatar pünktliche Auszahlung des Vermächtnisses[717] zugesagt hatte, zumal wenn man die Parallelen zwischen Schulden aus Legat und Stipulation[718] bedenkt? Nichts anderes gilt in den von Ulpian genannten weiteren Beispielsfällen (Konstitut der Kaufpreisforderung, der Dotalschuld[719] und der Tutelschuld).

b. *Certum* als Inhalt der Hauptschuld

Genügte demnach im Prinzip jede *causa debendi* als Grundlage für ein Konstitut, solange Geld oder fungible Sachen geschuldet waren, stellt sich die Frage, ob darüber hinaus stets erforderlich blieb, dass die Schuld ein *certum* betraf[720].

aa. Astuti

ASTUTI behauptet dies nicht ausdrücklich, lässt jedoch mehrfach erkennen, dass er die Haftung *ex constituto* von der Bestimmtheit der zugesagten Leistung abhängig macht[721]. Er hält zwar den Einschub *id est ex quacumque contractu sive certi sive incerti* in fr. 1, 6 für „certo tribonianeo[722]", nimmt aber gleichwohl an, dass die klassische Jurisprudenz auch Schulden aus unbestimmten Obligationen und Klagen als *debitum* im Sinne der Formel genügen ließ. Allerdings, so fügt er hinzu, „purchè beninteso fosse già determinato e certo l'oggetto della prestazione promessa, l'ammontare della somma o della quantità dovuta che veniva dedotta nel *constitutum*, mentre non si sarebbe potuto promettere genericamente mediante costituto il pagamento di un *incertum*[723]". Auch was fr. 29 und das dort anerkannte Konstitut von Schulden *ex delicto* betrifft, ist er skeptisch und beschränkt die Tragweite des Paulustextes auf allenfalls solche Fälle, „in cui del debito già fosse stato in modo definitivo riconosciuto e accertato l'ammontare[724]". Wie allerdings jeweils die Bestimmtheit der geschuldeten Summe herbeizuführen war, verrät ASTUTI nicht.

717 Immer vorausgesetzt, dass der Erblasser dem Legatar eine bestimmte Summe oder eine bestimmte Menge fungibler Sachen vermacht hatte.

718 S. dazu MITTEIS SZ 32 (1911), S. 1ff.

719 Vgl. dazu näher COSTA, SDHI 77 (2011), S. 129 (198ff.).

720 Dass *contractus sive certi sive incerti* überhaupt nicht auf die Bestimmtheit des Schuldinhalts betrifft, sondern wie in D. 12, 1, 9 pr. (Ulp. 27 ed.) die Existenz einer *praesens obligatio* bezeichnet (was man bei einer bedingten oder aufschiebend befristeten bezweifeln mochte), ist wenig wahrscheinlich, vgl. COSTA, SDHI 77 (2011), S. 129 (195) gegen VARVARO, Per la storia del certum, S. 152 n. 514.

721 S. etwa ASTUTI II, S. 186f.; S. 212; S. 214; vgl. auch KAPPEYNE, Abhandlungen, S. 242.

722 ASTUTI II, S. 210.

723 ASTUTI II, S. 212.

724 ASTUTI II, S. 216 und n. 20.

bb. Roussier

Roussier[725] geht einen Schritt weiter. Sein zentraler Gedanke ist, dass das Konstitut einer unbestimmten Schuld unwirksam sein müsse, „car on ne peut prendre jour pour le paiement d'une dette, quand on ne sait pas encore exactement ce qui sera livré et constituera un paiement valable". Daraus folgert er, dass vor dem Konstitut die bis dahin unbestimmte Schuld in ein *certum* verwandelt werden musste, sei es durch novierenden Verbalakt, sei es durch die doppelte prozessuale Novation mittels *litis contestatio* und *condemnatio*, von der Gaius 3, 180 berichtet[726]. Nur unter diesem Vorbehalt, für dessen Berechtigung er die Bestimmung der Schulden des Quinctius durch Aquilius Gallus bei Cicero[727] als Beweis in Anspruch nimmt, betrachtet er das Konstitut einer unbestimmten Vertragsschuld oder einer Verbindlichkeit *ex delicto* als nach klassischem Recht wirksam[728].

c. Stellungnahme

Zunächst findet eine Beschränkung des Konstituts auf bestimmte Schulden in den klassischen Quellen keinerlei Bestätigung, im Gegenteil wird wie gezeigt zumindest bei vertraglichen Verbindlichkeiten das auf ein *incertum debitum* bezogene Konstitut ausdrücklich und ohne Vorbehalt anerkannt. Auch Justinian erwähnt in seiner ansonsten recht ausführlichen Exposition des früheren Rechts nicht, dass als Hauptschulden nur solche in Betracht kamen, die auf ein *certum* gerichtet waren. Noch viel weniger lässt sich irgendein Indiz dafür finden, dass Ulpian und Paulus die Gültigkeit eines Konstituts unbestimmter und deliktischer Ansprüche nur *novatione facta* oder *re iudicata* behaupten wollten[729].

Weit davon entfernt, die These Roussiers zu bestätigen, liefert der von Cicero *pro Quinctio* 3–5 geschilderte Geschehensablauf uns einen wichtigen Beleg für die tatsächliche Rechtslage. Zur Erinnerung[730]: Quinctius schuldete den Erben eines gewissen Scapula aus Darlehen eine beträchtliche Summe, die allerdings insofern unbestimmt war, als sie sich nicht einfach den Büchern entnehmen ließ,

725 Constitut, S. 85.

726 Roussier, Constitut, S. 88 f.

727 *Pro Quinctio* 3–5.

728 Aus diesem Grund hält er Constitut, S. 88 auch die Aussage Ulpians in fr. 1, 8, honorarrechtliche Forderungen könnten wirksam konstituiert werden, für allzu generell. Er beschränkt ihre Tragweite unter Verweis auf das von Ulpian genannte Beispiel (*actio de peculio*) auf solche Schulden, die sich an (bestimmte) zivilrechtliche Verbindlichkeiten anlehnen, wie eben die *actio de peculio*; dazu sogleich im Text.

729 Roussier nimmt Ulpian nicht nur, wie er selbst Constitut, S. 89 n. 2 will, nicht beim Wort, wenn er erklärt, der Jurist habe die umstrittene Formulierung in fr. 1, 6 „sans doute par ellipse" gewählt: Er unterstellt ihm vielmehr ohne viel Federlesens die eigene Ansicht.

730 Ausführlich oben S. 45 ff.

weil sie erst in römische Denare umgerechnet werden musste. Diese Aufgabe hatte C. Aquilius übernommen und entsprechende Auskunft im Castor-Tempel eingeholt. Quinctius sagte den Scapulae sogleich Zahlung der von Aquilius genannten Summe zu. Von einem Verbalakt oder gar von einem Prozess lesen wir nichts: Aquilius war nicht, wie später in dem Verfahren, in dem Cicero die Rede hielt, als Geschworener bestellt, war vielmehr tätig geworden *propter necessitudinem cum Scapulis*, aus sozialer Verbundenheit mit den Gläubigern. Nur rein faktisch lag im Zeitpunkt des Konstituts keine unbestimmte Schuld mehr vor, weil sich offenbar beide Parteien einig waren, dass die Leistungsbestimmung durch Aquilius gelten sollte, auch ohne dass dies eigens durch novierende Stipulation o. ä. ratifiziert wurde. Doch erst das Konstitut des Quinctius stellte rechtliche Verbindlichkeit her.

Obwohl auf den ersten Blick einleuchtend, ist auch das Argument, der Konstituent müsse genau wissen, was er schulde, um eine bindende Zahlungszusage abgeben zu können, von geringem Gewicht. Denn zum einen stand immerhin zumeist der Gegenstand der Schuld fest, war nur ihre Höhe unbestimmt[731]. Zum anderen ist kein Grund ersichtlich, warum der Schuldner nicht an seinem Wort festgehalten worden sein sollte, wenn er – eine noch unbestimmte Summe schuldend – Zahlung eines bestimmten Betrages für einen festen Termin zusagte. Hatte er mehr als die tatsächlich geschuldete Summe zugesagt, musste er die Konstitutsklage nicht fürchten, wenn er nur das Geschuldete zahlte, hatte er weniger konstituiert, blieb zwar seine Haftung *ex constituto* auf diesen Betrag beschränkt, wenn er nicht rechtzeitig leistete, er haftete dem Gläubiger aber mit der Hauptschuldklage weiter auf den Rest. Das Konstitut war nichts anderes als die bindende Erklärung des Schuldners, er werde in einer bestimmten Weise zu einer bestimmten Zeit erfüllen. Es bot sich daher auch bei noch unbestimmten Leistungen geradezu an, das *constitutum* zur Präzisierung der Leistungspflicht zu verwenden.

Entscheidend war für die Parteien nur, dass der Inhalt der Zahlungszusage selbst hinreichend bestimmt war[732]. Dies war auf zweierlei Weise zu erreichen: Entweder nahm der Schuldner Bezug auf die ihrerseits bestimmte Hauptschuld. So ist das bereits von Bruns[733] als Beleg für die Ausdehnung des Konstituts von

731 Einen Sonderfall stellt D. 13, 5, 25 pr. (Papinian 8 quaest.) dar, wo sich die Unbestimmtheit der Hauptschuld aus einem Wahlrecht ergibt; dazu sogleich im Text.

732 Noch weiter geht Bruns, ZRG 1 (1861), S. 28 (77), der auch auf die Bestimmtheit des Konstituts verzichtet und sogar eine Zusage folgenden Inhalts für wirksam hält: *quidquid ex quacumque causa me tibi dare oportet, numerabo Idibus Maii.*

733 ZRG 1 (1861), S. 28 (88 und n. 92).

pecunia certa auf *incerta* herangezogene fr. 14 pr.[734] zu erklären: Der Schuldner musste die *quantitas* nicht explizit hinzufügen, es genügte vielmehr der Hinweis auf die Hauptschuld[735]. Oder er nannte wie etwa bei Cicero *Pro Quinctio* die genaue Summe, die er zahlen wollte. In diesem Fall wurde die erforderliche Klarheit über die zu erbringende Leistung durch das Konstitut hergestellt, nicht durch vorherige Novation.

Ein weiteres Indiz in diesem Sinne stellt ein Text von Papinian dar, der das Konstitut einer Wahlschuld behandelt.

> Papinian D. 13, 5, 25 pr. (8 quaestionum):
> Illud aut illud debuit et constituit alterum: an vel alterum quod non constituit solvere possit, quaesitum est. dixi non esse audiendum, si velit hodie fidem constitutae rei frangere.

Der Schuldner hat die Wahl zwischen zwei Leistungen und konstituiert die eine. Papinian befindet, dass er sich an dieser Wahl festhalten lassen muss.

Eine Wahlschuld galt in Rom als *incertum*, wenn zwar bestimmte Leistungen geschuldet waren, das Wahlrecht jedoch dem Schuldner zustand[736]. Konstituierte dieser wie hier eine der beiden Leistungen, so hätte nach Roussiers These Papinian das Konstitut für wirkungslos oder doch nur unter dem Vorbehalt der vorherigen Novation für wirksam erklären müssen. Wenn er dies nicht tut, sondern das Konstitut ohne Einschränkung gelten lässt, zeigt dies, dass eine unbestimmte Schuld durchaus Gegenstand des Konstituts sein konnte, und dass es genügte, wenn die Zahlungszusage selbst hinreichend bestimmt war[737].

Vollständig glaubhaft ist auch die Ausdehnung auf honorarrechtliche Verbindlichkeiten, von der Ulpian in § 8 des fr. 1 berichtet, denn seine Begründung *videtur enim debitum et quod iure honorario debetur* ist auch aus der Sicht eines

734 Ulpian D. 13, 5, 14 pr. (27 ad edictum): *Qui autem constituit se soluturum, tenetur, sive adiecit certam quantitatem sive non.*

735 Vgl. Astuti II, S. 211; Kappeyne, Abhandlungen, S. 242 und n. 2; Roussier, Constitut, S. 85.

736 Vgl. Ulpian D. 45, 1, 75, 8 (22 ed.): *Qui illud aut illud stipulatur, veluti „decem vel hominem Stichum", utrum certum an incertum deducat in obligationem, non immerito quaeritur: nam et res certae designantur et utra earum potius praestanda sit, in incerto est. Sed utcumque is, qui sibi electionem constituit adiectis his verbis "utrum ego velim", potest videri certum stipulatus, cum ei liceat vel hominem tantum vel decem tantum intendere sibi dari oportere: qui vero sibi electionem non constituit, incertum stipulatur.*

737 Astuti II, S. 186 f. nimmt sogar an, dass ein Konstitut *illud aut illud* unwirksam sein musste, und zwar unabhängig davon, ob bereits die Hauptschuld ein Wahlrecht enthielt oder nicht; zustimmend Roussier, Constitut, S. 87.

Klassikers von unabweisbarer Richtigkeit[738]. Die Verbindung von *honoraria actione* und *obligatus* im ersten Satz spricht entgegen einer früher verbreiteten Auffassung, die *obligatio* (und *obligari*) als technische Bezeichnung allein den zivilen Verbindlichkeiten vorbehielt[739], nicht gegen die Echtheit des Textes[740]: Zum einen bestehen heute keine Zweifel mehr daran, dass auch die klassischen Juristen den Begriff *obligatio* gelegentlich untechnisch verwendet haben[741], zum anderen ist die Begrifflichkeit jedenfalls hier wohl durch das unmittelbar vor *obligatus* erscheinende *iure civili* motiviert[742].

Interessanter ist die Frage, ob das von Ulpian gewählte Beispiel für eine konstituierbare prätorische Klage, die *actio de peculio*, weitere Rückschlüsse auf die Tragweite seiner Aussage zulässt. Roussier nimmt das an: Er will nur diejenigen unter den prätorischen Klagen ausreichen lassen, die sich an zivile *actiones in ius conceptae* anlehnen, wie eben die *actio de peculio*, die Ulpian beispielhaft nennt[743]. Dagegen sei ein Konstitut bei prätorischen *actiones in factum* wirkungslos gewesen, und zwar unabhängig von deren pönaler oder sachverfolgender Natur. Zur Begründung kann er aber nur wieder den Umstand anführen, dass die in der Regel auf *quanti ea res est* gerichteten *actiones in factum* keinen klar bestimmten Schuldinhalt aufwiesen, sondern erst durch das *iudicatum* bestimmt würden, was aus oben genannten Gründen nicht überzeugt. Hinzu kommt, dass nach Ulpian D. 13, 5, 18, 1 schon Celsus den Fall des Konstituts einer *actio temporalis* behandelt hat; die typische *actio temporalis* ist aber gerade die prätorische (oder ädilizische) Klage *in personam*[744]. Es ist demnach nicht anzunehmen, dass Ulpian das Beispiel in der Absicht gewählt hat, seine allgemeine Erklärung zu relativieren. Vielmehr dürfte jede amtsrechtliche Schuld genügt haben[745].

738 Vgl. Astuti II, S. 217 f.

739 Albertario, Obbligazioni III, S. 21 ff.; Perozzi, Scritti II, S. 311 ff.; Siber, RP, S. 159.

740 So aber Albertario, RIL II, 59 (1926) S. 560 f.

741 Vgl. nur Kaser, RP I, S. 480 n. 9 und die dort aufgeführte Literatur, insbesondere Segrè, Scritti vari, S. 249 ff.

742 Es dürfte daher auch überflüssig sein, mit Siber, GS Mitteis, S. 43 und Arangio-Ruiz, Le genti e la città, S. 39 f. nach *honoraria actione* ein *tenetur* oder *obstrictus* einzufügen.

743 Roussier, Constitut, S. 88; ein ähnlicher Gedanke war bereits Arangio-Ruiz, Le genti e la città, S. 39 f. gekommen, der sich wunderte, „perchè [*sc.* Ulpiano] non avrebbe scelta l'esemplificazione tra le figure giuridiche spiccatamente pretorie, anzichè in un campo ibrido qual é quello delle azioni adiettizie". Er suchte die Lösung in der Annahme, das *honoraria actione obligatus esse* sei hier nicht im sonst üblichen Sinne zu verstehen, sondern auf die prätorischen Klagen mit personaler Transposition gemünzt, zog daraus jedoch nicht den Schluss, ein Konstitut sei bei anderen prätorischen Klagen unwirksam.

744 Vgl. Berger, Dictionary, s. v. *actiones temporales*, S. 347; Kaser/Hackl, RZ, S. 333 und n. 45.

745 In diesem Sinne auch Astuti II, S. 217, der den Punkt freilich nicht weiter problematisiert, sondern schlicht jede honorarrechtliche Hauptschuld genügen lässt.

Schließlich können wir uns weder dem – reichlich vagen – Verdacht Astutis im Hinblick auf fr. 29[746] anschließen, noch Roussiers Vermutung teilen, Paulus habe nicht die Deliktsklagen als solche ausreichen lassen, sondern nur die auf eine entsprechende Verurteilung gestützte *actio iudicati*, weil erst diese auf ein *certum* gerichtet war[747]. Hier gilt einmal mehr das oben Gesagte: Bestimmt sein musste nicht die Hauptschuld, sondern die Erfüllungszusage. Wollte sich der Verletzte mit einer *poena* in der zugesagten Höhe nicht zufrieden geben, konnte er immer noch die Deliktsklage anstrengen; auch sonst ist kein Grund ersichtlich, warum die Juristen ihm die auf eine bestimmte Zusage gestützte Konstitutsklage hätten verweigern sollen[748].

Wir halten also fest, dass schon im klassischen Recht Gegenstand des Konstituts (Geld-)Schulden jeglicher Art sein konnten, vertragliche wie außervertragliche, bestimmte wie unbestimmte, zivile wie prätorische, solange sie rechtlich existent und durchsetzbar waren.

746 Astuti II, S. 216; ebenso nun Costa, SDHI 77 (2011), S. 129 (192 n. 276).

747 Roussier, Constitut, S. 88.

748 Eine andere Frage ist, ob jede Deliktsklage eine konstituierbare Schuld begründete, oder ob die von Paulus beispielhaft angeführten Klagen insofern typisch sind, als sie sämtlich nur dem Verletzten zustanden und nicht als Popularklagen gewährt wurden. Bekanntlich war für Deliktsklagen auch die *fideiussio* nicht schlechthin ausgeschlossen (Ulpian D. 46, 1, 8, 5), was wegen des Strafzwecks an sich nahegelegen hätte (vgl. Gaius D. 46, 1, 70, 5), sondern nur bei Popularklagen (Paulus D. 46, 1, 56, 3). In diese Richtung scheint auch der palingenetische Zusammenhang zu deuten: Der Ausspruch des Paulus entstammt seinem Ediktskommentar, aber nicht dem 29. Buch, der *sedes materiae* der Konstitutsklage, sondern dem 24. Buch, das vor allem verschiedene Bürgschaftsgesetze betrifft, vgl. Lenel, Palingenesia I, Sp. 1017 f., der unser Fragment mit *De adpromissoribus* überschreibt wegen der Parallele zu D. 46, 1, 8, 5 (vgl. Sp. 1017 n. 3). Jedoch bestand die Gefahr, dass der Schädiger seiner Strafe entging, wenn der Geschädigte sich statt seiner an den Konstituenten hielt, nur beim Konstitut *pro alio*, weshalb ähnliche Zweifel wie in den zitierten Fragmenten aus dem Titel D. 46, 1 *De fideiussoribus et mandatoribus* kaum auftreten konnten. Astuti II, S. 216 n. 20 weist mit Recht darauf hin, dass das Fragment ausdrücklich das *constitutum debiti proprii* betreffe, so dass die Parallele nicht zu weit getrieben werden kann. Selbst wenn man Beseler, Beiträge IV, S. 128 in der Annahme folgt, dass *constituendo tenetur* mehrfach von den Kompilatoren für echtes *ex hac actione tenetur* eingesetzt wurde, ändert sich dieser Befund nicht, es sei denn man wollte den Text völlig umschreiben, etwa: [*Qui*] <*Si quis*> *iniuriarum vel furti vel bonorum raptorum tenetur actione*, [*constituendo*] <*ex hac formula*> *tenetur*, <*qui constituit se soltuturum*>. Da aber eine solche „Rekonstruktion" allein auf den palingenetischen Zusammenhang und die Parallele zu D. 46, 1, 8, 5 gestützt werden könnte, und kein überzeugender Grund ersichtlich ist, warum die Kompilatoren den Text in dieser Weise hätten einschränken sollen (für sie war ja ohnehin vor allem das Konstitut *pro alio* interessant), wäre dieser Schritt allzu gewagt.

d. Das Konstitut einer Naturalverbindlichkeit

Rechtlich existent und durchsetzbar. Ulpian sagt das in fr. 3, 1 scheinbar so deutlich wie möglich[749]. Und doch lesen wir in fr. 1, 7, dass er auch gelehrt haben soll *debitum autem vel natura sufficit*. Die (im weitesten Sinne) rechtliche Existenz naturaler Verbindlichkeiten in Rom ist unbestreitbar, sie zeigt sich bekanntlich vor allem im Ausschluss der Rückforderung freiwillig erbrachter Leistungen[750]. Durchsetzbarkeit dagegen ist nicht eben, woran wir normalerweise denken, wenn von einer Naturalobligation die Rede ist[751].

Ulpians Ausspruch wird dementsprechend in der romanistischen Lehre als ein „schriller Missklang[752]" in seiner Darstellung empfunden, als „una stridente stonatura[753]", die nicht nur mit mehreren anderen Quellen im Widerspruch stehe, sondern auch den logischen Ablauf der Argumentation in den §§ 6 und 8 des fr. 1 unterbreche[754]. Das mag man einem klassischen Juristen nicht zutrauen, schon eher den byzantinischen Kompilatoren: „Wenn irgendwo, so ertappt man sie

749 Mit einer etwas gezwungenen Deutung entnimmt Kappeyne, Abhandlungen, S. 243, diesen Grundsatz auch fr. 25, 1, in dem Papinian das Konstitut einer durch Eidesleistung des Klägers festgestellten Schuld mit den Worten *cum habeas eo nomine actionem* für gültig erklärt. Dass der Jurist die Wirksamkeit des Konstituts mit dem Verweis auf die dem Kläger zustehende *actio de iureiurando* begründet, sieht Kappeyne als Beweis dafür an, dass die konstituierte Forderung klagweise durchsetzbar sein musste; eine gänzlich andere Deutung bietet Astuti II, S. 222 n. 34. – Zur Sichtweise von Platschek, Edikt, S. 126 ff. s. unten S. 459 ff.

750 Vgl. Honsell, Studi Talamanca, Bd. 4, S. 374 f. und die dort in n. 17 nachgewiesene Literatur.

751 Die von Heinrich Siber, GS Mitteis, S. 1 ff. vertretene Auffassung, die klassischen Juristen hätten als *naturales obligationes* allein die klagbaren Schulden des *ius gentium* (das er mit *ius naturale* gleichsetzt) aufgefasst, ist heute überwunden. Sein Versuch, mit der Sklavenschuld den letzten seinerzeit noch als klassisch geltenden Fall der nicht klagbaren Naturalobligation zu eliminieren und so endlich auch „dieses verhätschelte Kind der Konstruktionsjurisprudenz zu töten" (S. 83), ist gescheitert. Hatte bis dahin die Lehre tendenziell immer weiter „die Rechnung der Kompilatoren vermehrt", so setzte mit der Stellungnahme Pringsheims, SZ 46 (1926), S. 350 ff. eine entgegengesetzte Bewegung ein. Insbesondere die Arbeiten von Burdese (La nozione classica di naturalis obligatio, Torino 1955; St. Scherillo II, S. 485 ff.; St. Sanfilippo I, S. 69 ff.) und Cornioley (Naturalis obligatio, Genf 1964) haben gezeigt, dass der *naturalis obligatio* schon in klassischer Zeit die Bedeutung der rechtlich nicht erzwingbaren Verbindlichkeit zukam. Kaser, SZ 83 (1966), S. 460 ff. (inbes. 471 f.) äußert die Vermutung, dass daneben die vereinzelte Verwendung des Begriffs *obligatio naturalis/debitum naturale* im Sinne der klagbaren Schuld aufgrund eines nach *ius gentium* wirksamen formlosen Vertrages möglicherweise „aus der philosophischen Literatur über die Schule in die Juristenschriften eingedrungen ist", der Gebrauch zur Bezeichnung einer nicht erzwingbaren Verbindlichkeit aber bei weitem der gebräuchlichere war. Zum modernen Begriff der Naturalobligation in den europäischen Rechtsordnungen s. Honsell, Studi Talamanca, Bd. 2, S. 367 ff.

752 Kappeyne, Abhandlungen, S. 242.

753 Astuti II, S. 219; jetzt auch Costa, SDHI 77 (2011), S. 129 (211 f.), der allerdings den Satz inhaltlich für klassisch hält.

754 Astuti II, S. 219; vgl. Arangio-Ruiz, Le genti, S. 39.

hier auf frischer That, ja sie gingen so sorglos zu Werke, dass sie versäumten, die Spuren des alten Rechts, wie sie es nach ihrer Interpolation hätten thun müssen, sorgfältig zu tilgen", urteilte (mit gewohnter Schärfe) zuerst KAPPEYNE[755]. Die meisten Autoren schließen sich seiner Kritik an[756]. Abgesehen von dem Umstand, dass die klassischen Juristen noch kein einheitliches systematisches Konzept eines *debitum natura* bzw. einer *naturalis obligatio* hatten, was namentlich ASTUTI gegen die ihm allzu pauschal erscheinende Erklärung Ulpians einwendet[757], stützt man den Interpolationsverdacht vor allem auf die fr. 1, 7 angeblich widersprechende Behandlung typischer naturaler Verbindlichkeiten in unserem Titel der Digesten, nämlich der Schuld eines Sklaven oder Haussohnes in den Fragmenten 1, 8 und 2 sowie des Konstituts nicht geschuldeter Zinsen in den Fragmenten 11, 1 und 24.

Bei Licht besehen widerlegen die angeführten Quellen die Behauptung Ulpians jedoch nicht.

aa. Julian D. 13, 5, 2

In fr. 1, 8 veranschaulicht Ulpian seine Aussage, eine prätorische Hauptschuld sei ausreichend, mit der *actio de peculio*[758]. Er beschränkt die Haftung des *paterfamilias* bzw. des *dominus* aus dem Konstitut einer Pekuliarschuld auf den Betrag, den das *peculium* im Zeitpunkt der Zahlungszusage enthielt. Der Gewalthaber haftete ja auch aus der von seinem Gewaltunterworfenen eingegangenen Verbindlichkeit nur in dieser Höhe[759]. Wenn er auf seine eigene Schuld (*suo nomine*) konstituiert

755 Abhandlungen, S. 242; ihm folgend ASTUTI II, S. 219 ff.; BARON KritVS 28 (1886), S. 243; PFERSCHE Grünhut's Zeitschr. 14 (1887), S. 175; PHILIPPIN, Constitut, S. 58 ff. Anders FREZZA, Garanzie, S. 248, der den Einschub einem nachklassischen Bearbeiter zuschreibt, weil Justininian in C. 4, 18, 2 den Punkt mit Stillschweigen übergeht. Dieses Argument lässt sich aber genauso gut für die Echtheit des Textes ins Feld führen.

756 ASTUTI II, S. 219 ff.; BARON KritVS 28 (1886), S. 243; BURDESE, Naturalis obligatio, S. 145 n. 96; COSTA, SDHI 77 (2011), S. 129 (211 f.); NARDI, St. DeFrancisci, Bd. 4, S. 583; PFERSCHE Grünhut's Zeitschr. 14 (1887), S. 175; PHILIPPIN, Constitut, S. 58 ff.

757 Er nimmt an, ein Klassiker hätte eher konkrete Beispiele genannt als sich zu einer generalisierenden Aussage zu versteigen, was hingegen kennzeichnend für die Arbeit der Kompilatoren sei, s. ASTUTI II, S. 223; vgl. auch ALBERTARIO, Obbligazioni III, S. 192.

758 Einem Missverständnis erliegt PHILIPPIN, Constitut, S. 59 f., der annimmt, Ulpian betrachte die Haftung *de peculio* als Naturalobligation und entsprechend behauptet, in den fr. 1, 8 und 19, 2 zeige der Begriff *obstrictus* das Vorliegen einer solchen an; s. dagegen nur ASTUTI II, S. 221 n. 32; COSTA, SDHI 77 (2011), S. 129 (200 ff.) mit Argumenten aus der byzantinischen Tradition; zum Zusammenhang von *naturalis obligatio* und *peculium* vgl. IGLESIAS, Homenaje Murga Gener, S. 135 ff.

759 Nämlich *dumtaxat de peculio*, s. etwa Ulpian D. 15, 1, 30, 1; 44; vgl. KASER, RP I, S. 606; LENEL, EP, S. 282.

hatte, konnte folglich seine Haftung *ex constituto* nicht weiter reichen als die *de peculio*, da er insofern nicht die Zahlung einer *pecunia debita* zugesagt hatte[760].

Demgegenüber weiß Julian im folgenden fr. 2 zu berichten, dass der Vater auf die volle Schuldsumme – ohne Beschränkung durch den Bestand des Sonderguts – haftete, wenn er dem Gläubiger Begleichung nicht der eigenen Schuld, sondern derjenigen des Haussohnes zugesagt hatte (also *filii nomine*):

> Julian D. 13, 5, 2 (11 digestorum):
> Quod si filii nomine constituerit se decem soluturum, quamvis in peculio quinque fuerint, de constituta in decem tenebitur.

Von einem Konstitut *servi nomine* ist dagegen nicht die Rede. Kappeyne erklärt dessen Fehlen damit, dass „der Sohn persönlich haftbar war und exekutiert werden konnte, der Sklave nicht[761]", unter Berufung auf D. 15, 1, 41[762] und 44[763]. Da aber die zivil unwirksame Schuld des Sklaven als *obligatio naturalis* gegolten habe (D. 15, 1, 50, 2[764]), hätten die Kompilatoren die Gegenüberstellung[765] von Sohn und Sklave eigentlich ausmerzen müssen, um die Spuren ihres Eingriffs zu verwischen: Unter der Geltung des Satzes *debitum autem vel natura sufficit* hätte nämlich auch die Sklavenschuld dem Konstitut des Herrn *servi nomine* eine hinreichende Grundlage liefern müssen. Es sei bloßer Nachlässigkeit zuzuschreiben, dass eine entsprechende Korrektur unterblieben sei, so dass das Nebeneinander beider Texte es gestatte, die Interpolation zu entlarven.

760 Vgl. auch D. 13, 5, 19, 2 und 20.

761 Abhandlungen, S. 242 f.; zustimmend Astuti II, S. 221; Karadeniz, Constitutum, S. 101 ff.; Philippin, Constitut, S. 60 f.

762 Ulpian 43 Sab.: *Nec servus quicquam debere potest nec servo potest deberi, sed cum eo verbo abutimur, factum magis demonstramus quam ad ius civile referimus obligationem. itaque quod servo debetur, ab extraneis dominus recte petet, quod servus ipse debet, eo nomine in peculium et si quid inde in rem domini versum est in dominum actio datur.*

763 Ulpian 63 ed.: *Si quis cum filio familias contraxerit, duos habet debitores, filium in solidum et patrem dumtaxat de peculio.*

764 Papinian 9 quaest.: *Etiam postquam dominus de peculio conventus est, fideiussor pro servo accipi potest et ideo, qua ratione, si post actionem dictatam servus pecuniam exsolverit, non magis repetere potest quam si iudicium dictatum non fuisset, eadem ratione fideiussor quoque utiliter acceptus videbitur, quia naturalis obligatio, quam etiam servus suscipere videtur, in litem translata non est.*

765 Nach einer nicht unwahrscheinlichen Konjektur Astutis (II, S. 221 und n. 31) hat Ulpian möglicherweise beide Fälle bewusst einander gegenübergestellt, um den Unterschied zu verdeutlichen; der Fall des Vaters, der *filii nomine* die volle Schuldsumme konstituiert, stammt danach zwar ursprünglich von Julian, ist aber dem fortlaufenden Text Ulpians entnommen, der ihn (ähnlich wie in fr. 5 § 3 und § 6) seinerseits dem Werk Julians entlehnt hatte. Die Kompilatoren hätten das Fragment dann herausgelöst und mit einer eigenen Inskription versehen – „per ridurre la soverchia lunghezza del contesto ulpianeo cui avevano esclusivamente attinto".

Diese Argumentation überzeugt nicht. Ganz abgesehen davon, dass ein derartiger Dilettantismus auch von den Kompilatoren kaum zu erwarten wäre, enthält der Text schlicht keine Aussage über das Konstitut *servi nomine* des Herrn. Der Umkehrschluss, dass ein solches nicht zulässig gewesen sei, ist mehr als gewagt[766]. Gerade wenn man mit ASTUTI annimmt, das Julian-Fragment sei ein aus dem fortlaufenden Kommentartext herausgelöstes Zitat Ulpians[767], ist es viel wahrscheinlicher, dass Ulpian die Wirkung des Konstituts *suo nomine* mit derjenigen einer Zusage *filii/servi nomine* vergleichen wollte, als dass er beabsichtigte, das unterschiedliche Regime bei Sohn und Sklave hervorzuheben.

Hinzu kommt, dass der Haussohn zwar tatsächlich eine wirksame Verbindlichkeit eingehen konnte, die Exekution gegen ihn aber nur im Ausnahmefall stattfand[768], weshalb KASER auch seine Schulden als Naturalobligationen einordnet[769]. Folgt man KASER hierin, so beweist fr. 2 sogar die Richtigkeit des in fr. 1, 7 ausgesprochenen Grundsatzes.

bb. Ulpian D. 13, 5, 11, 1 und Marcellus D. 13, 5, 24

Auch die Berufung auf die Fragmente 11, 1 und 24, in denen es jeweils um eine Zusage geht, nicht geschuldete Zinsen[770] zu zahlen, rechtfertigt die Kritik nicht.

> Ulpian D. 13, 5, 11, 1 (27 ad edictum):
> Si quis centum aureos debens ducentos constituat, in centum tantummodo tenetur, quia ea pecunia debita est: ergo et is, qui sortem et usuras, quae non debebantur, constituit, tenebitur in sortem dumtaxat.

Ulpian erläutert das Prinzip, dass der Konstituent sich durch seine Zusage nicht zu mehr verpflichten kann, als er zu diesem Zeitpunkt schuldet, anhand von zwei Beispielen: Wer einhundert Goldstücke schulde, aber Zahlung von zweihundert zusage, hafte nur auf einhundert. Wer nur Zahlung des Kapitals schulde, hafte folglich auch dann nicht auf Zinszahlung, wenn er diese konstituiere.

Dem zweiten Fall entspricht der bereits ausführlich erörterte[771] Brief, mit dem Marcellus es in fr. 24 zu tun hat: Titius hatte Seius mitgeteilt, er habe bei Titius

766 Zutreffend ist auch der Einwand ROUSSIERS, Constitut, S. 90 n. 2, selbst wenn die Quellen ein Konstitut auf die Schuld des Sklaven nicht belegten, folge daraus nicht ohne weiteres, dass auch ein Dritter nicht *servi nomine* konstituieren konnte – oder der Sklave selbst, wenn er die Freiheit erlangte.

767 ASTUTI II, S. 221 und n. 31; vgl. oben n. 765.

768 Nämlich wenn er mit einem *peculium castrense* ausgestattet war, s. Ulpian D. 42, 6, 1, 9.

769 KASER, RP I, S. 343 und 480 f.; ihm folgend HONSELL, St. Talamanca IV, S. 374; a. A. BURDESE, Naturalis obligatio, S. 174 ff.; KAPPEYNE, Abhandlungen, S. 263.

770 S. nun eingehend PLATSCHEK, Edikt, S. 126 ff., wozu näher unten S. 459 ff.

771 S. o. S. 177 ff.

noch eine Summe von fünfzig Goldstücken gut, nämlich aus einem Darlehen, das Seius den Mündeln des Titius gewährt hatte[772]. Diese Summe werde er an den Iden des Mai auszahlen. Für den Fall der Nichtleistung am besagten Tag hatte Titius zusätzlich ein bestimmtes Zinsmaß versprochen. Marcellus befindet, Titius hafte lediglich auf das Kapital.

Im klassischen Recht konnten – außer bei den *bonae fidei iudicia* – Zinsleistungen bekanntlich nicht durch bloßes *pactum* bedungen werden, eine Zinsabrede bedurfte vielmehr der Stipulationsform, sollte sie verbindlich sein[773]. Allerdings betrachtete wohl schon die klassische Jurisprudenz formlos vereinbarte Zinszahlungen als *naturaliter* geschuldet[774], mit der Folge, dass einmal gezahlte Zinsen nicht als *indebitum* kondiziert werden konnten[775]. Also, folgert Kappeyne[776], hätte das Zinskonstitut nach dem Grundsatz des fr. 1, 7 wirksam sein müssen. Ulpian und Marcellus hätten diesen Grundsatz aber eben nicht gekannt und deshalb anders entschieden.

Wiederum wird in die Texte mehr hineingelesen als sie tatsächlich enthalten. Sie betreffen in Wahrheit unsere Frage gar nicht: Weder in fr. 11, 1 noch in fr. 24 lässt auch nur der kleinste Hinweis darauf schließen, dass die per Konstitut zugesagten Zinsen schon vorher formlos vereinbart (und damit *naturaliter* geschuldet) waren. *Non debebantur* in fr. 11, 1 bedeutet nicht, wie neben Kappeyne auch Astuti annimmt[777], dass die Zinsen lediglich nicht eigens stipuliert worden und deshalb nicht *iure civili* geschuldet waren, sondern dass sie nicht geschuldet waren, weil überhaupt keine diesbezügliche Abrede bestand[778]. Das zeigt schon der Kontext: Beide Beispiele sollen illustrieren, dass das Konstitut eine Verbindlichkeit nicht erst ins Leben rufen, bzw. dass man nicht *in duriorem causam*

772 Ob die Tutel beendet war und Titius eine entsprechende Summe zur Begleichung der Verbindlichkeiten einbehalten hatte, oder ob der Betrag in dem Sinne „zurückgeblieben“ war, dass seine Rückzahlung noch offen stand, erfahren wir nicht, vgl. Zülch, Der liber singularis responsorum des Ulpius Marcellus, S. 50.

773 Kaser, RP I, S. 497 unter Berufung auf Africanus D. 19, 5, 24.

774 So Honsell, Studi Talamanca, S. 377, der allerdings gleich alle aufgrund eines *nudum pactum* erbrachten Leistungen als *naturaliter* geschuldet ansehen will; zweifelnd Kaser, RP I, S. 481.

775 Vgl. Ulpian D. 12, 2, 26 pr.: *Si non sortem quis, sed usuras indebitas solvit, repetere non poterit, si sortis debitae solvit: sed si supra legitimum modum solvit, Divus Severus rescripsit (quo iure utimur) repeti quidem non posse, sed sorti imputandum et, si postea sortem solvit, sortem quasi indebitam repeti posse* […]; vgl. ferner D. 46, 3, 5, 2.

776 Abhandlungen, S. 243 f.; ebenso Astuti II, S. 221 f.; Philippin, Constitut, S. 62.

777 Astuti II, S. 222.

778 Man wende nicht ein, die Zusage nicht bedungener Zinsen per Konstitut sei lebensfremd. Das ist die Zusage, zweihundert zu zahlen, wenn bloß einhundert geschuldet sind, auch; es handelt sich nicht um praktische Fälle, sondern um Schulbeispiele, die den Zweck haben, das Prinzip zu verdeutlichen.

konstituieren konnte. Es liegt daher viel näher, dass die Zinsen im zweiten Beispielsfall ebenso wenig formlos zugesagt waren wie die Zahlung des Doppelten der eigentlichen Schuldsumme im ersten.

Noch unwahrscheinlicher ist eine vorherige Zinsabrede in dem Marcellus-Brief: Titius hatte die Zinsen nicht schlechthin versprochen, sondern nur für den Fall der Nichtleistung am zugesagten Termin. Auch der Wortlaut der Urkunde deutet eher darauf hin, dass die Mündel des Titius mit Seius gar keine Zinsabrede getroffen hatten[779]: *remanserunt apud me quinquaginta ex credito tuo ex contractu pupillorum meorum*, offen geblieben war nur die Valuta, von Zinsen ist keine Rede. Hätte eine Zinsabrede bestanden, ist kaum anzunehmen, dass Marcellus sie unterschlagen hätte, ganz zu schweigen davon, dass eine solche Vereinbarung wohl nicht nur den Fall der verspäteten Rückzahlung erfasst hätte.

cc. Die Sekundärwirkung der Naturalobligation als Grund für die Wirksamkeit des Konstituts

Kommen wir zurück zu fr. 1, 7 selbst. Astuti[780] sieht hier einen logischen Bruch in der Darstellung Ulpians: Der Jurist konnte seiner Ansicht nach kein Bedürfnis empfinden, in § 8 zu versichern, das Konstitut finde auch bei prätorischen Klagen Anwendung, wenn er wirklich unmittelbar davor in § 7 (nach Behandlung einiger ziviler Schuldgründe in § 6) die bloße Naturalobligation genügen lassen und damit klargestellt hätte, dass eine Klagemöglichkeit überhaupt nicht erforderlich war.

Aber erstens wissen wir gar nicht mit Sicherheit, dass die Paragraphen 6 bis 8 in Ulpians Kommentar tatsächlich unmittelbar zusammenhingen[781], und zweitens ist der Gang der Darstellung in den Werken der Klassiker ohnehin oft unsystematisch, geprägt durch eine „zyklische" Behandlung des Stoffes, die „in lockerer, assoziativer Aneinanderreihung zum Ausgangspunkt zurückkehrt[782]". Dass Ulpian hier zunächst der (zivil-)rechtlichen Schuld die naturale gegenüberstellt und dann die Darstellung zur (jetzt amts-)recht-lichen Schuld wieder aufnimmt, kann uns daher nicht überraschen, auch wenn unserem Systemdenken sicherlich

779 So mit Recht Zülch, Der liber singularis responsorum des Ulpius Marcellus, S. 55.

780 Astuti II, S. 214.

781 Das 27. Buch zum Edikt enthielt sicherlich mehr als die etwa zweieinhalb Seiten, die uns nach Lenel, Palingenesia, Sp. 574 bis 579 erhalten sind. Es ist daher nicht ausgeschlossen, dass dem Satz *debitum autem vel natura sufficit* weitere Ausführungen, insbesondere Beispiele folgten, die beide Paragraphen trennten.

782 Vgl. Kaser, Zur Methode der römischen Rechtsfindung, S. 70 und n. 96 sowie SZ 83 (1966), S. 461 (466).

eher die von Marcian[783] in seinem *liber singularis ad formulam hypothecariam* bei der Behandlung der parallelen Problematik im Pfandrecht gewählte Reihenfolge „zivile Schuld – prätorische Schuld – naturale Schuld" entspricht[784].

Ein Einwand noch lässt sich hören. Nach fr. 3, 2 ist ein Konstitut unwirksam, wenn das prätorische Recht der Durchsetzung der konstituierten Forderung entgegensteht. Nicht nur, dass Ulpian hier das *debitum natura* nicht mehr erwähnt[785], er setzt eine durchsetzbare Schuld voraus, also, so sollte man meinen, doch wohl in jedem Fall eine klagbare. Wenn aber, so wäre der Gedanke fortzuspinnen, schon eine bestehende zivile Schuld allein deshalb nicht wirksam konstituiert werden konnte, weil sie durch prätorisches Recht (dauerhaft) gehemmt war, dann kann eine von vornherein klaglose Naturalobligation erst recht nicht genügen.

Das wäre jedoch ein Trugschluss: Die durch das prätorische Recht dauerhaft gehemmte zivile Schuld bestand nur noch rein formal. Es fehlte ihr sowohl an der primären Bindungswirkung als auch an der Fähigkeit, bestimmte Sekundärwirkungen hervorzubringen: Sie war nicht nur undurchsetzbar, sondern rechtfertigte auch das Behalten einer irrtümlich erbrachten Leistung nicht. Anders die Naturalobligation: Hier durfte der Gläubiger das Geleistete behalten, wenn der Schuldner in der irrtümlichen Annahme, er sei zur Leistung verpflichtet, gezahlt hatte. Die *obligatio naturalis* war also zumindest im Hinblick auf ihre Sekundärwirkung ein *debitum*[786], die nach Honorarrecht ausgeschlossene Zivilschuld hingegen war es nicht.

Astuti führt die Anknüpfung des Konstituts an diese Sekundärwirkung der Naturalobligation freilich auf einen angeblich erst byzantinischen Gedanken zurück, nämlich die Gleichsetzung von Konstitut und Bewirkung der Leistung: *solvit qui constituit*[787]. Entsprechend ihrer Neigung, das Erfüllungsversprechen der effektiven Leistung gleichzustellen, hätten die Kompilatoren von der Wirksamkeit der *solutio* auf die Wirksamkeit des Konstituts geschlossen. Ein Indiz

783 D. 20, 1, 5 pr.

784 Costa, SDHI 77 (2011), S. 129 (211 f.) hebt hervor, dass es Ulpian im zweiten Satz des fr. 1, 8 und Julian in fr. 2 nicht *ex professo* auf die Zugänglichkeit der (naturalen) Schuld des Sklaven bzw. Haussohns für ein Konstituts ankomme, sondern auf den Umfang der Haftung des Vaters je nach dem Inhalt seiner Erklärung. Im Anschluss an Frezza, Garanzie I, S. 248 schreibt er den Einschub *debitum autem vel natura sufficit* formal den Kompilatoren zu, die sich zu dieser „astrazione successiva", deren inhaltliche Klassizität er nicht infrage stellt, durch den nachfolgenden Text veranlasst gesehen haben sollen.

785 Kappeyne, Abhandlungen, S. 242 sieht darin einen Beweis dafür, dass es auch zwischen § 6 und § 8 ursprünglich nicht behandelt worden sein kann; a. A. wohl Astuti II, S. 222 n. 34.

786 Die Klassiker waren sich natürlich bewusst, dass die Bezeichnung als *debitum* oder *obligatio* in diesen Fällen nur im übertragenen Sinne (*per abusionem*) geschah: s. Julian D. 46, 1, 16, 4; Ulpian D. 15, 1, 41.

787 Astuti II, S. 223 ff.; S. 338 ff.

dafür findet er wenn auch nicht im Wortlaut, so doch im Geist der justinianischen Konstitution aus dem Jahr 531[788].

Ziel der Reform war unter anderem, eine Rechtslage abzuschaffen, die mit der *actio recepticia* ein Mittel zur Erzwingung letztlich rechtsgrundloser Leistungen bereitstellte und so der Entstehung unnötiger Rückforderungsklagen Vorschub leistete.

C. 4, 18, 2, 1:
[...] pro debito fiat constitutum (cum secundum antiquam recepticiam actionem exigebatur et si quid non fuerat debitum), cum satis absurdum et tam nostris temporibus quam iustis legibus contrarium est permittere per actionem recepticiam res indebitas consequi et iterum multas proponere condictiones, quae et pecunias indebitas et promissiones corrumpi et restitui definiunt.

Hatte ein *argentarius* im Verhältnis zu einem Geschäftspartner eine Zahlung übernommen, so stand diesem die *actio recepticia* zu – ohne Rücksicht darauf, ob der Zahlungszusage eine wirksame Schuld im Valutaverhältnis zugrundelag[789]. Justinian empfindet dies als absurd, weil das Fehlen eines *debitum* die alsbaldige Rückabwicklung mit der *condictio* erforderlich machte. Daher beschließt er, dass eine Erfüllungszusage, selbst wenn ein *argentarius* sie abgibt, fortan nur noch dann rechtlich verbindlich sein soll, wenn die zugesagte Leistung auch tatsächlich geschuldet war.

Der Kaiser beabsichtigte also, die Rückabwicklung im Verhältnis zwischen Versprechensempfänger und Anweisendem überflüssig zu machen, indem er bereits die Erzwingung der Leistung im Abwicklungsverhältnis verhinderte. Unter diesem Gesichtspunkt musste ihm das *debitum naturale* in der Tat als ausreichende Grundlage des Konstituts erscheinen, denn wenn der Anweisende dem Versprechensempfänger auch nur naturaliter zur Leistung verpflichtet war, konnte er die Leistung des *argentarius* nicht kondizieren. Mit der Gleichsetzung von Erfüllungsversprechen und Erfüllung hat dies freilich wenig zu tun, ebenso wenig wie es den byzantinischen Ursprung des *constitutum debiti naturalis* beweist. Denn zum einen missbilligt Justinian hauptsächlich, dass die *actio recepticia* es erlaubte, nichtgeschuldete Leistungen überhaupt gerichtlich durchzusetzen (*res indebitas consequi*), und erst in zweiter Linie, dass dies in

788 Astuti II, S. 234; vgl. Kappeyne, Abhandlungen, S. 342.

789 Beim *receptum argentarii* versprach der *argentarius* auf Anweisung seines Kunden dessen Gläubiger Zahlung einer Summe (oder Herausgabe einer Sache). Der Inanspruchnahme aus seinem Leistungsversprechen konnte er Einwendungen aus dem Valutaverhältnis zwischen Kunde und Gläubiger nicht entgegenhalten, vgl. Astuti II, S. 286 und. n. 14; Kaser, RP I, S. 585; López-Amor, Homenaje Murga-Gener, S. 724 f.

der Folge *multas condictiones* erforderlich machte. Zum anderen ist bereits für die klassische Zeit nicht nur die Erstreckung im weitesten Sinne akzessorischer Geschäfte auf Naturalschulden sicher belegt[790], sondern auch deren Aufrechenbarkeit[791] und Novierbarkeit[792]. Wenn die Klassiker in all diesen Fällen als *debitum* auch die Naturalobligation betrachteten, darf man ihnen auch zutrauen, das Edikt *de pecunia constituta* entsprechend interpretiert zu haben.

Die Quellen liefern nach allem keinen triftigen Grund, Ulpian das fr. 1, 7 abzusprechen. Im Gegenteil: Folgt man KASER in der Auffassung, Schulden des Haussohnes hätten mangels Vollstreckbarkeit als Naturalobligationen gegolten, so findet sich in fr. 2 eine sichere Bestätigung des in fr. 1, 7 allgemein ausgesprochenen Grundsatzes. Der Gedanke, der die Anerkennung des Konstituts einer Naturalobligation ermöglichte, war nicht erst ein byzantinisches *solvit qui constituit*, sondern das klassische *quod potest solvi, potest constitui.*

dd. Umfang und Bedeutung der Zulässigkeit des *constitutum debiti naturalis*

Alle Versuche, das Konstitut eines *debitum naturale* in die Zeit der Kompilatoren zu verbannen, müssen daher als gescheitert betrachtet werden. Es bleibt nur zu klären, welche Bedeutung das Konstitut derartiger Verbindlichkeiten in klassischer Zeit hatte[793]. Eher geringe, meint die herrschende Lehre[794], denn einerseits habe es in den Quellen kaum einen Niederschlag gefunden, andererseits sei in den einzelnen Fallgruppen auch kein besonderes Bedürfnis erkennbar, das Konstitut als Instrument zur Klagbarmachung naturaler Schulden einzusetzen. Schon WINDSCHEID hatte zudem angenommen, dass nicht jedes

---

790 So konnten naturale Verbindlichkeiten mit Bürgen und Pfändern gesichert werden, vgl. Gaius 3, 119a: [...] *at ne illud quidem interest, utrum ciuilis an naturalis obligatio sit, cui* [sc. *fideiussor*] *adiciatur; adeo quidem, ut pro seruo quoque obligetur, siue extraneus sit, qui a seruo fideiussorem accipiat, siue ipse dominus in id, quod sibi debeatur.*

Julian D. 46, 1, 16, 3 (53 dig.): *Fideiussor accipi potest, quotiens est aliqua obligatio civilis vel naturalis, cui applicetur.*

Paulus D. 12, 6, 13 (10 Sab.): *Naturaliter etiam servus obligatur:* [...] *et ob id et fideiussor pro servo acceptus tenetur et pignus pro eo datum tenebitur* [...].

Vgl. ferner KASER, RP I, S. 481 sowie die dort in n. 18 genannten weiteren Quellen.

791 Ulpian D. 16, 2, 6 (30 Sab.): *Etiam quod natura debetur, venit in compensationem.*

792 Ulpian D. 46, 2, 1, 1 (46 Sab.): *Illud non interest, qualis processit obligatio, utrum naturalis an civilis an honoraria, et utrum verbis an re an consensu: qualiscumque igitur obligatio sit, quae praecessit, novari verbis potest, dummodo sequens obligatio aut civiliter teneat aut naturaliter: ut puta si pupillus sine tutoris auctoritate promiserit.*

793 Vgl. BERTOLINI, Appunti didattici, S. 912 n. 4; ROUSSIER, Constitut, S. 90. Die Autoren, die fr. 1, 7 für interpoliert halten, stellen diese Frage natürlich erst für das justinianische Recht, s. etwa ASTUTI II, S. 338 ff.; KAPPEYNE, Abhandlungen, S. 342 ff.

794 ROUSSIER, Constitut, S. 90; vgl. ferner die analogen Überlegungen zur Bedeutung im justinianischen Recht bei ASTUTI II, S. 339 ff.; KAPPEYNE, Abhandlungen, S. 342 ff.

debitum naturale ein Konstitut zuließ[795]. Demgegenüber vermutet ROUSSIER, Ulpian könnte die entsprechende Lösung zur *fideiussio* bei Gaius 3, 119a[796] vor allem für das *constitutum debiti alieni* übernommen haben; auf der anderen Seite folgert er, dass „le cas de l'esclave [*sc.* bei Gaius] est un cas extrême, et que le constitut pour autrui est possible à fortiori pour les autres engagements dits naturel[797]", lässt das Konstitut also anders als WINDSCHEID bei a l l e n Naturalobligationen zu.

Um die Tragweite der Entscheidung Ulpians in fr. 1,7 richtig erfassen zu können, ist zunächst erforderlich, den klassischen Begriff der *obligatio naturalis* kurz zu skizzieren. Er wurde als Gegensatz zur *obligatio civilis* geprägt[798] und bezeichnete ursprünglich[799] möglicherweise Verbindlichkeiten des als „natürlich" empfundenen[800] *ius gentium*, ob klagbar oder nicht[801]. In der Hochklassik stand aber längst das Verständnis als nicht erzwingbare Schuld im Vordergrund[802], so dass man sich bewusst war, das Wort „schulden" *per abusionem* zu verwenden, wenn man von *naturaliter debere* sprach[803]. Obligationen konnten entweder von vornherein als naturale entstehen oder nachträglich zu solchen werden. Zur ersten Kategorie gehören vor allem die Schulden aus Geschäften

795 Pandekten, Bd. 2, S. 114 n. 7; vgl. BERTOLINI, Appunti didattici, S. 912 n. 4.

796 S. o. n. 790.

797 Constitut, S. 90; s. gegen seine Deutung des Gaius-Textes, nach der die Sklavenschuld ein Extremfall der Naturalobligation gewesen sein soll, die gründliche und treffende Analyse des gaianischen Sprachgebrauchs bei LONGO, IVRA 46 (1995), S. 53 ff., die gezeigt hat, dass Gaius *adeo quidem* nicht nur im Sinne von „so dass sogar", sondern auch (und gerade in Gai. 3, 119a) im Sinne eines einfachen „beispielsweise" verwendet.

798 Ähnlich wie bei der *possessio naturalis* im Gegensatz zur *possessio civilis* und der natürlichen im Gegensatz zur zivilen Verwandtschaft, vgl. HONSELL, Studi Talamanca, S. 374; anders CORNIOLEY, Naturalis obligatio, S. 73 ff., der *possessio* und *cognatio* für primär faktische, *obligatio* hingegen für einen von vornherein rechtlichen Begriff hält und deshalb die Vergleichbarkeit der Begriffspaare bestreitet; s. dagegen KASER SZ 83 (1966), S. 461 (462 f.).

799 Aber nicht ausschließlich, wie jedoch SIBER, GS Mitteis, S. 1 ff. behauptet; s. dagegen PRINGSHEIM, SZ 46 (1926), S. 350 ff.

800 Am deutlichsten Paulus D. 50, 17, 84, 1 (3 quaest.): *is natura debet, quem iure gentium dare oportet, cuius fidem secuti sumus.*

801 So CORNIOLEY, Naturalis obligatio, S. 84 ff. und passim; HONSELL, Studi Talamanca, Bd. 4, S. 375; a. A. die wohl h. M., etwa BURDESE, Naturalis obligatio; KASER, SZ 83 (1966), S. 461 (462 ff.) und RP I, S. 480 n. 14; GRADENWITZ, FS Schirmer, S. 133 ff.; PRINGSHEIM, SZ 46 (1926), S. 350 ff.

802 Hatte aber das frühere Verständnis noch nicht vollständig verdrängt, wie die Doppelüberlieferung (in D. 46, 1, 16, 4 und Ulpian D. 44, 7, 10) eines Ausspruchs des Julian aus dem 53. Buch seiner Digesten zeigt: *Naturales obligationes non eo solo aestimantur, si actio aliqua eorum nomine competit, verum etiam cum soluta pecunia repeti non potest.*

803 Ulpian D. 15, 1, 41; Julian D. 46, 1, 16, 4.

Gewaltunterworfener[804], des *pupillus sine tutoris auctoritate*[805] und die formlose Zinsabrede[806] (auf die jetzt PLATSCHEK seine Überlegungen zum Konstitut einer Naturalobligation konzentriert[807]), zur zweiten die durch *capitis deminutio* erloschene Schuld, die Klagenkonsumption durch *litis contestatio*, das zu Unrecht freisprechende Urteil und die *confusio*[808].

Zur Beantwortung der Frage, welche dieser naturalen Verbindlichkeiten der Schuldner oder ein Dritter wirksam konstituieren konnte, sind wir in Anbetracht der dürftigen Quellenlage hauptsächlich auf Vermutungen angewiesen. Wirkungslos war grundsätzlich, so viel können wir mit einiger Sicherheit aus fr. 1, 2 schließen, das Konstitut einer eigenen naturalen Verbindlichkeit, wenn die persönliche Rechtsstellung des Schuldners der Grund für die bloß naturale Wirkung des Geschäfts war und sein Status sich im Zeitpunkt des Konstituts nicht verändert hatte[809]: Solange der *pupillus* oder der Sklave nicht volljährig

---

804 Im Einzelnen galten als *debita naturales* (1.) die Verbindlichkeiten des Gewaltunterworfenen gegenüber einem *extraneus*, aber auch gegenüber seinem Gewalthaber, (2.) die Verbindlichkeiten eines *extraneus* oder des Gewalthabers gegenüber dem Gewaltunterworfenen, (3.) schließlich auch die Verbindlichkeiten aus Geschäften von Gewaltunterworfenen desselben Gewalthabers untereinander; vgl. KASER, RP I, S. 481; anders BURDESE, Naturalis obligatio, S. 146 ff., der die Geschäfte des Haussohnes mit einem *extraneus* ausnimmt.

805 Diesbezüglich bestand offenbar eine Kontroverse unter den Klassikern: Während Pomponius (D. 46, 1, 2), Papinian (D. 46, 3, 95, 4) und Paulus (D. 12, 6, 13, 1) das Bestehen einer natürlichen Verbindlichkeit annahmen, hielten Neraz (D. 12, 6, 41) und noch Licinnius Rufus (D. 44, 7, 58) das Geschäft des *pupillus sine tutoris auctoritate* für vollständig wirkungslos; vgl. KASER, RP I, S. 481 und n. 26; NIEDERLÄNDER, Bereicherungshaftung, S. 97 ff.; anders LABRUNA, Rescriptum divi Pii, S. 31 ff.

806 Vgl. dazu im KASER, RP I, S. 481 und n. 34; 496 ff.; ausführlich DEVILLA, Le usurae ex pacto nel diritto romano, Rom 1937. – Ob darüber hinaus aus jeder formlosen Abrede ohne zivilrechtliche Wirksamkeit eine Naturalschuld entstand, darf bezweifelt werden: andere Fälle als die bloß paktierte Zinsabrede werden in den Quellen nicht diskutiert, vgl. ASTUTI II, S. 341.

807 Edikt, S. 126 ff.; vgl. dazu unten S. 459 ff.

808 Unter den aufgezählten Fällen ist nicht ein einziger, der niemals dem Verdacht ausgesetzt war, von den Kompilatoren erfunden worden zu sein. Die in dieser umstrittenen Materie häufig geübte Textkritik (etwa bei SIBER, GS Mitteis, S. 1 ff. und BONFANTE, Scr. giurid. 3, S. 1 ff., 41, 48, 77, aber auch noch bei BURDESE, Naturalis obligatio, Torino 1955) ist jedoch zu einem guten Teil übertrieben. Ohne hier im Einzelnen auf die umstrittenen Quellen eingehen zu können, folgen wir insofern im Wesentlichen der gemäßigten Ansicht KASERS, RP I, S. 481 und HONSELLS, Studi Talamanca, S. 375 ff., die auch die zuletzt genannten Entwicklungen noch für klassisch halten. Dagegen galt die bloß sittliche Verpflichtung, etwa zur Leistung nicht versprochener *operae liberti*, die CONTAT, Constitut, S. 40 erörtert, in klassischer Zeit noch nicht als Naturalobligation, vgl. KASER, RP I, S. 481 n. 35; davon abgesehen stellten diese *operae* als *facere* ohnehin keinen tauglichen Gegenstand für die Konstitutsklage dar. Auch aus diesem Grunde geht CONTATS Ansicht, der Freigelassene hätte sie wirksam konstituieren können, fehl.

809 Vgl. ASTUTI II, S. 339 f.; KAPPEYNE, Abhandlungen, S. 342 ff.; ROUSSIER, Constitut, S. 90 f.

bzw. gewaltfrei geworden war, konnte er sich durch eine Zahlungszusage auch nicht der Haftung mit der *actio constitutoria* aussetzen[810].

Nichts steht aber der Annahme entgegen, dass der *pupillus* mit Zustimmung seines Vormundes oder nach Beendigung der Tutel die von ihm während der Vormundschaft eingegangenen Verbindlichkeiten nicht nur wirksam begleichen, sondern auch konstituieren konnte, ebenso der freigelassene Sklave oder das *sui iuris* gewordene Hauskind[811]. Die Bedeutung dieser Art des Konstituts schätzt KAPPEYNE[812] als gering ein, da etwa der *pupillus* die Wirksamkeit des Hauptgeschäfts ohnehin durch Wiederholung oder Genehmigung herbeiführen konnte[813]. Demgegenüber ist zu bedenken, dass in diesen Fällen das Konstitut mehr leistete, als es die bloße Genehmigung oder Wiederholung der Hauptschuld konnte: Auch der Gläubiger einer Naturalschuld hatte ein Interesse daran, im Falle der Nichtleistung die Konstitutsklage mit der flexibleren *condemnatio* und dem erleichterten Beweisprogramm erheben zu können. In den übrigen Fällen fehlte es schon an der Möglichkeit, die zivile Wirksamkeit anders als durch ein neues ziviles Geschäft herbeizuführen.

War hiernach auch das Konstitut einer e i g e n e n Naturalverbindlichkeit vielleicht nicht gar so unbedeutend, wie die h. M. annimmt, besteht gleichwohl genügend Anlass, der Vermutung ROUSSIERS nachzugehen, „que cette solution [*sc.* die des fr. 1, 7] ait été reçue en matière de *constitutum debiti alieni*[814]“. Tatsächlich ist die Übereinstimmung mit den Ausführungen des Gaius zur *fideiussio*, auf

810 Der Haussohn konnte dies zwar, s. fr. 1 § 3, doch scheiterte auch insofern die Vollstreckung an der väterlichen Gewalt. Der *capite deminutus* konnte, wenn die *deminutio* nicht zu Strafzwecken erfolgt war, u. U. wieder in seine alte Rechtsstellung einrücken (etwa bei der Rückkehr aus der Kriegsgefangenschaft, sog. *ius postliminii*). In diesem Fall galt die *capitis deminutio* rechtlich als nicht erfolgt, d. h. seine Schulden wurden behandelt, als hätten sie ihre zivile Existenz niemals eingebüßt (s. im Einzelnen KASER, RP I, S. 290 und die dort n. 15–17 zitierte Literatur) – das Konstitut dafür war dann selbstverständlich wirksam. Anderes mag gegolten haben, wenn der Rechtsverlust durch Gnadenakt aufgehoben wurde.

811 Ebenso ROUSSIER, Constitut, S. 90 f.; CONTAT, Constitut, S. 42 f. ; vgl. auch FUCHS, AcP 42 (1859), 172 (175 f.).

812 Abhandlungen, S. 344 f. unter Hinweis auf Ulpian D. 39, 5, 19, 4; Paulus 12, 6, 13, 1 und Ulpian 26, 8, 5, 2; zustimmend ASTUTI II, S. 339 f., beide zum justinianischen Recht.

813 Man könnte noch darüber streiten, ob es sich hier tatsächlich um ein Konstitut einer naturalen Verbindlichkeit handelt: Denn durch die in der Zahlungszusage liegende Genehmigung der unvollkommenen Schuld wurde diese zu einer zivilen; es ließe sich also durchaus argumentieren, im Zeitpunkt des Konstituts sei schon deshalb ein *debitum* im Sinne der Formel gegeben. Genau genommen existierte aber die Verbindlichkeit (*civiliter*) noch nicht im Moment der Zahlungszusage selbst, sondern erst eine juristische Sekunde später.

814 Constitut, S. 90; vgl. auch ASTUTI II, S. 224, der einen ähnlichen Gedanken andeutet, diesen aber in der ausführlichen Behandlung der Problematik im letzten Teil seiner Abhandlung (S. 337 ff.) nicht wieder aufnimmt.

die sich der französische Autor stützt, auffällig. Hinzu kommt, dass der einzige in den Quellen überlieferte Fall eines Konstituts einer natürlichen Verbindlichkeit, das Konstitut einer Schuld des Haussohnes durch den Vater *filii nomine*, gerade eine Zahlungszusage für fremde Schuld betrifft (der *paterfamilias* selbst haftete ja nur *de peculio*). Demgegenüber sind die denkbaren Einwände, dass das *constitutum debiti alieni* im klassischen Recht eine eher untergeordnete Rolle spielte und dass die *naturalis obligatio* auch Grundlage von Geschäften sein konnte, die nicht notwendig interzessorischen Charakter hatten, etwa *novatio*, *pignus* oder *compensatio*, von geringem Gewicht. Ersteres schließt nicht aus, dass ein neuer Gedanke zuerst bei der weniger gebräuchlichen Form des Geschäfts aufgekommen sein kann. Letzteres schränkt die Kongruenz mit Gaius 3, 119a in keiner Weise ein.

Ursprungsfall des *debitum natura* war die Schuld des Gewaltunterworfenen[815]. Solche Schulden entstanden insbesondere bei der Verwaltung eines *peculium*[816]. Das Interesse des Verkehrs an ihrer wenigstens mittelbaren Anerkennung liegt auf der Hand: Die Pekuliarhaftung des Gewalthabers allein genügte dem Sicherungsbedürfnis der beteiligten Geschäftskreise nicht. Unter diesem Gesichtspunkt ist mehr als wahrscheinlich, dass der Zahlungszusage des Gewalthabers eine größere Bedeutung zukam als der des später gewaltfrei gewordenen Naturalschuldners. Man darf daher wohl annehmen, dass sie den Ausgangspunkt der Entwicklung darstellte. Aber auch mit der Überwindung der Haftungsbeschränkung *de peculio* des Vaters durch die Anerkennung seines Konstituts *filii nomine* war für den Gläubiger noch nicht viel gewonnen, da sein Zugriff weiterhin auf die *familia* beschränkt blieb. Erst die Anerkennung des Konstituts eines *extraneus* für die Schuld des Gewaltunterworfenen eines anderen schloss diese Lücke. Astuti, der dem Konstitut einer fremden Naturalverbindlichkeit jegliche Bedeutung absprechen will, weil mit *fideiussio* und Novation andere Möglichkeiten zu ihrer Sicherung bestanden[817], übersieht die (von ihm selbst an anderer Stelle hervorgehobenen) Vorteile des Konstituts gegenüber diesen förmlichen Geschäften des Zivilrechts.

3. Zusammenfassung

Zusammenfassend lässt sich sagen, dass bereits in klassischer Zeit der Konstituent immer dann für die Nichteinhaltung seiner Zusage einer auf das *dare*

815 Burdese, Naturalis obligatio, S. 146 ff.; Gradenwitz, FS Schirmer, S. 133 ff.; Kaser, RP I, S. 480 f.; SZ 83 (1966), S. 461 ff.; Pringsheim, SZ 46 (1926), S. 350 ff.

816 Vgl. Iglesias, Homenaje Murga Gener, S. 135 ff.; s. ferner Zimmermann, Obligations, S. 9 n. 40.

817 Astuti II, S. 342 f.

von Geld oder vertretbaren Sachen gerichteten Leistung haftete, wenn diese Leistung spätestens mit der Zusage hinreichend bestimmt sowie in irgendeiner Form – und sei es nur naturaliter – rechtlich geschuldet war.

II. Die „Akzessorietät" der Konstitutsklage

Steht damit fest, welche Schulden Grundlage eines Konstituts sein konnten, ist im Folgenden zu untersuchen, in welchem Verhältnis die Konstitutshaftung zur Hauptschuld stand. Zwei Probleme sind zu unterscheiden: die Abhängigkeit der Haftung *ex constituto* von der Existenz der Hauptschuld auf der einen, und umgekehrt die möglichen Auswirkungen der Erfüllungszusage auf die Hauptschuld auf der anderen Seite. Von diesen beiden Fragestellungen wird uns bei der Untersuchung der Klagevoraussetzungen nur die erste beschäftigen. Von der zweiten ist im Kapitel über die Wirkungen des Konstituts zu handeln[818].

Die Konstitutshaftung war, wie die Quellen zeigen, von der Existenz der zugesagten Schuld abhängig[819], eine Abhängigkeit, die wir mit Astuti als „Akzessorietät[820]" bezeichnen können, solange wir uns der Gefahren bewusst sind, die es mit sich bringt, einen im geltenden Recht gebräuchlichen und klar definierten Begriff zur Beschreibung eines historischen Rechtszustandes zu verwenden. Mit vollem Recht gibt Zimmermann zur Terminologie bei den Bürgschaftsstipulationen zu bedenken:

> „Any discussion of the accessory nature of the Roman suretyship stipulations immediately involves the danger of superimposing modern concepts and thinking patterns upon historical legal system [*sic*]. Suretyship, in modern law, is an 'accessory' contract, accessoriness indicating, in the present context, dependence, to a greater or lesser extent, of the surety's obligation upon that of the principal debtor. Both the term and the idea do, indeed, go back to Roman law, but it would, of course, be ahistorical to expect the Roman sources to conform to, for instance, the rigid conceptualisation of the BGB[821]."

---

818 S. u. S. 282 ff.; 294 ff.

819 Die von Astuti II, S. 49 im Anschluss an Bruns, ZRG 1 (1861), S. 28 (70) getroffene Unterscheidung zwischen Existenz und Betrag der Hauptschuld verspricht wenig Gewinn.

820 Er widmet dieser „accessorietà" insbesondere im § 4 des ersten Kapitels des zweiten Bandes seine Aufmerksamkeit, s. Astuti II, S. 48 ff.

821 Obligations, S. 121.

Das gilt erst recht beim Konstitut, das im Ursprungsfall des *constitutum debiti proprii* nicht einmal den Sicherungszweck mit den heutigen akzessorischen Geschäften teilte. Auch und gerade hier ist die Anknüpfung an eine bestehende Schuld mit dem modernen Begriff „Akzessorietät" nicht ganz treffend beschrieben[822]. Den wichtigsten Unterschied zeigt die Klagformel, in der es heißt: *eamque pecuniam cum constituebatur debitam fuisse*. Der Zeitpunkt, den die Formel damit für den Bestand der Hauptschuld in Bezug nimmt, muss den heutigen Juristen überraschen: es handelt sich nicht etwa um den der richterlichen Beurteilung[823], auch nicht, wie sonst bei den Römern häufig, den der *litis contestatio*, nicht einmal um den *dies constituti*; nein, die Schuld musste nach dem Wortlaut der Formel lediglich in der Vergangenheit einmal bestanden haben, nämlich im Zeitpunkt der Erfüllungszusage selbst. Diese scharfe zeitliche Anknüpfung an die Zusage legt, was schon Bruns gesehen hat, zwei Folgerungen nahe, nämlich „sowohl einerseits, dass durch spätere Entstehung einer Schuld ein Constitut nicht gültig werden könne, als andererseits dass spätere Aufhebung der Hauptschuld ein dafür gültig gemachtes Constitut nicht mit aufhebe[824]". Beide Folgerungen, die in der romanistischen Lehre nicht auf uneingeschränkte Zustimmung getroffen sind, bedürfen einer Überprüfung anhand der Quellen.

1. Entstehungsakzessorietät: Das Konstitut einer bedingten oder zukünftigen Schuld – Paulus D. 13, 5, 19 pr.

Was die erste Folgerung betrifft, nimmt sich das Quellenmaterial, an dem wir sie überprüfen können, recht spärlich aus. Nicht in Betracht kommt zunächst der bereits ausführlich diskutierte Schuldschein, mit dem Julian es in fr. 5, 3 zu tun hatte, weil sich dort das Futurum *adprobatum erit* nicht auf zukünftige Schulden bezieht, sondern auf den Beweis oder die Zahlungsfreigabe durch den Hauptschuldner[825]. Justinians Bericht von angeblichen Zweifeln der *veteres*

822 Die Römer selbst hatten einen solchen Begriff nicht. Zutreffend Flume, Studien zur Akzessorietät der römischen Bürgschaftsstipulationen, S. 5: „Im römischen Recht der klassischen wie der nachklassischen und justinianischen Zeit gibt es weder ein Prinzip der Akzessorietät noch einen diesem Prinzip entsprechenden Akzessorietätsbegriff." Wenn Gaius 3, 119 erklärt, die Verbindlichkeit des Stipulationsbürgen sei eine *accessio* […] *principalis obligationis*, so will er damit nur zum Ausdruck bringen, dass sie zur Hauptschuld hinzutrete, nicht aber eine wie auch immer geartete Vorstellung von Akzessorietät im modernen Sinne, also im Sinne einer Abhängigkeit verdeutlichen, vgl. Zimmermann, Obligations, S. 122

823 Also den „Jetzt-Zeitpunkt", auf den etwa § 767 Abs. 1 S. 1 BGB abstellt mit der Formulierung, dass für die Verpflichtung des Bürgen „der j e w e i l i g e Bestand der Hauptverbindlichkeit maßgebend" sei.

824 ZRG 1 (1861), S. 28 (71); vgl. Astuti II, S. 49.

825 Im Ergebnis ebenso Astuti II, S. 49 n. 7; a. A. Roussier, Constitut, S. 91.

an der Eignung betagter Verbindlichkeiten als Gegenstand des Konstituts[826] beruht aller Wahrscheinlichkeit nach auf einem Trugschluss des Kaisers[827]. Die klassischen Juristen zweifelten vermutlich nicht (mehr) daran, ob die *obligatio in diem* überhaupt konstituiert werden konnte[828], sondern, wie die Begründung Ulpians in fr. 3, 2 zeigt, lediglich daran, ob eine Zusage auf den schon in der Hauptschuld genannten Termin wirksam war.

Anders liegt der Fall bei der *obligatio sub condicione*. Da die Klassiker die Vorstellung hatten, der bedingte Rechtsakt werde erst mit Bedingungseintritt perfekt[829], kann von einem *debitum* in der Zwischenzeit eigentlich keine Rede sein. Noch Ulpian lehrte: *ubi sub condicione [sc. quis stipulatus sit], neque cessit neque venit dies pendente adhuc condicione*, d. h. die bedingt versprochene Leistung konnte nicht bloß nicht eingeklagt werden (*dies non venit*), sie war noch nicht einmal geschuldet (*dies non cessit*). Daher fällt es nicht schwer sich vorzustellen, dass die *veteres* tatsächlich ihre Zweifel hatten, ob man die Formel in großzügiger Auslegung dahin deuten könne, dass die Voraussetzung *pecuniam debitam fuisse* bei einer bedingten Schuld auch *pendente condicione* bereits erfüllt war. Die Kompilatoren haben, geleitet von dem kaiserlichen Wunsch, solche Unklarheiten zu beseitigen, nur einen einzigen Text aufgenommen, der dieses Problem behandelt[830].

> Paulus D. 13, 5, 19 pr. (29 ad edictum) :
> Id quod sub condicione debetur, sive pure sive certo die constituatur, eadem condicione suspenditur, ut existente condicione teneatur, deficiente utraque actio depereat.

Stand die Hauptschuld unter einer aufschiebenden[831] Bedingung, so war ein Konstitut zwar möglich, doch galt dieselbe Bedingung dann auch für das

826 C. 4, 18, 2, 1: *dubitaretur, an pro debito sub condicione vel in diem constituto eam possibile esset fieri.*

827 Astuti II, S. 64 f.

828 Denn der Gedanke, dass *ea pecunia, quam in diem certum dari stipulamur, eodem numero [sc. pecuniae creditae] est, quia certam est eam debitam iri, licet post tempus petatur* (Gaius 3, 124) hatte sich in der Klassik längst durchgesetzt; so führt Ulpian D. 50, 16, 213 (1 reg.) aus: *'cedere diem' significat incipere deberi pecuniam: 'venire diem' significat eum diem venisse, quo pecunia peti possit. ubi pure quis stipulatus fuerit, et cessit et venit dies: ubi in diem, cessit dies, sed nondum venit* [...]. Vgl. Bruns, ZRG 1 (1861), S. 28 (51 f.).

829 Vgl. Flume, Rechtsakt und Rechtsverhältnis, S. 120 ff.

830 Platschek, Edikt, S. 111 ff. geht unter der Überschrift „Betagte und bedingte Schulden als *pecunia debita*" tatsächlich praktisch nur auf erstere ein.

831 Dass keine auflösende Bedingung gemeint sein kann, folgt nicht nur daraus, dass die Römer in aller Regel eine aufschiebende Bedingung im Sinn haben, wenn sie *sub condicione* sagen (so Schiemann, Pendenz und Rückwirkung, S. 7; Zimmermann, Obligations, S. 717; vgl. auch die dort n. 8 aufgeführten Beispiele) bzw. eine auflösende im klassischen Recht nicht

Konstitut, und zwar unabhängig davon, ob der Konstituent Zahlung mit oder ohne Angabe eines bestimmten Tages zugesagt hatte.

Paulus soll also das bedingte Konstitut für wirksam erklärt haben, wirksam jedenfalls dann, wenn die Bedingung später eintrat. Die Lösung entspricht so sehr dem kaiserlichen Reformprogramm, dass wir nicht lange suchen müssen, um auf Interpolationsvermutungen zu stoßen. Seit ASTUTI nicht nur die Alternative *sive pure sive certo die* den Kompilatoren zugeschrieben[832], sondern auch die Echtheit der Lösung insgesamt als zweifelhaft bezeichnet hat[833], gilt die Stelle als unzuverlässig[834]. Nach Ansicht des italienischen Autors lautete die eigentliche Aussage des Textes, dass die Haftung aus dem Konstitut einer bedingten Schuld auch dann von derselben Bedingung abhing, wenn der Konstituent diese nicht ausdrücklich noch einmal genannt, also *pure* konstituiert hatte[835]. Die Alternative *certo die* hält er für hinzugefügt. Für die zugrundeliegende *quaestio* sei irrelevant, ob die Zusage im Übrigen *pure* erfolgt sei oder aber *certo die* gelautet habe[836]. Aber auch unabhängig davon (und von gewissen formalen Mängeln[837]) könne man das Fragment nicht mit Sicherheit Paulus zuschreiben, da der Text eine Lösung biete, die mit dem klassischen Regime des Bedingungsrechts schwerlich vereinbar sei. Sie setze die Rückwirkung des Bedingungseintritts auf den Zeitpunkt der Zahlungszusage voraus[838], eine solche Rückwirkung sei aber weder im klassischen Recht allgemein

existierte (so FLUME, Rechtsakt und Rechtsverhältnis, S. 147 ff.), sondern vor allem aus dem folgenden *suspenditur*.

832 ASTUTI II, S. 63 f.; vgl. auch FREZZA, Garanzie, S. 246 und KARADENIZ, Constitutum, S. 108, die den Passus wie folgt emendieren wollen: *si*[*ve*] *pure* [*sive certo die*].

833 ASTUTI II, S. 67 ff.; ähnlich ROUSSIER, Constitut, S. 91.

834 Vgl. FREZZA, Garanzie I, S. 246; KARADENIZ, Constitutum, S. 107 ff.; ROUSSIER, Constitut, S. 91; SCHINDLER, Justinians Haltung zur Klassik, S. 76. Die ältere Lehre hingegen hatte den Text noch stets für echt gehalten, vgl. etwa BRUNS, ZRG 1 (1861), S. 28 (51); DEJARDIN, L'action, S. 61 f.; KAPPEYNE, Abhandlungen, S. 263 f.; PHILIPPIN, Constitut, S. 58.

835 FREZZA, Garanzie, S. 246 zieht die Konsequenz aus dieser Annahme, indem er diesen Teil des Textes emendiert in *si*[*ve*] *pure* [*sive certo die*]; ebenso KARADENIZ, Constitutum, S. 108.

836 Dies, so merkt ASTUTI II, S. 64 n. 2 an, sei übrigens schon den Glossatoren aufgefallen, wie dem *Casus ad h. l.* zu entnehmen sei, wo es heißt: *pure illa vel in diem promisisti, non curo: quia sive sic sive sic, suspenditur petitio … ex condicione pristina*. Tatsächlich dürfte es sich aber lediglich um eine Paraphrase des Paulus-Textes handeln. Das *non curo* des Accursius drückt nicht aus, dass ihm die im Text abgelehnte Differenzierung unverständlich sei, weil er ohnehin so entschieden hätte, sondern dass der Umstand, ob ein *dies* bestimmt war oder nicht, nach der Lösung des Paulus völlig irrelevant war.

837 Schon MOMMSEN, Dig. *ad h. l.*, n. 3, stieß sich an der syntaktischen Unregelmäßigkeit *existente condicione teneatur, deficiente utraque actio depereat* und schlug vor, statt dessen zu lesen *e. c. teneat actio, deficiente depereat*. Ähnlich FERRINI, Dig. ed. Mediol., ad h. l., n. 2, der *qui constituit* vor *teneatur* einsetzen wollte.

838 So hatte man seit BRUNS, ZRG 1 (1861), S. 28 (51) die Wirksamkeit des Konstituts einer bedingten Hauptschuld erklärt; vgl. KAPPEYNE, Abhandlungen, S. 263 f.; PHILIPPIN, Constitut, S. 58.

anerkannt gewesen, noch könne man etwa eine besonders fortschrittliche persönliche Ansicht des Paulus in diesem Punkt rekonstruieren. Das neue Prinzip sei vielmehr erst, wie RICCOBONO[839] nachgewiesen habe, in der nachklassischen Schule und Praxis aufgekommen[840].

a. Rückwirkung des Bedingungseintritts kein Beweis für Interpolation

Betrachten wir zuerst diesen Haupteinwand. Er stützt sich auf zwei Prämissen: Erstens, dass der Rückwirkungsgedanke den Klassikern fremd gewesen sei, und zweitens, dass die Lösung im Text gerade auf diesem Gedanken beruhe, weil man nur bei Anerkennung einer Rückwirkung annehmen könne, es habe bereits *cum constituebatur* ein *debitum* vorgelegen.

Die erste Prämisse wird in der modernen Lehre wieder zunehmend angefochten[841], ist aber gleichwohl richtig. Denn im klassischen Recht wurde der bedingte Rechtsakt erst mit Bedingungseintritt perfekt und damit wirksam, und zwar wirksam *ex nunc*, eine Folge des rechtsaktsbezogenen Denkens der Römer[842].

Demgegenüber stellt KASER zwar den Satz auf: „Eine Rückwirkung, die die vollen Wirkungen des Geschäfts bereits auf die Zeit seines Abschlusses bezieht, haben die Klassiker dem Bedingungseintritt im Allgemeinen nicht zugeschrieben[843]", relativiert diese Aussage aber durch die Annahme, das bedingte Geschäft habe schon im klassischen Recht gewisse Vorwirkungen gehabt[844]. Einige Autoren gehen noch weiter und streiten klassische Ansätze

---

839 RICCOBONO, St. Perozzi, S. 352 f.; 364 f.

840 ASTUTI II, S. 73.

841 Vgl. etwa CALONGE, St. Volterra III, S. 143 ff., der zu dem Ergebnis gelangt, zumindest bei den *bonae fidei iudicia* habe es eine echte Rückwirkung des Bedingungseintritts gegeben; ferner ZIMMERMANN, Obligations, S. 728, der nicht glaubt, dass „retroactivity entirely alien to classical law" war. Die Lehre von der allgemeinen Geltung der Rückwirkung geht auf Bartolus zurück (SCHIEMANN, Pendenz und Rückwirkung, S. 29 ff., dort auch zur weiteren Entwicklung) und war bis ins 19. Jahrhundert weniger herrschende Meinung als unmittelbar den Quellen entspringendes Axiom. Erst mit WINDSCHEID, Die Wirkung der erfüllten Bedingung, Basel 1851, setzte die Diskussion um die Richtigkeit des Rückwirkungssatzes ein, der etwa von SCHEURL, Zur Lehre von den Nebenbestimmungen, S. 17 f.; 187 f. ebenso vehement verteidigt wie von EISELE, AcP 50 (1867), S. 253 ff. angegriffen wurde. Seit Beginn des 20. Jahrhunderts verneint die h. L. die Rückwirkung, s. etwa MITTEIS, Römisches Recht I, S. 172; vgl. HONSELL/MAYER-MALY/SELB, RR, S. 93 und n. 6; ferner KASER, RP I, S. 256 und die dort in n. 46 nachgewiesene Literatur.

842 Eine Erkenntnis, die wir Werner FLUME verdanken, s. ausführlich Rechtsakt und Rechtsverhältnis, S. 120 ff. sowie die dieser Arbeit zugrundeliegenden Untersuchungen in SZ 92 (1975), S. 69 ff.; TR 14 (1936), 19 ff.; FS Kaser, S. 309 ff.

843 RP I, S. 256; vgl. auch die dort in n. 46 aufgeführte Literatur.

844 KASER, RP I, S. 256; dies ist auch das Hauptergebnis der Untersuchung von KURZ, Vor- und Rückwirkungen, S. 117 ff. und insbesondere S. 171 ff.; vgl. ZIMMERMANN, Obligations, S. 725.

auch in der Frage der Rückwirkung nicht mehr ab[845]. ZIMMERMANN wirft der älteren Lehre vor, sie habe versucht, die Quellen im Bemühen um eine „klassische" Einheitslösung „into some kind of doctrinal straitjacket[846]" zu zwängen[847]. Rückwirkung als solche sei im klassischen Recht kein gänzlich fremdes Konzept gewesen, die Juristen hätten sich dem Problem nur eher pragmatisch genähert und möglicherweise ihre Lösungen nach der jeweiligen Art des behandelten Geschäfts differenziert[848].

Ob man aber die in den Quellen mitgeteilten Ergebnisse mit einer „Vorwirkung" des bedingten Geschäfts oder mit der „Rückwirkung" des Bedingungseintritts erklärt, macht weniger im Ergebnis als in der Konstruktion einen Unterschied. SCHIEMANN hat deshalb mit Recht geäußert, Vorwirkung und Rückwirkung seien nur „zwei verschiedene Seiten ein und derselben Sache[849]".

Die Lösung der Probleme, die die umstrittenen Quellen aufwerfen, ist in Wahrheit in einer ganz anderen Richtung zu suchen, nämlich in dem grundsätzlichen römischen Denkansatz, der sich nicht so sehr auf die Wirkungen des Rechtsakts als vielmehr auf diesen selbst bezieht. War für die Römer der Rechtsakt erst mit Bedingungseintritt perfekt, und war ihr Denken ganz auf diesen Rechtsakt fokussiert, so folgt daraus, dass sie in den Kategorien „Vor- und Rückwirkung" eben nicht gedacht haben[850].

Müssen wir also mit ASTUTI dem Rückwirkungsgedanken für das klassische Recht eine deutliche Absage erteilen, so macht dies seine zweite Prämisse, fr. 19 pr. lasse sich nicht anders als mit eben diesem Rückwirkungsgedanken erklären, nicht weniger falsch. Eine Grundaussage des Textes ist, dass die Bedingung der *obligatio sortis*[851] auf das Konstitut durchschlägt, so dass beide Geschäfte nur dann eine Klage generieren, wenn die Bedingung am Ende eintritt. Das hat aber mit einer Rückwirkung des Bedingungseintritts herzlich wenig zu

845 CALONGE, St. Volterra III, S. 143 ff.; ZIMMERMANN, Obligations, S. 727.

846 ZIMMERMANN, Obligations, S. 727; vgl. CALONGE, St. Volterra III, S. 143 ff.

847 Man neigte dazu, entweder die allgemeine Rückwirkung der erfüllten Bedingung als festen Grundsatz des römischen Rechts zu betrachten (vgl. etwa VANGEROW, Pandekten, § 95 und PUCHTA, Pandekten, § 61) oder umgekehrt die Rückwirkung in allen Fällen für einen rein byzantinischen Gedanken zu halten, der den Klassikern völlig fremd war (vgl. VASSALLI, *Dies vel condicio*, S. 273 ff., mit z. T. radikaler Textkritik; ähnlich ARCHI, Scr. dir. rom. III, S. 2079 ff.).

848 Obligations, S. 728.

849 Pendenz und Rückwirkung, S. 3.

850 Richtig CALONGE, St. Volterra III, S. 170: „la Jurisprudencia romana no llegó a plantearse el problema de la retroactividad de la condición".

851 Das Wort *sors* bezeichnet im Zusammenhang mit dem Konstitut nicht nur das Kapital (im Unterschied zu den Zinsen), sondern auch die Hauptschuld (im Unterschied zur Konstitutshaftung).

tun[852]. Zwar verlangt die Formel ein *debitum cum constituebatur*, doch ist die Annahme voreilig, der damit in Bezug genommene Zeitpunkt sei zwangsläufig derjenige der Erklärung der Zahlungszusage. Wir haben eingangs bemerkt, dass sich das *factum* der Zusage im Laufe der Zeit zunehmend zu einem echten Rechtsgeschäft entwickelt hat, bis es von den Juristen nahezu gänzlich als solches behandelt wurde. Warum sollte dann nicht auch das *constituisse* der Formel erst mit Bedingungseintritt vollständig sein? Auch wenn das *factum*, das ursprünglich den Anlass für die Gewährung einer prätorischen Strafklage geboten hatte, nicht die Zusage, sondern deren Nichteinhaltung war, so hatte sich doch der Akzent nach und nach von der Unrechtshandlung *fidem frangere* auf die Rechtshandlung *constituere* verschoben[853]. Zudem bedeutete *constituere* stets die definitive Zusage der Leistung auf einen bestimmten Termin; ein bedingtes Konstitut war aber selbstverständlich erst dann definitiv und schuf erst dann schutzwürdiges Vertrauen, wenn die Bedingung eingetreten war. So betrachtet wurden Hauptgeschäft und Konstitut gleichzeitig wirksam, nämlich bei Bedingungseintritt[854], die Formel war erfüllt. Paulus rettet also das Konstitut nicht mit dem Gedanken an die Rückwirkung der eingetretenen Bedingung[855], sondern mit einem interpretatorischen Kniff, indem er nämlich in die Zahlungszusage die stillschweigende Übernahme der Bedingung der Hauptschuld hineinliest[856]. Mit anderen Worten: Der Jurist stellt nicht erst die Konstitutsh a f t u n g unter die Bedingung der Hauptschuld, sondern schon das Konstitut selbst.

852 Vorsichtiger Costa, SDHI 77 (2011), S. 129 (221): „si stemperano le tensioni dottrinali sulla necessità degli effeti retroattivi".

853 Zu dieser Entwicklung s. Astuti II, S. 1f. und passim; Bruns, ZRG 1 (1861), S. 28 (40 ff.).

854 Zu dieser Erkenntnis gelangten schon die Byzantiner (B. 26, 7, 19; A IV 1299 Sch.; III 137 Hb.), vgl. Costa, SDHI 77 (2011), S. 129 (220 ff.).

855 So aber die ältere Lehre, vgl. etwa Bruns, ZRG 1 (1861), S. 28 (51); Dejardin, L'action, S. 61 f.; Kappeyne, Abhandlungen, S. 263 f.; Philippin, Constitut, S. 58.

856 Dazu mag ihn vielleicht auch, wie Wendt, Die Lehre vom bedingten Rechtsgeschäft, S. 63 annimmt, der Grundsatz bewogen haben, dass das Konstitut *in duriorem causam* nicht gänzlich unwirksam war, sondern nur in dem über die Hauptschuld hinausreichenden Teil (vgl. zu diesem Prinzip auch Astuti II, S. 48 f. und n. 5; neuerdings behauptet Jacob, Constitut, S. 33, das Konstitut *in duriorem causam* sei sogar insgesamt wirksam gewesen. Seine Argumentation ist jedoch alles andere als überzeugend, weil sie sich allein auf ein fragwürdiges Verständnis von fr. 4 stützt).

b. Der Einschub *sive pure sive certo die*

Auch die heute allgemein für interpoliert[857] gehaltene Bemerkung *sive pure sive certo die* ist erklärlich. So nahe es liegt, *pure* in einem Kontext, in dem es um eine bedingte Schuld geht, im Sinne von „ohne Bedingung" zu verstehen, so wenig wahrscheinlich ist die Einfügung von *sive certo die* durch die Kompilatoren. Sicher, die Nennung von *condicio* und *dies* in einem Atemzug erinnert an die Reformkonstitution. Doch abgesehen davon, dass im Paulus-Text nicht die Hauptschuld *in diem* abgefasst ist, sondern das Konstitut, lässt die Betonung der Unerheblichkeit einer Terminbestimmung vermuten, dass man eine Differenzierung nach diesem Kriterium wenigstens erwägen konnte. Da den Kompilatoren ob des kaiserlichen Reformziels daran gelegen sein musste, solche feinen Unterscheidungen einzuebnen, wäre es aus ihrer Perspektive unzweckmäßig gewesen, eine derartige Unsicherheit in einen Text zu tragen, der sich zu dieser Frage gar nicht äußerte.

Aus der Sicht eines Klassikers hingegen mochte das vollkommen *pure* gefasste Konstitut die zusätzliche Schwierigkeit bergen, dass eine Terminbestimmung an sich erforderlich war[858]. Paulus selbst war in dieser Hinsicht zwar, wir haben es gesehen[859], nicht besonders streng und ergänzte den Termin ggf. durch Auslegung, doch eine (vermutlich ältere) Gegenauffassung, die eine ausdrückliche Terminbestimmung für unabdingbar hielt, ist sehr wahrscheinlich. Deren Vertreter könnten sich also durchaus, anders als Paulus in fr. 21, 1, auf den Standpunkt gestellt haben, mangels Terminzusage liege ein *constituere* im Sinne der Formel nicht vor. Warum Paulus das hier – und zwar wohl auch unabhängig von seiner dort geäußerten Grundhaltung – nicht tat, folgt aus der dortigen Begründung *alioquin et confestim agi tecum poterit*. Die auch für Paulus absurde Klage *si statim ut constituisti non solvas* drohte dort, aber nicht hier. Denn den für das Konstitut kennzeichnenden Aufschub erhielt der Konstituent einer bedingten Schuld bereits durch das

857 Etwa von Astuti II, S. 63 f., Costa, SDHI 77 (2011), S. 129 (216 f.); Frezza, Garanzie, S. 246 und Karadeniz, Constitutum, S. 108.

858 Ein ganz anderes Problem konnte beim Konstitut *certo die* auftreten: Was, wenn am *dies constituti* die Bedingung noch nicht eingetreten war? Da Paulus insofern nicht differenziert, könnte man auf den Gedanken verfallen, es gelte die Lösung *existente condicione teneatur* auch hier. Der Konstituent müsste dann am zugesagten Termin zahlen, um für den Fall des späteren Bedingungseintritts die Haftung *de pecunia constituta* abzuwenden. Damit hätte er sich aber der Gefahr ausgesetzt, sein Geld im Fall des endgültigen Ausfalls der Bedingung nicht zurück erhalten zu können. Wahrscheinlicher ist daher, dass der Konstituent entweder gar nicht haftete, weil das Konstitut am *dies constituti* noch nicht perfekt war, oder dass er erst bei Bedingungseintritt zahlen musste; vgl. Astuti II, S. 66, der den denkbaren Anwendungsbereich des Konstituts einer bedingten Schuld von vornherein auf Fälle beschränkt, in denen der Bedingungseintritt nur innerhalb einer feststehenden Zeitspanne oder zu einem bestimmten Zeitpunkt möglich war.

859 D. 13, 5, 21, 1; s. dazu die ausführliche Besprechung oben S. 48 ff.

Schweben der Bedingung[860]. Die Zahlungspflicht *statim ut constituisti* verlor ihren Stachel, wenn das *constituere* erst mit Bedingungseintritt vollendet war. Dem denkbaren Einwand, es fehle gleichwohl an dem charakteristischen Zahlungsaufschub im Verhältnis zur Hauptverbindlichkeit, war dann mit leichter Abwandlung der Argumentation Ulpians in fr. 3, 2 zu begegnen: *habet enim utilitatem ut sub condicione obligatus constituendo se eadem die soluturum teneatur.* Nach allem steht die Anerkennung des Konstituts einer bedingten Schuld durch Paulus nicht im Widerspruch zur Formel, sondern bestätigt gerade, dass bei Perfektion der Rechtshandlung *constituere* eine Hauptschuld existieren musste[861].

c. Zukünftige Schuld

Da demgegenüber ein Konstitut für bloß zukünftige Verbindlichkeiten, von Girtanner[862] ohne Vorbehalt und mit Einschränkungen von Bruns[863] für möglich gehalten, nicht nur der Formel widerspricht, sondern auch schon die erforderliche inhaltliche Bestimmtheit nicht aufweist, ist anzunehmen, dass ein solches in klassischer Zeit unwirksam war[864].

d. Ergebnis

Wir können also festhalten, dass die erforderliche Hauptschuld bereits beim Abschluss des Konstituts vorhanden sein musste. Das Konstitut war, wenn man so will, streng entstehungsakzessorisch[865].

2. Funktionale Akzessorietät: Veränderung und Untergang der Hauptschuld nach Erteilung der Erfüllungszusage – Ulpian D. 13, 5, 18, 1

Der Blick in die entgegengesetzte Richtung, also auf die Entwicklung der Hauptverbindlichkeit nach der Konstitutserklärung, offenbart eine weitgehende

---

860 Vgl. Kappeyne, Abhandlungen, S. 262 f.

861 Zur Deutung von Platschek, Edikt, S. 111 ff. s. unten S. 456 ff.

862 Bürgschaft, S. 108, mit der Begründung, die zukünftige Schuld lasse sich mit dem Zusatz „wenn die Schuld zur Existenz kommt" zu einer bedingten machen; dagegen Bruns, ZRG 1 (1861), S. 28 (89).

863 ZRG 1 (1861), S. 28 (71, 89): erforderlich sei die ausdrückliche Bezugnahme auf die Zukünftigkeit der Schuld, allein das zufällige spätere Entstehen genüge nicht.

864 So mit Recht Astuti II, S. 49 n. 7.

865 Vgl. Astuti II, S. 51: „la sua accessorietà può efficacemente essere definita come genetica". Genetische Abhängigkeit oder Akzessorietät liegt vor, wenn eine Obligation zu ihrer Entstehung der Existenz einer anderen bedarf; als funktionell bezeichnet man die Abhängigkeit, wenn die neue Obligation auch in der Folgezeit das Schicksal der alten teilt. Ricart Martí, SCDR 3 (1991), S. 135 (145) verwendet im Anschluss an Badosa, Obligacions, S. 56 ff. zur Beschreibung desselben Prinzips auch die Begriffe „conexión mínima" und „conexión máxima".

Unabhängigkeit der Konstitutshaftung vom Fortbestand der Hauptschuld[866]. In den Quellen finden sich mehrere Fragmente, in denen die *sors* nach dem Konstitut eine Veränderung erfährt bzw. vollständig erlischt. Kardinalstelle ist

> Ulpian D. 13, 5, 18, 1 (27 ad edictum):
> Quod adicitur: „eamque pecuniam cum constituebatur debitam fuisse", interpretationem pleniorem exigit. nam primum illud efficit, ut, si quid tunc debitum fuit cum constitueretur, nunc non sit, nihilo minus teneat constitutum, quia retrorsum se actio refert. proinde temporali actione obligatum constituendo Celsus et Iulianus scribunt teneri debere, licet post constitutum dies temporalis actionis exierit. quare et si post tempus obligationis se soluturum constituerit, adhuc idem Iulianus putat, quoniam eo tempore constituit, quo erat obligatio, licet in id tempus quo non tenebatur.

Ulpian erläutert die Formel wie folgt: Da die Klage eine Rückanknüpfung[867] enthalte, bewirke der Formelwortlaut vor allem[868], dass der Konstituent auch dann hafte, wenn er zwar bei der Zusage das Versprochene noch geschuldet habe, jetzt[869] aber nicht mehr. Das sei auch der Grund, warum schon Celsus und Julian gelehrt hätten, dass der Schuldner einer *actio temporalis*[870] wegen einer Zusage, noch vor Zeitablauf zu leisten[871], weiter mit der Konstitutsklage[872] hafte, auch wenn die Hauptklage mittlerweile erloschen[873] sei. Julian habe die Haftung

866 Astuti II, S. 63 bezeichnet dies als Prinzip der „independenza funzionale".

867 Zur Bedeutung von *retrorsus* und *retro* vgl. Kurz, Vor- und Rückwirkungen, S. 109 ff.

868 Sollte Ulpian mit *primum* eine Aufzählung begonnen haben, worauf vielleicht auch die Ankündigung einer *plenior interpretatio* hindeutet, so ist uns der Rest nicht erhalten. Das Beispiel der *actio temporalis* und dessen Behandlung durch Celsus und Julian verdeutlicht nur das unter *primum* allgemein beschriebene Prinzip, stellt ihm aber keine zweite, eigenständige Wirkung gegenüber. Eine solche könnte etwa in dem soeben behandelten Grundsatz gelegen haben, dass ein späteres Entstehen der Hauptschuld nicht ausreichte, dass also, wie auch Astuti II, S. 49 n. 7 gegen Bruns, ZRG 1 (1861), S. 28 (71) und Girtanner, Bürgschaft, S. 108 vertritt, eine bloß zukünftige oder bedingte Schuld nicht wirksam konstituiert werden konnte.

869 *Nunc* könnte hier jeden beliebigen späteren Zeitpunkt bezeichnen; gemeint ist aber wohl der der Begutachtung durch den Juristen (oder *iudex*).

870 Dieser Ausdruck bezeichnet in den Quellen honorarrechtliche (Straf-)Klagen, die innerhalb einer bestimmten Frist, i. d. R. ein Jahr, zu erheben waren; vgl. Kaser/Hackl, RZ, S. 333 und n. 45.

871 Dass der *dies constituti* in dem von Celsus behandelten Fall vor Ablauf der Klagefrist in der Hauptsache gelegen haben muss, ergibt sich aus der Julian allein zugeschriebenen Lösung des zweiten Falles, vgl. Astuti II, S. 59.

872 Zur möglichen Interpolation von *constituendo* für echtes *ex hac formula* vgl. Beseler, Beiträge IV, S. 128. Am Sinn ändert dies freilich nichts.

873 Da die Frist als negative Verurteilungsbedingung vor der *condemnatio* in der Formel mitproponiert und nicht etwa als *exceptio* angehängt wurde (vgl. Kaser/Hackl, RZ, S. 333 n. 45), führte ihr Ablauf zum Erlöschen der Klage selbst. Davon zu unterscheiden ist die von Ulpian

sogar dann anerkannt, wenn der Schuldner von vornherein die Leistung für einen Termin n a c h Erlöschen der Hauptklage zugesagt hatte.

Die Echtheit des Textes wird heute nicht mehr in Zweifel gezogen[874], streitig ist aber die Reichweite der sehr allgemeinen Feststellung Ulpians im zweiten Satz. Während Ricart Martí den Juristen beim Wort nimmt und damit der von Bruns begründeten Ansicht beitritt, die Konstitutsschuld sei von der Hauptverbindlichkeit funktional unabhängig[875], sieht Astuti[876] in den Worten *si quid tunc debitum fuit, nunc non sit, nihilo minus teneat constitutum* eine zu weit geratene Generalisierung der im Beispielsfall von Celsus und Julian gefundenen Lösung. Er glaubt daher, die funktionale Unabhängigkeit der Konstitutshaftung beschränken zu müssen auf die Fälle des Erlöschens der Hauptschuld aus formalen Gründen, etwa wie hier durch Zeitablauf[877]. Dagegen habe das Erlöschen der *obligatio sortis* aus materiellen Gründen, insbesondere durch Erfüllung[878], immer auch das Erlöschen der Schuld *ex constituto* zur Folge gehabt[879]. Ursprünglich habe sogar vollständige Akzessorietät bestanden: Solange das Konstitut noch lediglich Bestimmung einer „scadenza perentoria" war, habe kein Zweifel daran bestehen können, dass die für den Termin zugesagte Leistung auch zu diesem Zeitpunkt noch geschuldet sein musste. Erst die fortschreitende Entwicklung des Konstituts zum eigenständigen Zahlungsversprechen habe eine gewisse Selbständigkeit der Konstitutshaftung gegenüber der Hauptschuld ermöglicht. Die Worte der Formel *cum constituebatur*

D. 44, 3, 1 gewährte sog. *exceptio annalis*. Diese wurde in Fällen angewendet, in denen die Befristung nicht auf das Edikt zurückging, sondern „auf Praxis und Jurisprudenz" (Lenel, EP, S. 505).

874 Vgl. Astuti II, S. 59; Karadeniz, Constitutum, S. 124 f.; Ricart Martí, SCDR 3 (1991), S. 135 (145); anders noch Savigny, System V, § 251 (S. 400 ff., der die zweimalige Erwähnung einer *actio temporalis* sowie die Einschübe *post tempus obligationis* und *eo tempore – obligatio* verdächtigte.

875 Ricart Martí, SCDR 3 (1991), S. 135 (145); Bruns ZRG 1 (1861), S. 28 (72 f.). Anders Savigny, System V, S. 401 f., der zwar funktionale Abhängigkeit annimmt, aber das naturale Fortbestehen der Hauptschuld genügen lässt.

876 Astuti II, S. 51 ff.

877 Astuti II, S. 56; damit nimmt er im Kern einen Gedanken der Glosse auf: Schon Accursius hatte angemerkt, der Schuldner werde von der Konstitutsklage nicht frei, *quod qui tempore liberatur non est similis solventi* (gl. *exierit* ad h. l.).

878 Als weiteren Fall nennt er die Novation der Hauptschuld, s. Astuti II, S. 56.

879 Astuti II, S. 53; dies gelte auch, wenn ein personenbezogener Erlöschensgrund eingetreten sei, etwa *capitis deminutio* oder *confusio*, und bei Befriedigung der Hauptverbindlichkeit durch ein Erfüllungssurrogat, etwa *datio in solutum* oder *compensatio* (S. 56). Schließlich nennt er noch die Tilgungswirkung der *litis contestatio*, *acceptilatio* und das zum Zwecke des Erlasses eingegangene *pactum de non petendo*; im ersten Fall handele es sich jedoch eher um ein Konkurrenzproblem, in den letzten beiden verzichtet er „nell'assoluto silenzio delle fonti" auf einen Lösungsvorschlag (S. 57)

debitum fuisse habe man ursprünglich nur gewählt, um das Erfordernis einer bestehenden Schuld zu bezeichnen[880]. Den darauf folgenden Gang der Entwicklung entnimmt er den von Ulpian referierten Ansichten der älteren Juristen: Celsus habe die Fortdauer der Haftung *ex constituto* nach Fristablauf noch auf diejenigen Zusagen beschränkt, die einen Termin innerhalb der Klagefrist bestimmten. Julian habe sodann den Hebel bei der Klageformel angesetzt und deren Voraussetzungen bereits als erfüllt betrachtet, wenn die Zusage vor Fristablauf erfolgt war[881]. Ulpian habe diese Entwicklung und damit nur das formale Erlöschen der Hauptschuld im Auge gehabt, als er den zweiten Satz des Fragments verfasste.

So einfallsreich diese Deutung ist, es lassen sich doch schwerwiegende Einwände gegen sie erheben. Zunächst ist die rückbezogene Formelfassung *cum constituebatur debitam fuisse* so ungewöhnlich, dass man ihrem Verfasser geradezu Schlamperei vorwerfen müsste, wenn er damit die fortdauernde Abhängigkeit der Konstitutshaftung von der Hauptschuld hätte ausdrücken wollen. Vor allem aber zeichnen die übrigen Quellen ein anderes Bild.

a. Paulus D. 13, 5, 22

Astutis Auffassung wird allerdings nicht (im Sinne einer vollständigen Abhängigkeit) widerlegt durch fr. 22 unseres Titels.

> Paulus D. 13, 5, 22 (6 brevium):
> Si post constitutam tibi pecuniam hereditatem ex Senatus Consulto Trebelliano restitueris, quoniam sortis petitionem transtulisti ad alium, deneganda est tibi pecuniae constitutae actio. idem est in hereditatis possessore post evictam hereditatem. sed magis est, ut fideicommissario vel ei qui vicit decernenda esset actio.

TU ist als Erbe Gläubiger einer Nachlassforderung geworden. Sein Schuldner sagt ihm Zahlung zu. TU überlässt sodann die Erbschaft als Ganzes einem Erbschaftsfideikommissar[882]. Damit wird, grob gesagt, nach den Bestimmungen des SC Trebellianum[883] der Fideikommissar zum Rechtsnachfolger des

880 Astuti II, S. 55.
881 Astuti II, S. 59.
882 In Rom gab es keine Nacherbfolge, der Erblasser konnte also nicht dem ersten Erben nach Ablauf einer Frist oder Eintritt einer Bedingung einen zweiten folgen lassen. Einen Ausweg bot hier die sog. „fideikommissarische Sukzession“: Der Erblasser konnte dem Erben auferlegen, die Erbschaft als Ganzes (oder einen Bruchteil davon) einem weiteren Nachfolger als Fideikommiss herauszugeben (die Quellen sprechen von *restituere*); dieser wurde nicht Erbe, seine Position aber der eines Erben angeglichen; dazu Kaser, RP I, S. 761.
883 Im Wortlaut zitiert in D. 36, 1, 1, 2 (Ulp. 3 fideic.); s. auch Gaius 2, 253.

Erben[884] hinsichtlich der Erbmasse. TU ist also fortan nicht mehr Inhaber der Hauptschuld. Das Konstitut aber war ihm persönlich erteilt, nicht dem Erblasser. Dennoch befindet Paulus, der Prätor habe TU die Konstitutsklage zu denegieren. Dies gelte auch dann, wenn TU lediglich Erbschaftsbesitzer gewesen und von einem anderen Erbprätendenten erfolgreich evinziert worden sei. Die Konstitutsklage sei vielmehr dem Fideikommissar oder dem Sieger im Erbschaftsstreit zuzusprechen.

Ohne den letzten Satz hätte man vermuten können, dass Paulus dem Erben die Konstitutsklage verweigere, weil der nach Restitution der Erbschaft nicht mehr Gläubiger der Hauptforderung war, umgekehrt also der Konstituent ihm aus der Erbschaftsforderung nichts mehr schuldete. Da auch hier der Gläubiger seine Forderung ohne materielle Befriedigung einbüßte, hätte man weiter folgern können, die Konstitutshaftung sei selbst bei nur formellem Erlöschen der Hauptschuld nicht vollständig autonom gewesen. Der Schlusssatz zeigt jedoch die wahre *ratio decidendi*: Die Haftung des Schuldners *ex constituto* besteht fort, nur gehört sie zur Erbmasse und steht deren Inhaber zu. Für die Frage der Abhängigkeit der Haftung vom Fortbestand der Hauptschuld gibt der Text nichts her.

b. Konstitut des Gewalthabers für Pekuliarschulden

Auch die drei (von Astuti nur beiläufig erwähnten[885]) Texte, die das Konstitut eines *pater* oder *dominus* für seine Haftung *de peculio* betreffen[886], stehen noch mit der Deutung des italienischen Autors in Einklang. Der Gewalthaber haftete für die Geschäftsschulden seines Gewaltunterworfenen nur beschränkt auf das diesem eingeräumte Sondergut; seine Schuld, d. h. hier die Hauptschuld, war also gewissen Schwankungen unterworfen, konnte bei Überschuldung des Sonderguts auch gänzlich ausfallen[887]. Die genannten Fragmente zeigen, dass maßgeblich für den Umfang der Konstitutshaftung der Bestand des Sonderguts im Zeitpunkt der Zahlungszusage war, mit anderen Worten, dass nachträgliche Änderungen der Hauptverbindlichkeit die Haftung des Konstituenten weder erweitern noch beschränken konnten. Am deutlichsten spricht es Paulus aus: *nec enim quod crescit peculium aut decrescit pertinet ad constitutoriam actionem*[888]

884 Und damit des Erblassers, Gaius 2, 251: *heredis loco*; vgl. dazu Honsell/Mayer-Maly/Selb, RR, S. 501 und n. 11; Kaser, RP I, S. 762.

885 Astuti II, S. 49 n. 6; Bruns, ZRG 1 (1861), S. 72 hingegen zieht sie zur Stützung seiner Unabhängigkeitsthese heran.

886 D. 13, 5, 1, 8; 19, 2 und 20.

887 Vgl. Kaser, RP I, S. 606 f.; Honsell/Mayer-Maly/Selb, RR, S. 378 f.

888 D. 13, 5, 20 (4 Plaut.).

und *et licet interierit peculium non tamen liberatur*[889]. Das entspricht ganz der Einschätzung Astutis, da auch der durch den Untergang des *peculium* befreite Schuldner – mit den Worten der Glosse[890] – *non similis solventi* ist.

c. Erlass der Hauptschuld – Ulpian D. 4, 3, 38

Dasselbe wird man jedoch von einem Schuldner kaum sagen können, dem der Gläubiger die Schuld erlassen hat. Astuti glaubte diesen Fall „nell'assoluto silenzio delle fonti" lediglich aufstellen, aber nicht lösen zu können[891], doch hat Wacke[892] mittlerweile gezeigt, dass die Quellen ihn sehr wohl behandeln, nämlich in

> Ulpian D. 4, 3, 38 (5 opinionum):
> Quidam debitor epistulam quasi a Titio mitti creditori suo effecit, ut ipse liberetur: hac epistula creditor deceptus Aquiliana stipulatione et acceptilatione liberavit debitorem: postea epistula falsa vel inani reperta creditor maior quidem annis viginti quinque de dolo habebit actionem, minor autem in integrum restituetur.

Ein Schuldner lässt seinem Gläubiger einen Brief zukommen, der angeblich von einem gewissen Titius stammt, tatsächlich aber vom Schuldner selbst gefälscht ist. Es gelingt ihm auf diese Weise, den Gläubiger zu einem Generalerlass[893] zu bewegen. Obwohl über den Inhalt des Briefes nichts verlautet, dürfen wir annehmen, dass der angebliche Absender sich zur Zahlung verpflichtete, sonst wäre nicht erklärbar, warum der Gläubiger sich zum Verzicht auf seine Forderung veranlasst sah. Ein solcher Schuldschein schuf indes keine zivile Verbindlichkeit[894], der Gläubiger musste sich also aus anderen Gründen abgesichert glauben. Am wahrscheinlichsten ist in der Tat Wackes Vermutung, es müsse sich um ein *constitutum debiti alieni* handeln[895]. Dann ist (will man dem Gläubiger keinen fatalen Rechtsirrtum unterstellen) weiter zu folgern, dass

---

889 D. 13, 5, 19, 2 (29 ed.).

890 Gl. *exierit* zu D. 13, 5, 18, 1.

891 Astuti II, S. 57.

892 SZ 88 (1971), S. 105 (110).

893 Die stipulatio Aquiliana fasste alle Forderungen des Gläubigers (ob gegenwärtig oder zukünftig, fällig oder nicht, zivil- oder honorarrechtlich) zusammen, um sie unmittelbar im Anschluss durch *acceptilatio* zu tilgen, vgl. im Einzelnen Kaser, RP I, S. 649 und die dort n. 21 aufgeführte Literatur, insbesondere Sturm, Stipulatio Aquiliana (1972).

894 Nach Gaius 3, 134 war die Verpflichtung durch Ausstellung eines Schuldschein (*chirographum, syngrapha*) den Peregrinen vorbehalten, vgl. Kaser, RP I, S. 545.

895 Wenn man nicht annehmen will, dass dem Gläubiger das rechtlich unverbindliche Wort des Titius Grund genug für sein Handeln bot, bleibt sonst nur die Möglichkeit, dass Titius der *argentarius* des Schuldners und der Brief sein *receptum* war. Das hätte Ulpian aber kaum unerwähnt gelassen.

der spätere Erlass der Hauptschuld die Wirksamkeit des einmal abgegebenen Konstituts nicht mehr berührte.

d. Erfüllung der Hauptschuld – Paulus D. 13, 5, 8 und 10 nebst D. 46, 3, 59

Zudem hat Bruns mit Recht angenommen, dass nicht einmal die Erfüllung der Hauptverbindlichkeit stets die Haftung *ex constituto* beseitigt habe[896]. Das zeigen die Zeugnisse in den fr. 8 und 10 unseres Titels sowie in D. 46, 3, 59. Der Schuldner zahlt nach Abgabe des Konstituts zwar jeweils, aber an eine Person, die im Konstitut nicht benannt war, nämlich an den *solutionis causa adiectus* der Hauptschuld in fr. 8 und 59, an den anderen Mitgläubiger der Hauptschuld in fr. 10[897]. Die Texte werden unten[898] einer eingehenden Analyse unterzogen, deren Ergebnis ich mir an dieser Stelle vorwegzunehmen erlaube: Hatte der Konstituent im ersten Fall den *adiectus* bei seiner Zusage eindeutig ausgeschlossen, so wurde er durch die Zahlung an ihn zwar von der Hauptschuld frei, nicht aber von der Haftung *ex constituto*. Nichts anderes galt im zweiten Fall: Zahlte er an den im Konstitut nicht genannten Gläubiger, so erfüllte er damit die Hauptschuld, hielt aber sein Wort gegenüber dem anderen Gläubiger nicht. Folglich haftete er auch hier mit der Konstitutsklage. Astuti nimmt vor allem Anstoß an dem Umstand, dass der Konstituent in diesen Fällen zweimal zahlen musste, obwohl er die Hauptschuld bereits mit der ersten Zahlung erfüllt hatte[899]. Damit berücksichtigt er nicht hinreichend die pönale Wurzel der *actio de pecunia constituta*[900]. War der Konstituent zur Leistung willens und in der Lage, so hatte er es auch in der Hand, sich an seine Zusage zu halten und so mit einer einzigen Zahlung beide Obligationen zu erfüllen. Tat er das nicht, haftete er mit der Konstitutsklage und wurde in *quanti ea res erit* verurteilt. War der Adressat des Konstituts infolge der ersten Zahlung leer ausgegangen, etwa weil er im Innenverhältnis zu seinem

896 ZRG 1 (1861), S. 28 (72 f.); als Beispiele nennt er die Zusage *aliud pro alio* und die an einen anderen Gläubiger als den der Hauptschuld. Obwohl beide Fälle nicht, wie Astuti II, S. 172 ff. resp. 149 ff. meint, als unklassisch zu betrachten sind, beweisen sie die Unabhängigkeit nicht: Nahm der Empfänger eines Konstituts *aliud pro alio* den ursprünglichen Leistungsgegenstand an, so wird man den Konstituenten geschützt haben, durch eine *iusta interpretatio* der Formel, wenn die Leistung fristgerecht, mit einer *exceptio*, wenn sie es nicht war (vgl. fr. 17).

897 Nicht hierher gehört der Fall in fr. 30, in dem der Konstituent an einen *solutionis causa adiectus* zahlt, der in der Hauptschuld nicht vorgesehen war, wohl aber im Konstitut. Durch eine solche Zahlung vermied der Schuldner die Haftung *ex constituto*, brachte aber die Hauptschuld *civiliter* nicht zum Erlöschen; Paulus gewährt ihm jedoch eine dauerhafte Einrede (vgl. Astuti II, S. 139 ff.).

898 S. u. S. 312 ff.

899 Astuti II, S. 51; 53; 137.

900 Die er selbst (II, S. 79 ff.) mit Recht anerkennt, s. o. S. 112 ff.

adiectus oder Mitgläubiger keinen Ausgleich erlangen konnte, so musste der ungetreue Konstituent ihm den entstandenen Schaden ersetzen.

3. Ergebnis

Abschließend ist damit festzuhalten, dass die Haftung *ex constituto* der Existenz einer Hauptschuld nur zu ihrer Entstehung bedurfte, und zwar – seit man dazu neigte, das haftungsbegründende *factum* eher in der Zusage als in ihrer Nichteinhaltung zu sehen – nur im Zeitpunkt des *constituere*. Einmal entstanden, erwies sich die Konstitutshaftung als funktional im Wesentlichen unabhängig von der Hauptschuld.

III. Von der Hauptschuld abweichender Inhalt des Konstituts

Der letzte Problemkreis, den das *eamque pecuniam debitam fuisse* der Formel eröffnet, betrifft den Inhalt der Erfüllungszusage. Wich er von dem der Hauptschuld ab, konnte man bezweifeln, ob tatsächlich Geschuldetes konstituiert worden war. Die in der Zusage enthaltenen Modifikationen gegenüber der Hauptverbindlichkeit konnten den Schuldgegenstand betreffen, die beteiligten Personen oder die Nebenbestimmungen und Erfüllungsmodalitäten.

1. Abweichungen im Schuldgegenstand

Was den Schuldgegenstand betrifft, sind drei Abweichungen denkbar: Der Konstituent konnte mehr, weniger oder eine andere als die geschuldete Leistung zusagen. Lautete das Konstitut auf einen höheren Betrag als die Hauptschuld, so war es in Höhe des Überschusses ungültig, im Übrigen aber wirksam[901]. Ebenso unproblematisch war es, wenn der Schuldner weniger zugesagt hatte als er schuldete: das Konstitut war wirksam[902], natürlich nur in der zugesagten Höhe. An der Grenze zur dritten Variante, der *aliud*-Zusage, liegen diejenigen Fälle, in denen der Konstituent nicht Zahlung, sondern einstweilen nur die Bestellung einer Sicherheit zugesagt hatte[903].

901 Fr. 11, 1 und 24 D. h. t., vielleicht auch fr. 19, 1. Bruns, ZRG 1 (1861), S. 28 (70) nennt noch fr. 12 (*sed et si decem debeantur et decem et Stichum constituat, potest dici decem tantummodo nomine teneri*), doch entstammt das Fragment dem 13. Buch des paulinischen Ediktskommentars, wo der Jurist nicht das Konstitut, sondern die *recepta* behandelt. Überdies musste hier die Zusage *Stichum dari* schon deshalb unwirksam sein, weil eine Spezies nicht Gegenstand des Konstituts sein konnte.

902 Paulus D. 13, 5, 13 (29 ed.): *sed si quis viginti debens decem constituit se soluturum, tenebitur.*

903 Die Hingabe eines Pfandes oder die Bestellung eines Bürgen ist einerseits etwas anderes als die Leistung selbst (vgl. in diesem Sinne Contat, Constitut, S. 48 f.), bereitet andererseits aber

a. Das *aliud*-Konstitut – Ulpian D. 13, 5, 1, 5

Zu der Frage, ob der Konstituent etwas anderes als den Gegenstand der Hauptschuld zusagen konnte, äußert sich Ulpian wie folgt:

> Ulpian D. 13, 5, 1, 5 (27 ad edictum):
> An potest aliud constitui quam quod debetur, quaesitum est. sed cum iam placet rem pro re solvi posse, nihil prohibet et aliud pro debito constitui: denique si quis centum debens frumentum eiusdem pretii constituat, puto valere constitutum.

Da die Möglichkeit, eine Sache statt einer anderen zum Zwecke der Erfüllung zu leisten, allgemeine Anerkennung gefunden habe, stehe auch der Zusage eines *aliud* anstelle des Geschuldeten nichts entgegen. So sei nach seinem Dafürhalten etwa ein Konstitut wirksam, mit dem der Schuldner einer Geldsumme die Lieferung von Getreide entsprechenden Wertes zusage.

aa. Meinungsstand: Die Ansichten Steiners, Philippins, Frezzas und Astutis

In textkritischer Hinsicht haben vor allem die Untersuchungen STEINERS zur *datio in solutum* die nachfolgende Literatur geprägt. STEINER weist zunächst auf den für einen Autoren des 2. bzw. 3. Jahrhunderts ungewöhnlichen Gebrauch des *cum causale* mit dem Indikativ hin[904]; auch die Verwendung des Indikativs in einer indirekten Frage (*an potest … quaesitum est*) und das harte *nihil prohibet … aliud constitui* hält er für verdächtig, weil beides dem griechischen Sprachgebrauch entspreche[905]. Schließlich stößt er sich daran, dass Ulpian im ersten Satz eine allgemeine Aussage trifft und dann den folgenden Beispielsfall nicht mit der gleichen Bestimmtheit löst, sondern mit einem *puto* versieht; dies weise seine Lösung als bloße persönliche Ansicht aus und zeige, dass die allgemeine Aussage nicht von ihm stammen könne[906]. Im Ergebnis spricht STEINER den Klassikern das Konstitut *aliud pro debito* daher ab[907].

---

die Erfüllung vor und lässt sich unter diesem Gesichtspunkt vom Standpunkt des Gläubigers auch als ein *minus* ansehen.

904 Datio in solutum, S. S. 87 ff.; ders. Grünhut's Zeitschrift 42 (1916), S. 172 n. 31; vgl. auch ASTUTI II, S. 174; BESELER, Beiträge II, S. 86 und IV, S. 128; BUCKLAND, Yale Law Journal 33 (1923/24), S. 355; PHILIPPIN, Constitut, S. 70 f.; ROUSSIER, Constitut, S. 86.

905 STEINER, Datio in solutum, S. 87 ff.: *nihil prohibet* entspricht wie *nihil impedit* (vgl. etwa D. 45, 2, 6, 3) dem griechischen οὐδὲν κωλῦει; vgl. ASTUTI II, S. 174; BESELER, Beiträge IV, S: 128; PHILIPPIN, S. 70.

906 STEINER, Datio in solutum, S. 87 ff.; ebenso ASTUTI II, S. 174, den noch das singuläre *denique* stört, mit dem das Beispiel angeschlossen wird.

907 Ebenso ASTUTI II, S. 172 ff.; BESELER, Beiträge IV, S. 128 und SZ 43 (1923) S. 535 (541); KARADENIZ, Constitutum, S. 180 ff.; ROUSSIER, Constitut, S. 86.

Philippin hält diese allein auf formale Indizien gestützte Folgerung nicht für zwingend. Selbst wenn der allzu generelle Einleitungssatz wohl nicht Ulpian, sondern dem byzantinischen Bearbeiter zuzurechnen sei, könne man den klassischen Rechtszustand jedenfalls dem Beispielsfall entnehmen: Das Konstitut mit Objektswechsel sei mit der Einschränkung möglich gewesen, dass es sich bei der zugesagten Leistung um Geld oder fungible Sachen handeln und deren Wert dem der ursprünglichen Leistung entsprechen musste[908]. Diesem Standpunkt nähert sich Frezza[909], der jedoch aufgrund des *puto* von einer Kontroverse unter den Klassikern ausgeht. Das Problem habe darin bestanden, dass die Formel der Konstitutsklage an sich die Identität von geschuldeter und zugesagter Leistung erforderte. Bereits Ulpian habe aber gegen eine strengere Ansicht eine „identità sostanziale" ausreichen lassen, d. h. den Austausch des Gegenstandes unter der Voraussetzung der Wertgleichheit für möglich gehalten[910].

Auch Astuti räumt ein, dass der Beispielsfall eher von Ulpian als von den Kompilatoren stammen dürfte, weil er (entgegen der kaiserlichen Konstitution von 531) noch die ursprüngliche Beschränkung des Konstituts auf Geld und fungible Sachen widerspiegele. Das gelte allerdings nur für den Fall selbst, nicht für seine Lösung. Ulpian könne mit demselben Beispiel die Zulässigkeit eines Konstituts *aliud pro debito* ebenso gut abgelehnt haben[911]. Jedenfalls sprechen nach Astutis Ansicht gewichtige Gründe gegen die Erstreckung des

908 Philippin, Constitut, S. 70 f.; ähnlich schon Contat, Constitut, S. 48 ff., insb. S. 51; vgl. auch (allerdings ohne textkritische Erwägungen) Bruns, ZRG 1 (1861), S: 28 (88; 103); Fuchs, AcP 42 (1859), S. 172 (176 f.); Karlowa, RG II, S. 1377.

909 Garanzie I, S. 258 ff.

910 Frezza, Garanzie I, S. 261; gegen ihn hält Ricart, Hom. Murga Gener, S. 695 (702 und n. 36) die Echtheit des Textes für unwahrscheinlich. Zum Austausch des Leistungsgegenstandes habe es einer Novation bedurft, die das Konstitut aber nicht habe bewirken können. Die Echtheit des Textes könne man nur verteidigen, wenn man ihn um den Umstand erweitere, dass der Schuldner zwischenzeitlich in Verzug geraten sei. – Novation mag zur Begründung einer auf das *aliud* gerichteten primären Leistungspflicht erforderlich gewesen sein, nicht jedoch zur Begründung einer sekundären Haftung für den Fall, dass der Schuldner die zugesagte *datio in solutum* nicht rechtzeitig erbrachte. Nicht ersichtlich ist, inwiefern der „en el intervalo" eingetretene Verzug des Schuldners sich auf die Lösung auswirken sollte. Ihre Paraphrase der Textaussage deutet darauf hin, dass Ricart eine gegenüber Ulpians Beispielsfall umgekehrte Situation im Auge hatte, analog derjenigen in den sogleich im Text ausführlich besprochenen Fragmenten 21 pr. und 23: „También Ulpiano dirá que el *constitutum* puede versar no sobre la prestación originaria, sino sobre su valor pecuniario."

911 In diese Richtung dachte schon Beseler, SZ 43 (1923), S. 535 (541), der den Text unter Erhaltung des Beispiels wie folgt rekonstruiert: *<Non>* [*An*] *potest aliud constitui quam quod debetur,* [*quaesitum est. sed cum iam placet rem pro re solvi posse, nihil prohibet et aliud pro debito constitui:*] *denique si quis centum debens frumentum eiusdem pretii constituat, <ille recte scribit>* [*puto*] *<non> valere constitutum*; vgl. auch Beiträge IV, S. 128, wo er für den Schluss noch einfach vorgeschlagen hatte *puto <non> valere.*

Gedankens der *datio in solutum* auf das Konstitut: Die Zahlungszusage habe – anders als die *datio in solutum* – in klassischer Zeit keine Tilgungs-, sondern nur Verpflichtungswirkung gehabt[912], weshalb die Zusage einer anderen als der geschuldeten Leistung den Schuldner nicht der Möglichkeit beraubt haben könne, sich mit der ursprünglich geschuldeten Leistung von beiden Verbindlichkeiten zu befreien. Daraus folgert er, dass der Gedanke an die *datio in solutum* beim Konstitut für einen Klassiker ferngelegen haben müsse, denn bei der Erfüllungszusage bewege man sich „su un piano concettuale ben diverso da quello in cui sorge il problema dell'ammissibilità e degli effetti della *in solutum datio*[913]". Erst die Kompilatoren hätten das Konstitut in seinen Wirkungen der effektiven Bewirkung der Leistung angenähert. Für sie habe daher die Argumentation mit der *datio in solutum* viel näher gelegen[914]. Nichts anderes ergebe sich aus den angeblich ebenfalls interpolierten Fragmenten 21 pr. und 23 unseres Titels: Der dort diskutierte Fall des im Verzug des Schuldners verstorbenen Sklaven sei im klassischen Recht nicht denkbar, da es sich um eine dem Konstitut nicht zugängliche Speziesschuld handele[915].

bb. Exkurs – Irrelevanz von Paulus D. 13, 5, 21 pr. und Julian D. 13, 5, 23

Sieht man von den sicher nicht entscheidenden formalen Anzeichen einer Überarbeitung des Textes in fr. 1, 5 ab, ist das Hauptargument gegen seine Echtheit, dass Konstitut und Leistung an Erfüllungs Statt verschiedene gedankliche Ebenen betreffen. Bevor wir darauf eingehen, sind jedoch noch die Fragmente 21 pr. und 23 zu untersuchen, die seit der Glosse[916] mit unserer Frage in Verbindung gebracht werden, diese tatsächlich aber überhaupt nicht betreffen.

912 Ein bekannter Schulenstreit rankte sich um die Frage, ob die an Erfüllungs Statt erbrachte Leistung die Schuld *ipso iure* (so die schließlich siegreichen Sabinianer) oder nur *ope exceptionis* (so die Prokulianer) erlöschen ließ, s. Gaius 3, 168; vgl. KASER, RP I, S. 638; ZIMMERMANN, Obligations, S. 753 n. 46.

913 ASTUTI II, S. 176; das Prinzip der *datio in solutum* habe man allenfalls auf der Ebene der Erfüllung der Zahlungszusage fruchtbar machen können, also dann, wenn der Konstituent im Einvernehmen mit dem Gläubiger eine andere als die konstituierte Leistung erbracht hatte; zustimmend ROUSSIER, Constitut, S. 86; vgl. KARADENIZ, Constitutum, S. 180 ff.

914 ASTUTI II, S. 177.

915 ASTUTI II, S. 178 ff.; vgl. auch ARANGIO-RUIZ, Genti e città, S. 58; KARADENIZ, Constitutum, S. 183 f.; PHILIPPIN, Constitut, S. 71 f.

916 Gl. *tenetur* ad fr. 21 pr.: „Non probatur ob hoc pretium deberi: quia non debitum pro debito constituitur, ut supra eod. l. 1 § *an potest* [= fr. 1, 5]"; vgl. ASTUTI II, S. 181; BRUNS, ZRG 1 (1861), S. 28 (103); FREZZA, Garanzie I, S. 258.

Paulus D. 13, 5, 21 pr. (29 ad edictum):
Promissor Stichi post moram ab eo factam mortuo Sticho, si constituerit pretium eius soluturum, tenetur.

Julian D. 13, 5, 23 (11 digestorum):
Promissor hominis homine mortuo, cum per eum staret quo minus traderetur, etsi hominem daturum se constituerit, de pecunia constituta tenebitur, ut pretium eius solvat.

Julian und Paulus behandeln folgenden Fall: Jemand hat in Stipulationsform die Übereignung eines Sklaven versprochen, ist aber mit der Leistung in Verzug geraten. Nachdem der Sklave während des Verzuges gestorben ist, gibt der Schuldner eine Erfüllungszusage ab. Bei Julian lautet sie auf Übereignung des Sklaven[917], bei Paulus auf Zahlung seines Wertes. Die Juristen halten das Konstitut jeweils für wirksam und lassen den Schuldner auf den Wert des Sklaven haften.

Bruns führt beide Stellen als Beispiel eines Konstituts *aliud pro debito* an[918], obwohl nach einer *constitutio veterum* eine stipulierte *res certa*[919] auch nach ihrem Untergang geschuldet blieb, wenn der Schuldner diesen zu vertreten hatte oder sich im Verzug befand[920]. Dieses Ergebnis, das Paulus[921] als *perpetuari obligationem* beschreibt[922], erreichten die Römer, indem sie die weitere Existenz

917 Ricart, Hom. Murga Gener, S. 695 (702) folgert hieraus, dass der Schuldner bei Julian die Zusage noch vor Verzugseintritt abgegeben haben müsse; das hält nun auch Costa, SDHI 77 (2011), S. 129 (252) für möglich. Die Übersetzung von Behrends u. a. lässt diese Deutung in der Tat zu (Hervorhebungen von mir): „Wenn jemand einen Sklaven förmlich **versprochen hatte** und dieser **gestorben war**, während es am Schuldner lag, dass er nicht übereignet wurde, dann haftet der Schuldner, obwohl er **versprochen hatte**, den Sklaven zu übereignen, mit der Klage aus Erfüllungszusage darauf, dessen Wert zu ersetzen". – Wie Ricart vernachlässigt auch diese Übersetzung das zeitliche Gefüge des Textes, indem sie auch *constituerit* als Plusquamperfekt wiedergibt. Die um das erläuternde *cum per eum staret quo minus traderetur* ergänzte Partizipialkonstruktion *homine mortuo* drückt gegenüber dem Futurum *constituerit* Vorzeitigkeit aus; letzteres sollte daher im Deutschen besser als Präsens erscheinen, etwa: „Der *promissor* haftet, auch wenn er – nachdem der Sklave bereits gestorben war, während es am Schuldner lag, dass er nicht übereignet wurde – Übereignung **zusagt**, auf dessen Wert".

918 ZRG 1 (1861), S. 28 (103).

919 So die h. M., s. etwa Kaser, RP I, S. 513 f.; SDHI 46 (1980), S. 87 ff.; a. A. Jakobs, Unmöglichkeit und Nichterfüllung, S. 173 ff. und Bianchi Fossati Vanzetti, Perpetuatio obligationis, S. 15, 33 ff., die annehmen, man habe die *perpetuatio obligationis* bei allen Obligationen angewendet, nicht nur bei den *res certae*; zu den Bedenken gegen diese Auffassung s. Kaser, SDHI 46 (1980), S. 87 ff.

920 Vgl. Paulus D. 45, 1, 91, 3 (17 Plaut.): [...] *Quotiens culpa intervenit debitoris, perpetuari obligationem.* [...]

921 Ob dies auch die Wortwahl der *veteres* war, kann bezweifelt werden, vgl. Flume, Rechtsakt, S. 103 m. w.N; ebenso Reichard, Delegation und Novation, S. 104 und n. 1.

922 D. 45, 1, 91, 3 bis 6 (17 Plaut.); D. 22, 1, 24, 2 (37 ed.); D. 46, 1, 58, 1 (22 quaest.).

des Vertragsgegenstandes fingierten[923]. Eine Abweichung des Konstituts von der Hauptschuld lag demnach bei strenger Beachtung dieser Regel nur vor, wenn der Schuldner zusagte *pretium se soluturum*, nicht dagegen, wenn sein Versprechen wie bei Julian lautete *hominem se daturum*[924].

Diese Fassung barg dafür ein anderes Problem: Der Schuldner machte mit dem Sklaven eine nicht vertretbare *certa res* zum Gegenstand seiner Zusage, was das klassische Recht nicht gestattete. Astuti nimmt daher im Anschluss an Kappeyne an, auch bei Julian habe die Zusage auf *pretium se soluturum* gelautet, erst die Kompilatoren hätten unter der Geltung des reformierten Rechts das *hominem* eingesetzt, um zu unterstreichen, dass nunmehr *omnes res, quas in stipulationem possunt homines deducere*[925], auch wirksam konstituiert werden konnten[926]. Doch damit nicht genug: In beiden Fällen war und blieb der Sklave (also eine Spezies) auch Gegenstand der Hauptschuld. Gerade das war im klassischen Recht höchst problematisch, da nicht nur die Zusage, sondern bereits die Hauptschuld grundsätzlich auf Geld oder vertretbare Sachen gerichtet sein musste. Erst Justinian erweiterte den Anwendungsbereich der Konstitutsklage auf Speziesschulden. Astuti folgert daraus, dass nicht nur die Abänderung des Zusagewortlauts bei Julian, sondern beide Fälle insgesamt auf das Konto der Byzantiner gehen[927].

---

923 Am deutlichsten tritt dies zutage bei Ulpian D. 45, 1, 82, 1 (78 ed.): *Si post moram promissoris homo decesserit, tenetur nihilo minus, proinde ac si homo viveret*; und in PS 5, 7, 4: *Cum facto promissoris res in stipulatum deducta intercidit, perinde agi de stipulatu potest, ac si ea res extaret: ideoque promissor aestimatione eius punitur, maxime si in dolum quoque eius concepta fuerit stipulation.* – Jakobs, Unmöglichkeit und Nichterfüllung, S. 180 f., geht nicht von einer Fiktion aus, sondern nimmt an, es werde lediglich gesagt, dass bei Sachuntergang genauso zu entscheiden sei, wie in dem Falle, dass die Sache noch existiert; ähnlich nun Costa, SDHI 77 (2011), S. 129 (251 und n. 535) aber s. dagegen Kaser, SDHI 46 (1980), S. 87 (128 f.); vgl. auch im hier vertretenen Sinne Flume, Rechtsakt und Rechtsverhältnis, S. 104; Reichard, Delegation und Novation, S. 93;

924 Der Objektswechsel liegt auch nicht etwa in der Haftung *ut pretium eius solvat*, wobei dahinstehen mag, ob es sich bei diesem Satz um eine Glosse handelt, wie Kappeyne, Abhandlungen, S. 251 f., Gradenwitz, SZ 34 (1913), S. 255 (269) und Rechnitz, Salvius Iulianus, S. 74 annehmen: Denn dass die Verurteilung aus der *actio constitutoria* nur auf den Wert des Sklaven lauten konnte, ergibt sich notwendig aus dem Grundsatz der *condemnatio pecuniaria*, der den Formularprozess beherrschte (vgl. dazu Kaser/Hackl, RZ, S. 372 und die dort in n. 20 aufgeführte Literatur).

925 C. 4, 18, 2.

926 Vgl. Kappeyne, Abhandlungen, S. 252; Astuti II, S. 179 und n. 16 mit berechtigten Einwänden gegen die von Arangio-Ruiz, Genti e città, S. 57 vorgetragene und von Philippin, Constitut, S. 72 gebilligte Annahme, Julian habe zwar den überlieferten Fall behandelt, eine Haftung des Konstituenten jedoch abgelehnt.

927 Astuti II, S. 179; vgl. Roussier, S. 84 und n. 5, der jedoch nur fr. 23 für interpoliert hält, und Karadeniz, Constitutum, S. 183.

All das hängt maßgeblich von der Bedeutung ab, die man der *constitutio veterum* für das klassische Recht zuerkennt[928]. Denn erstens liegt in der Zusage des *pretium* nur dann eine Abweichung von der Hauptschuld, wenn die Römer tatsächlich streng an der Anschauung festhielten, dass weiter der Sklave und nicht etwa sein Schätzwert geschuldet war. Und zweitens war die Hauptschuld auch nur in diesem Fall auf eine Spezies gerichtet und deshalb nach klassischem Recht dem Konstitut nicht zugänglich. Astuti erkennt zwar den Gerechtigkeitsgehalt der Anerkennung einer Zusage des Schätzwertes, wo es infolge der nachträglichen Unmöglichkeit in der Sache allein noch um die *aestimatio* gehen konnte, traut aber den Klassikern ein Abrücken von bzw. einen flexiblen Umgang mit der *perpetuatio obligationis* nicht zu[929]. Demgegenüber hatte schon Kappeyne der Beschränkung des Konstituts auf Geld- und fungible Sachschulden nur relative Bedeutung beigemessen, wenn sich „der Gegenstand der Forderung in Schadensersatz aufgelöst hatte, im Falle der Unmöglichkeit der Leistung nach eingetretenem Verzug[930]". Koschaker hält die *perpetuatio* lediglich für einen „Juristenkniff, um zu ermöglichen, dass der Richter verurteilte, obwohl wegen des Todes des Sklaven die *intentio: hominem Stichum dare oportere* nicht mehr zutraf", so dass materiell das *pretium* geschuldet war[931]. Frezza erklärt sogar in aller Deutlichkeit, dass der Tod des Sklaven *post moram* die Obligation *Stichum dari* in eine Obligation *aestimationem Stichi dari* verwandelte, und damit „trasformi una obbligazione di dare una certa res infungibile, e però non capace di costituto, in una obbligazione di dare una somma di danaro, e però capace di costituto[932]".

928 Vgl. auch Costa, SDHI 77 (2011), S. 129 (250 ff.)

929 Astuti II, S. 184 f.

930 Die Parteien hätten in diesem Fall den Wert einvernehmlich festlegen und dann konstituieren können, vgl. Abhandlungen, S. 251; ähnlich Philippin, Constitut, S. 71 f., der ebenfalls von einer „opération double" ausgeht.

931 SZ 63 (1943), S. 469 (474 n. 7); vgl. auch Mayer-Maly, SZ 76 (1959), S. 616 (619 und n. 20), der darauf hinweist, dass „gerade Julian wiederholt, z. B. in D. 12, 1, 23, nach Unmöglichkeit Kondiktionen auf das *pretium* der geschuldeten Sache gibt".

932 Garanzie I, S. 258 f.; wie Kappeyne und Philippin setzt er für das Konstitut jedoch noch eine einvernehmliche Festsetzung der *aestimatio* durch die Parteien voraus; ebenso Roussier, Constitut, S. 84 n. 5: Das Fragment „ne soulève pas de problème, si on admet, comme il semble évident, qu'il est intervenu une promesse après la mort de Stichus pendant la demeure du débiteur". – Costa, SDHI 77 (2011), S. 129 (250 ff.) spricht – unter Berufung auf Cannata, Responsabilità nel diritto privato romano, S. 119, der dazu Reichard, Drittschadensersatz, S. 13, 111, 175 ff. und 206 zitiert – von einem Übergang von der Primärleistungspflicht zur Sekundärleistungspflicht; im Ergebnis werde das Schuldverhältnis mit verändertem Gegenstand fortgesetzt.

Entscheidend ist, dass die *veteres*, wenn sie das Fortbestehen des Leistungsgegenstandes fingierten, einen ganz bestimmten Zweck verfolgten. Der Ursprung der Fiktion ist, wie nicht zuletzt KASER gezeigt hat, mit einiger Wahrscheinlichkeit im frühen Formularprozess, genauer bei der Formel der *condictio certae rei* zu suchen[933]. Nicht nur das *dare oportere* der *intentio* konnte der Richter nach dem Untergang der stipulierten Sache bei strenger Auslegung nicht mehr als gegeben betrachten, auch die *condemnatio* der *condictio certae rei* auf *quanti ea res est* musste ihm Schwierigkeiten bereiten, da eine bei der Litiskontestation nicht mehr existente Sache zu diesem Zeitpunkt auch keinen Wert hatte[934]. Ein Freispruch des schuldhaft nicht erfüllenden Beklagten wäre indes evident unbillig gewesen, die Berufung auf den Untergang der Sache musste ihm versagt bleiben. Man fingierte deshalb deren Existenz, um die Verurteilung des Schuldners zu ermöglichen. Das bedeutet freilich nicht, dass die Fiktion auch in jeder anderen Hinsicht Geltung beanspruchen konnte[935]. Im Einzelnen bestanden hier durchaus Zweifel. ASTUTI entnimmt einem ausführlichen Traktat des Paulus zur *constitutio veterum* den Satz, dass der Geldwert des im Verzug des Schuldners gestorbenen Sklaven nach Ansicht der klassischen Juristen kein *debitum* war[936]. Auch FREZZA nimmt die Stelle in Anspruch, allerdings als Beweis für seine Gegenauffassung, dass die Schwierigkeiten, den Geldwert als geschuldet zu betrachten, für die Römer nicht unüberwindlich waren[937].

> Paulus D. 45, 1, 91, 6 (17 ad Plautium):
> Effectus huius constitutionis ille est, ut adhuc homo peti possit: sed et acceptum ei posse ferri creditur et fideiussorem accipi eius obligationis nomine. Novari autem an possit haec obligatio, dubitationis est, quia neque hominem qui non est neque pecuniam quae non debetur stipulari possumus. Ego puto novationem fieri posse, si hoc actum inter partes sit, quod et Iuliano placet.

Paulus, unser wichtigster Gewährsmann für die *constitutio veterum*, berichtet, die perpetuierte Obligation sei nach verbreiteter Ansicht (*creditur*) dem Erlass durch

933 Die Quellen, in denen ausdrücklich von *perpetuari obligationem* die Rede ist, behandeln ausschließlich die *stipulatio certae rei*, s. KASER, SDHI 46 (1980), S. 87 (127).

934 KASER, SDHI 46 (1980), S. 87 (127 f.); vgl. auch FLUME, Rechtsakt und Rechtsverhältnis, S. 104, der mit SIBER, RR II, S. 250 von der „Logik der Formel“ spricht, welche die Existenz des Leistungsgegenstandes verlange.

935 So hat etwa REICHARD, Delegation und Novation, S. 83 ff. anhand von Julian D. 45, 1, 56, 8 gezeigt, dass die Fiktion nur *inter partes*, nicht aber auch gegenüber einem an der Urschuld nicht beteiligten Dritten wirkte.

936 ASTUTI II, S. 182 f.

937 Garanzie I, S. 259 f.

Akzeptilation zugänglich und auch der Bürgschaft[938]. Dagegen sei zweifelhaft, ob man sie auch novieren könne, da man sich weder den nicht mehr existenten Sklaven noch seinen nicht geschuldeten Geldwert wirksam versprechen lassen könne. Paulus folgt einer Stellungnahme Julians und entscheidet sich dafür, die Novation gleichwohl zu gestatten.

Für den Eintritt der Novation war erforderlich, dass der novierende Rechtsakt denselben Schuldgegenstand betraf (*idem debitum*) wie der ursprüngliche und diesem gegenüber ein neues Element (*aliquid novi*) enthielt[939]. Daneben musste der Rechtsakt natürlich auch als solcher wirksam sein: Stand er unter einer Bedingung, so wurde er erst mit Bedingungseintritt perfekt, weshalb auch die Novationswirkung erst zu diesem Zeitpunkt eintrat[940]; fehlte es unterdessen am Leistungsgegenstand, so ging die Stipulation ins Leere[941], als hätte der Gegenstand bereits bei Vornahme des Geschäfts nicht existiert. Die Novation einer perpetuierten Verbindlichkeit war in denselben Varianten denkbar, die wir schon beim Konstitut vorgefunden haben: Der novationswillige Schuldner konnte promittieren *hominem dari*[942] oder *aestimationem dari*. Beides war problematisch: Der Sklave mochte aufgrund der Fiktion noch einklagbar sein (*adhuc peti potest*), die zu novierende Schuld damit noch fortbestehen, doch änderte das nichts daran, dass der Sklave nicht mehr lebte. Ein auf ihn bezogener neuer Rechtsakt konnte keine Gültigkeit haben. Auf der anderen Seite war der Wert des Sklaven in Geld nicht Gegenstand der Urschuld[943]. Man konnte ihn daher zwar wirksam versprechen, aber eben nicht mit Novationswirkung.

938 Der Frage, ob *fideiussorem* hier echtes *sponsorem* ersetzt (vgl. Frezza, Garanzie I, S. 85 und n. 1), können und müssen wir nicht nachgehen; offen gelassen auch bei Reichard, Delegation und Novation, S. 109 n. 17; ohne weiteres für Echtheit Bonifacio, Novazione, S. 106.

939 Zum Erfordernis und den möglichen Fällen des *aliquid novi* Gaius 3, 177; vgl. auch Kaser, RP I, S. 647f.

940 Vgl. Gaius 3, 179: *Quod autem diximus, si condicio adiciatur, novationem fieri, sic intellegi oportet, ut ita dicamus factam novationem, si condicio extiterit; alioquin si defecerit, durat prior obligatio.* [...]

941 Ulpian D. 46, 2, 14 pr.: *Quotiens quod pure debetur, novandi causa sub condicione promittitur, non statim fit novatio, sed tunc demum, cum condicio extiterit. et ideo si forte Stichus fuerit in obligatione et pendente condicione decesserit, nec novatio continget, quia non subest res eo tempore, quo condicio impletur.* [...]

942 Ob das Formular im übrigen tituliert war, d. h. neben dem Sklaven auch den Schuldgrund nannte (so etwa die Fassung, die Kaser, SDHI 46 (1980), S. 86 (134 n. 198) vorschwebt), war für die Entscheidung ohne Bedeutung, da die Novation in jedem Fall an den ersten Rechtsakt und nicht an das aus ihm erwachsende Rechtsverhältnis anknüpfte, vgl. Flume, Rechtsakt und Rechtsverhältnis, S. 124ff.; Reichard, Delegation und Novation, S. 77ff. und passim.

943 Jedenfalls nicht ohne weiteres, sondern erst nach vorheriger *litis contestatio* und *condemnatio*, dann nämlich als Gegenstand der *actio iudicati*.

Welches dieser Hindernisse Paulus und Julian überwanden, indem sie die Novation dennoch eintreten ließen, ist dem Text nicht ohne weiteres zu entnehmen[944]. Während KNÜTEL die Frage offen lässt[945], GIRARD beide Formulare nebeneinander zulassen will[946] und KADEN sich für ein auf das Interesse gerichtetes Stipulationsformular ausspricht[947], hält REICHARD mit Recht ein Formular *hominem dari* wie in D. 45, 1, 83, 7 für selbstverständlich[948].

Der Novationswirkung einer Geldwertstipulation steht entgegen, dass eine Sache und ihre *aestimatio* nicht als *idem debitum* galten. Papinian weist in einem Fall, in dem zunächst ein Grundstück, später dessen Schätzwert promittiert worden war, die Möglichkeit einer Novation mit aller Deutlichkeit zurück[949]. Die Zulassung der Novationswirkung eines auf den Geldwert gerichteten Versprechens hätte also letztlich nichts anderes als den – beispielslosen – Verzicht auf das Erfordernis des *idem debitum* bedeutet[950]. Umgekehrt liegt die Methode, mit der die Juristen die Nichtexistenz des Sklaven überwinden konnten, auf der Hand: Sie mussten nur die Fiktion der *constitutio veterum* von ihrem eigentlichen Anwendungsgebiet, der *litis contestatio*, auf die Novationsstipulation übertragen. Da die Ratio der Fiktion – der Gläubiger sollte sich bei der Verfügung über sein Forderungsrecht den vom Schuldner zu vertretenden Untergang der Sache nicht entgegenhalten lassen müssen – auch bei der Novationsstipulation zutraf[951], konnte den Juristen dieser Schritt nicht sonderlich schwer fallen. Hinzu

944 KOSCHAKER SZ 63 (1943), S. 469 (474 n. 7) vermutet wohl zu Recht, dass Paulus die Entscheidung „so summarisch nicht niedergeschrieben" hat, wie sie uns im überlieferten Text begegnet.

945 Stipulatio poenae, S. 267 n. 22.

946 Manuel, S. 740 n. 4.

947 SZ 44 (1924), S. 164 (200 n. 2).

948 Delegation und Novation, S. 113 f.; in diesem Sinne (außer den von ihm n. 29 Zitierten) auch LEVY, Konkurrenz II, S. 134 n. 3; BONIFACIO, Novazione, S. 104 und n. 53; TALAMANCA, St. Sen. 17 (1968), S. 87 f.

949 D. 46, 2, 28 (2 def.): *Fundum Cornelianum stipulatus quanti fundus est postea stipulor: [si non novandi animo secunda stipulatio facta est] cessat novatio: secunda vero stipulatio tenet, ex qua non fundus, sed pecunia debetur. itaque si reus promittendi fundum solvat, secunda stipulatio iure non tollitur, nec si litem actor ex prima contestetur. denique meliore vel deteriore facto sine culpa debitoris postea fundo praesens aestimatio fundo petito recte consideretur, in altera vero ea aestimatio venit, quae secundae stipulationis tempore fuit.* KASER, RP I, S. 647 geht allerdings davon aus, dass in diesem Fall der alten Obligation eine *exceptio doli* entgegengehalten werden konnte, ebenso VOCI, BIDR 68 (1965), S. 166 ff., der dies als „prätorische Novation" bezeichnet.

950 So mit Recht REICHARD, Delegation und Novation, S. 113; vgl. auch die dort n. 29 zitierte Literatur.

951 Vgl. dazu REICHARD, Delegation und Novation, S. 92 ff. und 114, der von einer „Parallelität der *novatio* und der *litis contestatio*" spricht.

kommt, dass nicht nur Paulus D. 45, 1, 83, 7[952] ausdrücklich von einem erneuten Versprechen des S k l a v e n spricht und dieses zulässt, sondern auch Marcellus als Vertreter der Gegenansicht die Novierbarkeit gerade in einem Fall ablehnt, in dem es um ein erneutes, nunmehr bedingtes, Versprechen des S k l a v e n geht, und Ulpian dasselbe mit dem Argument billigt, dass der Sklave nicht mehr existiere[953]. Die Novationsstipulation, um diesen wichtigen, von Reichard herausgearbeiteten Punkt hervorzuheben, knüpfte an das ursprüngliche Versprechen als Rechtsakt an und nicht etwa an dessen Rechtsfolgen[954]; deshalb musste sie sich auch auf denselben Gegenstand beziehen wie jenes und bedurfte zu ihrer Wirksamkeit der Existenz eben dieses Leistungsgegenstandes. Das *idem debitum* bezeichnet in diesem Zusammenhang also nicht die Leistungsp f l i c h t, sondern den Leistungsg e g e n s t a n d als gemeinsames Objekt beider Rechtsakte. Somit spricht einiges dafür, dass man nur unter Verwendung des Formulars *hominem dari* die perpetuierte Obligation novieren konnte[955].

Ganz anders lag der Fall beim Konstitut. Die Zusage des Schuldners bezog sich hier auf die Leistungsp f l i c h t, nicht auf den sie begründenden Akt. Wenn die Formel der *actio de pecunia constituta* ein *debitum* verlangt, nimmt sie damit nicht etwa den Gegenstand des schuldbegründenden Rechtsakts als solchen in Bezug, sondern dessen Geschuldetsein, die Pflicht, eine bestimmte Summe oder Menge zu leisten. Das zeigt sich nicht zuletzt daran, dass dem Konstituenten die Einreden aus der Hauptschuld erhalten blieben[956]. Damit erweist sich die Übertragung der Bemerkung *neque pecuniam quae non debetur stipulari possumus* auf den Fall des Konstituts durch Astuti als unberechtigt. Doch auch Frezzas Behauptung, Paulus und Julian hätten hier wie dort die auf den Sklaven gerichtete

952 (72 ed.): *Stichum, qui decessit, si stipuler, si quidem condici etiam mortuus potuit, ut furi, utiliter me stipulatum Sabinus ait: si vero ex aliis causis, inutiliter, quia et si deberetur, morte promissor liberetur. idem ergo diceret et si mora facta defunctum stipularer.*

953 D. 46, 3, 72, 1 (20 dig.): *Cum Stichum mihi deberes et in solvendo moram fecisses, sub condicione eum promisisti: pendente ea Stichus decessit: videamus an, quia novari prior obligatio non potest, petitio servi competit ea, quae competeret, si non intercessisset stipulatio* […]. Vgl. auch Ulpian D. 46, 2, 14 pr.: […] *et ideo si forte Stichus fuerit in obligatione et pendente condicione decesserit, nec novatio continget, quia non subest res eo tempore, quo condicio impletur* […].

954 Reichard, Delegation und Novation, S. 296 f.

955 Hatten die Parteien sich in der Absicht, die Angelegenheit des toten Sklaven aus der Welt zu schaffen, auf eine Geldwertstipulation geeinigt, so ist mit Kaser, RP I, S. 647 und Voci, BIDR 68 (1965), S. 166 ff. mit einer *exceptio doli* gegen die alte Schuld zu rechnen.

956 Allgemein in D. 13, 5, 3, 1; zum *beneficium competentiae* s. D. 13, 5, 3 pr. und 39, 5, 33. Weitere Anzeichen für die Rechtsfolgenbezogenheit des Konstituts sind in der Haftung für Schulden zu sehen, denen kein Rechts-, sondern ein Unrechsakt zugrunde liegt (D. 13, 5, 29) sowie die Haftung des *paterfamilias* bzw. *dominus*, die nicht in jedem Fall auf die in dem Geschäft des Sohnes/Sklaven genannte Summe ging, sondern auf die Haftung des Gewalthabers, d. h. den Betrag des *peculium* im Moment der Zusage beschränkt war.

Altforderung infolge der Perpetuierung kurzerhand zu einer Geldforderung gemacht, verdient Zustimmung nur soweit sie das Konstitut betrifft. Bei der Novation war dieser Gedankengang ausgeschlossen; beim Konstitut dagegen lag er nicht allzu fern: Da der in Verzug geratene Schuldner nach dem Tod des Sklaven nur noch auf dessen Schätzwert haftete, werden Paulus und Julian diese Haftung als das *debitum* im Sinne der Formel betrachtet und das Konstitut für wirksam erklärt haben – und zwar auch dann (*etsi*), wenn der Konstituent (wie es bei einer Stipulation erforderlich gewesen wäre), den Sklaven selbst zugesagt hatte[957]. Eine solche Zusage konnte man nach Lage der Dinge nur als ein Versprechen auffassen, den Wert des Sklaven in Geld zu zahlen[958].

Die Fragmente 21 pr. und 23 behandeln nach alldem nicht den Fall eines Konstituts *aliud pro debito*. Sie bieten daher weder für noch gegen dessen Zulässigkeit in klassischer Zeit irgendeinen Anhaltspunkt.

cc. Rekurs und Stellungnahme

Wir kehren zurück zu fr. 1, 5 und der Frage, ob *datio in solutum* und Konstitut tatsächlich verschiedene gedankliche Ebenen betreffen und deshalb die Begründung Ulpians so schief ist, dass es des Rückgriffs auf eine angebliche byzantinische Tendenz zur Gleichsetzung von Konstitut und Erfüllung bedarf, um die Stelle zu erklären. Diese Annahme Astutis[959] überrascht, weil gerade dieser Autor besonderen Wert darauf legt, dass das Konstitut ursprünglich nicht als erneutes Versprechen einer bereits geschuldeten Leistung konzipiert worden war, sondern als Zusage eines festen Leistungstermins[960]. Damit lag die Funktion des Geschäfts von vornherein auf dem Gebiete der Erfüllung, deren genauere Umstände es festlegte[961]. Obwohl sich die Betrachtungsweise der Juristen in klassischer Zeit gewandelt hatte und man das Konstitut nun eher als eigenständiges Rechtsgeschäft betrachtete[962], betraf es noch immer die Art und Weise der

---

957 Obwohl damit formell eine Spezies Gegenstand des Konstituts war, ging es in der Sache um eine Geldsumme; daher stand die Zusage nicht im Widerspruch zu der klassischen Beschränkung der Konstitutsklage auf die Zusage von Geld und fungiblen Sachen, vgl. Koschaker, SZ 63 (1943), S. 469 (474 n. 7); Mayer-Maly, SZ 76 (1959), S. 616 (619).

958 Vgl. Koschaker, SZ 63 (1943), S. 469 (474 n. 7); Mayer-Maly, SZ 76 (1959), S. 616 (619).

959 Astuti II, S. 176 f.; vgl. Roussier, Constitut, S. 86.

960 Astuti I, S. 107 ff. und passim; II, S. 1 ff.

961 Costa, SDHI 77 (2011), S. 129 (227 ff.) sieht eine Parallele in D. 46, 3, 45 pr. (Ulp. 1 resp.), wo die (stipulationsweise) Zusage einer anderen als der geschuldeten Leistung seiner Ansicht nach untechnisch als *in solutum dare* bezeichnet werde.

962 Dogmatische Einordnung und praktische Wirkung des (auch von ihm für klassisch gehaltenen) *aliud*-Konstituts untersucht Costa, SDHI 77 (2011), S. 129 (227 ff.). Der Vergleich mit ähnlichen Fallgestaltungen lässt ihn (S. 239 ff.) zu dem Ergebnis gelangen, dass der Schuldner mit dem Abschluss eines solchen Konstituts (ohne dass es sich um eine Novation handele,

Erfüllung der Hauptschuld. In Ulpians Äußerung klingt lediglich einmal mehr an, dass das Konstitut an sich kein schuldbegründender Akt war, sondern nur die Erfüllung einer bereits bestehenden Verbindlichkeit regelte. Die gedankliche Ebene, auf der sich die Erfüllungszusage bewegte, war somit keineswegs eine ganz andere als die der *datio in solutum* als Surrogat der Erfüllung[963].

Der Gedanke, dass ein Schuldner (der im Benehmen mit dem Gläubiger auch mit einer anderen als der geschuldeten Sache erfüllen konnte) sich haftbar machte, wenn er eine solche Ersatzleistung erst zusagte und dann nicht erbrachte, scheint mir aber noch aus einem anderen Grund vollkommen natürlich und unverdächtig. Denn auch in diesem Falle hatte der Konstituent sich den Gläubiger mit guten Worten eine Weile vom Hals gehalten und dann doch dessen Vertrauen enttäuscht. Sein Verstoß gegen die *fides* entspricht insofern genau dem des Konstituenten im ursprünglichen Anwendungsfall des Edikts.

Ein gewisses prozessuales Hindernis für die Anerkennung eines *aliud*-Konstituts muss das *eamque pecuniam debitam fuisse* der Formel dargestellt haben[964]: Ließ sich noch unschwer argumentieren, der Begriff *pecunia* umfasse nicht nur *pecunia numerata*, sondern auch andere (fungible) Sachen, so konnte man doch nicht ohne weiteres annehmen, d i e s e anderen Sachen seien auch im Zeitpunkt der Zusage schon geschuldet gewesen. Costa nimmt deshalb an, der Prätor habe in diesen Fällen die Klage mit entsprechend modifizierter Formel gewährt[965]. Das liegt in der Tat näher als es dem in der Regel nicht rechtskundigen *iudex* zu überlassen, eine Auslegung der Formel zu finden, die jedenfalls nicht ins Auge sprang, um eine Verurteilung zu ermöglichen.

Dass schließlich das zugesagte *aliud* im Wert der Hauptschuld entsprechen musste, können wir nicht nur fr. 1, 5 mit Sicherheit entnehmen, sondern auch dem allgemeinen Prinzip, nach dem der Konstituent sich nicht zu mehr verpflichten konnte, als bereits die Hauptverbindlichkeit ihm auferlegte. Dagegen ist nicht mehr zu entscheiden, ob es erforderlich war, dass das *aliud* in Geld oder einer Quantität fungibler Sachen bestand[966]. Das von Ulpian gewählte Beispiel würde zu einer solchen Annahme passen, doch weist der Sinn und Zweck der Konstitutshaftung eher in die entgegengesetzte Richtung.

S. 234) im praktischen Ergebnis eine – wohl zeitlich bis zum *dies constituti* befristete – Ersetzungsbefugnis gewinne. Er bezeichnet dies als *constitutum de in solutum dando* (S. 243).

963 Vgl. auch Varvaro, AUPA 52 (2007–2008), S. 327 (362 ff.); Costa, SDHI 77 (2011), S. 129 (227 ff.).

964 Vgl. Costa, SDHI 77 (2011), S. 129 (244).

965 SDHI 77 (2011), S. 129 (244).

966 So aber Philippin, Constitut, S. 70 f.; vgl. Bruns, ZRG 1 (1861), S: 28 (88; 103); Contat, Constitut, S. 48 ff.; Fuchs, AcP 42 (1859), S. 172 (176 f.); Karlowa, RG II, S. 1377; anders Varvaro, AUPA 52 (2007–2008), S. 327 (362 ff.).

b. Das Konstitut *se satisfacturum*

Nicht wenige Probleme haben der (älteren wie der modernen) Lehre diejenigen Fälle bereitet, in denen der Konstituent nicht Zahlung, sondern einstweilen nur die Bestellung einer Sicherheit zugesagt hatte. Ob das Konstitut stets auf die Erfüllung der Hauptverbindlichkeit gerichtet sein musste, oder ob das klassische Recht neben diesem Solutionskonstitut[967] bereits ein auf Sicherheitsleistung gerichtetes Satisfaktionskonstitut kannte, bleibt eine umstrittene Frage. Obwohl Paulus und Ulpian in ihren Ediktskommentaren mehrfach Konstellationen erörtern, in denen nicht die Erbringung der Leistung selbst, sondern die Bestellung einer geeigneten Personal- oder Realsicherheit zugesagt ist, ohne diesem Umstand selbst auch nur die geringste Beachtung zu schenken[968], bestreitet ein großer Teil der romanistischen Lehre die Klassizität des Konstituts *se satisfacturum*[969].

Angesichts des ursprünglichen Zwecks des Konstituts, der Bestimmung eines festen Leistungstermins mit dem Ziel, dem Schuldner einen Aufschub und dem Gläubiger eine bessere Aussicht auf eine spätere (dann aber pünktliche) freiwillige Zahlung zu verschaffen, ist die vorbehaltlose Anerkennung eines auf bloße Sicherheitsleistung gerichteten Konstituts auf den ersten Blick in der Tat überraschend[970]. Gehen wir nämlich davon aus, dass auch in diesem Fall ein Termin (wenn auch nur für die Sicherheitsleistung) zugesagt wurde, so ist der Nutzen eines solchen Termins für den Gläubiger viel weniger augenfällig als bei der Zusage der Zahlung: Ein Satisfaktionskonstitut konnte dem Gläubiger nur Sicherheit dafür bieten, dass er die Leistung überhaupt, nicht aber dafür, dass er sie pünktlich erhielt. Am vereinbarten Termin musste der Schuldner in diesem Fall gerade noch nicht leisten, um seine Haftung *ex constituto* abzuwenden, sondern nur die spätere Leistung durch einen Bürgen (oder eine andere Sicherheit) absichern.

Unter anderem im Hinblick auf diese Inkongruenz von ursprünglichem Zweck der Konstitutsklage und Inhalt der Zusage des Schuldners ist die Echtheit der Texte, die deren Zulässigkeit belegen, angezweifelt worden[971]. Der

967 Den Begriff „Solutionskonstitut“ prägte Lenel, EP, S. 248.

968 Die *ratio dubitandi* der einzelnen Stellen ist jeweils in einem anderen Problem zu suchen, dazu sogleich im Text.

969 Zu nennen sind Arangio-Ruiz, Genti, S. 56 ff.; Astuti II, S. 189 ff.; Beseler, Beiträge IV, S. 260; DeRuggiero, St. Fadda, Bd. 2, S. 99; Perozzi, Istituzioni, Bd. 2, S. 239; Philippin, Constitut, S. 73; Pringsheim, SZ 50 (1930), S. 333 (393).

970 Astuti II, S. 207 merkt denn auch an, dass ein solches Konstitut sich von seinem ursprünglichen Zweck, dem Gläubiger die Leistung zu einem bestimmten Termin zu verschaffen, gar zu weit entferne.

971 Vgl. Arangio-Ruiz, Le genti e la città, S. 56 ff.; Beseler, Beiträge IV, S. 260; Astuti II, S. 189 ff.; Perozzi, Istituzioni, Bd. 2, S. 239; Philippin, Constitut, S. 73; Pringsheim, SZ 50

Widerspruch ist jedoch nur ein scheinbarer. Zum einen ist zwar ein Interesse des Gläubigers an der pünktlichen Beibringung eines Bürgen, das seinem Interesse an pünktlicher Zahlung auch nur nahekäme, in der Tat kaum ersichtlich. Man darf jedoch nicht aus den Augen verlieren, dass der *dies* im Laufe der Zeit an Bedeutung verloren hat, und zwar auch schon in der Klassik. Daher ist die geringe Bedeutung des Zeitmoments beim Satisfaktionskonstitut allein kein sehr starkes Indiz gegen dessen Zulässigkeit in klassischer Zeit[972].

Zum anderen ist zu beachten, dass die Zwecke von Konstitut und Konstitutsklage nicht übereinstimmten. Während der Schuldner die feste Zusage, er werde an einem bestimmten Termin leisten, in der Hoffnung abgab, er werde einen Aufschub bis zu diesem Termin erwirken, die Handlung *constituere* also vor allem seinem Interesse diente, stellte die *actio de pecunia constituta* die Sanktion der Rechtsordnung zugunsten des Gläubigers dar, wenn der Schuldner dessen Vertrauen missbraucht hatte. Diese Interessenlage war nicht nur gegeben, wenn der Schuldner die volle Begleichung seiner Verbindlichkeit zugesagt, sondern auch, wenn er vom Gläubiger einen Aufschub unter der Zusage erlangt hatte, er werde zu gegebener Zeit eine Sicherheit stellen[973]. Erhielt nämlich der Gläubiger in der Folge keine Sicherheit, so hatte er dadurch, dass er vorerst von der Verfolgung seines Anspruchs abgesehen hatte, nichts gewonnen. Wenn ihm schon die klassischen Juristen den Verlust seiner Vertrauensinvestition ersetzten, so taten sie dies in einer Ausweitung des eigentlichen Anwendungsgebiets des Konstituts, die ihnen das Edikt ermöglichte.

Man wendet, von formalen Aspekten abgesehen, weiter vor allem ein, dass die Klassiker auch in anderem Zusammenhang der Gleichstellung von *solutio* und *satisfactio* ablehnend gegenüber standen[974] und dass das Satisfaktionskonstitut – soweit die Bestellung eines Bürgen zugesagt war – dem klassischen Prinzip zuwiderlaufe, nach dem niemand die Leistung eines Dritten versprechen konnte[975].

Demgegenüber sind neuere Forschungen zu dem Ergebnis gelangt, dass die beanstandeten Quellen das größere Vertrauen, das ihnen noch Bruns[976], Karlowa[977] und Lenel[978] entgegenbrachten, zum überwiegenden Teil durchaus

(1930), S. 333 (393); DeRuggiero, St. Fadda, Bd. 2, S. 99.

972 Vgl. Tondo, Labeo 4 (1959), S. 208 (212).

973 Dass der Schuldner generell weniger als geschuldet konstituieren konnte (vgl. Paulus 29 ad ed. D. 13, 5, 13), nehmen wir interessiert zur Kenntnis.

974 Astuti II, S. 195 ff.

975 Roussier, Constitut, S. 21.

976 ZRG 1 (1861), S. 28 (89).

977 RG, Bd. 2, S. 1379.

978 EP, S. 248 und n. 3, 250 f.; vgl. ferner Fuchs, AcP 42 (1859), S. 172 (186 und n. 4); Huschke, AcP 65 (1882), S. 240 (249, 251); Kappeyne, Abhandlungen, S. 258 f.

verdienen[979]. Dem kann nur zugestimmt werden: Die Ablehnung des Konstituts *se satisfacturum* lässt sich allein unter Einsatz einer radikalen Textkritik begründen, die, wie die folgende Untersuchung der einzelnen Quellen zeigt, keine durchdringenden Sachgründe[980], sondern letztlich nur – zudem zweifelhafte – sprachliche Indizien ins Feld führen kann[981].

aa. Julian-Ulpian D. 13, 5, 5, 3

Das häufig zu diesem Punkt herangezogene Fragment 5, 3, ein von Julian-Ulpian referierter Brief, in dem ein Konstituent versprach *se cauturum et soluturum*, haben wir bereits behandelt: Da der Absender des Schreibens nicht nur Sicherheitsleistung, sondern auch Zahlung zugesagt hatte, war es zumindest als Solutionskonstitut wirksam[982]. Ob die Formulierung *se cauturum* auch allein genügt hätte, erfahren wir nicht. Aus dem Text lässt sich daher weder für noch gegen die Zulässigkeit des *constitutum se satisfacturum* etwas gewinnen.

bb. Paulus D. 13, 5, 21, 2

Die grundsätzliche Anerkennung des Satisfaktionskonstituts setzt Paulus ohne weiteres voraus in

> Paulus D. 13, 5, 21, 2 (29 ad edictum):
> Constituto satis non facit, qui soluturum se constituit, si offerat satisfactionem. Si quis autem constituat se satisdaturum, fideiussorem vel pignora det, non tenetur, quia nihil intersit, quemadmodum satisfaciat.

Nachdem der Jurist einführend festgestellt hat, dass wer Zahlung zusagt, dieser Zusage (selbstverständlich) nicht genügt, wenn er nur Sicherheit anbietet, geht er im zweiten Satz der Frage nach, in welcher Weise der Konstituent eine Zusage erfüllen konnte, die von vornherein nur auf Sicherheitsleistung gerichtet war. In diesem Fall, so Paulus, haftete der Konstituent selbst dann nicht, wenn er zwar *satisdatio* zugesagt, dann aber dem Gläubiger ein Pfand bestellt hatte. Zur

979 Zu nennen sind insbesondere Sanguinetti, SDHI 65 (1999), S. 151 (190 ff.) und Stolfi, Pomponio, Bd. 2, S. 170 ff.; vgl. auch Frezza, Garanzie I, S. 255 ff.

980 Zirkulär sind natürlich alle Versuche, die Klassizität der Stellen unter Hinweis auf die Unzulässigkeit des Satisfaktionskonstituts zu bezweifeln, wie etwa Beseler, Beiträge IV, S. 260 n. es tut.

981 Zweifel an der radikalen Kritik der im Folgenden diskutierten Quellen äußerten schon Mayer-Maly, SZ 76 (1959), S. 616 (617), der das Satisfaktionskonstitut als Ergebnis einer „Auflockerung der ediktalen Ordnung durch spätklassische Juristenarbeit“ betrachtet, und Tondo, Labeo 4 (1959), S. 208 (209 ff.); vgl. auch Kaser, RP I, S. 584 unter Aufgabe seiner noch in der ersten Auflage (S. 487 n. 10) vertretenen Auffassung.

982 S. o. S. 174; vgl. auch unten S. 357.

Begründung seiner Ansicht führt Paulus nicht etwa an, dass ein auf *satisdatio* gerichtetes Konstitut unzulässig sei, sondern stützt sie auf eine Zweckerwägung: Entscheidend sei, dass der Gläubiger überhaupt eine Sicherheit erhalten und damit (wirtschaftlich betrachtet) bekommen hatte, was zugesagt war; die Art der Sicherheitsleistung betrachtet er demgegenüber als irrelevant.

Die Bedeutung des ersten Satzes liegt auf der Hand: Hatte der Schuldner Zahlung an einem bestimmten Termin zugesagt, so wurde er seinem Versprechen nicht gerecht, wenn er am *dies constituti* weniger, nämlich nur eine Sicherheitsleistung anbot[983]. Diese Aussage wäre recht banal, wenn sie Paulus nicht Anlass bieten würde, daran eine weitere Untersuchung der Bedeutung von Sicherheiten beim Konstitut anzuschließen, von der wir freilich nur den folgenden zweiten Satz besitzen[984].

Dieser wiederum enthält neben seiner ausdrücklichen Aussage noch – implizit – die Anerkennung des auf *satisfactio* gerichteten Konstituts[985]. Der Umstand, dass im Blickpunkt des Textes weniger die Wirksamkeit des Konstituts *se satisfacturum* selbst als vielmehr die auf einer logisch nachrangigen Stufe angesiedelte Frage steht, wie der Konstituent sich seiner Verpflichtung *ex constituto* entledigen kann, zeigt deutlich, dass der Verfasser der Stelle die Vorfrage nach der Wirksamkeit des Satisfaktionskonstituts als unproblematisch empfindet[986]. Gerade deshalb vermuten die Vertreter der Textkritik, Autor des Fragments sei, zumindest was den zweiten Teil[987] betrifft, nicht Paulus, sondern ein nachklassischer oder byzantinischer Bearbeiter.

An formalen Anzeichen für eine Überarbeitung fehlt es nach ihrer Ansicht nicht: Ruggiero[988] merkt an, dass *satisdare* nicht *satisfacere* entspreche, Arangio Ruiz[989] und Astuti[990] halten den Gebrauch von *non tenetur* im Sinne von „es

983 Denn dann lag die Voraussetzung *neque fecisse quod constituit* vor.

984 Ein Indiz für die Zugehörigkeit des Fragments zu einer längeren Stellungnahme ist vielleicht, dass der Text im zweiten Satz unvermittelt von direkter in indirekte Rede wechselt, was darauf zurückzuführen sein mag, dass wir es mit einer Zusammenfassung zu tun haben.

985 Vgl. hierzu Roussier, Constitut, S. 17 f. der mit Recht darauf hinweist, dass der Beweiswert der impliziten ersten Aussage des Textes nicht notwendig durch die Unrichtigkeit oder Unechtheit der zweiten beeinträchtigt wird. Im Ergebnis misst er der von ihm vermuteten Unechtheit der ausdrücklichen Aussage dann aber doch entscheidendes Gewicht auch im Hinblick auf die Klassizität des Satisfaktionskonstituts bei.

986 Das Gewicht, das diesem ersten Anschein beigemessen werden kann, vermindert sich natürlich beträchtlich, wenn der Text, wie wir vermuten, nur ein Auszug aus einer längeren Erörterung der Satisfaktionsproblematik durch Paulus ist.

987 Roussier, Constitut, S. 17 empfindet die uneinheitliche Verwendung von *satis facere* und *satisfactio* im ersten Satz als ein *rapprochement assez déplaisant*, allerdings ohne daraus den Schluss zu ziehen, dieser Teil sei unklassisch.

988 St. Fadda, Bd. 2, S. 99 ff.

989 Genti, S. 56.

990 Astuti II, S. 189.

liegt keine Nichterfüllung vor" für „un'assurdità", PHILIPPIN[991] empfindet *quia ... intersit* als syntaktischen Fehler.

Die beiden zuletzt genannten Verdachtsmomente haben geringes Gewicht. Der Gebrauch von *teneri* ist nicht absurd, sondern vollkommen präzise[992]: Der Schuldner haftete nicht schon aus der bloßen Zusage, sondern nur unter der weiteren Voraussetzung, dass er das Konstitut zur festgesetzten Zeit nicht erfüllte. Der Konjunktiv *intersit* ist dadurch zu erklären, dass der zweite Satz die Ansicht des Paulus in indirekter Rede wiedergibt[993].

Der Hinweis DERUGGIEROS hingegen führt uns auf ein Sachargument, das gegen die Echtheit der Stelle sprechen könnte: Die Verknüpfung von *satisdatio*, *fideiussor*, *pignus* und *satis facere*. Tatsächlich bezeichnet *satisdatio* die Sicherstellung des Gläubigers durch Bürgen[994], häufig vor einem prozessualen Hintergrund[995]. *Satisdatio* leistete ohne Zweifel, wer einen *sponsor*, einen *fidepromissor* oder einen *fideiussor* bestellte[996]. Die Pfandbestellung fällt indes sicher nicht unter diesen Begriff[997]. *Satis facere* dagegen war im weitesten Sinne die Befriedigung des Gläubigers. Grundsätzlich erfolgte diese durch Leistung des Geschuldeten, konnte aber unter Umständen auch einmal in einer bloßen Sicherheitsleistung liegen[998]. In diesem Fall kam es nur darauf an, dass das Interesse des Gläubigers an der Sicherung der geschuldeten Leistung befriedigt wurde, d. h. eine dingliche Sicherheit reichte aus[999]. Beide Begriffe stimmen nicht völlig überein. Die Begründung *quia nihil intersit quemadmodum satisfaciat* scheint demnach insoweit unrichtig zu sein, als derjenige, der seinem Gläubiger ein Pfand überließ,

---

991 Constitut, S. 73.

992 Präziser jedenfalls als das sonst übliche *constituendo teneri*, das ASTUTI offenbar nicht für anstößig hält.

993 Vgl. oben n. 984; demnach ist *tenetur* in *teneatur* zu ändern.

994 STEINWENTER, RE, s. v. satisdatio, Sp. 78 f.; vgl. auch BERGER, Dictionary, s. h. v., S. 690; PAULUS, Der neue Pauly, s. h. v., Sp. 105.

995 Vgl. zum Edikt *de satisdando*, LENEL, EP, S. 135.

996 Zu den verschiedenen Bürgschaftsformen vgl. FLUME, SZ 113 (1996), S. 88 ff.; HONSELL/MAYER-MALY/SELB, RR, S. 286 ff.; KASER, RP I, S. 660 ff.; ZIMMERMANN, Obligations, S. 117 ff.

997 Vgl. ROUSSIER, Constitut, S. 18 ff.; TONDO, Labeo 4 (1959), S. 208 (210).

998 Insbesondere, wenn *satisfactio* als Gegenbegriff zu *solutio* verwendet wird, vgl. BERGER, Dictionary, s. v. *satis facere* (*satisfactio*), S. 690.

999 Pomponius D. 50, 17, 25 (11 Sab.) lehrt sogar, dass *plus cautionis in re est quam in persona*. Die Realität in Rom sah anders aus: Die Personalsicherheit war erheblich beliebter, vermutlich vor allem aufgrund des römischen Wertesystems, in dem die persönliche *amicitia* eine große Rolle spielte, aber auch wegen der mangelhaften Ausgestaltung des Pfandrechts, vgl. SCHULZ, CRL, S. 400 ff. KASER, RP I, S. 660 f. dagegen hält die bessere juristische Durcharbeitung der Bürgschaft eher für eine Folge als für eine Ursache des Vorzugs, den der Personalkredit vor dem Realkredit genoss; s. hierzu auch ZIMMERMANN, Obligations, S. 115 f.

zwar dessen Sicherungsinteresse befriedigte, aber keine *satisdatio* bewirkte. Dennoch spricht Paulus ihn von der Haftung *ex constituto* frei. Frei aber wurde eigentlich nur, wer tatsächlich das leistete, was er versprochen hatte.

Eine Auflösung dieses Widerspruchs sucht die romanistische Lehre auf ganz unterschiedlichen Ebenen. Den einfachsten Weg zeigt uns Lenel, der *satisdatio* ohne viel Federlesens in *satisfactio* ändert[1000]. Damit schreibt er dem Text jedoch einen allzu banalen Gedanken zu: Dass der Konstituent, der *satisfactio* versprochen und später pünktlich *satisfactio* geleistet hat, nicht haftete, ist eine Selbstverständlichkeit[1001].

Roussier[1002] sieht den Grund für die Ablehnung der Haftung darin, dass die Hingabe eines Pfandes eine Einigung mit dem Gläubiger voraussetzte und es damit letztlich an ihm lag, wenn er sich mit einem Pfand zufriedengab. Der Unterschied zum ersten Satz soll also nur darin bestehen, dass dort der Schuldner Sicherheitsleistung lediglich angeboten (*offerat*), hier aber das Pfand im Einvernehmen mit dem Gläubiger tatsächlich bestellt hatte (*det*). Abgesehen davon, dass der Gläubiger nach dieser Lösung das angebotene Pfand ablehnen und darauf hätte spekulieren müssen, ohne irgendeine Sicherheit zu seinem Geld zu kommen, gewinnt der so verstandene Text gegenüber Lenels Lesart nicht wesentlich an Gehalt. Dies bemerkt auch Roussier selbst[1003] und folgert, der Text müsse verändert worden sein; ursprünglich habe Paulus die Haftung des Konstituenten aufgrund der Unzulässigkeit eines Satisfaktionskonstituts abgelehnt[1004].

Enthält der Passus in der überkommenen Fassung tatsächlich entweder eine systemwidrige oder eine banale Aussage? Tondo und Frezza sehen das von Paulus behandelte Problem in der Frage, ob zur Erfüllung einer Satisdationszusage jede Form der *satisdatio*, also auch die *fideiussio* genügt, und streichen nur die Erwähnung der Pfänder[1005]. In der Tat könnte man vermuten, dass die

1000 EP, S. 248.

1001 Es sei denn, gerade die Zulässigkeit eines solchen Konstituts war fraglich. Wenn dies das Problem war, hätte Paulus es aber jedenfalls unmittelbar angesprochen.

1002 Constitut, S. 19.

1003 Roussier, Constitut, S. 20.

1004 Roussier, Constitut, S. 19 ff. Er verkehrt den Text in sein Gegenteil, indem er ihn wie folgt rekonstruiert (S. 21): *Si quis constituat se satisdaturum non tenetur.* Beseler, Beiträge IV, S. 260 n. will den zweiten Satz unter Hinweis auf Arangio-Ruiz, Le genti e la città, S. 56 sogar ganz streichen; im Ergebnis ebenso Astuti II, S. 189; Pringsheim, SZ 50 (1930), S. 333 (393).

1005 Vgl. Tondo, Labeo 4 (1959), S. 208 (210), der neben *vel pignora* auch den Begründungssatz beseitigt; letzteres bezweifelnd Frezza, Studi Funaioli, S.701 (716); wie Tondo rekonstruiert Brasiello, St. Senesi, S. 52.

Kompilatoren im Zuge der Beseitigung der älteren Bürgschaftsformen aus den Quellen[1006] das nackte *fideiussorem* nicht stehenlassen mochten und ihm, entsprechend ihrer Tendenz zur Gleichbehandlung dinglicher und persönlicher Sicherheiten[1007], die *pignora*[1008] gegenüberstellten.

Man wird jedoch noch weiter gehen und – vorbehaltlich unserer Ausgangsfrage nach der Zulässigkeit des Satisfaktionskonstituts in klassischer Zeit – den Text insgesamt als echt gelten lassen können[1009]. Wenn die Klassiker ein auf Sicherheitsleistung gerichtetes Konstitut kannten, so ist die Lösung des Paulus keineswegs systemwidrig. Zwar würde ein römischer Jurist die Pfandbestellung nicht als *satisdatio* bezeichnen. Es ist aber eine ganz andere Frage, ob er sie nicht dennoch als *facere quod constitutum est* verstehen konnte, wenn der Schuldner erklärt hatte, er werde *satisdatio* leisten[1010]. In der romanistischen Literatur wird diese Frage heute beinahe einhellig, aber zu Unrecht verneint. Vergeblich bemüht man die begriffliche und gedankliche Schärfe, zu der die klassischen Juristen gelangt sind, denn diese Schärfe hat den Römern zu keiner Zeit ihr Billigkeitsempfinden verstellt. Wer glaubt, Paulus habe zu dem Ergebnis in unserem Fragment jedenfalls nicht mit der im Text gegebenen Begründung[1011] gelangen können, der verwechselt Präzision und begriffliche Schärfe mit einem starren Subsumtionsschematismus, der den Klassikern fremd war. Man bedenke, dass sie in manchen Zusammenhängen erwogen haben, die bloße Sicherheitsleistung sogar als Surrogat der eigentlich geschuldeten *solutio*

1006 Zur planmäßigen Tilgung von *sponsor* und *fidepromissor* vgl. KASER, RP II, S. 458; LEVY, Weströmisches Vulgarrecht, S. 196 ff.

1007 TONDO, Labeo 4 (1959), S. 208 (210).

1008 Die Abweichung im Numerus könnte man mit dem Anspruch des Gesetzgebers auf allgemeine Geltung erklären; in Stellen, in denen es um kaiserliche Konstitutionen geht, wird gerne der Plural verwendet, vgl. etwa D. 42, 1, 15, 2 ff. (Ulp. 3 off. cons.); D. 42, 1, 31 (Callistr. 2 cogn.) sowie D. 46, 3, 5, 2 (Ulp. 43 Sab.), wo jeweils ausführlich kaiserliche Reskripte erläutert werden; ferner C. 4, 10, 6; 7 pr. und 1; 10; 14; 24, 6 etc. Dagegen ist in den klassischen Edikts- und Sabinuskommentaren bei der Behandlung der Pfandklage ganz überwiegend der Singular zu finden, vgl. den Titel *de pigneraticia actione* (D. 13, 7) und das zwanzigste Buch der Digesten.

Im Hinblick darauf, dass insbesondere Paulus den Plural *pignora* gerne verwendet (vgl. D. 20, 1, 29 pr.; h. t. 30; eod. 4, 13; eod. 5, 9, 1; s. aber auch Ulpian D. 4, 4, 9 pr.; 10, 4, 18; 13, 4, 2, 8), vor allem wenn er mehrere Pfänder einem einzelnen Bürgen gegenüberstellt (vgl. D. 17, 1, 59, 6 und 46, 1, 59), dürfte es sich jedoch eher um dessen persönlichen Stil handeln.

1009 Dies ohne Aufgabe der Vermutung, dass ursprünglich die älteren Bürgschaftsformen ebenfalls erwähnt waren.

1010 Von der rabulistischen Formenstrenge der Pontifikaljurisprudenz, die auch von den rechtssuchenden Bürgern die genaueste Beachtung des Rituals verlangte, war man in klassischer Zeit bereits abgerückt, vgl. zu dieser Entwicklung WALDSTEIN/RAINER, RG, § 23 Rn. 2.

1011 Sondern allenfalls mit der Begründung, das Satisfaktionskonstitut sei *per se* unzulässig, vgl. ROUSSIER, Constitut, S. 18 ff.

gelten zu lassen[1012]. Von der *satisdatio* zur *satisfactio* ist es gewiss ein kleinerer Schritt als von der *solutio* zur *satisfactio*, ein Schritt daher, den wir Paulus wohl zutrauen dürfen. Ziel des Satisfaktionskonstituts war es, dem Gläubiger bis zur endgültigen Begleichung der Schuld eine Sicherheit zu verschaffen. Der Gedanke des Paulus ist genau der im Begründungssatz zum Ausdruck gebrachte: Es macht für den Gläubiger auch dann keinen Unterschied, ob er einen Bürgen oder Pfänder erhält, wenn er sich *satisdatio* hat zusagen lassen, solange nur die gesamte Schuldsumme gedeckt[1013], die vom Schuldner angebotene Sicherheit damit *non minus idonea* ist.

1012 Zu nennen sind:

1. Die Formel der Pfandklage, die nach Lenel, EP, S. 255 lautete *S. p. AmAm NoNo rem q. d. a. ob pecuniam debitam pignori dedisse eamque pecuniam solutam eove nomine satisfactum esse* usf. In welchen Fällen der Gläubiger „diesbezüglich zufriedengestellt" war, entschieden die Juristen subjektiv, d. h. aus der Sicht des Gläubigers, s. Ulp. D. 13, 7, 9, 3 (28 ed.): *Omnis pecunia exsoluta esse debet aut eo nomine satisfactum esse, ut nascatur pigneraticia actio. satisfactum autem accipimus, quemadmodum voluit creditor, licet non sit solutum: sive aliis pignoribus sibi caveri voluit, ut ab hoc recedat, sive fideiussoribus sive reo dato sive pretio aliquo vel nuda conventione, nascitur pigneraticia actio. et generaliter dicendum erit, quotiens recedere voluit creditor a pignore, videri ei satisfactum, si ut ipse voluit sibi cavit, licet in hoc deceptus sit.* Zur Formel und zu der Voraussetzung *eove nomine satisfactum esse* vgl. Zimmermann, Obligations, S. 221 f. und die dort nachgewiesenen weiteren Quellen- und Literaturangaben.

2. Der Eigentumsübergang beim Kauf, der nach einigen Quellen erst bei Zahlung des Kaufpreises oder Bestellung einer Sicherheit eintrat, vgl. D. 18, 1, 19 und 53; 14, 4, 5, 18; 19, 1, 11, 2. Hierbei handelt es sich wohl um eine Fortwirkung des Barkaufgedankens, die in klassischer Zeit eine gewisse Abschwächung erfahren hat, vgl. Kaser, RP I, S. 547. Gegen jede Einschränkung des Eigentumsübergangs hat sich Pringsheim, Der Kauf mit fremdem Geld, S. 50 ff. gewendet (aber später weitgehend eingelenkt, vgl. SZ 50 (1930), S. 333 ff.). Die nach wie vor umstrittene Frage kann hier nicht vertieft werden, doch klingt der Gedanke auch in literarischen Quellen an (Varro *de re rustica* 2, 1, 15; 2, 2, 5 f.). An Stellungnahmen fehlt es nicht, vgl. neben den von Kaser, RP I, S. 418 n. 43 Genannten noch Bürge, SZ 99 (1982), S. 128 (146 ff.); Honoré, St. Thomas, S. 56 ff.; Schindler, FS Duden, S. 555 ff. Eingehend zum Streitstand Honsell/Mayer-Maly/Selb, RR, S. 161 f.

3. Eine von Ulpian referierte Ansicht Labeos, der bei der *actio iudicati* das Erfordernis der Nichtleistung auf ein kondemnierendes Urteil durch Hinzufügung einer Satisfaktionsklausel abschwächen wollte, D. 42, 1, 4, 3 (Ulp. 56 ed.): *Ait praetor: ‚condemnatus ut pecuniam solvat'. a iudicato ergo hoc exigitur, ut pecuniam solvat. quid ergo, si solvere quidem paratus non sit, satisfacere autem paratus sit, quid dicimus? et ait Labeo debuisse hoc quoque adici ‚neque eo nomine satisfaciat': fieri enim posse, ut idoneum expromissorem habeat. sed ratio pecuniae exigendae haec fuit, quod noluerit praetor obligationes ex obligationibus fieri: idcirco ait ‚ut pecunia solvatur'. ex magna tamen et idoneo causa accedendum erit ad Labeonis sententiam.*

4. Eine Äußerung Ulpians D. 46, 3, 52 (14 ed.): *Satisfactio pro solutione est.* Eine Aussage, die so generell wie sie klingt sicherlich nicht gemeint war. Wir nehmen aber mit dem größten Interesse zur Kenntnis, dass sie im 14. Buch des ulpianischen Ediktskommentars erfolgt, also im Zusammenhang mit einer dem (späten) Konstitut verwandten Materie, nämlich dem *receptum argentarii*, vgl. Lenel, Palingenesia II, Sp. 492.

1013 Das ist vielleicht der Grund, warum Paulus gerne dem einzelnen *fideiussor* mehrere *pignora* gegenüberstellt, vgl. oben n. 1008: Ein einzelner Bürge haftet persönlich auf die gesamte

Ist die explizite Textaussage demnach für das klassische Recht vorstellbar, so gibt es unter diesem Aspekt keinen Grund, an der Echtheit der zweiten, impliziten Aussage, der Zulässigkeit des Konstituts *se satisfacturum*, zu zweifeln.

cc. Ulpian D. 13, 5, 14, 1 und 2

Einer ausgesprochen scharfen Textkritik[1014] wurde auch die folgende Stelle unterzogen, die Fälle behandelt, in denen nicht *solutio*, sondern Sicherheitsleitung, und zwar jeweils in einer genau bestimmten Form, zugesagt war.

> Ulpian D. 13, 5, 14, 1 und 2 (27 ad edictum):
> § 1 Si quis constituerit se pignus daturum, cum utilitas pignorum inrepserit, debet etiam hoc constitutum admitti.
> § 2 Sed et si quis certam personam fideiussuram pro se constituerit, nihilo minus tenetur, ut Pomponius scribit. Quid tamen si ea persona nolit fideiubere? Puto teneri eum qui constituit, nisi aliud actum est. Quid si ante decessit? Si mora interveniente, aequum est teneri eum qui constituit vel in id quod interest vel ut aliam personam non minus idoneam fideiubentem praestet: si nulla mora interveniente magis puto non teneri.

In § 1 geht es erneut um ein Pfand; im Unterschied zu dem soeben betrachteten Fall in fr. 21, 2 hatte der Schuldner hier von vornherein diese Art der Sicherheitsleistung zugesagt. Ulpian lässt das Konstitut gelten und bildet in § 2 einen weiteren Fall, in dem eine bestimmte Sicherheit versprochen wird: Noch präziser als in § 1 hat jemand nicht nur eine bestimmte Art von Sicherheit zugesagt, hier die Bestellung eines *fideiussor*, sondern sogar eine *certa persona* als Bürgen benannt. Ulpian hält auch dieses Konstitut für zulässig und schließt sich damit einer Ansicht des Pomponius an. Im Fortgang des Textes behandelt er die Folgen, die sich seiner Meinung nach ergeben, wenn die genannte Person die Bürgschaft nicht übernimmt. Weigere sie sich nur, so hafte der Konstituent (vorbehaltlich einer anderslautenden Absprache). Für den Fall, dass diese Person zwischenzeitlich[1015] gestorben sei, habe man zu differenzieren: Nach Verzugseintritt hafte der Konstituent auf das Interesse oder müsse einen anderen, gleich geeigneten Bürgen finden, ohne Verzugseintritt werde er durch den Tod der im Konstitut genannten Person frei.

Schuldsumme, während eine einzelne verpfändete Sache das Sicherungsinteresse des Gläubigers u. U. nicht voll zu befriedigen vermag.

1014 Vgl. nur die zahlreichen Nachweise im Ind. Itp., ferner Astuti II, S. 188 ff.; Magdelain, Consensualisme, S. 129 und n. 278; S. 137 f. n. 302; Medicus, Id quod interest, S. 265; Roussier, Constitut, S. 21 ff.

1015 Das *ante* im Text wird auf die Bürgschaftsbestellung, nicht auf den *dies constituti* zu beziehen sein, da ansonsten die Variante *nulla mora interveniente* nicht möglich wäre.

(1) Was § 1 betrifft, so wird vorgeschlagen, nach *pignus daturum* ein *non tenetur* einzufügen und den Rest des Textes zu streichen[1016]. Abgesehen von der Unzulässigkeit des Satisfaktionskonstituts[1017] beruft man sich auf den Zusammenhang mit dem angeblich höchst verdächtigen *principium*[1018], die im *cum*-Satz gegebene Begründung[1019] und die Formulierung *debet ... admitti*[1020]. Richtig verstanden ist das *principium* jedoch ebenso unverdächtig[1021] wie das *debet ... admitti*, für dessen Gebrauch in klassischer Zeit zahlreiche Textbelege beredtes Zeugnis ablegen[1022]. Problematisch ist allenfalls der Einschub *cum ... inrepserit*[1023], doch selbst wenn es sich um eine spätere Hinzufügung handeln sollte[1024], stellt dies in keiner Weise die Echtheit des übrigen Textes in Frage.

1016 Arangio-Ruiz, Le genti e la città, S. 56; vgl. Astuti II, S. 191; Beseler, Beiträge IV, S. 260 Fußnote; Philippin, Constitut, S. 75 n. 1; Pringsheim, SZ 50 (1930), S. 333 (393); Roussier, Constitut, S. 21 f.

1017 Beseler, Beiträge IV, S. 260 Fußnote.

1018 *Qui autem constituit se soluturum tenetur, sive adiecit certam quantitatem sive non.* Roussier, Constitut, S. 21 behauptet – nicht ohne Widerspruch zu seiner eigenen (richtigen) Erklärung der Stelle auf S. 85 -, es gehe hier um eine unbestimmte Schuld, die nicht Gegenstand eines Konstituts sein konnte. Gemeint ist hingegen, dass der Konstituent nur die Schuld selbst genau bezeichnen musste, nicht aber deren Umfang, vgl. Tondo, Labeo 4 (1959), S. 208 (211) und Roussier selbst a. a. O.

1019 Vgl. Tondo, Labeo 4 (1958), S. 208 (211), der freilich nur diesen Satzteil für hinzugefügt hält.

1020 Roussier, Constitut, S. 21 f. sieht hierin ein „temoigne d'une incontestable gaucherie". Ähnlich Frezza, St. Funaioli, S. 701 (716), der den Satz der Hand eines „maestro postclassico" zuschreiben will.

1021 S. dazu o. S. 188 f.

1022 Darauf weist mit Recht Tondo, Labeo 4 (1959), S. 208 (211 n. 23) hin. – Zu nennen sind etwa D. 2, 15, 8 pr. (Ulp. 5 omn. trib.); 24, 3, 64, 10 (Ulp. 7 l. Iul. Pap.), das allerdings seinerseits als verdächtig gilt; 26, 4, 3, 9 (Ulp. 38 Sab.); 32, 25, 1 (Pap. 1 Ner.); 50, 13, 1, 5 (Ulp. omn. trib.); ähnlich sind *oportet admitti* in D. 26, 4, 5, 4 (Ulp. 35 ed.) und *potest admitti* in D. 17, 2, 40 (Pomp. 17 Sab.); D. 18, 2, 4, 1 (Ulp. 28 Sab.); 22, 2, 6 (Pap. 25 quaest.); 24, 1, 3, 8 (Ulp. 32 Sab.) und 27, 7, 1 pr. (Paul. 17 Sab.).

1023 Fraglich ist schon, ob dieser Satzteil tatsächlich eine Begründung der folgenden Entscheidung Ulpians darstellt; die Interpunktion in der Mommsen'schen Textausgabe, die auch Behrends u. a., CIC III, S. 155 übernehmen, legt dies nahe, und die meisten Autoren folgen dem ohne weiteres. Denkbar ist jedoch auch, dass das *cum* nicht kausal (mit nachfolgendem Konjunktiv Perfekt), sondern temporal (mit dem Futurum exactum oder potentialem Konjunktiv Perfekt, vgl. Kalb, Wegweiser, S. 106) gebraucht wird, Ulpian also ausdrücken wollte, dass sich *in concreto* aus Sicht des Gläubigers das praktische Bedürfnis nach Sicherheiten eingestellt hatte, vgl. Kappeyne, Abhandlungen, S. 259 n. 2; Roussier, Constitut, S. 21 n. 1; zu diesem Verständnis von *utilitas* etwa Heumann/Seckel, Handlexikon, s. h. v., S. 610 (Nr. 3).

1024 Bezieht man den Einschub auf den ersten Satzteil, so ist eine Hinzufügung ganz unwahrscheinlich. Aber auch wenn man ihn mit der überwiegenden Auffassung für eine Begründung der Entscheidung im letzten Satzteil hält, spricht die Wortwahl gegen die Interpolation. Zum einen kann man nicht mit Tondo, Labeo 4 (1959), S. 208 (211) von der Verwendung des Plurals *pignora* ohne weiteres auf die Hand des Gesetzgebers Justinian schließen, s. o. n. 1008.

(2) Keine formalen Anhaltspunkte für eine Veränderung weist der erste Satz des zweiten Paragraphen auf. Wenn Beseler dennoch „rekonstruiert" *sed et si quis certam personam fideiussuram pro se constituerit,* [*nihilo minus*] <*non*> *tenetur, ut Pomponius scribit*, so stützt er diese Konjektur einzig auf die angebliche Unzulässigkeit des Satisfaktionskonstituts[1025].

(3) Sprachlich nicht zu beanstanden und folgerichtig gelöst[1026] ist auch die Frage nach den Folgen, die sich ergaben, wenn der im Konstitut genannte *fideiussor* die Bürgschaft nicht übernehmen wollte: Der Konstituent wurde nicht von der Haftung frei, da es nicht *per actorem stetit, quominus fieret, quod constitutum est.*

(4) Der Rest des Fragments ist stark überarbeitet. Es lässt sich jedoch ein klassischer Kern herausarbeiten. Zunächst: Die obige Argumentation würde auch auf den Fall des zwischenzeitlichen Ablebens des Bürgen zutreffen, der Konstituent müsste also in jedem Fall haften, da der Gläubiger den Tod des Bürgen nicht zu vertreten hat. Dennoch unterscheidet der Text danach, ob *mora* eingetreten ist oder nicht. Schon die Verwendung dieses Begriffs ist verdächtig[1027], er steht mit der Natur des klassischen Konstituts im Widerstreit: Ein Verzug im eigentlichen Sinne ist beim Konstitut nicht denkbar[1028]. Mit dem Verstreichen des *dies*

Zum anderen hat der Text einen eindeutig kritischen Unterton (*debet … admitti*), der durch das *cum … inrepserit* noch verstärkt wird. Das seltene *inrepere* wird außer in unserem Fragment in juristischen Quellen nur noch ein einziges Mal gebraucht (in Coll. 15, 2, 2), und zwar wiederum von Ulpian und wiederum zur Beschreibung einer von ihm missbilligten Entwicklung. Das passt nicht zu einem Gesetzgeber, der die Annäherung von Real- und Personalsicherheiten bezweckt.

1025 Beiträge IV, S. 260 Fußnote. Mit ähnlicher Kritik schon Arangio-Ruiz, Le genti e la città, S. 56; Philippin, Constitut, S. 75 n. 1; Pringsheim, SZ 50 (1930), S. 333 (393 f.); vgl. ferner Roussier, Constitut, S. 23, der glaubt, Ulpian habe seine ablehnende Haltung noch genereller zum Ausdruck gebracht: *Sed et si quis* [*certam personam fideiussuram pro se*] *constituerit* <*fideiussorem se daturum*>, [*nihilo minus*] <*non*> *tenetur*. Das ist vollends aus der Luft gegriffen.

1026 Und zwar auch hinsichtlich der Abschwächung *nisi aliud actum est.* Tondo Labeo 4 (1959), S. 208 (212) meint zu Unrecht, dass ein derartiger Vorbehalt die Verbindlichkeit und Ernsthaftigkeit des Geschäfts aufheben und damit der Konstitutshaftung ihre charakteristische Schärfe nehmen würde, vgl. Sanguinetti, SDHI 65 (1999), S. 151 (193).

1027 Allerdings nicht im Hinblick auf die Ablativkonstruktion: Anders als Astuti II, S. 190 offenbar meint, verschmähten die klassischen Juristen den *ablativus absolutus* keineswegs, vgl. Kalb, Juristenlatein, S. 71 ff. Ohne jeden Beweiswert gegen die Echtheit der Stelle ist auch der wiederholte Gebrauch von Fragewörtern, den Astuti a. a. O. und Philippin, Constitut, S. 74 monieren. Die Wiederholung eines Fragewortes kommt auch in unverdächtigen Quellen vor, etwa D. 42, 1, 4, 3.

1028 Astuti II, S. 191; Bruns, ZRG 1 (1861), S. 28 (63 ff.); Guarneri Citati, Obbligazioni indivisibili, S. 137 n. 1; a. A. Kappeyne, Abhandlungen, S. 260.

constituti kann der Konstituent das Versprechen termingerechter Leistung nicht mehr erfüllen. Es liegt also bei einer Verzögerung der Leistung mit Blick auf das Konstitut kein Fall des Verzugs, sondern ein Fall der Unmöglichkeit vor[1029]. Ulpian kann den Begriff *mora* daher allenfalls untechnisch verwendet haben, um das Verstreichen des *dies constituti* zu bezeichnen[1030]. Es handelt sich hierbei jedoch um die einzige Quelle, in der im Zusammenhang mit dem Konstitut von *mora* die Rede ist, was beweist, dass der klassische Sprachgebrauch ein anderer war. Die Formulierung dürfte also auf eine spätere Überarbeitung zurückgehen. Dies gilt auch für die singuläre und im Formularprozess gänzlich unglaubhafte Rechtsfolge: Der Konstituent soll angeblich haften *ut aliam personam non minus idoneam fideiubentem praestet.* Der Formularprozess kannte – anders als das Kognitionsverfahren – nur die *condemnatio pecuniaria.* Eine auf Bestellung eines ebenso geeigneten Bürgen gerichtete Verurteilung des Konstituenten ist im Formularprozess nicht denkbar[1031].

Auch in der Sache steht die Differenzierung nach dem Verzugseintritt wie bereits angedeutet nicht im Einklang mit der Risikoverteilung des Edikts. Der Konstituent haftete nur dann nicht mit der *actio de pecunia constituta*, wenn der Gläubiger selbst die Nichterfüllung am Termin zu vertreten hatte. Gerade Ulpian bemerkt (D. 13, 5, 16, 3): *Ergo si non stetit per actorem, tenet actio, etiamsi per rerum naturam stetit.* Dabei war für eine Unterscheidung danach, ob das Leistungshindernis vor oder nach dem *dies constituti* eingetreten war, grundsätzlich kein Raum.

Demgegenüber lässt sich die Tatsache, dass hier ein spezifisches Konstitut anerkannt zu sein scheint, nicht gegen die Klassizität der Lösung einwenden. Zwar berühmt sich erst Justinian, die Beschränkung des Konstituts auf generische und Geldschulden überwunden zu haben. Doch war die Hauptschuld – und darauf allein kommt es an – auch im Falle des Konstituts *certam personam fideiussuram pro se* eine generische: Geschuldet war (und blieb) die Zahlung einer Geldsumme. Die Stellung eines bestimmten Bürgen für diese Summe mag Verpflichtung zu einer spezifischen Leistung sein, war aber nicht deshalb unzulässig.

1029 So im Ergebnis schon Bruns, ZRG 1 (1861), S: 28 (65).

1030 Wenig wahrscheinlich ist, dass Verzug mit der Hauptschuld gemeint ist: Zum einen ist nicht ersichtlich, warum der Verzug mit der hauptsächlich geschuldeten Zahlung Einfluss auf die Pflicht zur Bürgenstellung haben sollte, zum anderen dürften Verzugsbeginn und *dies constituti* regelmäßig zusammenfallen, da mit dem akzeptierten Konstitut in aller Regel eine Stundung bis zum Termin einherging.

1031 Sehr wohl aber in der kaiserlichen *cognitio*, die der Kompilator vor Augen gehabt haben mag, vgl. Tondo Labeo 4 (1959), S. 208 (212). Allenfalls käme eine Arbiträrformel in Betracht wie sie Dejardin, L'action, S. 145 postuliert; s. hiergegen oben S. 138 f.

Sie war auch nicht etwa deshalb ungültig, weil ein dem *alium soluturum* bei Ulpian D. 13, 5, 5, 4 vergleichbares *factum alienum* versprochen war; gegen diese noch von ROUSSIER[1032] und FREZZA[1033] vorgetragene Argumentation wendet sich zu Recht SANGUINETTI[1034] mit der viel wahrscheinlicheren These, Ulpian habe die Beibringung eines Bürgen als Handlung des Konstituenten aufgefasst. Der Textzusammenhang stützt diese Annahme: Ulpian untersucht das Verhalten des Konstituenten, der Sicherheit versprochen hat; die Tatsache, dass die Bestellung eines Bürgen – anders als die Hingabe eines Pfandes – notwendig dessen Mitwirkung erforderte, fällt für ihn daher nicht ins Gewicht, die Bestellung bleibt vor allem Leistung des Konstituenten, der gleichsam die Sicherstellung des Gläubigers als Erfolg schuldet. Das zeigt auch Ulpian D. 4, 8, 25, 2, das im Folgenden noch näher zu erörtern ist.

Bei aller Strenge und Rigorosität, die gerade Ulpian bei der Handhabung der *actio de pecunia constituta* an den Tag legt[1035], sind mehrere Einwände gegen die sachliche Unrichtigkeit des Textes denkbar: Zum einen musste bei einem Konstitut mit dem Inhalt *se satisfacturum* die Bedeutung des Termins gegenüber der des eigentlichen Satisfaktionsversprechens naturgemäß in den Hintergrund treten[1036]. Zum anderen, und weitaus bedeutsamer, scheint eine objektive Haftung für die Erbringung einer Leistung zu einem bestimmten Termin nur sachgerecht, wenn Versprechensinhalt wie beim Normalfall des Konstituts Geld[1037] oder vertretbare Sachen[1038] sind. Der Grund hierfür liegt in der Erkenntnis *genus perire non potest*[1039]. Dem Konstituenten war es zumutbar, für das Risiko, die zugesagte Leistung nicht pünktlich erbringen zu können, objektiv einzustehen, weil er sich die erforderlichen Mittel am Markt ggf. verschaffen konnte. Diese *ratio* des Edikts galt jedoch nicht, wenn wie hier – atypisch – ein *bestimmter* Bürge als Sicherheit zugesagt war. Angesichts dieser Besonderheiten scheint es nicht undenkbar, dass Ulpian beim *constitutum se satisfacturum* ausnahmsweise und in bewusster Abkehr von der sonstigen Strenge des Konstituts die verspätete Leistung noch als Erfüllung gelten ließ. In diesem Fall musste er dem Gläubiger die Konstitutsklage natürlich spätestens dann zusprechen, wenn der Bürge *in*

1032 Constitut, S. 22.

1033 Garanzie I, S. 256 f. mit n. 1 auf S. 257.

1034 SDHI 65 (1999), S. 151 (192); vgl. auch TONDO, Labeo 4 (1959), S. 208 (212 f.).

1035 Vgl. etwa D. 13, 5, 16, 4 und 18 pr.

1036 TONDO Labeo 4 (1959), S. 208 (212 f.).

1037 Denn, so bemerken etwa EMMERICH, Das Recht der Leistungsstörungen, § 16 V 2 b und LARENZ, Schuldrecht Allgemeiner Teil, § 23 I b (S. 348), „Geld hat man zu haben".

1038 Vgl. § 279 BGB a. F.

1039 Vgl. dazu DILCHER, Die Theorie der Leistungsstörungen bei Glossatoren, Kommentatoren und Kanonisten, S. 277 ff; WOLLSCHLÄGER, Die Entstehung der Unmöglichkeitslehre, S. 43.

spe verstarb und der Konstituent sein Versprechen somit endgültig nicht mehr erfüllen konnte.

Stolfi[1040] spricht sich – etwas zurückhaltend – für die Echtheit der Stelle aus. Er sieht in D. 4, 8, 25, 2, wo Ulpian eine von Pomponius gestellte Zweifelsfrage in ähnlicher Weise beantwortet, ein Indiz für diese Annahme, wenn auch nur ein „indizio assai tenue".

> Ulpian D. 4, 8, 25, 2 (13 ad edictum):
> Si per fideiussorem fuerit cautum in primo compromisso, et sequens similiter proferendum Labeo dicit. sed Pomponius dubitat, utrum isdem an et aliis tam idoneis: quid enim, inquit, si idem fideiubere noluerint? sed puto, si noluerint fideiubere, tunc alios non absimiles adhibendos.

Ein Schiedsvertrag ist über die notwendigen Strafstipulationen hinaus noch durch Bürgen gesichert; er enthält zudem eine sog. *clausula de die proferenda*, d. h. der *arbiter* war berechtigt, ggf. ohne Entscheidung in der Sache einen neuen Verhandlungstermin festzulegen[1041]. Dabei ging die klassische Auffassung seit Labeo dahin, dass eine solche *prolatio diei* als *sententia arbitri* aufzufassen war, mit der Folge, dass die Parteien, wollten sie nicht den Verfall der Strafversprechen auslösen, am vereinbarten Termin ein weiteres *compromissum*, von Labeo/Ulpian[1042] als *sequens* bezeichnet, errichten mussten. Dieses war in der gleichen Weise durch Bürgen abzusichern wie das erste, also mussten streng genommen dieselben Personen bürgen. Pomponius wirft ähnlich wie in D. 13, 5, 14, 2 die Frage auf, ob gleich geeignete Bürgen ausreichten, den Schiedsspruch zu erfüllen, wenn die ursprünglichen *fideiussores* nun nicht mehr bereit seien, die Bürgschaft zu übernehmen. Ulpian befürwortet dies. Im folgenden fr. 26 befindet Paulus, gleiches müsse gelten, wenn die ursprünglichen Bürgen verstorben seien.

Stolfi belässt es bei dem vagen Hinweis auf die auffällige Parallelität der Problemstellung und die Ähnlichkeit der Lösung in beiden Fragmenten bewenden. Aber eine genaue Untersuchung der Gemeinsamkeiten und Unterschiede beider Stellen ermöglicht die Rekonstruktion des klassischen Kerns unseres Fragments.

In beiden Fällen ist die Beibringung eines Bürgen an einem bestimmten Termin geschuldet, hier zum *dies constituti*, dort zum *dies prolationis*. Beim Konstitut droht bei Nichteinhaltung des Termins die Haftung mit der *actio de pecunia constituta*, beim *compromissum* der Verfall des Strafversprechens. Während

1040 Pomponio, Bd. 2, S. 172 n. 156.

1041 Dazu und zum Folgenden s. Ziegler, Das private Schiedsgericht im antiken römischen Recht, S. 37 ff.

1042 Nicht überzeugend ist die Kritik Beselers, SZ 53 (1933), S. 1 (49), vgl. Ziegler, Schiedsgericht, S. 38 f. nebst nn. 170 und 172 sowie S. 106 n. 311.

aber im zuletzt genannten Fall die Juristen den Parteien die Haftung aus ihren Strafversprechen erlassen, wenn sie einen gleich geeigneten Bürgen stellten, die Lösung also auf Tatbestandsseite suchen, geht der überlieferte Text in D. 13, 5, 14, 2 anders vor: Er postuliert unter grober Missachtung der Grundsätze des Formularprozesses eine Haftung des Konstituenten *vel in id quod interest, vel ut aliam personam non minus idoneam fideiubentem praestet*, behauptet also eine alternative Verurteilung, die dem Konstituenten auf Rechtsfolgenseite die Beibringung eines anderen Bürgen ermöglichte. Was liegt näher, als dass Pomponius und Ulpian, die hier doch ganz offensichtlich denselben Gedanken wie beim *compromissum* verfolgen, zur gleichen Lösung wie dort kamen, d. h. dem Konstituenten gestatteten, einen Ersatzbürgen zu stellen und so die Haftung insgesamt abzuwenden?

Der Konstituent hatte also bis zum *dies constituti* – von einem „tardo e poco dotto rifacitore del commento di Ulpiano all'editto[1043]" zu *mora non interveniente* vergröbert – Zeit, einen anderen Bürgen zu beschaffen. Nach dem *dies constituti* freilich musste der Gläubiger sich darauf nicht mehr einlassen: Der Konstituent haftete *in id quod interest*. Auch im Falle der bloßen Weigerung des versprochenen Bürgen konnte der Konstituent dem Gläubiger keinen anderen aufdrängen – es sei denn, dies war im Konstitut selbst vorbehalten[1044]. Die Abweichung von der Lösung beim *compromissum* – hier war ein Ersatzbürge auch bei Weigerung zulässig – ist erklärlich. Paulus gibt als Grund für die „Ersetzungsbefugnis" der Kompromittenten an, der Strafverfall dürfe nicht im Belieben der ursprünglichen Bürgen stehen[1045]. Das konnte beim Konstitut nicht in gleicher Weise gelten: Mit der Zusage, einen bestimmten Bürgen beizubringen, übernahm der Konstituent das Risiko einer Absage. Diese Gefahr realisierte sich nicht, wenn die zugesagte Leistung ihm bereits vor der Zeit (objektiv) unmöglich wurde[1046], wohl aber, wenn er nur (subjektiv) nicht in der Lage war, den Bürgen zur Bürgschaftsübernahme zu bewegen. Bloßes Unvermögen führte im römischen Recht in der Regel nicht zum Freiwerden von der Leistungspflicht[1047]. Daher blieb es in diesem Fall bei der Haftung des Konstituenten, wenn es ihm nicht gelang, die Weigerung des Bürgen bis zum Termin zu überwinden.

1043 Frezza, Studi Funaioli, S. 716.

1044 So ist mit Sanguinetti, SDHI 65 (1999), S. 151 (193) die Einschränkung *nisi aliud actum est* zu verstehen.

1045 D. 4, 8, 26: *ne in potestate sit fideiussorum postea se non obligantium, ut poena comittatur.*

1046 Ein vollständiges Freiwerden kommt wegen des objektiven Charakters der Konstitutshaftung nicht in Betracht.

1047 Kaser, RP I, S. 514 n. 4; Zimmermann, Obligations, S. 785; vgl. eingehend Medicus, SZ 86 (1969), S. 67 (69, 83 ff. und 98 ff.).

dd. Ergebnis

Gliedert sich demnach das Satisfaktionskonstitut in seinen verschiedenen Spielarten ohne größeren Bruch in das klassische System ein, so gibt es keinen Grund, an seiner Echtheit zu zweifeln.

2. Das Konstitut mit Personenwechsel – Ulpian D. 13, 5, 5, 2

Trotz des streng relativen Charakters der römischen Obligation hing die Wirksamkeit einer Erfüllungszusage nicht davon ab, dass sie zwischen den Parteien der Hauptschuld erfolgte, wie Ulpian in seinem Ediktskommentar ausführt.

> Ulpian D. 13, 5, 5, 2 (27 ad edictum):
> Quod exigimus, ut sit debitum, quod constituitur, in rem exactum est, non utique ut is, cui constituitur, creditor sit. Nam et quod ego debeo tu constituendo teneberis, et quod tibi debetur, si mihi constituatur, debetur.

Das Erfordernis einer bestehenden Schuld, so erfahren wir, verstand sich unpersönlich (*in rem*), jedenfalls nicht etwa so, dass der Empfänger der Zusage zwangsläufig auch Gläubiger der Forderung sein musste. Der Konstitutshaftung setzte sich nämlich zum einen aus, wer zusagte, die Schuld eines anderen zu begleichen, zum anderen aber auch derjenige, der zwar selbst Schuldner der Hauptverbindlichkeit war, deren Erfüllung aber nicht seinem Gläubiger, sondern einem Dritten versprach.

Demnach mussten die Parteien des Konstituts nicht bereits an der Hauptschuld beteiligt gewesen sein. Eine Abweichung war sowohl auf der Seite des Schuldners als auch auf der Seite des Gläubigers zulässig[1048].

a. Das Konstitut fremder Schuld

Den ersten Fall, das (seit der Glosse so genannte) *constitutum debiti alieni*, belegen die Quellen[1049] mit großer Sicherheit bereits für die klassische Zeit. Nicht einmal die radikale Textkritik des beginnenden 20. Jahrhunderts hat diese Feststellung angegriffen. An dieser Stelle mag daher der Hinweis genügen, dass ein Konstitut *pro alio* – ursprünglich vom Prätor nicht vorgesehen[1050] – im Laufe der Zeit möglich wurde, aber aller Wahrscheinlichkeit nach bis zum Ende der

1048 Der Text lässt sogar die Deutung zu, dass beide Parteien zugleich ausgetauscht werden konnten.

1049 Zu nennen sind neben PS 2, 2, 1 vor allem fr. 5 §§ 3 f., 11 pr. und 24 D. h. t. sowie eine Konstitution des Kaisers Gordian II. (C. 4, 18, 1). Dagegen betrafen die fr. 12, 27 und 28 D. h. t. ursprünglich das *receptum argentariorum* und wurden erst von den Kompilatoren auf das Konstitut übertragen. Zu Cicero *ad Atticum* 16, 15 s. o. S. 66 ff.

1050 A. A. Kappeyne, Abhandlungen, S. 264; vgl. auch Valery, Histoire, S. 77.

Klassik selten blieb[1051]. Die Gründe für sein Aufkommen und seine Funktion sind an anderer Stelle zu behandeln[1052].

b. Das Konstitut gegenüber einem Dritten

Den zweiten Fall dagegen, das Konstitut gegenüber einem Dritten[1053], halten nicht wenige Autoren für unklassisch[1054]. Nach ASTUTI sollen erst die Kompilatoren in ihrem Bemühen, das Konstitut der Stipulation anzugleichen, den Satzteil *non utique ... sit* sowie den Schluss *et quod tibi ... debetur* eingefügt und so neben das (aus ihrer Sicht) prätorische Pendant zur *adpromissio*[1055] ein solches zur *adstipulatio* gestellt haben[1056]. Das soll, abgesehen von der „asimmetria logica" des Textes, vor allem aus drei sachlichen Überlegungen folgen: Erstens bestehe ein scharfer Kontrast zwischen dem Konstitut gegenüber einem Dritten und dem ursprünglichen Zweck des Geschäfts, der Terminbestimmung. Anders als bei der Zusage einer fremden Schuld seien die Schwierigkeiten der Anerkennung eines Konstituts mit Subjektswechsel hier nicht überwindlich gewesen. Zweitens sei die Funktion zweifelhaft, die ein solches Geschäft im klassischen Recht hätte erfüllen sollen. Denn zur Delegation[1057] sei es mangels novatorischer

1051 Das legt die geringe Zahl der Quellen nahe, die es belegen; da bei Justinian nur noch diese Art des Konstituts größere praktische Bedeutung gehabt zu haben scheint, wären die Kompilatoren sicherlich nicht abgeneigt gewesen, eine umfangreichere Überlieferung zu erhalten, wenn sie eine solche vorgefunden hätten. Dass sie sich statt dessen mehrfach gezwungen sahen, Fragmente aufzunehmen, die eigentlich das *receptum argentariorum* betrafen (etwa fr. 12, 27 und 28 unseres Titels), sagt einiges aus über den Umfang der klassischen Äußerungen zum Konstitut *pro alio*.

1052 S. u. S. 352 ff.

1053 Von ASTUTI II, S. 149 ff. und passim etwas irreführend als „costituto a favore di un terzo" bezeichnet; kritisch zu dieser Wortwahl KOSCHAKER, SZ 63 (46), S. 469 (475 n. 8).

1054 Vgl. ASTUTI II, S. 156 ff.; BESELER, Beiträge IV, S. 260 f.; KARADENIZ, Constitutum, S. 184 ff.; a. A. jedoch KARLOWA, RG II, S. 1378; ROUSSIER, Constitut, S. 79 ff.; MAYER-MALY, SZ 76 (1959), S. 616 (618 f.) und KASER, RP I, S. 584 n. 15.

1055 Nicht zur *expromissio*, wie Marcellus D. 13, 5, 24 (sing. resp.) zeigt; zu diesem wichtigen Text s. o. S. 177 ff.

1056 ASTUTI II, S. 161 f.; vgl. KARADENIZ, Constitutum, S. 188 ff.; anders BESELER, Beiträge IV, S. 260, dem der Text als „unechter Ersatz von getilgtem Echtem" erscheint, was er (aus unerfindlichen Gründen) aus der – zudem irrtümlichen, s. o. S. 125 ff. – Annahme, das Konstitut *pro alio* sei nach klassischem Recht annal und passiv unvererblich gewesen, folgern zu können glaubt. Die „äußerlichen Gründen", die dies „sehr wahrscheinlich" machen sollen, benennt er aber nicht näher; dazu sogleich im Text.

1057 Schon BRUNS, ZRG 1 (1861), S. 28 (101) hatte die Delegation als „Gebiet der Anwendung für Konstitute dieser Art" ausgemacht; die romanistische Lehre war ihm hierin gefolgt. FUCHS, AcP 42 (1859), S. 172 (179) hatte das Konstitut an einen Dritten noch als prätorische Nachbildung der Adstipulation betrachtet und den Hauptzweck der Konstruktion darin gesehen, dem mit der Entgegennahme der Leistung für den abwesenden Gläubiger betrauten

Wirkung ungeeignet gewesen. Nach einer Äußerung Ulpians[1058] habe man die Delegation auch ausschließlich durch formalen Rechtsakt vollziehen können. Überdies fehle es an jeglicher Erwähnung des dazu erforderlichen *iussum* des Gläubigers. Drittens schließlich sei fr. 5, 2 die einzige Quelle, die das Konstitut an einen Dritten überhaupt belege.

Der Kritik ASTUTIS ist einmal mehr mit Zurückhaltung zu begegnen[1059]. Der Text ist zwar, wie auch ROUSSIER einräumt, in der Tat „assez étrangement rédigé[1060]“, doch wird man den hauptsächlichen Stein des Anstoßes, den *non-utique*-Satz, als in den Text gerutschte Glosse zu betrachten haben[1061]. Dann entspricht der gedankliche Ablauf der typisch römischen Betrachtungsweise: *ex iure regula*[1062]. Ulpian folgert nicht etwa die Zulässigkeit des Subjektswechsels in beiden Varianten aus der unpersönlichen Betrachtungsweise, sondern begründet (*nam*) gerade umgekehrt mit der Wirksamkeit solcher Konstitute den anschaulichen Satz, das Erfordernis einer bestehenden Schuld sei *in rem* aufzufassen.

In der Sache ist nicht ersichtlich, warum ein Dritter, der dem Gläubiger Zahlung der fremden Schuld an einem bestimmten Termin zugesagt hatte, hätte haften sollen, nicht aber der Schuldner selbst, wenn er die Leistung einem Dritten für diesen Termin versprach[1063]. Die Schwierigkeit, die es zu überwinden galt, war in beiden Fällen dieselbe: Zwischen den Parteien des Konstituts bestand kein *debitum*. Hatte man sich in der einen Variante von der Relativität des Schuldverhältnisses gelöst, so musste sich eine entsprechende Behandlung auch bei der anderen aufdrängen. Zusätzliche Bedenken hätten sich nur ergeben, wenn das Konstitut die bisherige Schuld, und sei es nur *ope exceptionis*, endgültig getilgt hätte. Wie noch im Einzelnen nachzuweisen ist, war dies jedoch nicht der Fall[1064].

Konstitutsempfänger eine gegenüber einem bloßen *adiectus solutionis causa* stärkere Rechtsposition zu verschaffen.

1058 D. 46, 2, 11 (27 ed.): *Fit autem delegatio vel per stipulationem vel per litis contestationem.*

1059 Im Ergebnis für Echtheit auch PHILIPPIN, Constitut, S. 79 f. und ROUSSIER, Constitut, S. 80 sowie im Anschluss an letzteren KASER, RP I, S. 584 n. 15 und MAYER-MALY, SZ 76 (1959), S. 616 (618 f.).

1060 ROUSSIER, Constitut, S. 79.

1061 So auch ASTUTI II, S. 157, der jedoch annimmt, der Einschub entlarve auch den Schlusssatz als Interpolation; s. dagegen ROUSSIER, Constitut, S. 80 und die zustimmende Rezension von MAYER-MALY, SZ 76 (1959), S. 616 (618 f.).

1062 Paulus D. 50, 17, 1.

1063 ROUSSIER, Constitut, S. 80.

1064 S. dazu unten S. 294 ff.

Die zweite Überlegung Astutis, dass der einzige denkbare Zweck eines Konstituts an einen Dritten die Delegation (oder, im justinianischen Recht, die *adstipulatio*) sei, eine Annahme, die ihn auch alle Ausführungen zu einem *iussum* des delegierenden Gläubigers vermissen lässt, steht in engem Zusammenhang mit seiner Beobachtung, es fehle an anderen Quellen, die den Inhalt von fr. 5, 2 bestätigten. Letzteres erweist sich bei näherer Betrachtung als fataler Irrtum[1065]. Denn mit der Zahlungszusage an andere Personen als den Gläubiger haben wir es nicht nur in fr. 5, 2 zu tun, sondern mehrfach auch in den unmittelbar darauf folgenden Stellen, nur erfüllt die Zusage dort eben nicht die Funktion, die Astuti vorschwebt[1066]. Das Konstitut erfolgt jeweils an einen Vormund, Pfleger oder sonstigen Interessenvertreter des Gläubigers, bzw. an einen Sohn, Sklaven oder *bona fide serviens*, schließlich an den *solutionis causa adiectus* der Hauptschuld. Außer im letzten Fall ist die Zusage immer wirksam[1067]. Astuti begnügt sich mit dem lapidaren Hinweis, es sei „appena il caso di notare che con l'ipotesi in questione non hanno a vedere quelle prospettate nei fr. 5 §§ 6–10; 6; 7 pr.; 14 § 3; 15 D. h. t.[1068]" Da Haussohn, Sklave und *bona fide serviens* die Haftung *ex constituto* zwingend dem Gläubiger erwarben, und die Juristen derartige Zusagen kaum als ein *constituere alii* betrachtet haben werden, können wir diese tatsächlich außer Betracht lassen.

Die übrigen Fragmente hingegen zeigen in einer Deutlichkeit, die nichts zu wünschen übrig lässt, wann der Schuldner aus einer Terminzusage haftete, die er nicht dem eigentlichen Gläubiger, sondern einem Dritten gegeben hatte, nämlich dann, wenn der Dritte aufgrund einer rechtlichen Beziehung zum Gläubiger an dessen Stelle handelte. Philippin denkt etwa an die prozessuale Abtretung im Wege der *procuratio in rem suam*, bei der im Innenverhältnis zwischen Alt- und Neugläubiger die Einziehungsermächtigung dem Prokurator auch die Befugnis verschaffte, sich selbst einen Termin zusagen zu lassen[1069].

1065 Dem auch der größte Teil der übrigen Lehre erliegt: Roussier, Constitut, S. 80 ff. spricht sich zwar unter Berufung auf Cicero ad Att. 1, 7 und 8 für die Echtheit des Konstituts mit Gläubigerwechsel aus, nimmt aber ebenfalls an, dass andere Beispiele nicht überliefert seien; ähnlich Philippin, Constitut, S. 87 f.; vgl. Karadeniz, Constitutum, S. 184 ff. Nur Frezza, Garanzie I, S. 240 ff. führt noch die fr. 5 § 6 sowie 7 pr. nebst § 1 an.

1066 Ebenso Frezza, Garanzie I, S. 242.

1067 Und auch dort ist sie es nur dann nicht, wenn die Zusage an den *adiectus* auf eine diesem vermeintlich zustehende Forderung, also *suo nomine*, erfolgt, vgl. D. 13, 5, 7, 1.

1068 Astuti II, S. 159 n. 20.

1069 Constitut, S. 88; zum Zweck eines solchen Konstituts fragt er sich: „Ce pacte de constitut, intervenant après la cession de la créance sous forme de mandat, n'aurait-il pas été un moyen de garantir le cessionaire contre les risques d'extinction du mandat et notamment contre la révocation?" Mitnichten: Zwar beeinträchtigte nach dem Grundsatz des fr. 18, 1 der spätere Verlust der Aktivlegitimation die Entstehung der Konstitutsklage nicht, doch zeigt D. 3, 3,

Das ist möglich, jedoch nicht der Fall, den die Quellen behandeln: Dort geht es um den *procurator omnium rerum* und andere Sachwalter, die entweder aufgrund persönlichen Auftrags oder infolge gesetzlicher Bestellung für den Gläubiger tätig waren[1070]. Das erklärt auch, warum Ulpian das Erfordernis eines *iussum* nicht erwähnt: Die Berechtigung des Dritten ergab sich im Regelfall bereits aus seiner Stellung als (gewillkürter oder gesetzlicher) Vertreter des Gläubigers. Zweck der Ausdehnung der Konstitutsklage auf solche Fälle war es, dem Vertreter eine sachgerechte Geschäftsführung[1071] zu ermöglichen. Bekanntlich war die Vertretung in Rom stets nur eine mittelbare, d. h. der Vertreter selbst erwarb im Außenverhältnis die Forderung und zog sie ein[1072]. Das war unproblematisch, wenn die Entstehung der Obligation allein von der Vornahme des Rechtsakts abhing, etwa bei der Stipulation. Die Haftung des Schuldners *ex constituto* setzte aber eine Schuld zwischen Konstituent und Adressat voraus, woran es immer dann fehlte, wenn die konstituierte Schuld ohne Mitwirkung des Vertreters bereits unmittelbar zwischen dem Vertretenen und dem Schuldner entstanden war, z. B. aus einem früheren Geschäft des Mündels *cum auctoritate* oder aus unerlaubter Handlung. Wurde nun der Vertreter bei der Einziehung solcher Forderungen vom Schuldner mit Terminzusagen hingehalten, so war es erforderlich, die Formel der Konstitutsklage großzügig auszulegen, um die Sanktion gegen den Konstituenten zu ermöglichen. Da es das Vertrauen des Vertreters war, das enttäuscht wurde, stand diesem die Klage zu[1073], nur bei der gesetzlichen Vertretung erhielt auch der Vertretene selbst eine *actio utilis*[1074].

39, 1, dass der mit der (eigenen!) Konstitutsklage vorgehende Prokurator gleichwohl *de rato* Sicherheit leisten musste. Klagte der Auftraggeber die Summe später selbst ein, so verfiel die Kaution des Zessionars. Dieser konnte sich zweckmäßig nur durch die – übliche – Kaution des Zedenten absichern, wozu Kaser, RP I, S. 653 f.; Zimmermann, Obligations, S. 61 f.

1070 Darauf hat mit Recht schon Kappeyne, Abhandlungen, S. 351 hingewiesen.

1071 Frezza, Garanzie I, S. 242 spricht von *negotiorum gestio* als Funktion des Konstituts mit Parteiwechsel. Diese technische Bezeichnung charakterisiert allerdings lediglich das Konstitut im Falle der Pflegschaft vollständig präzise, denn nur zur Regelung des Verhältnisses von Pflegling und *curator* behalf man sich im klassischen Recht noch allein mit der Geschäftsführungsklage (vgl. Kaser, RP I, S. 371). Für die Vormundschaft gab es eigene Rechtsbehelfe, u. a. die (der Geschäftsführungsklage allerdings verwandte) *actio tutelae* (vgl. Kaser, RP I, S. 363 ff.); die Prokuratur betrachtete man häufig als Mandatsverhältnis (vgl. Kaser, RP I, S. 587).

1072 Vgl. Kaser, RP I, S. Zimmermann, Obligations, S. 45 ff.

1073 Nicht anderes galt übrigens, wenn der Prokurator im Prozess den ihm zurückgeschobenen Entscheidungseid (dazu Kaser/Hackl, RZ, S. 268 f.) geleistet hatte. Der Prokurator musste die Klage *de iureiurando* im eigenen Namen führen, s. D. 3, 3, 39, 1.

1074 Dazu im Einzelnen oben S. 164 ff.

3. Abweichende Erfüllungsmodalitäten

Modifikationen gegenüber der Hauptschuld waren auch im Hinblick auf deren Nebenbestimmungen möglich. Die Quellen befassen sich neben der Festlegung eines Leistungstermins, die ja das ganze Wesen des Konstituts ausmachte, auch mit der Hinzufügung einer Bedingung und der Änderung oder Ergänzung eines Leistungsortes.

a. Änderung des Leistungstermins

Mit der noch in klassischer Zeit als essentiell empfundenen[1075] Bestimmung eines festen Leistungstermins haben wir uns bereits ausführlich auseinandergesetzt[1076]. In der Regel legte man den Termin für eine bereits fällige Schuld fest. Wenn schon die Hauptschuld selbst eine Leistungszeit bestimmte, konnte der *dies constituti* davon abweichen, musste es aber nicht[1077]: Der Schuldner konnte zwar keine frühere Leistung versprechen[1078], die Erfüllung aber immerhin „sofort bei Fälligkeit" (*eadem die*) zusagen oder einen späteren Zeitpunkt benennen[1079]. In beiden Fällen haftete der Konstituent, wenn er sich nicht an seine Zusage hielt.

b. Bedingtes Konstitut einer unbedingten Schuld – Pomponius-Paulus D. 13, 5, 19, 1

Auch die unbedingte Zusage einer bedingten Schuld (fr. 19 pr. D. h.t.) haben wir schon untersucht[1080]. Den umgekehrten Fall des bedingten Konstituts einer unbedingten Schuld behandelt § 1 desselben Fragments, ein ziemlich rätselhafter Text[1081], dessen genaue Bedeutung bisher nicht befriedigend geklärt ist.

> Paulus D. 13, 5, 19 (29 ad edictum):
> **pr.** Id quod sub condicione debetur, sive pure sive certo die constituatur, eadem condicione suspenditur, ut existente condicione teneatur, deficiente utraque actio depereat.
> **§ 1** Sed is, qui pure debet, si sub condicione constituat, inquit Pomponius, in hunc utilem actionem esse.

Pomponius, dessen Ansicht Paulus hier sehr summarisch[1082] referiert, hatte sich dafür ausgesprochen, gegen den Konstituenten eine Klage zu gewähren.

1075 S. Paulus D. 13, 5, 21, 1.
1076 S. o. S. 48 ff.
1077 Ulpian D. 13, 5, 3, 2.
1078 Trotz Paulus D. 13, 5, 4; s. o. S. 93.
1079 Vgl. Frezza, Garanzie I, S. 246 f.
1080 S. o. S. 206 ff.
1081 So auch Platschek, Edikt, S. 146 ff.; s. dazu unten S. 456 ff.
1082 Astuti II, S. 78 n. 38 hält eine Kürzung durch die Kompilatoren für nicht unwahrscheinlich; a. A. Roussier, Constitut, S. 92 n. 1.

Aufgrund seiner Kürze bleibt der Text in mehreren Punkten unklar. Zum einen ist die *ratio dubitandi* nicht ohne weiteres zu erkennen, zum anderen bietet der Satz *in hunc utilem actionem esse* mehr Fragen als Antworten: Ungewiss ist schon, welche *actio* Pomponius überhaupt meint, Haupt- oder Konstitutsklage; ferner ob er mit dem Wort *utilis* lediglich ausdrücken wollte, dass die Klage statthaft war, oder ob er sie in einem technischen Sinne als *actio utilis* gewähren wollte (und nicht als *actio directa*).

Kappeyne und Astuti vermuten im Anschluss an die Glosse die Schwierigkeit in der möglichen Auswirkung eines solchen Konstituts auf die Hauptschuld, genauer gesagt in der Frage, ob der Schuldner der Hauptklage *pendente condicione* wie bei der bedingten Novation eine Einrede entgegenhalten konnte[1083]. Aber selbst wenn insofern Zweifel bestanden, können diese kaum der Entscheidung von Paulus und Pomponius zugrundegelegen haben. Auf die Frage, ob die Hauptklage durch das Konstitut suspendiert sei, kann man weder antworten, dass die (Konstituts-)Klage wirksam, noch dass sie als analoge Klage zu gewähren sei. Allenfalls wenn man annimmt, dass mit *actio* die Klage aus der Hauptobligation gemeint ist und mit *utilis* deren Einredefreiheit, kann der Text im Sinne der genannten Autoren verstanden werden[1084]. Doch nichts deutet darauf hin, dass die Juristen den Fall der (Haupt-)Klageerhebung gerade in der Schwebezeit behandeln.

Vielmehr weist der Zusammenhang mit dem Principium des Fragments, der entgegen Astuti[1085] schwerlich nur ein äußerer ist, in eine andere Richtung. Dort geht es um den umgekehrten Fall des unbedingten Konstituts einer bedingten Hauptschuld. Es endet mit den Worten: *existente condicione teneatur, deficiente utraque actio depereat.* Paulus untersucht also den Rechtszustand bei Eintritt und bei Ausfall der Bedingung, nicht aber den in der Schwebezeit. Wenn er unmittelbar darauf den umgekehrten Fall behandelt, spricht einiges dafür, dass ihn auch hier eine Situation beschäftigt, in der bereits Klarheit über den Eintritt der Bedingung besteht. Aber Klarheit in welchem Sinne? Soweit ersichtlich hat bis auf Ricart[1086] niemand je bezweifelt, dass Paulus die Klage, und zwar die Konstitutsklage, für den Fall des Bedingungseintritts gewähren wollte[1087]. Denkbar ist das. In diesem

1083 Astuti II, S. 74 ff.; Kappeyne, Abhandlungen, S. 263; vgl. die Glosse *utilem actionem* ad h. l.

1084 Die allerdings beide ohne weiteres davon ausgehen, dass die Konstitutsklage gemeint ist, s. Astuti II, S. 77 n. 37; Kappeyne, Abhandlungen, S. 263.

1085 Astuti II, S. 75.

1086 In einem 1995 erschienen Aufsatz in Hom. Murga Gener, S. 695 (703) bemerkt sie beiläufig, dass Pomponius die Klage *de pecunia constituta* bei Bedingungsausfall als *actio utilis* gewährt habe.

1087 S. schon die Glosse *utilem actionem* ad h. l.: „id est efficacem de pecunia constituta, condicione existente"; im gleichen Sinne Astuti II, S. 76 ff.; vgl. Bruns, ZRG 1 (1861), S. 28 (90); Frezza, Garanzie I, S. 264; Kappeyne, Abhandlungen, S. 263.

Fall hätte dem Zweifel des Paulus allerdings allenfalls die Überlegung zugrunde liegen können, dass eine feste Terminzusage unter einer Bedingung als Widerspruch in sich erscheinen konnte. Doch im Hinblick auf den Zweck der Konstitutshaftung wäre kaum zu erklären, aus welchem Grund man das Konstitut für bedingungsfeindlich hätte halten sollen, zumal dann die Folge seine Nichtigkeit hätte sein müssen[1088], nicht die Gewährung einer *actio utilis*. Versteht man *utilis* als „wirksam", so wäre die Aussage des Textes so banal, dass es einer Berufung auf die Autorität des Pomponius gewiss nicht bedurft hätte.

Es ist jedoch eine andere Deutung möglich, die eher geeignet scheint, die aus dem Text sich ergebenden Zweifel aufzulösen[1089]. Paulus knüpft an seine letzte Feststellung an, dass dem Gläubiger der bedingten Forderung, die ihm *pure* konstituiert worden war, bei Bedingungsausfall (natürlich) keine der beiden Klagen zustand. Was sollte aber gelten, wenn nur die Erfüllungszusage bedingt war und die Bedingung dann ausfiel? Solange man das Konstitut als Terminfestsetzung betrachtete, lag die Lösung auf der Hand: Bedingt war dann nur die Pflicht, den Termin einzuhalten, fiel die Bedingung aus, so blieb dem Gläubiger die Konstitutsklage versagt, die Hauptklage stand ihm aber selbstverständlich offen. Betrachtete man das Konstitut dagegen in erster Linie als neues Leistungsversprechen, und genau zu dieser Haltung war man im Laufe der klassischen Zeit gelangt, so lag der Gedanke nicht fern, dass die Parteien möglicherweise die Leistungspflicht ü b e r h a u p t unter die im Konstitut genannte Bedingung stellen wollten[1090], mit anderen Worten, dass sie die Absicht hatten, die bisher unbedingte Schuld zu novieren. Die Zweifelsfrage in unserem Fragment scheint mir daher eine ähnliche zu sein wie die in dem bereits ausführlich diskutierten Marcellus-*responsum* in fr. 24 D. h. t.[1091] Paulus stellt fest, dass immer noch gilt, was für Pomponius einige Jahrzehnte zuvor noch selbstverständlich war: Nur die Konstitutsklage ging mit dem Bedingungsausfall verloren, die Hauptklage hingegen blieb *utilis*, also wirksam, durchsetzbar[1092]. Eine mit den Mitteln des Amtsrechts bewirkte Novation trat demnach nicht ein[1093].

1088 So auch Astuti II, S. 77 f. n. 37 unter Berufung auf D. 50, 17, 77.

1089 Das Fragment lässt an sich neben der im Text vorgeschlagenen Deutung noch eine weitere zu: Pomponius könnte argumentiert haben, das Konstitut sei als feste Zusage bedingungsfeindlich; die in der Zusage liegende Garantie pünktlicher Zahlung könne der Konstituent nicht durch eine Bedingung abschwächen, die in der Hauptschuld nicht vorgesehen war; daher hafte er auch dann, wenn die Bedingung ausfalle, nämlich mit einer *actio utilis*. – Gegen eine solche Deutung spricht allerdings der Kontext, wozu im Einzelnen oben im Text und n. 1087.

1090 Darin sieht nun auch Costa, SDHI 77 (2011), S. 129 (223 ff.) das Problem des Textes.

1091 S. dazu oben S. 177 ff.

1092 Vgl. Astuti II, S. 77 ff.; Contat, Constitut, S. 57.

1093 Durch nichts belegt scheint mir, wenn Costa, SDHI 77 (2011), S. 129 (225 ff.) annimmt, die Hauptsacheklage bleibe aber in der Schwebezeit einstweilen gehemmt; vgl. Roussier,

c. Abweichender Erfüllungsort

Zum Thema Konstitut und Erfüllungsort (und zu der Frage des daraus möglicherweise folgenden Gerichtsstandes) finden sich vier Texte im Corpus Iuris. Zwei von ihnen betreffen die Grundfälle, dass in der Hauptschuld kein besonderer Leistungsort bestimmt war bzw. ein anderer als später im Konstitut. Das klassische Regime ist ihnen unschwer zu entnehmen.

> Ulpian D. 13, 5, 16, 1 (27 ad edictum):
> Sed et certo loco [et tempore] constituere quis potest, nec solum eo loci posse eum petere, ubi ei constitutum est, sed exemplo arbitrariae actionis ubique potest.
> Ulpian D. 13, 5, 5 pr. (27 ad edictum):
> Eum, qui Ephesi promisit se soluturum, si constituat alio loco se soluturum, teneri constat.

Fragment 16, 1 haben wir bereits eingehend untersucht, wenn auch unter einem anderen Gesichtspunkt[1094]. Der Konstituent hatte die geschuldete Leistung an dem Ort anzubieten, für den er sie zugesagt hatte, sonst haftete er mit der *actio constitutoria*. Der Gläubiger musste jedoch nicht etwa zur Vermeidung einer *pluris petitio loco* die Klage gerade an diesem Ort erheben. Vielmehr war er nach dem Beispiel der *actio de eo quod certo loco*[1095] berechtigt, an einem beliebigen Ort zu klagen, musste dann aber der *intentio* den im Konstitut genannten Leistungsort hinzuzufügen. Das versetzte den Geschworenen in die Lage, das Interesse des Schuldners, am zugesagten Ort leisten zu dürfen, bei der Urteilsfindung zu berücksichtigen[1096]. Nach fr. 5 pr. galt dies auch, wenn bereits in der Hauptschuld, hier: einer Stipulation, ein Erfüllungsort, hier: Ephesus, festgelegt war, der Konstituent dann aber die Leistung für einen anderen Ort zugesagt hatte. In beiden Fällen beeinträchtigte die Abweichung von der Hauptschuld die Wirksamkeit des Konstituts nicht, weil ein *debitum* zugesagt worden war.

Etwas schwieriger liegt die Sache in den anderen beiden Fragmenten, die das Konstitut eines Provinzialen behandeln, der sich als Gesandter (*legatus*) in Rom aufhielt[1097]. Ein solcher genoss vom Augenblick seiner Ernennung bis zur

---

Constitut, S. 91 f.

1094 S. o. S. 141 ff.

1095 Zum Verhältnis von Konstitut und *edictum de eo quod certo loco* vgl. Astuti I, S. 159 ff., insbesondere zu fr. 16, 1 S. 195 ff.

1096 Die in Gaius 4, 53c erwähnte *pluris petitio loco* mit der Folge des *rem perdere* aus Gaius 4, 53 drohte dem Kläger allerdings nicht, da es sich bei der *actio de pecunia constituta* nicht um eine Klage auf ein *certum* handelte, vgl. Gaius 4, 54; man intendierte ja von vornherein nicht *HS X dari*, sondern *quanti ea res erit*.

1097 Roussier, Constitut, S. 30 n. 2 geht vom umgekehrten Fall aus, wenn er annimmt, der Legat sei ein in die Provinz entsandter römischer Bürger.

Erledigung seiner Gesandtschaft das *ius domum revocandi*[1098], d. h. er konnte verlangen, aus Verbindlichkeiten, die er vor seiner Ernennung in der Provinz eingegangen war, auch nur dort belangt zu werden[1099].

> Ulpian D. 13, 5, 5, 1 (27 ad edictum):
> Iulianus legatum Romae constituentem, quod in provincia acceperat, putat conveniri debere, quod et verum est. Sed et si non cum Romae esset, sed in provincia adhuc, constituit se Romae soluturum, denegatur in eum actio de constituta.

Ulpian bildet zwei Fälle, von denen allerdings nur der zweite ein Konstitut mit Bestimmung eines von der Hauptschuld abweichenden Leistungsortes betrifft. Zunächst jedoch zum ersten: Ein Legat hatte in der Provinz ein Darlehen aufgenommen, später während seiner Gesandtschaft in Rom einen Zahlungstermin zugesagt und, wie wir hinzufügen dürfen, nicht eingehalten. Es scheint, als habe er sich nach einer von Ulpian gebilligten Ansicht Julians in Rom verteidigen müssen. Das entspräche dem Grundsatz, dass das Gerichtsstandsprivileg dem Gesandten nur für Verbindlichkeiten zustand, die er v o r seiner Entsendung noch in der Provinz kontrahiert hatte[1100].

Gleichwohl wird seit langem bezweifelt, dass Ulpian und Julian wirklich so entschieden haben, wie sie in den Digesten zitiert werden. Gaius gelangte nämlich zum gerade entgegengesetzten Ergebnis, noch dazu in einer sprachlichen Form, die vermuten lässt, er habe einen Gewährsmann zitiert, vielleicht sogar Julian, ganz wie später Ulpian[1101]:

> Gaius D. 5, 1, 8 (2 ad edictum provinciale):
> Si quis in legatione constituerit, quod ante legationem debuerit, non cogi eum ibi iudicium pati, ubi constituerit.

Die indirekte Rede *non cogi eum* verlangt in der Tat einen übergeordneten Satz. Seit Cujaz vermutet man, im Text von fr. 5, 1 sei vor *debere* ein *non* ausgefallen, in Wirklichkeit habe Julian ebenso entschieden wie Gaius. Diese Überlegung veranlasste Mommsen zu der Emendation *Iulianus ait*, die auf breite

---

1098 S. dazu Berger, Dictionary, s. v. *ius revocandi domum*, S. 532; Kaser/Hackl, RZ, S. 245.

1099 D. 5, 1, 2, 3 bis 6 (Ulp. 3 ed.).

1100 Ulpian betont dies in D. 5, 1, 2 wiederholt: § 3 *Legati in eo quod ante legationem contraxerunt* [...] *revocandi ius datur* [...]; § 4 [...] *dummodo ante legationem contraxerunt* [...]. Bis er sich seines Auftrags entledigt hatte, war es dem Gesandten übrigens per SC untersagt, private Geschäfte in Rom zu betreiben, vgl. Scaevola D. 50, 7, 13 (12). Es dürfte sich dabei um eine *lex imperfecta* gehandelt haben, denn ansonsten müsste das Konstitut im ersten Fall des fr. 5, 1 schon wegen Gesetzesverstoßes unwirksam sein.

1101 Letzteres erwägt Lenel, Palingenesia, Sp. 192 n. 4 im Anschluss an Mommsen, Ed. Stereot., n. 14 ad D. 5, 1, 8.

Zustimmung gestoßen ist[1102]. Da aber nicht nur die Berufung auf einen anderen Gewährsmann denkbar ist, sondern auch, dass einem justinianischen Redakteur bei der Zusammenfassung des ursprünglichen Kommentartextes ein *Gaius ait* vorschwebte, stehen wir einmal mehr vor der Frage: Kontroverse oder Korruptel?

Ein Streit unter den Juristen könnte den Zeitpunkt des *contrahere* zum Gegenstand gehabt haben, der wie wir wissen für das *ius domum revocandi* entscheidend war. Wer das Konstitut als bloße Zusatzabrede, nämlich als reine Terminzusage verstand, konnte vertreten, die eigentliche Schuld, die letztlich auch Gegenstand des Prozesses *de pecunia constituta* sei, habe der Legat *ante legationem* begründet. Dennoch, so könnten die Verfechter einer moderneren Ansicht erwidert haben, die das Konstitut bereits als eigenständiges Versprechen betrachtete, hat er sich die Haftung mit der Konstitutsklage erst durch Zusage und Nichtleistung in Rom „zugezogen". Zieht man nun noch in Betracht, dass Julian entscheidend an der Entwicklung des Konstituts mit Personenwechsel beteiligt war[1103], was eine gewisse Lösung von dem alten Konzept der Terminzusage erforderte, so ist nicht unvorstellbar, dass gerade er eine Leistungspflicht *ex constituto* als Gegenstand der Konstitutsklage ansah und die Klage gegen den Gesandten in Rom für möglich hielt. Bemerkenswert ist auch, dass sein Schüler Africanus[1104] im dritten Buch seiner *quaestiones* die Gewährung einer Klage gegen einen Legaten maßgeblich davon abhängig macht, ob dieser sich im Vertrag zur Leistung gerade während der Dauer seiner Entsendung verpflichtet hatte[1105]. Eine solche Verpflichtung begründete das Konstitut allemal.

All das ist indes Spekulation. Die Überleitung Ulpians zu dem zweiten Fall in fr. 5, 1 zeigt, dass an der traditionellen Ansicht festzuhalten ist. Der Jurist führt aus, dass die Klage a u c h dann (*et si*) zu denegieren sei, wenn der Legat zwar noch in der Provinz die Zahlung zugesagt, als Erfüllungsort aber Rom benannt habe. Damit kann er nicht an ein *conveniri debere*, sondern nur an ein *conveniri non debere* angeknüpft haben.

Der Fall selbst bietet nichts Neues: Der Legat kann zwar nicht in Rom verklagt werden, sehr wohl aber in der Provinz – obgleich er Rom als Erfüllungsort bestimmt hatte. Das Konstitut war also wirksam und die zugesagte Leistung konnte, wie fr. 16, 1 sagt, *ubique* eingeklagt werden, allerdings mit

1102 Vgl. MOMMSEN, Ed. Stereot., n. 14 ad D. 5, 1, 8; zustimmend ASTUTI I, S. 201; LENEL, Palingenesia, Sp. 192 n. 4.

1103 Vgl. FREZZA, Garanzie I, S. 240 ff.

1104 S. dazu KUNKEL, Herkunft und soziale Stellung der römischen Juristen, S. 172.

1105 Africanus D. 50, 7, 4 (3) (3 quaest.): *Cum quaeritur, an in eum, qui in legatione sit, actio dari debeat, non tam interest, ubi quis aut crediderit aut dari stipulatus sit, quam illud, an id actum sit, ut legationis tempore solveretur.*

der Einschränkung, dass die Klage am Leistungsort selbst wegen des *privilegium fori* des Schuldners aus übergeordneten rechtspolitischen Gründen nicht möglich war.

§ 15 *Neque fecisse neque per actorem stetisse* – Die dem Kläger nicht zurechenbare Nichteinhaltung der Zusage

I. Rein objektive Fassung der Formel

Das *factum*, dem der Prätor mit der Konstitutsklage ursprünglich hatte begegnen wollen, war die Nichteinhaltung einer festen Terminzusage, das *fidem frangere* des Schuldners. Die Urteilsbedingung *neque fecisse quod constituit* ist daher das Kernstück der Klageformel. Um die Haftung mit der *actio constitutoria* abzuwenden, musste der Schuldner nach dem Wortlaut der Formel am zugesagten Termin, nicht früher und nicht später, die geschuldete Leistung erbringen. Hatte er etwa versprochen, an den nächsten Kalenden zu zahlen, so war die genannte Bedingung der Formel mit Verstreichen des Termins erfüllt, auch wenn der Konstituent ihn schuldlos versäumt hatte, ebenso wenn er die Leistung später noch anbot oder sogar erbrachte[1106]. In diesen Fällen galt also – leicht abgewandelt – der von Celsus im (durchaus vergleichbaren) Zusammenhang mit der Vertragsstrafe geprägte Satz: *semper verum est Kalendis datum non esse*[1107]. Mit Ablauf des Termins stand unabänderlich fest, ob der Schuldner objektiv sein Wort gehalten hatte oder nicht.

Die Formel kannte nur ein einziges Korrektiv: War der Gläubiger selbst für die Nichteinhaltung des Termins verantwortlich, so blieb ihm die *actio de pecunia constituta* versagt (*neque per Aulum Agerium stetisse, quo minus fieret, quod constitutum est*)[1108]. Dabei wird es sich, wie KAPPEYNE richtig sieht, um eine „ein

1106 Ohne Zweifel war der Gläubiger dagegen klaglos gestellt, wenn er eine vorzeitige Leistung akzeptiert hatte. In diesem Fall hatte der Schuldner zwar auch nicht exakt an dem genannten Termin geleistet und somit „nicht getan, was er zugesagt hatte", doch „hatte es am Kläger gelegen", da der es in der Hand gehabt hätte, das Leistungsangebot zurückzuweisen.

1107 Vgl. Ulpian D. 4, 8, 23 pr. (13 ed.): Die Parteien eines *compromissum* hatten sich durch wechselseitige Strafversprechen (etwa: *si non iussum arbitri feceris centum dari spondesne?*) verpflichtet, das Urteil eines Schiedsmannes zu befolgen. Der hatte dem Schuldner aufgegeben *intra Kalendas dari*, doch die Leistung war nicht rechtzeitig erfolgt. Celsus befand, dass mit Ablauf der Frist die Strafe verfallen sei und dies auch bleibe, wenn der Schuldner die Erfüllung später angeboten habe, *quoniam semper verum est intra Kalendas datum non esse.*

1108 Ähnliche „negative Tatbestandsmerkmale" finden sich im Edikt *de migrando* (D. 43, 32, 1 pr., vgl. LENEL, EP, S. 490), bei der *actio Serviana* (LENEL, EP, S. 494) und vielleicht bei der *actio*

für allemal aufgenommene exceptio[1109]" handeln, und zwar um eine *exceptio doli*. Der Kläger konnte sich in zwei Punkten dolos verhalten: Zum einen bei der Abwicklung der Leistung, nämlich wenn er ein ordnungsgemäßes Leistungsangebot grundlos ausschlug oder die Leistung sonst arglistig verhinderte[1110]. Zum anderen bei der Klageerhebung: Hatte der Konstituent die Leistung deshalb nicht erbringen können, weil der Gläubiger sie nicht angenommen hatte, so konnte die Klageerhebung als solche anstößig erscheinen, auch wenn der Gläubiger schuldlos an der Annahme gehindert gewesen war. Das *neque per actorem stetisse* deckt beide Fälle ab[1111].

Bedenkt man die Gründe, die zur Einführung der Klage geführt hatten, so ist mit einiger Sicherheit anzunehmen, dass man die Formel anfänglich tatsächlich so streng handhabte, wie ihr Wortlaut es nahelegt. Der Gläubiger, der von einer sofortigen gerichtlichen Durchsetzung seiner Forderung absah, weil der Schuldner ihm eine Zahlung auch ohne Prozess in Aussicht stellte, sollte gegen jede Versäumnis des Termins abgesichert werden – außer natürlich, wenn er sie sich selbst zuzuschreiben hatte. Zu diesem Zweck unterwarf man den Schuldner

---

fiduciae (vgl. Lenel, EP, S. 292). Deren Wirkung unterscheidet sich allerdings geringfügig von der des *neque per Aulum Agerium stetisse* bei der Konstitutsklage, denn das Verhalten des Klägers verhindert dort nicht den Eintritt der Haftung des Schuldners, sondern führt zum Freiwerden dinglicher Sicherheiten, vgl. Magdelain, Consensualisme, S. 128.

1109 Abhandlungen, S. 240. – Die endgültige Aufnahme in die Formel wird sehr früh erfolgt sein. Pomponius D. 4, 8, 40 berichtet zur Vertragsstrafe, dass bereits Servius geäußert habe, *si per stipulatorem stet quominus accipiat, non committi poenam*; vgl. dazu und auch zur Echtheit des Textes Knütel, Stipulatio poenae, S. 208 ff. Der Gedanke an eine Mitwirkungspflicht des Gläubigers war also ein republikanischer.

1110 Wenn man so will, handelt es sich um die arglistige Herbeiführung der Urteilsbedingung *neque fecisse*. Bei einer rechtsgeschäftlichen Bedingung (etwa im Falle einer Strafstipulation) wussten die römischen Juristen sich mit den Mitteln des materiellen Zivilrechts zu helfen: Gegen den arglistig Handelnden fingierte man sehr wahrscheinlich den Bedingungsausfall, auch wenn dies in den Quellen nicht hervortritt (vgl. Knütel, Stipulatio poenae, S. 108; Biscardi, Actio pecuniae traiecticiae, S. 191 n. 109; Frezza, Garanzie I, S. 341 n. 1). Im Fall der Vereitelung der Bedingung arbeiteten die Juristen ja bekanntlich mit der Fiktion des Bedingungseintritts (s. Ulpian D. 50, 17, 161: *quotiens per eum, cuius interest condicionem non impleri, fit quominus impleatur. Perinde haberi, ac si impleta condicio fuisset*; vgl. auch Julian D. 35, 1, 24). Die entsprechende Regelung des umgekehrten Falles kann ihnen also nicht allzu ferne gelegen haben (vgl. für das moderne Recht § 162 Abs. 2 BGB, dessen Inhalt der Kommission als nahezu selbstverständlich galt, und der nur aufgenommen wurde, um ein *argumentum e contrario* aus Abs. 1 auszuschließen, vgl. Protokolle VI, S. 133 f. gegen Motive I, S. 263 f.; zu beiden Knütel, Stipulatio poenae, S. 108 n. 3). Da aber die Urteilsbedingung *neque fecisse* keine Bedingung im Rechtssinne war, bedurfte es einer Einrede – eben jenes *neque per actorem stetisse*, das alsbald fester Bestandteil der Formel wurde.

1111 Vgl. Ulpian D. 13, 5, 18 pr. und sogleich im Text.

einer objektiven oder, mit den Worten MAGDELAINS[1112], absoluten Haftung für jede weitere Verzögerung. Als die Juristen mit der Zeit den Anwendungsbereich der Klage schrittweise erweiterten und sie auch in ganz anderen als den ursprünglich vorgesehenen Fällen gewährten, setzte eine Entwicklung ein, die mit Fug und Recht als Paradigmenwechsel bezeichnet werden kann. War es zunächst die Zusage und Nichtbeachtung eines festen Termins gewesen, die für die Juristen im Mittelpunkt stand, so galt ihre Aufmerksamkeit wenigstens seit der Hochklassik zunehmend dem in der Zusage des Termins enthaltenen Leistungsversprechen. Aus diesem Blickwinkel konnte eine objektive Haftung, die noch dazu auf einen einzigen Tag, den *dies constituti*, zugespitzt war, nicht mehr in jedem Fall als angemessen gelten[1113].

II. Bemühungen um die Aufweichung der rigiden Haftung für die Pünktlichkeit der Leistung

1. Ausgangspunkt: Ulpian D. 13, 5, 16, 2 und 3

Die erhaltenen Quellen legen beredtes Zeugnis ab über die Bemühungen der klassischen Juristen, den rigiden Mechanismus der Formel zugunsten des Schuldners zu mildern. Die Fragmente 16 § 2 bis 18 pr. D. h. t. enthalten einen längeren Traktat Ulpians zu diesem Thema, in den die Kompilatoren eine Stellungnahme des Paulus (fr. 17) eingestreut haben. Ulpian eröffnet die Diskussion mit einer Überlegung zu den möglichen Folgen der wortgetreuen Anwendung der Formel.

> Ulpian D. 13, 5, 16, 2 und 3 (27 ad edictum):
> **§ 2** Ait Praetor: ‚Si appareat eum qui constituit neque solvere neque fecisse neque per actorem stetit, quo minus fieret quod constitutum est'. **§ 3** Ergo si non stetit per actorem, tenet actio, etiamsi per rerum naturam stetit: sed magis dicendum est, subveniri reo debere.

Die Konstitutshaftung hing nach dem Wortlaut der Formel nicht davon ab, dass das Ausbleiben der Leistung am Schuldner, sondern allein davon, dass es n i c h t am Gläubiger gelegen hatte. Das belastete, wie Ulpian in § 3 hervorhebt (*ergo*), den Schuldner mit dem Risiko, an der rechtzeitigen Erfüllung gehindert zu sein aus Gründen, die sich seinem Einfluss entzogen, etwa wenn Naturgewalten ihn oder sein *navis ex Africa* aufgehalten hatten (*per rerum natura stetit*). Mit einem

1112 Consensualisme, S. 130 und passim.
1113 Vgl. MAGDELAIN, Consensualisme, S. 132 ff.

vorsichtigen *magis dicendum est* signalisiert Ulpian jedoch im letzten Satz seine Bereitschaft, dem Schuldner in einem solchen Fall entgegenzukommen.

Die gegen diese Einschränkung[1114] gerichtete Textkritik[1115] ist unberechtigt[1116]. Sie stützt sich vor allem darauf, dass der Schlusssatz den Sinn des vorher Gesagten aufhebe[1117]. Doch Ulpian gibt mit dem ersten Satz nicht etwa seine eigene Ansicht wieder. Vielmehr führt er in aller Schärfe die Konsequenz der Formel vor, zugleich damit wohl auch die der bereits erwähnten älteren Auffassung, die sich streng am Wortlaut orientierte. Der Jurist treibt diese Konsequenz auf die Spitze, um seinen eigenen gegensätzlichen Standpunkt zu begründen.

Über die Mittel, mit denen Ulpian dem Schuldner zu Hilfe kommen wollte, verrät der möglicherweise gekürzte[1118] Text auf den ersten Blick nichts. Dem Juristen standen zwei grundsätzliche methodische Möglichkeiten offen, die gewünschte Milderung herbeizuführen: eine dem Schuldner günstige Auslegung der Formel und, wenn bei aller Auslegung das Vorliegen der Kondemnationsbedingungen nicht zu bestreiten war, die Gewährung einer *exceptio*. Ulpian lässt aber auch noch eine zweite Frage unbeantwortet: Sollte dem Schuldner in jedem Fall geholfen werden oder nur in bestimmten Fällen, d. h. unter weiteren Voraussetzungen? Die romanistische Literatur hat sich damit bisher wenig beschäftigt, vor allem weil viele Autoren den Schlusssatz streichen[1119]. Unter denen aber, die für (zumindest inhaltliche) Echtheit eintreten, besteht keine Einigkeit.

Knütel erörtert unser Fragment im Rahmen seiner Untersuchung zur römischen Vertragsstrafe. Er macht, wenn ich ihn richtig verstehe, den Erfolg der Verteidigung gegen die Konstitutsklage allein von der fehlenden Verantwortlichkeit des Schuldners abhängig. Knütel nimmt an, der Schuldner sei der Klage *ex constituto* im Ergebnis nicht ausgesetzt gewesen, wenn er für das Terminversäumnis nicht verantwortlich war, und führt dazu aus: „Das

1114 Soweit ersichtlich will nur Beseler SZ 66 (1948), S. 265 (266) gleich den ganzen Text streichen.

1115 Guarneri Citati, Ann. Palermo 11 (1923), S. 236 f.; Magdelain, Consensualisme, S. 130 mit n. 281; 134 n. 293; 170 n. 383; ders., Mel. Lévy-Bruhl, S. 200 n. 3; vgl. Astuti II, S. 26 n. 2, der zwar eine Interpolation des Schlusssatzes annimmt, gleichwohl aber davon ausgeht, dass bei unverschuldeter Terminversäumung eine *exceptio doli* gewährt wurde.

1116 Vgl. Knütel, Stipulatio poenae, S. 219 f., der mit Meinungsverschiedenheiten unter den Klassikern rechnet; s. jetzt auch Costa, SDHI 77 (2011), S. 129 (178 f.).

1117 Guarneri Citati, Ann. Palermo 11 (1923), S. 236 f.; Magdelain, Consensualisme, S. 130 mit n. 281; 134 n. 293; 170 n. 383; ders., Mel. Lévy-Bruhl, S. 200 n. 3; vgl. Astuti II, S. 26 n. 2.

1118 Vgl. Knütel, Stipulatio poenae, S. 220 n. 49.

1119 Guarneri Citati, Ann. Palermo 11 (1923), S. 237 f.; eine Interpolation nimmt auch Astuti II, S. 26 n. 2 an; vgl. Karadeniz, Constitutum debiti, S. 41 n. 121; S. 136.

vorsichtige *magis dicendum* lässt erkennen, dass hier Meinungsverschiedenheiten bestanden, dass in der Spätklassik aber die Ansicht, es komme auf die Verantwortlichkeit des Schuldners an, die Oberhand gewonnen hatte". Dabei hält er für wahrscheinlicher, dass der Schuldnerschutz durch *exceptio doli* verwirklicht wurde[1120].

Ob die Konstitutsklage für den Gläubiger bereits mit dem vom Schuldner nicht zu verantwortenden, fruchtlosen Verstreichen des Termins endgültig verloren war (welchenfalls ihm ja immerhin noch die Hauptklage blieb), untersucht Knütel nicht, sehr wohl aber – wenngleich an anderer Stelle – die umgekehrte Frage, ob der Konstituent der Haftung durch ein nachträgliches Angebot noch entgehen konnte. Aus dem fortlaufenden Ulpiantext präpariert Knütel somit zwei Probleme, die er scharf unterscheidet und vollkommen getrennt voneinander untersucht: das der Verantwortlichkeit als „subjektiver Verfallsvoraussetzung" und das des verspäteten Leistungsangebots als „Verfalls- bzw. Verzugsbereinigung".

Diese isolierte Betrachtungsweise ist auch bei den meisten anderen Autoren zu beobachten[1121]. Beinahe einhellig nimmt man an, dass ab fr. 16, 4 die Frage nach der Wirkung eines verspäteten Leistungsangebots und dessen Annahme bzw. Ablehnung völlig unabhängig davon erörtert werde, ob der Konstituent den Termin verschuldet oder unverschuldet versäumt hatte. Tatsächlich geht aber nicht nur der gesamte Ulpiantraktat von der in fr. 16, 3 problematisierten Fallgestaltung aus, nämlich von der Nichtleistung am Termin aus einem beiderseits nicht zu verantwortenden Grund, sondern auch Paulus in fr. 17. Diesen Zusammenhang bemerkt soweit ersichtlich nur Magdelain.

Er unterscheidet, wie bereits erwähnt, zwischen einem „type ancien" und einem „type nouveau" des Konstituts[1122]. Zur ersten Kategorie zählt er alle Anwendungsformen, bei denen es vor allem um die Terminfestsetzung ging, zur zweiten diejenigen, bei denen der Termin (wenn überhaupt) als bloße Nebenbestimmung erschien. Nur für diese zweite Kategorie soll Ulpian die Haftung für höhere Gewalt beseitigt haben, und zwar mittels einer *exceptio doli*, die er – wie Paulus in fr. 17 – gewährt haben soll, wenn der Schuldner nach Wegfall des Hindernisses die Leistung angeboten und der Gläubiger sie grundlos zurückgewiesen hatte[1123]. Der Verlust der Konstitutsklage soll also mit unverschuldeter Versäumnis des

1120 Knütel, Stipulatio poenae, S. 220; im Ergebnis ebenso Astuti II, S. 26 n. 2.
1121 Vgl. zuletzt etwa Costa, SDHI 77 (2011), S. 129 (170 ff.).
1122 Magdelain, Consensualisme, S. 133 und passim.
1123 Magdelain, Consensualisme, S. 134 und n. 293.

dies constituti noch nicht unmittelbar festgestanden haben, sondern von dem weiteren Verhalten der Parteien abhängig gewesen sein.

MAGDELAINS Folgerungen verdienen im Wesentlichen Zustimmung, bedürfen jedoch weiterer Vertiefung und vereinzelter Korrekturen, insbesondere was die Interpolationsfrage angeht.

2. Auslegung oder *exceptio*

Verfolgen wir Ulpians Gedankengang im Einzelnen. Er untersucht im Folgenden allein, ob dem schuldlos nicht erfüllenden Konstituenten im Wege der Auslegung zu helfen war. Eine *exceptio* erwähnt er nicht. Prinzipiell kamen zwei methodische Ansätze in Betracht: die Einschränkung der Verantwortlichkeit des Konstituenten durch restriktive Auslegung des haftungsbegründenden Merkmals *neque fecisse* oder die Ausdehnung derjenigen des Gläubigers durch eine weite Auslegung des haftungsausschließenden Merkmals *neque per actorem stetisse*. Dem ersten Punkt widmet Ulpian sich in fr. 16, 4:

> Haec autem verba praetoris ‚neque fecisse reum quod constituit' utrum ad tempus constituti pertinent an vero usque ad litis contestationem trahimus, dubitari potest: et puto ad tempus constituti.

Einige Juristen erwogen, ob es möglich sei, das formulare *neque fecisse* zeitlich bis auf den Zeitpunkt der Klageerhebung zu erstrecken[1124]. Mit dieser Auslegung war dem Konstituenten zwar bereits geholfen, da sie ihm die Möglichkeit bot, noch bis zur Litiskontestation mit vollständig befreiender Wirkung zu leisten, es war aber erforderlich, dass die Leistung dann tatsächlich erbracht, also nicht lediglich angeboten, sondern auch angenommen wurde. Mit einem bloßen Angebot war die Urteilsbedingung *neque fecisse* nicht zu beseitigen. Außerdem barg diese Interpretation die Gefahr, über das Ziel hinauszuschießen: Wollte man nicht auch dem schuldhaft säumigen Konstituenten die Möglichkeit zur Nacherfüllung zukommen lassen, musste man das *neque fecisse* in diesem Fall weiter auf den Zahlungstermin beziehen. Eine solche „gespaltene" Auslegung lehnt Ulpian jedoch ab und bezieht das *fecisse* in jedem Fall scharf auf den zugesagten Termin.

Auch ein Ansatz, der (zusätzlich oder allein) den Umfang der Verantwortlichkeit des Gläubigers erweitern wollte, indem er das *neque stetisse* von dem zugesagten Termin löste, fand Ulpians Zustimmung nicht.

1124 Entgegen GUARNERI CITATI, Ann. Palermo 11 (19..), S. 237 (239) und ASTUTI II, S. 27 f. ist davon auszugehen, dass das *dubitari potest* auf eine tatsächlich existierende Gegenmeinung anspielt; Paulus zumindest hielt diese Auslegung für vertretbar (fr. 17).

Ulpian D. 13, 5, 18 pr. (27 ad edictum):
Item illa verba praetoris 'neque per actorem stetisse' eandem recipiant dubitationem. et Pomponius dubitat, si forte ad diem constituti per actorem non steterit, ante stetit vel postea. et puto et haec ad diem constituti referenda. proinde si valitudine impeditus aut vi aut tempestate petitor non venit, ipsi nocere Pomponius scribit.

War der angestrebte Schuldnerschutz mit der Auslegung des *neque fecisse* nicht angemessen zu verwirklichen, so war an eine Ausweitung des Einwendungstatbestands *neque stetisse* zu denken. Pomponius, so berichtet Ulpian, habe Zweifel gehabt, (*sc.* ob der Beklagte auch dann freizusprechen sei), wenn vor oder nach dem zugesagten Termin ein Hindernis aus dem Verantwortungsbereich des Gläubigers den Schuldner an der Leistung gehindert hatte. Wie Pomponius den Zweifel auflöste, erfahren wir nicht. Eine weite Auslegung in diesem Punkt war für den Schuldner sogar noch günstiger als beim *neque fecisse*. Denn wenn ein vom Gläubiger ausgehendes Leistungshindernis den Konstituenten unabhängig vom Zeitpunkt seines Auftretens von der Haftung befreite, genügte bereits ein Angebot, um die Haftung *ex constituto* abzuwenden. Anders gesagt: Der Konstituent erhielt nicht nur die Möglichkeit, sondern sogar das Recht zur nachträglichen Leistung. Bezog man zugleich auch noch das *neque fecisse* auf den Zeitpunkt der Klageerhebung, geriet der Gläubiger in eine veritable Zwickmühle: Lehnte er das Angebot ab, hatte er die Nichtleistung zu verantworten, nahm er es an, war das *neque fecisse* nicht erfüllt. Aber selbst wenn man nur den Verantwortungsbereich des Klägers zeitlich ausweitete, nicht auch das *fecisse*, entstand das gleiche Problem wie dort: Wollte man dem schuldhaft säumigen Konstituenten das Angebotsrecht vorenthalten, musste man das *neque stetisse* uneinheitlich auslegen und durfte es nur bei fehlender Verantwortlichkeit des Schuldners auf die Litiskontestation beziehen. Ulpian hält auch in diesem Punkt an einer engen, aber einheitlichen Interpretation fest. Das einzige Zugeständnis, das er dem Schuldner macht, ist eine objektive Auslegung des *per eum stare*. Der Jurist erlegt dem Gläubiger im Anschluss an Pomponius die streng objektive Obliegenheit auf, die am *dies constituti* angebotene Leistung auch anzunehmen. Er bejaht daher das *per eum stare* selbst dann, wenn der Gläubiger das Leistungshindernis weder vorsätzlich noch fahrlässig herbeigeführt hatte, solange das Hindernis nur in seiner Sphäre wurzelte.

Es ist festzuhalten, dass Ulpian keine Möglichkeit sah, fehlende Verantwortlichkeit des Schuldners im Wege der Auslegung der formularen Voraussetzungen der Konstitutsklage zu berücksichtigen, zumal er auf diese Weise den absoluten Charakter des *dies constituti* hätte aufgeben müssen. Er fühlte sich vielmehr genötigt, die Klagevoraussetzungen als erfüllt zu betrachten bei jedem Versäumen des *dies constituti*, das nicht auf einen an diesem Tage bestehenden Hinderungsgrund aus der Sphäre des Klägers zurückzuführen war. Konnte er somit seinen Programmsatz *subveniri reo debere* nicht durch Auslegung umsetzen, blieb ihm nur noch ein Mittel: eine *exceptio*. Zu den näheren Voraussetzungen, unter denen eine solche zu gewähren war, schweigt der Text allerdings.

3. Paulus D. 13, 5, 17 als Schlüssel zum Verständnis

Die Kompilatoren fügten jedoch zwischen fr. 16, 4 und 18, 1 ein Fragment des Paulus in die Ulpian-Katene ein, das geeignet ist, etwas Licht in diese Angelegenheit zu bringen.

> Paulus D. 13, 5, 17 (29 ad edictum):
> Sed et si alia die offerat nec actor accipere voluit nec ulla causa iusta fuit non accipiendi, aequum est succurri reo aut exceptione aut iusta interpretatione, ut factum actoris usque ad tempus iudicii ipsi noceat: ut illa verba ‚neque fecisset' hoc significent, ut neque in diem in quem constituit fecerit neque postea.

Bot der Konstituent die Leistung an einem anderen Tag an, also entweder vor oder nach dem zugesagten Termin, so war laut Paulus entscheidend, ob der Gläubiger einen Grund (*iusta causa*) hatte, die Annahme zu verweigern. War das nicht der Fall, will der Jurist den Schuldner mit einer Einrede schützen oder sogar *ipso iure* mit der gerechten Auslegung, dass dem Gläubiger auch sein Verhalten in der Zeit bis zum *iudicium* vorgehalten werden konnte. Mit dieser Auslegung ist, wie Knütel mit Recht bemerkt, auf die Formelworte *neque per actorem stetisse* Bezug genommen[1125]. Dennoch teilt uns der Schlusssatz mit, durch Einrede und Auslegung erhalte die Klausel *neque fecisse* die Bedeutung, dass der Schuldner weder bis zum zugesagten Termin gezahlt haben dürfe noch später. Das ist nicht richtig. Die Aussage ist auch nicht dadurch zu retten, dass man sie allein auf die *exceptio* bezieht. Denn die sollte gleichfalls nur dann eingreifen, wenn der Gläubiger die Annahme grundlos verweigert hatte, also eben kein *fecisse* vorlag.

Guarneri Citati will die letzte Bemerkung streichen (und die gesamte *iusta interpretatio* obendrein)[1126], auch Roussier verdächtigt – etwas pauschal – diese Lösung[1127]. Der Text ist in der Tat teilweise verdorben, z. B. ist das im Tempus

1125 Knütel, Stipulatio poenae, S. 193, der allerdings *stetit* liest; Harke, Mora, S. 102 will deshalb die Reihenfolge der Texte umstellen; zu lesen sei fr. 18 pr. – fr. 16, 3 – fr. 16, 2 – fr. 16, 4).

1126 Ann. Palermo 11 (1923), S. 175 ff.; 237; 240; ihm folgend Astuti II, S. 30 ff; Magedelain, Consensualisme, S. 132 n. 285; 134 n. 291; neuerdings auch Costa, SDHI 77 (2011), S. 129 (190 f.), der meint, *iusta interpretatio* und *exceptio* schlössen sich gegenseitig aus.

1127 Constitut, S. 108.

vom folgenden *voluit/fuit* abweichende *offerat* im ersten Satz als in den Text gerutschte, vielleicht nachklassische Glosse zu streichen[1128]. Doch inhaltlich ist die Stelle nicht zu beanstanden. Die von Paulus für möglich gehaltene *interpretatio* ist jedenfalls die von Ulpian in fr. 16, 4 und 18 pr. zwar abgelehnte, aber sicher belegte. Warum hätten die Kompilatoren eine gegensätzliche Ansicht erst erfinden sollen? Das Nebeneinander von *exceptio* und *interpretatio* ist auch nicht etwa deshalb zu verwerfen, weil beide Hilfsmittel sich logisch gegenseitig ausschlössen[1129]. Paulus stellt sie nicht kumulativ nebeneinander, sondern alternativ. Er gibt lediglich zu erkennen, dass es ihm vornehmlich darauf ankommt, sein praktisches Ziel (den Schutz des Schuldners) zu erreichen, die Wahl der dogmatischen Mittel stellt er ins Belieben des Lesers.

Bleibt noch der letzte Satz. In der überlieferten Fassung des Textes ist er schlicht falsch. Zudem wirkt das dreimalige *ut* sprachlich ungelenk und daher anstößig. Ich halte das für ein Abschreibversehen. Liest man nämlich *et illa verba* statt *ut illa verba*, ist die Unebenheit beseitigt und die Aussage stimmt wieder: Paulus hielt es für möglich, dem Schuldner zu helfen „mit der gerechten Deutung, dass dem Gläubiger sein Verhalten bis zur Klageerhebung schade UND die Worte *neque fecisse* dies bedeuten, dass er [*sc.* der Schuldner] weder bis zum Termin geleistet hat noch später". Damit befürwortet Paulus die bereits angedeutete extrem schuldnerfreundliche Kombinationslösung, die Ulpian in beiden Punkten verwirft. Der Schreibfehler muss bereits in der Vorlage der Kompilatoren enthalten gewesen sein, da er auch erklärt, warum man den Paulus-Text zwischen fr. 16, 4 und 18 pr. eingefügt hat, anstatt ihn ans Ende der Katene zu setzen. Da Paulus den anderen Formelteil nicht wörtlich zitiert, musste einem flüchtigen Bearbeiter der letzte Satz *ut illa verba* usw. den Eindruck vermitteln, es gehe wie in fr. 16, 4 allein um die Auslegung des *neque fecisse*.

Paulus vertritt also (insofern als auch er den *favor debitoris* auf seine Fahnen geschrieben hat) keinen grundsätzlich anderen Standpunkt als Ulpian. Nur hat er im Gegensatz zu letzterem keine Bedenken, sein Ziel auch im Wege der Auslegung zu erreichen.

1128 Oder mit Astuti II, S. 28 in *obtulit* zu emendieren.

1129 So aber Costa, SDHI 77 (2011), S. 129 (190 f.).

III. Ergebnis

Fassen wir die bisherigen Ergebnisse noch einmal zusammen. Hatte der Konstituent den zugesagten Termin nicht eingehalten, setzte er sich damit der Konstitutsklage aus. War er seinem Wort nur infolge von Zufall oder höherer Gewalt untreu geworden, so ließ Ulpian die Klage gleichwohl entstehen, hemmte sie jedoch, wahrscheinlich unter weiteren Voraussetzungen, mit einer Einrede. Paulus hingegen hielt die in Teilen schon von Pomponius in Betracht gezogene Auslegung für möglich, dass auch die verspätete Leistung ein *fecisse* im Sinne der Formel darstelle und bei grundloser Annahmeverweigerung die Einwendung *per actorem stetisse* begründet sei.

Die Tatsache, dass auf der einen Seite Ulpian die weiteren Voraussetzungen seiner *exceptio* nicht nennt, auf der anderen Seite Paulus nicht ausdrücklich erklärt, dass auch seine Lösung nur für den Fall der unverschuldeten Terminversäumnis gelten sollte, hat die romanistische Literatur den inneren Zusammenhang der untersuchten Fragmente verkennen lassen. Man versteht den Paulus-Text dahin, dass sein Autor die nachträgliche Erfüllungsmöglichkeit in jedem Fall gewähren wollte. Wenn dem so wäre, könnte man dem Verfasser tatsächlich vorwerfen, dass er den absoluten Charakter des *dies constituti* auf dem Altar des Schuldnerschutzes opfere. Doch in Wahrheit geht Paulus so weit nicht. Zugegeben, vollständige Sicherheit in diesem Punkt wäre nur aus dem ursprünglichen Kontext des verpflanzten Fragments zu gewinnen, den wir nicht mehr ermitteln können. Die Kompilatoren aber kannten ihn. Sie werden den Text dem Ulpian-Traktat in der Ansicht beigefügt haben, es werde dieselbe Frage behandelt, nämlich die schuldlose Nichtleistung am Termin. Warum sollten sie nicht ausnahmsweise einmal richtig liegen?

Die erhaltenen Stellungnahmen beider Juristen ergänzen sich also. Daraus ergeben sich folgende Konsequenzen: Hatte der Schuldner den Termin schuldlos versäumt, blieb er nicht etwa ohne weiteres von der Konstitutshaftung verschont. Er musste die Leistung nach Wegfall des Hindernisses alsbald erbringen. Weigerte sich der Gläubiger in einem solchen Fall, die ihm angebotene Leistung noch anzunehmen, so verspielte er damit die Konstitutsklage, wenn er keinen rechtfertigenden Grund für seine Weigerung hatte.

Hatte der Konstituent hingegen die Nichteinhaltung des Termins zu vertreten, gab es für ihn kein Entrinnen mehr. Die verspätete Leistung konnte ihn nicht mehr befreien. Das folgt schon aus dem Zweck der Konstitutshaftung. Sie sollte den Gläubiger gegen die Säumigkeit des Schuldners absichern und ihm ggf. die Liquidation von Verspätungsschäden ermöglichen. Diesem Ziel wäre schlecht gedient gewesen, wenn der Gläubiger sich bei Annahme einer verspäteten Zahlung stets mit dem Schuldbetrag hätte begnügen müssen. Denn dann hätte er die angebotene Leistung ausschlagen müssen, nur um sie alsbald (als Mindestbetrag seines Interesses) mit der Konstitutsklage doch noch einzufordern. Dazu hätte er einen Titel erstreiten und gegebenenfalls daraus vollstrecken müssen, was ihn mit dem Risiko belastet hätte, dass der Schuldner zwischenzeitlich zahlungsunfähig wurde. Es ist daher unwahrscheinlich, dass die nachträgliche Leistung, noch weniger das nachträgliche Leistungsangebot, den schuldhaft säumig gebliebenen Konstituenten von der Haftung für seine Zusage befreite.

§ 16 Exkurs: Die Verteilung der Beweislast

Nicht anders als heute wurden auch in Rom die wenigsten Prozesse allein um Rechtsfragen geführt. Die alte Amtsrichterweisheit, im Rechtsstreit komme „auf ein Lot Rechtliches ein Zentner Tatsächliches", enthält eine zeitlose Wahrheit. Der zweigeteilte klassische Formularprozesses spiegelt das deutlich wider. *In iure*, im ersten Verfahrensabschnitt vor dem Gerichtsmagistrat, schilderte der Kläger den Lebenssachverhalt, auf den er seine Klage stützen wollte und bezeichnete die angestrebte *actio*[1130]; der Beklagte brachte vor, womit er sich zu verteidigen gedachte[1131]. Der Prätor unterstellte den jeweiligen Vortrag als zutreffend. Das Vorbringen des Klägers prüfte er im Wesentlichen nur auf seine rechtliche Schlüssigkeit. Gelangte er zu einem positiven Ergebnis, gewährte er die beantragte Klage, wenn nicht, denegierte er sie. Ebenso verfuhr er beim Beklagten: Ergab sich aus dessen Vortrag eine erhebliche Einwendung, so wurde diese als *exceptio* in das Prozessprogramm aufgenommen, hielt der Magistrat den Einredetatbestand schon nach dem Vortrag des Beklagten für nicht erfüllt, so blieb diesem die *exceptio* versagt.

Die Überprüfung des beiderseitigen Vorbringens in tatsächlicher Hinsicht war dagegen Aufgabe des Geschworenen im zweiten Verfahrensabschnitt, *apud iudicem*. Er war es, der die beigebrachten Beweismittel prüfte und nach eigenem Ermessen bewertete. „Die richterliche Ermessensfreiheit", so führen Kaser/Hackl dazu aus, „wird in der Beweisw ü r d i g u n g sichtbar, die [...] nicht mehr durch die anfänglichen Beweisregeln eingeengt ist. Es steht dem Richter

1130 Dieser Vorgang gehörte noch zum *edere actionem*, vgl. Kaser/Hackl, RZ, S. 232 und die dort n. 5 zitierte Literatur.

1131 Er konnte den Vortrag des Klägers bestreiten und/oder selbst Tatsachen vorbringen, aus denen sich ein Einwendungstatbestand ergab, vgl. Kaser/Hackl, RZ, S. 257f.

frei zu entscheiden, welchen Beweiswert er den einzelnen Beweismitteln beilegen, also ob, in welcher Richtung und in welchem Maß er ihnen Glauben schenken will[1132]". Die Führung des Beweises durch die Parteien und seine Würdigung durch den Geschworenen rechneten die Römer mehr zur Welt der Tatsachen als zu der des Rechts[1133].

I. Verteilung der Beweislast: Meinungsstand

1. Verbesserung der Beweissituation des Gläubigers durch das Konstitut: Die Ansichten von Fuchs, Bruns und Roussier

Der letzte Satz gilt indes nicht für die Verteilung der Beweislast. LEVY hat diese mit Recht als eine „eminent juristische Materie" bezeichnet[1134]. Auch für die Zwecke unserer Untersuchung ist sie von nicht zu unterschätzender Bedeutung, insbesondere was die Frage betrifft, ob der Kläger die Existenz der Hauptschuld beweisen musste. Denn die oben attestierte Akzessorietät des Konstituts, und damit sein nicht abstrakter, sondern kausaler Charakter, erfährt mittelbar eine gewisse Einschränkung[1135], wenn die zuerst von FUCHS aufgestellte Behauptung zutrifft, der Prätor habe die Hauptschuld als zwischen den Parteien unstreitig betrachtet und lediglich dem Beklagten den Nachweis offengelassen, dass sie nicht bestand[1136].

Abgesehen von der Ediktsfassung stützte FUCHS diese gegen die seinerzeit herrschende Meinung[1137] gerichtete Annahme vor allem auf die Überlegung, dass die Zusage der Begleichung einer eigenen (nicht aber einer fremden!) Schuld deren Anerkennung beinhalte[1138]. Ein solches Anerkenntnis habe auch sonst die Belastung des Anerkennenden mit dem Gegenbeweis zur Folge gehabt[1139].

1132 KASER/HACKL, RZ, S. 363.

1133 Vgl. SCHULZ, Prinzipien, S. 22, 171; JHERING, Geist, Bd. 2, S. 411.

1134 LEVY, IVRA 3 (1952), S. 155 (157); vgl. WACKE, SZ 109 (1992), S. 411 (415).

1135 Schärfer ASTUTI II, S. 229 f.; 245, der den Vertretern der Gegenansicht vorwirft, dass ihre Betrachtungsweise „equivale praticamente a rompere lo stretto ed inscindibile nesso che lega l'obbligatorietà del costituto alla esistenza del vincolo principale", und dass damit eine Situation entstehe, die derjenigen nach Abschluss eines a b s t r a k t e n Schuldgeschäfts (er denkt an die *stipulatio debiti*) gleiche.

1136 FUCHS, AcP 42 (1859), S. 172 (184 ff.).

1137 S. etwa BÄHR, Die Anerkennung als Verpflichtungsgrund, S. 119 f.

1138 FUCHS, AcP 42 (1859), S. 172 (187); vgl. auch BÄHR, Die Anerkennung als Verpflichtungsgrund, S. 120.

1139 Dies folgert er aus D. 22, 3, 15 und 25, 4.

Vom entgegengesetzten Standpunkt gelangte BRUNS zu einem ähnlichen Ergebnis[1140]. Anders als FUCHS ging er davon aus, dass die Hauptschuld zum Klagegrund gehöre, für den der Kläger im Bestreitensfalle vollen Beweis zu erbringen habe. Ein Anerkenntnis sei dem Konstitut nicht einmal im Regelfall zu entnehmen. Die Lösung suchte er nicht auf der rechtlichen Ebene der Beweislast, sondern auf der tatsächlichen der Beweiswürdigung. Denn er nahm weiter an, es habe dem Geschworenen, der ohne feste Beweisregeln allein nach seiner moralischen Überzeugung geurteilt habe, freigestanden, das Konstitut selbst als ausreichenden Beweis der Hauptschuld anzuerkennen, wenn der Konstituent den Gegenbeweis nicht führen konnte[1141].

In eine ähnliche Richtung denkt auch ROUSSIER, der sich gleichfalls auf die Freiheit des römischen Beweisrechts beruft[1142]. Wie BRUNS sieht er im Konstitut weder zwingend ein Geständnis noch gar ein Anerkenntnis. Gestützt auf die Arbeiten von LEVY und KASER zu Beweislast und Vermutung im klassischen Formularprozess[1143] spricht er sich gleichwohl für eine Verbesserung der Beweissituation des Gläubigers aus. Dabei trennt er nicht ganz scharf zwischen Beweislast und -würdigung, wenn er ausführt, die Abgabe einer terminierten Zusage sei für den Geschworenen gewesen „sinon une preuve, du moins une présomption de grande valeur, encore que nécessairement provisoire[1144]“. Der *iudex* durfte also auch nach ROUSSIERS Ansicht bis zum Beweis des Gegenteils, den er nach freiem Ermessen dem Beklagten auferlegen konnte, davon ausgehen, dass die Hauptschuld existiert hatte.

2. Die Gegenansicht: Astuti u. a.

ASTUTI hingegen bestreitet im Einklang mit der traditionellen Betrachtungsweise jeglichen Beweisvorteil des Klägers im Hinblick auf das Erfordernis der Hauptschuld[1145]. Obwohl er einräumt, dass der Geschworene schwerlich unbeeindruckt bleiben konnte von einem Konstitut, das sehr präzise auf eine

1140 ZRG 1 (1861), S. 28 (73 ff.).

1141 BRUNS, ZRG 1 (1861), S. 28 (76 f.).

1142 Constitut, S. 129 ff.; ihm zustimmend RICART, Hom. Murga Gener, S. 695 (700), die allerdings darauf hinweist, dass das Konstitut selbst – da formfrei – bisweilen schwer beweisbar gewesen sein dürfte.

1143 LEVY, IVRA 3 (1952), S. 155 ff.; SZ 70 (1953), S. 214 ff.; KASER, SZ 71 (1954), S. 221 ff.

1144 ROUSSIER, Constitut, S. 132; zustimmend MAYER-MALY, SZ 76 (1959), S. 616 (620).

1145 ASTUTI II, S. 229 ff.; vgl. KARADENIZ, Constitutum, S. 126 ff., die seiner Ansicht beitritt, ohne sich mit der gegenteiligen Stellungnahme ROUSSIERS auseinanderzusetzen; ebenso RICART MARTÍ, Hom. Murga Gener, S. 705; SCDR 3 (1991), S. 135 (147); eine Beweiserleichterung ablehnend jetzt auch PLATSCHEK, Edikt, S. 182.

bestehende Schuld Bezug nahm[1146], geht er davon aus, dass der Kläger vollen Beweis für die Hauptschuld erbringen musste. Das Konstitut sei weder Geständnis noch in jedem Fall zum Beweis geeignet. Jede andere Beurteilung verpflichte den Schuldner zum praktisch äußerst schwierigen Beweis einer negativen Tatsache[1147]. Damit werde letztlich aus dem an sich kausalen Konstitut ein abstraktes Schuldversprechen[1148].

II. Stellungnahme

An einer klassischen Behandlung unserer Frage *ex professo* fehlt es. Die Quellen geben nicht ohne weiteres preis, wie die klassischen Juristen die Beweislast im Prozess *de pecunia constituta* verteilt haben. Wir sind einmal mehr darauf angewiesen, das klassische Regime aus allgemeinen Erwägungen zu rekonstruieren.

1. Grundzüge des römischen Beweisrechts: Die Erkenntnisse Puglieses

Zunächst ist festzuhalten, dass die (nahezu) vollkommene Ermessensfreiheit des Geschworenen bei der Beweislastverteilung, auf die vor allem Roussier sich wesentlich beruft, in Wahrheit nicht bestand.

Diese Vorstellung geht auf Ernst Levy zurück, der in den fünfziger Jahren des 20. Jahrhunderts dem klassischen Prozessrecht feste Regeln zur Verteilung der Beweislast schlechthin abgesprochen hatte[1149]. Alle Beweislast im Formularprozess habe man sich als eine nur vorläufige oder primäre vorzustellen, die der Geschworene je nach dem Gang der Verhandlung auch auf den Gegner habe überspringen lassen können[1150]. Insbesondere hielt er die Prozessformel für ungeeignet, ja hinderlich, dem Geschworenen klare Leitlinien in dieser Frage vorzugeben. Vielmehr habe es grundsätzlich jeder Partei (vorläufig) oblegen, ihre positiven Behauptungen zu beweisen, unabhängig davon, ob und wie diese in der Formel Berücksichtigung fanden. Negative Behauptungen dagegen seien nicht zu beweisen gewesen[1151]. Zahlreiche Quellen, die in eine andere Richtung

1146 S. etwa den Marcellus-Brief in fr. 24 unseres Titels: *remanserunt apud me quinquaginta ex credito tuo.*

1147 Astuti II, S. 244.

1148 Astuti II, S. 229 f.; 245.

1149 Levy, IVRA 3 (1952), S. 155 ff.; vgl. auch SZ 70 (1953), S. 214 ff. Seine Thesen fanden Zustimmung bei Kaser, SZ 71 (1954), S. 221 ff.; G. Longo, AG 149, S. 61 ff.; IVRA 8 (1957), S. 43 ff.; IVRA 11 (1960), S. 149 ff.; Sturm, RIDA 9 (1962), S. 357 (371 ff.).

1150 Levy, IVRA 3 (1952), S. 155 (155 f. und passim).

1151 Levy, IVRA 3 (1952), S. 155 (157; 168 ff.).

deuten, erklärte er für nicht einschlägig, auf den klassischen Kognitionsprozess bezogen oder schlicht interpoliert.

Demgegenüber hat PUGLIESE in mehreren Untersuchungen[1152] die Echtheit der meisten angegriffenen Quellen verteidigt und gezeigt, dass der Formularprozess sehr wohl feste Regeln zur Verteilung der Beweislast kannte. Das folgt zunächst aus der Existenz von Vorverfahren, die allein dem Zweck dienten, einer Partei die günstigere Beklagtenrolle zu verschaffen[1153]. Solche Verfahren wären völlig sinnlos, wenn die Beweissituation nicht maßgeblich von der Parteirolle abhängig gewesen wäre[1154]. Ferner hätte die Überantwortung der Beweislastverteilung in das freie Ermessen des Geschworenen eine erhebliche Rechtsunsicherheit bedeutet[1155]. Schließlich ist auch der von LEVY vorgestellte „durchgreifende Wandel im Beweisrecht[1156]" geschichtlich nicht recht wahrscheinlich[1157]. LEVY nimmt „beachtliche Pendelschläge in der historischen Entwicklung[1158]" an, wenn er einräumt, dass die Beweislast im formstrengen altrömischen Zivilprozess nach klaren Regeln verteilt wurde[1159], und das gleiche auch für das klassische und nachklassische Kognitionsverfahren hervorhebt, dem Formularprozess ein ähnliches Regime aber in Bausch und Bogen abspricht.

1152 PUGLIESE, RIDA 3 (3. ser. 1956), S. 349 ff. (=Scr. giurid. scelti I, S. 177 ff.); St. DeFrancesco I, S. 535 ff.; vgl. auch JUS 11 (1960), S. 386 ff., wo er sich allerdings auf die Beweismittel und Beweiserhebung konzentriert; ihm folgen FEENSTRA, Rec. Soc. J. Bodin 16 I (1964), S. 648 ff.; GIUFFRÈ, Necessitas probandi (1984); LEMOSSE, Labeo 30 (1984), S. 329 ff.; SIMON, Untersuchungen zum justinianischen Zivilprozess, S. 135 ff.; WACKE, TR 37 (1969), S. 369 (412 ff.); SZ 109 (1992), S. 411 ff. und in der Neuauflage auch KASER/HACKL, RZ, S. 363.

1153 Zu nennen ist auf der einen Seite der Eigentumsprozess, in dessen Vorfeld beide Parteien die Einweisung in den Besitz mittels Interdikt anstrebten, auf der anderen Seite der Freiheitsprozess, bei dem in einem Vorverfahren geklärt wurde, ob die als Sklave beanspruchte Person sich faktisch in Freiheit oder Knechtschaft befand; s. dazu im Einzelnen WACKE, SZ 109 (1992), S. 411 (446 f.); ausführlich auch HACKL, Praeiudicium im klassischen Römischen Recht (1976).

1154 Vgl. WACKE, SZ 109 (1992), S. 411 (446).

1155 So WACKE, SZ 109 (1992), S. 411 (444): „Sollte der *iudex privatus* mithin, wie Levy behauptete, diesbezüglich einen Ermessungsspielraum gehabt haben, so wäre dies alles andere als eine löbliche Errungenschaft, sondern – da nicht rechtsstaatlich – schnellstens abzuschaffen gewesen"; a. A. KASER, SZ 71 (1954), S. 221 (224 f.), der den größeren Spielraum des Geschworenen für vorteilhaft hält: „Verglichen mit den modernen Ordnungen gestattet es dagegen der klassische Formularprozess [...] dem Richter, in weiterem Umfang nach den Maßstäben einer materiellen Wahrheit zu entscheiden [...]. [...] die römische Handhabung [macht] die richterliche Urteilsfindung beweglicher und beim fähigen Richter auch treffsicherer als die moderne."

1156 LEVY, IVRA 3 (1952), S. 155 (172).

1157 WACKE, SZ 109 (1992), S. 411 (440 ff.).

1158 WACKE, SZ 109 (1992), S. 411 (412).

1159 Vgl. dazu noch KASER, SZ 71 (1954), S. 221 (226), dort auch weitere Literatur in n. 12.

PUGLIESE weist in einer eingehenden Analyse der einschlägigen Quellen vor allem zwei Grundsätze nach, denen die Entscheidungen der Klassiker folgten: Zum einen musste der Kläger den Inhalt seiner *intentio* beweisen[1160] (*necessitas probandi incumbit illi, qui agit*[1161]); zum anderen galt der Beklagte hinsichtlich seiner *exceptio* als Kläger (*reus in exceptione actor est*[1162]), d. h. er musste deren Inhalt beweisen[1163]. Diese Handhabung wurde nicht etwa, wie LEVY meinte, durch die Einfügung der Einreden in die Prozessformel erschwert. Das Gegenteil war der Fall: Die Formel gab dem Geschworenen, der ja juristischer Laie war, ein Konditionalprogramm[1164] an die Hand, das ihm nicht nur das Beweisthema mitteilte, sondern ihn auch die Verteilung der Beweislast erkennen ließ[1165].

Der in der Formel enthaltene Befehl an den Richter lautete *si paret condemna, si non paret absolve*. Das gestattet eine weitere Präzisierung. Bisher haben wir allgemein von „Beweislast" gesprochen. Die moderne Prozessrechtslehre unterteilt die Beweislast in Beweisführungslast und Feststellungslast. Beweisführungslast ist die Obliegenheit einer Partei, die erforderlichen Beweismittel beizubringen, Feststellungslast bezeichnet das Risiko der Nichterweislichkeit einer Tatsache. Aus dem Befehl *si non paret absolve* folgt, dass den Behauptenden nicht nur die Beweisführungslast (von der LEVY zumeist spricht) traf, sondern auch die Gefahr, den Richter nicht überzeugen zu können, also die Feststellungslast. Es bestand wie im geltenden Recht ein prinzipieller Gleichlauf[1166]. Wir werden im Folgenden den Begriff der Beweislast im Sinne von Feststellungslast gebrauchen.

Deren Verteilung war, um dieses wichtige Ergebnis unserer Vorüberlegung noch einmal festzuhalten, wenn auch nicht immer, so doch zumeist der Formel unmittelbar zu entnehmen.

1160 PUGLIESE, RIDA 3 (1956), S. 349 (356); vgl. SIMON, Untersuchungen zum justinianischen Zivilprozess, S. 137 ff.; WACKE, SZ 109 (1992), S. 411 (419).

1161 Marcian D. 22, 3, 21 (6 inst.).

1162 Ulpian D. 44, 1, 1 (4 ed.); vgl. auch D. 22, 3, 19 pr.

1163 PUGLIESE, RIDA 3 (1956), S. 349 (363 ff.).; vgl. SIMON, Untersuchungen zum justinianischen Zivilprozess, S. 136; WACKE, SZ 109 (1992), S. 411 (418, 426 ff.)

1164 So die treffende Charakterisierung von LUHMANN, Rechtssoziologie, S. 227 f.

1165 Vgl. WACKE, SZ 109 (1992), S. 411 (439 f.).

1166 Vgl. dazu und zu den Vorteilen des Gebrauchs der modernen Begrifflichkeit WACKE, SZ 109 (1992), S. 411 (436 ff.).

2. Die Prozessformel als Mittel zur Erkenntnis der Beweislastverteilung

Aus diesem Grunde scheint mir, dass die bisherige Diskussion gerade das wichtigste Erkenntnismittel in unserer Frage sträflich vernachlässigt hat: die Prozessformel. Wir haben sie wie folgt rekonstruiert:

> Si paret Numerium Negidium Aulo Agerio HS X constituisse neque fecisse quod constituit neque per Aulum Agerium stetisse, quominus fieret, quod constitutum est, eamque pecuniam cum constituebatur debitam fuisse, quanti ea res erit, tantam pecuniam, iudex, Numerium Negidium Aulo Agerio condemna, si non paret absolve.

a. Beweis der Zahlungszusage

Die erste Behauptung, die der Kläger mit dieser *intentio* aufstellt, ist, dass der Beklagte konstituiert habe. Der Kläger musste diese Behauptung ohne Zweifel beweisen. Mißlang der Beweis, wurde der Beklagte freigesprochen.

b. Beweis der Nichteinhaltung der Zusage

Schwieriger zu beantworten ist die Frage, ob der Kläger auch beweisen musste, dass der Beklagte seine Zusage nicht eingehalten hatte. Die Formel gibt keine ganz klare Antwort. *Si paret … neque fecisse* erinnert zwar sogleich an das für eine (vom Beklagten zu beweisende) Einwendung typische *si non* oder *nisi*[1167], doch war die Nichterfüllung der Zusage gerade der Grund für die Haftung *ex constituto*, muss also Teil der (grundsätzlich vom Kläger zu beweisenden) *intentio* gewesen sein.

Davon geht auch Levy aus. Er nimmt aber gleichwohl an, der Beweis des Erfüllungseinwands habe, obwohl er hier als Teil der *intentio* erscheine, wie bei der *actio certae creditae pecuniae* dem Beklagten oblegen. Dieses Ergebnis entspricht der konsequenten Anwendung seiner „Negativen-Theorie", nach der die Parteien nur mit dem Beweis ihrer positiven, nicht aber auch ihrer negativen Behauptungen belastet waren. Die Formel der Konstitusklage dient ihm als Beispiel dafür, dass die Zugehörigkeit einer Klagevoraussetzung zur *intentio* eben nichts über die diesbezügliche Beweislast aussage[1168].

1167 Zur regelmäßig negativen Formulierung der *exceptiones* s. Kaser/Hackl, RZ, S. 320 mit n. 61; dort auch zu den Ausnahmen.

1168 Vgl. Levy, IVRA 3 (1952), S. 155 (157).

Dem ist nicht zu folgen. Der Gedanke *negativa non sunt probanda* geht nicht auf die klassische Jurisprudenz, sondern erst auf die Glossatoren zurück[1169]. Vor allem aber verkennt LEVY die besondere Bedeutung der Nichtleistung bei der Konstitutsklage, die von derjenigen bei der *actio certae creditae pecuniae* deutlich abweicht. Sie war als eigentlicher Klagegrund das Kernstück der *intentio*. Denn in ihr manifestierte sich das *fidem frangere*, der Treubruch des Schuldners. Noch einmal: Das *factum*, gegen das der Prätor einschritt, war die Nichtleistung am zugesagten Termin. Dieses *factum* musste der Kläger vollständig beweisen, und zwar sowohl seinen positiven als auch seinen negativen Aspekt. Anders als bei einer gewöhnlichen Zahlungsklage fiel ihm indes der Beweis der Negativ-Behauptung nicht sonderlich schwer, weil er die Nichtleistung allein für den zugesagten Termin nachzuweisen hatte. Er musste daher nur zur verabredeten Zeit einen Zeugen hinzuziehen, um das Nichterscheinen des Schuldners prozesssicher zu dokumentieren. Die Formel verdeutlicht diese Rückbeziehung auf einen einzigen Zeitpunkt mit dem Perfekt *fecisse*.

c. Beweis des *neque per actorem stetisse*

Die Leistungsverhinderung durch den Gläubiger (*neque per actorem stetisse*) hingegen ist, wie schon KAPPEYNE richtig erkannte, eine dauerhaft in die Formel aufgenommene Einrede[1170]. Hier dürfen wir uns auf den Anschein verlassen, den das *si paret … neque* erweckt. Den typischen Gehalt des klagebegründenden *factum* machte nicht das Verhalten des Klägers, sondern das des Beklagten aus. Ein vorwerfbares Verhalten des Klägers kam erst in zweiter Linie in Betracht, d. h. dann, wenn bereits feststand, dass die Leistung zur zugesagten Zeit nicht erfolgt war. Wollte der Beklagte einwenden, ein Treubruch liege ausnahmsweise nicht vor, obwohl er seine Zusage objektiv nicht eingehalten hatte, so musste er beweisen, dass der Kläger sich das Ausbleiben der Leistung selbst zuzuschreiben hatte.

1169 Als sein Entdecker gilt IRNERIUS, vgl. MUSIELAK, Die Grundlagen der Beweislast, S. 259 ff.; zur Negativen-Theorie s. auch PRÜTTING, Gegenwartsprobleme der Beweislast, S. 253 f. Die Glossatoren entwickelten den Grundsatz vor allem aus zwei Reskripten Diokletians (C 4, 19, 23 i. f. und C. 4, 30, 10). Dessen Bemerkung *per rerum naturam factum negantis probatio nulla est* besagt jedoch lediglich, dass derjenige, der eine Tatsache bestreitet, sie schon der Natur der Sache nach nicht zu beweisen braucht, vgl. in diesem Sinne SIMON, Untersuchungen zum justinianischen Zivilprozess, S. 146 f. Schon A. D. WEBER, Über die Verbindlichkeit zur Beweisführung im Civilprozess, S. 143 f. hatte dazu ausgeführt: „Die Stellen des römischen Rechts, welche zu der gedachten Regel einen Anlass gegeben haben, hätten wohl nicht leicht unrichtiger gedeutet werden können."

1170 KAPPEYNE, Abhandlungen, S. 240.

d. Beweis der Hauptschuld

Vor allem an der Beweislast für die Existenz der Hauptschuld scheiden sich die Geister. In der Formel findet sich diese Kondemnationsbedingung erst ganz am Schluß. Während FUCHS dies als deutliches Anzeichen dafür betrachtet, dass wir es mit einem dem Beklagten eröffneten Entlastungsbeweis zu tun haben[1171], und auch BRUNS daraus schließt, dass es sich bei dem Bestehen der Hauptschuld nur um eine „secundäre Voraussetzung der Gültigkeit des Constitutes" handele[1172], lehnt ASTUTI jede Folgerung aus der Stellung in der Formel strikt ab[1173].

Zu Unrecht, wie ich meine: Die Formel musste dem Geschworenen zumindest einen ersten Anhaltspunkt geben, wie er zu verfahren hatte. Der Prätor stellte daher grundsätzlich die *exceptiones* an den Schluss, nämlich unmittelbar vor die *condemnatio*[1174]. Damit gab er die Prüfungsreihenfolge vor: Zuerst wurde die Behauptung des Klagegrundes durch den Kläger verhandelt, erst danach das Einwendungsvorbringen des Beklagten. Haben wir soeben festgestellt, dass schon die vorletzte formulare Urteilsvoraussetzung nichts als eine dauerhaft aufgenommene *exceptio* war, so ist unwahrscheinlich, dass das Folgende wieder im engeren Sinne zur Klagebehauptung gehörte. Es handelt sich vielmehr auch hierbei um einen Exzeptionstatbestand.

aa. Vergleich mit sog. „affirmativen Exzeptionen"

Die positive Formulierung ändert daran nichts: Solche Exzeptionen begegnen auch sonst, am bekanntesten ist neben der *exceptio non numeratae pecuniae* die gleichfalls positiv gefasste Einrede der fehlenden Vertretungsmacht, die *exceptio procuratoria*. Sie lautete *si Aulus Agerius Lucii Titii procurator est*[1175]. Derartige Einwendungen bezeichnet man als „affirmative Exzeptionen". Sie stellen nicht nur in ihrer Formulierung eine Ausnahme dar, sondern auch in ihrer Wirkung. Der Satz *reus in exceptione actor est*[1176] galt hier nicht oder nur eingeschränkt. Es kamen allerdings auch Misch- bzw. Sonderfälle vor, in denen die affirmative Einwendung Tatsachen umfasste, die von verschiedenen Parteien zu beweisen waren[1177] bzw. bei denen die Beweislast auf den Beklagten zurücksprang, wie bei der *exceptio procuratoria* zu erkennen ist. Die Erhebung

1171 FUCHS, AcP 42 (1859), S. 172 (186 ff.).
1172 BRUNS, ZRG 1 (1861), S. 28 (75).
1173 ASTUTI II, S. 233.
1174 Vgl. KASER/HACKL, RZ, S. 320.
1175 LENEL, EP, S. 96, 502 f.; ebenso KASER/HACKL, RZ, S. 320 n. 61; LEVY, IVRA 3 (1952), S. 155 (160).
1176 Ulpian D. 44, 1, 1 (4 ed.); vgl. auch D. 22, 3, 19 pr.
1177 Vgl. LEVY, IVRA 3 (1952), S. 155 (160); WACKE, SZ 109 (1992), S. 411 (429 f.).

dieser Einrede zwang lediglich den Kläger, seine Bestellung zum Prokurator nachzuweisen[1178]. Der Beklagte berief sich nämlich eigentlich gar nicht auf einen selbständigen Einredetatbestand. Er sagte, wie WACKE anschaulich formuliert, lediglich „nein, dir schulde ich nichts" und nicht etwa (wie bei der Arglisteinrede) „ja ich schulde dir etwas, aber ich wurde betrogen"[1179]. Die Erteilung der Vertretungsmacht gehörte somit der Sache nach zum Vortrag des Klägers, den dieser auch beweisen musste. Zu einem anderen Ergebnis gelangt jedoch Ulpian in einem Sonderfall.

> Ulpian D. 22, 3, 19, 2 (7 disputationum):
> Sed et si procuratoria quis exceptione utatur, eo quod non licuisset adversario dare vel fieri procuratorem, probare id oportet obicientem exceptionem.

Bestritt der Beklagte nicht den Bestellungsakt als solchen, sondern seine Wirksamkeit, weil der Kläger keinen Prokurator bestellen oder selbst nicht als solcher auftreten durfte, so traf die Beweislast nicht den Kläger, sondern ihn selbst. Ulpian kehrt in diesem Fall also zur Grundregel zurück.

Entsprechendes könnte man für das Konstitut vermuten. Es bezog sich auf ein *debitum*, mithin nicht auf einen Rechtsakt, sondern auf die Rechtsfolge eines solchen. Wollte der Beklagte das Geschuldetsein der Leistung in Abrede stellen, konnte er entweder den schuldbegründenden Rechtsakt bestreiten oder die sich aus ihm ergebende Rechtsfolge angreifen. Im zuletzt genannten Fall konnte er der Konstitutsklage alle dauerhaften Einwendungen entgegenhalten, die er zum Zeitpunkt des Konstituts auch der Inanspruchnahme aus der Hauptschuld hätte entgegenhalten können. Dann freilich musste er sie (als *actor in exceptione*) selbstverständlich beweisen, gerade so als würde der Prozess um die Hauptschuld geführt[1180].

Alle Überlegungen zur Zuordnung der Beweislast für die Hauptschuld lassen sich also auf die Frage zuspitzen, ob der Kläger im Bestreitensfalle wenigstens für den schuldbegründenden Rechtsakt beweispflichtig war, ähnlich wie der Vertreter bei der *exceptio procuratoria* für die eigene Bestellung. Nach der Formel könnte man das annehmen. Denn der Grund dafür, dass das Erfordernis einer Hauptschuld erst am Schluss der Formel hinzugefügt wird (*adicitur*), liegt auf der Hand. Schon FUCHS hat ihn klar erkannt: Der Prätor ging bei der Konstitutsklage

1178 Vgl. LEVY, IVRA 3 (1952), S. 155 (159 f.); WACKE, SZ 109 (1992), S. 411 (429 f.).

1179 WACKE, SZ 109 (1992), S. 411 (429 f.)

1180 Vgl. ROUSSIER, Constitut, S. 132 ff., der mit Recht darauf hinweist, dass aus diesem Grund auch der Einwand ASTUTIS, dem Beklagten würde unbilligerweise der Beweis einer Negativbehauptung zugemutet, nicht stichhaltig ist.

von dem Regelfall aus, dass die Hauptschuld bestand und zwischen den Parteien unstreitig war[1181].

Der gedankliche Ansatz ähnelt dem, der den *exceptiones non numeratae pecuniae* und *procuratoriae* zugrundeliegt. Bei den Darlehensstipulationen war der Regelfall, dass die Schuldsumme tatsächlich ausgezahlt worden war, bevor der Darlehensnehmer die Rückzahlung versprach. Solange der Beklagte nicht die Exzeption beantragte, wurde die Auszahlung stillschweigend vorausgesetzt[1182]. Der Kläger musste sie weder behaupten noch beweisen. Nichts anderes galt für seine Bestellung zum Prokurator. Solange der Beklagte nichts Gegenteiliges vortrug, wurde im Prozess die ordnungsgemäße Ernennung unterstellt.

Die Regelungstechnik ist allerdings eine andere. Im Unterschied zu jenen affirmativen Exzeptionen, die nur auf Antrag in die Formel aufgenommen wurden, war das *debitum fuisse* fester Bestandteil des Prozessprogramms. Das zwang den Gläubiger in jedem Fall zur Darlegung, für welche Schuld der Konstituent Zahlung zugesagt hatte. Konsequent könnte man annehmen, dass nach der Logik der Formel der Kläger seinen diesbezüglichen Vortrag auch beweisen musste.

bb. Das Konstitut als Grundlage einer Präsumption

Doch war die Klagformel nicht das einzige Mittel der Beweislastverteilung im klassischen Prozessrecht. Man kannte der Sache nach[1183] bereits die (ursprünglich rhetorische) Technik der Präsumption[1184]. Wenn aufgrund eines Erfahrungssatzes von einer Tatsache A regelmäßig auf eine andere Tatsache B geschlossen werden konnte, so musste, wenn die (nach der Formel) beweisbelastete Partei Tatsache A bewiesen hatte, die Gegenseite den Beweis führen, dass der Erfahrungssatz im konkreten Fall nicht zutraf.

Bei der Konstitutsklage wurde wie gesagt zunächst über die vom Kläger zuvörderst behauptete Terminzusage verhandelt, erst wenn diese nachgewiesen

---

1181 Fuchs, AcP 42 (1859), S. 172 (186).

1182 Eigentlich war die Auszahlung für die Wirksamkeit der – abstrakten – Rückzahlungsstipulation irrelevant. Der Schuldner konnte das Fehlen der Valutierung nur einwenden (mittels *exc. doli*), wenn es ihm gelang, dem Gläubiger Arglist nachzuweisen. Im spätklassischen Kaiserrecht entstanden dann, wohl um eingerissene Missbräuche abzuwehren (vgl. Cimma, De non numerata pecunia, S. 113 ff., 120 f.; Pugliese, RIDA 3 (1956), S. 349 (381 ff.); anders Zimmermann, Obligations, S. 94), die *exceptio* und die *querella non numeratae pecuniae*. Seitdem konnte der Darlehensnehmer den Kläger stets zum Beweis der Auszahlung zwingen, vgl. Kaser, RP I, S. 542; Simon, Untersuchungen zum justinianischen Zivilprozess, S. 147; Zimmermann, Obligations, S. 93 f. jeweils mit Literatur.

1183 Eine scharfe Begrifflichkeit hatte man noch nicht ausgebildet, vgl. Kaser, SZ 71 (1954), S. 221 (231 f.).

1184 Vgl. Donatuti, Ann. Perugia 43 (1931), S. 3 ff.; Kaser/Hackl, RZ, S. 364; Kaser, SZ 71 (1954), S. 221 ff.; Reggi, ED 35 (1986), s. v. presunzione, S. 255 ff.

war, kam man zu der Frage der Hauptschuld[1185]. Entscheidend ist also, ob es einen Erfahrungssatz gab, nach dem nur der einen Zahlungstermin zusagte, der einen Vertrag mit dem Gläubiger geschlossen (oder diesen widerrechtlich geschädigt) hatte. Die Antwort hängt meines Erachtens nicht in dem von der Lehre bisher angenommenen Maße davon ab, ob eine solche Terminzusage ein Anerkenntnis oder außergerichtliches Geständnis der Schuld enthielt. Dass dies oftmals nicht der Fall war, haben BRUNS und ASTUTI zutreffend hervorgehoben[1186]. Das ändert aber an der Vergleichbarkeit der Situation nichts. Denn der Gedankengang, der die Römer im Falle eines Anerkenntnisses zu einer Beweislastumkehr[1187] kommen ließ, trifft auf die Terminzusage ebenfalls zu: Grund zu einer derartigen Zusage (oder zu einem Anerkenntnis) hatte nur derjenige, der sich bewußt war zu schulden. Da im Allgemeinen niemand ohne Grund handelte und außerdem jede Schuld aus einer Rechts- oder Unrechtshandlung entstand, musste es einen schuldbegründenden Akt gegeben haben. Das Verhalten eines Schuldners, der gestand, anerkannte oder einen Zahlungstermin zusagte, drängte den objektiven Betrachter zu dem Schluss, er tue dies, weil er schulde. An der Überzeugungskraft dieser Betrachtungsweise kommt übrigens letztlich selbst ASTUTI nicht vorbei, wenn auch er trotz seiner Kritik an BRUNS dem Konstitut nicht jeglichen Beweiswert abspricht[1188]. Man wird jedoch noch einen Schritt weiter als er gehen und die Existenz eines Erfahrungssatzes des dargelegten Inhalts annehmen können[1189], mit der Folge, dass der Abschluss des Konstituts sich bereits auf der rechtlichen Ebene der Beweisl a s t und nicht erst auf der tatsächlichen der Beweisw ü r d i g u n g auswirkte.

1185 Allgemein zur Bedeutung der Prüfungssequenz Klagebehauptung – Einwendung – Replik – Triplik WACKE, SZ 109 (1992), S. 411 (441 ff.).

1186 ASTUTI II, S. 235 ff., 240; BRUNS, ZRG 1 (1861), S. 28 (93 ff.); a. A. ARANGIO-RUIZ, Le genti e la città, S. 55 ff.; BÄHR, Die Anerkennung als Verpflichtungsgrund, S. 120; FUCHS, AcP 42 (1859), S. 172 (187).

1187 Vgl. D. 22, 3, 25, 4.

1188 Vgl. ASTUTI II, S. 241: „Sono anzi propenso a riconoscere […] che […] il giudice non possa mai moralmente fa astrazione dall'indice fornito dalla stessa promessa di pagare, tanto più se caratterizzata dall'assunzione dell'impegno per una scadenza perentoria."

1189 Galt dieser Erfahrungssatz auch zugunsten des Adressaten eines Fremdschuldkonstituts? FUCHS, AcP 42 (1859), S. 172 (188) hatte dies verneint und auch ASTUTI II, S. 245 einen Unterschied in der Beweiskraft angenommen, weil der Dritte am Schuldverhältnis selbst nicht beteiligt war und folglich weder den Obligationsakt gestehen (sondern allenfalls bezeugen) noch die Schuld anerkennen konnte. Das trifft indes nur für das *constitutum debiti alieni* in seiner nachklassischen bürgschaftsähnlichen Funktion zu. Im klassischen Recht war das Hauptanwendungsgebiet des Konstituts einer fremden Schuld aber noch die Vertretung bzw. Geschäftsführung (S. 352 ff.). Für diesen Fall ist kein Grund ersichtlich, warum der Vertreter nicht auch insofern dem Schuldner gleichgestellt werden sollte.

Der Erfahrungssatz, dass im Regelfall nur derjenige eine Zahlung für einen festen Termin zusagte, der die geforderte Summe auch schuldete, rechtfertigte die Rechtsvermutung[1190], dass der Konstituent die Terminzusage erteilt hatte, weil er sich tatsächlich vorher dem Kläger gegenüber verbindlich gemacht hatte. Wir können daher mit ROUSSIER, wenngleich von einem etwas anderen dogmatischen Standpunkt aus, konstatieren, dass die Beweissituation des Gläubigers sich verbesserte, wenn der Schuldner ihm einen festen Zahlungstermin zusagte und so von der sofortigen Durchsetzung seines Rechts abhielt[1191].

Die von ASTUTI befürchtete Abstrahierung der Konstitutshaftung von der Hauptschuld hatte das nicht zur Folge[1192]. Der Schuldner hätte seine Einwendungen gegen die Hauptschuld ja ohnehin beweisen müssen, und dass er nun zusätzlich die Behauptung des schuldbegründenden Aktes durch den Gläubiger unter Erbringung des Gegenbeweises widerlegen musste, zerschnitt auch nicht das Band der Kausalität zwischen beiden Schuldverhältnissen. Die Wirksamkeit des Konstituts blieb voll und ganz abhängig von der Existenz der Hauptschuld. Das lässt uns zugleich die Funktion der Klausel *eamque pecuniam debitam fuisse* besser verstehen. Sie diente dazu, dem Beklagten die Einreden aus der Hauptverbindlichkeit zu erhalten. Dass er diese im Zweifelsfalle auch im Prozess *de constituto* beweisen musste, ist eine Selbstverständlichkeit.

3. Ergebnisse

Nach allem musste der Kläger nur die Zahlungszusage und die Nichtleistung am festgesetzten Termin beweisen. Wollte der Beklagte sich auf die Nichtexistenz der Schuld, oder darauf berufen, dass die Leistung aufgrund eines Umstandes aus dem Verantwortungsbereich des Klägers unterblieben war, so musste er dafür vollen Beweis erbringen. Da sich – wie ich noch im Einzelnen nachweisen werde – im klassischen Recht *constitutum debiti proprii* und *alieni* funktionell nicht unterschieden[1193], galten diese Beweisgrundsätze in vollem Umfang auch beim Konstitut im Drei-Personen-Verhältnis.

1190 Nach der Terminologie der Schuldoktrin handelte es sich um eine *praesumptio iuris*, d. h. eine widerlegliche Vermutung, nicht um eine (unwiderlegliche) *praesumptio iuris et de iure*; zu dieser Einteilung s. DONATUTI, Ann. Perugia 43 (1931), S. 3 ff.; KASER, SZ 71 (1954), S. 221 (231 f.); REGGI, ED 35 (1986), s. v. presunzione, S. 255 (257 ff.; 259 f.).

1191 Vgl. ROUSSIER, Constitut, S. 127 ff., 132.

1192 Ebenso ROUSSIER, Constitut, S. 132.

1193 S. dazu u. S. 352 ff.

Kapitel 3 – Die Folgen des Konstituts

§ 17 Die Konstitutsklage

I. Inhalt

Waren die ediktalen Voraussetzungen erfüllt, konnte der Gläubiger die *actio de pecunia constituta* erheben. Es hat sich gezeigt, dass die Urteilsformel auf *quanti ea res erit* lautete[1194]. Dies erlaubte es dem mit der Sache befassten Geschworenen, dem Gläubiger sein volles Interesse an der ausgebliebenen Zahlung zuzuerkennen[1195]. Wie dieses Interesse an zusagegerechter, insbesondere pünktlicher Zahlung zu bemessen war, hing nicht nur von dem Inhalt der Zusage, sondern auch von den weiteren Umständen ab. Fr. 18, 3 unseres Titels zeigt, dass das *quanti ea res est* regelmäßig die zugesagte Leistung umfasste. Ein Beispiel: Hatte der Schuldner 100 Scheffel Weizen für die Iden des März zugesagt, dann aber nicht geleistet, verschaffte die Klage dem Gläubiger den Gegenwert des Weizens.

Doch die Leistung als solche hätte der Gläubiger auch mit der ursprünglichen Klage durchsetzen können. Die Konstitutsklage brachte ihm mehr, nämlich vor allem sein Zeitinteresse: Bei Geldschulden konnte der Geschworene Verzugszinsen berücksichtigen[1196]. Auch weiterreichende Schäden hatte der Konstituent aller Wahrscheinlichkeit nach zu ersetzen: War etwa in unserem Beispielsfall aufgrund der ausgebliebenen Weizenlieferung der Gläubiger seinerseits nicht in der Lage gewesen, eine eigene Verbindlichkeit zu erfüllen, und war deshalb eine Vertragsstrafe verfallen, so ist davon auszugehen, dass der Konstituent auch hierfür einstehen musste.

1194 S. o. S. 141 ff.

1195 Vgl. Astuti I, S. 241 ff.; II, S. 23 ff.; Kaser, RP I, S. 584; Mayer-Maly, SZ 76 (1959), S. 616 (617); Roussier, Constitut, S. 28 f.

1196 Wie dies bei anderen Klagen auf ein *incertum* auch anerkannt war, vgl. dazu Kaser, RP I, S.516 nebst nn. 24 und 25 m. w. N.; Zimmermann, Obligations, S. 791.

Hatte der Konstituent nachträglich doch noch geleistet, mochte dem Gläubiger gleichwohl ein Schaden verblieben sein, in unserem Beispielsfall etwa die Vertragsstrafe. Konnte der Geschworene den Konstituenten dann noch in den residuären Schaden verurteilen oder musste er ihn gänzlich freisprechen?

Astuti tritt für letzteres ein. Dabei beruft er sich vor allem auf den Vergleich mit zwei verwandten Materien, der *actio de eo quod certo loco dari oportet* und der Vertragsstrafe[1197]. Was die *actio arbitraria* betrifft, so ist zunächst darauf hinzuweisen, dass Rückschlüsse auf die Konstitutsklage nur mit großer Vorsicht zu ziehen sind, weil das Edikt *de eo quod certo loco dari oportet* ein ganz anderes Ziel verfolgte als das Edikt *de pecunia constituta*, wie Astuti selbst herausgearbeitet hat[1198]. Zwar führt Paulus D. 13, 4, 10 aus, dass ein residuäres Interesse dort nach seiner Ansicht nicht geltend gemacht werden konnte. Jedoch zeigt Ulpian D. 13, 4, 2, 7, dass die Frage unter den klassischen Juristen umstritten war, wenn er gegen Marcellus eine Klage auf *id quod interest* auch nach Zahlung der reinen Schuldsumme noch zulässt. Der Vergleich mit der *actio arbitraria* schließt daher keineswegs aus, dass der Geschworene den Kostituenten auf den Ausgleich eines Restinteresses verurteilen konnte.

Auch die Parallele zur Vertragsstrafe, auf die Astuti sich beruft, trägt seine Auffassung nicht. Diesbezüglich ist zu beachten, dass die Vertragsstrafe von der Höhe des Schadens unabhängig war, d. h. der Gläubiger erhielt entweder die Vertragsstrafe oder er erhielt sie nicht. Hatte der Schuldner seine Leistung nach Verfall der Strafe doch noch erbracht, kam u. U. eine Verfallsbereinigung in Betracht[1199]. Lagen die Voraussetzungen dafür vor, musste der Gläubiger auf die Strafe verzichten. Ähnliches galt beim Konstitut für den schuldlos säumigen Konstituenten, aber eben nur für diesen: hatte der Konstituent hingegen die Nichtleistung am Termin zu vertreten, haftete er auch dann auf *quanti ea res est*, wenn er die Leistung nachgeholt hatte[1200]. Inhalt der Verurteilung konnte und musste dann nur der verbleibende Schaden des Gläubigers sein.

Ein Beispiel findet sich in fr. 8 unseres Titels: Der Schuldner war nach dem Inhalt der Hauptschuld berechtigt, an einen Dritten mit Erfüllungswirkung zu leisten. Er sagte später jedoch Zahlung allein an den Gläubiger zu. Zahlte er in dieser Situation an den Dritten, setzte er sich der Konstitutsklage aus und musste, wenn der Dritte dem Gläubiger die entgegengenommene Zahlung nicht

---

1197 Astuti II, S. 103 ff., insbesondere 106.

1198 Astuti I, S. 159 ff.; 199 ff., wo er mit Recht darauf hinweist, dass das Edikt *de eo quod certo loco dari oportet* vor allem darauf abzielte, dem Gläubiger die Folgen einer *pluris petitio loci* zu ersparen.

1199 S. dazu im Einzelnen Knütel, Stipulatio poenae, S. 147 ff.

1200 S. o. S. 270 ff.

ausgekehrt hatte, noch einmal zahlen[1201]. Die Klage entstand zwar auch, wenn der Dritte die Zahlung weitergeleitet hatte, ging dann aber nur auf ein etwa verbleibendes Restinteresse.

Der Gegenstand der Hauptschuld machte also weder zwingend den Mindestinhalt der Konstitutsklage aus, noch beschränkte er die Haftung *ex constituto*.

II. Prozessuale Besonderheiten

Die Konstitutsklage teilte mit der *actio certae creditae pecuniae* nach h. M. zwei prozessuale Besonderheiten: Zum einen eine Strafe für leichtfertiges Prozessieren (*sponsio dimidiae partis*), zum anderen die Möglichkeit, durch Zuschieben eines Eides eine schnelle Entscheidung herbeizuführen.

1. Sponsio dimidiae partis

Bereits im ersten Teil der Arbeit hat sich gezeigt, dass die – in den Digesten getilgte – *sponsio dimidiae partis* weder präjudizielle Funktion hatte, noch jemals eine Sanktion des Prätors gegen den Treubruch des Konstituenten darstellte. Der Zweck dieses *in iure* eingegangenen förmlichen Strafversprechens lag vielmehr – wie bei der *sponsio tertiae partis* der *actio certae creditae pecuniae* – in der *coercitio calumniae*[1202].

Dennoch haben in der Vergangenheit viele Autoren den wesentlichen Vorteil der Konstitutsklage gegenüber der Klage aus der Hauptschuld bzw. ihren primären, wenn nicht sogar einzigen Nutzen gerade in der erhöhten Strafsumme gesehen[1203]. Dem haben wir für die Anfänge der Konstitutsklage bereits oben widersprochen[1204], und auch bezogen auf die klassische Zeit gewinnt diese Lehre nicht an Überzeugungskraft[1205]. Mit Recht weist Roussier darauf hin,

---

1201 S. u. S. 312 ff.

1202 S. Gai. 4, 171 ff., der im Zusammenhang mit der *sponsio* und *restipulatio* den Begriff *coercere* mehrfach verwendet; s. ausführlich zur Funktion der *sponsio dimidiae partis* o. S. 96 ff.

1203 S. vor allem Kappeyne, Abhandlungen, S. 230 ff.; vgl. ferner Beseler, Das Edictum de eo quod certo loco, S. 106; Philippin, Constitut, S. 98 f.; Kaser, Quanti ea res est, S. 195; Magdelain, Consensualisme, S. 137 ff.

1204 S. o. S. 96 ff.

1205 Viele Autoren, die in der erhöhten *sponsio* das ursprüngliche Prozessmittel gegen den säumigen Schuldner sehen, halten diesen Zustand für ein Durchgangsstadium und nehmen für die klassische Zeit an, dass die Konstitutsklage sich weiterentwickelt hatte und nunmehr auf *quanti ea res est* gerichtet war, vgl. etwa Karlowa, RG II, S. 1371 ff.; Roussier, Constitut, S. 51; a. A. Kappeyne, Abhandlungen, S. 230 ff.; Beseler, Edictum de eo quod certo loco, S. 104 ff.

dass die erhöhte *sponsio* als alleiniger Anreiz, die Konstitutsklage zu verwenden, untauglich war. Zum einen musste auch der Kläger mit der *restipulatio* ein erhebliches zusätzliches Risiko eingehen, zum anderen war die Konstitutsklage in bestimmten Fällen auch ohne *sponsio* möglich[1206].

Nicht befriedigend geklärt ist die Frage, welche Fälle dies waren. Fest steht nur, dass die *sponsio* – und zwar sowohl bei der *actio certae creditae pecuniae* als auch bei der *actio de pecunia constituta* – bestimmten Beklagten von vornherein erspart blieb:

> Gaius 4, 172:
> Quod si neque sponsionis neque dupli actionis periculum ei, cum quo agitur, iniungatur ac ne statim quidem ab initio pluris quam simpli sit actio, permittit praetor iusiurandum exigere NON CALVMNIAE CAVSA INFITIAS IRE. unde quamuis heredes uel qui heredum loco habentur <simpli nec amplius[1207]> obligati sint, item feminae pupillique eximantur periculo sponsionis, iubet tamen eos iurare.

Nach Darstellung verschiedener Prozessmittel gegen leichtfertiges Prozessieren gelangt Gaius schließlich zum Kalumnieneid, den der Kläger von solchen Beklagten verlangen konnte, die den übrigen Zwangsmaßnahmen nicht unterlagen. Beispielhaft führt der Jurist an, dass Frauen und Mündel zwar von der *sponsio* ausgenommen waren, auf Verlangen jedoch den Eid leisten mussten, die Klageforderung nicht leichtfertig zu bestreiten[1208].

Ob es darüber hinaus dem Kläger in jedem Fall freistand, die *sponsio* zu verlangen oder auf sie zu verzichten (und auf diese Weise seinerseits der *restipulatio* zu entgehen), ist eine alte Streitfrage[1209], die sich freilich vor allem an

1206 Constitut, S. 51. – Im Hinblick auf die *restipulatio* ist allerdings zu bemerken, dass deren Erhöhung aufgrund der erleichterten Beweisführung (s. dazu o. S. 270 ff.) nur einen Gläubiger abschrecken konnte, der befürchten musste, das Konstitut als solches nicht beweisen zu können. Zumindest für den Empfänger einer schriftlichen Zahlungszusage dürfte die erhöhte Sukkumbenzstrafe die Konstitutsklage durchaus zum Mittel der Wahl gemacht haben.

1207 Vgl. zu dieser Emendation n. 6 der Kübler'schen Ausgabe des Gaius-Textes.

1208 Kappeyne, Abhandlungen, S. 206 will dieses Privileg auch den Erben des Schuldners zuerkennen. Er begründet dies mit einer Parallele zum Schiedseid, den die Erben laut PS 2, 1, 4 ebenfalls nicht leisten mussten. Trotz des gänzlich anderen Zwecks des Schiedseides – und obwohl Gaius die Erben nur hinsichtlich der Klage auf ein mehrfaches ausdrücklich begünstigt – ist Kappeynes Annahme plausibel. Grund für das Privileg des Erben war letztlich die von Gaius an anderer Stelle (D. 50, 17, 42 (9 ed. Prov)) bemühte *iusta causa ignorantiae*. Diese „berechtigte Unkenntnis" mochte auch dem Erben des Schuldners nützen, der nicht wissen konnte, ob sein Rechtsvorgänger konstituiert hatte oder nicht. Vgl. auch Roussier, Constitut, S. 52 n. 3.

1209 Für Optionalität der *sponsio*: Heimbach, Die Lehre von dem Creditum, S. 586 ff.; Bruns, ZRG 1 (1861), S. 28 (58); Valery, Histoire, S. 100 f.; Astuti I, S. 148 f.; Buzzacchi, L'abuso

dem Hauptanwendungsfall der *sponsio* entzündet hat, der *actio certae creditae pecuniae*. Der Ursprung allen Zweifels findet sich hier:

> Gaius 4, 171:
> [...] ex quibusdam causis sponsionem facere permittitur, uelut de pecunia certa credita et pecunia constituta [...]

Nach Gaius war die *sponsio* bei bestimmten Verfahren g e s t a t t e t . Nur gestattet, also nicht zwingend, folgert die wohl herrschende Lehre[1210]. Die Gegenansicht[1211] wendet ein, Gaius verwende *permittere* in anderem Zusammenhang auch, um zwingende Rechtsvorschriften zu bezeichnen, etwa im Zusammenhang mit den Prozessformeln[1212]:

> Gaius 4, 42 f.:
> § 42 Adiudicatio est ea pars formulae, qua permittitur iudici rem alicui ex litigatoribus adiudicare [...]
> § 43 Condemnatio est ea pars formulae, qua iudici condemnandi absoluendiue potestas permittitur [...]

Gaius definiert die *adiudicatio* als den Teil der Formel, durch den dem Geschworenen gestattet wird, den Streitgegenstand einer Partei zuzuerkennen, und weiter die *condemnatio* als den Teil der Formel, durch den ihm die *potestas* übertragen wird, zu verurteilen oder freizusprechen. In beiden Fällen, so KAPPEYNE, stand dem Geschworenen nicht das Recht zu, von dem Gebrauch der ihm zuerkannten Gewalt abzusehen[1213]. Selbst wenn dies zutreffen sollte – und die von KAPPEYNE selbst referierte Anekdote des Gellius (Noct. Att. 14, 2) belegt das Gegenteil[1214] – ist immer noch denkbar, dass Gaius das Wort *permittere* hier in einem anderen

---

del processo nel diritto romano, S. 89 ff. und n. 56; dagegen: KAPPEYNE, Abhandlungen, S. 230 ff.; PHILIPPIN, Constitut, S. 98; SANTORO, AUPA 38 (1985), S. 335 (348).

1210 ASTUTI I, S. 148 f.; BRUNS, ZRG 1 (1861), S. 28 (58); HEIMBACH, Die Lehre von dem Creditum, S. 586 ff.; VALERY, Histoire, S. 100 f.

1211 Der nun auch PLATSCHEK, Edikt, S. 42 ff.; S. 54 beitritt.

1212 KAPPEYNE, Abhandlungen, S. 209 ff.

1213 KAPPEYNE, Abhandlungen, S. 210.

1214 Gellius berichtet etwas umständlich von einem Prozess, in dem er als Geschworener fungierte. Der Kläger, der ihm als ehrenwerter Mann bekannt war, hatte dem Beklagten Beklagten, einem notorischen Gauner, offenbar als Darlehen eine Geldsumme ausgezahlt und verlangte diese nun zurück. Es ist anzunehmen, dass er die *actio certae creditae pecuniae* erhoben hatte. Der Kläger verfügte weder über eine Quittung noch über Zeugen, der Beklagte bestritt, die Summe erhalten zu haben. Gellius sah sich aufgrund der Beweislage nicht imstande, den Beklagten zu verurteilen. Auf der anderen Seite glaubte er dem Kläger und mochte deshalb den Beklagten auch nicht freisprechen. Schließlich leistete er einen Eid *mihi non liquere* mit der Folge, dass er von seiner Geschworenenpflicht entbunden wurde.

Sinne verwendet als in 4, 171, nämlich als Übertragung einer Aufgabe[1215]. Immerhin zeigen aber dieses und die weiteren von KAPPEYNE angeführten Beispiele (Berichte des Gaius über das Schätzungsrecht des Injurienklägers[1216] und über die Lex Vallia[1217]), dass das Wort *permittitur* allein das Wahlrecht des Klägers nicht beweist.

Weitere Indizien lassen sich aus der Behandlung der *sponsio tertiae partis* bei der *actio certae creditae pecuniae* gewinnen. In dem soeben in n. 1214 referierten Bericht des Gellius etwa verlangt der Beklagte nicht nur, in Ermangelung jeglicher Beweise von der *actio certae creditae pecuniae* freigesprochen zu werden, sondern geht einen Schritt weiter: Gellius möge den Kläger wegen leichtfertigen Prozessierens verurteilen. Damit ist offensichtlich auf die Kalumnienklage angespielt, von der Gaius 4, 174 ff. berichtet, dass sie grundsätzlich in allen Verfahren statthaft war, dem zu Unrecht Verklagten ein Zehntel der Klagesumme verschaffte und Kenntnis des Klägers von der Unbegründetheit seiner Klage voraussetzte. Nun wissen wir weiter von Gaius (4, 181), dass der Kalumnienklage nicht ausgesetzt war, wer bereits aus einer *restipulatio* eine Kalumnienstrafe schuldete. Gehen wir ferner davon aus, dass nach dem Grundsatz der prozessualen Waffengleichheit[1218] eine *sponsio* immer durch eine *restipulatio* ergänzt wurde, so spricht einiges dafür, dass der Prozess, von dem Gellius berichtet, ohne *sponsio restipulatio* abgelaufen war[1219].

Schließlich zeigen einige Passagen im 21. Kapitel der lex Rubria, dass nicht jeder Prozess um *certa credita pecunia* von einer *sponsio* begleitet werden musste. So heißt es etwa in Zeilen 7 ff., der Beklagte sei als *indefensus* zu behandeln, *seive is ibei de ea re in iure non responderit neque de ea re sponsionem faciet neque iudicio utei oportebit se defendet*[1220]. Die *sponsio* gehörte also nicht zwingend zur „ordnungsgemäßen Verteidigung“, sondern nur dann, wenn der Kläger sie verlangt hatte[1221].

Da es keinen Hinweis darauf gibt, dass die Römer die *sponsio dimidiae partis* anders behandelt hätten als die *sponsio tertiae partis*, dürfen wir mit der h. M. davon ausgehen, dass dem Kläger in beiden Fällen das Recht zustand, sich für einen Prozess mit oder ohne *sponsio restipulatio* zu entscheiden.

1215 Vgl. hierzu OLD, S. 1346, s. h. v. Nr. 4.

1216 Gai. 3, 224 und Coll. 2, 6, 1.

1217 Gai. 4, 25.

1218 S. etwa Ulpian D. 50, 17, 41 pr. (26 ed.): *Non debet actori licere, quod reo non permittitur.*

1219 Darauf hat mit Recht schon HEIMBACH, Die Lehre von dem Creditum, S. 589 ff. aufmerksam gemacht.

1220 Text nach BRUNA, Lex Rubria, S. 32 ff.

1221 S. im Einzelnen HEIMBACH, Die Lehre von dem Creditum, S. 590 ff.

Unsere bisherigen Überlegungen betrafen den Grundfall des Konstituts einer Geldschuld. Ging es – nach der entsprechenden Erweiterung der Konstitutsklage – um vertretbare Sachen, endete die Parallele zur *actio certae creditae pecuniae*[1222]. Deren Anwendungsbereich war auf Geldschulden beschränkt, so dass der Inhalt der *sponsio* jederzeit leicht zu bestimmen war. Anders beim Konstitut vertretbarer Sachen: Hier stellte sich schon die Frage, ob der Beklagte mit der *sponsio* gleichwohl eine Geldsumme versprechen musste oder eine Quantität der geschuldeten Sachen. Mit Recht nimmt ROUSSIER daher an, dass *sponsio dimidiae partis* wie ihr Pendant bei der *condictio* auf Geldschulden beschränkt blieb[1223].

In das spätere Recht haben *sponsio* und *restipulatio* keinen Eingang gefunden. ROUSSIER vermutet, *sponsio* und *restipulatio* seien bereits in klassischer Zeit außer Gebrauch gekommen, weil man einem Prozessmittel abhold geworden sei, das die unterlegene Prozesspartei einer Strafe für den bloßen Prozessverlust aussetzte, ohne dass es einer weiteren Prüfung bedurft hätte, ob ein doloses Verhalten vorlag[1224]. In der Tat wissen wir von den ältesten Strafen zur Abwehr missbräuchlichen Prozessierens, dass diese allein an den Verlust des Prozesses anknüpften (etwa das *sacramentum* im Legisaktionenverfahren), während spätere Prozessmittel eine Missbrauchsabsicht verlangten[1225]. ROUSSIER ist zuzustimmen, wenn er das Verschwinden der *sponsio* mit dieser allgemeinen Tendenz in Zusammenhang bringt. Dabei wird die Tatsache, dass das Sponsionsverlangen im Belieben des Klägers stand, ein Übriges getan haben, die *sponsio dimidiae partis* außer Gebrauch geraten zu lassen.

2. *Iusiurandum necessarium*

a. Eine zweite Besonderheit des Verfahrens *de pecunia constituta* liegt in der Anwendbarkeit des *iusiurandum necessarium* wie bei der *actio certae creditae pecuniae*[1226]. Es handelt sich hierbei um eine besondere Form des Entscheidungseids. Nach dem Edikt *de iureiurando* denegierte der Prätor eine Klage,

1222 Die Lex Rubria behandelt andere als Geldschulden im 22. Kapitel; dort taucht bei der Beschreibung der Indefension das *sponsione se defendere* des 21. Kapitels nicht mehr auf, vielmehr heißt es einfach *iudicio se defendere*; s. ROUSSIER, Constitut, S. 59.

1223 ROUSSIER, Constitut, S. 59.

1224 ROUSSIER, Constitut, S. 60 f.

1225 S. KASER/HACKL, RZ, S. 284 f.

1226 KASER/HACKL, RZ, S. 268 n. 19; DEJARDIN, L'action pecuniae constitutae, S. 188 ff.; DEMELIUS, Schiedseid und Beweiseid, S. 64 ff.; KAPPEYNE, Abhandlungen, S. 235; Lenel, EP, S. 249; ROUSSIER, Constitut, S. 61 ff.; zweifelnd jetzt HARKE, Eid, S. 131 f., der in D. 13, 5, 25, 1 und D. 12, 2, 14 keine hinreichend sicheren Belege für das Vorkommen des Zwangseides bei der *actio de pecunia constituta* sieht.

wenn der Beklagte, vom Kläger zum Schwur aufgefordert, den Eid leistete, das Klagebegehren sei unbegründet[1227]. Umgekehrt gewährte der Magistrat eine *actio in factum (iurisiurandi)*, wenn der Kläger auf Aufforderung des Beklagten sein Forderungsrecht beschwor[1228]. Der zum Schwur Aufgeforderte war jedoch nicht gehindert, den Eid zu verweigern und ins streitige Verfahren einzutreten. Diese Form des Eides bezeichnet die Lehre daher als freiwilligen Eid (*iusiurandum voluntarium*).

Anders lag der Fall beim sog. Zwangseid (*iusiurandum necessarium*), der im Edikt *si certum petetur* geregelt war und bei der *actio certae creditae pecuniae* Anwendung fand. Hier verhieß der Prätor: *Eum a quo certum petetur, solvere aut iurare cogam*[1229]. Die Eidesdelation stand nur dem Kläger zu, der freilich zuvor seinerseits den Kalumnieneid leisten musste[1230]. Folge der Eidesverweigerung war hier nicht der Übergang ins streitige Verfahren, sondern die Behandlung des Beklagten als *indefensus*[1231].

Dieses Zwangseidverfahren fand nach beinahe allgemeiner Auffassung auch bei der *actio de pecunia constituta* statt[1232]. Als Beweis führt man neben der strukturellen Ähnlichkeit von Konstitutsklage und *condictio* (die es jedoch gerade zu beweisen gilt) drei Texte klassischer Juristen[1233] und ein Scholion des Stephanos[1234] an.

Tatsächlich tragen aber zwei dieser klassischen Texte die darauf gestützte h. M. nicht. Grund genug für eine erneute Überprüfung. Im Digestentitel *De pecunia constituta* findet sich zunächst

> Papinianus D. 13, 5, 25, 1 (l. 8 quaestionum):
> Si iureiurando delato deberi tibi iuraveris, cum habeas eo nomine actionem, recte de constituta agis. sed et si non ultro detulero iusiurandum, sed referendi necessitate

1227 Machte der Kläger die Klage später erneut anhängig, gewährte der Prätor dem Beklagten eine *exceptio iurisiurandi* (Kaser/Hackl, RZ, S. 267; Lenel, EP, S. 150).

1228 Kaser/Hackl, RZ, S. 267 f.; grundlegend Demelius, Schiedseid und Beweiseid im römischen Civilprozesse, Leipzig 1887; vgl. ferner die bei Kaser/Hackl, RZ, S. 266 ff. zit. Lit.

1229 Ulpian D. 12, 2, 34, 6 (26 ed.); das dort anzutreffende *a quo iusiurandum petetur* ist, wie Gradenwitz SZ 8 (1887), S. 269 (275) gezeigt hat, zu emendieren in *a quo certum petetur* (vgl. auch Lenel, EP, S. 235).

1230 Ulpian D. 12, 2, 34, 4; 37; vgl. Kaser/Hackl, RZ, S. 268.

1231 Kaser/Hackl, RZ, S. 269. – Der Beklagte erhielt allerdings später das Recht, den Eid „zurückzuschieben“ (*referre*), mit der Folge, dass dann der Kläger unter Zugzwang geriet und schwören oder die Denegation seiner Klage hinnehmen musste.

1232 Kaser/Hackl, RZ, S. 268 n. 19; Dejardin, L'action pecuniae constitutae, S. 188 ff.; Demelius, Schiedseid und Beweiseid, S. 64 ff.; Kappeyne, Abhandlungen, S. 235; Lenel, EP, S. 249; Roussier, Constitut, S. 61 ff.; offen jetzt Harke, Eid, S. 131 f.

1233 Paulus D. 12, 2, 14 (3 ed.); Ulpian D. 12, 2, 36 (27 ed.); Papinian D. 13, 5, 25, 1 (8 quaest.).

1234 Sch. 2 zu B. 22, 5, 34 (B IV 1459 Sch., II 559 Hb.).

compulsus id fecero, quia nemo dubitat modestius facere qui referat, quam ut ipse iuret, nulla distinctio adhibetur, tametsi ob tuam facilitatem ac meam verecundiam subsecuta sit referendi necessitas.

Der Kläger hatte nach Eidesdelation seine Forderung gegen den Beklagten beschworen. Daher, so befindet Papinian, sei die Konstitutsklage begründet. An diesem Ergebnis ändere sich auch dann nichts, wenn der Kläger den Eid nicht auf eine Delation des Beklagten geleistet habe, sondern weil dieser den vom Kläger deferierten Eid zurückgeschoben hatte.

Der Text ist früher allgemein so verstanden worden, dass er ein *iusiurandum* über die Schuld *ex constituto* behandelt[1235]. Der Kläger sollte also *recte* die Konstitutsklage betrieben haben, weil er die Richtigkeit seiner Klagebehauptung durch seinen Eid außer Streit gestellt hatte. Bei dieser Deutung ergibt jedoch der Satzteil *cum habeas eo nomine actionem* keinen rechten Sinn[1236]. Nach Astuti soll der Schwur im Prozess *de sorte* erfolgt sein und die Wirkung gehabt haben, dass der Kläger im sich anschließenden Prozess *de pecunia constituta* die Hauptschuld nicht mehr beweisen musste[1237]. Ganz abgesehen davon, dass Astuti sich mit dieser Deutung in Widerspruch zu seiner These der strengen Elektivität zwischen den Klagen *ex sorte* und *ex constituto* setzt, ist im Text ein Vorprozess nicht einmal angedeutet.

Tatsächlich spielt Papinian auf das ediktale Erfordernis einer Hauptschuld an. Diese und nicht das Konstitut hatte der Kläger (vorprozessual) beschworen und später konstituiert[1238]. Davon abgesehen: Selbst wenn der Eid tatsächlich die Haftung *ex constituto* beträfe, würde es sich nicht um ein *iusiurandum necessarium* handeln, da er vom Kläger auf die Initiative des Beklagten geleistet wurde. Der Zwangseid erfolgte aber ausschließlich auf Delation des Klägers[1239]. Der Text beweist daher für das Vorkommen des Zwangseids beim Konstitut rein gar nichts.

1235 So schon die gl. *iuraveris* des Bartolus und die Summe ad h.l.; vgl. auch Bethmann-Hollweg, Der römische Civilprozess, Bd. 2, S. 576 n. 20f.

1236 Diese Erkenntnis verdanken wir Demelius, Schiedseid und Beweiseid, S. 65: „Dieses *habere actionem*, welches der Grund für das *de constituta recte agere* ist (*cum* –), kann doch nicht *habere actionem de constituta* bedeuten."

1237 Astuti II, S. 222 n. 34; ablehnend Roussier, Constitut, S. 65.

1238 Nach Harke, Eid, S. 131f. soll die Stelle nur besagen, dass der Eid des Schuldners die Klage aus Konstitut durch den Eid nicht ausgeschlossen wird. Das überzeugt ebenso wenig wie die Deutung Platscheks, Edikt, S. 200ff., nach der die Eidesdelation (wenn der Eid geleistet wurde) zugleich ein *constituere* im Sinne des Edikts dargestellt haben soll, so dass der Gläubiger zwischen der Klage *de pecunia constiuta* und der *de iureiurando* wählen konnte; dazu näher unten S. 466ff.

1239 Demelius, Schiedseid und Beweiseid, S. 29ff.; Kaser/Hackl, RZ, S. 268f.

Das gilt auch für

Ulpianus D. 12, 2, 36 (l. 27 ad edictum):
Si actor deferat iusiurandum de sola constituta pecunia et reus iuraverit, exceptione utetur, si de constituta conveniatur: sed si de sorte, id est de priore obligatione conveniatur, exceptio cessabit, nisi de hac quoque iuraverit adversario deferente.

Der Kläger fordert den Beklagten zum Eid über dessen Schuld auf, beschränkt die *delatio iurisiurandi* aber auf die Verbindlichkeit *ex constituto*. Nach Ulpians Auffassung erhält der Beklagte, wenn er den Eid leistet, eine *exceptio*. Der Kläger sei aber nicht gehindert, aus der Hauptklage vorzugehen, es sei denn der Beklagte hätte auf entsprechende Delation auch deren Nichtexistenz beschworen.

Der Text bezieht sich indes auf den freiwilligen Eid. Dies folgt zum einen daraus, dass offenbar der Kläger den Gegenstand des Eides bestimmte (beim Zwangseid war der Inhalt durch das Edikt vorgegeben)[1240], zum anderen aus der Gewährung einer *exceptio*, die einen vorgerichtlichen Schwur nahelegt.

Es bleibt somit nur eine einzige klassische Quelle, die das Zwangseidverfahren bei der Konstitutsklage beweisen könnte[1241].

Paulus D. 12, 2, 14 (l. 3 ad edictum):
Quotiens propter rem iuratur, nec parenti nec patrono remittitur iusiurandum: propter rem autem iusiurandum exigitur veluti de pecunia credita, cum iurat actor sibi dari oportere vel reus se dare non oportere, idem est, cum de pecunia constituta iusiurandum exigitur.

Das Fragment stammt aus dem 3. Buch des paulinischen Ediktskommentars. Der Jurist handelt hier von dem Edikt *de edendo*, genauer gesagt von der Pflicht des Bankiers, seine Bücher zu edieren[1242]. Voraussetzung für die Edition war der Kalumnieneid desjenigen, der die Edition verlangte. Von der Eidespflicht ausgenommen waren die Eltern und der Patron des *argentarius*[1243]. Diesem Kalumnieneid stellt Paulus hier nun den Eid *propter rem* gegenüber, wo, so führt er aus, die genannten Personen nicht privilegiert waren. Ein solcher Eid werde beispielsweise im Verfahren um *pecunia credita* gefordert, aber auch im Verfahren um *pecunia constituta*.

1240 So mit Recht Demelius, Schiedseid und Beweiseid, S. 67.

1241 So auch Roussier, Constitut, S. 66, der in diesem „seule texte attribué à l'epoque classique où on puisse voir l'affirmation du caractère obligatoire (pour le défendeur) du serment sur l'instance de pecunia constituta" bloß ein „indice faible" sieht; ebenso nun Harke, Eid, S. 132.

1242 Vgl. Lenel, EP, S. 59; Demelius, Schiedseid und Beweiseid, S. 68.

1243 Vgl. Ulpian D. 37, 15, 7, 3 (10 ed.).

Dass das *iusiurandum propter rem* gleichzusetzen sei mit dem *iusiurandum necessarium* folgert DEMELIUS u. a. aus dem Wort *remittitur*: „erlassen" könne das Gesetz nur einen Eid, den der Beklagte sonst nicht verweigern dürfte[1244]. Mit Recht: Es kann kein Zweifel daran bestehen, dass hier von einem Zwangseid die Rede ist.

Aber war das zweite von Paulus gewählte Beispiel tatsächlich die Konstitutsklage? Paulus behandelt hier die Editionspflicht der Argentarier. Das erste Beispiel, das er nennt (*pecunia credita*), ist ein für einen Argentarier berufstypisches Verfahren. Justinian hatte die Konstitutsklage mit der *actio recepticia* verschmolzen und das *receptum argentarii* in den Digesten getilgt bzw. durch das Konstitut ersetzen lassen. Auch hier ist eine derartige Interpolation in Betracht zu ziehen. Da wir über das *receptum argentarii* nur spärliche Informationen besitzen, wäre es denkbar, dass im diesbezüglichen Edikt das Zwangseidverfahren eröffnet war, und dass Paulus hier, wo er von Argentariern handelt, diese Eidespflicht als weiteres Beispiel anführte.

Solche Überlegungen schweben jedoch in Abwesenheit jeglichen quellenmäßigen Anhaltspunktes gänzlich in der Luft, zumal auch das nachfolgende Scholion des Stephanos den Zwangseid bei der Konstitutsklage belegt:

Stephanos, Nr. 2 zu Bas. 22, 5, 34[1245]:

Σημείωσαι δέ, ὅτι ὁ νεκεσσάριος ὅρκος σήμερον ἐπὶ παντὸς πράγματος χώραν ἔχει, καὶ οὐχ ὥσπερ τὸ παλαιὸν ἐπὶ τινων, οἷον ἐπὶ κέρτουμ πράκτουμ (πετάτουρ em. Faber) καὶ τῆς πεκουνία κονστιτούταε. [...].	Man bemerke, dass der Zwangseid heute bei jeder Klage stattfindet, und nicht, wie in alter Zeit, nur bei einigen, wie bei der [Klage] *si certum petatur* und der [Klage] aus Erfüllungszusage.

Es handelt sich um eine rechtshistorische Notiz. Stephanos merkt an, dass nach altem – also klassischem – Recht bei einigen Klagen ein Zwangseid vorkam und nennt als Beispiele die Edikte *si certum petatur* und *de pecunia constituta*. Natürlich könnte Stephanos seine Kenntnis gerade D. 12, 2, 14 in interpolierter Fassung entnommen haben, doch ist dies unwahrscheinlich. Ihm waren ja die klassischen Schriften bekannt und er hätte im vorliegenden Zusammenhang keinen Anlass gehabt, eine eventuelle Textänderung zu übernehmen, da er gerade das frühere Recht darstellen wollte.

Ist damit die Existenz des Zwangseides im klassischen Prozess *de pecunia constituta* nachgewiesen, bleibt noch sein Verhältnis zu *sponsio* und *restipulatio* zu untersuchen, genauer gesagt die Frage, ob der Kläger durch Eidesdelation

1244 DEMELIUS, Schiedseid und Beweiseid, S. 68 f.

1245 B IV 1459 Sch.; II 559 Hb.

der Pflicht zur *restipulatio* entging. ROUSSIER nimmt dies an[1246], GEOUFFRE DE LAPRADELLE sieht sogar den wesentlichen Zweck der Eidesdelation darin, dem seines Beweises unsicheren Kläger das Risiko der Sukkumbenzstrafe zu ersparen[1247]. Das Hauptargument ist, dass nach Gai. 4, 181 *restipulatio* (und daher *sponsio*) einerseits und Kalumnieneid andererseits einander angeblich ausschlossen. Das ist dem Gaius-Text jedoch nicht zu entnehmen. Er besagt vielmehr nur, dass keinen Kalumnieneid leisten musste, wer bereits der *restipulatio* ausgesetzt war. Ähnlich formuliert Gaius 4, 172, dass der Prätor den Kalumnieneid nur demjenigen Beklagten zumutete, der ansonsten *sine periculo* (*sponsionis aut dupli actionis*) verhandeln konnte. Der Kalumnieneid erscheint als eine Art Auffangtatbestand, als subsidiärer Rechtsbehelf gegen schikanöses Prozessieren. Dass umgekehrt ein geleisteter Kalumnieneid auch *sponsio* und *restipulatio* ausgeschlossen hätte, folgt daraus nicht.

Auch ROUSSIERS weitere Argumentation, es sei kaum ein Fall vorstellbar, in dem ein Kläger, der sich des Beweises seiner Sache sicher genug war, um die *sponsio dimidiae partis* zu verlangen, zugleich so verrückt sein könne, dem Beklagten die Chance zu geben, durch einen Eid der sicheren Verurteilung zu entgehen und überdies auch noch die Sukkumbenzstrafe einzustreichen[1248], ist wenig überzeugend: Verfügte der Kläger über Beweise, so konnte er dem Beklagten, der einen Meineid leistete, nach Ansicht Labeos mit der *actio de dolo* beikommen; auch nach der Gegenauffassung (vertreten von Pomponius, Marcellus, Ulpian und Paulus) drohte dem Beklagten immerhin noch eine Bestrafung wegen Meineids[1249].

Gibt es somit nicht einmal Indizien, die darauf hindeuten, ob die Kumulation von *iusiurandum necessarium* und *sponsio dimidiae partis* möglich war oder nicht, müssen wir *nolens volens* mit DEMELIUS einräumen, dass nähere Erkenntnisse über die Einzelheiten des Eidesverfahrens im Prozess *de pecunia constituta* aufgrund des spärlichen Quellenmaterials nicht zu gewinnen sind[1250].

1246 ROUSSIER, Constitut, S. 67 f.

1247 GEOUFFRE DE LAPRADELLE, L'évolution historique du serment décisoire, Paris 1894.

1248 ROUSSIER, Constitut, S. 68.

1249 Ulpian D. 4, 3, 21 (11 ed.); Paulus D. 4, 3, 22 (11 ed.).

1250 Vgl. DEMELIUS, Schiedseid und Beweiseid, S. 71.

§ 18 Auswirkungen des Konstituts auf die Hauptschuld

I. Einleitung

Wie sich oben gezeigt hat, war das Konstitut von der Hauptschuld nur insofern abhängig, als eine solche bei Abgabe der Erfüllungszusage existieren musste („genetische Akzessorietät")[1251]. Ob sie bei Erhebung der Konstitutsklage noch bestand, hatte der Geschworene im Prozess *de pecunia constituta* nicht mehr zu prüfen[1252]. Die weitere Entwicklung der Hauptschuld hatte also grundsätzlich keinen Einfluss auf die Haftung *ex constituto* (keine „funktionelle Akzessorietät"). Gegenstand des folgenden Kapitels ist die umgekehrte Frage, ob und wie sich die Abgabe einer Erfüllungszusage auf Bestand, Inhalt und Umfang der Hauptschuld auswirkte.

Die bisherigen Ergebnisse unserer Untersuchung lassen vermuten, dass die Erfüllungszusage die Hauptschuld nicht berührte. Diese blieb grundsätzlich unverändert bestehen, wie etwa die Problemlösungen in fr. 18 pr. (Zeitablauf der Hauptschuld nach Abgabe des Konstituts) sowie fr. 19 pr. und § 1 (bedingtes Konstitut einer unbedingten Hauptschuld und umgekehrt) andeuten. Auch die Existenz einer *vetus dubitatio* zur Konkurrenz der Klagen aus der Hauptschuld und aus dem Konstitut[1253] deutet darauf hin, dass die Hauptschuld nach dem Konstitut fortbestand und ein von der Haftung *ex constituto* unabhängiges Schicksal hatte.

Demgegenüber lassen einige Quellen durchaus den Schluss zu, das Konstitut habe in bestimmten Fällen bewirkt, dass auch die Hauptschuld nicht mehr wie ursprünglich vereinbart, sondern nur noch in der konstituierten Art und Weise erfüllt werden konnte. Diese Entscheidungen betreffen vor allem das Konstitut einer Wahlschuld (fr. 25 pr.), den Einsatz eines *solutionis causa adiectus* bei der Abwicklung der Schuld (fr. 8 und 9 D. h. t. und D. 46, 3, 59) sowie das Konstitut an einen von mehreren Mitgläubigern (fr. 10).

1251 Bzw. nur insoweit, als sich ihre Erfüllung etwa als *fecisse quod constituit* oder ihr Untergang als *per actorem stetisse* darstellte, s. o. S. 205 ff.

1252 Und zwar noch nicht einmal dann, wenn der Konstituent Erfüllung einwenden wollte. Nach der Formel half ihm diese Einwendung nicht etwa deshalb, weil er die Hauptschuld erfüllt hatte, sondern weil er getan hatte *quod constituit* (bzw., wenn der Gläubiger eine nicht konstituierte Leistung akzeptiert hatte, weil es *per actorem stetit quominus fieret quod constitutum est*).

1253 Ulpian D. 13, 5, 18, 3 (27 ed.); dazu ausführlich u. § 19 (S. 326 ff.).

II. Die Lehre von der novatorischen Wirkung des Konstituts

Dieser Quellenbefund führt uns zu einem der interessantesten Probleme in der Lehre vom Konstitut, nämlich zu der Frage, ob das Konstitut die Hauptschuld in bestimmten Fällen verändern konnte, insbesondere indem es eine Novation wirkte.

Seit der Glosse hatte bis ins 19. Jahrhundert praktisch unangefochten der Grundsatz gegolten, den etwa CUJAZ[1254] in seiner Definition des *constitutum* als eine „*conventio qua quis respondet citra stipulationem soluturum se quod ipse vel alius debet*", auf den Punkt bringt: „*quo genere priorem obligationem non novari constat*".

In der Tat kann von einer zivilrechtlichen Novation sicher keine Rede sein, handelte es sich beim Konstitut doch um ein Geschäft des Honorarrechts, das an eine zivilrechtliche Verbindlichkeit anknüpfte und diese daher nicht *ipso iure* zum Erlöschen bringen konnte.

Bedenkt man jedoch, dass die Imitation ziviler Institute der prätorischen Rechtsschöpfung durchaus nicht fremd war, und zieht man ferner die fortschreitende Entwicklung des Konstituts von der Terminvereinbarung zum Zahlungsversprechen in Betracht, so liegt der Gedanke an eine – *ope exceptionis* bewirkte – Novation der Hauptschuld nach Amtsrecht nicht ganz fern. Dies insbesondere im Hinblick darauf, dass Hauptschuld und Konstitut unbestreitbar ein *idem debitum* betrafen, dem die Parteien durch das Konstitut mit der Bestimmung eines festen Leistungstermins *aliquid novi* hinzufügten[1255].

In der älteren romanistischen Literatur hat die These, das *constitutum* bewirke eine – prätorische – Novation, vor allem in Frankreich Verbreitung gefunden[1256], ist aber auch in Deutschland von namhafter Seite vertreten worden[1257]. Neben der Auffassung, die dem Konstitut diese Wirkung ohne weitere Einschränkungen

1254 Parat. zum Digestentitel 13, 5 *De pecunia costituta.*

1255 Zu diesen Voraussetzungen einer Novation s. etwa KASER, RP I, S. 647.

1256 BODIN, Revue Historique de Droit francais et étranger 12 (1866), S. 209 ff.; CONTAT, Constitut, S. 61 ff.; CORNIL, Melanges Fournier, S. 87 ff, 113 ff.; COULON, Constitut, S. 74 ff.; CUQ, Manuel, S. 512; DEMANGEAT, Obligations solidaires en droit romain, S. 84 ff.; GIRARD, Manuel, S. 643 und n. 2; 644 n. 6; 738 f.; GUILLARD, Banquiers, S. 112; HARANGER, Constitut, S. 50 ff.; HUVELIN, Droit romain II, S. 277 f.; MACHELARD, Obligations Nat., S. 85; RUTSAERT, Delegation, S. 157 ff.; WILLEMS, Melanges Cornil II, S. 617 ff.

1257 Zunächst hatte SAVIGNY, Obligationenrecht I, S. 167 ff. die These aufgestellt, unter den römischen Juristen sei die Wirkung des Konstituts auf die Hauptschuld ursprünglich streitig gewesen, man habe schließlich jedoch die ältere Auffassung, nach der das Konstitut die frühere Obligation ersetzte, aufgegeben. Weiter gingen dann BLUME, Novation, S. 66 ff. und KUNTZE, Obligation und Singularsuccession, S. 199 ff. und Obligationen, S. 160, 196 f., die grundsätzlich für eine novatorische Wirkung des Konstituts eintraten.

in allen Konstellationen zubilligt[1258], wollen einige Autoren nach Fallgruppen[1259] oder nach dem Willen der Parteien[1260] (also im Sinne eines *animus novandi*, auch wenn die wenigsten diesen Begriff verwenden[1261]) differenzieren. Zuletzt hat diese Auffassung Zustimmung etwa noch bei JACOB[1262] gefunden, der die Hauptschuld als *ope exceptionis* peremptorisch gehemmt betrachtet, falls das Konstitut irgendeine Abweichung von ihr enthielt – soweit dies die Absicht der Parteien war[1263]. Auch PLATSCHEK geht nunmehr davon aus, dass der Abschluss eines Konstituts zur Einschaltung einer *exceptio pecuniae constitutae* in die Klage aus der Hauptschuld führte[1264].

III. Die herrschende Meinung: Keine Novation

Die Quellen, auf die sich die Vertreter der Novationsthese stützen, hat man schon früher anders zu erklären versucht: HUSCHKE etwa nahm an, dass die Römer das Konstitut als schon begonnene Erfüllung betrachteten und ihm daher bestimmte Wirkungen der *solutio* zuwiesen[1265]. Andere Autoren sahen in der Abgabe der Zahlungszusage bei Gläubigermehrheit und Wahlschuld eine bindende *electio* mit der Folge, dass die Hauptschuld nur noch wie konstituiert erfüllt werden konnte[1266].

Von den Neueren haben ASTUTI[1267], ROUSSIER[1268] und KARADENIZ[1269] es grundsätzlich abgelehnt, dem Konstitut (auch nur indirekte) novatorische

1258 KUNTZE, Obligation und Singularsuccession, S. 199 ff.; ders. Obligation, S. 160, 196 f.

1259 So unterscheidet DEJARDIN, L'action, S. 90 ff. zwischen *constitutum debiti proprii* und *alieni*; vgl. auch KUNTZE, Obligation und Singularsuccession, S. 196 ff.

1260 BLUME, Novation, S. 66 ff.; BODIN, Revue Historique de Droit francais et étranger 12 (1866), S. 209 ff.

1261 Ausdrücklich wohl nur von BLUME, Novation, S. 67.

1262 Constitut, S. 36.

1263 Jedoch spricht nach seiner Ansicht, die er ohne weiteres von HARANGER, Constitut, S. 50 ff. und DEMANGEAT, Oblig. Solid., S. 85 übernimmt, unter Außerachtlassung der gesamten seitdem um diesen Punkt geführten Diskussion, im Zweifelsfalle eine Vermutung dafür, dass die Parteien die alte Schuld fortbestehen lassen wollten.

1264 Edikt, S. 84 ff.; s. dazu näher unten S. 451 ff.

1265 HUSCHKE, AcP 65 (1882), S. 240 (248 ff.).

1266 FITTING, Correalobligationen, §§ 22, 32 (S. 130 ff.; 201 ff.); GIRTANNER, Bürgschaft, S. 78, 398; vgl. ferner – mit anderen Konstruktionen zu ähnlichen Ergebnissen gelangend – BARON, Gesamtrechtsverhältnisse, S. 302 f.; BINDER, Korrealobligationen, S. 241, 415, 423, 435 ff.; DEMANGEAT, Droit Romain II, S. 531; FRITZ, ZfZRuPR 19 (1862), S. 110 f.; KAPPEYNE, Abhandlungen, S. 256 f.

1267 ASTUTI II, S. 110 ff.

1268 Constitut, S. 137 und n. 3; S. 140.

1269 Constitutum, S. 160 ff.; ebenso TONDO, Labeo 4 (1959), S. 208 (221 ff.) ferner BONIFACIO, Novazione, S. 83 f.; HUSCHKE, AcP 65 (1881), S. 240 (252); s. jetzt auch COSTA, SDHI 77 (2011), S. 129 (188).

Wirkung zuzuerkennen[1270]. Man geht soweit, jeglichen Einfluss des Konstituts auf die Hauptschuld in Abrede zu stellen[1271]. Dabei bedient sich insbesondere Astuti einer weitreichenden Textkritik, um die Zweifel zu beseitigen, die ein unbefangener Blick auf die Quellen immerhin zulässt.

IV. Stellungnahme

Ausgangspunkt der Erörterung muss der Grundfall sein, in dem ein Schuldner seinem Gläubiger Zahlung an einem bestimmten Termin zusagte, ohne weitere Modifikationen gegenüber der Hauptschuld einzufügen. Erkannte man dem Konstitut novatorische Wirkung zu, so musste das Recht des Gläubigers, gegen den Schuldner aus der Hauptschuld vorzugehen, mit dieser Zusage enden.

1. Grundfall: Das unmodifizierte Konstitut eigener Schuld

Dies konnten die römischen Juristen – da es sich bei der Hauptschuld in aller Regel um eine zivilrechtliche handelte – technisch nur im Wege einer *exceptio* erreichen, sei es durch eine *exceptio pacti conventi*[1272], sei es durch eine *exceptio doli* oder durch eine spezielle *exceptio in factum*[1273], die der Prätor gegen die Klage aus der Hauptschuld gewährte. Da sich die Quellen, wie wir gesehen haben, mit dem Konstitut grundsätzlich nur unter dem Gesichtspunkt der Gewährung der *actio de pecunia constituta* befassen, können wir Erkenntnisse über den möglichen Ausschluss der alten Klage als Effekt des *constitutum* nur mittelbar gewinnen.

Zunächst einmal: Bis zum *dies constituti* soll dem Gläubiger die Durchsetzung seiner alten Schuld nach h. M. in aller Regel versagt geblieben sein, da davon auszugehen sei, dass man in der – auch stillschweigenden – Einlassung des Gläubigers auf das Konstitut sehr bald jedenfalls ein *pactum de non petendo ante diem constituti* gesehen habe[1274]. Auch wenn diese dilatorische Einrede in

1270 Diese Ansicht teilen ferner Bonifacio, Novazione, S. 83 f.; Bruns, ZRG 1 (1861), S. 28 (80 ff.); Fuchs, AcP 42 (1859), S. 172 (173 f.); Gaudemet, Transport, S. 66 f., 146; Huschke, AcP 65 (1881), S. 240 (252); Levy, Privatstrafe, S. 19 n. 3 und SZ 50 (1930), S. 648; Marrone, Istituzioni, S. 674; Perozzi, Istituzioni II, S. 241; Philippin, Constitut, S. 64 ff, 78; Schulz, CRL, S. 561; Talamanca, Istituzioni, S. 608; Tondo, Labeo 4 (1959), S. 208 (221 ff.); Voci, Istituzioni, S. 468 und schon Savigny, Obligationenrecht I, S. 167.

1271 Tondo, Labeo 4 (1959), S. 208 (221 ff.).

1272 Vgl. Haranger, Constitut, S. 55.

1273 Vgl. Ricart, Hom. Murga-Gener, S. 695 (700).

1274 Bruns, ZRG 1 (1861), S. 28 (81); Kappeyne, Abhandlungen, S. 245 f., 261 f.; Karadeniz, Constitutum, S. 163 f.; Marrone, Istituzioni, S. 674; Siber, RR II, S. 183; einschränkend Huschke, AcP 65 (1882), S. 240 (253), der vermutet, dass diese Wirkung sich nicht ergab,

den Quellen nirgends hervortritt, darf man sie nicht mit Tondo in Bausch und Bogen zu einer nutzlosen Folgerung der modernen Lehre[1275] erklären. Soweit nämlich das Konstitut im Einzelfall *ex consensu factum* war, musste die ihm zugrundeliegende Einigung auch den Gläubiger binden, der somit die Einhaltung des Termins nur dann verlangen konnte, wenn auch er selbst ihn respektierte.

Die entscheidende Frage ist jedoch, was n a c h dem fruchtlosen Verstreichen des *dies* galt. Stand dem Gläubiger in diesem Fall nur noch die *actio de pecunia constituta* zu Gebote oder konnte er auch noch aus der Hauptklage vorgehen? In den Quellen geht es stets nur um die Konstitutsklage. Das beweist jedoch keinesfalls, dass der Weg über die Hauptschuldklage versperrt war; schließlich handelt der Titel 13, 5 *de pecunia constituta*, was die Einseitigkeit des Blickwinkels der Klassiker zur Genüge erklärt[1276].

a. Zweck der Konstitutsklage

Gegen die Annahme, bereits mit Abschluss des Konstituts sei die Hauptschuld noviert und die Primärklage damit dauerhaft ausgeschlossen, spricht zunächst folgende entstehungsgeschichtliche Erwägung: Da der Ursprung des Konstituts in der Festlegung eines Leistungstermins für eine bestehende Schuld lag, konnte es ursprünglich nur um die Erfüllung eben dieser Hauptverbindlichkeit gehen[1277]. Durch das Konstitut entstand also nicht unmittelbar eine Leistungspflicht für den Konstituenten, vielmehr knüpfte der Prätor eine verschärfte Haftung an das zusagewidrige Ausbleiben der Zahlung am bestimmten Termin. Eine Verpflichtung des Konstituenten, an dem genannten Termin zu leisten, ergab sich nur als Reflex der drohenden Sanktion, d. h. der konstituierende Schuldner musste ursprünglich nicht pünktlich leisten, um einer einklagbaren vertraglichen Pflicht zu genügen, sondern um der Sanktion des Prätors zu entgehen.

Die *actio de pecunia constituta* entstand, wie wir gesehen haben, erst dann, wenn der Konstituent einer bestehenden Schuld am zugesagten Termin nicht geleistet hatte und diese Nichtleistung nicht vom Gläubiger zu vertreten war. Mit anderen Worten stand in dem Moment, in dem der Schuldner konstituierte, noch gar nicht fest, ob dem Gläubiger die Konstitutsklage (und damit, wenn man

---

wenn sich dem Verhalten des Gläubigers nicht eindeutig der Verzicht auf eine Klageerhebung *ante diem* entnehmen ließ bzw. er sich derartige Schritte sogar ausdrücklich vorbehalten hatte; ähnlich Astuti II, S. 116 f.

1275 Tondo, Labeo 4 (1959), S. 208 (229).

1276 Weit eher könnte man – gerade umgekehrt – aus dem Fehlen jeglichen Hinweises auf den Ausschluss der Hauptklage in unserem Titel schließen, dass die Juristen diesen Aspekt nicht erwähnen, weil er eben nicht Folge des Konstituts war; vgl. Huschke, AcP 65 (1882), S. 240 (253).

1277 Vgl. Kappeyne, Abhandlungen, S. 245 ff.

so will, der Anspruch *ex constituto*) jemals zustehen würde. Es war nicht bereits der Akt des Konstituierens, der die Klage zur Entstehung brachte, sondern erst die spätere, vom Gläubiger nicht zu vertretende Nichtleistung.

Hätte man demnach bereits dem Konstitut selbst novierende Kraft zugeschrieben, so hätte der Gläubiger schon in dem Zeitpunkt, in dem der Schuldner ihm die Erfüllung an einem bestimmten Termin zusagte, seine alte Forderung verloren und nur noch mit der Konstitutsklage vorgehen können. Das wiederum hätte für den Gläubiger die Gefahr mit sich gebracht, im Falle der Abweisung der Konstitutsklage mit leeren Händen dazustehen[1278].

Bedenkt man, dass Sinn der Gewährung der *actio de pecunia constituta* der Schutz des Gläubigers vor der Säumigkeit seines Schuldners war, so kann eine derart scharfe Bindung auch des Gläubigers an den Leistungstermin nicht beabsichtigt gewesen sein. Wenn man im Zusammenhang mit dem *constitutum* von Novation sprechen will, kann es sich daher nur um eine Novation handeln, die durch die Entstehung der Konstitutsklage bedingt war, die also nicht bereits mit dem Akt des Konstituierens selbst, sondern erst mit der Nichtleistung am Verfallstage ihre Wirkung entfaltete.

b. Selbständiges Schicksal der Hauptschuld bei Ulpian D. 13, 5, 18, 1 und Paulus D. 13, 5, 19 pr./1

Starke Indizien gegen die novatorische Wirkung des Konstituts liefern nach ASTUTI die Quellen, in denen die Hauptschuld sich nach dem Konstitut

---

1278 Diese Gefahr darf freilich nicht überschätzt werden: Vom *iusiurandum necessarium* des Beklagten (auf das wir noch zu sprechen kommen) abgesehen, konnte die Konstitutsklage aus vier Gründen abgewiesen werden: Zunächst, wenn die Hauptschuld zur Zeit des Konstituts nicht bestanden hatte bzw. bewiesen war; zweitens, wenn kein wirksames Konstitut vorgenommen oder bewiesen war; drittens, wenn der Konstituent pünktlich geleistet hatte; und schließlich viertens, wenn er zwar nicht rechtzeitig geleistet hatte, sich aber mit Erfolg darauf berufen konnte, dies habe am Kläger gelegen.

Im ersten Fall ist es wahrscheinlich, dass der Gläubiger die Existenz der Schuld auch bei Erhebung der Primärklage nicht hätte beweisen können; wenn diese ihm *ope exceptionis* versperrt blieb, würde das für ihn also keinen nennenswerten Nachteil darstellen. Im zweiten Fall stand ihm die alte Klage weiter offen, da der Schuldner sich schlecht auf ein Konstitut berufen konnte, dass er im Prozess *de pecunia constituta* noch in Abrede gestellt hatte. Darüber hinaus mochte der Gläubiger zwar auch die Hälfte der Schuldsumme infolge der *sponsio dimidiae partis* verloren haben, doch drohte ihm dieses Schicksal unabhängig von dem möglichen *ope exceptionis* bewirkten Ausschluss der Hauptklage. Im dritten Fall hatte der Kläger ohnehin erhalten, was ihm zustand, so dass er weder die primäre noch die Konstitutsklage mit Aussicht auf Erfolg anstrengen konnte. Einzig im vierten und letzten Fall verschlechterte sich seine Position erheblich: Scheiterte die Konstitutsklage daran, dass er die pünktlich angebotene Leistung aus irgendeinem Grund nicht angenommen hatte, so ging er, falls er nicht auf die Primärklage zurückgreifen konnte, in der Tat leer aus.

selbständig und unabhängig von der Schuld *ex constituto* weiterentwickelt bzw. verändert[1279]. Die Beweiskraft der von ASTUTI zitierten Stellen ist aber sehr unterschiedlich: Wenn es etwa in D. 13, 5, 18, 1 um das Erlöschen einer *obligatio temporalis* nach Abschluss des Konstituts geht, so ist die Erkenntnis, dass die alte Forderung trotz des Konstituts durch Zeitablauf untergehen konnte, kein sehr stichhaltiger Beweis gegen die Novationsthese. Denn die Tatsache, dass der Forderung auf honorarrechtlicher Ebene eine Einrede entgegenstand, hinderte natürlich nicht deren (auch) zivilrechtliches Erlöschen[1280].

Wenn es des Weiteren in D. 13, 5, 19 pr. bei dem Konstitut einer bedingten Schuld heißt, dass im Falle des Bedingungsausfalls *utraque actio depereat*, auch wenn das Konstitut *pure* gefasst war, so hängt diese Lösung des Paulus nicht von der novatorischen Wirkung des Konstituts ab. Vielmehr stand mit Ausfall der Bedingung fest, dass der Konstituent eine Nicht-Schuld konstituiert hatte und daher – prätorische Novation hin oder her – bereits mangels *pecunia debita* nicht mit der *actio de pecunia constituta* haftete.

Ein eindeutiges Indiz gegen die novatorische Wirkung des Konstituts stellt aber der umgekehrte Fall des fr. 19, 1 – bedingtes Konstitut einer unbedingten Schuld – dar. Hier blieb die Klage aus der Hauptschuld nach Paulus auch dann *utilis*, wenn die Bedingung ausfiel. Hätte das Konstitut die Kraft zur Novation besessen, hätte Paulus den Schuldner insgesamt frei werden lassen müssen[1281].

c. Gaius D. 13, 5, 28

Die bekannte Äußerung des Gaius in D. 13, 5, 28[1282] lässt sich weder für die eine noch für die andere Position mit viel Überzeugungskraft anführen. BODIN glaubt, der Stelle *e contrario* entnehmen zu dürfen, dass ein zwischen Gläubiger und Schuldner der *obligatio sortis* abgegebenes Konstitut stets zum Erlöschen derselben führte, und dass Gaius sich zu seiner Bemerkung bemüßigt fühlte, weil er im Fehlen der novatorischen Wirkung ein besonderes Charakteristikum des *constitutum debiti alieni* sah, das er hervorheben wollte[1283]. Eine recht weit hergeholte Deutung, der die wohl näherliegende Möglichkeit gegenübersteht,

1279 ASTUTI II, S. 114.

1280 Das gilt selbstverständlich auch dann, wenn man aus o. g. Gründen von einer nur bedingten Novation ausgeht, wenn also die Einrede zunächst (nämlich bis zum *dies constituti*) nur eine dilatorische war und erst in dem Moment zu einer endgültigen wurde, in dem feststand, dass die Voraussetzungen der *actio de pecunia constituta* tatsächlich vorlagen.

1281 S. hierzu ausführlich o. S. 253 ff.

1282 Gaius D. 13, 5, 28 (5 ed. prov.): *Ubi quis pro alio constituit se soluturum, adhuc is, pro quo constituit, obligatus manet.*

1283 BODIN, Revue Historique de Droit francais et étranger 12 (1866), S. 209 f.; zweifelnd HARANGER, Constitut, S. 52, 56 f.

dass Gaius einfach mitteilen wollte, dass beim *constitutum pro alio* nichts anderes gelte als bei jedem anderen Konstitut auch: Die alte Schuld blieb bestehen.

Unabhängig davon wird der Beweiswert des Ausspruchs jedoch ganz erheblich geschmälert, wenn nicht gar völlig aufgehoben, durch den Zusammenhang, in dem er erfolgt: Im 5. Buch seines Kommentars zum Provinzialedikt schreibt Gaius vor allem über *recepta*[1284]. Obwohl nicht auszuschließen ist, dass bereits der klassische Jurist gewisse Parallelen zwischen Konstitut und *receptum* empfand und daher dem den *recepta* gewidmeten Teil seines Werkes auch Anmerkungen zum *constitutum* hinzufügte, ist es erheblich wahrscheinlicher, dass wir die Eingliederung des Fragments in den Digestentitel 13, 5 der Hand der Kompilatoren verdanken[1285]. Anlass hierzu bot die bereits erwähnte Verschmelzung beider Rechtsinstitute durch die justinianische Reform, vgl. C. 4, 18, 2.

d. Vergleich mit der *stipulatio poenae* - Paulus D. 44, 7, 44

Ein Indiz für die novatorische Wirkung des Konstituts könnte man dem Vergleich des Konstituts mit der unselbständigen Strafstipulation entnehmen. Im Fall einer derartigen Doppelstipulation erklärt Paulus D. 44, 7, 44, 6, dass zunächst zwei Obligationen entstünden, eine unbedingte und eine bedingte. Bei Eintritt der Bedingung, so fährt er fort, finde eine *quasi novatio* der ersten statt. Eine ähnliche Betrachtungsweise könnte auch beim Konstitut angebracht sein, das der Vertragsstrafe in einigen Punkten nicht unähnlich ist[1286].

Ähnlich wie die unselbständige Vertragsstrafe diente das Konstitut bzw. – genauer – die Konstitutsk l a g e dem Zweck, den Schuldner einer zivilrechtlichen Obligation zur pünktlichen Leistung anzuhalten, musste er doch befürchten, mit der *actio de pecunia constituta* einer Klage ausgesetzt zu sein, die gegenüber der *actio certae creditae pecuniae* eine doppelte Verschärfung mit sich brachte: Zum einen konnte der Gläubiger eine erhöhte *sponsio* verlangen, zum anderen gestattete die flexiblere Urteilsformel auf *quanti ea res erit* eine Berücksichtigung des Zeitinteresses des Gläubigers und damit die Kompensation möglicher Verzögerungsschäden. Ähnlich wie die Vertragsstrafe wies die *actio de pecunia constituta* also ein Moment indirekter Erzwingung[1287] und eine kompensatorische Funktion auf[1288]. Allerdings steht der Interessenausgleich,

1284 Vgl. Lenel, Palingenesia, Bd. I, Sp. 198 f.

1285 Vgl. Astuti II, S. 114.

1286 Auf gewisse Übereinstimmungen hat bereits Magdelain, Consensualisme, S. 141 hingewiesen.

1287 Vgl. zu diesem Aspekt der Vertragsstrafe Knütel, Stipulatio poenae, S. 1 f.; 10 ff.; Sossna, Die Geschichte der Begrenzung von Vertragsstrafen, S. 8.

1288 Zum Kompensationsgedanken bei der Vertragsstrafe s. Knütel, Stipulatio poenae, S. 17 ff.; Sossna, Die Geschichte der Begrenzung von Vertragsstrafen, S. 7.

der – anders als bei der Vertragsstrafe – konkret berechnet wird, bei der klassischen Konstitutsklage im Vordergrund.

Eine weitere Parallele zwischen den beiden Instituten ist die Behandlung eines fehlenden Termins durch die Juristen: Schon Celsus erklärte, dass bei einem *compromissum* ohne Leistungstermin die den Schiedsvertrag sichernde Konventionalstrafe nach Ablauf eines *modicum tempus* verfalle[1289]. Entsprechendes galt nach Paulus D. 13, 5, 21, 1 beim Konstitut *sine die*.

Schließlich kannten beide Geschäfte eine Verfallsbereinigung[1290], d. h. die nachträgliche rückwirkende Beseitigung der Rechtsfolgen, etwa durch das spätere Nachholen der Leistung.

Bestehen demnach deutliche Ähnlichkeiten im Zweck und in den Voraussetzungen der beiden Rechtsinstitute, so ist man versucht zu folgern, dass auch ihre Wirkungen ähnlich gewesen sein müssten. Dabei ist indes Vorsicht geboten: Bei der *stipulatio poenae* liegt der Gedanke an Novation schon deshalb näher als beim Konstitut, weil es sich um eine zivilrechtliche Verbalobligation handelt, einen Hauptanwendungsfall der Novation. Zudem ist zu bedenken, dass – mögen sich zwei Geschäfte in noch so vielen Punkten ähneln – sie in jedem weiteren vollkommen verschieden sein können. Es sei auf einen entscheidenden Unterschied zwischen beiden Instituten hingewiesen: Die Konstitutsklage als Rechtsfolge des Verstoßes gegen die eigene Zusage stellte eine vom Staat gesetzte Sanktion dar, die Strafe bei der *stipulatio poenae* hingegen beruhte auf privater Rechtssetzung.

Die Parallele darf also nicht zu weit getrieben werden; dem Satz des Paulus von der Quasi-Novation kommt im Zusammenhang mit dem Konstitut keine Indizwirkung zu.

e. Kein Klageverbrauch bei *iusiurandum necessarium* im Konstitutsprozess – Ulpian D. 12, 2, 36

Im Lichte einer nur bedingten Novation (s. o. lit. b.) betrachtet, verliert der von Ulpian in D. 12, 2, 36 besprochene Fall eines *iusiurandum necessarium*, für Astuti[1291] ein zweifelsfreier Beleg für die Fortdauer der alten Schuld, erheblich an Beweiswert gegen die Novationsthese.

> D. 12, 2, 36 (Ulpian 27 ad ed.):
> Si actor deferat iusiurandum de sola constituta pecunia et reus iuraverit, exceptione utetur, si de constituta conveniatur: sed si de sorte, id est de priore obligatione conveniatur, exceptio cessabit, nisi de hac quoque iuraverit adversario deferente.

1289 Berichtet von Ulpian D. 4, 8, 21, 12 (13 ad ed.).
1290 Zur Vertragsstrafe vgl. Knütel, Stipulatio poenae, S. 147 ff.
1291 Astuti II, S. 114.

Der Kläger macht von der Möglichkeit Gebrauch, den Beklagten zum Eid über dessen Schuld aufzufordern, beschränkt die *delatio iurisiurandi* aber auf die Verbindlichkeit *ex constituto*. Nach Ulpians Auffassung ist der Kläger, wenn der Beklagte tatsächlich schwört, nicht gehindert, aus der Hauptklage vorzugehen.

Gedankliche Voraussetzung hierfür scheint zu sein, dass die alte Klage trotz des Konstituts bestehen blieb, denn sonst stünde sie dem Kläger nach dem Eid des Beklagten nicht mehr zur Verfügung.

Man muss jedoch noch eine andere Deutung in Betracht ziehen: Es ist nicht undenkbar, dass Ulpian die Wirkung des Beweiseides gerade vor dem Hintergrund einer durch das Konstitut erfolgten prätorischen Novation für erörterungsbedürftig hielt. Wenn nämlich der Beklagte geschworen hatte, er schulde nicht aus dem Konstitut, so ist neben der Frage, ob ein solcher Eid beinhaltete, dass der Gläubiger aus seiner alten Forderung ebenfalls nichts mehr vom Schuldner verlangen konnte, auch zu klären, ob der Gläubiger nicht ohnedies wegen des Konstituts an der Geltendmachung der Hauptschuld gehindert war. Im Hinblick auf die zweite Fragestellung ist zu erörtern, ob Ulpian die Möglichkeit der Erhebung der alten Klage trotz des Konstituts für selbstverständlich hielt oder ob er sie – die Novation *iure praetorio* grundsätzlich anerkennend – nur in diesem Fall zugestand, in dem die Konstitutsklage wegen des Beweiseides als nicht verfallen betrachtet werden musste, m. a. W. die Bedingung der novatorischen Wirkung des Konstituts ausgefallen war.

Gegen diese Deutung spricht aber, dass es wenig wahrscheinlich ist, dass Ulpian die oben genannte zweite Frage nicht ausdrücklich gestellt, sondern ohne jede Anspielung darauf, dass die Erhebung der alten Klage in irgendeiner Weise problematisch sein könnte, die Auswirkung des Eides *de constituto* auf den Prozess *de sorte* untersucht haben soll. Dass aber Ulpian die Abhängigkeit des Ausschlusses der Hauptklage vom Entstehen der Konstitutsklage als so selbstverständlich vorausgesetzt hat, dass er sie mit Stillschweigen übergehen konnte, ist kaum anzunehmen.

f. Der Klassikerstreit um die Klagenkonkurrenz – D. 13, 5, 18, 1

Schon Savigny hat die Frage der Novation durch Konstitut mit einem Bericht Ulpians über einen alten Meinungsstreit unter den römischen Juristen, in Verbindung gebracht, indem er dessen Lösung als direkte Folge der Entscheidung einer Kontroverse um die novatorische Wirkung des Konstituts betrachtete[1292].

1292 Savigny, Obligationen, S. 167 f.

Ulpian D. 13, 5, 18, 3 (27 ad edictum):
Vetus fuit dubitatio, an qui hac actione egit sortis obligationem consumat. et tutius est dicere solutione potius ex hac actione facta liberationem contingere, non litis contestatione, quoniam solutio ad utramque obligationem proficit.

Die *veteres* waren geteilter Meinung über die Wirkung der Klageerhebung *ex constituto* auf die Hauptschuld. Offenbar gab es in klassischer Zeit Befürworter und Gegner einer konsumptiven Wirkung der *litis contestatio* im Prozess *de pecunia constituta*. Ohne an dieser Stelle näher auf die zahllosen Interpolationsvermutungen und Rekonstruktionsvorschläge einzugehen[1293], ist jedenfalls die *dubitatio* als echt zu betrachten, wenn man auch Zweifel daran haben darf, ob sie hier vollständig wiedergegeben ist[1294]. Schon BRUNS[1295] hat die Bedeutung der in unserem Fragment angesprochenen Konsumptionsproblematik für die Frage der novatorischen Wirkung des Konstituts klar erkannt. Er führt hierzu aus:

„Consumption der Klage und Novation der Schuld stehen […] nicht in Analogie mit einander, sondern schließen einander im Gegentheil vollständig aus. Wenn eine Obligation novirt ist, so kann ihre Klage nicht mehr consumirt werden, und die Consumption einer Klage ist nur möglich, wenn ihre Obligation noch besteht und nicht durch Novation getilgt ist[1296]."

Die Richtigkeit seiner Folgerung wird in keiner Weise durch den Umstand beeinträchtigt, dass beim Konstitut nur von einer prätorischen Novation *ope exceptionis* die Rede sein kann. Zwar bestünde die Klage in diesem Fall – anders als bei der zivilrechtlichen Novation – fort und könnte damit formell auch noch Gegenstand der konsumptiven Wirkung der *litis contestatio* im Rahmen der *actio de pecunia constituta* sein. Jedoch dürfte es dem praktischen Sinn der Klassiker widerstrebt haben, eine Debatte um die Konsumption einer Klage zu führen, die sich ohnedies wegen einer vom Prätor gewährten *exceptio* nicht mehr durchsetzen ließ. Wenn man dagegen, wie unser Fragment zeigt, den Punkt für erörterungsbedürftig hielt, beweist dies, dass die Klage aus der Hauptschuld durchaus noch eine Rolle spielen konnte und eben nicht schon allein aufgrund der Abgabe einer Erfüllungszusage ausgeschlossen war.

1293 ARANGIO-RUIZ, Le genti e la città, S. 54, 62; BESELER, Beiträge II, S. 164; GRADENWITZ, Interpolationen, S. 133 f.; LEVY, Konkurrenz I, S. 63 f.; PHILIPPIN, Constitut, S. 91 f.; PRINGSHEIM, FS Lenel, S. 214; SECKEL, FG Bekker, S. 347; WLASSAK, SZ 33 (1912), S. 94 n.1.

1294 A. a. ROUSSIER, Constitut, S. 38, der auch die Historizität der *dubitatio* bezweifelt.

1295 ZRG 1 (1861), S. 28 (80); vgl. auch ASTUTI II, S. 112; BARON, Gesammtrechtsverhältnisse, S. 305 f.; GIRTANNER, Bürgschaft, S. 398 n. 8.

1296 BRUNS, ZRG 1 (1861), S. 28 (80).

g. Ergebnis

Die Quellen zur Grundkonstellation des unmodifizierten Konstituts zwischen Gläubiger und Schuldner sprechen gegen die Auffassung, dass nach Entstehung der Konstitutsklage kraft prätorischer Novation allein noch diese zur Verfügung stand. Es findet sich kein Hinweis, dass der alten Klage aufgrund des Konstituts eine dauerhafte Einrede entgegenstand. Einer derartigen Einrede hätte auch in der Praxis kaum eine Bedeutung zukommen können: In dem unwahrscheinlichen Fall, dass der Gläubiger nicht die in der Rechtsfolge für ihn günstigere Konstitutsklage, sondern die alte Primärklage erheben wollte, etwa weil er befürchtete, das Konstitut nicht beweisen zu können, hatte der Schuldner keinerlei Interesse daran, die vermeintliche *exceptio in factum* zu erheben, denn dann hätte er beweisen müssen, dass sich der Gläubiger auf das Konstitut eingelassen hatte. Selbst wenn ihm dieser Beweis gelungen wäre, hätte er damit nur einen scheinbaren Sieg errungen. Zwar hätte er die Abweisung der *actio certae creditae pecuniae* erstreiten können, doch wäre er damit sogleich der – schärferen – *actio de pecunia constituta* ausgesetzt gewesen. Darüber hinaus wäre es unbillig, den Gläubiger zu zwingen, zunächst sein Glück mit der Konstitutsklage zu versuchen und ihm erst nach verlorenem Prozess die Möglichkeit zu eröffnen, doch noch die *condictio* zu verwenden. Denn zwar könnte der Schuldner ihm in diesem Fall das Konstitut nicht mehr einredeweise entgegenhalten, doch hätte der Gläubiger aufgrund der *sponsio dimidiae partis* u. U. bereits die Hälfte der Schuldsumme eingebüßt – ein Verlust, den er mit der *condictio* nicht hätte kompensieren können[1297].

Es gibt es also keinen einleuchtenden Grund, warum der Prätor bei einem unmodifizierten Konstitut für die Zeit nach dem *dies constituti* eine peremptorische Einrede gegen die ursprüngliche Klage hätte gewähren sollen.

2. Konstitut mit Modifikationen

Die Interessenlage war aber eine andere, wenn das Konstitut gegenüber der Hauptschuld neben der Bestimmung eines verbindlichen Termins zusätzlich eine Modifikation hinsichtlich des Schuldgegenstandes oder der beteiligten Personen enthielt. Solche Abweichungen waren in den oben dargestellten Grenzen zulässig, d. h. die Parteien konnten etwa weniger konstituieren als geschuldet war[1298] oder vorerst nur Sicherheitsleistung[1299], von alternativ geschuldeten Leistungen nur eine in das

1297 Denn hier konnte er nur die *sponsio tertiae partis* verlangen. Wenn der Schuldner also nach Obsiegen im Prozess um das Konstitut die Hälfte der konstituierten Summe vom Gläubiger verlangen konnte, so könnte er damit bereits die Hälfte der alten Schuld beim Gläubiger tilgen – kaum ein billiges Ergebnis.

1298 Paulus D. 13, 5, 13 (29 ed.).

1299 Ulpian D. 13, 5, 14, 1 und 2 (27 ed.); Paulus D. 13, 5, 21, 2 (29 ed.).

Konstitut übernehmen[1300], oder sogar, den Grundsätzen der *datio in solutum* entsprechend, gleichwertige Sachen einer anderen Gattung an die Stelle des nach der alten Obligation geschuldeten Gegenstands setzen[1301]. Außerdem war es möglich, nur an einen von mehreren Gläubigern zu konstituieren[1302] oder auch an einen Dritten[1303]; das Konstitut konnte einen in der alten Schuld nicht vorgesehenen *solutionis causa adiectus* benennen[1304] oder einen derartigen Empfangsberechtigten, der in der Hauptschuld vorgesehen war, unerwähnt lassen[1305]. Schließlich konnte ein Dritter dem Gläubiger konstituieren, sog. *constitutum debiti alieni*[1306].

In all diesen Fällen war das Konstitut wirksam. Wie aber wirkte es sich auf die Hauptschuld aus? Die Quellen erwecken zum Teil den Eindruck, das Verhältnis zwischen den Parteien richte sich dann insgesamt ausschließlich nach dem Konstitut. Das könnte in der Tat auf den Novationsgedanken zurückzuführen sein, den Gedanken also, dass von zwei Rechtsakten, die denselben Schuldgegenstand betreffen, nur der zeitlich spätere gilt, wenn er den ersten nicht bloß wiederholt[1307]. Charakteristisch für die Novation war allerdings, dass der Inhalt des zweiten Geschäfts für beide Parteien bindend war: Die alte Regelung war schlicht erloschen und weder der Schuldner noch der Gläubiger konnte sich für die Zukunft auf sie berufen.

Beim Konstitut ergab sich eine derartige Bindung unmittelbar indes lediglich für den Schuldner: Er konnte sich nur noch durch eine dem Konstitut entsprechende Leistung von j e g l i c h e r Haftung befreien. Da der Blickwinkel der Klassiker auch hier einseitig auf die Haftung des Schuldners und die dem Gläubiger zustehende Konstitutsklage beschränkt ist, können wir auf die Auswirkungen der genannten Modifikationen auf die Berechtigung des Gläubigers, nach wie vor mit der Klage aus der *obligatio sortis* gegen den Schuldner vorzugehen (und damit auf die Bindungswirkung auch für den Gläubiger), nur mittelbar schließen.

1300 Papinian D. 13, 5, 25 pr. (8 quaest.).

1301 Also etwa Geld statt Getreide, Ulpian D. 13, 5, 1, 5 (27 ed.); wohl auch Getreide statt Geld oder Weizen statt Gerste, vgl. Bruns, ZRG 1 (1861), S. 28 (103), der jedoch mit Unrecht in D. 13, 5, 21 pr. und 23 die Möglichkeit anerkannt findet, dass Geld anstelle von Speziessachen konstituiert werden konnte.

1302 Paulus D. 13, 5, 10 (27 ed.).

1303 Ulpian D. 13, 5, 5, 2 (29 ed.), von Astuti II, S. 161 f., Beseler, Beiträge IV, S. 260 f. und Karadeniz, Constitutum, S. 188 ff. zu Unrecht verdächtigt, s. o. S. 248 ff.

1304 D. 13, 5, 30 = PS 2, 2, 3.

1305 D. 13, 5, 8 (Paulus 27 ed.) und 9 (Papinian 8 quaest.); 46, 3, 59 (Paulus 2 Plaut.).

1306 Ulpian D. 13, 5, 5, 2 (29 ed.); C. 4, 18, 1.

1307 Vgl. etwa Zimmermann, Obligations, S. 634 f. und Kaser, RP I, S. 647 ff., beide mit weiteren Nachweisen zur Literatur.

a. *Constitutum debiti alieni*

Beginnen wir mit dem *constitutum debiti alieni*. Betrachteten die Römer das Konstitut als potentiell novatorischen Akt, musste sich bei Konstitut fremder Schuld dasselbe Problem ergeben, das sie auch bei einer *ex intervallo* vorgenommenen Stipulation nach dem Muster „*Quod Seius mihi debet, dare spondes?*" beschäftigte: Sollte der Versprechende neben den bisherigen Schuldner treten oder sollte er ihn ersetzen[1308]? In den Quellen findet sich jedoch kein einziger Text, dem sich entnehmen ließe, dass der Gläubiger den Hauptschuldner nicht mehr in Anspruch nehmen konnte oder dass die Klassiker dies auch nur als Möglichkeit in Betracht zogen. Im Gegenteil: Fr. 28 erklärt ausdrücklich, dass die Schuld *ex constituto* neben die Schuld *ex sorte* trat. Da Gaius dort ursprünglich das *receptum argentarii* behandelte und erst die Kompilatoren den Text auf das Konstitut umschrieben[1309], wäre dies allein ein schwacher Beweis, wenn nicht andere Entscheidungen in dieselbe Richtung deuteten.

Einen ersten Anhaltspunkt liefert fr. 5, 3. Wir erfahren zunächst nur, dass Lucius Titius im Auftrag des Seius zugesagt hatte, an dessen Stelle für nachgewiesene Verbindlichkeiten aufzukommen; was wir nicht erfahren, ist, ob allein durch diese Zusage Seius frei wurde. Das darf indes bezweifelt werden: Der Brief des Titius stellt eine einseitige Zusage dar. Ohne eine entsprechende Verzichtserklärung des Gläubigers ist nicht einzusehen, warum dieser seinen eigentlichen Schuldner verlieren sollte. Außerdem führt Ulpian in fr. 5, 8 weiter aus, dass mit der Konstitutsklage auch Vertreter hafteten, soweit sie die Begleichung von Verbindlichkeiten ihrer Schutzbefohlenen zugesagt hatten. Wer wird hier ernstlich annehmen wollen, dass letztere stets durch eine Erfüllungszusage ihres Vertreters frei wurden?

Das – echte[1310] – Fragment 24 unseres Titels behandelt gerade das Konstitut eines gesetzlichen Vertreters. Marcellus befindet, dass ein Vormund, der Zahlung für seine Mündel zugesagt hatte, allein dadurch nicht an deren Stelle getreten war. Dies hätte, so fährt er fort, nur dann geschehen können, wenn zusätzlich eine Stipulation erfolgt wäre. Der Jurist unterscheidet also Konstitut und Stipulation gerade nach ihrer (novatorischen) Wirkung und erkennt im Falle des bloßen Konstituts auf eine Haftung des Konstituenten n e b e n den Schuldnern der Hauptverbindlichkeit[1311].

1308 Vgl. Zimmermann, Obligations, S. 634 f.

1309 S. Lenel, Palingenesia, Bd. I, Sp. 198 f.; Astuti II, S. 114.

1310 So mit Recht Zülch, Der liber singularis responsorum des Ulpius Marcellus, S. 50; a. A. LaRosa, Labeo 43 (1997), S. 202 (208); dagegen o. S. 177 ff.

1311 Vgl. zu dieser Stelle ausführlich oben S. 177 ff.

Ein Fall des *constitutum debiti alieni* liegt auch in D. 15, 3, 15 vor. Ulpian befindet, dass ein Haussohn, der eine Schuld seines Vaters konstituiert, zwar sich selbst verpflichte, den Vater aber nicht befreie. Dass die Zweifel der Lehre an der Echtheit der Stelle nicht berechtigt sind, ist bereits oben erwiesen[1312]. Die Lösung Ulpians beruht auch nicht etwa auf Besonderheiten, die sich aus der väterlichen Gewalt und der Vermögensidentität der Beteiligten ergeben. Dass Ulpian hier nicht einmal erwägt, ob dem Konstitut befreiende Wirkung zukomme, spricht eine deutliche Sprache.

Schließlich ist noch die Entscheidung der Kaiser Diocletian und Maximian in C. 8, 41 (42), 7 – also aus dem Codex-Titel *de novationibus et delegationibus* – zu untersuchen. Hier legt immerhin die Titelüberschrift nahe, dass es um die novatorische Wirkung eines auf Anweisung erteilten Konstituts fremder Schuld gehen könnte.

> C. 8, 41 (42), 7 (Impp. Diocletianus et Maximianus AA. et CC. Zoilo):
> Si solvere tibi pecuniam delegatus Eucarpus dare spopondit vel debitum constituit, suo nomine conveniri potest. Alioquin adversus eum experiri pro chirographario debitore tuo frustra conaris. [*a. 294 s. xvii k. Ian. cc. conss.*]

Zoilus hatte sich an die kaiserliche Kanzlei gewandt mit der Frage, ob er einen gewissen Eucarpus gerichtlich auf dessen eigene Rechnung (*suo nomine*) belangen könne. Ein Schuldner des Zoilus, der ihm mittels Schuldurkunde verpflichtet war, hatte nämlich Eucarpus die Anweisung erteilt, an Zoilus zu zahlen[1313]. Offenbar konnte oder wollte Zoilus gegen seinen Schuldner nicht vorgehen und an seiner Stelle den Eucarpus in Anspruch nehmen, an den man ihn verwiesen hatte. Auf die bloße Anweisung des Schuldners allein, so ist die Antwort der Kaiser zu verstehen, ließ sich aber noch keine Klage stützen, denn – so ergänzen wir den Gedankengang – das römische Recht kannte keinen Vertrag zugunsten eines Dritten. Um Eucarpus selbst belangen zu können, bedurfte es daher zusätzlich eines schuldbegründenden Aktes des Eucarpus gegenüber Zoilus, nämlich eines förmlichen Versprechens oder zumindest einer Zahlungszusage.

Den Zusatz *vel debitum constituit* hält man für interpoliert, erstens weil der Ausdruck *debitum constituere* in klassischen Quellen sonst nicht vorkommt[1314],

1312 S. o. S. 156 f.

1313 Wie das spätere *dare* zeigt, ist *solvere* nicht Inhalt des erforderlichen Versprechens des Eucarpus, sondern Inhalt der Anweisung des unbenannten Schuldners des Zoilus an Eucarpus.

1314 In der Regel habe man *pecuniam constituere* oder einfach *constituere* verwendet, vgl. FREZZA, Garanzie I, S. 243; ASTUTI II, S. 274 n. 28 unter Berufung auf SEGRÈ, Garanzie personali, S. 257; ROUSSIER, Constitut, S. 157 f.

zweitens weil die Zusammenstellung von Stipulation und Konstitut an die Reformkonstitution des Jahres 531 sowie die Nov. 115 erinnert[1315], und drittens weil der Text sich im Titel *de novationibus et delegationibus* findet, das Konstitut aber keine Novation wirkte[1316]. Ganz abgesehen davon, dass das zuletzt genannte Argument in unserem Zusammenhang zirkulär wäre, ist zu bedenken, dass der Text offensichtlich eine Zahlungsanweisung, keine Verpflichtungsanweisung behandelt. Für die Lösung des vorgetragenen Problems war also vollkommen irrelevant, ob Stipulation oder Konstitut neben die Hauptschuld getreten war oder sie ersetzen sollte, denn unabhängig von der novatorischen Wirkung des Geschäfts könnte Zoilus den Delegaten Eucarpus in beiden Fällen persönlich belangen. Zum anderen impliziert die Titelüberschrift nicht, dass jede Konstitution Delegation u n d Novation behandelt. In c. 8 dieses Titels etwa geht es allein um *novatio*, warum also nicht auch in c. 7 allein um *delegatio* (*solvendi*)? Nicht stichhaltiger sind die zuerst genannten Einwände, denn zum einen gebraucht auch Justinian *debitum constituere* sonst nicht[1317], zum anderen finden sich Stipulation und Konstitut auch in klassischen Texten nebeneinander[1318]. Tatsächlich gibt die Entscheidung für die Frage nach den Auswirkungen des Konstituts auf die Hauptschuld nichts her.

Die Quellen bieten also keinen Anlass, an der Richtigkeit der Aussage des – interpolierten – fr. 28 D. h. t. zu zweifeln, dass das Konstitut eines Dritten für fremde Schuld die Hauptobligation unberührt ließ. Es zeigt sich einmal mehr, dass auch die nachgewiesene Bearbeitung eines Textes durch die Kompilatoren nicht zwangsläufig die Unechtheit seiner Aussage beweist.

1315 Roussier, Constitut, S. 137 und n. 2 merkt an, die Formulierung sei wie ein Echo der Nov. 115, Kap. 6 und könne nicht aus dem Jahr 294 stammen. Darüber hinaus sei das Fragment noch in anderer Hinsicht verdorben (S. 138 und n.1): Die Konstruktion *si solvere tibi pecuniam delegatus Eucarpus dare spopondit* sei unverständlich, man müsse eher lesen *si roganti tibi pecuniam etc.* – Roussier verkennt hier, dass *solvere* den Inhalt der Anweisung beschreibt; unklar Astuti, der zwar II, S. 156 n. 13 noch festhält, die Delegation sei *solvendi causa* erfolgt, wenige Seiten später (II, S. 161 f., vgl. auch II, S. 274 mit n.28) aber die Stelle als Beleg dafür anführt, dass im justinianischen Recht das Konstitut eine „vera e propria forma di negozio delegatorio" habe darstellen können.

1316 Roussier, Constitut, S. 137; noch in der ersten Konstitution des Titels werde hervorgehoben, dass eine Delegation nur mittels *stipulatio* rechtswirksam auszuführen sei. Dort geht es aber um eine *delegatio promittendi*.

1317 Er spricht entweder von *pecuniam constituere* oder *pro debito constituere*, vgl. C. 4, 18, 2 und 3; Nov. 4 und 115 Kap. 6.

1318 Etwa in D. 13, 5, 1, 4 und 24. – Man wende nicht ein, dass dort das Konstitut der Stipulation gegenübergestellt und von ihr abgegrenzt wird: allein die Tatsache, dass es einer Abgrenzung bedurfte, zeigt deutlich, dass die Klassiker sich einer gewissen Ähnlichkeit beider Geschäfte durchaus bewusst waren.

b. Konstitut einer Wahlschuld – Papinian D. 13, 5, 25 pr.

Auch in anderen Fällen der Abweichung des Konstituts von der Hauptschuld hat die romanistische Lehre geglaubt, Belege für seine novierende bzw. modifizierende Wirkung zu finden. Derartige Rückschlüsse will man unter anderem aus einer Entscheidung Papinians ziehen, die das Konstitut im Falle einer Wahlschuld behandelt.

> D. 13, 5, 25 pr. (Papinian 8 quaestionum):
> Illud aut illud debuit et constituit alterum: an vel alterum quod non constituit solvere posset, quaesitum est. Dixi non esse audiendum, si velit hodie fidem constitutae rei frangere.

Der Schuldner einer Alternativobligation hat zugesagt, diese durch die eine der beiden zur Wahl stehenden Leistungen zu erfüllen. Später entscheidet er sich anders und will sich nun doch mit der anderen, nicht ins Konstitut übernommenen Leistung befreien. Papinian befindet, mit diesem Wunsch sei der Schuldner nicht zu hören, seine Treupflicht (*fides*) binde ihn an die Erfüllungszusage[1319].

Umfang und Wirkung dieser Bindung sind der Schlüssel zum richtigen Verständnis des Textes. Die ältere romanistische Lehre hat die Lösung Papinians ganz überwiegend wie folgt aufgefasst: Infolge des Konstituts konnte der Schuldner die Hauptschuld nur noch mit der konstituierten Leistung erfüllen und nicht mehr mit der anderen. Zur Begründung dieses Ergebnisses hat man eine Gleichstellung von Konstitut und Zahlung angenommen[1320], bzw. im Konstitut bereits den Beginn der Erfüllung[1321] oder die endgültige und unwiderrufliche Ausübung des Wahlrechts gesehen[1322]. Häufig wird die Stelle auch als Beweis für die novatorische Wirkung des Konstituts herangezogen[1323]. Die heute herrschende Lehre hat im Anschluss an BESELERS[1324] lakonische Kritik das Fragment für interpoliert erklärt und eine Rekonstruktion vorgeschlagen,

---

1319 Anders KAPPEYNE, Abhandlungen, S. 256 f., der annimmt, dass Papinian den Begriff *constituere* hier untechnisch verwende. Der palingenetische Zusammenhang widerlegt diese Vermutung: Im folgenden § 1 des fr. 25 geht es unzweifelhaft um ein Konstitut im technischen Sinne; bemerkenswert ist auch, dass fr. 9 unseres Titels, welches wie fr. 8 dem 8. Buch der Quästionen Papinians entnommen ist, eine analoge Problematik im Bereich des Konstituts behandelt, s. TONDO, Labeo 4 (1959), S. 208 (222 und 227 n. 74).

1320 KAPPEYNE, Abhandlungen, S. 256 f.

1321 HUSCHKE, AcP 65 (1882), S. 240 (254): „Eine hinsichtlich der Wahl des zu zahlenden schon so gut wie vollendete Erfüllung".

1322 Vgl. PHILIPPIN, Constitut, S. 67; FREZZA, Garanzie I, S. 262 ff.; RICART MARTI, Rev. Univ. Compl. 1990, S. 241 (252 f.).

1323 GIRARD, Manuel, S. 642 f.; WILLEMS, Mel. Cornil 2, S. 617 und n. 3.

1324 SZ 45 (1925), 438: „1) *audiendus est*: nicht selten unecht; 2) *hodie*: überflüssig, seltsam; 3) *fidem frangere*: konstitutional".

die den Text in sein Gegenteil verkehrt: *dixi [non esse audiendum, si velit hodie fidem constitutae rei frangere] <posse>*. Demnach konnte der Schuldner sich auch weiter durch die konstitutswidrige Leistung von der Hauptschuld befreien[1325].

Die Zweifel an der Echtheit der Entscheidung überzeugen nicht: Die schwachen formalen Anzeichen, auf die Beseler hingewiesen hat, können seinen schwerwiegenden Eingriff in die Substanz des Textes nicht rechtfertigen. Dasselbe gilt für die von Astuti vorgebrachten Sachgründe. Unter Hinweis auf D. 2, 14, 27, 6[1326] hält er für ausgeschlossen, dass eine einfache formlose Abrede zur Konzentration einer in Stipulationsform begründeten Wahlschuld auf eine der Alternativen führen konnte[1327]. Der zweite Teil des zitierten Textes besagt zwar genau das Gegenteil, doch schreibt Astuti diesen Teil ebenfalls den Kompilatoren zu. Die Berechtigung seiner Interpolationsvermutung ist zweifelhaft: Frezza hat gezeigt, dass die Lösung des Paulus in D. 2, 14, 27, 6 mit den Grundsätzen des klassischen Rechts durchaus in Einklang steht[1328]. Selbst wenn man jedoch mit Astuti einem *pactum de non petendo* über eine der alternativ geschuldeten Leistungen stets Gesamtwirkung auch gegenüber der anderen zuerkennen wollte, würde fr. 25 pr. unseres Titels diesen Grundsatz nicht verletzen[1329]. Wie die h. M. geht nämlich auch Astuti von der Vorstellung aus, die Entscheidung im Text beziehe sich auf die Hauptschuld, die in der Weise modifiziert würde, dass der Schuldner sie nicht mehr mit der konstitutswidrigen Leistung erfüllen könne. Dieser Ansicht folgt nun auch Platschek[1330].

Das ist ein Irrglaube. Die Haftung *ex constituto* ist scharf von der Schuld *ex sortis obligatione* zu unterscheiden. Wir haben bereits des Öfteren festgestellt, dass die Juristen im Titel *de pecunia constituta* die Wirkungen des Konstituts sehr einseitig erörtern. Wenn es darum geht, ob und wie der Konstituent leisten muss, so ist die Fragestellung stets auf die Haftung aus der Konstitutsklage bezogen. Auch die Lösung Papinians ist in diesem Sinne zu verstehen: Der Gläubiger musste sich nicht auf das Angebot des Schuldners, die andere Leistung

1325 Vgl. Astuti II, S. 120 f.; Grosso, Obbligazioni, S. 217; Roussier, Constitut, S. 86; Segrè, Garanzie, S. 263 und n. 1.

1326 Paul. 3 ed.: *Sed si stipulatus decem aut Stichum, de decem pactus sim et petam Stichum aut decem: exceptionem pacti conventi in totum obstaturam: nam ut solutione et petitione et acceptilatione unius rei tota obligatio solveretur, ita pacto quoque convento de una re non petenda interposito totam obligationem summoveri. sed si id actum inter nos sit, ne decem mihi, sed Stichus praestetur: possum efficaciter de Sticho agere, nulla ex-ceptione opponenda. idem est et si de Sticho non petendo convenerit.*

1327 Astuti II, S. 122 f. und n. 39/40; a. A. Frezza, Garanzie I, S. 263 ff.

1328 Garanzie I, S. 264 f.

1329 Vgl. Tondo, Labeo 4 (1959), S. 208 (223).

1330 Edikt, S. 90 f.; dazu unten S. 451 ff.

zu erbringen, einlassen. Mochte er auch im Hinblick auf die Hauptschuld in Annahmeverzug geraten, so konnte er doch, wenn der Schuldner am *dies constituti* nicht die konstituierte Alternativleistung erbrachte, aus der Konstitutsklage vorgehen, ohne dass ihm der Konstituent hätte entgegenhalten können, es habe am Kläger gelegen, dass die Leistung nicht erfolgt war[1331].

Nahm der Gläubiger dagegen die nicht konstituierte Leistung an, so hatte der Schuldner damit die Hauptschuld erfüllt, aber nicht ohne weiteres auch die Verpflichtung *ex constituto*. Dennoch war er der *actio de pecunia constituta* nicht ausgesetzt, da in diesem Fall der Grund für die konstitutswidrige Leistung letztlich in der Annahme des Leistungsangebots durch den Gläubiger zu sehen ist. Erfolgte die Annahme vor dem *dies constituti*, so wird man davon auszugehen haben, dass der Konstituent der späteren Inanspruchnahme entgegenhalten durfte, *per actorem stetisse, quominus fieret quod constitutum est*, die Konstitutsklage sei daher nicht entstanden[1332]. Fand die Annahme nach dem Termin statt, so ist an die bereits erwähnte Verfallsbereinigung zu denken.

Was den Fortbestand der alten Klage nach der Zusage betrifft, so gilt auch hier das oben Gesagte: Keine der Parteien hatte ein echtes Interesse an deren Erlöschen. Der Schuldner nicht, weil er aus dieser Klage ohnehin nur auf *illud aut illud* verklagt werden konnte[1333], sich also ggf. durch Erbringung der von ihm favorisierten Leistung befreien konnte. Der Gläubiger nicht, weil ihm damit ein alternatives Prozessmittel entging, das ihm für den Fall der Nichtbeweisbarkeit des Konstituts durchaus noch Vorteile bringen mochte.

Die Lösung Papinians beruht also nicht auf einer novatorischen oder sonst modifizierenden Wirkung, die das Konstitut auf die Hauptschuld ausübte, sondern gerade auf der strengen Unterscheidung der beiden Geschäfte und ihrer Folgen sowie dem eingeschränkten Blickwinkel, unter dem der Jurist den Fall untersucht.

c. Konstitut und *solutionis causa adiectus*

Eine Art Wahlrecht behandeln auch einige Texte, in denen es um die Rolle eines Dritten geht, an den der Schuldner leisten durfte.

> D. 13, 5, 7, 1 (Ulpian 27 ad edictum):
> Si "mihi aut Titio" stipuler, Titio constitui suo nomine non posse Iulianus ait, quia non habet petitionem, tametsi solvi ei possit.

1331 In diesem Sinne Tondo, Labeo 4 (1959), S. 208 (223 f.).

1332 Denkbar ist auch eine *exceptio doli*, vgl. Tondo, Labeo 4 (1959), S. 208 (224).

1333 Intendierte der Kläger nur eine der Leistungen, lag eine *pluris petitio* vor mit der Folge, dass er insgesamt abgewiesen wurde, vgl. Gai. 4, 53d.

Der Gläubiger hatte sich in Stipulationsform eine Leistung versprechen lassen. Das Formular lautete *Spondesne mihi aut Titio dari?*, sah also vor, dass der Schuldner wahlweise an den Gläubiger oder den Titius zahlen sollte. Da das römische Recht keinen echten Vertrag zugunsten Dritter kannte, legte man solche Versprechen dahin aus, dass der Dritte zwar nicht Gläubiger wurde, der Schuldner jedoch mit befreiender Wirkung an ihn leisten durfte[1334]. Den Dritten bezeichnete man in solchen Fällen als *solutionis causa adiectus*. Julian und Ulpian befinden, dem *adiectus* könne man *suo nomine*, d. h. als einem Gläubiger, nicht wirksam konstituieren, weil er eben nicht Inhaber der Forderung sei[1335].

aa. Exposition der Quellen und Meinungen

Auch das Konstitut konnte die Möglichkeit der Zahlung an einen *adiectus* vorsehen:

> D. 13, 5, 8 (Paulus 29 ad edictum):
> Si vero mihi aut Titio constitueris te soluturum, mihi competit actio. quod si, posteaquam soli mihi te soluturum constituisti, solveris Titio, nihilo minus mihi teneberis.

Paulus stellt im ersten Teil des Textes fest, dass ein solches Konstitut im Falle der Nichterfüllung nur dem Zusageempfänger die Konstitutsklage verschaffte, nicht aber dem *adiectus*[1336]. Ob bereits die Hauptschuld einen *adiectus* enthalten hatte oder nicht, erfahren wir nicht; ebenso wenig, ob es für die Lösung darauf ankam[1337].

Interessanter (und äußerst umstritten) ist der zweite Satz des Fragments. Der Konstituent hatte, soweit besteht Einigkeit, zunächst Zahlung allein an den Gläubiger (*soli mihi*) zugesagt und dann doch an den *adiectus* Titius gezahlt. Fraglich ist zunächst auch hier, ob eine Hauptschuld des Inhalts *mihi aut Titio* zugrundelag oder ob der *adiectus* erstmals in dem (früheren) Konstitut (des

1334 Vgl. Cugia, L'adiectus solutionis causa (1919); Kaser, RP I, S. 637; Solazzi, L'estinzione dell'obbligazione, S. 54 ff.; Zimmermann, Obligations, S. 752 f.

1335 Der Zusatz *suo nomine* ist erforderlich, da ihm – ein entsprechendes Innenverhältnis zum Gläubiger vorausgesetzt – als einem Vertreter des Gläubigers nach dem in fr. 5, 2 festgehaltenen Grundsatz ohne weiteres eine wirksame Zusage erteilt werden konnte.

1336 Der umständlichen Erklärung, die LaRosa, Index 36 (2008), S. 277 (281 ff.) für diesen Satzteil entwickelt, bedarf es nicht: Paulus beantwortet schlicht die Frage, welcher der beiden in Betracht kommenden Personen (dem *adiectus* oder dem Gläubiger) die Konstitutsklage zustehe.

1337 Es spricht aber einiges dafür, dass dies nicht der Fall war: Wer zugesagt hatte, zu einem bestimmten Zeitpunkt an A oder B zu zahlen und dann weder an A noch an B leistete, musste nach dem Zweck des Edikts *de pecunia constituta* unabhängig davon haftbar sein, ob er ursprünglich Zahlung nur an A oder wahlweise an A oder B geschuldet hatte.

ersten Satzes) aufgetaucht war. Der Text ist nicht eindeutig. RICART MARTI[1338] geht – ohne weitere Begründung[1339] – von einer Hauptschuld ohne *adiectus* aus. Die bislang herrschende Lehre ist gegenteiliger Auffassung[1340] und sieht im Übrigen im zweiten Satz eine gegenüber dem ersten eigenständige Fallvariante[1341]. Satz 2 behandele folgenden Fall: Der Konstituent schuldete Zahlung an den Gläubiger oder den *adiectus*, sagte dann Zahlung allein an den Gläubiger zu und zahlte schließlich zusagewidrig an den *adiectus*. Die Folge: Er haftete trotz Zahlung noch einmal auf den vollen Betrag[1342].

Demgegenüber haben in jüngerer Zeit mehrere Autoren (nämlich RICART MARTÌ, gefolgt von LAROSA und ANKUM) die Ansicht KAPPEYNES und SERAFINIS aufgegriffen, nach der wir es mit zwei aufeinanderfolgenden Konstituten derselben Hauptschuld (ohne *adiectus*) zu tun haben sollen, nämlich
(1) dem *mihi aut Titio* abgefassten in fr. 8 S. 1 und
(2) einem weiteren in der Form *soli mihi* in Satz 2[1343].

Paulus behandelt also nach dieser Lehre in fr. 8 nicht zwei unterschiedliche Fälle, sondern nur einen einzigen, den er in Satz 1 aufstellt und in Satz 2 fortentwickelt. Dies folge aus dem *posteaquam*, dessen Bedeutung die Parallelstelle in den Basiliken zutreffend wiedergebe. Diese lautet:

1338 RICART MARTI, Rev. Fac. Der. Univ. Compl. 1990, S. 241 (244).

1339 Als Gewährsmann beruft sie sich (Rev. Fac. Der. Univ. Compl. 1990, S. 241 (244 n. 10)) auf ASTUTI II, S. 125 n. 1, der jedoch gerade das Gegenteil vertritt.

1340 Vgl. ASTUTI II, S. 125 n. 1; FREZZA, Garanzie I, S. 266; ebenso HUSCHKE, AcP 65 (1882), S. 240 (240 f.); BINDER, Korrealobligationen, S. 417 f.; WILLEMS, Mel. Cornil II, S. 621 n. 5; TONDO, Labeo 4 (1958), S. 225; SCHMIEDER, Duo rei, S. 117.

1341 Dies zeige schon das einleitende *quod si*, s. ASTUTI II, S. 125 n. 1; FREZZA, Garanzie I, S. 266; HUSCHKE, AcP 65 (1882), S. 240 ff.; BINDER, Korrealobligationen, S. 417 f.; WILLEMS, Mel. Cornil II, S. 621 n. 5; TONDO, Labeo 4 (1958), S. 225; SCHMIEDER, Duo rei, S. 117; auch SCHNABEL, Solutionis causa adiectus, S. 135 f. hält dies für die wahrscheinlichere Möglichkeit.

1342 S. etwa ASTUTI II, S. 125 ff., der diese Lösung jedoch für unvereinbar mit dem klassischen Recht hält und annimmt, der Schuldner müsse durch die Zahlung an den *adiectus* der Hauptschuld frei geworden sein; PRINGSHEIM, SZ 42 (1921), S. 643 (653) hingegen äußert keine Zweifel an der Echtheit der Stelle, ebenso wenig wie BRUNS, ZRG 1 (1861), S. 28 (82 f.), FUCHS, AcP 42 (1859), S. 172 (178) und HUSCHKE, AcP 65 (1882), S. 240 ff.

1343 RICART MARTI, Rev. Fac. Der. Univ. Compl. 1990, S. 241 (244); LAROSA, Index 36 (2008), S. 277 (281); KAPPEYNE, Abhandlungen, S. 257 und n. 4; ANKUM Studi Giovanni Nicosia, Bd. 1, S. 139 ff.; Essays in Roman Law and Legal History dedicated to Janusz Sondel, Krakau 2008, S. Mèmoires de la Société du Droit et des Institutes des Anciens Pays Bourguignons, Comtois et Romands 65 (2008), S. 91 ff.; SERAFINI AG 17 (1876), S. 406; vgl. auch SCHWARZ, Grundlagen der condictio, S. 49.

Basiliken 26, 7, 8[1344]:

Εἰ δὲ ἀντιφωνήσεις ἐμοὶ ἢ Πέτρῳ καταβαλεῖν, ἐμοὶ ἁρμόζει ἡ ἀγωγή. καὶ ἐὰν ὕστερον ἀντιφωνήσῃς ἐμοὶ μόνον καταβαλεῖν καὶ δῷς Πέτρῳ, οὐδὲν ἧττον ἐνέχῃ μοι.

Wenn du zugesagt hast, mir oder dem Petros zu zahlen, steht mir die Klage zu. Und wenn du später zusagst, mir allein zu zahlen und [das Geld] dem Petros gibst, haftest du mir gleichwohl.

Der Text löst den lateinischen Nebensatz *posteaquam rell.* auf und verschiebt ihn auf die Ebene des *solveris Titio*. Das *posteaquam* übersetzt er mit ὕστερον, also nicht „nachdem", sondern „später". Bezugspunkt dieses Komparativs ist der erste Satz.

Nach der herrschenden Lehre zeigt diese Übersetzung nur eins, nämlich dass schon ihrem byzantinischen Verfasser derselbe Verständnisfehler unterlaufen ist wie den Vertretern der Gegenansicht[1345].

Geht man vom Ansatz der herrschenden Meinung aus, scheint fr. 8 allerdings im Gegensatz zu einem Ausspruch desselben Juristen in anderem Zusammenhang (*de solutionibus et liberationibus*) zu stehen:

D. 46, 3, 59 (Paulus l. 2 ad Plautium):
Si ita stipulatus sim: 'mihi aut Titio dare spondes?' et debitor constituerit se mihi soluturum, quamvis mihi competat de constituta actio, potest adhuc adiecto solvere. [...]

Der Schuldner hatte hier zunächst in Stipulationsform versprochen, an den Gläubiger oder den *adiectus* zu zahlen, und dann dem Gläubiger Zahlung zugesagt. Die Lösung: Der Schuldner könne – obwohl dem Gläubiger die Konstitutsklage zustehe – nach wie vor an den *adiectus* zahlen.

In fr. 8 haftet also der Schuldner trotz Zahlung, in fr. 59 soll er trotz seiner Zusage noch mit gesamtbefreiender Wirkung an den *adiectus* zahlen dürfen. Während die Textkritik darum streitet, welches der beiden Fragmente verdorben sei[1346], kehrt Frezza zu einer *conciliatio* der Glossatoren zurück[1347]. Diese hatten

1344 A IV 1298 Sch.; III 136 Hb.

1345 Vgl. Huschke, AcP 65 (1882), S. 240 (241 f.); zustimmend Astuti II, S. 125 n. 1; i. E. ebenso Frezza, Garanzie I, S. 266; ebenso jetzt Schnabel, Solutionis causa adiectus, S. 135; Platschek, Edikt, S. 87.

1346 Pringsheim, SZ 42 (1921), S. 653 n. 9 hält fr. 59 für interpoliert und emendiert wie folgt: *<quia> mihi competat de constituta actio, <non> potest adhuc adiecto solvere.* – Astuti II, S. 126 ff. tritt hingegen mit Beseler, SZ 45 (1925), S. 433 (439) für eine Veränderung von fr. 8 ein, die wie folgt zu korrigieren sei: [*nihilo minus*] *mihi <non> teneberis*; ebenso Segrè, Garanzie personali, S. 263 n. 3; Solazzi, L'estinzione dell'obbligazioni, S. 64 n. 3 konstatiert lediglich den Widerspruch beider Fragmente.

1347 Frezza, Garanzie I, S. 266 und n. 1; i. E. ebenso Bruns, ZRG 1 (1861), S. 28 (82 n. 75); Fuchs, AcP 42 (1859), S. 172 (178); Huschke, AcP 65 (1882), 240 (241); so jetzt auch Schnabel, Solutionis causa adiectus, S. 130 f. und – mit etwas anderer Herleitung – Platschek, S. 96 f.; ablehnend Astuti II, S. 126 n. 2; Tondo, Labeo 4 (1959), S. 208 (224).

den Widerspruch beseitigt, indem sie eine Distinktion einführten: Hatte der Schuldner lediglich allgemein Erfüllung zugesagt (was man bei fr. 59 annahm), war eine Zahlung an den *adiectus* nach wie vor ausreichend; nur wenn er ausdrücklich zugesagt hatte, ausschließlich an den Gläubiger zu zahlen (also wie in fr. 8), haftete er trotz Zahlung weiter[1348]. Frezza folgert daher, ein Konstitut *soli mihi* beseitige die Empfangsberechtigung des *adiectus*[1349], nimmt also eine Veränderung der Hauptschuld selbst an. Zu dieser Annahme scheint auch das von den Kompilatoren in den Paulustext eingestreute nachfolgende Zitat Papinians zu passen:

> D. 13, 5, 9 (Papinian 8 quaestionum):
> Titius tamen indebiti condictione tenebitur, ut quod ei perperam solutum est ei qui solvit reddatur.

Titius (der *adiectus*) soll für die ohne befreiende Wirkung (*perperam*) an ihn geleistete Zahlung mit der Bereicherungsklage haften, damit demjenigen, der gezahlt hat, die Leistung zurückerstattet werde. Da eine *condictio indebiti* vom *adiectus* nur dann stattfand, wenn dieser in Wahrheit keiner war und der Leistende ihn nur irrtümlich für einen solchen gehalten hatte[1350], muss hier – folgt man Frezza – die Empfangszuständigkeit des Titius durch das Konstitut beseitigt worden sein[1351], das Konstitut also die Hauptschuld in diesem Punkt modifiziert haben.

Demgegenüber finden LaRosa und Ankum den entscheidenden Unterschied zwischen den beiden Fragmenten darin, dass dem Konstitut ohne *adiectus* einmal (in fr. 8) ein Konstitut, einmal (in fr. 59) eine Stipulation vorausgegangen sei. Die Erfüllungszusage des Schuldners habe nur das frühere Konstitut, nicht aber eine Stipulation novieren können[1352].

1348 Vgl. die Glosse *soli mihi* zu fr. 8: *hoc expresso: alias posset solvi adiecto prioris obligationis.* Es bedurfte also der ausdrücklichen Zusage, die Zahlung werde allein an den Gläubiger erfolgen, um dem Konstituenten die Befugnis zur Zahlung an den *adiectus* zu nehmen; vgl. auch die Glosse *potest* zu D. 46, 3, 59.

1349 Frezza, Garanzie I, S. 206; vgl. auch Bruns, ZRG 1 (1861), S. 28 (82 n. 75); Fuchs, AcP 42 (1859), S. 172 (178); Huschke, AcP 65 (1882), 240 (241); Binder, Korrealobligationen, S. 415 n. 37.

1350 War der *adiectus* hingegen tatsächlich in dem schuldbegründenden Akt benannt und lediglich die Leistung nicht geschuldet, musste der Schuldner bei dem Gläubiger kondizieren, s. Paulus D. 46, 3, 59 (2 Plaut.) und Julian D. 46, 3, 34 pr. (54 dig.); dazu etwa Brandis, Rhein. Museum für Jurisprudenz 5 (1833), S. 257 (296 ff.); Voigt, Condictiones ob causam, S. 670 f. und n. 599.

1351 So schon Brandis, Rhein. Museum für Jurisprudenz 5 (1833), S. 257 (310 f.); nunmehr auch Schnabel, Solutionis causa adiectus, S. 137 f.

1352 LaRosa, Index 36 (2008), S. 277 (282 f.); Ankum Studi Giovanni Nicosia, Bd. 1, S. 139 (145 ff.); Mèmoires de la Société du Droit et des Institutes des Anciens Pays Bourguignons, Comtois

Zu untersuchen ist schließlich noch ein weiterer Text des Paulus, auf den insbesondere ASTUTI seine Ansicht stützt, das Konstitut führe keine Änderung der Hauptschuld herbei:

> D. 13, 5, 30 (Paulus 2 sententiarum):
> Si quis duobus pecuniam constituerit „tibi aut Titio", etsi stricto iure propria actione pecuniae constitutae manet obligatus, etiamsi Titio solverit, tamen per exceptionem adiuvatur.

Auch hier ist bereits der Sachverhalt umstritten. BRUNS hatte angenommen, das Fragment behandele ein Konstitut an den Gläubiger und einen Mitgläubiger[1353]. KAPPEYNE stellt jeden Zusammenhang dieses Textes mit den oben zitierten in Abrede und folgert aus dem anfänglichen *duobus*, dass es um ein Konstitut an Solidargläubiger gehe[1354]. ASTUTI hingegen streicht dieses Wort als „pleonastisch" und geht davon aus, dass Titius erstmals im Konstitut auftritt, und zwar als *adiectus solutionis causa*[1355]. Der seiner Ansicht nach stark veränderte Text sei darüber hinaus wenigstens durch Streichung der Worte *pecuniae constitutae* zu emendieren und dann wie folgt zu verstehen: Da die Hauptschuld keinen *adiectus* vorgesehen habe, werde der Schuldner durch die konstitutsgemäße Zahlung nur *ope exceptionis* frei, nämlich von der Hauptschuld, der er trotz Zahlung *stricto iure* verhaftet bleibe, weil das Konstitut sie eben nicht verändert habe.

bb. Stellungnahme

Zunächst ist festzustellen, dass Paulus in fr. 8 S. 2 entgegen der Ansicht RICART MARTIS, LAROSAS und ANKUMS eine gegenüber Satz 1 selbständige Fallvariante untersucht. Es geht also nicht um ein doppeltes Konstitut einmal *mihi aut Titio* und einmal *mihi soli*, sondern um eine Hauptschuld *mihi aut Titio*[1356] und ein Konstitut *mihi soli*. Die Übersetzung des Fragments in den Basiliken, die RICART MARTI sich zueigen macht, zerstört die *consecutio temporum* des lateinischen Textes. *Posteaquam* bezieht sich nicht auf Satz 1, sondern verbindet *constituisti* mit *solveris*. Auch das einleitende *quod si* beweist, dass es um eine neue, eigenständige

---

et Romands 65 (2008), S. 91 (94 ff.).

1353 BRUNS, ZRG 1 (1861), S. 28 (88); vgl. auch HUSCHKE, AcP 65 (1882), S. 240 (255 n. 11); VALERY, Histoire du pacte de constitut, S. 40 f.; SCHNABEL, Solutionis causa adiectus, S. 140 ist der Ansicht, eine auch nur wahrscheinliche Antwort auf die Frage der ursprünglichen Stipualtion in fr. 30 sei nicht zu erzielen.

1354 KAPPEYNE, Abhandlungen, S. 257 f.

1355 ASTUTI II, S. 143 ff; vgl. auch KARLOWA, RG II, S. 1379; ebenso LAROSA, Index 36 (2008), S. 277 (282).

1356 So nun auch SCHNABEL, Solutionis causa adiectus, S. 136; PLATSCHEK, S. 88.

Fallvariante geht[1357]. Paulus spricht dem Gläubiger im Falle der zusagewidrigen Zahlung des Konstituenten an den *adiectus* die Konstitutsklage zu und nicht etwa die Klage aus der Hauptschuld.

Dieser Punkt kann nicht deutlich genug hervorgehoben werden, da man ihn zumeist übergeht. Die bisherige Diskussion krankt nämlich daran, dass die wenigsten Autoren scharf zwischen der Hauptschuld und der Haftung *ex constituto* unterscheiden. Es hat sich im Laufe der Untersuchung verschiedentlich – zuletzt bei fr. 25 pr. – gezeigt, dass die Klassiker an der *sedes materiae* sehr einseitig allein die Konstitutshaftung erörtern. Das geschieht auch in fr. 8 S. 2. Paulus sagt nur, dass der zusagewidrig an den *adiectus* zahlende Konstituent mit der Konstitutsklage hafte, nicht mehr und nicht weniger. Insbesondere äußert der Jurist sich nicht zu den Fragen, ob die zusagewidrige Leistung an den *adiectus* die Hauptschuld getilgt oder das Konstitut *soli mihi* sie dergestalt verändert habe, dass die Zahlung keine Erfüllung mehr darstellte. Dass letzteres der Fall gewesen sein könnte, ergibt sich vielmehr erst aus fr. 9[1358], welches aber nicht von Paulus, sondern von Papinian stammt, und von den Kompilatoren in den fortlaufenden Paulus-Text eingefügt wurde. Doch dazu später.

Astuti bezweifelt, dass der Schuldner allein deshalb nicht mehr mit vollständig befeiender Wirkung an den *adiectus* leisten durfte, weil er dies so konstituiert hatte. In Anbetracht der – wie er meint – gegenteiligen Äußerung des Paulus in fr. 59 müsse man fr. 8 für interpoliert halten[1359]. Das ist ebenso unzutreffend wie die umgekehrte Annahme Pringsheims, der fr. 59 für unklassisch hält. Denn die Fragmente 8 und 59 widersprechen sich nicht. Das hatten bereits die Glossatoren erkannt, deren – von Astuti[1360] abgelehnte – Distinktion Frezza mit Recht übernimmt. Eine Haftung des Konstituenten konnte in der Tat nicht in Betracht kommen, wenn dieser dem Gläubiger einer *mihi aut Titio* gefassten Verbindlichkeit bloß allgemein zugesagt hatte, er werde die fällige

1357 Dieses schon von Huschke, AcP 65 (1882), S. 240 (241) und Astuti II, S. 125 n. 1 vorgetragene Argument ist schlagend: Paulus gebraucht *quod si* in 161 Digesten-Stellen. Wo der Kontext erhalten ist, leitet der Jurist mit *quod si* entweder ein Beispiel ein, nachdem er zuvor einen Rechtssatz aufgestellt hat, oder er stellt einer ersten Fallvariante eine zweite – häufig entgegengesetzte – gegenüber. Eine Fortführung des im vorherigen Satz eingeführten Sachverhalts im Sinne einer temporalen Anknüpfung, wie Ricart Marti und Ankum sie hier annehmen, ist an keiner anderen Stelle zu finden.

1358 Wie gesagt setzte die Kondiktion gegen Titius voraus, dass dieser in Wahrheit nicht oder nicht wirksam adjiziert worden war, vgl. Brandis, Rhein. Museum für Jurisprudenz 5 (1833), S. 257 (310 f.)

1359 Astuti II, S. 125 ff., unter Berufung auf Beseler, SZ 45 (1925), S. 433 (439) und Segrè, Garanzie personali, S. 263 n. 2.

1360 Astuti II, S. 126 n. 2; ebenso Tondo, Labeo 4 (1959), S. 208 (225).

Zahlung erbringen – und dann tatsächlich zahlte (wenn auch an den *adiectus*). Der Konstituent hatte Zahlung der Hauptschuld – nach den dort aufgestellten Bestimmungen – zugesagt und geleistet, die formulare Bedingung NEQUE FECISSE war also nicht erfüllt.

Die Auslegungsproblematik entspricht in etwa der in D. 45, 1, 141, 3: Dort befindet Gaius, dass ein in der Stipulationsfrage genannter *adiectus* auch dann wirksam vereinbart sei, wenn der Schuldner ihn bei seiner Antwort nicht ausdrücklich erwähnte[1361]. Entsprechendes wird auch beim Konstitut der Fall gewesen sein: War der Hauptschuld ein *adiectus* beigefügt, musste der Konstituent schon ausdrücklich erklärt haben, nicht an den *adiectus*, sondern einzig und allein an den Gläubiger zahlen zu wollen, um eine Zahlung an den *adiectus* als zusagewidrig erscheinen zu lassen. Das passt auch zu dem Gedanken des fr. 14 pr. unseres Titels, wonach eine allgemeine Bezugnahme auf die Hauptschuld ausreichte, um diese so zum Gegenstand der Konstitutshaftung zu machen, wie sie im Zeitpunkt der Zusage bestand.

Auch in fr. 59 hat Paulus wahrscheinlich[1362] allein die Haftung *ex constituto* vor Augen, wenn er von der Befugnis des Schuldners zur Zahlung an den *adiectus* spricht. Paulus behauptet somit weder in fr. 8 noch in fr. 59, dass der Schuldner mit der Zahlung an den *adiectus* die H a u p t s c h u l d nicht mehr hätte erfüllen können. Ausdrücklich sagt der Jurist vielmehr nur, dass dem Gläubiger die Konstitutsklage zustand, wenn der Konstituent entgegen seiner Ankündigung an den *adiectus* gezahlt hatte. Die Hauptschuld erwähnt er mit keinem Wort.

Der Grund dafür: Die eingeschränkte Akzessorietät der Konstitutshaftung hatte zur Folge, dass man eben nicht mit der älteren Lehre eine zusagewidrige Leistung ohne weiteres zu einer – auch im Hinblick auf die Hauptschuld – nicht erfüllungstauglichen erklären konnte. Die Erfüllung der Hauptschuld

1361 Gaius 2 verb. obl.: *Si ita fuero stipulatus „ mihi aut Titio?" et tu mihi daturum te spondeas, secundum omnium opinionem ad interrogatum te respondere, quia constat mihi soli adquiri obligationem, Titio autem dumtaxat recte solvitur*

1362 Nicht gänzlich ausgeschlossen erscheint die Deutung, dass sich Paulus in fr. 59 auf die ursprüngliche Schuld bezieht und der Text wie folgt zu verstehen ist: „Auch wenn der Konstituent zugesagt hat, an mich (*sc.* allein) zu zahlen, kann er noch die H a u p t s c h u l d durch Zahlung an den *adiectus* erfüllen. In diesem Fall steht mir aber die Konstitutsklage zu." Allein die Tatsache, dass der Gläubiger hier eine Zusage des Inhalts *„mihi"* erhalten hatte, bedeutet zwar nicht ohne weiteres, dass der Konstituent damit nicht zum Ausdruck hatte bringen wollen, er werde gerade an den Gläubiger (und eben nicht an den *adiectus*) leisten. Der Satzteil *quamvis mihi competat de constituta actio* erinnert aber allzu sehr an fr. 8 und die auch sonst im Zusammenhang mit dem *adiectus* häufigen Formulierungen, um diese Deutung recht wahrscheinlich zu machen.

verhinderte gerade nicht stets und in jedem Fall die Konstitutshaftung oder ließ sie entfallen. Da die *actio constitutoria* eine Schadensersatzklage war, ist die Lösung in solchen Fällen nicht im Anspruchsgrund, sondern im Anspruchsinhalt zu suchen. Hatte der Schuldner an den *adiectus* geleistet, so mochte dem Gläubiger trotz Erfüllung der zivilen Hauptschuld ein Schaden deshalb entstanden sein, weil der *adiectus* die Zahlung nicht oder nicht rechtzeitig erhalten oder weitergeleitet hatte. Die Konstitutsklage lautete ja nicht zwangsläufig auf den vollen Schuldbetrag, sondern auf *quanti ea res erit*[1363].

Wie in fr. 25 pr. ist also auch hier scharf zwischen der Erfüllung der Hauptschuld und der Einhaltung der Zusage zu unterscheiden. Keines der beiden Fragmente beweist, dass die Hauptschuld sich durch das Konstitut verändert und der Schuldner das Recht zur Erfüllung durch Zahlung an den *adiectus* verloren hätte.

Lediglich fr. 9 passt nicht recht ins Bild. Die Kondiktion gegen Titius konnte nach den sonst geltenden Grundsätzen nur stattfinden, wenn Titius nicht *adiectus* der Hauptschuld war[1364]. Wenn Papinian sie hier gleichwohl gewährt, scheint dies darauf hinzudeuten, dass Titius infolge des Konstituts nicht mehr als *adiectus* galt[1365].

Da das Fragment erst von den Kompilatoren – massenversetzt[1366] – in den Paulus-Text eingefügt wurde, ist die Vertrauenswürdigkeit des Textes besonders streng zu prüfen. Zunächst ergibt sich aus dem Wortlaut selbst nicht im Ansatz, dass es tatsächlich um die Rückabwicklung einer konstitutswidrigen Zahlung an einen *adiectus* geht. Für sich genommen besagt der Passus nur, dass ein gewisser Titius der Bereicherungsklage ausgesetzt sei, damit der Leistende eine zu Unrecht erbrachte Zahlung zurückerhalte. Es mag also sein, dass Papinian einen ganz anderen Fall vor Augen hatte. Zum anderen erfahren wir nicht, ob die Kondiktion in jedem Fall gewährt werden sollte oder nur, wenn der Schuldner bereits eine zweite Zahlung (diesmal an den Gläubiger) erbracht hatte. Da aber kein sachlicher Anhaltspunkt für eine Interpolation ersichtlich

1363 Dies übersieht die herrschende Meinung, die vor der hier vorgeschlagenen Deutung vor allem deshalb zurückschreckt, weil sie die Zuerkennung der *actio de pecunia constituta* mit der Verpflichtung des Konstituenten, den Schuldbetrag doppelt zu zahlen ohne weiteres gleichsetzt, was man als „gegenüber dem Schuldner überharte Lösung" (Schmieder, Duo rei, S. 122) empfindet.

1364 Paulus D. 46, 3, 59 (2 Plaut.) und Julian D. 46, 3, 34 pr. (54 dig.); Brandis, Rhein. Museum für Jurisprudenz 5 (1833), S. 257 (296 ff.); Voigt, Condictiones ob causam, S. 670 f. und n. 599; vgl. nun auch Schnabel, Solutionis causa adiectus, S. 137 f.

1365 Platschek, Edikt, S. 88 ff. hält eine Einschränkung der *condictio* auf Fälle für möglich, in denen der Schuldner die Zusagewidrigkeit der Leistung erkannte.

1366 Darauf weist mit Recht Schmieder, Duo rei, S. 118 hin.

ist[1367], müssen wir – im Zweifel für die Echtheit – die richtige Auslegung der Stelle ermitteln.

Einen interessanten Gedanken verfolgt TONDO. Er weist darauf hin, dass der Begründungssatz (*quia loco eius, cui iam solutum est, haberi debet is cui constituitur*) am Ende von fr. 10 erheblich besser zu fr. 9 passt[1368]. Seine Vermutung, dieser Satz sei erst von den Kompilatoren an seine heutige Position verschoben worden, dürfte ins Schwarze treffen. Daher verdient auch seine weitere Folgerung unsere Zustimmung: Papinian hat offenbar – allerdings nur für die Zwecke der Kondiktion – den Titius so behandelt, als habe der Schuldner bereits mit der Zusage gezahlt und somit die Stellung des Titius als *adiectus* beendet.

Die Hauptschuld blieb also unverändert; nur um die Schärfe der Konstitutshaftung und die aus ihr folgende Verpflichtung zu einer zweiten Zahlung zu mildern, gestatteten die römischen Juristen dem Schuldner die Rückforderung des konstitutswidrig Geleisteten vom *adiectus*.

Was schließlich fr. 30 betrifft, so steht auch hier die Lösung in engem Zusammenhang mit der für das klassische Denken typischen Unterscheidung zwischen der zivilrechtlichen Hauptschuld und der honorarrechtlichen Konstitutsklage: Der Text betrifft den Fall eines Konstituts *cum adiecto* bei einer Hauptschuld *sine adiecto*[1369]. Paulus stellt zunächst fest, dass eine Zahlung an den *adiectus* die Hauptschuld[1370] nicht *ipso iure* tilgt. Der Grund liegt auf der Hand: Die Hauptschuld hatte dem Schuldner nicht das Recht eingeräumt, an Titius zu zahlen. Der Gläubiger muss die Zahlung nur deshalb gegen sich gelten lassen, weil er das Konstitut akzeptiert hat. Hier liegt in der Gesamtschau tatsächlich eine Modifikation der Verpflichtung des Schuldners vor, da er das Recht gewinnt, sich durch Leistung an den *adiectus* nicht nur von der Haftung *ex constituto*, sondern eben auch von der Hauptschuld zu befreien (wobei diese Befreiung notwendig eine prätorische ist, die *ope exceptionis* erfolgt[1371]).

1367 So wäre es zirkulär, mit TONDO, Labeo 4 (1959), S. 208 (227) die Verderbnis von fr. 9 gerade mit dem *thema probandi*, der fehlenden novatorischen Wirkung des Konstituts, beweisen zu wollen.

1368 TONDO, Labeo 4 (1959), S. 208 (227 ff.); auch PLATSCHEK, Edikt, S. 98 erkennt, dass *quia loco eius rell.* Begründung für die (nur in fr. 9 erwähnte) *condictio* sein muss, zieht daraus aber nicht den Schluss, dass der Satzteil ursprünglich auch wirklich zu fr. 9 gehörte; s. dazu im Einzelnen unten S. 451 ff.

1369 ASTUTI II, S. 143 ff; KARLOWA, RG II, S. 1379; SCHNABEL, Solutionis causa adiectus, S. 138 ff. hält die zugrundeliegende Fallgestaltung für nicht mehr aufklärbar.

1370 Die *propria actio* ist trotz des (von späterer Hand stammenden) Zusatzes *pecuniae constitutae* nicht die Konstitutsklage, sondern die Hauptklage, vgl. ASTUTI II, S. 143 ff; KARLOWA, RG II, S. 1379; in den Basiliken 26, 7, 30 fehlt denn auch der Verweis auf die Konstitutsklage, worauf LAROSA, Index 36 (2008), S. 277 (280 n. 16) hinweist.

1371 Die bloße Annahme einer solchen Zusage betrachtete man offenbar nicht als ein *iussum* des Gläubigers, das im Falle der weisungsgemäßen Zahlung an einen Dritten zum Erlöschen der

d. Konstitut an einen von mehreren Gläubigern, Paulus D. 13, 5, 10

In unmittelbarem Zusammenhang mit der Problematik des *adiectus* behandeln die Digesten das Konstitut an einen von mehreren Mitgläubigern.

> D. 13, 5, 10 (Paulus 29 ad edictum):
> Idem est et si ex duobus reis stipulandi post alteri constitutum alteri postea solutum est, quia loco eius, cui iam solutum est, haberi debet is cui constituitur.

Ebenso (nämlich wie im Fall des *adiectus*) sei zu entscheiden, wenn der Schuldner einem von zwei Gläubigern derselben Hauptschuld die Erfüllung zugesagt und später doch an den anderen geleistet habe.

Kann tatsächlich für die Mitgläubiger in fr. 10 dasselbe gelten wie für Gläubiger und *solutionis causa adiectus* in fr. 8 und 9? Immerhin ist im Falle des Konstituts an nur einen von zwei Mitgläubigern der andere ebenfalls forderungsberechtigt. Anders als der *adiectus*, dessen Recht die empfangene Leistung letztendlich behalten zu dürfen sich allenfalls aus dem Innenverhältnis zum eigentlichen Gläubiger ergeben kann, steht dem Mitgläubiger von Anfang an ein eigenes Forderungsrecht zu. Dieses scheint ihm (*idem est*) Paulus zu nehmen, wenn er an fr. 8 und 9 anknüpft und damit offenbar vertritt, dass der Mitgläubiger, der an dem Konstitut nicht beteiligt war, in dem Fall, dass er den Schuldner dazu brachte, doch an ihn zu leisten, die empfangene Zahlung wieder herausgeben musste. Der Mitgläubiger würde also hier durch ein Geschäft zwischen dem Schuldner und dem anderen Mitgläubiger seines Rechts beraubt.

Abgesehen von dem Versuch Huschkes[1372], auch dieses Ergebnis auf das Wesen des Konstituts als beginnende Erfüllung zu stützen, sind verschiedene andere Überlegungen vorgetragen worden, die den Rechtsverlust des Mitgläubigers rechtfertigen sollen.

Gerade in fr. 10 haben Demangeat[1373] und Kuntze[1374] den Hauptbeweis für ihre Novationsthese gesehen: Die Tatsache, dass der Mitgläubiger letztlich wieder herausgeben müsse, was ihm aufgrund eines Gesamtschuldverhältnisses geleistet worden sei, lasse erkennen, dass mit Abschluss des Konstituts der alten Schuld keine Bedeutung mehr beikomme. Abgesehen davon, dass unsere Untersuchung bisher nicht sehr viele Anhaltspunkte für eine novatorische Wirkung des Konstituts zutage gefördert hat, ist hinsichtlich

---

Schuld *ipso iure* geführt hätte, vgl. etwa D. 46, 3, 34, 4 und 7; D. 46, 38, 1.

1372 Huschke, AcP 65 (1882), S. 240 (253).

1373 Revue hist. de droit franc. et etr. 1866, S. 209.

1374 Obligation und Singularsuccession, S. 199; Obligationen, S. 160.

des konkreten Falls die Annahme einer prätorischen Novation besonders fernliegend. Denn da diese *novatio* sich nur *ope exceptionis* vollziehen könnte, stellt sich die Frage, in welcher Weise man aus einer Abrede zwischen dem Schuldner und einem der Mitgläubiger Rechtswirkungen zum Nachteil des anderen Mitgläubigers herleiten sollte. Eine *exceptio pacti* dürfte an dem strengen Prinzip der Relativität der Schuldverhältnisse und ganz besonders der *pacta* scheitern. Ebenso wenig wird man in dem Verhalten des Mitgläubigers, der – möglicherweise gar in Unkenntnis des Konstituts – zur Durchsetzung seines guten Rechts schreitet, kaum vorwerfen können, er handele *dolo malo*. Schließlich wäre eine *exceptio in factum* von derartiger Durchschlagskraft im römischen Recht einzigartig und hätte mit Sicherheit in den Quellen ausdrückliche Erwähnung gefunden.

So haben GIRTANNER[1375] und FITTING[1376] eine Erklärung in den die Korrealität beherrschenden Regeln gesucht und gemeint, das Konstitut habe die Wirkung der *electio* und der daraus folgenden subjektiven Konzentration. Die Behandlung des Problems durch Paulus, der ja nicht auf die Auswahl, sondern auf die Zahlung selbst abstellt, schließt diese Erklärung jedoch aus[1377].

Dagegen sprechen WINDSCHEID[1378] und BINDER[1379] von einer Prävention, die sich daraus ergebe, dass es bei Berücksichtigung der Struktur der Korrealität von der konsumptiven Wirkung der *litis contestatio* gegenüber den Mitgläubigern nur ein kleiner Schritt zu einer solchen *praeventio* durch das Konstitut sei. Wie die zuvor genannte Ansicht findet auch diese keine Stütze in den Quellen. Das Abstellen auf eine Art Vorwirkung der möglichen *litis contestatio* ist willkürlich und lässt sich dem Paulus-Text in keiner Weise entnehmen.

Auch SCHMIEDER nimmt eine Gesamtwirkung des Konstituts mit der Folge an, dass nach dem Konstitut die spätere Leistung an den anderen Gläubiger nicht mehr erfüllungstauglich sei[1380]. Paulus stelle im Wege einer Analogie auf der Rechtsfolgenseite (allein für die Zwecke der Gesamtschuld) das Konstitut an einen der Gläubiger insofern der Erfüllung gleich, als beides Wirkung auch gegenüber dem anderen Gesamtgläubiger entfalte und einer späteren Leistung an diesen die rechtliche Grundlage entziehe[1381]. Dies ergebe sich aus der Begründung *quia loco eius, cui iam solutus est, haberi debet is, cui constituitur*.

1375 Bürgschaft, S. 78 und 398.

1376 Korrealobligationen, S. 180 n.204.

1377 BINDER, Korrealobligationen, S. 441.

1378 Pandekten II § 296 n.2.

1379 Korrealobligationen, S. 442 f.

1380 Duo rei, S. 123 ff.

1381 SCHMIEDER, Duo rei, S. 123 ff.

Dieser Begründungssatz gehörte jedoch, wie wir vermutet haben[1382], ursprünglich wohl nicht zu fr. 10, sondern zu fr. 9, so dass auch SCHMIEDERS Ansatz nicht zu folgen ist.

WILLEMS[1383], dessen Folgerungen sich auch PHILIPPIN[1384] angeschlossen hat, interpretiert die paulinische Lösung wie folgt: Zunächst weist er alle Versuche, die den Rechtsverlust des Mitgläubigers zu rechtfertigen suchen, zurück. Auf der anderen Seite bezweifelt er dennoch nicht die inhaltliche Klassizität von fr. 10. Vielmehr führt er aus, „que les principes juridiques et la saine logique exigent, que, dans la loi 10, le constitut soit respecté et le paiement, fait au co-créancier, déclaré valable“[1385]

Diese Erkenntnis sei vorher lediglich durch die Eingliederung des fr. 9 zwischen die fr. 8 und 10 verhindert worden, die den Sinnzusammenhang verdunkelten. Tatsächlich habe Paulus mit *idem est* nur fr. 8 in Bezug genommen, demzufolge der Konstituent nach der konstitutswidrigen Zahlung dem Gläubiger weiter mit der *actio de pecunia constituta* haftet. Da der *adiectus* in fr. 8 selber nicht Gläubiger, darüber hinaus sein Mandat sogar durch das Konstitut widerrufen sei, stelle die Gewährung der *condictio* in fr. 9 eine logische Folge der Lösung in fr. 8 dar. Dies begründet er letztlich mit dem Novationsgedanken.

Diese Beweisführung verdient im Grundsatz volle Zustimmung, wenngleich die Begründung der Lösung in fr. 8/9 mit der Annahme einer prätorischen Novation nach den bisherigen Ausführungen nicht geteilt werden kann[1386]. Es ist tatsächlich sehr wahrscheinlich, dass fr. 10 sich im ursprünglichen Kontext des Ediktskommentars unmittelbar an fr. 8 anschloss, die in fr. 9 erwähnte Kondiktion gegenüber dem Mitgläubiger im klassischen Recht hier also nicht stattfand. Die sich daraus ergebende unterschiedliche Behandlung der Fälle des Konstituts *soli mihi* und des Konstituts an einen von mehreren Mitgläubigern wird von ASTUTI[1387] scharf kritisiert, der einwendet, es sei nicht möglich, dass sich die in fr. 9 erwähnte *condictio* als zwingende logische Folge von fr. 8, nicht aber auch als Folge der entsprechenden Lösung in fr. 10 ergebe.

Dem ist zu entgegnen, dass sehr wohl ein hinreichender Unterschied besteht zwischen dem Fall des *adiectus*, der gegenüber dem Konstituenten niemals

1382 S. o. S. 320 f.; TONDO, Labeo 4 (1959), S. 208 (227 ff.).
1383 Mel. Cornil II, S. 615 ff.
1384 Constitut, S. 79 ff.
1385 WILLEMS, Mel. Cornil II, S. 623.
1386 In diesem Sinne auch ASTUTI II, 137 und n. 33.
1387 ASTUTI II, S. 137.

Anspruch auf die Leistung hatte, und dem Mitgläubiger, der von seinem Schuldner eine ihm tatsächlich geschuldete Leistung erhalten hatte[1388].

Erneut ist deutlich zu erkennen, dass Konstitutshaftung und Hauptschuld getrennte Wege gehen konnten und dass mit Abschluss des Konstituts die Hauptschuld – hier als *causa* für das Behaltendürfen der Leistung an den Mitgläubiger – davon unabhängig weiterexistierte.

V. Zusammenfassung

Es hat sich gezeigt, dass – mit Ausnahme der Aufnahme eines *solutionis causa adiectus* in fr. 30 – in den Fällen, die in den klassischen Quellen ausführlicher diskutiert werden, eine modifizierende oder gar novatorische Wirkung des Konstituts auf die Hauptschuld auch dort nicht nachweisbar ist, wo die Zahlungszusage gegenüber der ursprünglichen Schuld Abweichungen enthielt[1389]. Dieses Ergebnis lässt sich mit hoher Wahrscheinlichkeit auch auf die übrigen eingangs angesprochenen Fälle übertragen. So ist bei einem Konstitut *rem pro re* wie in D. 13, 5, 1, 5 davon auszugehen, dass der Gläubiger nach Verstreichen des *dies constituti* nicht gehindert war, mit der alten Klage den zunächst geschuldeten Gegenstand zu verlangen. Der Grund hierfür liegt einmal mehr im typischen Sinn eines solchen Konstituts: Der Schuldner konnte die eigentlich geschuldete Leistung nicht erbringen und versprach dafür, an einem festen Termin etwas anderes zu leisten. Der Gläubiger, der befürchtete, ansonsten vollkommen leer auszugehen, ließ sich auf das Konstitut ein. Wenn dann der Schuldner am festgelegten *dies* nicht leistete, ist kein Grund ersichtlich, warum der Gläubiger nicht versuchen können sollte, mit der alten Klage doch noch zu der ursprünglich geschuldeten Leistung zu kommen.

Ebenso konnte der Gläubiger, dem nur ein Teil der Schuldsumme konstituiert war, etwa von einem *pater familias*, der *suo nomine* eine Pekuliarschuld konstituiert hatte und dessen Verpflichtung *ex constituto* auf den damaligen Stand des *peculium* beschränkt blieb, nach dem *dies constituti* aus der Hauptschuld noch die volle Summe verlangen, wenn das *peculium* in der Zwischenzeit wieder angewachsen war.

1388 Zumal Paulus in anderem Zusammenhang die Gesamtwirkung von *pactum de non petendo* und Novation mit nur einem von zwei Gläubigern ablehnt, vgl. D. 2, 14, 27 pr.

1389 Zur abweichenden Ansicht PLATSCHEKS, Edikt, S. 84 ff. s. gesondert unten S. 451 ff.

§ 19 Die Konkurrenz von Konstitutsklage und ursprünglicher Klage

Da das Konstitut die Hauptschuld nicht durch Novation tilgte, weder unmittelbar noch mittelbar, bestand die Klage aus der Hauptschuld auch nach der Zusage fort. Bei deren Nichteinhaltung trat neben sie die *actio de pecunia constituta*. Diese konnte sich gegen den Schuldner selbst richten oder gegen einen[1390] Dritten, der für fremde Schuld konstituiert hatte; sie konnte schließlich auch einem anderen als dem Gläubiger zustehen. Im ersten Fall lag einfache Aktionenkonkurrenz[1391] vor, im zweiten und dritten sog. „doppelte" Konkurrenz der Aktionen und Personen[1392].

Das Nebeneinander beider Klagen verlangt eine Untersuchung ihres Verhältnisses zueinander, und zwar unter zwei Aspekten. Auf der einen, der materiellen Seite stellt sich die Frage, was der Schuldner leisten musste, um von beiden Ansprüchen vollständig frei zu werden. Auf der anderen, der prozessualen Seite ist zu erörtern, welche Auswirkungen die Erhebung der einen Klage auf die andere hatte.

I. Problemstellung: Die vetus dubitatio um die konsumptive Wirkung der Konstitutsklage (Ulpian D. 13, 5, 18, 3) – eine Erfindung der Kompilatoren?

Die Quellenzeugnisse, auf die wir unsere Erwägungen stützen können, sind recht dünn gesät. Kardinalstelle ist

> Ulpian D. 13, 5, 18, 3 (27 ad edictum):
> Vetus fuit dubitatio, an qui hac actione egit, sortis obligationem consumat. et tutius est dicere solutione potius ex hac actione facta liberationem contingere, non litis contestatione, quoniam solutio ad utramque obligationem proficit.

1390 Oder mehrere, welchenfalls Justinian C. 4, 18, 3 den einzelnen Konstituenten das *beneficium divisionis* gewährte. Anders noch im klassischen Recht: Hier konnten die einzelnen Konstituenten *in solidum* verklagt werden, D. 13, 5, 16 pr.

1391 Mehrere Klagen in der Hand eines einzigen Gläubigers gegen denselben Schuldner, vgl. Kaser/Hackl, RZ, S. 303; Levy, Konkurrenz I, S. 123 ff.

1392 Dem Gläubiger stehen gegen unterschiedliche Schuldner auch unterschiedliche Klagen zu Gebote, vgl. Levy, Konkurrenz I, S. 331 ff.; 412 ff.; 510.

Den klassischen Juristen machte ein alter Zweifel[1393] darüber zu schaffen, ob die Konstitutsklage die Hauptschuld konsumiere. Ulpian spricht sich g e g e n eine Konsumption bereits durch den Prozess aus[1394]. Es sei sicherer, die Befreiung von der Hauptschuld erst bei der tatsächlichen Bewirkung der Leistung eintreten zu lassen. Schließlich werde die Zahlung auf beide Forderungen angerechnet. Ob diese Lösung stets gelten sollte oder ob sie nur im Falle der doppelten Konkurrenz passte, wie von FREZZA[1395] angenommen, erfahren wir nicht, ebenso wenig, wie Ulpian den umgekehrten Fall behandelt wissen wollte, in dem der Gläubiger zuerst die Klage aus der Hauptschuld erhob. Man vermutet, der Text habe ursprünglich wenigstens auch diese letzte Frage untersucht, sei aber in der justinianischen Redaktion gekürzt worden[1396]. Er zählt überhaupt zu den (auch außerhalb der Spezialliteratur zum Konstitut) am meisten diskutierten im gesamten Titel *de pecunia constituta*[1397] – und zu den am schärfsten kritisierten[1398].

1393 Dass der Text den Zweifel in die Vergangenheit rückt (*fuit*), kann, muss aber nicht auf einen byzantinischen Bearbeiter hindeuten, für den der Streit bereits Geschichte war; immerhin würde dies das nicht eben glänzende Latein erklären (das unterschiedliche Tempus von *egit* und *consumat*, das *potius* ohne *quam*, das schiefe *solutione ex hac actione facta* möchte man eher den Kompilatoren als Ulpian zutrauen; vgl. ASTUTI II, S. 90 sowie (neben der dort n. 2 aufgeführten Literatur) SECKEL, Haftung de peculio, S. 25; TONDO, Labeo 4 (1959), S. 208 (214); ROUSSIER, Constitut, S. 38). Keinesfalls aber zwingt die Formulierung zu der Annahme, dass ein möglicher späterer Bearbeiter hier mehr getan hat als Ulpians Darstellung des Streitstandes zusammenzufassen.

1394 Bei *non litis contestatione* dürfte es sich um ein (ungenaues) Glossem handeln. Die Konstitutsklage als *actio in factum* konnte nicht im *iudicium legitimum* erhoben werden, hatte also auch keine *ipso iure* eintretende, an die Litiskontestation geknüpfte konsumptive Wirkung. Die statt dessen gewährte *exceptio rei iudicatae vel in iudicium deductae* hatte vor allem das Urteil als Auslöser des Klagverbrauchs im Blick. Der byzantinische Bearbeiter verrät sich auch durch sein schlechtes Latein: der Komparativ *magis* verlangt ein *quam*, kein *non*; vgl. außer ASTUTI II, S. 90 n. 2 und den dort Zitierten noch ROUSSIER, Constitut, S. 38 n. 14; TONDO, Labeo 4 (1959), S. 208 (214). In der Sache macht dies keinen großen Unterschied.

1395 Studi Funaioli, S. 708 ff.; Garanzie I, S. 270 ff. Erst Justinian habe Ulpians Lösung für das Drei-Personen-Verhältnis verallgemeinert und den Text entsprechend verändert.

1396 ASTUTI II, S. 91; LEVY, Konkurrenz I, S. 64 f.; PHILIPPIN, Constitut, S. 92.

1397 ASTUTI I, S. 245 ff. und n. 348; II, S. 90 n. 2; außer der dort aufgeführten Literatur vgl. noch ARANGIO-RUIZ, Scr. Jovene, S. 146; BESELER, SZ 53 (1933), S. 1 (4 f.); LEVY, Nachträge zur Konkurrenz, S. 61 ff.; FREZZA, St. Funaioli, S. 708 ff.; Garanzie, S. 270 ff.; LIEBS, SZ 86 (1969), S. 169 (171 n. 8); TONDO, Labeo 4 (1959), S. 208 (214 ff.); MAYER-MALY, SZ 76 (1959), S. 616 (618 und n. 17).

1398 Schon WLASSAK, SZ 33 (1912), S. 81 (94) hielt zumindest den zweiten Satz für eine justinianische Zusammenfassung, ARANGIO-RUIZ, Le genti e la città, S. 54 (vgl. auch Scr. Jovene, S. 146) merkt an, es handele sich um einen „testo che non ha forse nulla di classico", ASTUTI I, S. 245 ff.; II, S. 90 ff. glaubt an so umfangreiche Änderungen, dass eine Rekonstruktion ihm unmöglich erscheint, ROUSSIER, Constitut, S. 38 ff., insbesondere S. 43 hält die *vetus dubitatio* für frei erfunden (kritisch dazu TONDO, Labeo 4 (1959), S. 208 (215)), LEVY, Nachträge zur Konkurrenz, S. 64 schließlich bezeichnet den Text rundheraus als ein

1. Die materielle Grundfrage hinter der Lehre von der Klagenkonkurrenz

Können mehrere Rechtsbehelfe, die in Anbetracht ein und desselben Lebenssachverhalts einschlägig sind, kumulativ oder nur alternativ geltend gemacht werden? Das ist die Primärfrage des römischen Konkurrenzrechts[1399]. Ihre Beantwortung hängt letztlich von materiellen Erwägungen ab[1400]. Denn jede der einschlägigen Klagen dient der Durchsetzung eines Leistungsbegehrens. Ob aber dieses Begehren jeweils zu Recht erhoben wird, und zwar zu Recht auch neben den anderen, oder ob der Beklagte die einzelnen Leistungen miteinander verrechnen darf, ist nicht Gegenstand des Prozessrechts. Den Umfang der Berechtigung des Gläubigers gegenüber dem Schuldner legt das materielle Recht fest[1401]. Erst auf einer logisch nachrangigen Ebene kommt die nicht weniger interessante prozessuale Anschlussfrage in Betracht, wie das materiell als richtig erkannte Ergebnis verfahrensrechtlich umzusetzen ist.

2. Das Verhältnis der Konstitutshaftung zur Hauptschuld

Das materielle Verhältnis von Hauptklage und Konstitutsklage ist nicht schwer zu erfassen. Im Regelfall wurde die Schuldsumme verrechnet. Mit anderen Worten: Der Gläubiger konnte den Schuldbetrag nicht zweimal verlangen. Das zeigt die Gesamtwirkung der Zahlung (*ad utramque obligationem proficit*[1402]), die offenbar selbst unter den Vertretern der verschiedenen Ansichten zur

„Trümmerfeld". – Erwähnt sei auch die phantasievolle, aber durch nichts zu beweisende Rekonstruktion von Kerr Wylie, Solidarity and Correality, S. 185 f.: *vetus fuit dubitatio, an qui <ex> hac actione <solvit> [egit] sortis obligationem consumat: et tutius est dicere <per exceptionem doli potius quam ipso iure> liberationem contingere, <quamquam> solutio <sortis> ad utramque obligationem proficit.* Es muss nicht erst darauf hingewiesen werden, dass wohl kein klassischer Jurist die Folge der *solutio* jemals als *obligationem consumere* beschrieben hätte.

1399 Vgl. Liebs, Klagenkonkurrenz, S. 16.

1400 Vgl. Liebs, Klagenkonkurrenz, S. 18.

1401 Dass die Römer materielles Recht und Prozessrecht nicht scharf trennten, ändert daran nichts, es sei denn, man wollte unterstellen, dass sie sich bei der Lösung von Sachfragen zu Sklaven der Mechanik ihres Aktionensystems machten.

1402 Dass Ulpian beide Verbindlichkeiten als *obligatio* bezeichnet, ist zwar nicht ganz präzise (aus dem Konstitut folgte streng genommen nur ein *actione teneri*), entgegen Arangio-Ruiz, Le genti e la città, S. 56, Astuti II, S. 90 n. 2 und Beseler, Beiträge II, S. 164; IV, S. 159 jedoch nicht verdächtig. Einerseits hatte sich schon in klassischer Zeit ein aus der Laiensprache herrührender untechnischer Gebrauch des Wortes auch unter den Juristen ausgebreitet (vgl. Segrè, St. Bonfante III, S. 439; Tondo, Labeo 4 (1959), S. 208 (216)). Andererseits erfasst Ulpian die Konstitutshaftung mit dem Begriff *obligatio* hier erkennbar *brevitatis causa*. – Auch die Verbindung der Zahlung mit dem unschönen Ausdruck *ex hac actione facta* ist logisch nicht anstößig. Sie beschränkt nicht etwa, wie Astuti II, S. 90 n. 2 meint, die Befreiungswirkung auf die *solutio* nach Durchführung des Klageverfahrens. Die Klage erwähnt Ulpian nur deshalb noch einmal, weil sein Ausgangsfall lautete *qui hac*

vetus dubitatio unstreitig war. Ginge es nämlich in fr. 18, 3 noch um die Frage „ungehemmte materielle Kumulation oder nicht", hätte Ulpian nicht argumentieren können „nein, weil eine Zahlung auf beide Forderungen anzurechnen ist", denn in diesem Fall wäre gerade das sein *thema probandum* gewesen, seine Beweisführung zirkulär. Übrigens hatte die Zahlung auch bei passiver Personenkonkurrenz Gesamtwirkung, wie D. 15, 3, 15 zeigt. Konstituierte ein Haussohn die – aus seiner Sicht fremde – Schuld des Vaters und zahlte[1403] er später, so erfüllte er damit nicht nur seine eigene Verbindlichkeit, sondern auch die des *paterfamilias*. Nichts anderes wird im Falle der Zusage an einen Dritten gegolten haben, natürlich nur, wenn der Schuldner befugt war, dem Dritten zu konstituieren.

Auch die Behandlung einer etwaigen Differenz zwischen Konstitutshaftung und Hauptschuld konnte nicht zweifelhaft sein. Ursprünglicher Zweck der Konstitutsklage war ja, dem Gläubiger zusätzlich zum Schuldbetrag sein Zeitinteresse zu verschaffen, weshalb die Forderung *ex constituto* diejenige *ex sortis obligatione* übersteigen konnte. Anders ausgedrückt: Die Klagen konkurrierten nur teilweise. Zahlte der Schuldner nach dem Verfallstage die Schuldsumme, war damit das Zeitinteresse des Gläubigers nicht befriedigt. In der Annahme der Zahlung kann schwerlich ein Verzicht auf den Restbetrag gesehen werden, da der Gläubiger sonst gezwungen gewesen wäre, die ihm angebotene Leistung abzulehnen, nur um sie dann gerichtlich (zusammen mit dem Zeitinteresse) doch wieder einfordern zu müssen[1404]. Der Gläubiger konnte trotz der Zahlung die Konstitutsklage noch erheben, nur musste der Geschworene die Zahlung bei der Verurteilung berücksichtigen.

Also materiell keine ungehemmte Kumulation[1405], sondern Anrechnung in Höhe der Schuldsumme, und zwar in allen Konstellationen.

---

actione egit. Er will lediglich sagen, dass trotz Klageerhebung die Befreiung erst mit Zahlung eintritt. – Echt ist schließlich auch das von Beseler, St. Riccobono I, S. 306 verdächtigte *liberationem contingere*. Das Wort *liberare* bzw. *liberatio* verwenden die Juristen sowohl bei der Klagenkonsumption (vgl. Liebs, Klagenkonkurrenz, S. 254) als auch bei der Erfüllung – einerlei, ob die Befreiung *ipso iure* oder *ope exceptionis* eintrat, s. Meylan, St. Riccobono IV, S. 287 n. 23. Zum klassischen Gebrauch von *contingere* vgl. DeVilla, St. Sull'obligatio naturalis, S. 67 und n. 32.

1403 Seckel, Haftung de peculio, S. 23 ff., nimmt an, die Zahlung sei hier erst von den Kompilatoren an die Stelle der Verurteilung gesetzt worden.

1404 So aber Astuti II, S. 107; Frezza, Garanzie I, S. 270.

1405 Aber auch keine strenge Alternativität. Der Gläubiger konnte, wenn man so will, Schuldsumme und Zeitinteresse (als die eigentliche Pön für die Missachtung der Zusage) kumulieren.

3. Die prozessuale Umsetzung der materiell für richtig befundenen Lösung als Gegenstand der *vetus dubitatio*

a. Die Undurchdringlichkeit der Formeln des Formularprozesses als Grundproblem

Der prozessualen Umsetzung der Anrechnung war das Aktionensystem des Formularverfahrens nicht eben förderlich. In den einzelnen Prozessformeln waren die Voraussetzungen und Grenzen des rechtlichen Begehrens, das der jeweiligen Klage zugrundelag, genau umschrieben. Das machte die Aktionen in gewissen Grenzen immun gegen Umstände, die außerhalb der Formel lagen[1406]. Der Geschworene prüfte lediglich, ob die Kondemnationsbedingungen erfüllt waren. War dies der Fall, verurteilte er, wenn nicht, sprach er frei. Ob der Kläger bereits einen anderen Prozess führte oder gar durchgeführt hatte, war nach dem Wortlaut der *formulae* in aller Regel irrelevant[1407].

Ein mehr oder weniger geeignetes Mittel, diese „gegenseitige Undurchdringlichkeit der Aktionen[1408]" auszugleichen, war die Klagenkonsumption[1409]. Mit der gerichtlichen Geltendmachung einer *actio in personam* mit *formula in ius concepta* im sog. *iudicium legitimum*[1410] verbrauchte der Gläubiger nach römischer Vorstellung nicht nur die angestrengte Klage, sondern auch sein materielles Forderungsrecht und damit alle weiteren Klagen über denselben Streitgegenstand (*de eadem re*)[1411]. In anderen Verfahren und bei *actiones in factum* trat die Konsumptionswirkung nicht *ipso iure* ein, sondern mittels *exceptio rei iudicatae*[1412]. Sie war in diesen Fällen auch nicht an die Streitbezeugung geknüpft, sondern grundsätzlich an das Urteil.

1406 Vgl. Liebs, Konkurrenz, S. 18 f.

1407 Eine Ausnahme bildete die *actio de dolo*, die eine ausdrückliche Subsidiaritätsklausel enthielt, vgl. Kaser, RP I, S. 627 mit Literatur; Lenel, EP, S. 114 ff.

1408 Liebs, Klagenkonkurrenz, S. 19.

1409 Deren ursprünglicher Zweck allerdings wohl ein anderer war, vgl. Liebs, SZ 86 (1969), S. 169 ff.

1410 Vgl. Gaius 4, 103 ff.

1411 S. dazu Levy, Konkurrenz I, S. 48 ff.; Liebs, SZ 86 (1969), S. 168 ff.; Klagenkonkurrenz, S. 18 f.; 252 ff.; Kaser/Hackl, RZ, S. 301 ff. mit Literatur in n. 1.

1412 Beides bezeichnet Levy, Konkurrenz I, S. 123 ff. als „zivile" Konsumption im Gegensatz zur bloß „prätorischen" oder „judizialen" (II, S. 1 ff.), bei der die Klagen unterschiedliche Streitgegenstände betrafen, „zivile Konsumption" also nicht eintreten konnte, der Geschworene (oder der Prätor) die Kumulation aber auf andere Weise hinderte; kritisch zu dieser Begriffsbildung, die auch Kaser/Hackl, RZ, S. 307 übernehmen, Liebs, Klagenkonkurrenz, S. 26 und passim.

b. Gegenstand der *vetus dubitatio* - Die Ansichten Astutis und Roussiers

Die *in factum* konzipierte Konstitutsklage fällt in die zweite Kategorie. Sie konnte die Hauptschuld allenfalls *ope exceptionis* aufzehren. Wenn Ulpian in fr. 18, 3 dennoch das Wort *consumere* verwendet, ist das gleichwohl kein Zeichen einer nachklassischen Überarbeitung in der Sache[1413], sondern eine untechnische Ausdrucksweise, ersichtlich um ihrer Kürze willen gewählt[1414].

Die Hauptklage hingegen war zumeist eine *in ius* konzipierte (in aller Regel handelte es sich um die *actio certae creditae pecuniae*) und konnte im *iudicium legitimum* geltend gemacht werden. Aber die Konsumption *ipso iure* tilgte nur solche Forderungsrechte, die ebenfalls die Voraussetzungen von Gaius 4, 104 ff. erfüllten. Ein einmal eingetretenes *factum* konnte sie nicht wieder beseitigen[1415]. Daher war auch im umgekehrten Fall der Erhebung der Konstitutsklage nach bereits durchgeführtem Prozess *de sorte* eine *exceptio rei iudicatae* erforderlich[1416] - wenn man tatsächlich mit dem Mittel der Konsumption arbeiten wollte.

Genau das ist die Frage, die den Juristen in fr. 18, 3 Kopfzerbrechen bereitete. Gehen wir zunächst von dem Grundfall der einfachen Aktionenkonkurrenz aus. Der Schuldner hatte konstituiert und nicht rechtzeitig geleistet, der Gläubiger zog nun eine Klage in Betracht. Nach der herrschenden Meinung in der romanistischen Literatur soll strenge Elektivität bestanden haben: Der Gläubiger musste sich entscheiden. Wählte er die Konstitutsklage, konnte er anschließend nicht mehr auf die Hauptklage zurückgreifen und umgekehrt. Den Lösungsvorschlag Ulpians - keine Konsumptions-, sondern Solutionskonkurrenz - glaubt man mit Sicherheit den Kompilatoren zuschreiben und deshalb ignorieren zu können[1417]. Man beruft sich auf die Neigung der Byzantiner, Probleme auf der materiellen Ebene zu lösen, die in den Augen der Klassiker rein prozessuale Fragen betrafen[1418]. Astuti hält für möglich, ja wahrscheinlich, dass Ulpian sich in Wirklichkeit für eine prozessuale Konsumption und somit Elektivität ausgesprochen hat[1419], und zwar nicht gegen eine andere Ansicht,

1413 So aber Roussier, Constitut, S. 40.

1414 Vgl. Liebs, Klagenkonkurrenz, S. 255; Levy, Konkurrenz I, S. 64 f.; Astuti II, S. 99 n. 22; Philippin, Constitut, S. 92 f.; Tondo, Labeo 4 (1959), S. 208 (216).

1415 Vgl. Liebs, Klagenkonkurrenz, S. 88 (zum Fall, dass zuerst die *in ius* konzipierte *actio furti*, dann die *in factum* konzipierte *actio commodati* erhoben wurde).

1416 Anderer Ansicht Astuti II, S. 92.

1417 Zu nennen sind vor allem Astuti II, S. 100 ff., der Ulpian kurzerhand (zunächst zögernd, später immer bestimmter) die Gegenmeinung in den Mund legt, und Roussier, Constitut, S. 38 ff., der letztlich nichts anderes tut, wenn er die Existenz der *dubitatio* bestreitet und Elektivität annimmt.

1418 Astuti II, S. 93 f.; Tondo, Labeo 4 (1959), S. 208 (214).

1419 Astuti II, S. 100 ff.

die für Solutionskonkurrenz votierte, sondern gegen eine solche, die beide Klagen ungehemmt kumulieren wollte. Nach ROUSSIER soll der ganze Zweifel ohnehin frei erfunden sein[1420].

c. Stellungnahme

Die Zweifelsgründe der Klassiker liegen indes auf der Hand: Konsumption setzte die Identität des Streitgegenstandes beider Klagen, kurz: *eadem res* voraus. *Eadem res* lag vor, wenn die zwei Klagen aus demselben Klagegrund (*causa*) erwuchsen und dasselbe Klageziel verfolgten[1421].

Bei den Klagen aus Konstitut und Hauptschuld konnte man in beiden Punkten zweifeln. Die *causa* der Hauptklage war der zugrundeliegende Vertrag (bzw. das Delikt), die der Konstitutsklage eigentlich eine andere, nämlich die Nichterfüllung der Hauptschuld trotz Terminzusage[1422]. Da man aber bei der Bürgenschuld, die ja gleichfalls aus einem zweiten Rechtsakt herrührte und damit bei strenger Betrachtung eine andere *causa* hatte als die Hauptschuld, *eadem res* annahm, konnte man dies auch beim Konstitut in Betracht ziehen. Denn immerhin war Voraussetzung der Konstitutsklage das Bestehen der Hauptschuld, wenn auch nur im Zeitpunkt der Zusage. Also Akzessorietät als Surrogat der Identität des Schuldgrunds. SECKEL sieht den Gegenstand der Klassikerkontroverse gerade in der eingeschränkten Akzessorietät des Konstituts: Während ein Teil der Juristen die bloß genetische Akzessorietät habe genügen lassen, habe die Gegenansicht auf die fehlende funktionale Akzessorietät abgestellt und sich gegen *eadem res* ausgesprochen[1423]. TONDO beruft sich hingegen, einem Hinweis TALAMANCAS folgend[1424], auf die zusätzlichen Kondemnationsbedingungen der Konstitutsklage. Die Verschiedenheit der *causa* ergebe sich daraus, dass der *de pecunia constituta* verklagte Schuldner auch aus Gründen freigesprochen werden konnte, die von der Existenz der Hauptschuld vollkommen unabhängig waren[1425]. Das war freilich bei der Bürgschaft nicht anders, und doch sahen sich die Römer nicht daran gehindert, *eadem res* anzunehmen. Misslang nämlich der Beweis der Bürgschaftsstipulation oder erwies diese sich als unwirksam, so

1420 Denn ungehemmte Kumulation hält er für unvertretbar, vgl. ROUSSIER, Constitut, S. 43; kritisch TONDO, Labeo 4 (1959), S. 208 (215).

1421 KASER/HACKL, RZ, S. 304 mit zahlreichen Nachweisen.

1422 Selbst wenn man später allein auf das in der Terminzusage enthaltene Zahlungsversprechen abstellte, ändert das an der grundsätzlichen Verschiedenheit der *causa* nichts.

1423 SECKEL, Haftung de peculio, S. 25 ff.; ähnlich BRUNS, ZRG 1 (1861), S. 28 (79); vgl. auch EISELE, AcP 77 (1891), S. 374 (462 f.); BINDER, Korrealobligationen, S. 157.

1424 Den er nur referiert, aber nicht belegt.

1425 TONDO, Labeo 4 (1959), S. 208 (215).

hatte der Kläger nach allem, was wir wissen, infolge der Streitbezeugung auch die Hauptforderung verspielt.

Die Identität des Klageziels war nicht minder zweifelhaft, und zwar nicht nur unter dem Gesichtspunkt, den der Zusammenhang des Textes mit dem voraufgehenden fr. 18, 2 nahelegt und den ASTUTI besonders betont[1426], d. h. der pönalen Wurzel der Konstitutsklage. Selbst wenn man nämlich mit Ulpian und Marcellus die klassische Konstitutsklage für sachverfolgend hält, folgt daraus noch nicht, dass sie dasselbe Interesse verfolgte wie die Hauptklage. Diese war reine Zahlungsklage, jene war Ersatzklage.

All dies bot den Römern hinreichend Anlass, *eadem res* in Zweifel zu ziehen. LEVY hält „zivile Konsumption" denn auch für ausgeschlossen, vermutet aber, man habe stattdessen „judiziale Konsumption" angenommen[1427]. Das entspricht einer Kernthese seines magistralen Werks zur Konkurrenz der Aktionen und Personen: Konsumption soll das einzige Mittel gewesen sein, mit dem die Römer Konkurrenzfragen zu Leibe rückten. Wo diese nicht eingriff, hätten die klassischen Juristen sie künstlich nachgebildet[1428]. In den „Nachträgen" erklärt er: „Mit der zivilen Gesamtwirkung der Litiskontestation geht, wie oft betont, die der Zahlung überall Hand in Hand[1429]". Seine Gleichung lautet, anders ausgedrückt, „wo Konsumption, da Gesamtwirkung der Zahlung" und „wo Gesamtwirkung der Zahlung, da Konsumption". Auf dieser Vorstellung baut auch die übrige Lehre auf, insbesondere ROUSSIER[1430], freilich ohne Unterscheidung zwischen „ziviler" und „judizialer" Konsumption. Man ist sich darin einig, dass bloße Solutionskonkurrenz für einen Klassiker keine Option war[1431].

Nach heutigem Erkenntnisstand wird man jedoch einräumen dürfen, dass schon die Klassiker in verschiedenen Fällen, insbesondere bei der Personenkonkurrenz, allein mit der befreienden Wirkung der Zahlung arbeiteten. Bei den *bonae fidei iudicia* standen die mehreren Schuldnern obliegenden Leistungen oftmals nicht im Verhältnis der *eadem res*, mussten aber gleichwohl zur Befriedigung des Gläubigers nur einmal erbracht werden. Mehrere Kreditmandatoren konnte der Gläubiger nacheinander belangen, und zwar so lange, bis einer ihn befriedigte[1432]. Solutionskonkurrenz war folglich kein den Klassikern völlig

1426 ASTUTI II, S. 96.
1427 LEVY, Nachträge, S. 62 ff.
1428 So die zutreffende Einschätzung von LIEBS, Klagenkonkurrenz, S. 24.
1429 LEVY, Nachträge, S. 61.
1430 ROUSSIER, Constitut, S. 38 ff.; vgl. ASTUTI II, S. 94.
1431 ASTUTI II, S. 94; ROUSSIER, Constitut, S. 38 ff.
1432 Vgl. KASER/HACKL, RZ, S. 306 n. 41 mit Literatur.

fremdes Konzept und darf nicht pauschal als verdächtig gelten. Es gibt daher keinen Grund, die historische Echtheit der *vetus dubitatio* in Zweifel zu ziehen und die verschiedenen Standpunkte durch eine angebliche klassische Einheitslösung zu verschleiern. Vielmehr sind die wahrscheinlichen Positionen der klassischen Debatte herauszuarbeiten, in den Kontext vergleichbarer Konkurrenzprobleme einzuordnen und auf ihre Konsequenzen zu untersuchen.

II. Die widerstreitenden Positionen der Klassiker

Ein wesentliches Charakteristikum der Konkurrenz von Haupt- und Konstitutsklage war, wie eingangs erwähnt, deren teilweise Inkongruenz. Beide Klagen waren verschieden ergiebig, d. h. sie konkurrierten nur zum Teil.

Solche Fälle behandelten die klassischen Juristen zumindest bei Strafklagen recht uneinheitlich. Soweit nicht ohnehin Kumulation angenommen wurde, gestattete man dem Gläubiger bald, den Schuldner bis zur Obergrenze der höchsten Buße – falls erforderlich, auch mehrfach – in Anspruch zu nehmen[1433], bald ließ man ihn eine der Bußen auswählen und hielt ihn an dieser Wahl fest[1434]. Bei der Konkurrenz rein sachverfolgender Klagen war dagegen offenbar Nachforderung die Regel[1435]. LIEBS, der die Frage zuletzt *ex professo* untersucht hat, gelangt diesbezüglich zu der Einschätzung, „dass man einen Konsens vermuten darf oder gar Problemlosigkeit[1436]".

Unter diesen Vorzeichen hat der Streit um die konsumptive Wirkung der Konstitutsklage Ausnahmecharakter. Untersuchen wir die einzelnen Ansichten.

1433 Ein Beispiel (weitere bei LIEBS, Klagenkonkurrenz, S. 243 f.) ist die Konkurrenz der auf das Doppelte gerichteten *actio furti nec manifesti* mit der auf das Vierfache gerichteten *actio vi bonorum raptorum*, die Paulus im 22. Buch seines Ediktskommentars untersucht (D. 44, 7, 41 und D. 47, 8, 1). Der Verletzte konnte insgesamt das Vierfache erlangen. War er zunächst mit der *actio furti* vorgegangen, konnte er zwar noch die Raubklage erheben, doch wurde nur noch ausgeurteilt, *quod amplius in ea est*, also noch einmal das Doppelte. Vgl. dazu LIEBS, Klagenkonkurrenz, S. 164 ff., gegen LEVY, Konkurrenz II, S. 195, der die Stelle für interpoliert hält.

1434 Nach Ulpian D. 4, 2, 14, 13 (11 ed.) musste der Geschädigte zwischen *actio de dolo* und *metus*-Klage wählen. Während jene auf das einfache Interesse ging, war diese auf das Vierfache gerichtet. Gleichwohl spricht sich Ulpian im Anschluss an Pomponius dafür aus, dass die Erhebung der Arglistklage Konsumption nach sich ziehe (vgl. LIEBS, Klagenkonkurrenz, S. 244 mit weiteren Beispielen).

1435 S. dazu LIEBS, Klagenkonkurrenz, S. 246 mit zahlreichen Beispielen in n. 33 bis 36.

1436 LIEBS, Klagenkonkurrenz, S. 246.

1. Die Konsumptions-Lösung

Auf der einen Seite stand eine nicht näher zu bestimmende Gruppe von Juristen[1437], die alle Schwierigkeiten bei der Annahme von *eadem res* überwanden und für Konsumption eintraten, mit der Folge, dass das Urteil im Prozess *de constituta pecunia* den Schuldner von der Hauptschuld befreite – grundsätzlich unabhängig von seinem Inhalt. Das war unproblematisch, wenn der Kläger im Prozess obsiegte. Er hatte einen Titel erlangt, aus dem er vollstrecken konnte, war auf eine zweite Klage nicht mehr angewiesen. Wurde er dagegen abgewiesen, ist zu differenzieren: Wenn der Beklagte die Nichtexistenz der Hauptschuld nachgewiesen hatte, gab es ebenfalls keinen Grund, einen zweiten Prozess zuzulassen. War die Klage allerdings nur deshalb gescheitert, weil der Kläger die Zusage des Schuldners nicht hatte beweisen können[1438], so war das Ergebnis evident unbillig. Astuti korrigiert es mit der Behauptung, in diesem Fall habe der Prätor die Konsumption wieder aufgehoben, durch eine *replicatio doli* oder notfalls durch eine *restitutio in integrum*[1439].

Dass Ulpian sich dieser Gefahr für den Kläger bewusst war und wie er ihr begegnete, lässt seine Entscheidung in D. 12, 2, 36 erahnen[1440]: Hatte der Beklagte beschworen, dem Kläger aus Konstitut nichts schuldig zu sein, so blieb diesem immer noch der Prozess um die Hauptschuld. Der Parteieid wirkte bezüglich konkurrierender Klagen wie ein Urteil; über seinen Gegenstand war eine Klage mit erneuter Sachprüfung grundsätzlich ausgeschlossen[1441]. Eine solche wurde entweder denegiert oder mit einer (insofern der *exceptio rei iudicatae* entsprechenden) *exceptio iurisiurandi* versehen. Wenn der Eid *de pecunia constituta* dem Beklagten nach Ulpians Ansicht gegen die Inanspruchnahme *de sorte* keine *exceptio* verschaffte, ist dies ein klares Anzeichen dafür, dass der Jurist ihm auch nach einem freisprechenden Urteil keine *exceptio rei iudicatae* gewährt hätte[1442].

Doch zurück zu seinen Gegnern. Im umgekehrten Fall, wenn die Hauptklage zuerst erhoben wurde, ergaben sich entsprechende Schwierigkeiten. Selbst wenn der Richter den Beklagten verurteilte, war die Nachforderung des noch ausstehenden Zeitinteresses ausgeschlossen. Das hatte der Kläger, der ja die

---

1437 Nach Arnò, St. Riccobono II, S. 172 f. soll es sich um die Servianer gehandelt haben; eine These, die sich weder bestätigen noch widerlegen lässt.

1438 Oder weil der Kläger die Nichtleistung zu vertreten hatte.

1439 Astuti II, S. 108; ähnlich Frezza, Garanzie I, S. 270; vgl. auch Tondo, Labeo 4 (1959), S. 208 (215 f.).

1440 Vgl. Astuti II, S. 109, nicht ohne Widerspruch zu seinen eigenen Ausführungen auf S. 101, wo er glaubt, dem Fragment keine Erhellung entnehmen zu können.

1441 Liebs, Klagenkonkurrenz, S. 212; vgl. auch Kaser/Hackl, RZ, S. 266 ff.

1442 Arnò, St. Riccobono II, S. 172 f.; a. A. Astuti II, S. 100 ff.

Konstitutsklage hätte wählen können, sich allerdings selbst zuzuschreiben[1443]. Wurde die Klage jedoch abgewiesen, weil die Schuld nicht bestand, einredebehaftet oder verjährt war, bedeutete dies nicht zwingend, dass auch die Konstitutsklage gescheitert wäre, ein Punkt, den die herrschende Lehre bisher übersehen hat. Denn wie wir u. a. fr. 18, 1 entnommen haben, setzte die *actio constitutoria* die Existenz der Hauptschuld lediglich im Zeitpunkt der Zusage voraus und war von ihrer weiteren Entwicklung in gewissen Grenzen unabhängig[1444].

Diese Schwierigkeiten verschärften sich noch im Fall der passiven Personenkonkurrenz, also beim Konstitut eines oder mehrerer Dritter für fremde Schuld. Hier musste dem Kläger, der gegen einen Konstituenten ein obsiegendes Urteil erstritten hatte, besonders an der Möglichkeit gelegen sein, auch gegen den Schuldner und/oder einen etwaigen zweiten Konstituenten einen weiteren Titel erlangen zu können. Selbstverständlich nicht, um die Schuldsumme mehrfach eintreiben zu können, sondern um gegen das Risiko der Zahlungsunfähigkeit des zuerst in Anspruch Genommenen abgesichert zu sein. Frezza hält dies Interesse des Klägers für so schwerwiegend, dass er vermutet, Ulpian habe seine Lösung primär für den Fall des *constitutum debiti alieni* ersonnnen. Erst die Kompilatoren hätten sie verallgemeinert[1445]. Die Quellen liefern dafür keinen Anhaltspunkt. Fr. 16 pr.[1446] unseres Titels sagt zwar, dass zwei Konstituenten jeweils *in solidum* belangt werden konnten, aber nicht, dass der Gläubiger beide auch nacheinander verklagen konnte. Nimmt man die untergeordnete und funktionell unselbständige Rolle hinzu, die das Fremdschuldkonstitut in klassischer Zeit spielte[1447], so ist eine differenzierte Lösung für diese Fallgruppe kaum wahrscheinlich. Man nahm auch insofern wohl stets Konsumption an.

2. Ulpian: Solutionskonkurrenz

Demgegenüber empfahl Ulpian in seinem Ediktskommentar, bei der Behandlung der Konkurrenz von Konstituts- und Hauptklage auf die Konsumption ganz zu verzichten und stattdessen auf die Zahlung abzustellen.

Nur am Rande sei bemerkt, dass Seckel – allerdings zu Unrecht – vermutet, der Text lasse nicht die eigentliche wissenschaftliche Ansicht Ulpians erkennen, es

1443 Astuti II, S. 107 f.; vgl. Frezza, Garanzie I, S. 270, 272, der entscheidend auf einen typisierten Verzichtswillen des Klägers abstellt.

1444 S. o. S. 205 ff.

1445 Frezza, Garanzie I, S. 273.

1446 Ulpian D. 13, 5, 16 pr. (27 ed.): *Si duo quasi duo rei constituerimus, vel cum altero agi poterit in solidum.*

1447 S. dazu im Einzelnen u. S. 352 ff.

handele sich lediglich um eine Empfehlung für die Praxis[1448]. Zu diesem überraschenden Schluss sieht er sich veranlasst durch einen Vergleich von fr. 18, 3 mit einer schon mehrfach besprochenen[1449] Äußerung Ulpians zur actio de in rem verso in D. 15, 3, 15 (2 disp.). Dort weist der Jurist zunächst darauf hin, dass das Konstitut eines Haussohnes für eine Schuld seines Vaters diesen nicht befreie. Der Vater sei daher nicht bereichert, der Gläubiger könne ihn nicht mit der Versionsklage belangen. Im zweiten Teil des Textes fährt Ulpian wie folgt fort:

> Plane si solvat post constitutum, licet pro se videatur solvisse, hoc est ob id quod constituit, in rem tamen vertisse patris merito dicetur.

Erst mit der Zahlung wende der Sohn dem Vater einen Vermögenswert zu, auch wenn er natürlich auf seine eigene Schuld leiste.

In seinem überlieferten Zustand entzieht sich der Text nach Ansicht SECKELS „jeder vernünftigen Erklärung im Zusammenhang mit dem klassischen Recht[1450]". Das Problem ist das folgende: Mit der Zahlung wurde der Vater zwar tatsächlich frei, erlangte also einen Vermögensvorteil, der als versum im Sinne des Edikts gelten konnte. Doch der Gläubiger war nun befriedigt, so dass ihm die Versionsklage dennoch nicht gewährt werden konnte. Den (der Glosse[1451] entlehnten) Erklärungsversuch VON TUHRS, Ulpian habe an einen zweiten Gläubiger gedacht, der die Zahlung des Sohnes mit einem Kredit ermöglicht hatte, weist SECKEL mit Recht zurück[1452].

Seine eigene Erklärung ist ein gutes Beispiel dafür, mit welchem Scharfsinn am Anfang des 20. Jahrhunderts die Textkritik zu Werke ging, zugleich aber auch dafür, warum sie häufig in die Irre führte. Wie VON TUHR begibt sich auch SECKEL auf die Suche nach einer Fallgestaltung, in der der Vater frei wird, der Gläubiger aber unbefriedigt bleibt. Fündig wird er bei der prozessualen Konsumption[1453]. Wurde der Sohn aus der Konstitutsklage verurteilt, so wurde

1448 SECKEL, Haftung de peculio, S. 27.

1449 S. o. S. 156 f.; S. 308 f.

1450 SECKEL, Haftung de peculio, S. 23. GAY, L'in rem versum, S. 231 f. hält den zweiten Teil des Textes insgesamt für eine Hinzufügung; EISELE, SZ 18 (1897), S. 1 (39) betrachtet *hoc est ob id quod constituit* (und nicht etwa *se quidem obligat*, wie CHIUSI, Actio de in rem verso, S. 140 n. 65 behauptet) als überflüssig und folglich interpoliert; zustimmend KOSCHAKER, SZ 29 (1908), S. 502 (512).

1451 Gl. *fideiusserit* ad D. 15, 3, 10 pr.: *Cui hoc casu tenetur pater? Respondeo: illi, qui in hoc mutuaverit filio, ut tali creditori solvat* (Accursius).

1452 SECKEL, Haftung de peculio, S. 23.

1453 Ein entsprechender Gedanke war ihm bei der Untersuchung des parallelen Falles der Fideiussions-Bürgschaft des Sohnes in D. 15, 3, 10 pr. gekommen. Auch dort argumentiert Ulpian, ein *versum* liege vor, wenn der Sohn für die Schuld des Vaters bürge und später zahle; s. SECKEL,

der Vater frei, der Kläger aber, der gegen den Sohn nicht vollstrecken konnte, war noch nicht befriedigt. Daher habe Ulpian ihm eine actio iudicati de in rem verso gegen den Vater gewährt. Seckel findet auch einen Grund für die Textveränderung. Mit der Konstitution C. 8, 40, 28 verfügte Justinian (vielleicht in zwei Schritten[1454]), dass mehrere Bürgen fortan in Solutionskonkurrenz haften sollten, und dass dies auch von ihrem Verhältnis zum Hauptschuldner sowie überhaupt für alle verbalen Gesamtschuldner gelte. Die Kompilatoren sollen nun das neue Recht umgesetzt haben, indem sie mehr oder weniger mechanisch an die Stelle der Litiskontestation allenthalben die Solution setzten, ohne sich weitere Gedanken darum zu machen, ob der veränderte Text dann noch „funktionierte".

Ulpian soll sich im Ediktskommentar gegen die Konsumption ausgesprochen haben, eben diese aber bei der Untersuchung einer Einzelfrage ganz selbstverständlich vorausgesetzt haben. Auch dafür hat Seckel eine Erklärung parat: Der Ediktskommentar wende sich an den Praktiker; Ulpian habe hier auf eine Vertiefung der Frage und auf eine echte Stellungnahme verzichtet, stattdessen dem Anwender den sichersten Weg ans Herz gelegt.

Seckels Beweisführung ist mustergültig, geht aber von einer falschen Prämisse aus. Der Autor offenbart sie in einer Fußnote: „Die Bejahung des ediktmäßigen filium in rem vertisse patris enthält natürlich die Bejahung der Frage nach dem actionem de in rem verso dari[1455]". Mitnichten. Der Schlusssatz ist nur unselbständiger Annex zum Vorhergehenden, keine neue Fallgestaltung, in der die Klage zu gewähren war. Ulpian prüft (übrigens auch in D. 15, 3, 10 pr.) lediglich, ob das vorher verneinte versum jetzt vorliegt, ohne daraus sogleich eine Konsequenz zu ziehen. Vielleicht ist ein entsprechender Schlusssatz ausgefallen. Der Gedankengang Ulpians könnte gelautet haben: Das Konstitut befreit nicht, also kein versum. Die Zahlung befreit, also versum. Gleichwohl keine Klage, da der Gläubiger schon befriedigt ist. Die Verwunderung, die der Text zunächst auslöst, ist somit auch ohne einen so schwerwiegenden Eingriff in den Inhalt, wie Seckel ihn vorschlägt, zu überwinden[1456].

Haftung de peculio, S. 13 ff.; zum Text auch v. Tuhr, Actio de in rem verso, S. 149; Chiusi, Actio de in rem verso, S. 137 f.

1454 Vgl. Schulz, St. Bonfante I, S. 357 ff.; zustimmend Liebs, Klagenkonkurrenz, S. 40 ff.

1455 Seckel, Haftung de peculio, S. 24 n. 4.

1456 Kritisch zu Seckels Deutung Astuti II, S. 95 n. 13. Chiusi, Actio de in rem verso, S. 140 n. 67 gibt sie nur (und zwar bis zur Unkenntlichkeit verkürzt) wieder, ohne sich mit ihr auseinanderzusetzen – obwohl sie zwei Seiten vorher (S. 138) noch die entsprechende Überlegung zu D. 15, 3, 10 pr. als „reizvoll" bezeichnet hatte.

Ulpian entging jedenfalls in fr. 18, 3 mit dem Verzicht auf das Mittel der Konsumption ohne weiteres den oben beschriebenen Schwierigkeiten: Auf der einen Seite musste er den Begriff der *eadem res* nicht bis an seine Grenzen dehnen, auf der anderen Seite gelang es ihm, die Gefahren zu beseitigen, die die Konsumption infolge der teilweisen tatbestandlichen und inhaltlichen Inkongruenz beider Klagen für den Kläger mit sich brachte. Hatte dieser zuerst die Konstitutsklage angestrengt und ein Urteil erstritten, hinderte ihn das nicht, weitere Klagen zu erheben – gegen den Schuldner aus der Hauptschuld oder gegen etwaige andere Konstituenten *ex constituto*. Mehr als die Schuldsumme einschließlich Zeitinteresse konnte er aber nicht erlangen, da jede Zahlung auf alle Forderungen angerechnet wurde. War er nicht wegen Nichtexistenz der Hauptschuld, sondern aus anderen Gründen abgewiesen worden, konnte er – wie beim Eid in D. 12, 2, 36 – wenigstens die *sors* noch einmal einklagen. Hatte er zuerst die Hauptklage erhoben, blieb ihm im Erfolgsfall die Nachforderungsklage *ex constituto* erhalten, im Falle der Abweisung wegen zwischenzeitlichen Untergangs der Hauptschuld konnte er unter Umständen noch die Konstitutsklage erheben.

§ 20 Entwicklung der Funktion des Konstituts

I. Einleitung

Die Untersuchung hat gezeigt, wie es die klassischen Juristen verstanden, den Anwendungsbereich des Edikts *de pecunia constituta* sowohl in objektiver als auch in subjektiver Hinsicht auszuweiten: Man gewährte die Klage auch bei Erfüllungszusagen, die andere Schulden betrafen als die auf eine *certa pecunia* gerichteten; die Zusage konnte eine andere Leistung zum Gegenstand haben als die Hauptschuld, solange Wertäquivalenz gewährleistet war; in den oben aufgezeigten Grenzen konnten am Konstitut Personen beteiligt sein, die an der Hauptschuld keinen Anteil hatten, und so weiter[1457]. All diese Erweiterungen erlaubten es dem Konstitut, ganz andere Funktionen zu übernehmen und ganz andere Zwecke zu erfüllen als diejenigen, die der Prätor bei der Einführung des Edikts vor Augen hatte.

Wir schließen die Betrachtung der klassischen Lehre vom Konstitut daher ab mit der Erörterung der unterschiedlichen rechtlichen und wirtschaftlichen

---

1457 Vgl. zu dieser Entwicklung etwa ASTUTI II, S. 149 ff.; BRUNS, ZRG 1 (18161), S. 28 (87 ff.); ROUSSIER, Constitut, S. 122 ff.

Zielsetzungen, die die Römer mit der Zahlungszusage im Laufe ihrer Entwicklung verfolgten. Dabei ist zu unterscheiden zwischen dem Zweck, den die Parteien (bzw. ursprünglich nur der Schuldner) mit der Zusage verfolgten, und demjenigen, auf den die Rechtsordnung (in Person des Prätors) mit der Klaggewährung abzielte[1458]. Ursprünglich hatte man *constituere* verstanden als die einseitige Festlegung eines Leistungstermins durch den Schuldner. Mit dieser Festlegung verfolgte allein der Schuldner einen Zweck, nämlich seinen Gläubiger bis zu dem Termin von der Durchsetzung der Forderung abzuhalten.

Der Prätor seinerseits schritt gegen den Schuldner ein, indem er bei Nichteinhaltung des zugesagten Termins dem Gläubiger eine zusätzliche Klage gewährte. Nichterfüllung eines Konstituts war also ein von der Rechtsordnung missbilligtes *factum*, das eine Klage nach sich zog. Da diese Klage auf *quanti ea res erit* lautete, war zugleich einer Unzulänglichkeit des formularen Klagesystems Abhilfe geschaffen, nämlich der strikten Beschränkung der *actio certae creditae pecuniae* auf die Schuldsumme.

Zweck des Konstituts[1459] war, rein faktisch Zeit bis zum *dies constituti* zu gewinnen, Zweck der Klage[1460], den Gläubiger durch eine Sanktion gegen die Nichteinhaltung eines fest zugesagten Termins zu schützen, soweit nicht bereits die zivilen Klagen ausreichenden Schutz boten.

Die Aufnahme der Konstitutsklage ins Edikt hatte aber noch weitere Folgen, die der Prätor nicht unmittelbar angestrebt hatte: Sie öffnete dem Tatbestandsmerkmal *constituere* die Tür zum Kreis der anerkannten Rechtsgeschäfte[1461]. Denn seit feststand, dass die Nichtbeachtung eines Konstituts eine Klage nach sich zog, konnten die Teilnehmer am Rechtsverkehr das in der Formel genannte *constituere* zielgerichtet einsetzen; aus der prätorischen Sanktion eines Fehlverhaltens wurde so eine bewusst und zweckgerichtet angestrebte Rechtsfolge. Damit war auch der Weg nicht mehr weit zu der nicht einseitigen, sondern konsensualen Gestaltung anderer Erfüllungsmodalitäten mittels Konstitut. Der Gläubiger nahm nicht länger die passive Rolle eines bloßen Erklärungsempfängers ein, sondern wirkte bei der inhaltlichen Festlegung des Konstituts aktiv mit. Deshalb konnte in der Hochklassik Ulpian mit großer Selbstverständlichkeit von *constituta ex consensu facta* sprechen[1462].

1458 Diese Unterscheidung wird nicht immer mit der gebotenen Schärfe getroffen: Astuti II, S. 245 ff. spricht von der Funktion des Geschäfts auch dort, wo er von dessen Rechtsfolgen handelt; vgl. auch Ricart, Hom. Murga Gener, S. 695 (699 ff.).

1459 Dieser Zweck war allein bestimmt vom Willen des Konstituenten.

1460 Deren Zweck bestimmte die Rechtsordnung in Person des Prätors.

1461 Wobei wir diesen Begriff *lato sensu* gebrauchen.

1462 D. 13, 5, 1 pr. (27 ed.).

II. Der Stand der Forschung

1. Die Frage nach der Rolle, die das Konstitut infolge dieser Entwicklung im klassischen Vertragssystem und im Rechtsverkehr spielte, wird in den neueren Handbüchern naturgemäß nicht vertieft. So beschränkt sich KASER[1463] auf die Feststellung, *constitutum* sei „die ‚Festsetzung' eines bestimmten Leistungstermins" und stelle eine „formlose Haftungsübernahme" dar; als Konstitut fremder Schuld habe es eine „bürgschaftsähnliche Wirkung". ZIMMERMANN[1464] hält fest, dass mit der Konstitutsklage neben der Schuldsumme auch Verzögerungsschäden geltend gemacht werden konnten; das *constitutum debiti alieni* habe Verwendung gefunden als „a sort of suretyship, for which a stipulation was not required". Auch HONSELL[1465] äußert sich nur zum Fremdschuldkonstitut, das er als „Geschäft mit Bürgschaftseffekt" bezeichnet. Das alles ist nicht erschöpfend.

2. Die Vielseitigkeit des Konstituts, die wir bei der eingehenden Beschäftigung mit dem klassischen Quellenmaterial bereits kennengelernt haben, findet nur im monographischen Schrifttum und in der Aufsatzliteratur Berücksichtigung. So widmet ASTUTI[1466] der Funktion des Konstituts eigener und fremder Verbindlichkeiten jeweils ein ganzes Kapitel, gelangt aber durch sein auf der Grundlage zahlreicher Interpolationsannahmen gewonnenes Bild vom klassischen Anwendungsbereich des Konstituts zu Ergebnissen, die wir nur im Grundsatz, nicht aber in den Einzelheiten billigen können. Was das Konstitut eigener Schulden betrifft, stellt er im Wesentlichen fest, dass das Konstitut nicht, wie die ältere Lehre angenommen hatte, ein kausales Schuldversprechen des Honorarrechts war und eine der *stipulatio debiti* bzw. *stipulatio ex praecedenti causa* entsprechende Funktion hatte. In diesem Zusammenhang hebt ASTUTI hervor, dass sich das Konstitut – von seiner fehlenden Abstraktheit abgesehen – vor allem in zwei Punkten von den Verbindlichkeiten *ex stipulatu* unterscheide: dem Zahlungstermin als primärem Inhalt des Konstituts und der fehlenden Fähigkeit, die bestehende Schuld zu novieren[1467]. Der erste Punkt ist der eigentliche Kern der Lehre ASTUTIS, der zweite indirekte Folge des ersten. So richtig seine

1463 RP I, S. 583 f.

1464 Obligations, S. 511 ff.

1465 HONSELL/MAYER-MALY/SELB, RR, S. 286 f. und n. 10.

1466 ASTUTI II, Kapitel II, § 7 (S. 245 ff.) zum *constitutum debiti proprii* und § 8 (S. 263 ff.) zum *constitutum debiti alieni*.

1467 In dem zuletzt genannten Punkt erblickt er eine Parallele zum modernen Wechsel, der gleichfalls neben der ursprünglichen Schuld bestehen könne, s. ASTUTI II, S. 256.

Folgerungen sind, sie bedürfen insofern der Ergänzung, als das Konstitut in klassischer Zeit eben nicht nur reine Terminfestsetzung geblieben ist und deshalb noch andere Funktionen erfüllen konnte.

Auch ROUSSIER[1468] befasst sich zunächst ausführlich mit der ursprünglichen Rolle des Konstituts, die er in der Bestimmung eines Termins für die Rückzahlung eines (Sach-)Darlehens zwischen Nachbarn sieht, typischerweise eines Termins nach der nächsten Ernte, vor allem im Bereich der Bewirtschaftung von Landgütern. Zur weiteren Entwicklung des Konstituts führt er aus, dass solche Darlehen später der Schaffung eines Geflechts von Abhängigkeiten gedient hätten, mit dem Zweck, dem reichen Großgrundbesitzer Einfluss über seine Klienten zu verschaffen und zu erhalten[1469]. Das Konstitut habe diese Abhängigkeiten verschärft, weil die Festsetzung des Leistungstermins den Schuldner einem zusätzlichen zeitlichen Druck aussetzte. Warum seine Hypothese nicht recht wahrscheinlich ist, hatten wir bereits erörtert[1470]. Den Abschluss der Entwicklung und den endgültigen Niedergang des Konstituts zur Nutz- (und damit Funktions-)losigkeit sieht er im Aufstieg des *constitutum debiti alieni*, dem er die Rolle einer Personalsicherheit zuweist unter Ablehnung aller Versuche, die Delegation zu einer wesentlichen Funktion dieser Art des Konstituts zu erklären[1471].

FREZZA[1472] untersucht im Rahmen seines Corso über „Le garanzie delle obbligazioni" im Einzelnen, in welchen Zusammenhängen man das Konstitut einsetzte, beschränkt seine Erörterungen aber entsprechend der Zielsetzung seines Werkes auf das *constitutum debiti alieni*. Auch KARADENIZ[1473] nimmt vor allem die Funktion des Fremdschuldkonstituts in den Blick, ebenso JACOB[1474].

In neuerer Zeit finden wir eine von RICART[1475] vorgelegte – sehr summarische – Darstellung der unterschiedlichen Zwecke, denen das Konstitut dienen konnte; über ihre Ergebnisse hinaus haben RÜFNER[1476] und ERNST[1477] kürzlich den interessanten Gedanken aufgeworfen, das Konstitut *aliud pro alio* könne

1468 Constitut, S. 102 ff.; ablehnend BURDESE, IVRA 10 (1959), S. 216 (220).

1469 Constitut, S. 122 ff.

1470 S. o. S. 86 ff.

1471 Constitut, S. 134 ff.

1472 Garanzie I, S. 242 ff.

1473 Constitutum debiti, S. 191 ff.

1474 Seine gesamte Arbeit fußt auf der Betrachtung des Konstituts als Mittelding zwischen Bürgschaft und selbständiger Garantie, s. schon die Einleitung Constitut, S. 1 ff.

1475 Hom. Murga Gener, S. 695 ff.

1476 Vertretbare Sachen?, S. 43 f.

1477 ZEuP 1999, S. 583 (603); vgl. zum Gattungskauf im römischen Recht auch ERNST SZ 114 (1997), 277 ff.

eine Möglichkeit zur Konstruktion des (dem römischen Recht an sich fremden) Gattungskaufs eröffnet haben. WAELKENS schließlich betrachtet das Konstitut als Mittel des bargeldlosen Zahlungsverkehrs[1478].

III. Stellungnahme

1. Die erweiternde Auslegung des Edikts

Primärer Zweck des Konstituts war und blieb die Bestimmung eines festen Leistungstermins. Die großzügige Auslegung des Edikts (und dessen weiter Wortlaut) erlaubte es den klassischen Juristen jedoch, auch solche Erfüllungszusagen mit der Konstitutsklage zu erfassen, die neben[1479] der Leistungszeit noch andere Umstände der Erfüllung, etwa den Leistungsort oder -gegenstand festlegten. Der Zweck, den man mit solcherlei Versprechungen verfolgte, wird anfangs derselbe gewesen sein wie bei der reinen Zeitbestimmung – der Schuldner erstrebte eine aus seiner Sicht erleichterte Befriedigung des Gläubigers. Daher passte auch die Anwendung der Konstitutsklage. Denn ein Schuldner, der seiner Zusage, er werde nicht in Rom, sondern in Ephesos, nicht in Geld, sondern in Getreide erfüllen, nicht nachkam, obwohl der Gläubiger ob dieser Versprechungen von einer Klage zunächst abgesehen hatte, machte sich ebenso eines qualifizierten Treubruchs schuldig und konnte mit gleicher Berechtigung bestraft werden wie derjenige, der lediglich einen festen Leistungstermin zugesagt hatte.

Derartige Modifikationen der zugesagten Leistung gegenüber der geschuldeten mussten den Gläubiger stärker als bisher ins Blickfeld rücken. Weit mehr als bei der Zusage der Leistung für einen späteren Zeitpunkt griff die bekundete Absicht des Schuldners, an einem anderen Ort oder gar mit einem anderen Gegenstand erfüllen zu wollen, in die vertragliche Abrede zwischen den Parteien ein. Diese neue Art des Konstituts[1480] war – anders als die reine Festlegung

1478 WAELKENS, FS Spruit, S. 171 ff.; Mémoires de la société pour l'Histoire du Droit et des Institutions des Ancien Pays Bourguignons, Comtois et Romands 65 (2008), S. 67 ff.

1479 Dies dürfte der erste Schritt gewesen sein: Der Schuldner erklärte, er könne den Gläubiger nicht jetzt befriedigen, sehr wohl aber in einem Monat – wenn auch nicht in Rom und mit Geld, so doch in Ephesos mit einer Getreidemenge. Das für das Konstitut kennzeichnende zeitliche Element blieb also zunächst auch in diesen Fällen vollständig erhalten. – Erst einer späteren Entwicklungsstufe gehört das Konstitut *sine die* an, das Modifikationen der beschriebenen Art anstelle des Termins enthielt, wobei dann selbstverständlich die von Paulus D. 13, 5, 21, 1 aufgestellten Grundsätze zu beachten waren.

1480 Vgl. die Terminologie bei MAGDELAIN, Consensualisme, S. 133 und passim: Zusagen mit modifiziertem Inhalt als „types nouveaux" des Konstituts gegenüber der reinen Zeitbestimmung als „type ancien"; dagegen geht PLATSCHEK, Edikt, S. 143 ff.; S. 173 davon aus, dass von

einer Leistungszeit – ohne Mitwirkung des Gläubigers nicht denkbar. Derartige Erfüllungszusagen waren das Ergebnis von Verhandlungen oder, mit den Worten Ulpians, *ex consensu facta*[1481]. Beruhte die Zusage folglich nunmehr auf einer Einigung, musste diese Einigung auch den Gläubiger binden: Obwohl es – wie wir bereits mehrfach bemerkt haben – in den Quellen keinerlei Hinweis auf eine *exceptio* gegen die Klage aus der Hauptschuld aufgrund einer solchen Erfüllungszusage gibt[1482], ist davon auszugehen, dass eine solche wenigstens bis zum *dies constituti* gewährt wurde.

a. Entwicklung des Konstituts zum Leistungsversprechen

Die skizzierte Erweiterung des Anwendungsbereichs der Konstitutsklage läutete zugleich die Entwicklung des Konstituts von der reinen Zeitbestimmung zum Leistungsversprechen ein. Die Konstitutsklage behielt zwar ihre Formel und blieb damit Sanktion für die Nichteinhaltung der Erfüllungszusage, doch näherte sie sich in der praktischen Handhabung einer echten Leistungsklage an: War es beispielsweise den Parteien bei der Zusage im Wesentlichen auf die Bestimmung eines anderen Schuldgegenstandes angekommen und hatten sie deshalb keine feste Leistungszeit bestimmt, hätte die Klage nach dem Formelwortlaut – wie Paulus in fr. 21, 1 konstatiert – an sich wie eine Leistungsklage sofort zur Verfügung stehen müssen. Die Juristen hatten sich jedoch das Bewusstsein bewahrt, dass es sich eben nicht um eine Leistungsklage handelte. Folgerichtig gewährte Paulus in solchen Fällen eine Erfüllungsfrist von mindestens zehn Tagen. Nach Ablauf dieser Schonfrist zeitigte die Klage jedoch wegen des Grundsatzes *omnis condemnatio pecuniaria* genau dieselbe Wirkung wie eine Leistungsklage. Im Verlaufe dieser Entwicklung setzte sich zudem nach und nach die Ansicht durch, die in der *actio constitutoria* eine sachverfolgende Klage sah. Aus der Unrechtshandlung *non fecisse quod constitutum est* wurde die Rechtshandlung *constituere*, ein kausales Erfüllungsversprechen eigener Art.

Anfang an *constituere* eine Zusage beliebigen Inhalts sein konnte, solange sich ihre Einhaltung nur an dem *neque fecisse* der Formel messen ließ; s. dazu unten S. 460 ff.

1481 D. 13, 5, 1 pr. (27 ed.).

1482 Nicht haltbar ist die Ansicht Ricart Martìs, Hom. Murga Gener, S. 695 (700), die in D. 13, 5, 17 (Paulus 29 ed.) ein Indiz für eine solche *exceptio* sieht. Das Fragment betrifft einen anderen Fall, nämlich eine Einrede gegen die Konstitutsklage bei unberechtigter Zurückweisung eines nachträglichen Leistungsangebots. Für unsere Frage, die Erhebung der Hauptklage vor dem *dies constituti*, lässt sich dem Fragment auch „en interpretación extensiva" beim besten Willen nichts entnehmen. – Eingehend zur *exceptio de pecunia constituta* nun aber Platschek, Edikt, S. 84 ff., wozu näher unten S. 451 ff.

b. Keine volle funktionelle Übereinstimmung mit der Stipulation – Ulpian D. 13, 5, 1, 4

Dennoch erschien den klassischen Juristen das Konstitut in funktioneller Hinsicht niemals als ein prätorisches Äquivalent zur *stipulatio debiti*. Das zeigt nicht nur die scharfe Abgrenzung des Konstituts von der Stipulation bei Marcellus D. 13, 5, 24, sondern auch die eindeutige Stellungnahme Ulpians gleich zu Beginn seines Ediktskommentars:

> Ulpian D. 13, 5, 1, 4 (27 ad edictum):
> Eum, qui inutiliter stipulatus est, cum stipulari voluerit, non constitui sibi, dicendum est de constituta experiri non posse, quoniam non animo constituentis, sed promittentis factum sit.

Der Jurist untersucht die Frage, ob ein in Stipulationsform abgegebenes, aber unwirksames Versprechen (einer bereits geschuldeten Leistung[1483]) als Konstitut Wirksamkeit erlangen und so dem Erklärungsempfänger die Konstitutsklage verschaffen könne. Kann es nicht, befindet Ulpian, denn einerseits habe der Gläubiger ein Stipulationsversprechen und kein Konstitut entgegennehmen wollen, andererseits habe auch der Versprechende nicht mit dem Willen eines Konstituenten, sondern mit dem eines Promittenten, also des förmlich Versprechenden, gehandelt.

Das Fragment gilt der romanistischen Literatur als verdächtig, vor allem weil der Text den *animus*, den Willen der Parteien auffällig betont[1484]. Beseler[1485] und Astuti[1486] streichen beide Begründungssätze, Philippin[1487] wohl[1488] nur den

1483 Ulpian behandelt eine unwirksame *stipulatio debiti*; mit Recht ergänzt Astuti II, S. 257 den im Text mitgeteilten Sachverhalt um die bereits existierende Hauptschuld als Gegenstand des Versprechens, denn ohne eine solche konnte sich die Frage nach der Haftung *ex constituto* gar nicht erst stellen.

1484 Vgl. etwa Astuti II, S. 257 f.; Beseler, Beiträge IV, S. 315; für interpoliert halten die Stelle ferner Albertario, Riv. Dir. Comm. 21, I (1923), S. 498 n. 2; Kaser, RP II, S. 383 n. 85; Pringsheim, SZ 42 (1921), S. 273 (283) und Law Quart. Review 195 (1933), S. 391 f.; Philippin, Constitut, S. 51 n. 1; Cornil, Mel. Fournier, S. 117 n. 26; Levy SZ 50 (1930), S. 645 (648).

1485 Beiträge IV, S. 315.

1486 Astuti II, S. 257 weist in n. 22 auf die Überlieferung in den Basiliken 26, 7, 1, 4 (A IV 1297 Sch.; III, 134 Hb.) hin, die ohne Begründung auskommt: ἡ ἄρχηστος ἐπερώτησις οὐ ποιεῖ ἀντιφώνησιν („Die unwirksame Stipulation macht keine Zahlungszusage"). Die Basiliken geben den Text der Digesten jedoch bekanntlich nicht selten verkürzt wieder und sind zudem auf der Grundlage der byzantinischen (d. h. bereits bearbeiteten) Digestenausgaben gefertigt worden. Das dortige Fehlen der Begründung ist also kaum ein Indiz für eine Textänderung durch die Kompilatoren.

1487 Constitut, S. 51 n. 1.

1488 Philippins Haltung zu fr. 1, 4 bleibt unklar: Im Text führt er aus, dass „il faut que le débiteur constituant ait eu la volonté de faire un constitut et non tout autre contrat", in der Fußnote

zweiten. Tatsächlich könnte die doppelte Begründung einmal mit dem Willen des Gläubigers und einmal mit dem des Versprechenden auffällig erscheinen, weil das Konstitut als einseitiger Akt die Haftung des Konstituenten unabhängig vom Willen des Zusageempfängers begründete. Andererseits entspricht die Berücksichtigung des Gläubigerwillens der spätklassischen Tendenz, den Konsens herauszustellen, auf dem das Konstitut beruhte. Bedenkt man weiter, dass im Lichte neuerer Untersuchungen der Generalverdacht gegen alle auf den *animus* gestützten Argumentationen erheblich an Überzeugungskraft verloren hat, können wir der Textkritik nur folgen, wenn sie die Ablehnung der Umdeutung auch ohne Rückgriff auf den Parteiwillen zu erklären vermag.

Nicht befriedigend ist zunächst die Erklärung Giuffrè überzeugend —

Nicht befriedigend ist zunächst die Erklärung Beselers: Nach seiner Auffassung kannte das klassische römische Recht überhaupt keine Umdeutung eines unwirksamen Rechtsgeschäftes in ein anderes, dessen Voraussetzungen vorlagen. Demgegenüber hat Giuffrè überzeugend nachgewiesen, dass die Konversion des unwirksamen Rechtsakts den Klassikern durchaus geläufig war[1489]. Wir können deshalb nicht annehmen, Ulpian habe schon aus einer so grundsätzlichen Erwägung heraus die Umdeutung der Stipulation in ein Konstitut abgelehnt.

Pringsheim[1490], der darauf hinweist, dass es sich bei der Stipulation um ein formales Geschäft des Zivilrechts, bei dem Konstitut hingegen um ein formloses des Honorarrechts handele, so dass eine Umdeutung ausscheide, verkennt, dass gerade dies die *ratio dubitandi* unseres Textes ausmachen dürfte. Denn es ist nur ein einziger Grund ersichtlich, der zur Unwirksamkeit allein einer Stipulation, nicht hingegen zu der eines *constitutum* führen könnte: eben der Mangel der Form[1491]. Im Übrigen war den Römern zumindest die Umdeutung der unwirksamen *acceptilatio* in ein formloses Erlass-*pactum* geläufig, das mittels *exceptio*

erklärt er hingegen, dass gerade der Begründungssatz, der auf den Willen des Schuldners abstellt (*quoniam – factum*) zu streichen sei; schließlich gibt er – um die Verwirrung vollständig zu machen – kritiklos die Rekonstruktion Beselers wieder, in der beide Begründungssätze gestrichen sind.

1489 Giuffrè, Conversione; s. dort insbesondere S. 369 ff. gegen Beseler; vgl. auch die – im Wesentlichen zustimmende – Rezension von Wesener, SZ 85 (1968), S. 502 ff.; s. in unserem Sinne außer Kaser, RP I, S. 249 und der dort in n. 25 und 26 zitierten Literatur auch Astuti II, S. 258 f.

1490 LQR 49 (1933), S. 391; SZ 42 (1921), S. 273 (283).

1491 Andere Wirksamkeitshindernisse wie etwa Geschäftsunfähigkeit oder ein Verstoß gegen ein Verbotsgesetz hätten auch das Konstitut erfasst. Da die Stipulation in der Klassik längst auch den Peregrinen zugänglich war (vgl. Kaser, RP I, S. 540), kommt auch das fehlende Bürgerrecht nicht in Betracht. Mit Recht hat daher bereits Astuti II, S. 257 ff. gerade den Fall der Formunwirksamkeit als den von Ulpian untersuchten herausgestellt.

schuldbefreiend wirkte[1492]. Formunwirksamkeit schloss also eine Umdeutung in ein formfreies Geschäft nicht grundsätzlich aus.

Auch ASTUTI stützt seine Kritik auf die angebliche Überbetonung des Parteiwillens, die er der byzantinischen Dogmatik zuschreibt[1493]. Den wahren Grund für die Lösung Ulpians sucht er – auf den Spuren WINDSCHEIDS[1494] – in den unterschiedlichen Zwecken von Stipulation und Konstitut. Noch Ulpian habe im Konstitut ein Institut gesehen, das ganz andere praktische Absichten verwirklichen sollte als die *stipulatio*. Entsprechend sei ihm auch die pönale Konstitutsklage als ein von der Klage aus Stipulation gänzlich verschiedener Rechtsbehelf erschienen, und somit als ein Rechtsbehelf, der ungeeignet war, die Stipulationsklage zu ersetzen[1495].

Diese Überlegungen rechtfertigen die Streichung der Begründungssätze nicht. Abgesehen von dem bereits erwähnten Einwand, dass das Willensmoment schon bei den Klassikern häufiger Berücksichtigung fand als ASTUTI auf der Grundlage der zu seiner Zeit herrschenden Meinung[1496] annahm, dürfte jedenfalls der ursprüngliche Strafzweck der Konstitutsklage für Ulpian kein schlagendes Argument mehr gewesen sein: Wie wir gesehen haben, folgte der Jurist der Ansicht des Marcellus und trat für sachverfolgenden Charakter der Klage ein[1497]. Vor allem aber setzt ASTUTI sich dem Vorwurf der seiner

1492 Paulus D. 2, 14, 27, 9 (3 ed): *Si acceptilatio inutilis fuit, tacita pactione id actum videtur, ne peteretur*; vgl. Ulpian D. 46, 4, 8 pr. (48 Sab.): *An inutilis acceptilatio utile habeat pactum, quaeritur: et nisi in hoc quoque contra sensum est, habet pactum* [...]. BESELER SZ 47 (1927), S. 357 f. und SZ 66 (1948), S. 311 f. hält beide Stellen für unecht, ebenso SOLAZZI, L'estinzione, S. 263 ff.; anders mit Recht RICCOBONO, St. Bonfante I, S. 153 ff.; KASER, RP I, S. 641.

1493 ASTUTI II, S. 257 ff.

1494 Dieser führt im Lehrbuch des Pandektenrechts, Bd. 1, § 82 zur Unwirksamkeit der Rechtsgeschäfte aus:

„Die Ungültigkeit ist vorhanden entweder für das Recht überhaupt, oder nur für denjenigen Rechtssatz, welchen der das Rechtsgeschäft Abschließende zunächst in's Auge gefaßt hat. Den Anforderungen, welche dieser Rechtssatz an ein gültiges Rechtsgeschäft stellt, genügt das Rechtsgeschäft nicht; dagegen entspricht es den Anforderungen eines anderen Rechtssatzes, aus welchem die gleiche rechtliche Wirkung hervorgeht. Indem das Rechtsgeschäft nach diesem letzteren Rechtssatz aufrecht erhalten wird, befolgt man den präsumptiven Willen seines Urhebers. Gewöhnlich spricht man in diesem Falle von einer „Conversion" des Rechtsgeschäftes".

In n. 14 erklärt WINDSCHEID die negative Lösung unseres Fragments damit, dass „der wirklich zutreffende Rechtssatz eine Wirkung ganz anderer Art erzeugt, als der zunächst in's Auge gefaßte, wenngleich eine Wirkung, welche im Allgemeinen dieselbe Richtung verfolgt"; vgl. LEVY, SZ 50 (1930), S. 645 (648), der zu bedenken gibt, dass die Gegenüberstellung von *animus constituentis* und *animus stipulantis* gegen eine identische Wirkung beider Institute spreche.

1495 ASTUTI II, S. 260 ff.

1496 S. die bei ASTUTI II, S. 257 n. 23 zitierte Literatur.

1497 D. 13, 5, 18, 2 (27 ed.); s. dazu oben S. 112 ff.

Argumentation aus, weil er am Ende ohne das Willensmoment doch nicht auskommt. Zwar macht er aus dem von ihm verdächtigten *animus constituentis* einen „präsumptiven Willen der Parteien", der durch die Konversion verletzt würde[1498], das ändert aber nichts daran, dass letztlich auch er die Umdeutung am entgegenstehenden Parteiwillen scheitern lässt. Denn den „praktischen Zweck" des Geschäfts, auf den Astuti abstellt, gab nicht etwa die Rechtsordnung unabänderlich vor; es waren die Parteien selbst, die ihn verfolgten. Es hätte insbesondere dem Willen des Promittenten widersprochen, die unwirksame *stipulatio* als Konstitut aufrechtzuerhalten und ihn so der scharfen Haftung *ex constituto* auszusetzen. Er hätte sich dann nicht nur im Prozess die erhöhte *sponsio* gefallen lassen müssen, sondern auch die zugunsten des Gläubigers erleichterte Beweisführung und schließlich die gegenüber der *condictio* umfassendere Haftung auf *quanti ea res erit*. Anders als bei der Umdeutung der unwirksamen *acceptilatio* in ein formloses Erlass-*pactum*, konnte Ulpian deshalb nicht argumentieren, der Stipulation wohne ein stillschweigendes Konstitut inne; dessen Wirkung war ja eine andere als diejenige der Stipulation, und von den Parteien so nicht beabsichtigt: Weder hatte der Gläubiger sich die genannten Vorteile verschaffen, noch der Konstituent sie gewähren wollen. Daran musste die Konversion scheitern[1499].

Die Unterschiede beider Institute in Voraussetzungen und Rechtsfolgen waren zwar ihrem jeweiligen Zweck geschuldet, diesen Zweck machten die Parteien sich aber mit der bewussten Auswahl des abgeschlossenen Geschäfts zueigen. Nicht nur die Lösung, sondern auch deren Begründung ist Ulpian zuzuschreiben.

Die funktionale Verschiedenheit des Konstituts von der *stipulatio* erweist sich nicht zuletzt auch in dem Fehlen der novatorischen Wirkung dieses Geschäfts. Bis zum Ende der klassischen Zeit hatte die Erfüllungszusage nur in eng begrenzten Fällen überhaupt Einfluss auf die Hauptschuld, obwohl die Mittel des Amtsrechts weiterreichende Wirkungen durchaus ermöglicht hätten. Das Konstitut diente aber eben nicht der Modifizierung des Schuldinhalts, sondern regelte die Einzelheiten der Abwicklung der Hauptschuld.

c. Entwicklung der *actio constitutoria* zur rein sachverfolgenden Klage

Die ursprüngliche Betrachtung der Konstitutklage als *poena* (zumindest in dem oben[1500] skizzierten älteren Wortsinn) ging im Laufe der Zeit verloren. Eine größere begriffliche Schärfe begann sich durchzusetzen, als man der Problematik

1498 S. Astuti II, S. 262.
1499 Anders Platschek, Edikt, S. 181, wozu näher unten S. 463 ff.
1500 S. 118 ff.

der Klagenkonkurrenz mit der Einteilung der Klagen in strafende einerseits und sachverfolgende andererseits begegnete. Spätestens seit Marcellus hatte der Gedanke Fuß gefasst, die *actio de pecunia constituta* verfolge allein den Ausgleich des verletzten Interesses an pünktlicher und zusagegemäßer Erfüllung. Die stetige Ausdehnung des Anwendungsbereichs der Klage (u. a. durch Erweiterung des Begriffs *constituere*), die das Konstitut zu einem echten Rechtsgeschäft machte, beeinflusste auch die allgemeine Meinung über ihre Funktion. Am Ende der klassischen Zeit diente sie nur noch der Sachverfolgung.

2. Sonderfälle

Einige Besonderheiten der Konstitutsklage eröffneten dem Rechtsverkehr (zumindest theoretisch) die Möglichkeit, mittels Konstitut im Einzelfall wirtschaftliche Zwecke zu verwirklichen, die etwas abseits der Hauptfunktion dieses Geschäfts lagen.

a. Ricart Marti: Das „Einfrieren" der Schuld

Wie wir gesehen haben, bezogen die römischen Juristen einerseits das rein objektiv verstandene *neque fecisse* der Formel scharf auf den *dies constituti*, andererseits das *debitum fuisse* scharf auf den Zeitpunkt der Zusage; letzteres beschränkte die Abhängigkeit der Haftung *ex constituto* von der Hauptschuld auf eine im Wesentlichen nur genetische, nicht aber auch funktionelle Akzessorietät[1501]. Die Folgen dieser Auslegung bezeichnet RICART plastisch als „Einfrieren" der Schuld bzw. der Leistung[1502]. Damit spielt sie auf zwei Effekte des Konstituts an, die zugunsten des Gläubigers eintraten und für diesen möglicherweise einmal den eigentlichen Grund darstellen konnten, sich seine Forderung konstituieren zu lassen: die Haftung des Konstituenten trotz höherer Gewalt und die Fixierung des Umfangs der Haftung durch ihre Abkoppelung von der weiteren Entwicklung der Hauptschuld.

Der zuerst genannte Vorteil wirkt auf den ersten Blick gewichtiger als er war. Da das Konstitut lediglich bei Geld und fungiblen Sachen zur Anwendung kam, drohte dem Gläubiger der Untergang seines Leistungsanspruchs aus der Hauptschuld wegen Unmöglichkeit, ob infolge höherer Gewalt oder nicht, ohnehin nur in ganz außergewöhnlichen Sonderfällen (*genus perire non videtur*). Die anfänglich streng objektive Haftung für P ü n k t l i c h k e i t der Erfüllung aber, die den eigentlichen Unterschied zum allgemeinen Schuldrecht ausmachte,

1501 ASTUTI II, S. 45 ff.; vgl. ausführlich oben S. 205 ff.

1502 RICART, Hom. Murga Gener, S. 695 (704): „virtualidad de congelar el débito de manera que no se vea afectado por circunstanias externas", „virtualidad de congelar la prestación".

weichten die Juristen offenbar bereits seit Pomponius erheblich auf, indem sie dem Schuldner eine *iusta interpretatio* oder eine *exceptio* angedeihen ließen, wenn er nach schuldloser Versäumnis des *dies constituti* die Leistung alsbald ordnungsgemäß nachgeholt oder zumindest angeboten hatte[1503].

Der zweite Effekt hingegen konnte nicht nur in dem paradigmatischen Fall des Konstituts kurz vor Ablauf der Klagefrist[1504], sondern auch bei dem Konstitut des *paterfamilias* für einen Haussohn oder Sklaven von erheblicher praktischer Bedeutung sein[1505]. War der Vater nämlich bereit, wenn auch nicht *filii/servi nomine*, so doch zumindest *suo nomine* zu konstituieren[1506], musste der Gläubiger eine spätere Minderung oder gar Auflösung des *peculium* als der ihm zu Gebote stehenden Haftungsmasse nicht mehr fürchten: der Vater haftete fortan *ex constituto* mit dem eigenen Vermögen auf den Betrag, den das *peculium* im Zeitpunkt der Zusage enthalten hatte.

b. Ernst und Rüfner: Das Konstitut als Mittel zur Bewirkung eines Gattungskaufs

Bereits im ersten Teil unserer Untersuchung hatten wir auf die von Ernst[1507] vorgetragene Idee aufmerksam gemacht, das Konstitut habe die Möglichkeit geboten, durch einen Objektswechsel eine Verpflichtung zur generischen Warenleistung zu begründen[1508].

Da das römische Recht keinen echten Gattungskauf kannte, waren die klassischen Juristen, denen das ökonomische Bedürfnis nach dieser Art von Geschäften durchaus bewusst war, gezwungen, den wirtschaftlichen Zweck des Gattungskaufs durch alternative Geschäftsformen zu verwirklichen. Zu nennen ist etwa die mittelbare (Gattungs-)Schuldbegründung durch Strafstipulation[1509] oder die unmittelbare durch direkte Stipulation[1510]. Unter Verwendung des Konstituts ließ sich theoretisch auch eine typische Konstruktion aus der griechischen Urkundenpraxis imitieren: Zunächst überließ der Käufer dem Verkäufer den vereinbarten Kaufpreis als Darlehen. Dann konstituierte der Verkäufer unter Auswechselung des Schuldgegenstands die Rückzahlung des Darlehens in Form einer entsprechenden Warenmenge, also *aliud pro alio*[1511]. Auf diese

1503 S. dazu o. S. 261 ff.
1504 Vgl. Ulpian D. 13, 5, 18, 3 (27 ed.).
1505 Vgl. Ricart, Hom. Murga Gener, S. 695 (703 f.) unter Berufung auf D. 13, 5, 1, 8 (Ulpian 27 ed.), 13, 5, 2 (Julian 11 dig.) und 13, 5, 20 (Paulus 4 Plaut.).
1506 Zum Unterschied beider Varianten s. die in n. 1505 zitierten Stellen.
1507 ZEuP 1999, S. 583 (603); vgl. auch Rüfner, Vertretbare Sachen?, S. 43 f.
1508 S. o. S. 72 f.
1509 Etwa bei Paulus D. 19, 1, 47 (6 resp.); dazu Ernst SZ 114 (1997), 277 (292 ff.).
1510 Etwa die *stipulatio triticaria*, vgl. Ulpian D. 45, 1, 75, 2 (22 ad ed.).
1511 Vgl. Ulpian D. 13, 5, 1, 5 (27 ad ed.).

Weise konnte durch ein Pränumerationsgeschäft die Pflicht zur generischen Warenleistung begründet werden[1512].

Konnte. Zunächst scheint das Konstrukt plausibel, wenigstens in der Theorie. Aber gelangte es auch in der Praxis zum Einsatz? ERNST und RÜFNER geben keine Antwort, entsprechend ihrer jeweiligen Aufgabenstellung begnügen sie sich damit, die Möglichkeit aufzuzeigen. Papyrologische Belege fehlen ebenso wie unmittelbare Äußerungen der klassischen Juristen.

Zwei Überlegungen machen die Verwendung des Konstituts in der beschriebenen Art und Weise ausgesprochen unwahrscheinlich. Zum einen war sie mit dem eigentlichen Wesen der Konstitutshaftung kaum vereinbar. Wir hatten schon oben Gelegenheit zu bemerken, dass in den Quellen nicht ein einziges Konstitut überliefert ist, das unmittelbar mit dem schuldbegründenden Akt zusammenfällt[1513]. Der Grund dafür ist die Funktion der Zusage, Schwierigkeiten auszuräumen, die bei der Begründung der Schuld noch nicht ersichtlich, sondern erst bei ihrer Abwicklung aufgetaucht waren. Die Konstitutshaftung war konzipiert für den Schuldner, der – unfähig seiner Verbindlichkeit wie vereinbart nachzukommen – nachträglich eine abweichende Form der Erfüllung zugesagt, so den Gläubiger hingehalten und dann trotzdem nicht geleistet hatte. Von einem die Klage auslösenden qualifizierten Treubruch konnte keine Rede sein, wenn der Gläubiger mit der Annahme des Konstituts keinerlei Entgegenkommen gezeigt hatte, die Parteien vielmehr von vornherein einen bestimmten Leistungsinhalt hatten festlegen wollen. Dafür war nicht das Konstitut, dafür war die Stipulation das richtige Instrument.

Zum anderen weist ERNST selbst völlig zu Recht darauf hin, dass die Kaiserjustiz sich verschiedentlich mit vergleichbaren Lieferverpflichtungen in griechischen Urkunden auseinanderzusetzen hatte[1514]. In den genannten Urkunden wurde gegen Geldzahlung eine Pflicht zur „Rück"-Leistung von Ware festgehalten. Die römische Kaiserjustiz hat diese Verpflichtungsscheine nicht als *emptio venditio* behandelt und stattdessen danach gefragt, ob der Errichtung der Urkunde eine perfekte Stipulation vorausgegangen war[1515]. Sie hat aber darüber hinaus – und das übersieht ERNST – das Vorliegen eines Konstituts nicht einmal ansatzweise in Betracht gezogen, was sich jedoch aufgedrängt hätte, wenn dieses als Form

1512 ERNST, ZEuP 1999, S. 583 (603); vgl. auch RÜFNER, Vertretbare Sachen?, S. 43 f.

1513 Vgl. o. S. 67; s. auch KOSCHAKER, SZ 63 (1943), S. 469 (473 f.), der sich durch diesen Befund nicht gehindert sieht, die mit der Schuldbegründung zusammenfallende Terminbestimmung als den Urfall des Konstitus zu betrachten; hiergegen mit Recht ROUSSIER, Constitut, S. 102 ff.

1514 Er nennt in ZEuP 1999, S. 583 (602 und n. 72) C. 4, 2, 5 und 6; C. 4, 2, 10 mit C. 4, 49, 12; vgl. auch die dort und bei ERNST, SZ 114 (1997), S. 277 (279 ff.) zitierte Lit.

1515 ERNST, ZEuP 1999, S. 583 (602).

des Gattungskaufs bekannt gewesen wäre[1516]. Mit der Auszahlung des Geldes war eine Darlehensschuld geschaffen, die grundsätzlich dem Konstitut (auch mit Objektswechsel) zugänglich war. Hatte der Schuldner in der Urkunde seine Pflicht zur Rückerstattung des Darlehens in Ware bestätigt (und nicht lediglich den Abschluss einer tatsächlich nicht erfolgten Stipulation dieses Inhalts[1517]), hätte man dies als *constituere* begreifen können – wenn nicht zum Tatbestand der Konstitutsklage auch die (typisierte) Vertrauensinvestition des Gläubigers gehört hätte.

Wir können daher nicht davon ausgehen, dass jemals das Konstitut in der von Ernst und Rüfner ersonnenen Weise Verwendung gefunden hat.

3. Volle Funktionsäquivalenz des Konstituts mit Personenwechsel

Es bleibt noch die Untersuchung der Funktion des Konstituts mit Personenwechsel. Von den beiden denkbaren Varianten, der Zusage *alii* und *pro alio*, ist die letztere sowohl in den Quellen als auch in der Literatur die bei weitem ausführlicher behandelte. Der Hauptgrund dafür ist, dass seit Justinian das Konstitut offenbar vorwiegend in dieser Form in Gebrauch war[1518].

a. Meinungsstand zum *constitutum debiti alieni*

Streit besteht allerdings seit Beginn der historischen Auseinandersetzung mit dem römischen Recht um die genaue Funktion des Konstituts für fremde Schuld. Bruns wandte sich bereits 1861 gegen die Annahme, das *constitutum debiti alieni* habe von Anfang an eine bürgschaftsähnliche Wirkung gehabt, wie bis dahin zumeist gelehrt worden war[1519]. In Wahrheit sei diese Bedeutung dem Konstitut fremder Schuld erst bei Justinian zugekommen und habe niemals seine hauptsächliche Funktion dargestellt. Vielmehr habe das Fremdschuldkonstitut zunächst und zu allen Zeiten als Mittel der solidarischen Schuldübernahme – sei

1516 Das Fehlen jeglichen Gedankens an das Konstitut ist übrigens – auch über den Fall hinaus – ein weiteres starkes Indiz für die Erhaltung der funktionellen Verschiedenheit von *stipulatio* und *constitutum* bis zum Ende der klassischen Zeit.

1517 Denn dann konnte die Konstitutshaftung schon wegen des in fr. 1, 5 aufgestellten Umdeutungsverbots nicht eingreifen.

1518 Das zeigen schon die justinianischen Novellen, die sich allein noch mit dem *constitutum debiti alieni* befassen; auch im Mittelalter erlangte diese Form des Konstitut im Handelsrecht bei den italienischen Legisten besondere Bedeutung, s. dazu Karsten, Die Lehre vom Vertrage, S. 232 ff.

1519 ZRG 1 (1861), S. 28 (97 ff.); die Vertreter dieser von ihm abgelehnten Auffassung nennt er nicht ausdrücklich. Eine Behandlung als Bürgschaftsgeschäft erfuhr das *constitutum debiti alieni* etwa bei Voet, Compendium Iuris, Bd. 1, S. 199: *pro alio constituens effectu a fidejussore non differt*; vgl. auch Heineccius, Elementa, Bd. 1, S. 360.

es auf Anweisung des Schuldners, sei es ohne eine solche, *animo donandi* oder *negotia gerendi*, erfolgt – Verwendung gefunden. Das Einverständnis des Gläubigers vorausgesetzt, sei das Konstitut sogar zur schuldbefreienden Delegation geeignet gewesen[1520]; es sei daher eher als Delegations- denn als Garantiegeschäft anzusehen[1521]. Diese These stieß zunächst auf Zustimmung, viele Autoren zählten das Konstitut fortan zu den Geschäften, mit denen eine – auch novatorische – Delegation bewirkt werden konnte[1522].

Nach den Untersuchungen Astutis ist die Lehre jedoch zu dem Standpunkt zurückgekehrt, primäre Funktion auch des klassischen Konstituts *pro alio* sei diejenige als Form der Personalsicherheit gewesen[1523]. Astuti räumt zwar die Möglichkeit einer schuldbefreienden Delegation durch *constitutum* ein, gibt aber zu bedenken, dass die Beseitigung der Hauptschuld keine natürliche Wirkung des Konstituts gewesen sei und daher eigens durch ein zusätzliches *pactum* mit dem Gläubiger habe herbeigeführt werden müssen. Die *delegatio* sei hingegen in aller Regel auf eine formlose Anweisung durch einen förmlichen und vor allem abstrakten Rechtsakt erfolgt. Sie habe entgegen einer verbreiteten Auffassung die Novation der Verbindlichkeit im Valutaverhältnis auch dann mit sich gebracht, wenn sie durch einen nicht titulierten Rechtsakt vollzogen wurde. Beim Konstitut hingegen sei die Haftung des Angewiesenen neben diejenige des Anweisenden getreten ohne diesen zu befreien, wenn nicht

1520 Denn dann sei dem Konstitut ein *pactum de non petendo* hinzugefügt, das die weitere Inanspruchnahme des Hauptschuldners ausschloss, Bruns ZRG 1 (1861), S. 28 (98); andere Autoren gingen weiter und nahmen sogar an, es handele sich um eine echte novatorische Delegation, vgl. Astuti II, S. 265 und die dort n. 7 zitierte Literatur.

1521 Vgl. Bruns, ZRG 1 (1861), S. 28 (98 f.): das Konstitut *pro alio* sei funktionell eher mit der *expromissio* als mit der *fideiussio* vergleichbar; ähnlich Flürer, Pactum constitutae pecuniae, Nancy 1874, mit dem Hinweis darauf, dass der Einsatz des Konstituts als Sicherungsmittel erst in Betracht gezogen werden konnte, als die Bedeutung der Terminbestimmung zu schwinden begann: denn bei strenger Anwendung der Klage habe der Konstituent sich im Falle der Terminversäumnis stets haftbar gemacht, während der Bürge nur eventuell, nämlich für den Fall habe verpflichten wollen, dass der Hauptschuldner insgesamt nicht zahle; gegen diese Argumentation Crapelet, Constitutum debiti alieni, S. 30.

1522 Vgl. Gide, Études sur la novation, S. 391; Gaudemet, Études sur le transport de dettes, S. 146 ff.; Bodin, Revue Historique de Droit Francais et Étranger 12 (1866), S. 209 f.; Hubert, Essai d'une théorie juridique de la delegation, 1899, S. 25; Perozzi, Ist. II, 422; Rutsaert, Étude sur la délegation en droit privé romain, 1929, S. 79, 142, 157 ff.

1523 Astuti II, S. 263 ff.; Roussier, Constitut, S. 139 ff.; Karadeniz, Constitutum, S. 191 ff.; Kaser, RP I, S. 583 f.; Zimmermann, Obligations, S. 512; vgl. auch Frezza, Garanzie I, S. 244; keiner eingehenden Widerlegung bedarf an dieser Stelle die Ansicht Kappeynes, Abhandlungen, S. 264 ff., 268 ff., der – entsprechend seiner grundsätzlichen Annahme, das Konstitut generiere keine eigene Klage, sondern führe lediglich zur Modifikation der *condictio* – den Konstituenten für fremde Schuld als einen bloßen *defensor* betrachtet, der für den eigentlichen Schuldner die Rolle des Beklagten übernahm.

ein entsprechendes *pactum* vorlag, das aber wiederum mit dem *constitutum* selbst nichts zu tun habe. Daher könne die Delegation – obwohl konstruktiv möglich – nicht als der ursprüngliche und natürliche Zweck des Konstituts für fremde Schuld gelten.

FREZZA nennt neben den Funktionen als Sicherheit und als die Delegation vollziehendes Versprechen noch eine weitere, die auch BRUNS[1524] bereits beiläufig angedeutet hatte: die *negotiorum gestio* (*tutelare*)[1525]. Er beschränkt sich allerdings darauf, diese Verwendungsmöglichkeit aufzuzeigen; weitere Schlüsse zieht er aus seiner Entdeckung nicht. Stattdessen diskutiert er die Delegation als weiteres mögliches Einsatzgebiet, gelangt dort zu demselben Ergebnis wie ASTUTI (um den wirtschaftlichen Erfolg der Delegation herbeizuführen, habe es eines zusätzlichen *pactum de non petendo* bedurft) und erklärt schließlich ebenfalls die „funzione caratteristica di garanzia" zu derjenigen, „cui naturalmente si piegava la struttura trilatera del *constitutum debiti alieni*"[1526].

WAELKENS sieht im *constitutum debiti alieni* ein Mittel der Forderungsabtretung und bargeldlosen Zahlung[1527]. Er wendet sich zunächst gegen die verbreitete Auffassung, die römische Antike habe ihren Zahlungsverkehr im Grundsatz mit baren Geldmitteln abgewickelt. WAELKENS hält es für unwahrscheinlich, dass Großbauten, Flotten und Feldzüge in bar finanziert worden sein sollen. Neben Bargeld (*pecunia numerata*), dessen Menge notorisch gering gewesen sei, müsse es auch Buchgeld gegeben haben[1528]. Die Lektüre des Titels D. 13, 5 zeige, dass es sich bei dem Konstitut gar nicht um eine Zahlungsvereinbarung handele. *Pecunia constituta*, „konstituiertes Geld", sei vielmehr als „argent créé en droit" aufzufassen[1529], was WAELKENS wie folgt erläutert: die römischen Juristen hätten die Konstitutsklage derart scharf gefasst und etwaige Einwendungen des Konstituenten aus der Hauptschuld soweit abgeschnitten, dass eine Verteidigung nahezu unmöglich gewesen sei[1530]. Mit dieser Abstrahierung der Konstitutshaftung von der Hauptschuld hätten sie das Ziel verfolgt, die Schuld umlauffähig

1524 ZRG 1 (1861), S. 28 (98).

1525 FREZZA, Garanzie I, S. 242.

1526 FREZZA, Garanzie I, S. 244.

1527 WAELKENS, FS Spruit, S. 171 ff.; Mémoires de la société pour l'Histoire du Droit et des Institutions des Anciens Pays Bourguignons, Comtois et Romands 65 (2008), S. 67 ff.

1528 WAELKENS, Mémoires de la société pour l'Histoire du Droit et des Institutions des Anciens Pays Bourguignons, Comtois et Romands 65 (2008), S. 67 (67 f.).

1529 WAELKENS, Mémoires de la société pour l'Histoire du Droit et des Institutions des Anciens Pays Bourguignons, Comtois et Romands 65 (2008), S. 67 (72).

1530 WAELKENS, Mémoires de la société pour l'Histoire du Droit et des Institutions des Anciens Pays Bourguignons, Comtois et Romands 65 (2008), S. 67 (72 ff.).

zu machen[1531]. Bankiers hätten Konstitute (die WAELKENS sich offenbar als stets schriftlich verkörpert vorstellt) akzeptiert und in Verwahr genommen. Die Übertragung eines Konstituts habe es zu einem *constitutum debiti alieni* gemacht, aus dem der Gläubiger gegen den Bankier habe vorgehen können. Es handele sich somit um einen indossierten Titel. Der Erwerber eines Konstituts habe dieses zur Begleichung von Verbindlichkeiten seinerseits an eigene Gläubiger abtreten können. Zusammenfassend formuliert WAELKENS: „Dans l'Antiquité romaine on payait donc avec du papier obligataire"[1532]. Diese Sichtweise findet WAELKENS bestätigt durch C. 4, 18, 2, 1: mit der Abschaffung des *receptum argentarii* habe Justinian die Verbindung zwischen Schuld und Zahlung wiederhergestellt und so die Möglichkeit der Bankiers beschnitten, künstlich (Buch-)Geld zu schaffen[1533].

b. Stellungnahme

Ein kurzer Überblick über das vorhandene Quellenmaterial gibt Anlass, die Ergebnisse der vorgenannten Untersuchungen kritisch zu hinterfragen. Das Konstitut für (im weitesten Sinne) fremde Schuld taucht in den vorjustinianischen Quellen in fünfzehn Fragmenten zumindest andeutungsweise auf:

(1) In fr. 5, 2 unseres Titels stellt Ulpian den allgemeinen Satz auf, das Erfordernis einer Hauptschuld sei *in rem* zu beurteilen, ein *constitutum pro alio* daher wirksam.

(2) Als Beispiel führt er in fr. 5, 3 einen den Digesten Julians entlehnten Brief an, in dem ein vom Schuldner angewiesener Dritter zusagt *se cauturum et soluturum*.

(3) In fr. 5, 8 teilt Ulpian mit, dass der Vertreter einer Bürgergemeinde, der Vormund eines *pupillus* und der Pfleger eines Geisteskranken aus Zahlungszusagen hafteten (die sie für ihren jeweiligen Geschäftsherrn abgegeben hatten).

(4) Paulus erklärt das Konstitut eines Dritten für eine Verbindlichkeit des L. Titius (es dürfte sich um einen Blankettnamen handeln) für wirksam in PS 2, 2, 1.

(5) Kaiser Gordian III. verfügt Entsprechendes in C. 4, 18, 1.

(6) In D. 13, 5, 1, 1 schränkt Ulpian seine Erklärung, auch Frauen könnten sich mittels Konstitut haftbar machen, dahingehend ein, dass dies nicht gelte, soweit das Konstitut als Interzession, also für einen Dritten, erfolge.

1531 WAELKENS, Mémoires de la société pour l'Histoire du Droit et des Institutions des Anciens Pays Bourguignons, Comtois et Romands 65 (2008), S. 67 (75 f.).

1532 WAELKENS, Mémoires de la société pour l'Histoire du Droit et des Institutions des Anciens Pays Bourguignons, Comtois et Romands 65 (2008), S. 67 (76).

1533 WAELKENS, Mémoires de la société pour l'Histoire du Droit et des Institutions des Anciens Pays Bourguignons, Comtois et Romands 65 (2008), S. 67 (76 f.).

(7) Auch das Konstitut eines *paterfamilias* für die Geschäftsverbindlichkeiten eines mit einem Sondergut ausgestatteten Haussohnes behandelt Julian in fr. 2 D. h. t. als Konstitut fremder Schuld, da der Vater *filii nomine* konstituiert hatte (während Ulpian fr. 1, 5 das Konstitut *suo nomine* als Konstitut eigener Schuld auffasst, mit der Folge der Beschränkung der Haftung auf die Höhe des *peculium* im Zeitpunkt der Zusage).

(8) In D. 15, 3, 15 untersucht Ulpian den umgekehrten Fall eines Haussohnes, der für seinen Vater konstituiert.

(9) Konstitut für fremde Schuld ist in gewisser Weise auch die von Ulpian-Pomponius in D. 13, 5, 11 pr. erörterte Zahlungszusage *ante aditam hereditatem debitoris* oder *capto eo ab hostibus*.

(10) Marcellus behandelt in fr. 24 die Zusage eines Vormundes für seine Mündel.

(11) In fr. 26 interpretiert Scaevola den Brief eines *quidam* als Konstitut, in dem dieser erklärt, der Adressat habe bei ihm eine Darlehenssumme gut, die er (der Gläubiger) an den Schuldner Lucius Titius ausgezahlt hatte.

(12) In fr. 27 berichtet Ulpian von einem Streit unter den Juristen um die Frage, ob ein vom Hauptschuldner ausgesprochenes Verbot, die von dem Dritten bereits dem Gläubiger konstituierte Summe auszuzahlen, den Dritten von der Haftung *ex constituto* befreien könne.

(13) In fr. 28 erläutert Gaius, das Konstitut der fremden Schuld mache zwar den Konstituenten haftbar, befreie jedoch nicht den Hauptschuldner.

(14) In fr. 31 hat Scaevola es mit einem Konstituenten zu tun, der nicht selbst Schuldner ist, dies aber irrig annimmt.

(15) Schließlich kommt noch eine Entscheidung der Kaiser Diocletian und Maximian (C. 8, 41 (42), 7) zu der Frage in Betracht, unter welchen Voraussetzungen der Gläubiger einen Delegaten seines *debitor chirographarius* in eigenem Namen verklagen konnte.

Von den genannten Texten betrafen die Fragmente 26, 27 und 28 unseres Titels in ihrem ursprünglichen Zusammenhang das *receptum argentarii*[1534], müssen hier also außer Betracht bleiben. Auszuscheiden ist auch fr. 31; dort sagt der Konstituent zwar objektiv die Zahlung einer fremden Schuld zu, maßgeblich für den Zweck dieses Konstituts ist aber seine subjektive Vorstellung, die dahin geht, dass er selbst schulde.

1534 Vgl. Lenel, SZ 2 (1881), S. 14 (62 ff.).

aa. Kein eindeutiger Beleg für Bürgschaftsfunktion des Konstituts fremder Schuld

Es fällt sogleich auf, dass in keinem einzigen der aufgezählten Texte der angeblich so typische Sicherungscharakter des Konstituts *pro alio* eindeutig hervortritt. Fr. 1, 1, in dem Ulpian das Konstitut als mögliche Form der *intercessio* erkennt, bildet keine Ausnahme[1535]. Denn zum einen verstanden die römischen Juristen unter Interzession jede Form der Übernahme einer Verbindlichkeit für einen anderen, nicht nur eine solche zur Absicherung der Hauptschuld[1536]. Zum anderen könnte Ulpian den Fall vor Augen gehabt haben, dass eine Frau die Erfüllung einer e i g e n e n Verbindlichkeit zugesagt hatte, die ihrerseits unter Verstoß gegen das SC Velleianum zustande gekommen war und deren Interzessionscharakter gewissermaßen auf das Konstitut durchschlug.

bb. Ein Brief des Titius: Bürgschaft oder Delegation als Funktion des Konstituts fremder Schuld? – Julian-Ulpian D. 13, 5, 5, 3

Lediglich in fr. 5, 3 erklärt der Konstituent Titius, *se cauturum et soluturum*. Das ist auch die einzige Stelle, die FREZZA als Beleg für die Auffassung anzuführen weiß, charakteristisch für das klassische Konstitut fremder Schuld sei die Sicherungsfunktion[1537]. Der Text beweist aber ebenfalls nicht das Geringste für diese Lehre: Der Konstituent hatte *se cauturum*, also zukünftige Sicherheitsleistung zugesagt, d. h. er kann nicht bereits die eigene Zahlungszusage als Form der *cautio* verstanden haben. Die Formulierung *me cauturum* belegt also mitnichten „la consapevolezza […] della funzione di garanzia[1538]" bei den Kreisen, die das Konstitut einsetzten; sie zeigt vielmehr im Gegenteil, dass das Konstitut selbst nicht als Sicherheit galt. Darüber hinaus lässt der Brief keineswegs erkennen, dass die Zahlungszusage (den Nachweis der Schuld unterstellt) nur für den Sicherungsfall gelten sollte. Der Wortlaut der Zusage deutet eher darauf hin, dass der Konstituent erklären wollte, anstelle des Seius werde er selbst die Zahlung erbringen, der Gläubiger möge sich an ihn halten. Das Konstitut diente hier also der Abwicklung der Verbindlichkeit, nicht ihrer Absicherung.

Die Garantiefunktion des Konstituts klingt in Wahrheit erst in den justinianischen Quellen an. Zunächst erstreckte Justinian im Jahre 531 das sog. *beneficium divisionis* des Bürgen auf den Konstituenten[1539]. Schon seit einer *epistula Divi Hadriani* konnte jeder von mehreren Fideiussoren gegen seine Inanspruchnahme

1535 Anders ASTUTI II, S. 275; vgl. aber BRUNS, ZRG 1 (1861), S. 28 (99).

1536 Vgl. BERGER, Dictionary, s. v. *intercessio*, S. 506; KASER, RP I, S. 667.

1537 Garanzie I, S. 244.

1538 FREZZA, Garanzie I, S. 244.

1539 C. 4, 18, 3 vom 1. November 531.

auf die volle Schuldsumme einwenden, es seien weitere solvente[1540] Bürgen vorhanden, und verlangen, der Gläubiger möge ihn lediglich auf seinen Kopfteil in Anspruch nehmen[1541], ein Privileg, das man auch auf Kreditmandanten ausgedehnt hatte[1542]. Im Jahre 535 führte Justinian mit der Novelle 4 für Bürgen und Konstituenten gleichermaßen das *beneficium excussionis* ein, d. h. er gewährte dem Konstituenten fremder Schuld die Einrede der Vorausklage. Beide *beneficia* haben ihren Grund letztlich in dem Nachrang der Sicherheit hinter der Hauptschuld. Hätten bereits die klassischen Juristen das Fremdschuldkonstitut als Form der Sicherheit genutzt, so hätten sie wohl die vorgenannten Privilegien nicht nur auf das Kreditmandat, sondern auch auf das Konstitut zu übertragen verstanden. Dass dies erst unter Justinian geschah, bestärkt uns in der Annahme, dass die klassische Funktion des Konstituts fremder Schuld nicht auf dem Gebiet der Kreditsicherheit zu suchen ist.

Kehren wir zurück zu fr. 5, 3 unseres Titels. Der Konstituent teilt dem Gläubiger mit, er werde zahlen *secundum mandatum Seii*, legt also ein Auftragsverhältnis offen. Unterstellt man, dass es sich bei dem angesprochenen *mandatum* nicht um einen umfassenden Geschäftsbesorgungsauftrag, sondern lediglich um eine Anweisung[1543] des Seius handelt, seine Verbindlichkeiten gegenüber dem Gläubiger abzuwickeln, liegt der Gedanke an eine Delegation nicht ganz

1540 Anders als bei den älteren Formen der Stipulationsbürgschaft war bei der *fideiussio* die Haftung der Mitbürgen nicht schon *ipso iure* – nach einer *lex Furia* – auf einen Kopfteil beschränkt, sondern nur, wenn ein Bürge sich auf die *epistula Divi Hadriani* berief und die anderen Bürgen solvent waren. Waren sie es nicht, musste ggf. der einzige solvente Bürge die gesamte Schuld begleichen, was Gaius 3, 121 als den wesentlichen Unterschied zwischen *lex Furia* und *epistula Divi Hadriani* hervorhebt.

1541 Vgl. Berger, Dictionary, S. 373, s. v. *beneficium divisionis*; Kaser, RP I, S. 664 f.

1542 Das zeigt Papinian D. 27, 7, 7 (3 resp.), das entgegen einer verbreiteten Auffassung (Kaser, RP I, S. 666 und n. 67 im Anschluss an Archi, Conf. Pav. (1939), S. 269 n. 54; Kühling, Klagenkonkurrenz im römischen Bürgschaftsrecht, S. 58 m. w. N. in n. 4) in der Sache nicht zu beanstanden ist; zwar stimmt der Schlusssatz *cur species actionis aequitatem divisionis excludit?* auffällig mit Justinians Formulierung in C. 4, 18, 3 (*aequitatis enim ratio diversas species actionis excludere nullo modo debet*) überein, doch begründet Justinian mit diesem Satz die Erweiterung des Anwendungsbereichs der *epistula* auf das Konstitut, wobei er den Kreditauftrag als bereits früher anerkannten Gegenstand der *epistula* bezeichnet. Hätte erst Justinian deren Anwendungsbereich auf das Kreditmandat erweitert, ist kein Grund ersichtlich, warum er dies in C. 4, 18, 3 anders hätte darstellen sollen (vgl. Liebs, Klagenkonkurrenz, S. 188; schon Levy, Sponsio, S. 150 ff.; Konkurrenz I, S. 196 n. 4 bemerkt übrigens, dass der hier interessierende Teil der Papinianstelle formal untadelig und sachlich stringent ist). Der Kaiser hat demnach wahrscheinlich bei Papinian nicht nur den Gedanken, Hadrians Reskript sei auch auf andere Personalsicherheiten anwendbar, entlehnt, sondern zugleich auch seine Formulierung.

1543 Die untechnische Bezeichnung des *iussum* als *mandatum* ist in den Quellen ja keine Seltenheit, vgl. Kaser, RP I, S. 650.

fern. Die bisherige Diskussion konzentriert sich in dieser Hinsicht ganz auf die Eignung des Konstituts zur *delegatio obligandi*[1544]. Das entspricht seiner (letztlich) verpflichtenden Wirkung, im Brennpunkt des Interesses steht also einmal mehr die Frage, ob dieses Geschäft ein prätorisches Äquivalent der *stipulatio* darstellte. Diejenigen Autoren, die dies annehmen, neigen auch zu der Ansicht, man habe mittels Konstitut delegieren[1545] können, gerade so wie mittels Stipulation. In engem Zusammenhang mit diesem Problem steht selbstverständlich auch die oben bereits ausführlich untersuchte Frage der novatorischen Wirkung des Konstituts[1546]. Die heute herrschende Lehre nimmt an, dass man mittels Konstitut eine Delegation nur ausnahmsweise und unter Einschaltung weiterer Vereinbarungen (etwa eines Erlass-*pactum*) ins Werk setzen konnte, schließt aber nicht aus, dass solche Konstrukte vorgekommen sind[1547].

Befragen wir die Quellen. Fr. 5, 3 hilft uns letztlich nicht weiter. Nichts spricht dafür, dass das Konstitut des Titius wirklich dem Vollzug einer Verpflichtungsdelegation dienen sollte. Seius kann Titius ebenso wohl beauftragt haben, seine Schulden bei dem Gläubiger Ego durch Zahlung zu begleichen, mit anderen Worten, dem Konstitut kann auch eine *delegatio solvendi* zugrunde gelegen haben. Tatsächlich ist dies im Hinblick auf die Formulierung des Briefes die erheblich wahrscheinlichere Deutung, denn Titius erklärt gerade dies: er werde gemäß dem Auftrage des Seius z a h l e n . Das Konstitut wird hier also nicht zum Zwecke, sondern lediglich anlässlich einer Delegation erfolgt sein, und zwar nicht nach einer Verpflichtungs-, sondern nach einer Zahlungsanweisung.

cc. Konstitut auch in C. 8, 41 (42), 7 kein Delegationsgeschäft

Zur Begründung der These, mittels Konstitut habe man eine Verpflichtungsdelegation vollziehen können, zieht man neben fr. 5, 3 auch eine Konstitution der Kaiser Diocletian und Maximian heran, die wir bereits besprochen hatten, C. 8, 41 (42), 7[1548]. Ein Gläubiger hatte sich erkundigt, ob er den von seinem Schuldner zur Zahlung Angewiesenen auch unmittelbar (an Stelle des Schuldners) verklagen könne. Die Kaiser antworteten, dass es dazu eines schuldbegründenden Aktes des Angewiesenen bedürfe, einer *sponsio* oder eines *constitutum*. Ob man den

---

1544 Eine Ausnahme bildet Ricart, Homenaje Murga Gener, S. 675 (702), die auch die *delegatio solvendi* in Betracht zieht.

1545 Insofern hat die Lehre die weite Begrifflichkeit der Quellen übernommen: Schon bei den Römern bezeichnete *delegare* nicht überall nur das Ermächtigen, sondern schloss teils auch das mit der Ermächtigung bezweckte Leisten oder Versprechen, also den Vollzugsakt, mit ein (vgl. dazu Kaser, RP I, S. 650 n. 32 mit Quellen).

1546 S. dazu o. S. 294ff.

1547 Astuti II, S. 263ff.; Frezza, Garanzie I, S. 242.

1548 S. o. S. 308ff.

Text nun hinsichtlich der zweiten Alternative als verdorben[1549] oder – wofür die besseren Gründe sprechen – als authentisch[1550] erachtet, eins ist ihm nicht zu entnehmen: Dass das Konstitut in klassischer Zeit auch bei der *delegatio obligandi*, und gar mit novierender Wirkung, Verwendung finden konnte.

In welchen Fällen die Klassiker von einer Delegation sprachen und wie man sie vollzog, berichtet Ulpian in

> D. 46, 2, 11 pr. (27 ad edictum):
> Delegare est vice sua alium reum dare creditori vel cui iusserit. § 1 Fit autem delegatio vel per stipulationem vel per litis contestationem.

Nachdem der Jurist im Principium klargestellt hat, dass von einer (Verpflichtungs-)Delegation nur die Rede sein kann, wenn dem Gläubiger (oder einem von ihm benannten Dritten) ein anderer Schuldner anstelle des bisherigen (*vice sua*) verschafft wird, erläutert er in § 1, wie dies ins Werk zu setzen sei: durch Stipulation oder Streitbezeugung.

Das entscheidende Argument gegen die Eignung des Konstituts zur Delegation ergibt sich weniger aus dem, was Ulpian sagt, als vielmehr aus dem, was er nicht sagt, und vor allem daraus, w o er es nicht sagt: Schon Lenel hat auf den palingenetischen Zusammenhang des zitierten Ausspruchs hingewiesen; er entstammt dem 27. Buch des ulpianischen Ediktskommentars, der *sedes materiae* der Konstitutsklage. Das legt den Schluss nahe, dass Ulpian das Konstitut als Mittel der Delegation nicht versehentlich verschweigt[1551], sondern es bewusst nicht aufzählt, weil er eben dies hervorheben will, dass die Delegation durch einen Verbalakt und die Streitbezeugung, nicht aber durch das Konstitut vollzogen werden könne.

Wir dürfen daher mit der heute herrschenden Meinung annehmen, dass das Konstitut zur Bewirkung einer Delegation im engeren Sinne untauglich war, weil es die ursprüngliche Schuld unberührt ließ. Die Konstruktion eines gleichzeitig mit dem Konstitut geschlossenen Erlass-*pactums* zwischen Gläubiger und Altschuldner, auf die Astuti und Frezza hinweisen, ist theoretisch sicherlich möglich, aber weder bewiesen noch auch nur wahrscheinlich gemacht[1552]. Dass

1549 Vgl. Frezza, Garanzie I, S. 243; Astuti II, S. 274 n. 28 unter Berufung auf Segrè, Garanzie personali, S. 257; Roussier, Constitut, S. 157 f.

1550 S. o. S. 308 f.

1551 Obwohl Ulpian nicht alle denkbaren Delegationsgeschäfte anführt; zu einer vollständigen Aufzählung hätte wenigstens noch der Litteralkontrakt gehört, vgl. Gaius 3, 130.

1552 Für die Zwecke des Gläubigers, dessen Schutz die *actio de pecunia constituta* vornehmlich diente, genügte ja auch, dass er auf die Zusage des Konstituenten bei diesem seine Forderung eintreiben konnte.

ein Hauptzweck des *constitutum debiti alieni* in der Vollziehung von Verpflichtungsanweisungen lag, ist demnach nicht anzunehmen. Die Delegation mag jedoch gelegentlich, nämlich bei Z a h l u n g s anweisungen, den A n l a s s zu einer Zahlungszusage des Angewiesenen gegenüber dem Anweisungsempfänger geboten haben.

dd. Fehlende Eignung zum Zahlungsmittel

Aus dem soeben Gesagten folgt weiter, dass das Konstitut mangels Novationswirkung wenig geeignet war, in der von Waelkens[1553] gedachten Form als Zahlungsmittel zu fungieren. Denn der Fortbestand der Hauptschuld machte es erforderlich, das Konkurrenzverhältnis beider Klagen zu klären. Da bereits ein Teil der klassichen Juristen, unter ihnen Ulpian, für Solutionskonkurrenz eintrat, minderte jede Zahlung auf die Hauptschuld den Wert des Konstituts, was dessen Eignung als Zahlungsmittel oder -surrogat stark einschränkte. Die Konstitutshaftung war übrigens auch keineswegs so abstrakt von der Hauptschuld wie Waelkens annimmt. Immerhin bedurfte es zu ihrer Entstehung einer gültigen Verbindlichkeit im Zeitpunkt der Zusageerteilung. Dies musste der Umlauffähigkeit von vornherein entgegenstehen.

Gegen Waelkens Ansicht lassen sich noch andere Gesichtspunkte anführen: Seine Prämisse, römische Bankiers hätten in großem Umfang Buchgeld geschaffen, ist bereits mehr als zweifelhaft. Bürge hat mit Recht unter Berufung auf Africanus D. 17, 1, 34 pr. ausgeführt, dass die Schaffung von Buchgeld eben nicht ohne weiteres möglich (und ein Giro-Verkehr nicht existent) war[1554]. Dem Guthaben des Bankkunden lag jeweils ein *depositum* in bar zugrunde[1555].

Auch Waelkens Deutung von C. 4, 18, 2 erscheint widersprüchlich. Nachdem er zunächst detailliert die Bemühungen der römischen Juristen um eine Abstrahierung des Konstituts von der Hauptschuld schildert und diese Abstraktheit als eins der beiden wesentlichen Charakteristika dieses Geschäfts herausstellt, soll nun Justinian durch Abschaffung des *receptum* und Verwendung des Konstituts das Band zwischen Schuld und Zahlung wiederhergestellt haben[1556].

1553 Waelkens, FS Spruit, S. 171 ff.; Mémoires de la société pour l'Histoire du Droit et des Institutions des Anciens Pays Bourguignons, Comtois et Romands 65 (2008), S. 67 (67 f.).

1554 Bürge SZ 99 (1982), S. 128 (132 ff.); vgl. von Lübtow, Die Entwicklung des Darlehensbegriffs im römischen und im geltenden Recht, S. 22 ff., 66 ff.

1555 Vgl. auch Drexhage/Konen/Ruffing u. a., Die Wirtschaft des römischen Reiches, S. 151.

1556 Waelkens, Mémoires de la société pour l'Histoire du Droit et des Institutions des Anciens Pays Bourguignons, Comtois et Romands 65 (2008), S. 67 (77).

ee. Ergebnis

Wenn sich weder die Verwendung des Konstituts fremder Schuld als Personalsicherheit nachweisen lässt, noch seine Eignung zur Delegation sicher belegt ist, so bleibt nur eine Folgerung: Es hatte keine gegenüber dem Konstitut eigener Schuld selbständige Funktion[1557]. Die Quellen zeigen ein klares Bild: Für fremde Schuld konstituierte, wer mit der Besorgung fremder Vermögensinteressen betraut war, sei es aufgrund eines umfassenden Sorgeverhältnisses, etwa als Vormund, Vertreter einer Bürgergemeinde, Pfleger eines Geisteskranken oder *procurator omnium rerum* (vgl. fr. 5, 8 und 24), sei es aufgrund eines (Zahlungs-)Auftrags in einem Einzelfall (vgl. fr. 5, 3 und C. 8, 41 (42), 7). Das Konstitut fremder Schuld erfüllte in den Fällen, die uns überliefert sind, jeweils ganz dieselbe Funktion wie das Konstitut eigener Schuld: Der Konstituent haftete für seine Zusage, weil er selbst dem Gläubiger als Geschäftsbesorger anstelle des eigentlichen Schuldners gegenübergetreten war und er selbst das in ihn gesetzte Vertrauen enttäuscht hatte. Dass die Folgen seiner Zusage ihn selbst trafen und nicht den Schuldner, ist die Konsequenz des Fehlens einer echten Stellvertretung im römischen Recht.

c. Das Konstitut gegenüber einem Dritten

Nichts anderes gilt für das Konstitut gegenüber einem Dritten. Ein solches war schon in klassischer Zeit zulässig, wird aber auf die soeben beschriebenen Fälle der Verwaltung fremder Interessen beschränkt geblieben sein. Der typische Anwendungsfall dieser Form des Konstituts findet sich schon bei Cicero[1558]. Auch die Erfüllungszusage mit Gläubigerwechsel[1559] verfolgte keinen anderen Zweck als im Normalfall und erfüllte daher auch wirtschaftlich keine andere Funktion.

1557 Von einer „Strukturgleichheit von *constitutum debiti alieni* und *proprii*" spricht jetzt auch Platschek, Edikt, S. 223.

1558 Ad. Att. 1, 7; s. dazu oben S. 64 f.

1559 Vgl. hierzu o. S. 249 ff.

Teil III: Die weitere Entwicklung des Konstituts

§ 21 Das nachklassische und justinianische Konstitut

I. Das Konstitut im nachklassischen Recht

1. Quellenlage und Stand der Forschung

Die Entwicklung des Konstituts vom Ende der klassischen Zeit bis zur justinianischen Reform des Jahres 531 ist nicht leicht zu rekonstruieren. Zeitgenössische Quellen sind dünn gesät[1560], Justinian nimmt, soweit er sich zur Rechtslage vor seiner Reform äußert, vornehmlich auf das klassische Quellenmaterial Bezug[1561], auch die zwischenzeitliche Reichsteilung erleichtert die Erforschung der nachklassischen Entwicklungen nicht.

BRUNS und KAPPEYNE stellen denn auch dem klassischen im Wesentlichen lediglich das justinianische, nicht aber das nachklassische Recht gegenüber, ebenso halten es die übrigen Autoren des 19. Jahrhunderts. PHILIPPIN erklärt (in einer Fußnote) kurzerhand, die nachklassische Entwicklung lasse sich nicht erkennen[1562]. FREZZA erwähnt gelegentlich, dass er bestimmte Textänderungen nicht den Byzantinern, sondern frühnachklassischen Bearbeitern zuschreibt, unterzieht aber die Zeit zwischen Ende der Klassik und Justinian keiner eingehenden Betrachtung[1563].

ASTUTI hält zumindest die Gründe und die wesentlichen Linien der nachklassischen Entwicklung für erkennbar[1564]. Bereits unter den Severern habe die sachverfolgende Funktion der Klage gegenüber ihrer pönalen Natur allmählich die Oberhand gewonnen. Nach Abschaffung des Formularverfahrens mit der Schärfe seiner *iudicia stricta* sei die Konstitutsklage als Mittel, dem Gläubiger

1560 ASTUTI II, S. 318 beklagt eine „assoluta mancanza di fonti e di notizie che in quale modo possano offrir documente delle sue [*sc.* des Konstituts] vicende durante l'età postclassica". Nicht ganz zu Recht, denn in Betracht kommen neben einigen Papyri zumindest die Paulussentenzen und ihre *interpretatio*. Erstere entstanden, wie LIEBS, Römische Jurisprudenz in Africa, S. 28 ff. glaubhaft macht, im ausgehenden 3. Jahrhundert (S. 33 ff.), und zwar in der Provinz Africa (S. 38 ff.); vgl. GAUDEMET, La formation du droit séculier et du droit de l'Église aux IVe et Ve siècle, S. 95; LAURIA, Annali Macerata 6 (1930), S. 34; ROBINSON, Sources of Roman Law, S. 63 f. Die Interpretationen sind auf das späte 5. oder frühe 6. Jahrhundert zu datieren und aller Wahrscheinlichkeit nach in Südgallien geschaffen worden, vgl. SCHELLENBERG, Die Interpretationen zu den Paulussentenzen, S. 62 ff., insbes. S. 68 mit umfangreichen Literaturnachweisen.

1561 Aber nicht ausschließlich, s. sogleich S. 368 ff.

1562 Constitut, S. 109 n. 1.

1563 S. etwa FREZZA, Studi Funaioli, S. 716, wo er fr. 14, 2 unseres Titels einem „maestro postclassico" zuschreibt; eine kurze Darstellung von Konstitut und *receptum* unter Justinian bietet er in Garanzie I, S. 282 ff.

1564 ASTUTI II, S. 318 ff.

sein Zeitinteresse zu verschaffen, obsolet geworden, da man begonnen habe, sich einer *condictio incerti generalis* zu bedienen, die geeignet war, eben dieses Zeitinteresse auch ohne Rückgriff auf eine besondere Klage zu berücksichtigen. Dies habe dazu beigetragen, dass das Konstitut immer mehr als schuldbegründender Vertrag, die aus ihm resultierende Klage als reine Erfüllungsklage und nicht länger als Strafklage betrachtet wurde[1565]. Das *constitutum debiti* (*proprii*) habe somit in der allgemeinen Krise der nachklassischen Epoche seine charakteristische Funktion verloren[1566]. ASTUTI folgert all das aus den justinianischen Quellen, die er als letzte Phase und Abschluss der Entwicklung betrachtet. Die Kompilatoren haben seiner Ansicht nach den überwiegenden Teil der von ihm behaupteten Textänderungen gerade deshalb vorgenommen, weil ihnen die Werke der klassischen Juristen aus dem geänderten Blickwinkel ihrer Zeit nicht mehr verständlich waren. Praktische Bedeutung habe allein noch das Konstitut fremder Schuld gehabt.

Ernst LEVY stellte im Rahmen seiner Untersuchungen zum Weströmischen Vulgarrecht den Satz auf, das *constitutum debiti* sei nach der Klassik außer Gebrauch gekommen[1567]. KASER nimmt an, im Westen sei es im – regelmäßig beurkundeten – Schuldversprechen allgemeiner Art und in der Bürgschaft aufgegangen, in der östlichen Praxis gänzlich außer Übung geraten[1568].

2. Stellungnahme

KASERS Einschätzung ist insofern beizupflichten, als die insbesondere nach Diokletian sich ausbreitende und im Jahre 472 in dem bekannten Gesetz des (oströmischen) Kaisers Leo[1569] gipfelnde Abkehr von der Stipulationsform der Entstehung eines allgemeinen und in aller Regel untechnisch mit *promittere, polliceri, spondere* usw. bezeichneten Schuldversprechens Vorschub leistete.

1565 ASTUTI II, S. 321.

1566 Vgl. die ausführlichen Überlegungen zu möglichen Funktionen im neuen System, die ASTUTI II, S. 326 ff. in Auseinandersetzung mit den Gedanken von PHILIPPIN, Constitut, S. 115; BÄHR, Anerkennung als Verpflichtungsgrund, S. 90; FUCHS, AcP 42 (1859), S. 172 (184) und BRUNS, ZRG 1 (1861), S. 28 (87 ff.) anstellt und die ihn zu diesem essentiell negativen Befund gelangen lassen.

1567 Weströmisches Vulgarrecht, S. 44 n. 135 unter Hinweis auf SCHULZ, CRL, S. 563, der Ähnliches vermutet; vgl. ferner MAYER-MALY, SZ 76 (1959), S. 616 (620 f.) mit der These, das Konstitut sei im 4. Jahrhundert verschwunden, erst Justinian habe sich – vergeblich – an seiner Wiederbelebung versucht.

1568 KASER, RP II, S. 383 mit Literatur in nn. 75 und 76.

1569 C. 8, 37, 10: *Omnes stipulationes, etiamsi non sollemnibus vel directis, sed quibuscumque verbis pro consensu contrahentium compositae sint, legibus cognitae suam habeant firmitatem.*

a. Die Entwicklung im Westreich

Dieser Zug zur Vereinfachung oder Vulgarisierung trat vor allem im Westreich hervor. In diesem Zusammenhang ist bemerkenswert, dass der (africanische[1570]) Verfasser der Paulussentenzen das Konstitut noch als solches bezeichnet, während es für seinen (gallischen[1571]) Interpreten bereits zu einem Schuldversprechen allgemeiner Art verkommen ist:

> PS 2, 2, 1:
> Si quod mihi L. Titius debet, soluturum te constituas, teneris actione pecuniae constitutae.
> IP 2, 2, 1:
> Si quis pro alterius debito se pecuniam promiserit redditurum, ad solutionem statutae promissionis est retinendus.

Die Mitteilung des Sentenzenverfassers, die Konstitutsklage stehe auch gegen denjenigen zu, der Zahlung einer fremden Schuld konstituiere, vergröbert der Interpret zu dem viel allgemeineren Programmsatz, wer die Begleichung einer fremden Schuld verspreche (*promiserit*), sei zur Erfüllung des aufgestellten Versprechens anzuhalten.

Angesichts dieser für das nachklassische west römische Recht typischen laienhaft vereinfachenden Betrachtungsweise liegt in der Tat der Schluss nahe, das Konstitut sei in dem Schuldversprechen allgemeiner Art aufgegangen[1572]. Mit dem Verschwinden der formalen Unterscheidbarkeit von anderen Schuldversprechen[1573] verlor das Konstitut für das vulgarisierte Rechtsdenken des Westens jede eigenständige Kontur. Daran konnte auch der frühere, den Klassikern noch

---

1570 Vgl. Liebs, Römische Jurisprudenz in Africa, S. 38 ff. unter Aufgabe seiner früheren Annahme, die Sentenzen seien möglicherweise in Gallien entstanden (so etwa noch Klagenkonkurrenz, S. 204; ANRW II.15 (1976), S. 315 f.); ebenso schon Lauria, Annali Macerata 6 (1930), S. 34; Gaudemet, La formation de droit séculier et du droit de l'Église aux IVe et Ve siècle, S. 95; für Gallien hingegen Behrends, SZ 88 (1971), S. 215 (258 n. 176).

1571 Schellenberg, Die Interpretationen zu den Paulussentenzen, S. 68.

1572 Nach dem oben S. 352 ff. entwickelten Verständnis der Funktion des Konstituts *pro alio* können wir es freilich nicht billigen, wenn Kaser, RP II, S. 383 formuliert, das Konstitut sei in Schuldversprechen und Bürgschaft aufgegangen. Das klassische Konstitut diente nicht als Personalsicherheit und konnte daher auch nicht „in der Bürgschaft aufgehen". – Keine Zustimmung verdient auch seine weitere Behauptung, bereits die Paulussentenzen hätten sich nur noch mit dem Konstitut *pro alio* beschäftigt (RP II, S. 383 n. 75): In Wahrheit betrifft nur PS 2, 2, 1 ein Fremdschuldkonstitut, in den folgenden Fragmenten geht es jeweils um Erfüllungszusagen *pro se*.

1573 Denn wie wir – in Übereinstimmung mit Bruns und Astuti – bereits im vorherigen Kapitel festgestellt haben, waren schon die spätklassischen Juristen dazu gelangt, das Konstitut eher als Versprechen denn als bloße Terminbestimmung zu betrachten.

voll geläufige, funktionelle Unterschied zwischen *stipulatio* und *constitutum debiti* nichts ändern. Da mit der Abschaffung des Formularverfahrens darüber hinaus auch die prozessualen Besonderheiten der *actio certae creditae pecuniae* beseitigt waren, die einst den Anlass für die Einführung der Konstitutsklage geboten hatten, vermochte das Konstitut seine Nische in der weströmischen Rechtsordnung nicht mehr zu behaupten. Es hatte seine Rolle ausgespielt.

b. Das Ostreich: Der Aufstieg der ἀντιφώνησις

Im Osten sicherten die byzantinischen Rechtsschulen im Allgemeinen ein ungleich höheres Niveau der Rechtsbehandlung[1574]. Dennoch könnte man meinen, dass auch dort die Abkehr vom Formularverfahren dazu führen musste, dass das Konstitut seine Bedeutung verlor, zumal es gerade im Osten auf die Volksrechte hellenischer Prägung und die im dortigen Verkehr üblichen Geschäftspraktiken stieß[1575]. Ob dies wirklich zum Verschwinden des Konstituts im Ostreich führte, wie Kaser annimmt[1576], erscheint dennoch fraglich.

aa. Das Konstitut in der oströmischen Schuldoktrin

Es bestehen nämlich durchaus Anhaltspunkte dafür, dass das Konstitut jedenfalls in der byzantinischen Schuldoktrin durchaus noch seinen Platz hatte. So findet sich in der Reformkonstitution Justinians ein langatmiger Diskurs darüber, dass künftig auch andere Dinge als Geld und Fungibilien Gegenstand eines Konstituts sein sollten.

> Codex Iustinianus 4, 18, 2, 1b – 1d:
> 1b. Et neminem moveat, quod sub nomine pecuniae etiam omnes res exigi definimus, cum et in antiquis libris prudentium, licet pecunia constituta nominabatur, tamen non pecuniae tantum per eam exigebantur, sed omnes res quae pondere numero mensura constitutae sunt.
> 1c. Sed et possibile est omnes res in pecuniam converti. si enim certa domus vel certus ager vel certus homo vel alia res quae expressa est in constituendis rebus ponatur, quid distat a nomine ipsius pecuniae?
> 1d. Sed ut et subtilitati eorum satisfiat, qui non sensum, sed vana nominum vocabula amplecti desiderant, ita omnes res veniant in constitutam, tamquam fuisset ipsa pecunia constituta, cum etiam veteres pecuniae appellatione omnes res significari definiunt et huiusmodi vocabulum et in libris iuris auctorum et in alia antiqua prudentia manifestissime inventum est.

1574 Vgl. Kaser, RP II, S. IX.

1575 Zum Verhältnis des *constitutum debiti* zur sog. ἀντιφώνησις des griechischen Verkehrs s. sogleich im Text.

1576 Kaser, RP II, S. 383.

Justinian begründet die Erweiterung des Anwendungsbereichs der Konstitutsklage auf *alias quascumque res, quas in stipulationem possunt homines deducere*, ausgesprochen wortreich einerseits mit dem Gedanken, dass jede Leistung sich in Geld umrechnen lasse (§ 1c), andererseits mit einem weiten Begriff von *pecunia*, der bereits bei den alten Juristen und in der übrigen alten Wissenschaft zu bemerken sei (§ 1d). Der erste Teil der Begründung erscheint uns unerwartet modern, entspricht er doch im Ansatz[1577] dem im geltenden Schadensersatzrecht so bedeutenden Kommerzialisierungsgedanken[1578]. Die folgende begriffliche Argumentation hat etymologisch einiges für sich – seinem Wortstamm nach bezeichnete *pecunia* in der Tat nicht geprägtes Geld, sondern Vermögen in Vieh (im Gegensatz zur *familia*); der agrargesellschaftliche Ursprung des Begriffs ist unverkennbar[1579] – liegt aber gänzlich neben der Sache.

Weit mehr als die Stichhaltigkeit der kaiserlichen Argumentation interessiert uns jedoch, mit wem[1580] Justinian sich so detailliert auseinandersetzt und warum. Denkbar ist, dass die *subtilitas*, die er hier rügt, einmal mehr die der klassischen Juristen ist[1581]. Immerhin musste ihm die der Herkunft der Klage geschuldete Beschränkung auf Geld und vertretbare Sachen überflüssig erscheinen, da ihm die ursprüngliche Funktion des Konstituts nicht mehr bekannt war. Des Kaisers Tonfall deutet aber in eine ganz andere Richtung: die *ii, qui non sensum, sed vana nominum vocabula amplecti desiderant*, sind nicht die *veteres*, sondern Juristen seiner Zeit; ihnen und nicht den Klassikern hält er die *antiqua prudentia*

1577 Selbstverständlich darf der Vergleich nicht zu weit getrieben werden. Im geltenden Recht dient der Kommerzialisierungsgedanke bekanntlich der Bewertung des Schadens, der durch eine Verletzung immaterieller Rechtsgüter entsteht, Justinian hingegen geht es um die Umrechnung materieller Güter in Geld.

1578 So hat G. Wagner auf dem 66. Deutschen Juristentag 2006 ein umfassendes Gutachten zum Thema „Neue Perspektiven im Schadensersatzrecht: Kommerzialisierung, Strafschadensersatz, Kollektivschaden" vorgelegt; s. auch Wagner, AcP 206 (2006), S. 352 ff. Neben den einschlägigen Kommentierungen – etwa MüKo-Oetker, § 249 BGB, Rn. 41 ff.; Palandt-Grüneberg, vor § 249 BGB, Rn. 11 f.; Staudinger- Schiemann, § 253 BGB, Rn. 15 ff. – beispielsweise noch Ströfer, Schadensersatz und Kommerzialisierung, Berlin 1982; Tolk, Der Frustrierungsgedanke und die Kommerzialisierung immaterieller Schäden, Berlin 1977; Gregoritza, Die Kommerzialisierung von Persönlichkeitsrechten Verstorbener, Berlin 2003; Beuter, Die Kommerzialisierung des Persönlichkeitsrechts, Konstanz 2000; Holleben, Geldersatz bei Persönlichkeitsverletzungen durch die Medien, Baden-Baden 1999.

1579 Vgl. schon Plinius, Nat. hist. 18, 11: *pecunia ipsa a pecore appellabatur*; s. auch Oxford Latin Dictionary, S. 1317 s. v. *pecunia*.

1580 Odofredus, Lect. in codicem, 4, 18, 2 No. 1 i. f. fällt einem für seine Zeit typischen Vorurteil zum Opfer, wenn er zur Identität der Wortklauber, mit denen der Kaiser hier so hart ins Gericht geht, die Behauptung aufstellt: *sunt Judei*.

1581 Besonders scharfe Kritik am klassischen Recht übt Justinian etwa in C. 6, 28, 4 pr. und in C. 7, 25, 1; vgl. ferner C. 5, 27, 11, 2; C. 6, 23, 31, 1 und C. 6, 58, 14, 1.

entgegen. Mit Archi und Schindler ist anzunehmen, dass Justinian nicht Gegenargumente entkräftet, die er lediglich vorhersieht oder die innerhalb der Kommission diskutiert worden waren, sondern solche, die man schon vorher in den Rechtsschulen[1582] gegen eine erweiternde Auslegung des Begriffs *pecunia* ins Feld geführt hatte[1583].

Für die nachklassische Entwicklung im östlichen Reichsteil ist dies eine wichtige Erkenntnis: Das *constitutum* hatte in der dortigen Schuldoktrin offenbar als eigenständige Materie überlebt[1584]. Eine fortdauernde praktische Bedeutung von Konstitut und Konstitutsklage ist damit freilich noch nicht nachgewiesen.

bb. Das praktische Fortleben des Konstituts als ἀντιφώνησις

Doch findet bereits in vorjustinianischen Papyri verschiedentlich eine Rechtshandlung mit der griechischen Bezeichnung ἀντιφώνησις Erwähnung, mit der Bezeichnung also, die nicht nur die griechischen Novellen Justinians, sondern auch andere byzantinische Texte für das Konstitut (fremder Schuld) verwenden[1585]. Taubenschlag beobachtet, dass im Verkehr der Provinz Ägypten nach Erlass der *Constitutio Antoniniana* im Jahre 212 römische Geschäftstypen zum Vorschein kommen, denen man bei den vorantoninischen Römern dieser Provinz nicht begegnet[1586]. Hierzu zählt er neben der römischen Bürgschaft auch das *constitutum debiti*, das er einerseits in Urkunden findet, die den Begriff ἀντιφώνησις verwenden[1587], andererseits aber auch in solchen, die ihn nicht

1582 Möglicherweise handelt es sich bei den Kritisierten um Angehörige einer der von Justinian ob ihres schädlichen Einflusses missbilligten und mit der Konstitution *Omnem* (§ 7) abgeschafften Rechtsschulen in Alexandria oder Caesarea: [...] *quia audivimus etiam in Alexandria splendidissima civitate et in Caesariensium et in aliis quosdam imperitos homines devagare et doctrinam discipulis adulterinam tradere: quos sub hac interminatione ab hoc conamine repellimus, ut, si ausi fuerint in posterum hoc perpetrare et extra urbes regias et Berytensium metropolim hoc facere, denarum librarum auri poena plectantur et reiciantur ab ea civitate, in qua non leges docent, sed in leges committunt*; s. dazu Wenger, Quellen, S. 632 und n. 399; Mitteis stellte dieses Zitat seinem „Reichsrecht und Volksrecht" als Motto voran.

1583 Archi, BIDR 65 (1962), S. 142 f. und Giustiniano legislatore, S. 168; Schindler, Justinians Haltung zur Klassik, S. 76.

1584 Anders Philippin, Constitut, S. 21, der zu dem Ergebnis gelangt, das Konstitut sei im Orient in seiner ursprünglichen Form als *constitutum debiti proprii* unbekannt gewesen.

1585 Vgl. neben den Nov. 4, 136 und dem Ed. IX etwa die Paraphrase des Theophilos zu Inst. 4, 6, 8; ferner die Basiliken, die den Begriff durchgehend verwenden, und als Beispiel aus der byzantinischen Praxis PSI I, 76, einen Papyrus aus dem Jahr 572 oder 573.

1586 Taubenschlag, St. Bonfante I, S. 367 (418 und n. 389); The law of the Greco-Roman Egypt in the light of the papyri, S. 415.

1587 Flor. 343 (5. Jh. nach Chr.) und Flor. 280 (514 nach Chr.), zu ersterem s. auch Wenger, Krit. Vjschr. 3. F. 18 (1919), S. 75, zu letzterem Wilcken, Arch. für Pap. 5 (1913), S. 288 f.

enthalten[1588]. Mitteis, Partsch, Collinet, Cuq und Lenel nehmen gleichfalls an, dass dieser griechische Terminus bereits in vorjustinianischer Zeit das Konstitut bezeichnete[1589]. Auch in dem anonymen griechischen Traktat *De Actionibus*[1590], das sehr wahrscheinlich vorjustinianischen Ursprungs ist[1591], erscheint die Konstitutsklage als das Prozessmittel κατὰ τοῦ ἀντιφωνήσαντος[1592]. Philippin bemerkt, dass der Begriff ἀντιφωνεῖν als juristische Wendung in Papyri erst ab dem vierten Jahrhundert auftaucht, schließt sich aber gleichwohl der Auffassung Collinets[1593] an, ἀντιφωνεῖν sei eine griechische Entsprechung für das lateinische *constituere*; dem lateinischen *recipere* hingegen entspreche griechisch ἐγγυᾶσθαι oder ἀναδέχεσθαι[1594].

Díaz Bautista, der die ἀντιφώνησις aus dem Blickwinkel der justinianischen Quellen untersucht, gelangt hingegen zu dem Ergebnis, dass sie dort strukturell eher dem *receptum argentarii* ähnele als dem Konstitut[1595]: Zwar muss er einräumen, dass die ἀντιφώνησις in den byzantinischen Texten grundsätzlich kein abstraktes Geschäft darstellt, die Bestimmung einer Leistungszeit enthält und nicht auf Bankiers beschränkt bleibt, doch finde sie grundsätzlich im Drei-Personen-Verhältnis Anwendung, werde typischerweise von Argentariern

1588 Flor. 313 (449 n. Chr.) und Flor. 43 (370 n. Chr.); zu letzterem auch Mitteis, SZ 29 (1908), S. 479 (489).

1589 Mitteis, SZ 29 (1908), S. 479 (489); ders., Grundzüge und Chrestomathie der Papyruskunde, Bd. II, 1, S. 269; Partsch, SZ 29 (1908), S. 403 (417 ff.); Collinet, Ètudes historiques, S. 274, 279; Cuq, Manuel, S. 514; Lenel, SZ 2 (1881), S. 14 (68 f.)

1590 Abgedruckt bei Zachariae v. Lingenthal, SZ 14 (1893), S. 88 ff.

1591 So Zachariae v. Lingenthal, SZ 14 (1893), S. 88 (96); Partsch, Studien zur negotiorum gestio I, S. 24 und 25 n. 1; zweifelnd Díaz Bautista, RIDA 29 (1982), S. 165 (170) unter Berufung auf Segrè, Mel. Girard, Bd. 2, S. 544 ff.; Ferrini, Opere I, S. 365 ff. hält gerade hinsichtlich der Erwähnung der Konstitutsklage eine nachträgliche Bearbeitung für wahrscheinlich, weil dort die Verschmelzung von *actio constitutoria* und *actio recepticia* vorausgesetzt werde; ebenso Zilletti, Studi sul processo civile giustinianeo, S. 116 n. 12; für Collinet, La prodédure par libelle, S. 509 sind sämtliche Paragraphen hinzugefügt, die mit περὶ oder κατὰ beginnen; vgl. auch Wenger, Quellen, S. 549 f.

1592 De act. § 34.

1593 Wobei Philippin freilich dessen feine Unterscheidung zwischen ἀντιφωνεῖν in einem engeren und in einem weiteren Sinne – als Sammelbegriff für alle Arten von Garantien – ausblendet; vgl. Collinet, Études historiques I, S. 276 f.; s. auch Schlossmann, Litis contestatio, S. 180 f., der Beispiele für die Verwendung von ἀντιφωνεῖν *lato sensu* aus der christlichen Literatur und aus Suidas anführt.

1594 Philippin, Constitut, S. 20 f. Ältere Papyri verwenden ἀντιφωνεῖν in dem ursprünglichen Wortsinn als „antworten", etwa P. Oxy. 805; 1061.19; 300.5; 294; P. Tebtunis 302.15; P. Ryl. 234, 12, 15 (vgl. auch Liddell/Scott, S. 165 s. h. v.).

1595 RIDA 29 (1982), S. 165 (173, 185 ff.); vgl. Schlossmann, Litis contestatio, S. 183 f., der annimmt, ἀντιφωνεῖν habe zunächst stets das *receptum* bezeichnet und sei erst infolge der Verschmelzung der rezeptizischen Klage mit der *actio constitutoria* unter Justinian auch zur Bezeichnung des Konstituts verwendet worden.

gebraucht und könne „καθαρὰ“ abgefasst werden, mit der Folge dass dem ἀντιφωνητής Einreden aus der Hauptschuld versagt blieben[1596].

Tatsächlich ist diese Form der ἀντιφώνησις bereits in zwei der von TAUBENSCHLAG untersuchten vorjustinianischen Papyri belegt[1597]. Justinian handelt von ihr in C. 4, 18, 2, 2, wo er eine Sonderregel für *indefense* abgegebene *constituta* der Bankiers *secundum morem adhuc obtinentem* aufstellt[1598]. Im Lichte dieses Befundes ist auffällig, dass auch die vorjustinianischen Papyri mit dem Wort ἀντιφώνησις offenbar nur die Zusage der Erfüllung einer f r e m d e n Schuld bezeichnen[1599].

Ohne eine systematische papyrologische Untersuchung des seit der Arbeit TAUBENSCHLAGS hinzugewonnenen Urkundenmaterials, die jedoch im Rahmen dieser Arbeit nicht geleistet werden kann, ist das Verhältnis von vorjustinianischer ἀντιφώνησις zu (nach-)klassischem Konstitut kaum mit letzter Sicherheit zu ergründen[1600]. Nach dem bisherigen Erkenntnisstand lässt sich nicht einmal mit Sicherheit sagen, ob das ἀντιφωνεῖν der Papyri überhaupt ein Rechtsbegriff von technischer Schärfe ist[1601]. Dennoch können wir wohl eine Hypothese zur Diskussion stellen, die vielleicht nicht allzu fern der Wahrheit liegen wird: Im stadtrömischen Recht hatte das Fremdschuldkonstitut nie besondere Bedeutung gewonnen; es wäre daher überraschend, wenn sich in der Provinz ohne volksrechtliche Vorläufer gerade für diese Form der römischen Zahlungszusage eine eigene griechische Begrifflichkeit herausgebildet hätte. Demnach ist eher anzunehmen, dass es sich bei der ἀντιφώνησις der Papyri – wenn denn ein eigenständiger Geschäftstypus vorlag – um ein Geschäft der hellenistischen Praxis handelte, das mit dem klassischen Konstitut nach Sinn und Zweck nicht viel gemein hatte,

---

1596 DÍAZ BAUTISTA, RIDA 29 (1982), S. 165 (168, 173 ff. und passim) unter Berufung auf die *praefatio* des Edikts IX; anders VAN DER WAL, Manuale Novellarum Justiniani, S. 105 n. 1, der vermutet, καθαρὰ bedeute lediglich, dass die Zahlungszusage den Schuldgrund nicht nenne, vergleichbar mit den *cautiones quae indiscrete loquuntur* in D. 22, 3, 25, 4 (Paul. 3 quaest.) und C. 4, 30, 13 (Justinus). Doch geht es in diesen Texten um Beweisfragen. Näher liegt der Gedanke an die Finanziers in C. 4, 18, 2, 2, die – *secundum morem adhuc obtinentem* – Zahlungszusagen *indefense* erteilten.

1597 P. Flor. 343 und P. Flor. 280.

1598 ASTUTI II, S. 296 ff., insbes. 302; DÍAZ BAUTISTA, RIDA 29 (1982), S. 165 (187); LAROSA, FS Gallo I, S. 445 (448).

1599 Die einzige Urkunde, in der TAUBENSCHLAG ein *constitutum debiti proprii* sieht (Flor. 313), verwendet das Wort ἀντιφώνησις nicht; auch MITTEIS, Grundzüge und Chrestomathie der Papyrusurkunde, Bd. II, 1, S. 269 übersetzt unter Berufung auf FERRARI, Atti del Ist. Ven. 67, 2, S. 1190 das Wort ἀντιφώνησις ausdrücklich mit „*constitutum debiti alieni*“; vgl. auch PHILIPPIN, Constitut, S. 21.

1600 Vgl. KASER, RP II, S. 383 n. 76.

1601 Vgl. COLLINET, Etudes historiques I, S. 276 ff., der annimmt, dass noch Theophilos ἀντιφωνεῖν untechnisch als allgemeine Bezeichnung für Garantiegeschäfte verwendet; s. auch PHILIPPIN, Constitut, S. 20 f.

dessen Erfassung mit der Konstitutsklage sich den römischen Provinzialmagistraten ob des gemeinsamen Elements der Zeitbestimmung aber geradezu aufdrängen musste – jedenfalls wenn die Zusage nicht καθαρὰ gefasst war[1602].

Noch zwei andere Indizien deuten darauf hin, dass auf eine ἀντιφώνησις auch in der Praxis die Konstitutsklage gestützt werden konnte. Zum einen kommentiert Theophilos in seiner griechischen Paraphrase der justinianischen Institutionen die dort erwähnte frühere Ähnlichkeit von *actio recepticia* und *actio constitutoria* wie folgt:

Paraphrase des Theophilos zu Inst. 4, 6, 8:

[...] ἦν δὲ τὸ παλαιὸν ὁμοία τάυτης τῆς pecuniae constitutae καὶ ἡ recepticia, ἥτις ἁρμόζει τραπεζίτου ἀντιφωνήσαντος. καὶ κοινωνία μὲν τῆς recepticias καὶ τῆς pecuniae constitutae αὕτη, καθὸ ἑκατέρα ἐξ ἀντιφωνήσεως τίκτεται· διαφορὰ δὲ ὅτι ἡ μὲν pecuniae constitutae ἐπὶ παντὸς ἑτέρου ἀντιφωνήσαντος χώραν ἔχει, ἡ δὲ recepticia ἐπὶ μόνου τραπεζίτου. [...].

Aber in alter Zeit glich der [Klage] aus Erfüllungszusage auch die rezeptizische, die statthaft war, wenn ein Bankier die Zahlung zusagte. Und gemeinsam war der rezeptizischen [Klage] und [der] aus Erfüllungszusage, dass beide aus Zahlungszusagen entstanden. Der Unterschied hingegen war, dass die [Klage] des zugesagten Geldes bei jedem anderen Zusagenden Anwendung fand, die rezeptizische hingegen nur bei dem Bankier.

Der Paraphrast stellt die Rechtslage vor der Reform des Jahres 531 dar. Die Gemeinsamkeit beider Klagen soll darin bestanden haben, dass beide ἐκ ἀντιφωνήσεως entsprangen, ihr Unterschied darin, dass die rezeptizische Klage nur bei einem Trapeziten (=*argentarius*) Platz griff, die Konstitutsklage hingegen bei jeder anderen Person, die eine solche Zusage abgegeben hatte (ἐπὶ πάντος ἑτέρου ἀντιφωνὴσαντος).

Theophilos unterteilt somit die vorjustinianischen ἀντιφωνήσεις in zwei Kategorien, und zwar ausdrücklich nicht nach ihrem Inhalt, sondern allein nach der handelnden Person. Der einen Kategorie weist er die *actio constitutoria*, der anderen die *actio recepticia* zu. Die vorjustinianische *actio recepticia* erscheint damit als verschärfte – nämlich abstrakte – Haftung des professionellen Zahlungsabwicklers[1603]. Dem nachklassischen oströmischen Verständnis

---

1602 In diesem Fall lag – wenn der Erklärende zudem noch Argentarier war – die Anwendung der abstrakten *actio recepticia* näher. Im Ergebnis ist daher Lenel, SZ 2 (1881), S. 14 (68 ff.) zuzustimmen, dass man in der Praxis auf die griechisch als ἀντιφώνησις bezeichneten Geschäfte je nach Inhalt und beteiligten Personen bald die *actio de pecunia constituta*, bald die *actio recepticia* anwandte.

1603 Jhering, Geist IV, S. 213 hatte demgegenüber aus § 2 der Reformkonstitution den Schluss gezogen, dass vor Justinian das *receptum* wie das Konstitut jedermann zugänglich gewesen sei und der Kaiser die *actio recepticia* nur „für den gewöhnlichen Verkehr ausser Anwendung gesetzt und passiv auf Banquiers und Kaufleute beschränkt" habe. Das ist, wie schon Lenel, SZ 2 (1881), S. 14 (69 n. 147) ihm mit Recht entgegenhielt, durch die Theophilos-Stelle

war offenbar das *receptum* nichts anderes mehr als das Konstitut (bzw. die ἀντιφώνησις eines Bankiers, und als solches mit besonderen Folgen für diese Berufsgruppe versehen. Ferrini übersetzt aus dieser Sicht durchaus treffend: *id vero* [...] *commune est, quod utraque* [sc. *actio*] *ex constituto nascitur*[1604]. Wenn Collinet dagegen einwendet, dass eben nicht beide Klagen „aus einem Konstitut" erwüchsen, und eher eine Übersetzung mit den weiteren Begriffen *ex promissione* oder *responsione* als angemessen betrachtet[1605], verlässt er den Blickwinkel des Theophilos.

Wie bereits bemerkt konnte der Begriff ἀντιφώνησις seit dem vierten Jahrhundert eine Zahlungszusage bzw. ein Zahlungsversprechen bezeichnen[1606]. Wenn unsere Vermutung zutrifft, dass der Begriff diese juristische Dimension im Rahmen einer Entwicklung des hellenisch geprägten Volksrechts und nicht etwa deshalb gewonnen hat, weil der Verkehr ihn als griechische Übersetzung für einen juristischen Terminus der Römer verwandte, ist jede Diskussion um die Frage, welchen lateinischen Begriff ἀντιφωνεῖν wiedergibt, oder umgekehrt betrachtet, ob ἀντιφωνεῖν im Lateinischen mit *recipere* oder *constituere* „richtig" übersetzt ist, schon im Ansatz verfehlt. Die provinziale Praxis sah sich nicht vor eine Übersetzungs-, sondern vor eine Rechtsfrage gestellt: Was war die rechtliche Konsequenz einer ἀντιφώνησις? Da man das ediktale *constituere* bereits mehr als Leistungsversprechen denn als Terminbestimmung betrachtete, lautete die Antwort, wie der Theophilos-Text zeigt, zunächst: Der Erklärende haftete entweder mit der *actio constitutoria,* oder – wenn er Bankier war – mit der *actio recepticia.*

Als weiteres Indiz kommt die bereits erwähnte griechische Abhandlung *De actionibus* in Betracht, die eine „kurze Anleitung zum Processführen[1607]" bzw. „istruzioni sul modo di comporre libelli[1608]" für die Praxis[1609] enthält. Im byzantinischen Libellprozess war der Kläger gehalten, in dem von ihm zu edierenden Libell den Namen der Klage zu benennen, die er geltend machen

---

widerlegt. Der Paraphrast erklärt ausdrücklich, dass die rezeptizische Klage stets nur gegen Trapeziten statthaft war.

1604 Ferrini, Paraphrasis ad h. t., S. 421 f.

1605 Collinet, Études historiques, S. 276 f.; zustimmend Philippin, Constitut, S. 21 ff.

1606 Philippin, Constitut, S. 20 f.

1607 Zachariae v. Lingenthal, SZ 14 (1893), S. 88 (97); zustimmend Wenger, Quellen, S. 549 f. n. 204; s. auch Berger, Dictionary, S. 424 s. v. de actionibus; Sitzia, De actionibus, S. 117 ff.; Zilletti, Studi sul processo civile giustinianeo, S. 116.

1608 Ferrini, Opere I, S. 365 ff.

1609 Ferrini, Opere I, S. 365 ff.; Wenger, Quellen, S. 549 f. n. 204; Zilletti, Studi sul processo civile giustinianeo, S. 116; vgl. auch Steinwenter, SDHI 1 (1935), S. 132 (143); Simon, Untersuchungen zum Justinianischen Zivilprozess, S. 61 f.

wollte[1610]. Der (vorjustinianische) Autor des Schriftchens verrät uns in § 34, dass κατὰ τοῦ ἀντιφωνήσαντος, also gegen den, der Erfüllung zugesagt hatte, die *actio de pecunia constituta* zu erheben war. Die *actio recepticia* bleibt – anders als bei Theophilos – unerwähnt, sei es, weil bereits die von Justinian referierte Abwendung des Verkehrs von dieser Klage eingetreten, sei es, weil die Klage nach ihrer förmlichen Abschaffung auch aus dem Traktat getilgt worden war. Jedenfalls empfiehlt dessen Autor dem Praktiker, in Fällen der ἀντιφώνησις die Konstitutsklage anzuwenden und belegt damit deren Existenz in der vorjustinianischen Praxis.

Was allerdings das Konstitut eigener Schuld betrifft, so ist unsere einzige mögliche Spur für seinen Gebrauch in der späteren Nachklassik der von Taubenschlag genannte P. Flor. 313. Es dürfte freilich außer Zweifel stehen, dass Leistungszusagen für einen festen Termin auch in dieser Zeit vorkamen. Die eigentliche Frage ist, ob auch aus derartigen Zusagen – um eine ἀντιφώνησις handelte es sich ja in diesem Fall anscheinend nicht – weiter die *actio de pecunia constituta* gewährt wurde. Darüber kann der Papyrus keinen Aufschluss geben.

Festzuhalten ist nach allem, dass die Konstitutsklage im Ostreich zumindest in der Schuldoktrin noch existierte, dass sie aber in der Praxis vermutlich nur mehr bei den griechisch als ἀντιφώνησις bezeichneten Geschäften zur Anwendung gelangte, also bei der Zusage, Haftung für fremde Schuld zu übernehmen.

II. Das Konstitut unter Justinian

1. Die Reformkonstitution des Jahres 531 und ihre Beurteilung in der romanistischen Literatur

Klarer ist die weitere Entwicklung des Konstituts unter Justinian zu erkennen. In seiner Reformkonstitution vom 20. Februar des Jahres 531 löst der Kaiser gleich eine ganze Reihe alter Streitfragen. Das umfangreiche Gesetz, eine der in der *constitutio Cordi* so genannten *leges ad commodum propositi operis pertinentes*, sollte ausweislich seiner einleitenden Worte den Anwendungsbereich der Konstitutsklage erweitern.

> C. 4, 18, 2 pr.:
> Recepticia actione cessante, quae sollemnibus verbis composita inusitato recessit vestigio, necessarium nobis visum est magis pecuniae constitutae naturam ampliare.

1610 Simon, Untersuchungen zum Justinianischen Zivilprozess, S. 37 ff.

Die Notwendigkeit dieses Schrittes soll sich daraus ergeben haben, dass die Klage aus *receptum*[1611] keine Anwendung mehr fand (*cessare*), weil sie[1612] „mit sollennen Worten abgegefasst war". Gleichwohl verfügt Justinian in § 1a der Konstitution ausdrücklich die Abschaffung der rezeptizischen Klage (*omnia, quae de recepticia in diversis libris legislatorum posita sunt, aboleantur*)[1613].

Die Behauptung Justinians, die Klage aus *receptum* sei außer Gebrauch gekommen, ist im romanistischen Schrifttum auf einige Skepsis gestoßen. Zum einen deshalb, weil ihr die förmliche Abschaffung der *actio recepticia* nebst einer s a c h l i c h e n Begründung – Unbilligkeit der Klage wegen ihrer Abstraktheit – folgt[1614], zum anderen, weil sie im Widerspruch zu § 2 der Reformkonstitution zu stehen scheint, der die Fortgeltung der bisherigen Praxis der *argenti distractores* verfügt[1615], und schließlich weil mit der Gesamtheit der getroffenen Regelungen eine Konstitutsklage entstand, die der angeblich überflüssigen Klage aus *receptum* aufs Haar gleicht[1616], wobei Justinian sogar selbst anmerkt, die Konstitutsklage müsse erweitert werden, um für „derartige Fälle" einen Rechtsbehelf zur Verfügung zu stellen (*ut neque recepticiae actionis neque alio indigeat res publica in huiusmodi casibus adminiculo*). Die romanistische Literatur nähert sich den Fragen, die Justinians Konstitution in dieser Hinsicht aufwirft, auf ganz unterschiedlichen Wegen.

1611 Zum *receptum argentarii* s. neben den sehr gedrängten Darstellungen bei Kaser, RP I, S. 585 und Zimmermann, Obligations, S. 514 die richtungsweisende und auch heute noch lehrreiche Untersuchung Lenels, SZ 2 (1881), S. 14 (62 ff.); zum heutigen Stand der Lehre Rodríguez González, Receptum argentarii, S. 45 ff. mit zahlreichen Nachweisen zur Literatur.

1612 Mit Recht hat schon Lenel, SZ 2 (1881), S. 14 (68) festgehalten, dass der Kaiser als *sollemnibus verbis composita* nicht das Geschäft, sondern die Klage bezeichnet; vgl. auch Astuti II, S. 284; Bekker, SZ 3 (1882), S. 1 (11); Cerami//Petrucci, Diritto commerciale romano, S. 144 f.; Girard, Manuel, S. 645 und n. 2; Petrucci, Mensam exercere, S. 172, ders. Banche romane, S. 59 f. Wenn Bruns, ZRG 1 (1861), S. 28 (85 f. mit älterer Lit. in n. 86); Karlowa, RG II, S. 758; Perozzi, Istituzioni, S. 235 ff., 374 f.; Schlossmann, Litis contestatio, S. 176 ff.; sowie zuletzt auch Bürge, SZ 104 (1987), S. 465 (529); LaRosa, Labeo 43 (1997), S. 202 (220) und Fasolino, Labeo 46 (2000), S. 169 (187 f.) annehmen, dass die zitierte Formulierung auch auf das zugrundeliegende Rechtsgeschäft bezogen werden könne, setzen sie sich über den klaren Wortlaut der Stelle hinweg. – Dies bedeutet allerdings nicht, dass die vorgenannten Autoren nicht im Ergebnis zu Recht annehmen, das *receptum* habe jedenfalls ursprünglich zu seiner Wirksamkeit der Verwendung des Wortes *recipio* bedurft, vgl. Bürge, SZ 104 (1987), S. 465 (529).

1613 Wir haben bereits verschiedentlich feststellen können, dass Texte, die ursprünglich das *receptum* behandelten, umgeschrieben und in den Titel *de pecunia constituta* verpflanzt wurden, etwa die fr. 12, 26, 27 und 28; vgl. hierzu umfassend Lenel, SZ 2 (1881), S. 14 (62 ff.)

1614 Vgl. LaRosa, FS Gallo I, S. 445 (446).

1615 Cuq, Institutions II, S. 837 n. 4 führt aus: „Le *receptum* n'etait pas tombé en désuétude, car le paragraphe 2 maintient toutes les obligations anterieurement contractées par les banquiers". Vgl. ferner Lenel, SZ 2 (1881), S. 14 (68 ff.); EP, S. 134; Kappeyne, Abhandlungen, S. 341; s. auch Astuti II, S. 290 ff.

1616 Vgl. Astuti II, S. 289 f.

a. Schlossmann

Ein Teil übergeht den möglichen Widerspruch in der Darstellung Justinians. Da das *receptum* der älteren Lehre gemeinhin als Formalgeschäft galt, nimmt man ohne weiteres an, sein Verschwinden hänge mit der allgemeinen Abkehr von rechtsgeschäftlichen Formerfordernissen zusammen. Noch SCHLOSSMANN vermutet, Justinian habe die rezeptizische Klage als *sollemnibus verbis composita* bezeichnet, weil das *receptum* zu seiner Wirksamkeit der förmlichen Verwendung des Wortes *recipio* bedurfte[1617]. Sei es zum Streit gekommen, habe der Kläger im Libell den wesentlichen Sachverhalt schildern und dabei eben auch mitteilen müssen, dass der Beklagte die förmlichen Worte gesprochen hatte. Auf diese Weise soll die Förmlichkeit des Rechtsaktes auf die Klage durchgeschlagen haben. Dies habe zur Ungebräuchlichkeit sowohl des Geschäfts als auch der Klage geführt[1618]. § 2 schütze als Übergangsregel die zum Zeitpunkt des Reformerlasses bereits geschlossenen *recepta*, die noch als wirksam gelten sollten.

b. Lenel und Partsch

LENEL hingegen bezieht Justinians Anfangsbemerkung allein auf die rezeptizische Klage, nicht auf das ihr zugrunde liegende (seines Erachtens formfreie) Geschäft[1619]. Letzteres – im griechischsprachigen Verkehr wie das Konstitut als ἀντιφώνησις bezeichnet[1620] und damit äußerlich nicht davon zu unterscheiden – sei stets gebräuchlich geblieben; man habe es unter bestimmten Voraussetzungen als „rezeptizische ἀντιφώνησις[1621]" bis auf Justinian „mindestens in gewissen Beziehungen den strengeren Grundsätzen des *receptum* unterworfen[1622]". § 2 betrachtet er als Indiz für eine lebendige Praxis unter den byzantinischen Bankiers, konstatiert schließlich sogar unter Berufung auf die Novellen und Edikte Justinians, dass auch die Reformkonstitution des Jahres 531 nicht zum Verschwinden des *receptum argentarii* aus dem praktischen Leben geführt habe[1623]. PARTSCH

1617 Vgl. auch BRUNS, ZRG 1 (1861), S. 28 (85 f. mit älterer Lit. in n. 86); BÜRGE, SZ 104 (1987), S. 465 (528 ff.); FASOLINO, Labeo 46 (2000), S. 169 (185 ff.); KARLOWA, RG II, S. 758; LAROSA, Labeo 43 (1997), S. 202 (223 f.); PEROZZI, Istituzioni, S. 235 ff., 374 f.

1618 SCHLOSSMANN, Litis contestatio, S. 175 ff.; vgl. auch PLATON, NRH 33 (1909), S. 290.

1619 LENEL, SZ 2 (1881), S. 14 (68 ff.); EP, S. 132 ff.; ähnlich BEKKER, SZ 3, (1882), S. 1 (11 f.).

1620 Den Untergang der *actio recepticia* führt LENEL im Wesentlichen auf diese terminologische Verschmelzung zurück, s. a. a. O. S. 68 f.; vgl. auch BEKKER, SZ 3 (1882), S. 1 (11 f.); KAPPEYNE, Abhandlungen, S. 341; wie LENEL ursprünglich auch CUQ, Institutions II, S. 837 n.4, anders jedoch später in Manuel, S. 514 und n. 6.

1621 LENEL, EP, S. 132 n. 12.

1622 LENEL, SZ 2 (1881), S. 14 (69).

1623 LENEL, SZ 2 (1881), S. 14 (71); vgl. auch PEROZZI, Ist. II, S. 237 und n. 1.; ferner FREZZA, Garanzie I, S. 284, der zum selben Ergebnis gelangt und wie folgt anschaulich formuliert:

betrachtet das *receptum* trotz des Einleitungssatzes unserer Konstitution ebenfalls als ein zur Zeit Justinians noch lebendiges Institut, wenn er einer verbreiteten Ansicht[1624] entsprechend § 2 als Übergangsbestimmung bezeichnet, „die wohl nur auf die Wirksamkeit schon geschlossener recepta sich beziehen kann[1625]".

c. LaRosa

Anders als LENEL sucht LAROSA den wahren Grund für die ausdrückliche Abschaffung der rezeptizischen Klage nicht in der Ablehnung einer als formal und antiquiert empfundenen Klage durch den Verkehr, sondern in der Abneigung des Kaisers gegen abstrakte Geschäfte, die in § 1a deutlich hervortrete. Darin sieht sie den Ausdruck einer seit dem Ende der Klassik vermehrt zu beobachtenden Tendenz, der *causa* der Rechtsgeschäfte eine zentrale Rolle einzuräumen[1626]. Auf Druck der *argentarii* sei § 2 der Konstitution nachträglich hinzugefügt worden, weil das im Geschäftsverkehr bestehende Bedürfnis nach Rechtssicherheit die Gültigkeit abstrakt gefasster Zahlungsversprechen erforderlich gemacht habe[1627]. Spuren des Einflusses der Bankiers auf die Gesetzgebung fänden sich auch in C. 12, 34 (35), 1, im Proömium der Novelle 136 sowie in den justinianischen Edikten 7 und 9. Sogar die Regelungstechnik entspreche derjenigen, mit der die Nov. 136 arbeitet: Durch Hinzufügung einer entsprechenden Klausel (*indefense*) konnten sich die Bankiers die Anwendung eines Sonderrechts eröffnen.

d. Astuti und Archi

Auch ASTUTI bezweifelt, dass es wirklich die zur Zeit Justinians längst ungebräuchliche rezeptizische Klage war, die den Anlass zur Reform geboten hatte. Er sieht das eigentliche Leitmotiv der Konstitution in der Angleichung des Konstituts an die Stipulation, mit anderen Worten in dem Abschluss der Entwicklung des Konstituts zu einem echten Zahlungsversprechen prätorischen Rechts, und somit zu einem amtsrechtlichen Pendant der *stipulatio*[1628]. Das

---

„nella prassi bancaria viene lasciato in vita un negozio che porta il *nomen iuris* di *constitutum*, mantenendo il carattere e la disciplina dell'astratto *receptum*".

1624 Vgl. etwa KAPPEYNE, Abhandlungen, S. 341, der darauf hinweist, dass die Bestimmung in den Basiliken nicht wiederholt wird; ferner ARCHI, BIDR 65 (1962), S. 131 (140); BEKKER, SZ 3 (1882), S. 1 (12); CUQ, Manuel, S. 515 n. 1; FERRINI, Note a Glück, Pand., XIII, 5, S. 167 n. j; ROSSELLO, AG 45 (1890), S. 1 (62 ff).

1625 PARTSCH, SZ 29 (1908), S. 403 (415).

1626 LAROSA, FS Gallo I, S. 445 (447 f.); vgl. auch ASTUTI II, S. 281 ff.; allgemein zu diesem Phänomen s. etwa KASER, RP II, S. 378 ff.; ARANGIO-RUIZ, Istituzioni, S. 332.

1627 Vgl. auch DÌAZ BAUTISTA, RIDA 29 (1982), S. 165 (187 ff.).

1628 ASTUTI II, S. 311 ff., S. 314 ff.; zustimmend KOSCHAKER, SZ 63 (1943), S. 469 (476 f.).

receptum hingegen habe auf die Reform keinerlei Einfluss gehabt. Die angeblich vom *receptum* übertragenen Erweiterungen führt er auf natürliche Entwicklungen des Konstituts aus sich selbst heraus zurück. Als echte Innovation lässt er nur die Erweiterung des Konstituts auf vertretbare Sachen gelten, deren Übernahme gerade vom *receptum* er jedoch nicht nur für unbewiesen, sondern für geradezu ausgeschlossen hält[1629]. Auch § 2 beziehe sich keineswegs auf das *receptum*, sondern auf das abstrakte Konstitut der byzantinischen Praxis, das von beiden römischen Geschäften zu unterscheiden sei[1630]. Die Reformkonstitution sei vor allem dogmatisch-systematischen, nicht praktischen Erwägungen zu danken[1631]. Von praktischer Bedeutung sei allein § 2, der mit den abstrakten *constituta debiti alieni* des byzantinischen Bankverkehrs den allein noch praktisch relevanten Bereich des Instituts behandele, und zwar in Form der (möglicherweise nur übergangsweisen) Bereitstellung eines Sonderrechts für *argentarii*. Diese Überlegungen lassen ihn sein Urteil über die Rolle des Konstituts (eigener Schuld) im justinianischen System wie folgt formulieren:

> „Tutto ci conduce in realtà […] ad una valutazione sostanzialmente negativa, fondata sul riconoscimento della mancanza di una funzione tipica, di una pratica utilità ed applicabilità generale dell'istituto offerto dalla riforma giustinianea, beninteso nell'ipotesi fondamentale del *constitutum debiti proprii.*"

Dieser Einschätzung schließt sich im Grundsatz auch Archi an, der die geringe praktische Bedeutung der Reform darauf zurückführt, dass sie in Auseinandersetzung mit den eher theoretischen Lehren der byzantinischen Rechtsschulen entstanden sei[1632]. Das zeigt seiner Ansicht nach nicht nur die aggressive Polemik der Konstitution, vor allem am Ende von § 1 und in § 1d, sondern auch die Auswahl der Probleme, die einer gesetzgeberischen Lösung zugeführt werden. Diese beträfen überwiegend das längst zur Bedeutungslosigkeit verurteilte *constitutum debiti proprii*, die Konstitution reihe sich daher nicht harmonisch in die allgemeine Entwicklung des Instituts ein[1633].

1629 Astuti II, S. 307 ff.

1630 Astuti II, S. 302.

1631 Astuti II, S. 344 ff.; vgl. auch Frezza, Garanzie I, S. 283: „Il risultato dalla riforma fu piuttosto sistematico e scolastico che pratico."

1632 Archi, BIDR 65 (1962), S. 131 ff.

1633 Archi, BIDR 65 (1962), S. 131 (147 f.); vgl. Mayer-Maly, SZ 76 (1959), S. 616 (620 f.), der in der Reform des Jahres 531 nur einen vergeblichen Versuch zur Wiederbelebung eines im vierten Jahrhundert n. Chr. abgekommenen Rechtsinstituts sieht.

e. Collinet

Einen ganz anderen Gedanken verfolgt COLLINET. Seine originelle These, der ein Großteil der französischen Lehre beigetreten ist[1634], lautet: Justinian fand das *receptum argentarii* in den Büchern der *veteres* vor, nicht aber in der byzantinischen[1635] Praxis seiner Zeit. Daraus habe der Kaiser, in einen naheliegenden Irrtum verfallend, gefolgert, das Geschäft müsse außer Gebrauch gekommen sein. Tatsächlich aber sei die rezeptizische Klage im Orient niemals rezipiert worden, weil der ihr zugrundeliegende Vertrag, wie PARTSCH[1636] gezeigt habe, eine von dem griechischen Verkehr inspirierte Geschäftsform darstellte, so dass sie im östlichen Verkehr nicht erst rezipiert werden musste, sondern schlicht überflüssig war. § 2 der Konstitution bezieht COLLINET auf vor 531 von Bankiers abgegebene *constituta*, nicht auf *recepta*[1637].

2. Stellungnahme

a. Das Konstitut als prätorisches Pendant der stipulatio debiti – Inst. 4, 6, 8 und 9

Nachdem wir im letzten Kapitel beobachten konnten, dass das Konstitut nach Abschaffung des Formularprozesses zu einem reinen Zahlungsversprechen wurde und dabei nicht nur seine alte Bedeutung endgültig verlor, sondern weitgehend auch seine Selbständigkeit gegenüber anderen Leistungsversprechen, ist zunächst festzuhalten, dass auch Justinian trotz seiner oft als klassizistisch bezeichneten Haltung zum Recht der *veteres* diese Perspektive nicht mehr verlässt. Er betrachtet das Konstitut, wie ASTUTI mit Recht hervorhebt, als echtes Leistungsversprechen[1638]. Das beweist neben den Bestimmungen

1634 S. CUQ, Manuel, S. 514 und n. 6, der noch in Institutions II, S. 837 n. 4 eine andere Ansicht vertreten hatte; PHILIPPIN, Pacte de constitut, S. 16 f.; ROUSSIER, Constitut, S. 144.

1635 Im Okzident hingegen, zumindest in Italien, so nimmt COLLINET, Études historiques I, S. 271 f. im Anschluss an HUVELIN, Droit romain II, S. 111 ff. an, habe das *receptum* die justinianische Gesetzgebung überlebt und im Mittelalter die Grundlage des „promesse de banquier" gebildet; ebenso ROUSSIER, Constitut, S. 140 f.

1636 PARTSCH hatte in seinem Aufsatz „Der ediktale Garantievertrag durch Receptum" in SZ 29 (1908), S. 403 ff. griechische Wurzeln der römischen *recepta* behauptet und Parallelen sprachlicher (S. 417 f.) und rechtlich-ökonomischer Natur (S. 418 ff.) zur griechischen ἐγγύη aufgezeigt, wobei er auch die im griechischen Verkehr teilweise synonym verwandten Termini ἀναδέχεσθαι und ὑποσχνεῖσθαι beleuchtete. Seine These vom hellenischen Ursprung des *receptum* fand außer bei COLLINET auch Anerkennung bei ASTUTI II, S. 294 f., 303; KASER, RP I, S. 585; LENEL, EP, S. 132 n. 8; ZIMMERMANN, Obligations, S. 514.

1637 COLLINET, Études historiques, S. 274.

1638 Vgl. ASTUTI II, S. 281 ff., insbesondere 314 ff.; zustimmend KOSCHAKER, SZ 63 (1943), S. 469.

der Konstitution selbst auch die Zusammenfassung des Reformergebnisses in den Institutionen.

> Institutionen 4, 6, 8 und 9:
> **§ 8** In personam quoque actiones ex sua iurisdictione propositas habet Praetor, veluti de pecunia constituta. Cui similis videbatur recepticia: sed ex nostra constitutione (cum etsi quid plenius habebat, hoc in pecuniam constitutam transfusum est) ea quasi supervacua iussa est cum sua auctoritate a nostris legibus recedere. [...]
> **§ 9** De pecunia autem constituta cum omnibus agitur quicumque vel pro se vel pro alio soluturos se constituerint, nulla scilicet stipulatione interposita. Nam alioquin, si stipulanti promiserint, iure civili tenentur.

Die Klage aus *receptum* (*sc.* eines Argentariers) sei dem Kaiser als ein der Konstitutsklage ähnlicher Rechtsbehelf erschienen, habe aber deren beschränkten Anwendungsbereich teilweise überschritten (*quid plenius habebat*). Mit seiner Konstitution (*sc.* des Jahres 531) sei die rezeptizische Klage als überflüssig abgeschafft, wobei man ihren weiteren Anwendungsbereich auf die *actio de pecunia constituta* übertragen habe. Letztere sei seither, so wendet das kaiserliche Lehrbuch sich in § 9 dem materiellen Inhalt der Klage zu, gegen jedermann statthaft, der – ob für sich oder einen anderen – künftige Zahlung konstituiert habe. Was folgt, zeigt mit aller Deutlichkeit, dass der Kaiser den Begriff *constituere* hier im Sinne von „versprechen" verwendet: Die Konstitutsklage soll nämlich nur dann stattfinden, wenn die Leistungszusage nicht als Stipulation erfolgt war, da in diesem Falle bereits eine „Haftung nach Zivilrecht" (*iure civili teneri*) eintrete[1639].

b. Angleichung des Konstituts an Stipulation als eigentliches Reformziel? – Widerlegung der Ansicht Astutis

Diese Gegenüberstellung von Konstitut und Stipulation, die auch in der Reformkonstitution mehrfach zu beobachten ist, hat Astuti Anlass zu der Vermutung gegeben, das eigentliche Motiv der Reform sei die Angleichung des Konstitus

1639 Wie allerdings das eine Geschäft von dem anderen zu unterscheiden sei, bleibt der Phantasie des Lesers überlassen. Mit Kaser, RP II, S. 383 und Pringsheim SZ 42 (1921), S. 283 dürfen wir vermuten, dass der *animus* darüber entscheiden sollte, ob Stipulation oder Konstitut vorlag. Dies folgt, wie die genannten Autoren richtig bemerken, aus fr. 1, 4 D. h. t. – jedoch nicht wie sie wollen, weil der *animus constituentis* als Abgrenzungskriterium von den Kompilatoren eigens in den Text eingefügt wurde (s. hiergegen ausführlich o. S. 345 ff.). Den klassischen Juristen war neben dem äußeren auch ein innerer, genauer: ein funktioneller Unterschied zwischen beiden Geschäften bewusst – im Gegensatz zu den Kompilatoren. Nach deren Verständnis handelte es sich, wie die pointierte Bezugnahme auf das *ius civile* zeigt, beim Konstitut schlicht um ein honorarrechtliches Pendant zur Stipulation, ein Verständnis, das auch in der sogleich näher zu untersuchenden Reformkonstitution mehrfach hervortritt.

an die Stipulation, das *receptum* habe hingegen keinen Einfluss auf die Neuregelung gehabt[1640]. Unbestreitbar richtig daran ist, dass Justinian im Ergebnis das Konstitut wie ein amtsrechtliches Pendant zur Stipulation behandelt. Dass aber dieses Ergebnis das heimliche Ziel der umfangreichen Reformkonstitution gewesen sein soll, ist nicht recht wahrscheinlich.

Zunächst: Der Kaiser selbst behauptet das Gegenteil. Weshalb hätte er die komplizierte Verschmelzung der Klagen aus Konstitut und *receptum* erfinden sollen, wenn er in Wirklichkeit das Konstitut der Stipulation annähern wollte?

Tatsächlich fehlte ihm – wie den Generationen vor ihm – das Verständnis für den ursprünglichen Zweck des Konstituts und seine daraus resultierenden Eigenheiten. In leichter Abwandlung eines Ausspruches von Bähr lässt sich sagen, dass *constitutum* und sonstige Schuldversprechen „vor seinen getrübten Blicken ineinanderflossen[1641]". Aus seiner Sicht hatte er mit dem Konstitut ein honorarrechtliches Leistungsversprechen als Pendant der *stipulatio debiti* bereits vorgefunden, musste es nicht erst zu einem solchen umformen.

Auch die einzelnen Bestimmungen der Konstitution lassen wenig Zweifel daran, dass das *receptum* maßgeblichen Einfluss auf die Reform hatte. Lesen wir sie im Zusammenhang:

> Codex Iustinianus 4, 18, 2, 1 ff.:
> § 1 Cum igitur praefata actio, id est pecuniae constitutae, in his tantummodo a veteribus conclusa est, ut exigeret res quae in pondere numero mensura sunt, in aliis autem rebus nullam haberet communionem et neque in omnibus casibus longaeva sit constituta, sed in speciebus certis annali spatio concluderetur, et dubitaretur, si pro debito sub condicione vel in diem constituto eam possibile est fieri et si pure constituta pecunia contracta valeret, hac apertissima lege definimus, ut liceat omnibus constituere non solum res quae pondere numero mensura sunt, sed etiam alias omnes sive mobiles sive immobiles sive se moventes sive instrumenta vel alias quascumque res, quas in stipulationem possunt homines deducere: et neque sit in quocumque casu annalis, sed (sive pro se quis constituat sive pro alio) sit et ipsa in tali vitae mensura, in qua omnes personales sunt actiones, id est in annorum metis triginta: et liceat pro debito puro vel in diem vel condicionali constitui: et non absimilem penitus stipulationi habeat dignitatem, suis tamen naturalibus privilegiis minime defraudata: sed et heredibus et contra heredes competat, ut neque recepticiae actionis neque alio indigeat res publica in huiusmodi casibus adminiculo, sed sit pecuniae constitutae actio per nostram constitutionem sibi in omnia sufficiens, ita tamen, ut hoc ei inhaereat, ut pro debito fiat constitutum (cum secundum antiquam recepticiam actionem exigebatur et si quid non fuerat debitum), cum satis absurdum et tam nostris temporibus quam iustis legibus contrarium est permittere per actionem

1640 Astuti II, S. 312 f.
1641 Bähr, Die Anerkennung als Verpflichtungsgrund, S. 122.

recepticiam res indebitas consequi et iterum multas proponere condictiones, quae et pecunias indebitas et promissiones corrumpi et restitui definiunt.
§ **1a** Ut non erubescat igitur tale legum iurgium, hoc tantummodo constituatur, quod debitum est, et omnia, quae de recepticia in diversis libris legislatorum posita sunt, aboleantur et sit pecunia constituta omnes casus complectens, qui et per stipulationem possint explicari.
§ **1b** Et neminem moveat, quod sub nomine pecuniae etiam omnes res exigi definimus, cum et in antiquis libris prudentium, licet pecunia constituta nominabatur, tamen non pecuniae tantum per eam exigebantur, sed omnes res quae pondere numero mensura constitutae sunt.
§ **1c** Sed et possibile est omnes res in pecuniam converti. si enim certa domus vel certus ager vel certus homo vel alia res quae expressa est in constituendis rebus ponatur, quid distat a nomine ipsius pecuniae?
§ **1d** Sed ut et subtilitati eorum satisfiat, qui non sensum, sed vana nominum vocabula amplecti desiderant, ita omnes res veniant in constitutam, tamquam fuisset ipsa pecunia constituta, cum etiam veteres pecuniae appellatione omnes res significari definiunt et huiusmodi vocabulum et in libris iuris auctorum et in alia antiqua prudentia manifestissime inventum est.
§ **2** His videlicet, quae argenti distractores et alii negotiatores indefense constituerint, in sua firmitate secundum morem usque adhuc obtinentem durantibus.

Justinian stellt zunächst die Beschränkungen heraus, denen die Konstitutsklage unterworfen war und die es – damit auch ohne die rezeptizische Klage „Fälle dieser Art“ zu bewältigen waren (§ 1a) – zu überwinden galt: Sie habe als Gegenstand vertretbare Sachen erfordert, sei in bestimmten Fällen *annalis* gewesen. Darüber hinaus habe man gezweifelt, ob sie bei bedingten oder betagten Forderungen Anwendung finden könne, schließlich, ob ein *pure*, d. h. ohne ausdrückliche Bestimmung eines Leistungstermins, gefasstes Konstitut wirksam sei. Sodann schreitet der Kaiser zur Auflösung dieser Zweifel:

Die Klage soll

(1) bei allen Sachen anwendbar sein, die auch Gegenstand einer Stipulation sein könnten, und
(2) in dreißig Jahren verjähren; sie soll darüber hinaus
(3) bei bedingten und
(4) bei betagten Schulden ebenso zustehen wie
(5) bei einer *pure* gefassten Zusage und damit eine der Stipulation ähnliche *dignitas* erhalten. Darüber hinaus soll sie

(6) aktiv und passiv vererblich sein[1642], damit in diesen Fällen trotz Abschaffung der rezeptizischen Klage ein Rechtsbehelf nicht fehle. Bei all dem sei aber
(7) zu beachten, dass – anders als bei der rezeptizischen Klage – die konstituierte Schuld existieren müsse, weil eine abstrakte Klage (wie es die rezeptizische war) Anlass zu zahlreichen *condictiones* böte, um derartige grundlos gewährte Versprechen und Zahlungen rückabzuwickeln, was einer gerechten Gesetzgebung und dem Zeitgeist zuwiderlaufe. Daher verfügt Justinian in § 1a ausdrücklich, dass nur bestehende Schulden konstituiert werden können und setzt
(8) alle Bestimmungen über die rezeptizische Klage außer Kraft. Es folgt der (zu Regelung Nr. (1.) gehörende) längere Diskurs über den Begriff *pecunia*, dessen scharfe Polemik, wie sich gezeigt hat, auf die byzantinische Schuldoktrin zielt[1643]. Die Konstitution endet schließlich in § 2 mit der Verfügung, dass
(9) Erfüllungszusagen von „Geldwechslern und anderen Geschäftsleuten", die diese schutzlos (*indefense*) abgeben, „nach dem bisher geltenden Brauch" ihre Wirksamkeit behalten sollen[1644].

Die Verfügungen des Kaisers lassen sich grob in drei Gruppen einteilen: die Regelungen (3.), (4.) und (5.) dienen lediglich der Auflösung von alten Zweifelsfragen, die Regelungen (7.), (8.) und (9.) enthalten Klarstellungen, die offensichtlich durch die Beseitigung der rezeptizischen Klage im Wege der Verschmelzung mit der *actio constitutoria* veranlasst sind, die Regelungen (1.), (2.) und (6.) schließlich stellen echte Neuerungen im Recht der Zahlungszusage dar.

aa. Die Regelungen der ersten Gruppe behandeln einerseits die Hauptschuld als Gegenstand der Zusage – auch bedingte oder aufschiebend befristete Verbindlichkeiten können Gegenstand des Konstituts sein –, andererseits die Zusage selbst – diese ist auch ohne Benennung eines Leistungstermins wirksam. Diese Fragen hatten bereits die Klassiker behandelt, allerdings offenbar z. T. kontrovers[1645]. Justinian macht sich jeweils die Meinung zueigen, die sich am ehesten

1642 Bei der Aufzählung der Beschränkungen der alten Konstitutsklage zu Beginn des Textes hatte Justinian diesen Punkt nicht erwähnt.

1643 S. o. S. 368 ff.; vgl. Archi, BIDR 65 (1962), S. 131 ff.; Schindler, Justinians Haltung zur Klassik, S. 76.

1644 Die Schlussbestimmung knüpft offensichtlich nicht an die Erläuterung des Begriffs *pecunia* an, sondern an die in § 1 als ungerecht und nicht mehr zeitgemäß abgelehnte Abstraktheit des *receptum*, vgl. Bekker, SZ 3 (1882), S. 1 (12 n. 1).

1645 Im Falle der bedingten Schuld ist dies nur dem Bericht Justinians zu entnehmen; Paulus, der es in D. 13, 5, 19 pr. mit einer bedingten Schuld als Gegenstand des Konstituts zu tun hat, stellt lediglich lapidar ohne jeden Hinweis auf eine etwaige Gegenmeinung fest, dass

mit seinem Verständnis des Konstituts als Zahlungsversprechen prätorischen Rechts vereinbaren läßt: bei der bedingten Schuld die des Paulus[1646], bei der aufschiebend befristeten die des Ulpian[1647], der sich seinerseits auf Labeo und Pedius stützen konnte, und schließlich bei der Zusage *sine die* wiederum die des Paulus[1648]. Etwaige Gegenansichten sind in den Digesten beseitigt.

Im Zusammenhang mit seinen Entscheidungen erklärt Justinian, das Konstitut möge *non absimilem penitus stipulationi dignitatem* haben. Diese Erwähnung der *stipulatio* beweist aber keineswegs die Absicht des Kaisers, das Konstitut der Stipulation anzugleichen. Sie dient lediglich der Verdeutlichung des Resultats seiner Anordnungen.

Richtig ist allerdings ASTUTIS Bemerkung, dass Justinians Entscheidungen Konsequenz der allgemeinen Entwicklung des Konstituts zum Leistungsversprechen sind. Aus der Perspektive Justinians konnte z. B. kaum zweifelhaft sein, dass die Wirksamkeit des Versprechens nicht davon abhing, ob der Konstituent einen bestimmten Leistungstermin genannt hatte. Nur war eben auch das *receptum* ein Leistungsversprechen, so dass sich die Auflösung der Zweifelsfragen nicht in ursächlichen Zusammenhang gerade mit einer Anpassung an die Stipulation bringen lässt.

bb. Die Verfügungen der zweiten Gruppe (Beibehaltung der Akzessorietät des Konstituts, förmliche Abschaffung der rezeptizischen Klage und Fortgeltung der bisherigen Konstitutspraxis der byzantinischen Bankiers) haben mit der Stipulation nichts zu tun. Mit der Abstraktheit der rezeptizischen Klage, so ASTUTI, nehme Justinian gerade deren auffälligstes Charakteristikum von der Verschmelzung aus und zeige auch damit, dass er das Reglement dem der Stipulation anpassen wollte[1649]. Für diese Anordnung stand aber wiederum nicht etwa

---

die Bedingung der Hauptschuld auf das Konstitut durchschlage. Gegen ASTUTI II, S. 72; FREZZA, Garanzie I, S. 246; KARADENIZ, Constitutum, S. 107 ff.; ROUSSIER, Constitut, S. 91 und SCHINDLER, Justinians Haltung zur Klassik, S. 76, die die Stelle für interpoliert halten, s. o. S. 206 ff. Möglicherweise liegt ein ähnliches Missverständnis Justinians vor wie bei der Frage, ob eine aufschiebend befristete Schuld konstituiert werden konnte (s. dazu o. S. 206 ff.); der Paulus-Text lässt nämlich erkennen, dass die Klassiker wohl um die Frage gestritten haben, ob im Falle des bedingten Konstituts zusätzlich die Bestimmung eines Leistungstermins erforderlich sei.

1646 D. 13, 5, 19 pr.; s. dazu oben S. 206 ff.

1647 D. 13, 5, 3, 2; allerdings war die Kontroverse in diesem Punkt – so es sie jemals gab – zu klassischer Zeit bereits überwunden; man diskutierte lediglich noch, ob der *dies constituti* auf oder vor den in der Hauptschuld bestimmten Termin gelegt werden konnte; s. dazu ASTUTI I, S. 30 ff.; 134; ASTUTI II, S. 64 f.; ARCHI, BIDR 65 (1962), S. (142 f.); FREZZA, Garanzie I, S. 248 f.

1648 D. 13, 5, 21, 1.

1649 ASTUTI II, S. 312 f.

die Stipulation Pate (obwohl sie im Recht der Kompilation weitgehend ihren abstrakten Charakter verloren hatte[1650]), Justinian behält vielmehr lediglich die bestehende Rechtslage beim Konstitut bei, und zwar in Abgrenzung vom *receptum*, das er insofern als unbillig und nicht mehr zeitgemäß[1651] ablehnt. Das entspricht im Übrigen seiner allgemeinen Tendenz, die Bedeutung der *causa* von schuldrechtlichen Verpflichtungen zu betonen[1652]. Diese Neigung machte sich auch bei der Stipulation bemerkbar, so dass die entsprechenden Regelungen beider Institute eher – als Ausdruck dieser Haltung – auf ein und derselben logischen Ebene stehen als in einem Parentelverhältnis.

§ 2 der Konstitution zur Fortgeltung *indefense* gefasster *constituta* der Argentarier werden wir noch ausführlich behandeln[1653], an dieser Stelle ist nur festzuhalten, dass auch diese Bestimmung erkennbar nicht der Annäherung des Konstituts an die Stipulation dient.

cc. Den normativen Kern der Reform des Konstituts machen die Verfügungen der letzten Gruppe aus. Die geringste Bedeutung kommt der Aufhebung der kurzen Klagefrist beim Konstitut eigener Schuld zu. Nicht nur, dass diese Form des Konstituts bloß noch theoretisch existierte, die Aufgabe der kurzen und die Unterwerfung der Klage unter die einheitliche Verjährung von 30 Jahren[1654] war aufgrund ihrer Transformation zur sachverfolgenden Erfüllungsklage mehr oder weniger zwingend. Astuti folgend können wir sie als eine „natürliche Konsequenz der geschichtlichen Entwicklung[1655]" betrachten. Dass hier die Klagen *ex recepto* oder *ex stipulatu* Einfluss gehabt haben könnten, ist sicher auszuschließen.

1650 Darauf weist mit Recht Koschaker, SZ 63 (1943), S. 469 (476) hin; vgl. Kaser, RP II, S. 378 ff., insbesondere 382; zur Problematik der *causa* s. ferner Wolf, Causa stipulationis, Köln 1970; Wacke, TR 40 (1972), S. 231 ff.

1651 Vgl. dazu Bürge, SZ 104 (1987), S. 465 (535 f.), der die Handhabung des *receptum* in der Praxis als „recht tückisch" einschätzt und seine rechtliche Verbindlichkeit (nebst Abstraktheit) in überzeugender Weise auf die zur klassischen Zeit herrschenden sozialen Verhältnisse zurückführt.

1652 S. dazu Kaser, RP II, S. 378 ff., 382.

1653 S. u. S. 391 ff.

1654 Theodosius II. hatte, beeinflusst von volksrechtlichen Vorbildern einerseits, von der konstantinischen Ersitzungsfrist andererseits, im Jahre 424 alle bis dahin zeitlich unbegrenzten Ansprüche der *praescriptio longi temporis* unterworfen, die nach 30 Jahren eintrat, CTh. 4, 14, 1 = C. 7, 39, 3; dazu grundlegend Amelotti, La prescrizione delle azioni in dir. Rom., S. 107 ff.; 211 ff.; Nörr, Die Entstehung der longi temporis praescriptio (1969); s. ferner Kaser, RP II, S. 71 f. und Zimmermann, Obligations, S. 769 f., beide m. w. N.

1655 Astuti II, S. 308.

Als einzige echte Neuigkeit der Reformkonstitution betrachtet RICART – schwerlich zu Recht – die Einführung der vollen aktiven und passiven Vererblichkeit[1656]. Diese war – zumindest für das Fremdschuldkonstitut – bereits im 3. Jahrhundert von Kaiser Gordian II. wenn nicht eingeführt, so zumindest erwähnt worden[1657]. Der Regelungsgehalt der Konstitution des Jahres 531 beschränkt sich insofern also erneut auf das praktisch obsolete Konstitut eigener Schuld. Mit ASTUTI könnten wir auch dies gleichwohl für eine natürliche Entwicklung halten, wenn Justinian nicht pointiert hervorheben würde, dass die aktive und passive Vererblichkeit angeordnet wird, damit nach Abschaffung der rezeptizischen Klage nicht in Fällen dieser Art ein Prozessmittel fehle. Er führt die Vererblichkeit also gerade deshalb ein, um eine durch den Wegfall der *actio recepticia* drohende Regelungslücke zu vermeiden. Im Umkehrschluss ist zu folgern, dass die rezeptizische Klage aktiv und passiv vererblich war, die Konstitutsklage nicht (oder nicht in allen Konstellationen)[1658]. In diesem Punkt hat jedenfalls erkennbar die *actio recepticia* den Inhalt der Reform bestimmt und nicht die Stipulation.

Als weiteren Beweis für seine These nimmt ASTUTI die Abkehr Justinians von der früheren Beschränkung der Konstitutsklage auf Geld und fungible Sachen in Anspruch, die den zentralen normativen Inhalt der Reform ausmacht. Denn zum einen, so vermutet er, sei das *receptum* wohl derselben Beschränkung auf Geld (und allenfalls fungible Sachen) unterworfen gewesen wie das Konstitut, zum anderen führe der Kaiser zu diesem Punkt aus: *liceat omnibus constituere* [...] *quascumque res, quas in stipulationem possunt homines deducere.* Regelungsziel sei also die Angleichung an die Stipulation, nicht an das *receptum* gewesen.

Doch auch diese Argumente tragen ASTUTIS Sache nicht. Soweit er vorbringt, schon der Charakter des *receptum* als berufstypische Obligation des *argentarius* schließe seine allgemeine Anwendbarkeit auf alle Sachen aus, es sei vielmehr mit einer Beschränkung auf Geld als den üblichen Gegenstand der geschäftlichen Transaktionen der Bankiers zu rechnen[1659], verkennt er Art und Umfang der wirtschaftlichen Betätigung der *argentarii.* Wenngleich unsere Informationen

1656 Homenaje Murga Gener, S. 695 (707).

1657 Vgl. C. 4, 18, 1, in diesem Punkt freilich vielfach verdächtigt, s. etwa BESELER, Beiträge IV, S. 260; BONNECARRÈRE, Constitut, S. 66; KAPPEYNE, Abhandlungen, S. 249; dagegen mit Recht ASTUTI II, S. 163 ff., insbes. S. 166 f.

1658 BRUNS, ZRG 1 (1861), S. 28 (84); BÜRGE, SZ 104 (1987), S. 465 (527 f.); FREZZA, Garanzie I, S. 229 ff.; GIRARD, Manuel, S. 644 n. 5; KAPPEYNE, Abhandlungen, S. 341; PHILIPPIN, Constitut, S. 110; SCHINDLER, Justinians Haltung zur Klassik, S. 75; kritisch ASTUTI II, S. 307.

1659 ASTUTI II, S. 310 f. unter Berufung auf JHERING, Geist III, 1, S. 214; ähnlich ROSSELLO, AG 45 (1899), S. 1 (83 ff.).

über das antike Bankwesen nicht überall als gesichert zu betrachten sind[1660], wissen wir doch so viel: Die *argentarii* waren nicht allein mit der Ausführung von Bankgeschäften im heutigen Sinne befasst, sondern – anders als etwa die *nummularii*[1661] – u. a. auch auf Auktionen als Agenten für ihre Kunden tätig[1662]. In diesem Zusammenhang wickelten sie neben Geschäften mit Geld und Fungibilien auch solche mit Spezies ab[1663]. Die Anwendbarkeit des *receptum* auf alle Schuldgegenstände passt daher durchaus zu dem Berufsbild des *argentarius*. Hinzu kommt ein Bericht des Theophilos, der den weiten Anwendungsbereich der *actio recepticia* ausdrücklich bestätigt[1664]. Ohne Beweiskraft gegen die Richtigkeit der Darstellung des Theophilos ist D. 13, 5, 12[1665]. Das Fragment stammt aus dem 13. Buch des Ediktskommentars des Paulus, dessen ausschließlichen Gegenstand der Titel *de receptis* bildet[1666]. Es behandelt die Wirksamkeit einer Zusage *decem et Stichum*[1667] in einem Fall, in dem nur *decem* geschuldet waren.

1660 Umstritten ist insbesondere, wie ähnlich das antike Bankwesen dem modernen war, vgl. etwa Finley, Die antike Wirtschaft (dt. 1977); Andreau, Banking and business in the Roman world (engl. 1999); Petrucci, Mensam exercere (1991); Bürge, SZ 104 (1987), S. 465; Rostovtzeff, Gesellschaft und Wirtschaft im römischen Kaiserreich (dt. 1931). Weitere Literatur referiert Fasolino, Labeo 46 (2000), S. 169 nn. 1–3.

1661 Diese traten in Rom erstmals zu Anfang des Prinzipats auf und waren zunächst als Geldwechsler tätig; später weiteten sie ihre Operationen auf das Einlagengeschäft aus, s. Andreau, Banking and business in the Roman world, S. 31.

1662 Andreau, Banking and business in the Roman world, S. 31; Bürge, SZ 104 (1987), S. 465 (527 ff.); Petrucci, Mensam exercere, S. 380.

1663 Bürge, SZ 104 (1987), S. 465 (527 ff.); Petrucci, Mensam exercere, S. 380.

1664 Paraphrase zu Inst. 4, 6, 8: […] ἡ δὲ recepticia, ὁτιδήποτε εἴη τὸ ἐποφειλόμενον, εἴτε κινητὸν εἴτε ἀκίνητον, ἀντιφωνήσαντος τραπεζίτου κινεῖσθαι δύναται. […] πάντα γὰρ ἐν ἑαυτῇ ἐπιδέχεται τὰ ἐποφειλόμενα („doch die rezeptizische [Klage] kann vorgebracht werden, ganz gleich, was der Gegenstand der Schuld ist, sei es [eine] beweglich[e Sache], sei es [eine] unbeweglich[e], […] denn von dieser werden alle Schuldgegenstände umfasst"). Diese Darstellung, und insbesondere die weitere eindeutige Erklärung des Theophilos, die allgemeine Anwendbarkeit der Konstitutsklage bei allen Sachen sei auf die Übertragung dieser Eigenschaft von der rezeptizischen Klage zurückzuführen, tut Astuti II, S. 309 f. mit leichter Hand ab: Theophilos habe als alleinige Erkenntnisquelle die Konstitution des Jahres 531 herangezogen und daraus die – falschen – Folgerungen gezogen, dass erstens die rezeptizische Klage auf alle Sachen anwendbar gewesen und zweitens dieser weite Anwendungsbereich gerade von ihr auf die Konstitutsklage übertragen worden sei. Doch wissen wir, dass dem Paraphrasten auch andere Werke (zumindest der Gaius, s. Wenger, Quellen, S. 683 m. w. N. in n. 29) vorlagen. Es gibt keinen Grund zu der Annahme, dass Theophilos sich allein auf zweifelhafte Schlüsse aus der Reformkonstitution und nicht auch auf andere Quellen verlassen hat.

1665 Paul. 13 ed.: *sed et si decem debeantur et decem et Stichum constituat, potest dici decem tantummodo nomine teneri.*

1666 S. Lenel, Palingenesia, Sp. 988 ff.

1667 Unrichtig nimmt Astuti II, S. 169 an, die Zusage laute *decem aut Stichum*.

Lösung in den Digesten: Haftung nur auf *decem*. Der Textzusammenhang[1668] zeigt, dass das darüber hinausgehende Versprechen, den Stichus zu übereignen, nicht deshalb ungültig sein soll, weil eine Spezies nicht Gegenstand der Zusage sein konnte, „sondern deshalb, weil Stichus nicht geschuldet war. Da es hierauf beim *receptum* nicht ankam[1669], müssen die Kompilatoren die Lösung den Verhältnissen beim Konstitut angepasst haben[1670]. Die Entscheidung des Paulus wird anders gelautet haben: Haftung des Rezipienten auf *decem et Stichum*, also Wirksamkeit des Spezies-*receptum*.

Bleibt noch die Erwähnung der *stipulatio* durch Justinian. Diese erfolgt einmal mehr lediglich zur Veranschaulichung der neuen Rechtslage, nicht zur gezielten Anpassung des Konstituts an die Stipulation. Denn aus der Sicht des Kaisers w a r das Konstitut bereits deren amtsrechtliches Pendant, wenn es auch über (nicht näher erläuterte) *privilegia naturalia* verfügte. Zu bedenken ist ferner, dass die rezeptizische Klage unüblich geworden war. Hätte der Kaiser schlicht erklärt, Gegenstand des Konstituts könnten nun alle Sachen sein, die ehedem auch in ein *receptum* aufgenommen werden konnten, hätte dies in der Praxis die Frage aufgeworfen, welche Gegenstände damit gemeint seien. Die Bezugnahme auf die Stipulation als d a s Obligationsgeschäft schlechthin war hingegen unmissverständlich. Sie sollte besagen: alle Sachen, die überhaupt Gegenstand eines (auf ein *dare* gerichteten) Schuldverhältnisses sein können, können auch Gegenstand eines Konstituts sein.

Die Untersuchung der einzelnen Reformbestimmungen hat somit gezeigt, dass die Angleichung des Konstituts an die Stipulation nicht das Ziel der Neuregelung war, sondern allenfalls ihre Folge.

c. Tatsächliches Reformziel: Formelle Abschaffung der rezeptizischen Klage

Das Ziel der Konstitution wird vielmehr gerade das gewesen sein, das Justinian nennt: die förmliche Beseitigung der rezeptizischen Klage, die – von der

---

1668 Auch in den umliegenden Fragmenten geht es um die Haftung aus Zusagen, die inhaltlich von der Schuld abweichen; sie dienen allesamt der Erläuterung der ediktalen Worte *eamque pecuniam debitam fuisse*.

1669 Anders Lenel, SZ 2 (1881), S. 14 (65 f.), der glaubt, die von Justinian mitgeteilte Abstraktheit des *receptum* aufgrund dieses Fragments einschränken zu müssen; es könne etwa von Bedeutung gewesen sein, ob das *receptum* abstrakt oder tituliert gefasst war. Fasolino, Labeo 46 (2000), S. 169 (185) vermutet, die Abstraktheit des *receptum* habe sich auf die *causa* der Schuld beschränkt und sich nicht auch auf deren Gegenstand erstreckt.

1670 Karlowa, RG II, S. 758; Magdelain, Consensualisme, S. 154 und Andreau, La vie financière, S. 599 n. 284 wollen den Widerspruch zu dem Bericht Justinians mit der Annahme auflösen, schon Paulus habe nicht das *receptum* behandelt, sondern dieses nur mit dem Konstitut verglichen. Das ist jedoch aufgrund des palingenetischen Zusammenhangs unwahrscheinlich.

byzantinischen Praxis verschmäht – keine Verwendung mehr fand, und vor allem ihre Verschmelzung und Vereinheitlichung mit der Konstitutsklage, die tatsächlich längst ihre Funktion übernommen hatte. Ob die Ablehnung der *actio recepticia* auf so breiter Front erfolgte und so weit zurückreicht, dass geradezu von einer Nicht-Rezeption im Sinne COLLINETS die Rede sein kann, darf freilich bezweifelt werden. Theophilos berichtet ausdrücklich, dass die rezeptizische Klage einstmals ἐκ ἀντιφωνήσεως gewährt wurde, also aus einem Geschäft der östlichen Praxis. Wenn der Autor des Traktats *De actionibus* sie mit Stillschweigen übergeht[1671], wird das weder auf die Nicht-Rezeption noch auf justinianische Nachbearbeitung, sondern eher darauf zurückzuführen sein, dass sie für die Adressaten dieser Schrift bereits bei deren Entstehen keine Rolle mehr spielte.

Mit LENEL ist anzunehmen, dass die byzantinische Praxis ganz einfach mit z w e i Klagen aus ἀντιφώνησις nichts anzufangen wusste[1672], zumal die rezeptizische Klage als besondere Schwierigkeit eine dem Zeitgeist widersprechende, von Deckungs- und Valutaverhältnis unabhängige Haftung auch dann mit sich brachte, wenn der *argentarius* eine solche nicht hatte begründen wollen[1673]. Vermutlich bediente sich die Praxis deshalb bevorzugt der *actio constitutoria*[1674], die ja grundsätzlich in den oben[1675] aufgezeigten Grenzen akzessorisch war. Offenbar hatte man jedoch die Klage in der Weise modifiziert, dass der Empfänger einer ausdrücklich καθαρὰ (bzw. *indefense*) gefassten Zusage eines Argentariers oder sonstigen Geschäftsmannes Einwendungen aus Valuta- und Deckungsverhältnis nicht gegen sich gelten lassen musste.

1671 Vgl. o. S. 374 ff.

1672 EP, S. 134.

1673 Nach Theophilos hing die Abstraktheit allein von der beruflichen Stellung des ἀντιφωνήτης ab; die vagen Bedenken, die ASTUTI II, S 310 gegen die Glaubwürdigkeit dieses Berichts hegt, überzeugen nicht; sie stützen sich allein darauf, dass die Informationen, die Theophilos liefert, mit denen der Reformkonstitution übereinstimmen. Daraus zu folgern, dass diese Konstitution die einzige Informationsquelle für Theophilos darstellte und damit letztlich beide Berichte frei erfunden seien, geht zu weit.

1674 Dabei ist hervorzuheben, dass der Kaiser die Klage, nicht das ihr zugrundeliegende Geschäft als *cessans* und *sollemnibus verbis composita* bezeichnet. Der Grund für die Bezeichnung der rezeptizischen Klage als *sollemnibus verbis composita* mag darin liegen, dass der Kläger, wollte er die Edition der *actio recepticia* veranlassen, nicht lediglich vorzutragen brauchte, der Beklagte habe eine ἀντιφώνησις abgegeben, sondern darüber hinaus die lateinische Bezeichnung *actio recepticia* verwenden musste, um klarzustellen, dass er nicht mit der Konstitutsklage vorgehen wollte.

1675 S. o. S. 205 ff.

d. Die Bedeutung des § 2 der Reformkonstitution

Auf das abstrakte Konstitut des Bankiers bezieht sich § 2, der die Fortgeltung der geschilderten Praxis verfügt[1676]. Bei dieser Vorschrift handelt es sich nicht, wie nach BEKKER auch CUQ, KAPPEYNE und PARTSCH lehrten, um eine Übergangsbestimmung nur für *recepta*, die bei Inkrafttreten der Konstitution bereits geschlossen waren[1677]. Da nämlich die späteren Gesetze Justinians noch verschiedentlich die καθαρὰ gefassten Zusagen der Bankiers behandeln, muss es sich um eine Regelung auch für die Zukunft handeln. Das steht nicht im Widerspruch zum ersten Teil der Konstitution. Denn *indefense constituere* ist nicht, wie etwa KAPPEYNE[1678] und LAROSA[1679] annehmen, ohne weiteres gleichzusetzen mit *recipere*. Ebenso unbegründet ist PETRUCCIS Behauptung, *constituere* werde hier im weitesten Sinne gebraucht und schließe sowohl Konstitut als auch *receptum* ein[1680]. Justinian unterscheidet ja auch im übrigen Text beide Klagen und zögert nicht, *recipere* (genauer: *actio recepticia*) zu sagen, wenn er *recipere* meint.

Die Vorschrift betrifft das Konstitut[1681]. Der Kaiser verfügt nicht die Abschaffung der rezeptizischen Klage, um sie dann doch mit § 2 wieder beizubehalten, sondern bestimmt die (Fort-)Geltung eines Sonderrechts für *argenti distractores* und *alii negotiatores*, das sich in der Praxis der Konstitutsklage bereits durchgesetzt hatte. Der *mos usque adhuc obtinens*, so Justinians Bezeichnung dieser Praxis, unterschied sich, wie eine Gegenüberstellung mit dem Bericht des Theophilos zeigt, in zwei wesentlichen Punkten von den Regeln des *receptum*: Zum einen konnten nicht nur *argenti distractores*[1682], sondern auch andere Geschäftsleute *indefense* konstituieren. Der Begriff der *negotiatores* ist in seinem üblichen weiten Sinne zu verstehen und soll nicht etwa lediglich die Hilfspersonen der Argentarier bezeichnen[1683]. Es ist anzunehmen, dass neben den

1676 Vgl. ASTUTI II, 302 f.; LENEL, SZ 2 (1881), S. 14 (69).

1677 BEKKER, SZ 3 (1882), S. 1 (12); CUQ, Manuel, S. 515 n. 1; ders. Institutions II, S. 837 n. 4; KAPPEYNE, Abhandlungen, S. 341; PARTSCH, SZ 29 (1908), S. 403 (415).

1678 Abhandlungen, S. 341.

1679 FS Gallo I, S. 449.

1680 Banche romane, S. 190.

1681 Ebenso ASTUTI II, S. 302; vgl. auch COLLINET, Études historiques I, S. 274, der allerdings an eine Übergangsregel für *constituta* glaubt, die vor dem 19. Februar 531 geschlossen wurden.

1682 *Argenti distractor* ist des Kaisers lateinische Übersetzung des griechischen Wortes ἀργυροπράτης, mit dem verschiedene justinianische Gesetze (Nov. 4 c. 3; Nov. 136; Ed. Just. VII und IX) den Berufsstand des Bankiers bezeichnen, vgl. LENEL, SZ 2 (1881), S. 14 (69 n. 146); LAROSA, FS Gallo II, S. 448.

1683 LENEL, SZ 2 (1881), S. 14 (69 n. 146) erklärt, er vermöge nicht zu sagen, „was die alii negotiatores sollen“, doch liefert Justinian eine Erklärung in dem Titel *negotiatores ne militent*, C. 12, 34 (35) pr.: Er definiert sie als *qui [...] cuidam ergasterio praesunt* und untersagt ihnen den Militärdienst. Indem er sodann die *argenti distractores* von diesem Verbot ausnimmt, kennzeichnet

Bankiers auch andere Verkehrskreise die Rechtssicherheit, die eine abstrakte Haftung mit sich brachte, zu schätzen wussten. Der Geschäftsverkehr fasste daher in geeigneten Fällen Zusagen so, dass Einreden aus dem Deckungs- und Valutaverhältnis ausgeschlossen blieben[1684]. Das ist der zweite Unterschied: Da man sich zur prozessualen Durchsetzung dieser Zusagen der Konstitutsklage bediente, welche im Gegensatz zur rezeptizischen Einreden aus dem Valutaverhältnis grundsätzlich zuließ[1685], musste die Abstraktheit der Zusage besonders klargestellt werden. Nach dem *mos usque adhuc obtinens* war also die Zusage der Bankiers und Geschäftsleute – anders als das *receptum argentarii* – nicht stets oder regelmäßig abstrakt, sondern nur ausnahmsweise bei entsprechender Gestaltung der schuldbegründenden Erklärung[1686].

So gedeutet steht § 2 nicht in Widerspruch zu dem Bericht von der Unüblichkeit der rezeptizischen Klage. Es entstand allerdings eine Konstitutsklage, die – bei entsprechend gefasster Zusage – alle Züge der Klage aus *receptum* trug[1687].

Geriet der Kaiser damit aber nicht in Konflikt zu seiner Abneigung gegen abstrakte Geschäfte im Allgemeinen und das *receptum* im Besonderen? LaRosa nimmt dies an[1688]. Ihre Erklärung: Mit der Reformkonstitution des Jahres 531

---

er sie als Untergruppe der *negotiatores*. Im Ergebnis ebenso Fasolino, Labeo 46 (2000), S. 169 (183 n. 45) gegen LaRosa, FS Gallo II, S. 448; vgl. auch Petrucci, Banche romane, S. 189 und n. 29, der dies Ergebnis auf eine Untersuchung des Terminus bei Cerami/Petrucci, Lezioni di diritto commerciale romano, S. 38 stützt; s. auch López-Amor, Hom. Murga Gener, S. 724.

1684 Wie eine solche Formulierung gelautet haben mag, können wir nur mutmaßen. Der einzige Hinweis ist das Wort καθαρὰ, das die Quellen in diesem Zusammenhang häufig gebrauchen. Ob man aber die Zusage nur dann als „rein" auffasste, wenn sie ausdrücklich so bezeichnet war (an eine derartige Klausel denkt LaRosa, FS Gallo I, S. 451), oder ob dies schon dann der Fall war, wenn sie keinen Hinweis auf die Hauptschuld enthielt (vgl. Lenel, SZ 2 (1881), S. 14 (65 f.), der eine Unterscheidung zwischen reiner und titulierter Zusage erwägt), ist nicht mehr aufzuklären.

1685 Einwendungen gegen die Konstitutshaftung aus dem Deckungsverhältnis scheinen Ulpian und Pomponius gegen Labeo auszuschließen in D.13, 5, 27 (Ulp. 14 ed.), doch können wir der Inskription entnehmen, dass es dort um *recepta* geht (vgl. Lenel, SZ 2 (1881), S. 14 (62 ff.); Bürge, SZ 104 (1987), S. 465 (533 f.)). – Wir dürfen gleichwohl vermuten, dass auch der Empfänger eines Fremdschuldkonstituts sich nicht darum bekümmern musste, ob der Konstituent berechtigterweise für den Schuldner aufgetreten war. Denn der Gläubiger hatte im Vertrauen auf die Zusage von der unmittelbaren Durchsetzung seiner Forderung abgesehen. Es wäre daher evident unbillig, wenn der Konstituent einwenden dürfte, er sei nicht wirksam beauftragt oder gar gegen den Willen des Schuldners tätig geworden.

1686 Dennoch kann man nicht mit Frezza, Garanzie I, S. 284 und Díaz-Bautista, RIDA 29 (1982), S. 165 (186 f.) von einer Umkehr der Verhältnisse beim *receptum* sprechen, da das *receptum* einer Formulierung, die seine Abstraktheit beseitigte, gerade nicht zugänglich war.

1687 Vgl. Díaz-Bautista, RIDA 29 (1982), S. 165 (185 ff.).

1688 FS Gallo II, S. 445 ff.

habe Justinian die Abschaffung des (noch sehr lebendigen) *receptum* gerade wegen seiner Abstraktheit betrieben[1689], dabei aber die Interessen der Banken außer Acht gelassen. Diese hätten nach Erlass der Bestimmung – wie in anderen Fällen auch – ihren Einfluss geltend gemacht, um sich ein (potentiell) abstraktes Haftungsgeschäft zu erhalten. Justinian habe schließlich einige Jahre später, wohl bei der Zusammenstellung des Codex, den § 2 hinzufügen lassen und damit dem Drängen der Bankiers nachgegeben[1690].

Gerade umgekehrt stellt Díaz-Bautista sich die Interessenlage vor[1691]. Seiner Ansicht nach waren die Banken darauf aus, sich von der abstrakten Haftung aus ihren *recepta* (die im Kern unter der Bezeichnung ἀντιφώνησις noch in Gebrauch gewesen seien) zu befreien. Justinian habe mit § 2 zu ihren Gunsten das Regel-/Ausnahmeverhältnis für die Abstraktheit der Zahlungszusage eines Bankiers umgekehrt, damit aber immerhin die Abstraktheit nicht gänzlich beseitigt und so im Spannungsfeld von Gerechtigkeit und Rechtssicherheit eine Entscheidung zugunsten der letzteren getroffen[1692].

Beide Autoren weisen mit Recht auf den Einfluss hin, den das Kollegium der byzantinischen *argentarii* bei Justinian hatte. Es ist unbestreitbar, dass es diesem Berufsstand gelungen ist, bei dem Kaiser eine ganze Reihe von Sonderregeln zu erwirken und auch sonst auf die Gesetzgebung Einfluss zu nehmen. Das beginnt mit einer Einschränkung des Militärdienstverbots für Kaufleute zugunsten der Bankiers[1693] und setzt sich mit der Abschaffung bzw. Änderung missliebiger Regeln[1694] sowie mit der besonderen Unterstützung fort, die der

1689 LaRosa, FS Gallo II, S. 447 f.

1690 LaRosa, FS Gallo II, S. 450 f.

1691 RIDA 29 (1982), S. 165 ff.

1692 Díaz-Bautista, RIDA 29 (1982), S. 165 (187 ff.).

1693 C. 12, 34 (35) pr. und § 1: Die Bankiers waren nur vom Dienst an der Waffe ausgeschlossen, die übrigen *negotiatores* von jeglicher Heerestätigkeit.

1694 So hatte Justinian in Nov. 4 cap. 1 (Juni 535) das *beneficium ordinis* auch zugunsten der Konstituenten eingeführt, in cap. 3 § 1 jedoch die Argentarier von dieser Regelung ausgenommen. Diese mussten sich aber gegenüber ihren eigenen Schuldnern an die gesetzliche Reihenfolge halten, was insbesondere beim Rückgriff misslich war: Hatte der Bankier dem Gläubiger seines Kunden Zahlung garantiert und war er daraufhin erfolgreich in Anspruch genommen worden, konnte er sich zwar die Forderung des Gläubigers abtreten lassen, um beim Kunden Rückgriff zu nehmen. Doch war es ihm verwehrt, unmittelbar die anderen Personalsicherheiten zu verwerten, er musste sich vorrangig an den Kunden halten. Nicht einfacher wurde die Lage dadurch, dass in der Praxis offenbar bei abstrakter Zusage der Gläubiger dem Kunden sogleich Quittung erteilte und dem Bankier daher keine Forderung mehr abtreten konnte (s. dazu Díaz-Bautista, RIDA 29 (1982), S. 165 (182 f.)). Die Argentarier protestierten gegen diese Rechtslage und setzten schließlich den Erlass der Nov. 136 durch, die in cap. 1 bestimmt, dass in derartigen Fällen auch ihnen selbst das *beneficium ordinis* zustand, soweit nichts anderes vereinbart war.

Kaiser den Argentariern bei der Durchsetzung ihrer Forderungen angedeihen lässt[1695]. Dieser Einfluss wird mit dem stetigen Finanzbedarf Justinians zusammenhängen, der den Staatshaushalt bekanntlich mit den Kosten militärischer Kampagnen[1696] sowie einer stattlichen Reihe gigantischer Bauvorhaben belastete, deren bekanntestes die Hagia Sophia war[1697]. Auch wenn es an einem echten Beweis dafür fehlt, dass gerade auch die Fortgeltung des *mos usque adhuc obtinens* auf einer solchen Intervention beruht, hat die Hypothese von der Einflussnahme der Argentarier auf die Reform einiges für sich[1698].

LaRosas Ansicht allerdings basiert auf der falschen Prämisse, dass Justinian das *receptum* (nebst *actio recepticia*) nicht vor allem deshalb beseitigen wollte, weil es außer Gebrauch gekommen, sondern deshalb, weil es abstrakt war. § 2 unserer Konstitution zeigt gerade, dass der Kaiser nur die Absicht hatte, die ungebräuchliche, überflüssige (und zudem noch starr abstrakte) *actio recepticia* abzuschaffen, damit aber keinesfalls in die lebende Praxis seiner Zeit eingreifen wollte. Es ging ihm um eine Entschlackung des Rechts der Zahlungszusage, das er von formellem Ballast zu befreien gedachte, ohne das bestehende materielle Regelungsgefüge im Kern zu verändern.

Als Anhaltspunkt für LaRosas Vermutung, § 2 sei der Konstitution nachträglich hinzugefügt worden, könnte man allenfalls den gedanklichen Bruch zwischen dieser Vorschrift und dem Vorangehenden betrachten, den schon Bekker[1699] bemerkt hatte: § 2 gehört inhaltlich nicht zu den §§ 1b – 1d, sondern zu § 1a. Eine solche Deutung wäre indes willkürlich. Mit gleicher (nämlich keiner) Berechtigung könnte man etwa vermuten, dass nicht § 2 nachträglich angehängt, sondern §§ 1b bis 1d nachträglich eingefügt wurden, etwa weil die Erweiterung der Konstitutsklage auf alle Sachen dem Kaiser Kritik aus den Rechtsschulen eingetragen und er bei der Kompilation die Gelegenheit ergriffen hatte, seine Kritiker mit scharfer Polemik in die Schranken zu weisen.

Mit der Stellung des § 2 hat es eine andere Bewandtnis: Justinian pflegt umfangreichere Reformgesetze am Schluss mit Vorschriften über ihre Implementierung zu versehen[1700]. Ein Beispiel: Eine ganz ähnliche Operation wie bei Konstitut und *receptum* hatte der Kaiser nur etwa ein halbes Jahr zuvor bei der

1695 Ed. Just. 7.

1696 Man denke etwa an den Perserkrieg, der im Jahre 526 erneut entbrannte und mit dem „Ewigen Frieden" des Jahres 532 endete.

1697 Deren Bau begann allerdings erst im Jahr 532, also nach der Reform des Konstituts. Er soll bis zu seiner Vollendung im Jahre 537 ca. 145 Tonnen Gold verschlungen haben (Hughes, Nature Nr. 443 (2006), S. 390 f.).

1698 Ebenso Fasolino, Labeo 46 (2000), S. 169 (183 f.).

1699 SZ 3 (1882), S. 1 (12 n. 1).

1700 S. etwa: Nov. 4 cap. 3 a. E.; C. 5, 13, 1.

actio rei uxoriae vorgenommen, die er förmlich abschaffte und mit der *actio ex stipulatu* zusammenschloss[1701]. Es entstand „ein hybrides Gebilde", das Justinian „mit dem weiten Inhalt der *actio rei uxoriae* und dadurch mit den Ermessensvorzügen eines *bonae fidei iudicium* ausstattete[1702]". Diese Fusion erfolgte wie die unsere nach Aufstellung des Digestenplans[1703] unter dem Einfluss der Schule[1704]. Interessant ist vor allem, dass auch in diesem Reformgesetz die Vorschriften zu seiner Implementierung (d. h. das Übergangsrecht) erst am Ende und nicht bei den einzelnen materiellen Regelungen stehen. Letztlich ist auch § 2 unserer Konstitution eine solche Implementierungsbestimmung, wenngleich der Kaiser hier lediglich die Fortgeltung der bereits bestehenden Praxis verfügen musste.

Wahrscheinlicher ist, dass die Argentarier ihren Einfluss, wenn überhaupt, bereits vor dem Erlass der Konstitution in die Wagschale geworfen hatten und Justinian deshalb in § 2 eine Regelung traf, die die Abstraktheit der Zahlungszusage ins Belieben der Parteien stellte[1705]. Entgegen LaRosas Meinung stellt dies keinen besonderen Widerspruch zu der Abneigung des Kaisers gegen abstrakte Verpflichtungsgeschäfte dar. Immerhin hob Justinian die stets abstrakte rezeptizische Klage auf, wenngleich er eine Praxis unangetastet ließ, die ein abstraktes Geschäft gestattete, wenn die Parteien ein solches ausdrücklich vorsahen.

3. Ergebnisse der Untersuchung der Reformkonstitution

Die Untersuchung der Reform des Jahres 531 dürfte gezeigt haben, dass sie im Grundsatz von durchaus praktischen Überlegungen getragen war. Die Abschaffung der *actio recepticia* als solcher mag sich auf die tägliche Praxis nicht weiter ausgewirkt haben, doch ist sie allein deshalb folgenlos geblieben, weil Justinian durch die ausdrückliche Anerkennung der bisherigen Übung eine

1701 C. 5, 13, 1 vom 1. November 530; s. dazu im Einzelnen Tripiccione, L'actio rei uxoriae e l'actio ex stipulatu nella restituzione della dote secondo il diritto di Giustiniano; ferner Kaser, RP II, S. 191 und die von ihm zitierte Literatur.

1702 Kaser, RP II, S. 191.

1703 Dazu Pringsheim, Gesammelte Abhandlungen II, S. 63 f.

1704 Kaser, RP II, S. 191 n. 28.

1705 Im übrigen ist nicht recht einleuchtend, warum Justinian zur Änderung der zunächst geschaffenen Rechtslage nach mehreren Jahren (!) einen Absatz hätte hinzufügen sollen, der auf einen *mos usque adhuc obtinens* Bezug nahm, den es wegen der vorherigen Abschaffung des *receptum* zu diesem Zeitpunkt gar nicht mehr geben konnte. Für den Kaiser bestand nicht die geringste Veranlassung, die Einführung dieser Sonderregel zurückzudatieren. Hätte er tatsächlich seinen ursprünglichen Erlass korrigieren wollen, hätte nichts näher gelegen, als genau so zu verfahren wie in Nov. 136, also einfach ein neues Gesetz zu erlassen, das den gewünschten Rechtszustand herstellte.

Konstitutsklage bereitstellte, die das entstehende rechtliche Vakuum ausfüllen konnte. Die praktische Bedeutung zumindest dieses abstrakten Konstituts – nach klassischem Recht ein Widerspruch in sich – erweisen neben einigen Papyri auch die Novellen, die sich wiederholt damit befassen[1706]. Dort sind die lobbyistischen Bemühungen der vereinigten Bankiers um das Recht der abstrakten Zahlungszusage klar erkennbar, Bemühungen, die wir bei der Konstitution des Jahres 531 nur erahnen, aber nicht nachweisen können.

Unsere Untersuchung hat ferner bestätigt, was bereits PHILIPPIN, ASTUTI und ROUSSIER bemerkt hatten[1707]: Der praktisch bedeutsamste Teil der Konstitution (§ 2) betrifft das Konstitut mit Personenwechsel, genauer: das *constitutum debiti alieni* (bzw. die ἀντιφώνησις). Die Auseinandersetzung mit Einzelfragen, die in der klassischen Zeit streitig geblieben oder durch die Fusion mit der rezeptizischen Klage aufgeworfen worden waren, orientiert sich hingegen erkennbar an dem klassischen Archetypus, dem Konstitut eigener Schuld[1708]. Dieser Teil der Konstitution zeigt ein eher theoretisch-dogmatisches Gesicht und trägt den Stempel der Rechtsschule[1709]. Das Nebeneinander von praktischen und klassizistisch-theoretischen Aspekten zeichnet bekanntlich das gesamte Gesetzgebungswerk Justinians aus[1710]. Die Auseinandersetzung mit Problemen des tradierten klassischen Rechts prägt dabei in besonderer Weise die Konstitutionen *ad commodum propositi operis pertinentes*, die in der Zeit vom 20. Februar 531 bis zum Ende des Jahres 532 entstanden[1711] und zu denen auch die unsere zählt. Typisch für die justinianische Gesetzgebung ist auch, dass die Lösung solcher Zweifelsfragen unter Verwendung von Entscheidungen klassischer Autoren erfolgt[1712].

4. Weitere Neuerungen unter Justinian

a. Bevor wir das Konstitut justinianischen Rechts einer abschließenden Betrachtung unter funktionalen Gesichtspunkten zuführen können, ist noch

---

1706 S. dazu sogleich S. 396 ff.

1707 PHILIPPIN, Constitut, S. 114 ff.; ASTUTI II, S. 344 ff., 350 ff.; ROUSSIER, Constitut, S. 134 ff.

1708 Zumindest lassen die § 1–1d der Konstitution (wenn man von der Verschmelzung mit dem *receptum* als dreiseitigem Geschäft absieht) in keiner Weiser erkennen, dass es dem Kaiser nicht um das Konstitut im Allgemeinen, sondern speziell um das Konstitut fremder Schuld gehen könnte. Im Gegenteil: Wo Justinian zwischen diesen beiden Spielarten der Erfüllungszusage unterscheidet, geschieht dies zur Klarstellung, dass rechtlich beide Fälle gleich zu behandeln sind.

1709 ARCHI, BIDR 65 (1962), S. 131 ff.; FREZZA, Garanzie I, S. 283; SCHINDLER, Justinians Haltung zur Klassik, S. 75 f.

1710 SCHINDLER, Justinians Haltung zur Klassik, S. 5 ff. und *passim*.

1711 SCHINDLER, Justinians Haltung zur Klassik, S. 58 f.; 64; s. dort auch S. 5 mit Statistik zu Entstehungszeit und Inhalt dieser Konstitutionen in n. 20.

1712 SCHINDLER, Justinians Haltung zur Klassik, S. 337 f.

nachzutragen, dass der Kaiser neun Monate nach der Reform mit Gesetz vom 1. November 531[1713] verfügte, dass auf mehrere Konstituenten das von Kaiser Hadrian ursprünglich für mehrere Fidejussoren eingeführte *beneficium divisionis* Anwendung finden solle. Damit setzt eine Gesetzgebung ein, die – mit einer Ausnahme[1714] – ausschließlich das Konstitut f r e m d e r Schuld als Form der Personalsicherheit im Auge hat[1715]:

b. Wie bereits erwähnt gestand der Kaiser mit Nov. 4 dem Konstituenten wie anderen Sicherungsgebern auch die *beneficia excussionis* und *cedendarum actionum* zu[1716].

c. Nov. 136 cap. 1 machte das *beneficium excussionis* der Nov. 4 dann auch den Argentariern zugänglich, zumindest dort, wo ihnen selbst diese Einrede entgegengehalten wurde.

d. Die Nov. 115 cap. 6 vom 1. Februar 542 beschäftigt sich mit der Frage, welchen Einfluss die Formulierung des Konstituts auf seine Wirksamkeit und den Umfang der Haftung hat. Justinian bestimmt, dass der Konstituent bei einer Zusage τὸ ἱκανόν σοι ποιῶ (*satis tibi facio*) auf den genannten Betrag hafte, bei unpersönlich gefasster Zusage – ἱκανόν σοι γενήσεται (*satis tibi fiet*) – jedoch nicht. Nenne der Konstituent neben sich selbst zusätzlich noch andere Personen, würden diese dem Gläubiger nicht haftbar, sondern nur er selbst, allerdings beschränkt auf seinen Kopfteil – offensichtlich eine Anwendung des *beneficium divisionis*. Benenne er die anderen Personen hingegen alternativ zu sich selbst, hafte er auf den vollen Schuldbetrag.

1713 C. 4, 18, 3, eine weitere *constitutio ad commodum propositi operis pertinens* (am gleichen Tage ergingen übrigens noch 6 andere), vgl. Schindler, Justinians Haltung zur Klassik, S. 5 n. 20.

1714 In Nov. 115 cap. 6 (Februar 542) erläutert Justinian, welchen Inhalt die Zahlungszusage haben musste, um rechtliche Wirksamkeit zu erlangen, und hebt dabei hervor, dass seine Ausführungen bei beiden Arten des Konstituts gleichermaßen gelten: εἴ ποτέ τις ὑπὲρ ἑαυτοῦ ἢ ὑπὲρ ἄλλου προσώπου ἀντιφωνήσειε („wenn nun jemand entweder für sich selbst oder für eine andere Person eine Erfüllungszusage abgibt"). Das ist offensichtlich angelehnt an die Formulierung in C. 4, 18, 2, 1, so dass nicht gefolgert werden kann, das Konstitut *pro se* habe noch praktische Bedeutung gehabt, vgl. Roussier, Constitut, S. 143.

1715 Astuti II, S. 344 ff.; Roussier, Constitut, S. 143.

1716 Nov. 4 cap. 1; vgl. dazu Astuti II, S. 351 f.; Kaser, RP II, S. 461; Roussier, Constitut, S. 142 ff.; Frezza, Garanzie I, S. 281 ff.; nach Nov. 4 cap. 3 § 1 galten diese *beneficia* zunächst nicht für Argentarier, s. dazu Díaz-Bautista, RIDA 29 (1982), S. 165 (182). – Mit Astuti II, S. 351 f. ist weiter anzunehmen, dass auch Nov. 99 auf mehrere Konstituenten Anwendung fand.

e. Proömium und § 1 des Ed. Iust. 9 (ungewisser Datierung) lassen die praktische Anwendung des reformierten, insbesondere des abstrakten Argentarier-Konstituts erkennen[1717]. Das Edikt schildert zwei Fallkonstellationen, in denen Kunden typischerweise einen Argentarier beauftragten, für sie ein solches Konstitut zu übernehmen: Zum einen, wenn sie sich einen lästigen Gläubiger vom Hals halten wollten. Konstituierte der Bankier *indefense*, erteilte der Gläubiger bisweilen sogleich Quittung bzw. händigte den Schuldschein aus, da ihm das Versprechen so gut wie Zahlung war. Zum anderen fand das Konstitut Verwendung beim Kauf oder Tausch von Sachen: Der Kunde wollte sich eine Sache verschaffen, ohne sogleich die Gegenleistung erbringen zu müssen. Also sicherte er seinen Vertragspartner durch Bankgarantie per Konstitut ab.

Das Problem in beiden Fällen: Kam es dazu, dass der Bankier die konstituierte Leistung nach Ablauf der vereinbarten Zahlungsfrist tatsächlich erbringen musste[1718], wollte er selbstverständlich beim Kunden Rückgriff nehmen. Doch anders als der Bankier selbst hatte der Kunde keine abstrakte Haftung übernommen: Er schuldete die Erstattung nur aus abgetretenem Recht des Gläubigers der Hauptschuld und aus dem der Zahlung zugrundeliegenden Auftragsverhältnis. Um aus abgetretenem Recht vorgehen zu können, musste der Bankier die Existenz der Hauptschuld beweisen, insbesondere die Vorleistung des Gläubigers. Hatte er von diesem keine beweiskräftigen Unterlagen erhalten, etwa eine von dem Schuldner erteilte Quittung über den Erhalt der Gegenleistung, ein Schuldbekenntnis oder eine andere Schuldurkunde, blieb ihm nur der Anspruch aus dem Auftragsverhältnis. Bei Erhebung der *actio mandati contraria* musste der Argentarier beweisen, dass ihm ein Auftrag erteilt und die erfolgte Zahlung eine zu dessen Abwicklung notwendige Aufwendung gewesen sei. Er musste demnach wohl nachweisen, dass sein Auftrag gelautet hatte, eine καθαρὰ gefasste Zusage zu erteilen und auch bei Nichtexistenz der Hauptschuld den Zusageempfänger zu befriedigen. Hatte er, wie es nicht selten vorkam, den Auftrag nicht schriftlich festgehalten, sondern nur mündlich entgegengenommen, war der Nachweis einer auftragsgemäßen Geschäftsbesorgung nur schwer zu führen. Diese Beweislage musste den Kunden geradezu zum Bestreiten der Hauptschuld und seiner

1717 Zum folgenden ausführlich Díaz-Bautista, RIDA 29 (1982), S. 165 (173 ff.).

1718 Wenn der Kunde bei Auftragserteilung nicht ausdrücklich verlangt hatte, dass das Konstitut unter die Bedingung der Erteilung einer Quittung für die Hauptschuld zu stellen sei, pflegte der Bankier das Konstitut ohne eine solche Bedingung auszustellen und dann auch ἀμελητὶ („achtlos") zu zahlen, nämlich ohne vom Gläubiger eine Quittung oder die Herausgabe der Schuldurkunde zu verlangen, s. Ed. Iust. 9.

Ersatzpflicht einladen, was dann zu den Streitigkeiten führte, von denen das Edikt berichtet[1719].

Die Bankiers wurden in dieser Angelegenheit einmal mehr bei Justinian vorstellig und erbaten eine Regelung, die sie bei *indefense* gefassten Konstituten berechtigte, vom Kunden in jedem Fall nach Ablauf der Zahlungsfrist Erstattung zu verlangen, wenn ihnen der Auftrag zum Konstituieren - ob in mündlicher oder schriftlicher Form - erteilt worden war, ohne dass der Kunde weitere Bedingungen (*sc.* hinsichtlich des Nachweises der Schuld) hinzugefügt hatte.

In Anbetracht des Ansehens, das die Argentarier bei Justinian genossen, überrascht der erste Satz seiner Problemlösung: Er verbietet den Bankiers, künftig *constituta* abzugeben, ohne zuvor einen schriftlichen Auftrag erhalten zu haben, der genau bestimmt, wie das Geschäft abzuwickeln sei. Eine Missachtung des Verbots konnte für die Wirksamkeit des Konstituts keine Folgen haben[1720], erschwerte jedoch dem Bankier die Durchsetzung seiner Rückgriffsforderung. Denn der Kaiser trifft weiter folgende Regelungen:

- Gab es einen schriftlichen Auftrag, war dieser allein maßgeblich: enthielt er keinen Vorbehalt des Kunden, der den Bankier verpflichtete, sich das Bestehen der Hauptschuld nachweisen zu lassen, durfte der Bankier auch seinerseits vorbehaltlos, also *indefense*, konstituieren und konnte sich nach erfolgter Zahlung bei dem Kunden erholen. Bei einem Auftrag mit Vorbehalt durfte der Bankier sich die Einreden aus der Hauptschuld nicht ohne weiteres durch abstrakte Haftungsübernahme abschneiden, sondern musste zuvor die Vorgaben des Kunden erfüllen (etwa Verlangen eines Schuldnachweises, einer Quittung etc. vom Gläubiger).
- Gab es keinen schriftlichen Auftrag, hatte der Kunde aber während der gesamten Zahlungsfrist keine Einwände gegen die Hauptschuld erhoben und auch nach deren Ablauf nicht innerhalb von zwei weiteren Monaten

1719 Der Text scheint zunächst eine andere Deutung nahezulegen, nämlich dass der Kunde einwandte, der Bankier habe gezahlt, ohne sich die Quittung der Hauptschuld und etwaige Schuldurkunden aushändigen zu lassen; die Richtigkeit des hier vertretenen Textverständnisses, das im Kern schon von Díaz-Bautista, RIDA 29 (1982), S. 165 (179 f.) gegen van der Wal, Manuale Novellarum Iustiniani, S. 104 f. § 870 n. 1 vorgetragen wurde, ergibt sich aus Justinians Lösung des Problems, die auf die *exceptio non numeratae pecuniae* Bezug nimmt und damit klarstellt, dass es um Einwendungen gegen das Bestehen der Hauptschuld geht.

1720 Vgl. D. 13, 5, 27: Schon zum *receptum* hatte sich bei den Klassikern die Ansicht durchgesetzt, dass der *argentarius* dem Gläubiger Einwendungen aus dem Deckungsverhältnis zu seinem Kunden - insbesondere die Anweisung, die bereits zugesagte Zahlung nicht auszuführen - nicht entgegenhalten konnte.

die Sache ἐν μέμψει (*in querelam*) deduziert[1721], musste er zahlen, da damit als bewiesen galt, dass der Bankier mit seiner Zustimmung gehandelt hatte. Bei rechtzeitigem Protest hingegen galten die allgemeinen Beweisregeln, der Bankier musste durch Zeugen den Beweis führen, dass er den Auftrag erhalten hatte, ein abstraktes Zahlungsversprechen abzugeben.

Im Ergebnis war damit bei vorbehaltloser schriftlicher Auftragserteilung die Abstraktheit der καθαρὰ ἀντιφώνησις auf den Erstattungsanspruch übertragen[1722]. Verstöße gegen das Verbot, mündliche Garantieaufträge auszuführen, ahndet das Gesetz lediglich dadurch, dass der Bankier nach Ablauf der Zahlungsfrist noch eine Schwebezeit von zwei Monaten[1723] in Kauf nehmen musste, bevor als bewiesen galt, dass der Auftrag ohne Vorbehalt erteilt worden war. Selbst das verbesserte aber die Lage des *argentarius* erheblich, galt der Ausschluss doch auch dann, wenn der Kunde tatsächlich den Konstitutsauftrag nur unter dem Vorbehalt der Urkundenherausgabe durch den Gläubiger erteilt, sich dann aber nicht fristgerecht darauf und auf den Mangel der Hauptschuld berufen hatte.

5. Funktion und Nutzen des Konstituts unter Justinian

Zusammengefasst erscheint das Konstitut unter Justinian als ein hybrides Gebilde, das teils noch Züge seines klassischen Ursprungs trägt, praktisch aber überwiegend einem neuen Regime folgt, welches wiederum zwischen dem Konstitut des Privatmannes und dem des Geschäftsmannes unterscheidet.

Soweit Justinian das Konstitut in seiner klassischen Ausgestaltung bearbeitet – dies geschieht außer in §§ 1 bis 1d der Reformkonstitution natürlich insbesondere in den Digesten, die ja nach Einfügung der durch die Reform gebotenen

---

1721 Gemeint ist wohl nicht, wie Díaz-Bautista, RIDA 29 (1982), S. 165 (183 f. mit n. 74) „sans doute“ annehmen zu dürfen glaubt, die *querela non numeratae pecuniae* im eigentlichen Sinne, sondern eine sonst nicht belegte Spielart davon. Die *querela* selbst fand grundsätzlich nur gegen beurkundete Darlehensstipulationen statt und stand dem Schuldner bei Justinian binnen zwei Jahren ab Errichtung der Urkunde zu. Nach Ablauf dieser Rügefrist galt die Existenz der beurkundeten Schuld als unumstößlich bewiesen, (vgl. Kaser, RP II, S. 379 f.; Zimmermann, Obligations, S. 93 f. m. w. N.). – Obwohl hier nur eine Frist von zwei Monaten gewährt wird (die allerdings erst mit Ablauf der vertraglichen Zahlungsfrist beginnt) und Einwendungen in einem Fall abschneiden soll, in dem gerade keine Urkunde existiert, ist der Mechanismus dennoch offensichtlich von dort übernommen.

1722 Díaz-Bautista, RIDA 29 (1982), S. 165 (184).

1723 Eine ähnlich kurze Frist galt bei der *exceptio non numeratae dotis*: Nach einer Ehedauer von bis zu zwei Jahren betrug die Frist ein Jahr, bei einer Dauer von mehr als zwei, aber weniger als zehn Jahren nur drei Monate, bei längerer Ehe war die Einrede ausgeschlossen (Nov. 100 cap. 2, wozu Kaser, RP II, S. 193 n. 52).

Änderungen das unter Justinian geltende Recht repräsentieren sollten – scheint er das klassische Konzept auf den ersten Blick beizubehalten und fortzuentwickeln[1724]: Das Konstitut bleibt akzessorisch[1725], noviert die Hauptschuld nicht[1726], generiert eine jetzt endgültig als sachverfolgend betrachtete Klage[1727] usw. Bei all dem erwecken die in den Digesten gesammelten Texte den Eindruck, die bedeutendste Rolle nehme nach wie vor das Konstitut eigener Schuld ein, ein Eindruck, den auch die Reformkonstitution bei oberflächlicher Betrachtung kaum erschüttert. Abgesehen von der Verschmelzung mit dem *receptum* als typischerweise dreiseitigem[1728] Geschäft lassen Digesten und Codex kaum auch nur ansatzweise erkennen, dass der Kaiser das *constitutum debiti alieni* als besonders wichtige oder gar praktisch allein relevante Variante betrachtete.

Doch der Schein trügt. Tatsächlich stellte zu Justinians Zeit, wie wir gesehen haben, die ἀντιφώνησις, also eine Zahlungszusage *pro alio*, den wesentlichen praktischen Anwendungsfall der Konstitutsklage dar[1729]. Hinzu kommt, dass Justinian sich der Materie mit einem völlig anderen Vorverständnis nähert als die klassischen Juristen. Die ursprüngliche Natur des Konstituts als Terminbestimmung ist ihm nicht mehr bewusst, er betrachtet und behandelt das Geschäft als Leistungsversprechen, als prätorisches Äquivalent der Stipulation. Bei allem Klassizismus, den die Kompilation offenbart, musste allein dieses Verständnis zu einer gänzlich veränderten Rolle des Konstituts im justinianischen Obligationensystem führen.

Eine eingehende Untersuchung der Funktion des Konstituts bei Justinian verdanken wir Astuti, der zu dem Ergebnis gelangt, das Konstitut habe seine alte Funktion verloren und stehe daher – jedenfalls als Zahlungszusage auf eigene Schuld – nutzlos neben der Stipulation als dem weitaus gebräuchlicheren Schuldversprechen[1730]. Seine Ausführungen zu dem Nutzen, den Bruns[1731] dem Konstitut neuen Rechts hatte zuerkennen wollen, vertiefen die bereits von

1724 In der Tradition der byzantinischen Rechtsschulen, vgl. Archi, BIDR 65 (1962), S. 131 (137).

1725 Ulpians Ausführungen zum alten ediktalen Erfordernis einer Hauptschuld lässt Justinian ohne wesentliche Änderungen in die Digesten aufnehmen, s. fr. 3 ff. D. h. t.

1726 Voll beweiskräftig ist vor dem Hintergrund des justinianischen Rechts fr. 28, wo Gaius ausdrücklich feststellt, dass das Konstitut fremder Schuld den bisherigen Schuldner nicht befreie; vgl. zur novatorischen Wirkung des Konstituts bei Justinian Astuti II, S. 322 f.; kritisch Koschaker, SZ 63 (1946), S. 469 (476).

1727 Astuti II, S. 318 ff.

1728 Vgl. Lenel, SZ 2 (1881), S. 14 (66); Lopez-Amor, Homenaje Murga Gener, S. 724 f.; Zimmermann, Obligations, S. 514 m. w. N. in n. 40; s. auch Bürge, SZ 104 (1987), S. 465 (533 f.), der bei diesem Geschäft gar vierseitige Konstellationen für typisch hält.

1729 S. o. S. 396 ff.

1730 Astuti II, S. 326 ff.

1731 ZRG 1 (1861), S. 28 (130).

Kappeyne[1732] an dessen Lehre geübte Kritik in einer Weise, die im Wesentlichen unsere Zustimmung verdient. Angesichts der Degeneration der Stipulationsform, die dazu geführt hatte, dass praktisch in jedem *pactum inter praesentes* eine Stipulation erblickt werden konnte[1733], gab es keinen besonderen praktischen Bedarf mehr für das formlose Leistungsversprechen prätorischen Rechts, das Justinian im Konstitut sah[1734].

Ganz anders sah die Entwicklung beim Konstitut fremder Schuld aus. Dieses hatte in der Klassik ein Schattendasein gefristet, insbesondere keine funktionelle Selbständigkeit gegenüber dem Konstitut eigener Schuld gewonnen, d. h. es hatte weder der (Verpflichtungs-)Delegation gedient noch als Personalsicherheit fungiert, sondern wie das *constitutum debiti proprii* die Abwicklung bestehender Verbindlichkeiten reguliert, mit dem einzigen Unterschied, dass die Abwicklung nicht durch den Schuldner, sondern seinen Vertreter erfolgte[1735]. Mit der Entwicklung des Konstituts zum echten Leistungsversprechen trat das *constitutum debiti alieni* aus dem Schatten und betrat die Bühne der Personalsicherheiten. Da das Konstitut eigener Schuld seine klassische Funktion mit dem Wegfall des Formularprozesses eingebüßt und als Leistungsversprechen in gleichem Maße an Bedeutung verloren hatte, wie die Stipulationsform verfallen war, hätte man erwarten sollen, dass eine entsprechende Entwicklung sich beim Konstitut fremder Schuld einstellte. Doch eine Laune der (Rechts-) Geschichte ließ der oströmischen Praxis die Konstitutsklage als das geeignete Mittel erscheinen, ein Geschäft des hellenischen Volksrechts, die ἀντιφώνησις, vor römischen Gerichten prozessual durchsetzbar zu machen, und sicherte ihr dadurch eine anhaltende praktische Verwendung. Zu einem nicht mehr feststellbaren Zeitpunkt gab die Praxis es dann auf, die ἀντιφωνήσεις der Bankiers mit einer gesonderten römischen Klage, der *actio recepticia*, zu verfolgen und passte stattdessen die Konstitutsklage den besonderen Bedürfnissen des Geschäftsverkehrs an. Das bedeutete nicht nur die Eröffnung eines praktisch besonders wichtigen neuen Anwendungsbereichs, sondern einen weiteren Paradigmenwechsel, der allerdings auf diesen Teilbereich, den Bankverkehr, beschränkt blieb. Denn das Konstitut hatte bis dahin noch stets einer Hauptschuld zu seiner Wirksamkeit bedurft; wenn jetzt die Konstitutsklage bei entsprechender Vereinbarung trotz Nichtexistenz der Hauptschuld zulässig wurde, entfernte sich

1732 Kappeyne, Abhandlungen, S. 340 ff., 346 ff.

1733 S. dazu Riccobono, SZ 43 (1922), S. 262 ff., allerdings mit übertriebener Textkritik; Kaser, RP II, S. 377 ff.

1734 Astuti II, S. 326 ff.; zustimmend Koschaker, SZ 63 (1943), S. 469 (476 f.); vgl. Roussier, Constitut, S. 134 ff.

1735 S. o. S. 352 ff.

das Konstitut damit noch weiter von seiner klassischen Funktion als bloße Abrede über die Abwicklung einer bestehenden und damit denknotwendig vorausgesetzten Hauptschuld. Wie wir gesehen haben machte Justinian diese praktische Übung schließlich zum Gesetz. Das Konstitut seiner Zeit erscheint als echte, potentiell sogar nichtakzessorische Personalsicherheit und wird in den oben zitierten späteren Gesetzen auch so behandelt. Seine Verwendung zum Zwecke der Delegation ist indes für die byzantinische Zeit ebenso wenig nachweisbar wie für die klassische.

Der Grund für den unerwarteten Erfolg des Konstituts fremder Schuld ist nicht erkennbar. Justinian hätte seinem Reformziel der Rechtsvereinheitlichung und -vereinfachung noch nachhaltiger dienen können, wenn er nicht nur das *receptum*, sondern auch das Konstitut aufgehoben und an die Stelle beider die (weitgehend formentkleidete und nicht mehr abstrakte) Stipulation gesetzt hätte[1736]. Dass dies nicht geschah, ist vor allem dem Zufall zu verdanken, dass die Konstitutsklage sich in der Praxis fest eingebürgert hatte als die Klage κατὰ τοὺ ἀντιφωνήσαντος.

§22 Das Konstitut im Mittelalter und in der Neuzeit

I. Das Mittelalter

Der Übergang des Konstituts von der Antike in die frühmittelalterliche Rechtslehre lässt sich recht sicher rekonstruieren. Im Okzident war das Konstitut als eigenständiges Rechtsinstitut bereits im 4. oder 5. Jahrhundert von der Bildfläche verschwunden. Mit dem Inkrafttreten der justinianischen Kodifikation auch im Westreich mag es formell zu erneuter Geltung gelangt sein, doch ist nicht ersichtlich, dass es praktisch gebräuchlich war oder irgendeine nennenswerte theoretische Behandlung erfuhr. Erst im 11. Jahrhundert, bei den Glossatoren, können wir seine Spur wieder aufnehmen.

1. Orient

Im Orient hatte das Konstitut (unter der griechischen Bezeichnung ἀντιφώνησις) zunächst eine Renaissance erfahren, deren grundlegende Züge wir im vorigen Kapitel beleuchtet haben. Nach Justinian findet die ἀντιφώνησις zwar keine Erwähnung

1736 Oder wenn er, wie BÄHR, Die Anerkennung als Verpflichtungsgrund, S. 90 bemerkt, die Stipulation zugunsten des Konstituts aufgehoben hätte.

in der Ἐκλογή[1737] der Kaiser Leo III. und Konstantinos V. Kopronymos[1738], sehr wohl aber in den Papyri aus dieser Zeit[1739]. Der unter dem Kaiser Basilius I. um das Jahr 879 erschienene Προχείρος Νόμος[1740] nennt an zwei Stellen[1741] den ἀντιφωνητής allgemein als *intercessor*, behandelt aber nicht das Konstitut als solches[1742]. Anders die Basiliken[1743], in denen die diesbezüglichen Titel der Digesten und des Codex nahezu vollständig griechisch paraphrasiert sind[1744]. Eine gegenüber dem justinianischen Recht eigenständige Behandlung ist jedoch weder in dieser Kodifikation noch in den später hinzugefügten[1745] Scholien erkennbar. Das ist kaum ungewöhnlich: Da einerseits die ἀντιφώνησις, wie die Papyri zeigen, weiter in Gebrauch war und andererseits die Basiliken das Corpus Iuris nicht außer Kraft gesetzt hatten[1746], blieb es bei der bisherigen Rechtslage. Dass sich daran im späteren Mittelalter oder bis zur Neuzeit etwas geändert hätte, ist nicht ersichtlich. Der aus dem 11. Jahrhundert stammende Tipucitus[1747] enthält eine Zusammenfassung der einschlägigen Titel; noch in der Hexabiblos findet sich im dritten Buch das Kapitel 6 mit dem Titel ΠΕΡΙ ΕΓΓΥΗΤΩΝ ΚΑΙ ΑΝΤΙΦΩΝΗΤΩΝ, in dem der ἀντιφωνητής wie ein Bürge behandelt wird[1748].

2. Okzident

Ergiebiger ist eine Untersuchung der Behandlung des Konstituts bei den westlichen Juristen des Mittelalters. Diese übernahmen das Konstitut nicht lediglich wie sie es in Digesten und Codex vorfanden, sondern gewannen ihm neue Seiten ab, die dem antiken Dogma fremd waren. Dies geschah allerdings nicht in bewusster Abkehr von den klassischen Prinzipien, sondern in einer Mischung aus Fortführung antiker Denkansätze, Ehrfurcht vor der *ratio scripta* und Streben

1737 Zu diesem Rechtsbuch s. Wenger, Quellen, S. 695 ff. mit Lit. in n. 191.

1738 Dies konstatierte schon Philippin, Constitut, S. 117.

1739 Pap. Lond. IV, 1436, 125 (718/719 n. Chr.); Pap. Lond. IV, 1452, 21 (8. Jh. n. Chr.).

1740 Dazu Wenger, Quellen, S. 700 mit Lit. in n. 235.

1741 Proch. Nom. L. I, Tit. 6. § 47; L. III, Tit. 6.

1742 Philippin, Constitut, S. 117.

1743 Vollendet unter Leo Philosophus (ca. 900 n. Chr.), vgl. Wenger, Quellen, S. 702 mit Lit. in n. 260.

1744 Bas. (Heimbach) XXVI, 3 (zu C. 4, 18) und 7 (zu D. 13, 5), sowie XXVI, 2, 3 (zu Nov. 115 cap. 6).

1745 Wenger, Quellen, S. 703; mit Nachweisen zur Gegenauffassung in n. 273.

1746 Zur Kontinuität der Geltung des Corpus Iuris in Byzanz vgl. Wenger, Quellen, S. 720; allgemein zum Kontinuitätsbegriff in der Rechtsgeschichte Wieacker, Privatrechtsgeschichte der Neuzeit, S. 43 ff.

1747 Zu diesem Werk Wenger, Quellen, S. 713 m. w. N.

1748 Heimbach gibt auf S. 418 der Ausgabe von 1851 in Fußnote a ein Scholion zu dieser Stelle wieder, nach der ἀντιφωνητής sein soll, wer die Schuld eines anderen auf sich nimmt und dem Gläubiger einseitig (μονομερῶς) eine subjektiv gefasste Schuldurkunde (also ein Chirographum) ausstellt.

nach – quellenfremder – Systematisierung. Mit einem Wort Franz WIEACKERS kann dieser Vorgang als „produktives Missverstehen" bezeichnet werden[1749].

Vor welche grundsätzlichen Verständnisschwierigkeiten die mittelalterlichen Juristen sich durch das Konstitut gestellt sahen, wird etwa deutlich bei PETRUS DE BELLAPERTICA († 1308). *Doctores non disputant ad plenum, ideo magis dubium est*, klagt er in seinem Institutionenkommentar, wo er ausführlich die Frage diskutiert, ob die Konstitutsklage auch dann statthaft sei, wenn das Konstitut durch Stipulation (!) erfolgt sei, oder nur bei einer Zahlungszusage *nudo pacto*. *Constituere* ist für ihn also jedes Versprechen, eine bestehende Schuld zu begleichen, und zwar auch ein solches in Stipulationsform. Letztere sieht er als erfüllt an, wenn folgendes Wechselspiel von Frage und Antwort erfolgt war: *Decem quae mihi debes constituisne te mihi soluturum? Et tu in continenti dicis: Constituo.* Eine unterschiedliche Zielrichtung beider Geschäfte, wie sie in D. 13, 1, 4 zum Ausdruck kommt, kennt er nicht. Gegen die seiner Darstellung nach herrschende Meinung[1750] will er in solchen Fällen nicht die Konstitutsklage zusprechen, sondern – je nach Inhalt der Zusage – entweder eine Klage *ex stipulatu* oder die *condictio certi*. Der Versprechensempfänger habe sich zwar einer anerkannten Geschäftsform bedient und dürfe deshalb nicht schlechter stehen als derjenige, der sich die Zusage lediglich *imperfecte*, nämlich *nudo pacto* habe erteilen lassen, die Stipulation setze sich jedoch durch wie beim *mutuum*. Auch dort gelte schließlich, dass aus der *numeratio* als solcher nur dann geklagt werden könne, wenn sie nicht von einer Stipulation flankiert sei. Außerdem bedürfe der Empfänger einer in Stipulationsform abgegebenen Zahlungszusage der Konstitutsklage nicht, da ihm bereits eine zivilrechtliche Klage zustehe und der Prätor die Konstitutsklage nur für solche Fälle geschaffen habe, in denen dies nicht der Fall war. Die Konstitutsklage stehe daher nur bei einer Zusage *nudo pacto* zu. Folgerichtig empfiehlt er dem Empfänger der Zahlungszusage, bei Abfassung des *libellus* einzufügen, dass die Zusage *nudo pacto* erfolgt sei.

Welche *Doctores* auch einem Stipulator die Konstitutsklage zuerkennen wollten, verrät BELLAPERTICA nicht. Ich habe diese Auffassung in der mir zugänglichen mittelalterlichen Literatur nicht auffinden können. In Anbetracht der eindeutigen Formulierung in I. 4, 6, 9, die Konstitutsklage stehe nur zu, wenn keine Stipulation vorliege, da ansonsten eine zivilrechtliche Haftung bestünde, wäre eine solche Ansicht auch überraschend. Möglicherweise lag

1749 WIEACKER, Privatrechtsgeschichte der Neuzeit, S. 45: „Die Aufnahme fortdauernder Elemente durch neue Kulturträger führt nun zugleich immer Veränderungen des Elements herbei: jede geschichtliche Begegnung ist zugleich produktives Mißverstehen."

1750 Diese gibt er wie folgt wieder: *Istud Doctores non approbant, sed si fuerit factum mediante stipulatione agitur de constituta.*

das eigentliche Problem an anderer Stelle. Auch nach Durantis gehörte zum erforderlichen Vortrag des Klägers, dass die Zusage formlos erfolgt sei[1751], doch qualifiziert dieser Autor die von Bellapertica als Stipulation aufgefasste Formulierung mit *constituere* als *nudum pactum*[1752], wobei dahingestellt sein mag, ob dies zu Recht geschieht[1753]. Die Frage kann hier nicht vertieft werden; festzuhalten ist jedoch, dass die Behandlung des Konstituts in Verkennung seiner ursprünglichen klassischen Funktion bisweilen zu einem Verwirrspiel sondergleichen geriet. Im Grundsatz betrachten die Juristen des Mittelalters das Konstitut als ein Zahlungsversprechen, das sich von der Stipulation wesentlich nur noch durch das Fehlen der Form unterscheidet, ohne zu erfassen, warum gerade dieses formlose Versprechen zu juristischer Wirksamkeit gelangt war.

Wie produktiv man gleichwohl mit dem nicht mehr recht verstandenen Instrument *constitutum* umzugehen verstand, belegt nicht nur die Lehre vom *pactum geminatum*, also einem an sich klaglosen *pactum nudum*, das durch spätere Wiederholung klagbar wurde (a.), sondern auch die besondere Verwendung des Konstituts im kaufmännischen Verkehr, deren Spuren etwa bei Azo, Durantis und Baldus zu finden sind (b.).

a. Pactum geminatum

Die Lehre vom *pactum geminatum* besagte, dass ein an sich rechtlich nicht durchsetzbares *pactum nudum* durch Wiederholung klagbar werde[1754]. Diese

1751 Auch gibt er (Spec. Iud. Lib. 4, Part. 3, De Obligat. & Solut., § 4 Nr. 7) dem Beklagten in der *positio rei* folgende Verteidigung gegen die Konstitutsklage an die Hand: *Pono* [...], *quod fuisti a me stipulatus illa decem, & ego tibi promisi.* Er geht also keineswegs davon aus, dass ein Konstitut durch Stipulation erfolgen, und erst recht nicht, dass dann dem Versprechensempfänger die Konstitutsklage zustehen könne.

1752 Er formuliert: *Pono* [...] *quod constituisti te pro illo T debitorem in illis decem. Item quod dixi tibi, an velles constituere te pro illo T debitorem, qui mihi debet decem, & dixisti, ego constituo: ecce verba nudi pacti.*

1753 Die besseren Gründe dürften für Bellapertica streiten; die Stipulation der Glossatoren und Postglossatoren setzte – theoretisch – lediglich Frage und Antwort bei gleichzeitiger Anwesenheit der Parteien voraus. In der Praxis behalf man sich allerdings mit der Beurkundung der Voraussetzungen durch einen *tabellio*, die eine Präsumption für formgerechte Vornahme des Geschäfts begründete. Diese Präsumption wiederum trat nur ein bei Verwendung des Wortes *promitto* (gl. *si scriptum* ad I. 3, 19, 17: *verbum promisisse in scriptis repertum importat stipulationem*), selbst der vorsichtige Versuch von Bartolus und Baldus, die Präsumption auch auf den Begriff *convenire* zu erstrecken, stieß auf allgemeine Ablehnung bei den Späteren (Karsten, Lehre vom Vertrage, S. 189 f. mit umfangreichen Nachweisen; zum Ganzen Nanz, Vertragsbegriff, S. 36 ff.).

1754 Astuti, Tradizione romanistica, S. 1071 ff.; vgl. auch Dilcher, SZ 77 (1960), S. 270 (299); Nanz, Vertragsbegriff, S. 42 ff.; Seuffert, Zur Geschichte der obligatorischen Verträge,

Vorstellung steht in engem Zusammenhang mit dem mittelalterlichen Vertragssystem und muss vor dem Hintergrund dieses Systems untersucht werden.

aa. Die mittelalterliche Vertragslehre

Die Glossatoren fanden im Corpus Iuris bekanntlich eine große Vielfalt historisch gewachsener Institute vor. Diese Vielfalt war von keiner bewusst geschaffenen systematischen Ordnung getragen, sondern nur aus dem aktionenrechtlichen Typenzwang des antiken römischen Schuldrechts verständlich. Die mittelalterlichen Juristen versuchten sich zwar an einem System, mit dem sie alle Verträge zu erfassen vermochten, konnten aber schon aufgrund ihres beschränkten methodischen Ansatzes den Typenzwang nicht überwinden. Die Zeit war noch nicht reif für den typenfreien Konsensualvertrag des modernen Schuldrechts[1755]. Die mittelalterliche Vertragslehre ist daher mehr von dem Bemühen um ordnende Systematisierung als von materieller Neuschöpfung geprägt[1756].

Ausgangspunkt der Entwicklung war der bekannte Satz Ulpians *nuda pactio obligationem non parit*[1757]. Im Zusammenspiel mit der Definition, die derselbe Autor für den Begriff des *pactum* bietet[1758], gewann die mittelalterliche Lehre die Erkenntnis, dass zwar jedem *contractus* eine Willenseinigung, also ein *pactum*, innewohne, aber nicht jedes *pactum* einen (klagbaren) *contractus* darstelle. Das *pactum* erscheint damit als Gattung, deren *species* der klagbare Vertrag einerseits und der klaglose andererseits sind[1759]. Für den klagbaren Vertrag bürgerte sich alsbald der Begriff des *pactum vestitum* ein. Die mittelalterliche Vertragslehre wird daher auch als „Vestiturtheorie" bezeichnet[1760]. Schon PLACENTINUS hatte dem *pactum nudum* das *pactum indutum* gegenübergestellt[1761], doch war es

---

S. 75 f.; SÖLLNER, SZ 77 (1960), S. 182 (262).

1755 Dies gilt für die Kanonisten allerdings nur eingeschränkt. Im Kirchenrecht setzte sich bereits früh der Gedanke durch, dass jedes Versprechen bindend sei, vgl. dazu NANZ, Vertragsbegriff, S. 46 ff.

1756 Vgl. ASTUTI, Tradizione Romanistica, Bd. 1.II, S. 1053: „La dottrina civilistica medioevale ricostruisce sostanzialmente il sistema romano giustinianeo, al quale rimane fedelmente legata, [...] e per quanto la teoria dei contratti sembri esposta in un modo nuovo, possiamo tuttavia asserire che le apparenti innovazioni sono piuttosto di forma che di sostanza, e non consentono affatto di riconoscere un'effettiva evoluzione teorica, determinata del principio consensuale"; vgl. auch NANZ, Vertragsbegriff, S. 32.

1757 Ulpian D. 2, 14, 7, 4 (4 ed.).

1758 Ulpian D. 2, 14, 1, 2 (4 ed.): *est pactio duorum pluriumve in idem placitum et consensus.*

1759 ASTUTI, Tradizione Romanistica, Bd. 1.II, S. 1054, 1055; NANZ, Vertragsbegriff, S. 31 ff.

1760 Vgl. DILCHER, SZ 77 (1960), S. 270 ff.; NANZ, Vertragsbegriff, S. 31 ff.

1761 Summa Codicis, C. 2, 3 (p. 44): „quaedam (sc. pacta) sunt nuda, quaedam induta"; zu dieser Differenzierung ASTUTI, Tradizione Romanistica, Bd. 1.II, S. 1055; DILCHER, SZ 77 (1960),

AZO, der erstmals von den *vestimenta pactorum* sprach[1762]. Während er allerdings auch klagbare *pacta nuda* kannte, also Ausnahmen von der Grundregel, dass ein *pactum nudum* nicht klagbar sei, führte sein Schüler ACCURSIUS das System zu größerer Konsequenz, indem er für die bei AZO klagbaren *pacta nuda* kurzerhand ein weiteres *vestimentum* (*legis auxilio*) schuf und sie damit zu *pacta vestita* machte[1763]. Die kanonistische Theorie unterschied hingegen das *pactum nudum a causa* und das *pactum nudum a solennitate*, von denen ersteres in keinem Fall klagbar war, letzteres, wenn es über eine *causa* verfügte[1764]. Diese Lehre wurde von BARTOLUS und BALDUS wenigstens zum Teil auch in die legistische Theorie hineingetragen[1765].

bb. *Causa* des Konstituts und Schenkungspräsumption

Wenn schon IRNERIUS hervorhebt, das Konstitut entstehe *ex solo pacto*, so ist damit die Formfreiheit gemeint, denn er fährt fort: *dum tamen debitum naturale vel civile seu pretorium precedat*[1766]. Im gleichen Sinne nennt AZO als eines der in C. 4, 18, 2 erwähnten *privilegia naturalia* der Konstitutsklage, dass sie *ex nudo pacto* entstehe[1767]. Die *causa* des Konstituts fand man in der Hauptschuld, an die es auch nach mittelalterlicher Lehre anknüpfen musste. Diese *causa* nahm es – wie die Stipulation, die ebenfalls nicht mehr abstrakt war – gewissermaßen in sich auf.

Mit einem Kunstgriff kamen die Glossatoren dann aber doch in bestimmten Fällen beim Konstitut ohne *causa* aus. Auch wenn formell der Satz galt, dass nur *debita* wirksam konstituiert werden konnten, so hatten dennoch schon BULGARUS und HUGO anders geurteilt, sofern der Konstituent genau wusste, dass die versprochene Zahlung nicht geschuldet war. AZO berichtet:

S. 270 (277); NANZ, Vertragsbegriff, S. 32 ff. – Placentinus nennt fünf Formen von *pacta induta*: die vier gaianischen Vertragsarten und *lege dicta in re sua tradenda*. Außerhalb seines Systems blieben zunächst die *pacta legitima* und die von der Lehre sog. *pacta praetoria*, zu denen auch das Konstitut zählt, vgl. NANZ, Vertragsbegriff, S. 32.

1762 Etwa in der Summa aurea, C. 2, 3, n. 16.

1763 ACCURSIUS, gl. legitima ad D. 2, 14, 6: *quando ex nudo pacto datur actio potest dici vestitur legis auxilio*. Dies neue System wird freilich nicht mit aller Konsequenz durchgehalten, vgl. KARSTEN, Lehre vom Vertrage, S. 114 und n. 15. – Zur Kritik an der Vestiturlehre durch JACOBUS DE RAVANIS und andere französische Juristen sowie zu deren Überwindung durch BARTOLUS und BALDUS s. NANZ, Vertragsbegriff, S. 34 ff. m. w. N.

1764 BALDUS, Comm. in C. 3, 36,15, Nr. 3: *iure canonico oritur actio ex nudo pacto, dummodo habeat causam*. – Vgl. zu dieser Lehre NANZ, Vertragsbegriff, S. 52 ff.; KARSTEN, Lehre vom Vertrage, S. 190; 231; REICHARD, Delegation und Novation, S. 49 n. 63.

1765 NANZ, Vertragsbegriff, S. 34 ff.

1766 Summa Codicis zu C. 4, 18 (S. 89 in der Ausgabe von FITTING); vgl. auch ROGERIUS, Summa Codicis, § 2 ad h. l.

1767 Lectura supra codicem zu C. 4, 18, 2, gl. *naturalibus privilegiis*; vgl. auch Summa Codicis, ad h. l.

Gl. *per exceptionem* ad D. 13, 5, 3, 1:
[…] Sed quid si sciens se quis nullo modo teneri constituat? Respon. tenetur secundum Bul. & H. quia donare videtur: *ut infr. de reg. iur. l. cuius* [D. 50, 17, 53] *& infr. de nova. l. si quis delegaverit* [D. 46, 2, 12].

Bulgarus und Hugo, denen Azo folgt, hatten die Haftung des Konstituenten, der um die Nichtexistenz der Schuld wusste, auf einen unterstellten Schenkungswillen gestützt. Wie die Formulierung *videtur* zeigt, handelt es sich um eine Präsumption[1768]. An dieser Lehre halten auch die italienischen Kommentatoren zunächst noch fest[1769], obwohl sie es – gegen einen Vorstoß der französischen Ultramontani[1770] – ansonsten ablehnen, einem Versprechen *sine causa* durch die Vermutung, es sei *ex causa donationis* abgegeben, zur Wirksamkeit zu verhelfen[1771]. Paulus de Castro erklärt schließlich, dass der Schenkungswille des Versprechenden feststehen müsse, damit man zur Wirksamkeit des Versprechens gelangen könne[1772]. Dieser Satz finde auch beim Konstitut Anwendung, zumindest dann, wenn die Schuld insgesamt nicht existiere. Sei sie lediglich durch Einrede gehemmt gewesen, so könne ohne weiteres ein Verzicht auf die Einrede angenommen werden[1773].

cc. Das Konstitut einer Naturalobligation als Grundlage des *pactum geminatum*

Darüber hinaus verfolgte man noch einen anderen Ansatz. War das *pactum nudum* nach mittelalterlicher Doktrin auch klaglos, so blieb es doch nicht ohne

1768 Vgl. Karsten, Lehre vom Vertrage, S. 115; 170 ff.

1769 Baldus lehrt in seinem Tractatus de constituto (§ 6), dass noch weiter zu unterscheiden sei: Hatten die Parteien wissentlich eine Schuld konstituiert, die insgesamt nicht bestand, soll die Zusage als (schenkweise erteiltes) Konstitut wirksam sein; bei einer Schuld, die lediglich aufgrund einer Einrede nicht durchsetzbar war, sollte hingegen weder aus Schenkung noch aus Konstitut, sondern aus der alten *causa* geklagt werden: *Venio ad causam et quaero, quid si constitutum est factum ex falsa causa, quam constituens confitetur esse veram? respondeo falsa causa apposita in antecedentia vel consequentia erroris, id est constituti, per errorem nihil operatur. Unde contractus invalidus non confirmatur per confessionem erroneam: ut ff. eod. l. fin Sed dubitatur quid si non per errorem, sed ex certa scientia? Respondeo si quidem nulla praecessit obligatio valet ut donum: si autem praecedit, sed est elisa per exceptionem, agitur ex veteri causa non ex donatione. Nec ex constituto.* […].

1770 Dazu Karsten, Lehre vom Vertrage, S. 144; 169 f.; 173 ff., der den Gedanken auf Bellapertica, Repet. ad C. 4, 30, 13 Nr. 16 und ad C. 2, 3, 5 zurückführt.

1771 Vgl. Baldus, Tract. de pactis, Nr. 59; Joh. De Imola, ad. C. 1, 35, 3, X.; Karsten, Lehre vom Vertrage, S. 173 f.

1772 Ad D. 2, 14, 7, 4, Nr. 3–4: *ex pacto nudo vel propter ipsum tunc oritur actio, quando constat, quod est interpositum animo donandi, et ita loquitur const. 35 de donationibus* [C. 3, 53, 35]; *si autem non constat, non praesumitur, quod animo donandi.*

1773 A. a. O. und ad D. 13, 5, 11, 1 Nr. 3.

rechtliche Folgen. Zum einen entstand daraus wie im klassischen Recht ggf. eine *exceptio*, zum anderen ging die *communis opinio* dahin, dass das *pactum nudum* eine Naturalobligation erzeuge[1774]. Diese zweite Wirkung des *pactum nudum* ermöglichte eine interessante Synthese mit der Lehre vom Konstitut: Ließ nämlich einerseits ein *pactum nudum* eine Naturalobligation entstehen, und war andererseits das Konstitut einer Naturalobligation rechtlich durchsetzbar, so konnte durch einfache Wiederholung jedes klaglose *pactum* klagbar werden, wenn man nur die Wiederholung als Konstitut begriff.

Dieses Prinzip, das schon PLACENTINUS im Ansatz erkannt hatte[1775], arbeiteten die Juristen des 13. und 14. Jahrhunderts zur Lehre vom *pactum geminatum* aus, das dann als eigenständige Rechtsfigur im 15. Jahrhundert allgemeine Anerkennung fand[1776]. Ein weiterer Begründungsansatz für diese Rechtsfigur, die als Ausnahme von der Klaglosigkeit der *pacta nuda* betrachtet wurde, war die Ernsthaftigkeit des Bindungswillens, die in der Wiederholung des unwirksamen Versprechens zum Ausdruck komme. SEUFFERT führt das *pactum geminatum* denn auch vor allem auf den mittelalterlichen Glauben an die Macht des freien Willens zurück: „Was ein Willensakt nicht fertig bringt, das musste doch wenigstens der zweite bewirken können![1777]“

Die auf D. 13, 5, 1, 7 gestützte Argumentation, das wiederholte *pactum* sei als Konstitut einer Naturalobligation wirksam, ist aber die ältere[1778]. Sie entspricht noch der Methode der Glossatoren[1779] und lässt sich im Kern schon bei PLACENTINUS nachweisen. Dogmatisch gründet sie auf der allgemeinen Anerkennung der *obligatio naturalis ex nudo pacto*, die dem klassischen römischen Recht fremd war. Die Quellen kennen, soweit ersichtlich, nur einen einzigen Fall eines *pactum*, aus dem eine Naturalobligation entsteht: das *pactum usurarum*. Die mittelalterliche Lehre beruht auf einer Erstreckung dieses „Prinzips[1780]“ auf alle

1774 Vgl. dazu ASTUTI, Tradizione Romanistica 1.II, S. 1201 f.; NANZ, Vertragsbegriff, S. 42 ff.; SEUFFERT, Zur Geschichte der obligatorischen Verträge, S. 44, 53, 67.

1775 De personalibus actionibus, T. U. I., tom. III, 2, tit. XVIII, De constituta pecunia, c. 42: [...] *dummodo debeatur hoc naturaliter tantum, ut per nudum pactum* [...].

1776 Zu dieser Lehre, ihrer Entstehung und weiteren Entwicklung ausführlich ASTUTI, Tradizione romanistica, S. 1071 ff. mit umfangreichen Nachweisen zur mittelalterlichen Literatur; vgl. auch DILCHER, SZ 77 (1960), S. 270 (299); NANZ, Vertragsbegriff, S. 42 ff.; SEUFFERT, Zur Geschichte der obligatorischen Verträge, S. 75 f.; SÖLLNER, SZ 77 (1960), S. 182 (262).

1777 SEUFFERT, Zur Geschichte der obligatorischen Verträge, S. 168.

1778 Unklar insofern ASTUTI, Tradizione romanistica, S. 1085 ff.

1779 S. zu dieser Methode etwa OTTE, Dialektik und Jurisprudenz, Frankfurt 1971; zusammenfassend WEIMAR, in: Handbuch der Quellen und Literatur der neueren europäischen Privatrechtsgeschichte, Bd. 1, S. 129 ff. mit umfangreichen Literaturnachweisen.

1780 Den Begriff „Prinzip“ verwenden wir hier *per abusionem*: die Klassiker waren in diesem Punkt gerade keinem Prinzip gefolgt, sondern hatten eine praktische Lösung für einen Einzelfall

pacta. Das eröffnete dem Konstitut einen neuen Anwendungsbereich, der mit dem klassischen Recht nichts mehr zu tun hatte: es konnte eingesetzt werden, um an sich klaglosen Vereinbarungen rechtliche Durchsetzbarkeit zu verschaffen.

b. Das Konstitut im mittelalterlichen Handelsrecht

Neue Aspekte des mittelalterlichen Konstituts treten auch bei seiner Verwendung im kaufmännischen Verkehr zutage, wo ihm eine besondere Bedeutung zukommt. Dies belegen u. a. das *Speculum iudiciale* des DURANTIS[1781] und der Traktat des BALDUS *de constituto*[1782]. DURANTIS berichtet von der Verwendung des Konstituts zu Delegationszwecken im Handelsverkehr[1783], und BALDUS hebt besonders hervor, dass es unter Kaufleuten weiter verbreitet war als bei allen anderen Bevölkerungsgruppen[1784].

aa. Zahlungsvermittlung und Wechselrecht

Eine handelsrechtliche Besonderheit des Konstituts hat schon KARSTEN in der Vermittlung von Zahlungen durch Anweisung gesehen[1785]. Das Konstitut fungierte dabei nach seiner Darstellung als formloses Mittel zum Vollzug einer Delegation. Die Methode beschreibt er wie folgt: Der Kunde hatte einen Betrag bei einem *argentarius* (oder einem anderen Kaufmann) deponiert. In einem ersten Schritt wandelten die Parteien *nudo pacto* den deponierten Betrag in ein Darlehen um. In einem zweiten Schritt wurde sodann der geschuldete Betrag mittels *constitutum debiti alieni* einem Gläubiger des Deponenten zugewiesen[1786]. Auf diese Technik sei man verfallen, um die schwerfällige Delegation durch novierende Stipulation zu vermeiden. Eine solche Delegation erforderte bekanntlich in der mittelalterlichen Praxis neben der Anwesenheit der drei Beteiligten auch die Beurkundung durch einen *tabellio* und war daher

gefunden; erst die mittelalterlichen Juristen, glaubten den Quellen einen Grundsatz entnehmen zu können.

1781 Erschienen in erster Redaktion 1271–1276, in zweiter Redaktion von 1289–1291; hier zitiert nach der Ausgabe Basel 1574 (Neudruck Aalen 1975), die mit Kommentaren unter anderem des BALDUS versehen ist; zu Autor und Werk vgl. NÖRR in: Handbuch der Quellen und Literatur der neueren europäischen Privatrechtsgeschichte, Bd. 1, S. 394 m. w. N.

1782 Im Wesentlichen wiederholt in seinem Codex-Kommentar zu der Rubrik *De constituta pecunia* (C. 4, 18).

1783 Spec. Iud. IV, Part. III, *De obligat. & solutionib.*, § 4 Nr. 4; s. dazu sogleich im Text.

1784 Tract. De constituto, § 1: *brevem summam componendam duxi super materia constituti et constituendi, quae proprie respicit negotia mercatorum. Ipsi enim magis utuntur hac materia, quam aliquod hominum genus.*

1785 KARSTEN, Lehre vom Vertrage, S. 228 ff.; dazu auch REICHARD, Delegation und Novation, S. 47 ff.

1786 KARSTEN, Lehre vom Vertrage, S. 228 ff.; insbes. 236.

für den Handelsverkehr und insbesondere für den Fernhandel untauglich[1787]. Die Verwendung des *constitutum* habe sich angeboten, weil die bloße Eintragung des Konstituts im Handelsbuch des *campsor* – in Abwesenheit des Begünstigten[1788] – genügte, um eine liquide Forderung gegen den Depositar zu erzeugen. Letzterer sei seinem Gläubiger allerdings weiter verhaftet geblieben, da man diesem nicht in Abwesenheit einen neuen Schuldner habe aufzwingen können[1789].

Die beschriebene Konstruktion stellt Karsten als gängige mittelalterliche Praxis dar. Eine genauere Untersuchung der von ihm als Beweis angeführten Entscheidung bei Durantis zeigt jedoch zum einen, dass die juristische Konstruktion, mit der solche Anweisungsfälle zu erfassen waren, durchaus umstritten war, zum anderen erwähnt sie die Umwandlung des *depositum* in ein Darlehen mit keinem Wort.

> Speculum Iudiciale, lib. IV, Part. III, De oblig. & solutionib. § 4 Nr. 8
> Pone: mercator quidam in Montepessulano residens, misit quandam suam epistolam sociis suis Bononiae morantibus, vel forte scripsit universis sub hac forma: Noveritis me recepisse a tali dante nomine A. scholaris Bononiae residentis centum libras Turon. quas promisi[1790] per me et meos socios, vel societatem meam, reddere Bononiae praefato scholari: vel tot libras Bonon. quae tantundem valent, habita cambii ratione: erat autem iste mercator procurator suae societatis: nunc quaeritur, utrum scholaris possit ex talibus literis agere contra ipsum mercatorem, vel contra eius societatem? Super quo dicunt quidam, quod sic, actione de pecunia constituta, ff. de pac. si unus. [D. 2, 14, 27] ff. de neg. gest. si pupillus § si is [D. 3, 5, 5, 4] & Inst. man. in prin. [I. 3, 26]. Qua actione agi potest sive fiat constitutio inter praesentes sive inter absentes, ut ff. de const. pec. qui autem in fin. [D. 13, 5, 14, 3] & l. seq. secundum Odof. Alii dicunt ei dari actionem negotiorum gestorum per prae. l. si pupillus [D. 3, 5, 5, 4]. Sed et si dicatur dari condictio ex moribus, vel ex consuetudine, non est reprehensibile, ut C. de const. pec. l. II. in fi. [C. 4, 18, 2, 2]

1787 Karsten, Lehre vom Vertrage, S. 189 f.; 218; 226 f.;

1788 Vgl. Reichard, Delegation und Novation, S. 49 ff.

1789 Karsten, Lehre vom Vertrage, S. 236; Reichard, Delegation und Novation, S. 49 f.

1790 Die von mir benutzte Ausgabe Basel 1584 hat *promisit*, als Versprechender erscheint also der A. Goldschmidt, Universalgeschichte, S. 438 emendiert mit Recht im Anschluss an Kuntze, Wechselrecht, S. 138 und Biener, Wechselrechtliche Abhandlungen, S. 56 in *promisi*. Gegen diese Emendation spricht nicht etwa die Wendung *per nos*, die auf den ersten Blick überraschend wirkt, wenn tatsächlich der Kaufmann der Versprechende war. Sie ist aber üblich, wenn die zugesagte Zahlung von dem Versprechenden oder einem Dritten erbracht werden soll, vgl. die bei Goldschmidt, Universalgeschichte, S. 420 ff. zitierten Urkunden vom 8. Juni 1156, 18. Mai 1160, 17. Februar 1274 usw. – Im übrigen berichtet Schaube, SZ GA 14 (1893), S. 111 (113), dass sich in der Ausgabe Lyon 1538, die wiederum die Ausgabe Venedig 1494 ausschreibt, tatsächlich das von Goldschmidt konjizierte *promisi* findet.

Ein Kaufmann in Montpellier ist *procurator* einer Gesellschaft, deren weitere Teilhaber sich in Bologna aufhalten. Der Kaufmann hat von einem gewissen A 100 lib. Turon.[1791] erhalten[1792]. Er stellt ein Schriftstück aus, in dem er seinen Mitgesellschaftern in Bologna (oder *universis*[1793]) mitteilt, dass er das Geld entgegengenommen und versprochen habe, er selbst und seine *socii* oder die Gesellschaft würden diesen Betrag – bzw. einen entsprechenden in dortiger Währung unter Berücksichtigung des Wechselkurses (*habita cambii ratione*) – einem Studenten in Bologna auszahlen. DURANTIS untersucht die Frage, ob der Student aus dem Schreiben des Kaufmanns gegen diesen oder seine Gesellschaft vorgehen könne. Dass dies der Fall sei, steht für ihn außer Frage. Zweifelhaft war jedoch, welche Klage statthaft sei. Nach Ansicht einiger Autoren (*quidam*), so berichtet DURANTIS, stand dem *scholaris* die Konstitutsklage zu. Zur Wirksamkeit eines Konstituts bedürfe es nämlich nicht der gleichzeitigen Anwesenheit der Beteiligten, es könne vielmehr auch *inter absentes* geschlossen werden. Diese Argumentation zeigt, dass der Brief dem A zwecks Übermittlung an den Studenten ausgehändigt wurde. Eine zweite Gruppe von Autoren wollte dem *scholaris* eine Klage aus Geschäftsführung zuerkennen, unter Berufung auf einen Ausspruch Ulpians, nach dem derjenige, der Geld oder andere Sachen in Empfang nimmt, um sie einem anderen zu übergeben, dessen Geschäft besorgt[1794]. DURANTIS selbst hält auch noch eine dritte Möglichkeit für vertretbar (*non reprehensibile*), nämlich die Gewährung einer *condictio ex moribus*.

Der Text ist in jeder Hinsicht bemerkenswert. Wir haben es – was KARSTEN nicht erwähnt – mit einem der ältesten Beispiele für einen Wechselbrief zu tun, und zwar mit einer Tratte[1795]. DURANTIS kennt noch keine Wechselordnungen, die ausdrücklich die Klagbarkeit solcher Urkunden verfügen, und muss deshalb

1791 Pfund der in Tours gebräuchlichen Währung.

1792 ENDEMANN, Studien, Bd. 1, S. 88 vermutet, die Einzahlung habe dazu gedient, den Studenten mit finanziellen Mitteln auszustatten. Dagegen spricht die Nennung des *scholaris* im Genitiv (*possessivus*), die ihm die eingezahlte Summe als Gegenstand einer Forderung gegen den A zuweist.

1793 D. h. jedem, der gegen Vorlage des Schreibens zur Zahlung sich bereit findet, nach Art eines Generalkreditbriefes, s. GOLDSCHMIDT, Universalgeschichte, S. 438 und 398 ff.

1794 D. 3, 5, 5, 4 (10 ed.): *Si quis pecuniam vel aliam quandam rem ad me perferendam acceperit: quia meum negotium gessit, negotiorum gestorum mihi actio adversus eum competit.*

1795 GOLDSCHMIDT, Universalgeschichte, S. 427, 438; ENDEMANN, Studien, Bd. 1, S. 88 ff.; BIENER, Wechselrechtliche Abhandlungen, S. 56; KUNTZE, Wechselrecht, S. 138; GRÜNHUT, Wechselrecht, Bd. 1, S. 25 n. 10 (auf. S. 26); a. A. SCHAUBE, SZ GA 14 (1893), S. 111 (112 ff.); v. CANSTEIN, Lehrbuch des Wechselrechts, S. 16 n.24, die das Schreiben für einen bloßen Aviso-Brief halten, mit dem der Aussteller den Bezogenen mitteilt, sie hätten den von ihm erteilten Wechsel zu honorieren. Dass diese Auffassung nicht zutreffen kann, zeigt die Möglichkeit

eine juristische Konstruktion finden, die dem Studenten eine Klage verschafft[1796]. Auf eine Stipulation zwischen A und dem Kaufmann könnte der *scholaris* sich auch dann nicht berufen, wenn eine solche erfolgt wäre, da er selbst an diesem Geschäft jedenfalls nicht beteiligt war. Ein möglicher Ausweg: A fungiert lediglich als Bote, die Tratte stellt ein *constitutum debiti* dar, und zwar ein *constitutum debiti proprii*[1797], bei dem der Kaufmann seine Gesellschaft vertritt. Der Student kann daher nach Empfang des Briefes aus diesem wahlweise gegen den Kaufmann als *procurator* selbst vorgehen oder gegen die Gesellschaft[1798]. Die anderen Lösungsansätze können hier außer Betracht bleiben, wir halten lediglich fest, dass der frühe Wechsel als Konstitut zu rechtlicher Anerkennung gelangen konnte. Bezeichnend ist auch die Wortwahl in der bei Goldschmidt abgedruckten Urkunde des Grafen von Flandern aus dem Jahre 1202:

> Balduinus [der Graf] constituit se debitorem ad faciendum solvi in fera Lignini que prius fieri debet, Markisino Superantio, Petro Juliano, Marino Gradonico et Luce Ardit, nobilibus viris de Venezia, vel eorum misso, omnino conditione abjecta, marcas sterlinorum [...] ad rationem de solidis XIII et denar. IV pro marca qualibet argenti [...] CXVIII et uncias III.

Die Formulierung *constituit se debitorem* entspricht exakt derjenigen, die Durantis im Formular für die Konstitutsklage verwendet. Sie begegnet in späteren Wechselbriefen soweit ersichtlich nicht mehr. Mit der fortschreitenden Verselbständigung des Wechselrechts[1799] benötigte man offenbar die Konstitutsklage nicht mehr als juristischen Notbehelf. Ihre Verwendung im Wechselrecht blieb nur eine Episode. Die spätere wechselrechtliche Literatur (Scaccia, Raffael de Turri u. a.) bringt den Wechsel nicht mehr mit dem Konstitut in Verbindung.

---

der Adressierung an *universis*, die Durantis einfügt: An die Allgemeinheit kann man einen Kreditbrief, aber keine Mitteilung über einen solchen versenden.

1796 Dieser konnte ja nicht in der *curia mercatorum* auftreten und seine Klage auf die *aequitas mercatoria* sowie ein vor diesen Gerichten gültiges *pactum nudum* stützen.

1797 Entgegen Karsten, Lehre vom Vertrage, S. 236 liegt kein Konstitut fremder Schuld vor: auch wenn A dem Studenten in Bologna die 100 Pfund zwecks Begleichung einer Verbindlichkeit zukommen ließ, folgt daraus nicht, dass der Kaufmann die Tilgung dieser fremden Schuld zusagen wollte. Näher liegt ein Konstitut eigener Schuld an einen Dritten: Der Kaufmann sagte dem Studenten die Auszahlung des von A erhaltenen Betrages und damit den Ausgleich seiner eigenen Verbindlichkeit gegenüber dem A zu; Reichard, Delegation und Novation, S. 49 und n.64 neigt zu Karstens Ansicht.

1798 Diese Lösung ermöglichte (trotz des Fehlens einer echten Stellvertretung) vermutlich die bereits auf S. 163 f. diskutierte Erweiterung des Gedankens in D. 13, 5, 5, 9 – *actio utilis* zugunsten des Vertretenen bei Konstitut gegenüber dem Vertreter – auf den umgekehrten Fall, die sich auch bei Kaser, RP I, S. 307 findet.

1799 Zu dessen Entwicklung ausführlich Goldschmidt, Universalgeschichte, S. 403 ff.

bb. Handelsbücher und Schenkungspräsumption

Das Konstitut fand im Handelsverkehr aber noch in anderer Weise Verwendung: Im Mittelalter bestand, zumindest für Banken, in den meisten Städten die Pflicht, Handelsbücher zu führen[1800]. Ordnungsgemäß geführte Handelsbücher erbrachten vollen Beweis für die darin eingetragenen Forderungen[1801]. Diese Beweiskraft erkannte man ursprünglich allerdings nur den Büchern der Banken zu[1802]. In C. 4, 18, 2, 2 berichtet Justinian, wie wir gesehen haben, von der Praxis nicht nur der *argenti distractores*, sondern auch der *alii negotiatores*, Verbindlichkeiten *indefense* zu konstituieren. Nach einem Bericht des Azo zogen nicht näher bezeichnete Autoren (*quidam*) unter Berufung auf diesen Text in Betracht, auch den Eintragungen eines Geldwechslers (*campsor*) in seinen Büchern präjudizierende Wirkung für das Bestehen der eingetragenen Schuld zuzuerkennen[1803]. Azo hält dagegen: Die *campsores* seien mit den *argentarii* nicht zu vergleichen, da letztere einen Schwur geleistet hätten, ihre Bücher nach bestem Gewissen zu führen, und vom Fiskus ausgewählt worden seien.

Azo konnte sich mit seiner Argumentation jedoch nicht durchsetzen. Im Statutarrecht der italienischen Städte wurde z. T. die Beweiskraft der Handelsbücher auch für andere Bücher als die eines Bankiers und namentlich auch für diejenigen des *campsor* ausdrücklich festgeschrieben[1804]. Baldus sprach sich sogar dafür aus, dass jede Niederschrift eines Kaufmanns oder eines Kampsors einer Sentenz gleichstehe und gewissermaßen in Rechtskraft (*in rem judicatam*) übergehe, also exigibel sei[1805].

Da auch Zahlungszusagen per *constitutum* in den Büchern erfasst werden konnten, bestand ein enger Zusammenhang der Lehre von den Handelsbüchern mit dem Konstitut[1806]. Nimmt man die oben geschilderte Wirksamkeit des wissentlichen Konstituts einer Nichtschuld hinzu, so entsteht die Möglichkeit einer Schuldbegründung durch (vermutete) Schenkung, die mit Eintragung in

---

1800 S. Goldschmidt, Universalgeschichte des Handelsrechts, S. 247 unter Berufung auf Stat. di Calimala (1332) I. rub. 6, 26, 82, 84, 86, 87; vgl. Rehme in: Handbuch des gesamten Handelsrechts, Bd. 1, S. 98.

1801 Goldschmidt, Universalgeschichte des Handelsrechts, S. 247f.; Endemann, Studien I, S. 455; Rehme in: Handbuch des gesamten Handelsrechts, Bd. 1, S. 98; ausführlich Ebeling, Über die Beweiskraft der Handelsbücher, passim, s. aber insbesondere S. 14 und n. 1.

1802 Vgl. Rehme in: Handbuch des gesamten Handelsrechts, Bd. 1, S. 98; Goldschmidt, Universalgeschichte des Handelsrechts, S. 247ff.; vgl. auch Endemann, Studien I, S. 454.

1803 Lectura supra Codicem, ad h. l., gl. *indefense*.

1804 Die Statuten von Piacenza (1391) und Bologna (1454) sprachen dies ausdrücklich aus, vgl. Ebeling, Über die Beweiskraft der Handelsbücher, S. 14 n. 1.

1805 Endemann, Studien I, S. 456.

1806 Vgl. Karsten, Lehre vom Vertrage, S. 232.

das Handelsbuch auch noch sogleich voll bewiesen war. Damit war *de facto* ein nicht kausales Summenversprechen möglich, ohne dass es der Beurkundung einer diesbezüglichen Stipulation durch einen *tabellio* bedurft hätte.

cc. Exkurs: C. 4, 18, 2, 2 als Begründung für das *ius statuendi* der Kaufleute

Lediglich am Rande sei erwähnt, dass BALDUS dem § 2 der justinianischen Reformkonstitution auch ein wesentliches Argument für das Recht der *artifices* entnimmt, ihre eigenen Angelegenheiten durch Statuten zu regeln, und insbesondere auch eine statutarische Regelung zu treffen, nach der aus einem *pactum nudum* geklagt werden kann[1807]. SEUFFERT wirft BALDUS vor, die Stelle enthalte keine Begründung für seine Behauptung, sie werde wohl nur angeführt, weil sie die Klagbarkeit des formlosen *constitutum debiti alieni* erwähne[1808]. Dieser Vorwurf geht fehl: Die Stelle zeigt sehr wohl, dass sich eine Usance unter Kaufleuten rechtlich gegen das allgemeine Recht durchsetzen kann. Mehr noch: Wenn ein Kaufmann sich nach dieser Bestimmung Justinians kraft eines *mos adhuc obtinens* gegen das *indefense* abgegebene Konstitut entgegen der Klagformel nicht mit der Einwendung verteidigen konnte, die Schuld habe nicht bestanden, so ließ sich ohne allzu großen gedanklichen Sprung folgern, dass auch ein Statut wirksam sein musste, welches eine Berufung auf den Umstand untersagte, dass ein Versprechen lediglich *nudo pacto* erfolgt war.

II. Der Humanismus

Wie die Glossatoren und Konsiliatoren vor ihr gelangte auch die humanistische Jurisprudenz nicht zu einem allgemeinen Vertragsbegriff und einer Überwindung des schuldrechtlichen Typenzwangs. Zwar sind gewisse Tendenzen zur Klagbarkeit aller Verträge erkennbar, doch beruhen diese nicht auf einer Neuordnung des Vertragssystems oder auf der Aufgabe des Katalogs der römischen Vertragstypen[1809]. Insbesondere hielt man einmütig an dem Satz *ex nudo pacto actio non oritur* fest[1810].

1807 Lectura zum Decr. Grat. 1, 35, 1, X Nr. 8, zit. bei SEUFFERT, Geschichte der obligatorischen Verträge, S. 65; vgl. zur Wirksamkeit solcher Statute auch über die *curia mercatorum* hinaus BALDUS, Tract. de const., Nr. 22 ff..

1808 Geschichte der obligatorischen Verträge, S. 65.

1809 NANZ, Vertragsbegriff, S. 65 ff.

1810 NANZ, Vertragsbegriff, S. 69 ff. mit Nachweisen aus der italienischen, französischen und deutschen Literatur dieser Zeit.

Das Konstitut ordnete man jetzt den Konsensualverträgen zu[1811]. CUJAZ definiert es wie folgt: *Et breviter constitutum est conventio, qua quis respondet citra stipulationem soluturum se, quod ipse, vel alius debet. Quo genere priorem obligationem non novari constat*[1812].

CUJAZ ist auch der Erste, der die ursprüngliche Wortbedeutung von *constituere* als Festlegung einer Leistungszeit herausarbeitet. Auf diesen Umstand führt er allerdings nur die Frist von 10 Tagen zurück, die Paulus in D. 13, 5, 21, 1 erwähnt, weitere Konsequenzen zieht er nicht aus seiner Entdeckung. DONELLUS hingegen lehnt es ab, die zehntägige Frist als schon der Wortbedeutung nach wesentlichen Bestandteil der Rechtshandlung *constituere* anzusehen, vielmehr ist er der Auffassung, die Gewährung dieser Frist beruhe auf einer gesetzgeberischen Entscheidung des Prätors *leniendae actionis gratia*[1813].

Soweit die Lehre vom *pactum geminatum* überhaupt noch vertreten wird, gewährt man aus einem solchen wiederholten *pactum* die Konstitutsklage[1814]. DONELLUS führt jetzt gar – in Umkehrung der tatsächlichen Verhältnisse – die rechtliche Anerkennung des Konstituts auf den Geminationsgedanken zurück: Ulpians Begründung für die Klagbarkeit des Konstituts – *grave est fidem fallere* – gelte für jeden Wortbruch und greife daher zu kurz. Im Fall des Konstituts wiege der Treubruch jedoch besonders schwer und verlange eine rechtliche Sanktion *propter congeminatam conventionem aut obligationem*[1815].

Das Konstitut fremder Schuld beginnt die Lehre als eine Art formlose *fideiussio* zu betrachten[1816]. Die praktische Bedeutung des Konstituts hielt sich jedoch offenbar in Grenzen. DUARENUS teilt in der Vorrede (*epistola ad lectorem*) seines Kommentars zum Digestentitel *de verborum obligationibus* mit, dass zu seiner Zeit nahezu alle Verträge in Stipulationsform geschlossen wurden[1817]. Die

---

1811 DONELLUS, Comm. ad C. 4, 18 Nr. 2: *Cum autem constet hic contractus sola conventione, ut dicetur; apparet numerandum esse inter eos qui solo consensu fieri dicuntur. Itaque haec tractatio conjuncta esset cum titulo* Mandati, Pro socio *et sequent.*

1812 Parat. zum Digestentitel 13, 5 De pecunia constituta.

1813 Eine Darstellung dieser Kontroverse bietet HILLIGER in Bd. 3 der von ihm herausgegebenen Opera omnia des DONELLUS, Florenz 1841, Sp. 81 n. 4.

1814 ALCIATUS, Comm. in C. 2, 3, 13, Nr. 32 (vgl. SEUFFERT, Geschichte der obligatorischen Verträge, S. 110): *Si pactum nudum iteretur, actionem ex constituto nasci.* – Bei DUARENUS findet das *pactum geminatum* keinerlei Erwähnung mehr, vgl. NANZ, Vertragsbegriff, S. 71 n. 50; VOGT, Duarenus, S. 84.

1815 DONELLUS, Comm. ad C. 4, 1, Nr. 14.

1816 ZASIUS, ad D. 45, 1, 5, 1: *Etiam de jure canonico* [...] *non daretur fidejussio sine stipulatione.* [...] *Quarto fallit in constituto, quia potest aliquis se constituere pro alio debitorem, quae est in effectu fideiussio.*

1817 *Quod cum in universo iure civili expetendum, tum in hac parte, meo iudicio, maxime necessarium est. Nam si ipsius materiae, cuius tractationem et expositionem requirimus, ducatur ratio,*

von HAMBERGER gegen die Richtigkeit dieser Behauptung erhobenen Einwände hat SEUFFERT überzeugend widerlegt[1818].

III. Der Usus modernus pandectarum

Der Usus modernus pandectarum brachte schließlich die Anerkennung des allgemeinen Konsensualvertrags hervor[1819]. Die Mehrheit der Autoren ging nunmehr, unter dem Einfluss der *Commentarii in pandectas iuris civilis et codicis Iustinianei* des Matthaeus WESENBECK[1820], davon aus, dass jeder – insbesondere auch der formlose – Vertrag klagbar sei[1821]. Unter diesen Voraussetzungen stellte das Konstitut die Jurisprudenz vor erhebliche Schwierigkeiten. Die überkommenen Lehren mochte man nicht ohne weiteres aufgeben, doch war ein großer Teil des Aufwandes, den die Früheren zur Erklärung der Klagbarkeit des Konstituts und bei seiner dogmatischen Ausgestaltung betrieben hatten, nunmehr eigentlich überflüssig[1822].

Die Ratlosigkeit der Lehre, die das Konstitut zwar weiter als Institut des geltenden Rechts behandelte, aber einen rechten Sinn nicht mehr darin zu erblicken vermochte, tritt beispielsweise im Pandektenkommentar BRUNNEMANNS deutlich hervor. Zunächst definiert er das Konstitut als *iterata promissio* und führt weiter – ähnlich wie DONELLUS – aus, es bringe als *pactum geminatum* eine Klage hervor[1823]. Sorgfältig diskutiert er auch die alte Streitfrage, ob aus Konstitut hafte, wer wissentlich eine Nichtschuld konstituiere[1824]. Gegen ZASIUS, der dies abgelehnt hatte, spricht er sich für die Wirksamkeit eines solchen Konstituts aus

utilitas sane fructusque eius diffunditur tam late, ut caeteris omnibus, omniumque consensu praestare et antecellere merito dicatur. Argumento illud sit, quod hodie nullius contractus formula absque stipulatione concipitur. [...] *In quam sententiam plurime gravissima dicta esse olim memini a primo Curiae Parisiensis praeside Aegidio Magistro.*

1818 Geschichte der obligatorischen Verträge, S. 110 ff., insbesondere n. 6.

1819 WIEACKER, Privatrechtsgeschichte der Neuzeit, S. 242 und n. 56 m. w. N.

1820 Zur Lehre WESENBECKS und ihrem Einfluss auf die Autoren des Usus modernus s. NANZ, Vertragsbegriff, S 85 ff., zu seiner Biographie s. DEKKERS, Humanisme, S. 191 ff.

1821 NANZ, Vertragsbegriff, S. 95 ff.

1822 So formuliert der spanische Jesuit MOLINA, De justitia et jure, disp. 258, n. 9 (Bd. 2 Sp. 25): *omnia etiam quae de pacto nudo, et vestito, et contractibus innominatis, et nominatis, subtiliter potius quam utiliter, de jure civili ab ethnicis hominibus inventa, atque introducta sunt, aboleri deberent.*

1823 Ad D. 13, 5, 1, Nr. 1; mit LAUTERBACH, Compendium Iuris, ad D. 13, 5 (S. 216) qualifiziert er das Konstitut somit als *pactum legitimum*, nicht als *contractus*. – Vgl HEINECCIUS, Elementa, Bd. 1, S. 358 f., der folgende Axiomata aufstellt: I. *Constitutum est pactum, cui Praetor adsistit.* II. *Eius virtus oritur ex promissio geminato.*

1824 A. a. O. Nr. 7.

und merkt noch an, dass *et hodie ex nudo pacto datur actio*. Ähnlich behandelt er auch die für die Funktion des klassischen Konstituts so wichtige Frage, ob eine (form-)unwirksame Stipulation als Konstitut Geltung erlangen könne[1825]. Dies verneint er zwar in Anbetracht des eindeutigen Ulpiantexts in D. 13, 5, 1, 4, führt im Folgenden jedoch gleich mehrfach aus, dass dieser Text keine Geltung mehr beanspruchen könne, da eine nicht formgerechte Stipulation *erit tamen conventio, ex qua dabitur actio*[1826].

Voet bemerkt zum Verhältnis von Stipulation und Konstitut, dass kein wesentlicher Unterschied (mehr) bestehe: *Constituti et stipulationis eadem hodie vis est, cum ex omni nudo pacto serio prolato actio detur*[1827]. Noch weiter geht Heineccius: Da zwischen *pactum nudum* und Stipulation kein Unterschied mehr bestehe, und jedes *pactum* eine Klage entstehen lasse, habe ein *pactum geminatum* dieselbe Wirkung wie ein *pactum simplex*. Wer demnach für einen anderen konstituiere, sei in Wahrheit ein *fideiussor*, weshalb der Gebrauch der Konstitutsklage vor den modernen Gerichten gering sei[1828].

Das Konstitut wird also weiter als Leistungsversprechen aufgefasst und auch offen als *promissio* bezeichnet bzw. mit einer solchen gleichgesetzt. Der Konstituent für fremde Schuld ist nach Brunnemann *adpromissor*, nicht *expromissor*, wenn nicht – und das ist neu – mit dem Konstitut eine Novationsabsicht verfolgt ist[1829]. Diese sei jedoch nicht zu vermuten, sondern müsse voll bewiesen werden[1830]. Auch Voet betrachtet das *constitutum debiti alieni* als Form der Bürgschaft und gewährt dem in Anspruch genommenen Konstituenten den Rückgriff mit der Klage aus Auftrag oder Geschäftsführung[1831]. Überhaupt liegt das Hauptaugenmerk der Bearbeiter auf dem Konstitut fremder Schuld als Form der Interzession.

1825 A. a. O. Nr. 14.

1826 Ad D. 13, 5, 1 Nr. 15; ad D. 13, 5, 11, Nr. 7.

1827 Compendium Iuris, Bd. 1, S. 199.

1828 Elementa, Bd. 2, S. 351; vgl. auch Schilter, Praxis jur. rom., XXIV, 76: *Actio ex pacto tam lata est, ut exhauriat et actionis ex stipulatu et ex constituto vim et efficaciam, et […] actio ex pacto nostris moribus in omnia sufficiens sit.*

1829 Ad D. 13, 5, 1 Nr. 1; ad. D. 13, 5, 28 Nr. 1 und 3.

1830 Ad. D. 13, 5, 28 Nr. 3; a. A. Heineccius, Elementa, Bd. 1, S. 360.

1831 Voet, Compendium Iuris, Bd. 1, S. 199: *pro alio constituens effectu a fidejussore non differt*; vgl. auch Heineccius, Elementa, Bd. 1, S. 360, der folgerichtig dem Konstituenten fremder Schuld alle *beneficia* des Bürgen zuerkennt.

IV. Die Kodifikationen des 18. und 19. Jahrhunderts

1. Codex Maximilianeus Bavaricus Civilis

Von den Kodifikationen des 18. und 19. Jahrhunderts ist nur der Codex Maximilianeus Bavaricus Civilis (CMBC) des Jahres 1756 noch so stark an die römische Vertragstypologie angelehnt, dass er dem Konstitut eigene Regelungen widmet. Zunächst im Titel „Von Contractibus Verbalibus, insonderheit von Bürgschaften (Fidejussionibus.)“:

> Teil 4, Kap. 10, § 22 CMBC:
> Constitutum heißt 1mò nach Römischen Recht, soviel als ein Pactum legitimum, Kraft dessen man die Bezahlung der auf einem Pacto nudo beruhender Schuld dergestalt verspricht, dass die vorige Obligation nichtsdestoweniger verbleiben solle. Dafern nun 2dò das Constitutum eine fremde Schuld betrift, so wird es heut zu Tag für eine wahre Fidejussion gehalten. Betrift es aber 3tiò des Constituentens eigene Schuld, so wird es für ein blosse Adpromission-Agnition, Wiederhol- oder Bestättigung der vorigen Obligation geachtet, nachdem heut zu Tag inter Pacta nuda & vestita kein Unterschied mehr ist, jene so kräftig, als diese verbinden.

Der Codex erweist sich hier in Diktion und Inhalt als ein echtes Kind des Usus modernus[1832]; die Regelung klingt wie eine Übersetzung der Ausführungen in den oben zitierten Arbeiten von Brunnemann, Lauterbach und Voet[1833]. Das geht so weit, dass sich auch die Fehlvorstellung einiger Autoren eingeschlichen hat, das Konstitut beruhe geradezu auf dem Gedanken der Gemination eines *pactum nudum*. Anders ist es nicht zu erklären, dass ein Konstitut nach dem Gesetzeswortlaut nur dann vorliegen soll, wenn die Hauptschuld auf einem *pactum nudum* beruht (s. Satz 1).

Bezeichnend ist die Reihenfolge, in der das Konstitut für fremde und für eigene Schuld behandelt werden: Das Hauptaugenmerk liegt weiter auf dem *constitutum debiti alieni* und seiner Gleichsetzung mit der Bürgschaft durch *fideiussio*. Festgeschrieben wird jetzt auch ausdrücklich, dass die Interzession durch *constitutum debiti alieni* eine kumulative sei. Damit ist dem Vorstoß Brunnemanns, der bei entsprechender Absicht dem Konstitut Novationswirkung zuerkennen wollte, eine gesetzgeberische Absage erteilt:

1832 So auch das Gesamturteil von Schubert in: Demel/Schubert, Der Entwurf eines Bürgerlichen Gesetzbuches für das Königreich Bayern, S. LXIII; s. im einzlenen Pöpperl, Quellen und System des Codex Maximilianeus Bavaricus Civilis, S. 31ff.; 81ff.

1833 Da der Verfasser des Codex, Kreitmayr, seinen Begriffsapparat auch sonst wesentlich bei Lauterbach entlehnt (Pöpperl, a.a.O., S. 97ff; Schubert, a.a.O., S. LXIII), ist dies allerdings wenig überraschend.

> Teil 4, Kap. 10, § 24 CMBC:
> Die Art und Weis sich durch Intercession zu obligiren, ist unterschiedlich, nemlich 1mò da man eine bereits gemacht- fremde Schuld über sich nimmt, und zwar entweder Participations-weis und cumulativè per Fidejussionem, Constitutum, Mandatum, oder Translations-weis und privativè durch die Novation, Expromission, oder sonstige des Haupt-Schuldners beschehene Liberation. 2dò Da man dem anderen zu gefallen eine Nagel-neue Schuld macht, und z. E. Geld aufnimmt, um solches sofort einem anderen überlassen zu können, welchenfalls jedoch erforderlich ist, dass auch dem Creditori diese Absicht nicht verborgen seye, anerwogen es ansonst mehr für eine Principal-Obligation, als Intercession angesehen wird.

Seinen Wirkungen nach schlägt der Codex das Konstitut den Innominatverträgen zu:

> Teil 4, Kap. 12, § 8 CMBC:
> Nach Römischen Rechten werden zwar weder Pacta nuda noch vestita, legitima, vel adjecta unter die Contractus innominatos gezehlet, wie aber obverstandenermassen heut zu Tag unter all diesen Handlungen wenigst quò ad Vim & Efficaciam obligandi kein Unterschied mehr ist, so gehören solche gleichfalls mit anhero, und wird sich übrigens lediglich auf das bezogen, was insonderheit von Judicial- und Extrajudical-Vergleichen, wieauch von denen per Modum Actûs inter Vivos gepflogenen Pactis Successoriis, Dotalibus, Donationibus, Fideicommissis, Parentum inter Liberos Divisionibus, dann Constitutis, und Hypothec-Verschreibungen bereits anderwärts theils in gegenwärtigen, theils in Codice Judiciario mit mehrern versehen ist.

Das Konstitut eigener Schuld stellt nur noch eine Bestätigung oder Wiederholung der ursprünglichen Verbindlichkeit dar, so dass ihm nur noch eine sehr eingeschränkte Bedeutung zukommt.

2. Allgemeines Landrecht für die Preußischen Staaten, Code Civil und ABGB

Das preußische Allgemeine Landrecht aus dem Jahre 1794 behandelt das Konstitut ebenso wenig wie später der französische Code Civil (1804) und das österreichische ABGB (1811)[1834]. Das kann nicht überraschen, da diesen großen Naturrechtskodifikationen gemein ist, dass sie nicht bestehendes (römisches) Recht feststellen, ordnen, verbessern oder fortbilden wollen, sondern auf eine umfassende Gesellschaftsplanung durch erschöpfende und systematische Neuordnung des

1834 Auch der Entwurf eines Bürgerlichen Gesetzbuches für das Königreich Bayern aus dem Jahr 1811 enthält keine Bestimmungen mehr zum Konstitut.

Rechtsstoffes abzielen[1835]. An die Stelle des *numerus clausus* der römischen Schuldverträge tritt der allgemeine Schuldvertrag, der jeden erdenklichen Inhalt haben kann. Den römischen Typenzwang löst die vernunftrechtliche Vertragsfreiheit ab.

Wären die genannten Kodifikationen abschließend und flächendeckend gewesen, würde dies wohl das Ende des Konstituts in Europa bedeutet haben. Doch galten sie nur in den Herrschaftsgebieten Preußens, Frankreichs und Österreichs. Gerade in Deutschland mit seiner Zersplitterung in zahlreiche Einzelstaaten machte sich dies bemerkbar.

V. Die Pandektistik

Der Anfang des 19. Jahrhunderts brachte die historische Rechtsschule hervor[1836]. Aus deren romanistischem Zweig entwickelte sich die Pandektistik[1837]. Die Rückbesinnung auf die Quellen führte naturgemäß zu einer fortgesetzten wissenschaftlichen Behandlung auch des Konstituts, das man nun einerseits unter rechtshistorischen Gesichtspunkten untersuchte, andererseits aber auch als Teil des rezipierten und noch immer geltenden römischen Rechts für die Praxis urbar zu machen suchte. Ob das Konstitut noch einen aktuellen Nutzen habe oder für die Praxis des geltenden Rechts außer Betracht bleiben könne, war indes alles andere als unstreitig. So lehrte einerseits DERNBURG, das Konstitut im römischen Sinne sei dem modernen Verkehr fremd. Zwar kämen Zahlungsversprechen vor und bezeichneten romanistisch gebildete Juristen diese gern als Konstitute, doch fehlten derartigen Versprechen die Charakteristika des römischen Konstituts. Denn gewöhnlich verspreche man, was künftig, nämlich zum Zeitpunkt der Leistung, geschuldet sein wird, und nicht – wie beim klassischen Konstitut – was im Zeitpunkt des Versprechens geschuldet ist[1838]. WINDSCHEID wandte gegen diese Argumentation ein, DERNBURGS Behauptung zum typischen Inhalt des modernen Zahlungsversprechens sei „ohne Beweis" aufgestellt, und sprach dem Konstitut durchaus noch praktischen Wert zu[1839].

1835 WIEACKER, Privatrechtsgeschichte der Neuzeit, S. 322 ff. m. w. N.

1836 Hierzu etwa WESEL, Geschichte des Rechts, Rn. 281; EISENHARDT, Rechtsgeschichte, S. 317 ff.

1837 Vgl. etwa WIEACKER, Privatrechtsgeschichte, S. 348 ff.; EISENHARDT, Rechtsgeschichte, S. 322 ff.; HOKE, Österreichische und Deutsche Rechtsgeschichte, S. 452 ff., 455.

1838 DERNBURG, Pandekten, Bd. 2, §§ 69 und 77; vgl. schon THIBAUT, System des Pandektenrechts, Bd. 2, § 939: „Mehr nach Römischem, als dem jetzigen Recht wichtig ist das Constitutum debiti proprii […]."

1839 WINDSCHEID, Lehrbuch des Pandektenrechts, Bd. 2, § 284 (S. 163 ff. mit n. 4 auf S. 163).

Was die großen Pandektenlehrbüchern allgemein diskutierten, war im Speziellen auch Gegenstand monographischer Untersuchungen. Der Streit um die fortdauernde praktische Bedeutung des Konstituts entzündete sich vor allem auf zwei Gebieten: der Lehre vom Anerkennungsvertrag und der Lehre von der Bürgschaft.

1. Anerkennungsvertrag und Konstitut: Bähr vs. Bruns

Im Jahre 1855 erschien eine Monographie mit dem Titel „Die Anerkennung als Verpflichtungsgrund[1840]". Ihr Verfasser, Otto BÄHR, seinerzeit Obergerichtsrat in Fulda, später Reichsgerichtsrat, stellte darin erstmals eine umfassende Theorie des Anerkennungsvertrages auf[1841]. Seine zentrale These: Jede formlose Anerkennung (insbesondere durch Schuld- und Bekenntnisscheine) einer bestehenden Verbindlichkeit enthält wenigstens stillschweigend ein Zahlungsversprechen. Dieses stellt einen selbständigen Verpflichtungsakt dar[1842], ist gewissermaßen durch sich selbst bewiesen und kann nur im Wege der Einwendung, man habe die anerkannte Schuld irrtümlich für existent gehalten, tatsächlich aber habe sie nicht bestanden, entkräftet werden. Bis dahin hatte man das Anerkenntnis bestehender Verbindlichkeiten, insbesondere in Schuldscheinen, eher als Beweismittel denn als obligatorischen Vertrag betrachtet.

BÄHR entwickelt seine Theorie auf der Grundlage des römischen Rechts und untersucht zunächst die Bedeutung der Stipulation für sein Thema, dann aber auch „verwandte Rechtsinstitute", zu denen er u. a. das *constitutum debiti* (*proprii*) zählt[1843]. Dessen fundamentale Schwäche sieht er in der absoluten Abhängigkeit von der konstituierten Schuld. Da die Verbindlichkeit als Bedingung der Konstitutshaftung zum Klagegrund gehöre und von dem Gläubiger voll zu beweisen sei, könne das Konstitut bzw. das darin enthaltene Anerkenntnis niemals „die Bedeutung einer ächten Anerkennung gewinnen[1844]", sprich: eine von der früheren

1840 1. Auflage, Cassel 1855; zu dieser vgl. die umfangreiche Rezension von ARNDTS, Krit. Überschau der deutschen Gesetzgebung und Rechtswissenschaft 4 (1857), S. 1 ff. und 219 ff. – Ich zitiere im Folgenden – soweit nicht anders angegeben – nach der 2. Auflage, Cassel 1867.

1841 Dass in der Anerkennung ein Vertrag liegen könne, hatte schon SAVIGNY, System, Bd. 7, S. 11 ausgesprochen („Recognitivvertrag"), allerdings nur beiläufig; offenbar hatte SAVIGNY die Frage brieflich später mit seinem Schüler PUCHTA erörtert, der jedoch äußerte, ihm sei nicht klar, „inwiefern es wohl Wirkungen der Anerkennung gebe, die sich nicht ohne Annahme eines obligatorischen Vertrages begründen lassen würden"; s. dazu ARNDTS, Krit. Überschau 4 (1857), S. 1 f.

1842 Zum Vertragsschluss bedurfte es noch der Annahme durch den Gläubiger, die BÄHR, Anerkennung, S. 181 allerdings regelmäßig „aus den Thatsachen suppliren" will.

1843 BÄHR, Anerkennung als Verpflichtungsgrund, 1. Auflage, S. 118 ff.

1844 BÄHR, Anerkennung als Verpflichtungsgrund, S. 120.

Obligation grundsätzlich abstrakte neue Verbindlichkeit begründen (*sc.* wie die *stipulatio ex causa praecedente*). In der Praxis sei man jedoch gewohnt, einfache Zahlungsversprechen als *constituta* zu erfassen und entsprechend den Gläubiger mit dem Vollbeweis der konstituierten Schuld zu belasten. Das Versprechen als solches werde dadurch wertlos. Diese Lehre vom Konstitut habe sehr dazu beigetragen, „über die Natur des Anerkennungsvertrages zu beirren". Bähr empfiehlt daher, man möge die Lehre vom Konstitut „in der Praxis ganz beiseite lassen[1845]". Deren Bedeutung sei „in der allgemeinen Klagbarkeit der Verträge aufgegangen[1846]".

Hintergrund der Bähr'schen Lehre waren u. a. Entscheidungen wie die des Oberappellationsgerichts zu Cassel[1847], der 1837 einem Schuldschein des Inhalts, „dass Unterzeichneter dem N. für verschiedene Dienste, Bemühungen, Reisen und Entschädigungen die Summe von 800 Gulden schuldig geworden sei", die Wirksamkeit versagte wegen „zu allgemein" angegebener *causa debendi*[1848]. In einer Entscheidung aus dem Jahr 1844 führte dasselbe Gericht aus:

> „Das Versprechen, eine Summe Geldes als eine eigene Schuld bezahlen zu wollen, kann ohne Angabe des Grundes der letzteren für ein wirksames Constitut nicht gehalten werden[1849]."

Ähnlich urteilte es auch mit Bescheid vom 21. April 1844 über folgenden Schuldschein:

> „Endesunterschriebener bekennt hierdurch dem Herrn Rath Z. in G. die Summe von 179 Thlr. 22 Alb. 8 Hlr. schuldig geworden zu sein und verpflichtet sich, gesagten Betrag nach vorhergegangener halbjähriger Kündigung baar und in ungetrennter Summe abzutragen und bis dahin mit 5 Prozent zu verzinsen.
> v. M."

Das Zahlungsversprechen sei zur Begründung einer Klage aus Konstitut nicht geeignet, da es die Schuldgründe nicht benenne, aus denen die anerkannte Summe geschuldet sei[1850]. Bähr wendet sich vor allem gegen die Vorstellung,

1845 Bähr, Anerkennung als Verpflichtungsgrund, S. 186; seine Befürchtung war nämlich folgende (S. 219): „So lange diese Theorien nicht zur Seite geschoben, nicht überwunden sind, drohen sie fortwährend, die Abrechnungslehre wieder umzustoßen."

1846 Bähr, Anerkennung als Verpflichtungsgrund, S. 186.

1847 Bis zu der Annektion durch Preußen im Jahr 1866 (dazu etwa Kissel, Neuere Territorial- und Rechtsgeschichte des Landes Hessen, S. 37) galt im Kurfürstentum Hessen-Kassel – z. T. neben alten Landrechten – gemeines Recht (Kissel, a. a. O., S. 84 f.).

1848 Abgedruckt bei Strippelmann, Entscheidungen des OAG zu Cassel, Bd. 6, S. 640.

1849 Abgedruckt bei Bähr, Die Anerkennung als Verpflichtungsgrund, S. 298 ff.

1850 Dem Anerkenntnis lag offenbar ein Darlehen zugrunde, wie sich aus der von Bähr, Anerkennung als Verpflichtungsgrund, S. 298 f. mitgeteilten Prozessgeschichte ergibt.

dass erst durch die Hinzufügung des Schuldgrundes das Anerkenntnis Wirksamkeit erlangen sollte:

> „Jeden Unbefangenen aber möchte ich fragen, ob er denn wirklich vermuthen zu müssen glaubt, dass v. M. sich zur Zahlung der 179 Thlr. etc. „ohne Grund" (d.h. ohne zu wissen warum?) oder nur „aus Scherz", „aus Einfalt" oder „aus Irrthum" für verpflichtet erklärt habe? Und welche größere Garantie für eine rechtmäßige Entstehung der Schuld würde vorhanden gewesen sein, wenn in der Urkunde noch gestanden hätte: „aus Abrechnung" – das Zauberwort, welches sofort den Gerichten als „genügende *causa debendi*" eingeleuchtet haben würde?[1851]"

Dieser Kritik an der Rechtsprechung schließt sich im Grundsatz auch BRUNS an[1852]. Er will dasselbe Ergebnis jedoch unter Beibehaltung des *constitutum* als des „wahrhaft practischen aus dem Leben selber hervorgegangenen Begriffs[1853]" erreichen[1854]. Den von BÄHR entwickelten Anerkennungsvertrag weist er als „von einem Praktiker erdachte theoretische Speculation[1855]" zurück. Der richtigen Lösung – Gewährung der Klage auch aus einem Schuldschein ohne ausdrückliche Benennung der *causa* – stehe nicht die Lehre vom Konstitut entgegen, sondern „unsere moderne steife und pedantische Beweistheorie, die nun einmal seit Jahrhunderten den Satz nachbetet, außergerichtliche Geständnisse hätten keine Beweiskraft[1856]". Damit habe sie „dem römischen Constitute einen Hauptlebensfaden abgeschnitten". An die Stelle des materiell-rechtlichen Anerkennungsvertrages setzt BRUNS einen prozessualen Beweisvertrag[1857]. Das (akzeptierte) Anerkenntnis habe nach dem Willen der Parteien die Wirkung, dass der Gläubiger allein auf den Schuldschein sich soll berufen können, ohne noch weiteren Beweises der Schuld selbst zu bedürfen.

Trotz der Kritik von BRUNS und einigen anderen fand BÄHRS Lehre mehr Anhänger als Gegner. Endgültig wurde der schwelende Streit jedoch erst durch die Einführung des Bürgerlichen Gesetzbuchs beigelegt, das den Anerkennungsvertrag zwar nicht ausdrücklich regelt, aber in der Formvorschrift des § 781 BGB voraussetzt.

1851 BÄHR, Anerkennung als Verpflichtungsgrund, S. 299.
1852 ZRG 1 (1861), S. 28 (117 ff.).
1853 ZRG 1 (1861), S. 28 (122).
1854 Nicht zu Unrecht formuliert BRUNS ZRG 1 (1861), S. 28 (118), die Abwehr der Lehren BÄHRS sei „zu einer Lebensfrage für das Constitutum geworden".
1855 ZRG 1 (1861), S. 28 (122).
1856 ZRG 1 (1861), S. 28 (124).
1857 ZRG 1 (1861), S. 28 (127 ff.); ähnlich SCHLESINGER, Zur Lehre von den Formalcontracten, S. 47 ff.; 136 ff.; weitere Nachweise bei WINDSCHEID, Lehrbuch des Pandektenrechts, Bd. 2, S. 822 n. 2, der in der ersten Auflage noch BRUNS gefolgt war.

2. Das *constitutum debiti alieni* als eigenständige Form der Bürgschaft – Girtanner vs. Hasenbalg

Seit Justinian hatte man das Konstitut fremder Schuld als Sicherungsmittel verwendet, noch heute betrachtet die romanistische Lehre es als eine Bürgschaftsform bzw. ein Geschäft mit „bürgschaftsähnlicher Wirkung“[1858]. Diese Ansicht findet sich auch in allen gängigen Lehrbüchern der Pandektistik[1859]. Schon einige Vertreter des Usus modernus hatten allerdings die These aufgestellt, mit der Klagbarkeit aller Verträge und dem damit einhergehenden Wegfall des Erfordernisses der Stipulationsform sei das Konstitut als solches praktisch obsolet geworden. Bezogen auf das Konstitut fremder Schuld war man sogar soweit gegangen, den Konstituenten als einen „wahren *fideiussor*“ zu bezeichnen[1860]. Einen Versuch, *fideiussio* und *constitutum debiti alieni* präzise voneinander abzugrenzen, hatte Koch 1777 in einer Kieler Dissertation unternommen[1861]. Er war zu dem Ergebnis gelangt, dass zwischen beiden Geschäften auch innere Unterschiede bestünden, nämlich in ihrer Zweckrichtung: Während der *fideiussor* allein die Sicherstellung des Gläubigers bezwecke, mache sich der Konstituent als prinzipaler Schuldner gleichrangig neben dem Hauptschuldner verbindlich.

In der Folge wurde es zu einer vieldiskutierten Streitfrage, ob im geltenden Recht *fideiussio* und *constitutum debiti alieni* nebeneinander existierten, ob das Konstitut überflüssig und allein noch die *fideiussio* von Bedeutung oder ob im Gegenteil jede moderne Bürgschaft ein Konstitut sei[1862].

a. Girtanner: Verschmelzung von Konstitut und *fideiussio* kraft Gewohnheitsrechts

Girtanner begründete die Ansicht, die beiden römischen Institute seien kraft Gewohnheitsrechts zu der einheitlichen Bürgschaft des gemeinen Rechts verschmolzen[1863]. Diese sei weder den klassischen Schranken der Verbürgung durch *fideiussio* unterworfen noch denen des Konstituts.

1858 Kaser, RP I, S. 584; 666; Zimmermann, Obligations, S. 141 n. 166; 512.

1859 S. etwa Arndts, Lehrbuch der Pandekten, § 351 (S. 557 ff.); Dernburg, Pandekten, Bd. 2, § 77 (S. 209); Puchta, Pandekten, § 404 (S. 581); Windscheid, Lehrbuch der Pandekten, Bd. 2, § 476 (S. 1079 ff.).

1860 Heineccius, Elementa, Bd. 2, S. 351.

1861 De constituto debiti alieni ejusque a fidejussione discrimine, Kiel 1777.

1862 Zu den praktischen Auswirkungen dieses Streits s. die Anekdote bei Jhering, Scherz und Ernst in der Jurisprudenz, S. 53 ff.

1863 Girtanner, Die Bürgschaft nach gemeinem Civilrechte, Jena 1851, S. 373 ff., s. insbesondere S. 381: „Wir müssen demnach unsere Bürgschaft bezeichnen als ein Rechtsinstitut, welches vollständig in allen Einzelheiten weder der Fidejussio noch dem Constitutum entspricht,

b. Hasenbalg: Koexistenz von Konstitut und *fideiussio*

Die Gegenansicht, geführt von HASENBALG, betonte – ähnlich wie KOCH – die inneren Unterschiede zwischen *fideiussio* und Konstitut[1864]. Beide Institute seien nebeneinander rezipiert worden und bestünden infolgedessen auch jetzt noch nebeneinander[1865]. Ihre Annäherung in der äußeren Form vermöge nicht den fundamentalen inneren Unterschied zu beseitigen. Es sei daher im Einzelfall nach dem Parteiwillen zu entscheiden, welches Geschäft vorliege. Während aber nach WINDSCHEID im Zweifel die Regeln der *fideiussio* Anwendung finden sollten[1866], wollte HASENBALG differenzieren: Konnte das Geschäft nur als *constitutum debiti alieni* wirksam sein – etwa weil eine *alia res* versprochen war – so gelte die Vermutung, dass die Parteien das Geschäft als wirksames gewollt hätten – also als Konstitut. War das Geschäft dagegen sowohl nach den Regeln der *fideiussio* als auch nach denen des Konstituts gültig, so komme eine allgemeine Auslegungsregel zum Zuge: Im Zweifel für den Verpflichteten. Daher spreche auch in diesem Fall eine Vermutung für das Konstitut, weil dieses regelmäßig für den Verpflichteten günstiger sei[1867]. Nur bei eindeutiger Kundgabe des Willens, eine *fideiussio* einzugehen hielt HASENBALG deren Regeln noch für anwendbar.

c. Die Position des Reichsgerichts (RGZ 10, 186)

Auch das Reichsgericht befasste sich mit der Frage. Mit Urteil vom 7. November 1883[1868] hatte der 1. Zivilsenat über folgenden Fall zu entscheiden: Der Schwiegersohn des Beklagten schuldete dem Kläger Geld. Der Beklagte versprach Zahlung, und zwar, wie der Berufungsrichter festgestellt hatte, „in der Form des *constitutum debiti alieni*". Von dem Kläger in Anspruch genommen, berief er sich auf die Verjährung der ursprünglichen Verbindlichkeit.

Mit Erfolg: Das Reichsgericht wies die auf D. 13, 5, 18, 1 gestützte Revision des Klägers zurück. Der Berufungsrichter habe lediglich festgestellt, dass das Zahlungsversprechen des Beklagten „in der Form des *constitutum debiti alieni*" erteilt worden sei, nicht aber, dass es sich auch tatsächlich um ein solches handele.

---

sondern nur dem Kerne, welcher beiden gemeinsam ist"; ähnlich ARNDTS, Lehrbuch der Pandekten, § 353 (S. 559 ff.); PUCHTA, Pandekten, § 404 (S. 581 f.); vgl. auch HEILFRON, Lehrbuch des Bürgerlichen Rechts, Bd. 2, S. 782 f.

1864 HASENBALG, Die Bürgschaft des gemeinen Rechts, S. 817 ff.; 847 ff.; GOESCHEN, Vorlesungen über das gemeine Civilrecht, Bd. 2, 2, § 567 (S. 522 ff.); WINDSCHEID, Lehrbuch des Pandektenrechts, Bd. 2, § 476 (S. 1079 ff.); VANGEROW, Lehrbuch der Pandekten, Bd. 3, § 579 (S. 142 ff.).

1865 HASENBALG, Bürgschaft, S. 860.

1866 WINDSCHEID, Lehrbuch des Pandektenrechts, Bd. 2, § 476 (S. 1081).

1867 HASENBALG, Bürgschaft, S. 865.

1868 RGZ 10, 186.

Die Abgrenzung zwischen beiden Geschäften sei nach dem Parteiwillen, nicht nach der äußeren Form vorzunehmen: Diene das Versprechen als „kumulative Interzession" allein der größeren Sicherheit des Gläubigers, liege eine Bürgschaft vor, auf welche die Regeln der *fideiussio* anzuwenden seien. Nur wenn der Versprechende dem Gläubiger darüber hinaus weitere Vorteile habe einräumen wollen, komme in Betracht, „ob noch die besonderen Rechtssätze des Konstituts Anwendung zu finden haben". Dass ein solcher Fall vorliege habe der Revisionskläger jedoch nicht behaupten können.

VI. Das Bürgerliche Gesetzbuch

1. Keine Aufnahme des Konstituts in das BGB

Das Inkrafttreten des Bürgerlichen Gesetzbuches am 1. Januar 1900 bildet formell den Schlusspunkt der Geschichte des *constitutum debiti* in Deutschland. Der Gesetzgeber hat die Erfüllungszusage als besonderes Institut nicht ins BGB aufgenommen. Das Konstitut eigener Schuld hatte schon in den Gesetzesmaterialien keinerlei Beachtung mehr gefunden; über das Konstitut fremder Schuld als Bürgschaftsform hatte die 1. Kommission in ihrer 235. Sitzung am 14. 09. 1883 wie folgt befunden:

> Prot. I, 2507:
> 4. Das Konstitut darf übergangen werden. Im römischen Recht als von der Bürgschaft verschiedener Vertrag aus Gründen anerkannt, die sich erledigt haben, ist es veraltet und als ein benannter Vertrag besonderer Art im Verkehr verschwunden. Sein Uebergehen schließt nicht aus, einen konkreten Vertrag dahin auszulegen, dass die Parteien die Eigenthümlichkeit gewollt haben, durch welche nach römischem Rechte das Konstitut von der Bürgschaft sich unterschied[1869].

Vollständig übergangen hat man das Konstitut im Bürgschaftsrecht dennoch nicht. Die Bürgschaft des BGB weicht von der römischen *fideiussio* in einem bedeutenden Punkt ab, und zwar in einer Weise, die der Regelung des Konstituts fremder Schuld entspricht: Als ein Manko der *fideiussio* hatte stets gegolten, dass nach den eindeutigen Bestimmungen der Quellen das Versprechen des Bürgen die Summe der Hauptschuld bei Strafe der vollständigen Nichtigkeit

1869 Beinahe wortgleich: Motive II, S. 658, die sich zur Begründung des Satzes, dass ein Vertrag dahin ausgelegt werden könne, dass der Sache nach ein Konstitut entstand, auf die soeben dargestellte Entscheidung des Reichsgerichts (RGZ 10, 186) berufen.

der Bürgschaft nicht überschreiten durfte[1870]. Nach dem Vorbild des Konstituts waren schon die Pandektisten dazu übergegangen, die Haftung des Bürgen lediglich auf das Maß der Hauptschuld zu begrenzen[1871]; eben dies übernimmt auch das BGB.

2. Ein Rettungsversuch: Wienstein

In den Lehrbücher und Kommentaren, die unmittelbar nach Inkrafttreten des BGB erschienen, fand das Konstitut, soweit es nicht gleich gänzlich übergangen wurde[1872], zumeist nur noch Erwähnung als nunmehr obsolete Bürgschaftsform des gemeinen Rechts[1873]. In der aktuellen Literatur sucht man es vergebens[1874].

Lediglich WIENSTEIN, ein Berliner Kammergerichtsrat, sprach sich 1909 in einem kurzen Aufsatz dafür aus, das Konstitut dem geltenden Recht zu erhalten bzw. „den über Zeit und Nation hinaus gültigen Gedanken des Konstituts zu retten"[1875].

a. Konstitut fremder Schuld

Anlass seiner Überlegungen waren die Schwierigkeiten, welche die Abgrenzung von Bürgschaft und kumulativer Schuldübernahme der Rechtsprechung und Lehre bereitete. Nach Auffassung des Reichsgerichts sollte entscheidend sein, ob „besondere Umstände" dafür sprachen, dass der Versprechende eine

1870 S. D. 46, 1, 8, 7 (Ulp. 47 Sab.): *Illud commune est in universis, qui pro aliis obligantur, quod, si fuerint in duriorem causam adhibiti, placuit eos omnino non obligari* [...]; dazu HASENBALG, Bürgschaft, S. 179 ff.

1871 S. etwa DERNBURG, Pandekten, Bd. 2, § 78 (S. 213); GIRTANNER, Bürgschaft, Bd. 2, S. 582; GOESCHEN, Vorlesungen über das gemeine Civilrecht, Bd. 2, 2, § 567 (S. 524).

1872 Keine Erwähnung etwa bei Palandt-FRIESECKE, 1./2. Auflage 1939, § 765 BGB; CRETSCHMAR, Bürgerliches Recht, Bd. 1, § 765 BGB.

1873 S. die kurzen Notizen bei HEILFRON, Lehrbuch des Bürgerlichen Rechts, Bd. 2, S. 781 ff.; ENNECCERUS I.2, S. 562 f.; ENGELMANN, Das Bürgerliche Recht Deutschlands, S. 419; KUHLENBECK, Von den Pandekten zum Bürgerlichen Gesetzbuch, Bd. 2, S. 332. –Etwas ergiebiger war die Kommentarliteratur: immerhin befand PLANCK, BGB, 1./2. Aufl. 1900, Anm. III. zum 18. Titel: „das *constitutum debiti alieni* wird im Gesetze nicht erwähnt. Es ist nicht für unzulässig zu erachten, dürfte aber im heutigen Verkehre selten vorkommen (Dernburg II. § 77 Nr. 1)"; ähnlich hielt auch LOEWENWARTER, § 765 BGB, S. 365 das *constitutum debiti alieni* noch für existent, wenn auch „im Verkehrsleben selten"; nach Staudinger-ENGELMANN, 7./8. Auflage 1912, Vorbemerkungen zu § 765 ff. BGB, Nr. 6 lit. d) ist es „dem BGB als besonderer Vertrag unbekannt"; TÜRCKE/NIEDENFÜHR/WINTER, § 765 BGB, zitieren Motive: „das *constitutum debiti alieni* übergeht das BGB"; SCHERER, Recht der Schuldverhältnisse, § 765 BGB, Anm. 2b. führte aus: „Jetziges Recht: Der Garantievertrag und das constitutum debiti alieni sind Arten der Bürgschaft. Das ist wichtig wegen § 766, welcher die Schriftform vorschreibt."

1874 Soweit ersichtlich wird es – von rechtshistorischen Werken abgesehen – nur erwähnt von KESSAL-WULF in: Staudinger, Eckpfeiler des Bürgerlichen Rechts [2011], S. 522.

1875 „Das Erfüllungsversprechen", Beiträge zur Erläuterung des deutschen Rechts 53 (1909), S. 555 ff.

eigenständige, von der Hauptschuld unabhängige Verbindlichkeit eingehen wollte, was zu vermuten sei, wenn er ein eigenes wirtschaftliches Interesse an der fremden Schuld hatte[1876]. WIENSTEIN kritisierte das Abgrenzungskriterium der „besonderen Umstände" als nicht greifbar, und schlug vor, an die Stelle der kumulativen Schuldübernahme das Erfüllungsversprechen treten zu lassen[1877]. Die Abgrenzung stellte er sich wie folgt vor: Hatte der Versprechende erklärt, er wolle für die fremde Verbindlichkeit einstehen, liege eine Bürgschaft vor, hatte er dagegen erklärt, er werde die Verbindlichkeit erfüllen, liege ein Konstitut vor.

Großen Einfluss auf Rechtsprechung und Lehre hatten WIENSTEINS Erörterungen jedoch nicht: Weit davon entfernt das Konstitut zu neuem Leben zu erwecken, unterscheidet man nach wie vor Schuldbeitritt und Bürgschaft, verlangt man nach wie vor „besondere Umstände" zur Annahme des ersteren[1878], und misst man nach wie vor dem (unmittelbaren und eigenen) Interesse[1879] des Schuldübernehmers an der Vertragserfüllung – wenn es auch weder als allein erforderlich noch als allein ausreichend gilt[1880] – wesentliche Bedeutung bei[1881].

b. Konstitut eigener Schuld

WIENSTEIN untersuchte auch die Frage, ob dem Konstitut eigener Schuld im BGB noch Bedeutung zukomme. Er fand sie in § 208 BGB a. F. (heute § 212 Abs. 1 BGB): Das vor Eintritt der Verjährung gegebene Versprechen, eine Schuld zu

1876 RGZ 64, 319; 90, 417; a. A. WESTERKAMP, Bürgschaft und Schuldbeitritt, S. 293 ff., der eine Vermutung für den Schuldbeitritt aufstellte; nach den Umständen des Einzelfalls wollten entscheiden REICHEL, Schuldmitübernahme, S. 251 ff.; ENNECCERUS, Lehrbuch des Bürgerlichen Rechts I.2, S. 562.

1877 Dass das Konstitut mit der herrschenden Auffassung der ausgehenden Pandektistik als Bürgschaftsform einzuordnen sei, hält WIENSTEIN für fraglich (a. a. O. S. 560).

1878 Etwa bei MüKo-HEINEMEYER, Vorbemerkung zu § 414 BGB, Rn. 21; ähnlich Palandt-GRÜNEBERG, vor § 414 BGB, Rn. 4: Im Zweifel Bürgschaft.

1879 MüKo-HEINEMEYER, vor § 414 BGB, Rn. 22 (gestützt auf RGZ 90, 417 und OLG München MDR 1965, 573) ein rein persönliches Interesse nicht genügen lässt, kommt es nach anderer Ansicht auf die Art des Interesses des Versprechenden nicht an (so etwa Palandt-GRÜNEBERG, vor § 414 BGB, Rn. 4 m. w. N.).

1880 Denn ein solches Interesse kann auch ein Bürge haben, s. etwa BGH WM 1973, 1289, 1290; 1976, 1109, 1110; NJW 1986, 580; RG JW 1930, 3478; OLG Hamm NJW 1988, 3022; 1993, 2625; LG Oldenburg NJW-RR 1996, 286, 287; Palandt-GRÜNEBERG, vor § 414 BGB, Rn. 4; MüKo-HEINEMEYER, vor § 414 BGB, Rn. 21; COESTER JuS 1994, 370 (371 f).

1881 St. Rspr. seit RGZ 64, 318, 320; 71, 113, 118. Vgl. auch BGH DB 1961, 1390; WM 1961, 1129, 1130; 1962, 1293; 1971, 1498, 1499; 1973, 1289, 1290; NJW 1981, 47; OLG Köln MDR 1957, 674; vgl. auch Palandt-GRÜNEBERG, vor § 414 BGB, Rn. 4; MüKo-HEINEMEYER, vor § 414 BGB, Rn. 21; REINICKE/TIEDTKE, Kreditsicherung, Rn. 4 ff. Anders KOHTE JZ 1990, 999 (1001), der den Grad der Einbeziehung des Haftenden in den Leistungsaustausch für maßgeblich erachtet.

erfüllen, stelle ein Anerkenntnis im Sinne der Vorschrift dar. Im Grunde sei somit das Konstitut in § 208 BGB a. F. aufgenommen. Einen ähnlichen Gedanken hatte schon KIPP in seiner Bearbeitung der 9. Auflage von WINDSCHEIDS Pandektenlehrbuch zum Ausdruck gebracht[1882]. Richtig ist, dass ein mit einer Stundungsbitte verbundenes Erfüllungsverprechen regelmäßig eine Anerkennung enthält und somit die Wirkung des § 212 Abs. 1 BGB auslöst[1883]. Diese Wirkung erinnert auch in der Tat an D. 13, 5, 18, 1; doch bestehen erhebliche dogmatische Unterschiede: Während bei § 212 Abs. 1 BGB das Anerkenntnis in Form des Erfüllungsversprechens lediglich die Verjährung neu beginnen lässt, endet in D. 13, 5, 18, 1 die Hauptschuld und tritt die Konstitutshaftung (mit eigener Verjährung) zunächst neben sie und später an ihre Stelle. WIENSTEIN ging daher zu weit, als er in § 208 BGB a. F. die Übernahme einer für das Konstitut geltenden Regel in das BGB sehen wollte.

Sein Versuch der Wiederbelebung des Konstituts ist gescheitert.

3. Konstitut und Schuldanerkenntnis

Es bleibt noch die Frage, ob das Konstitut Einfluss auf das Schuldanerkenntnis des BGB hatte. Die heutige Lehre unterscheidet – je nach den Absichten der Parteien – drei Anerkenntnisformen: Zunächst das abstrakte oder konstitutive Schuldanerkenntnis, das in § 781 BGB der Schriftform unterworfen wird, und unabhängig von dem vorherigen Schuldgrund eine neue, selbständige Verpflichtung schaffen soll; sodann das deklaratorische Schuldanerkenntnis, das lediglich eine bestehende Schuld bestätigt, indem Zweifel oder Unsicherheiten – ggf. unter Verzicht auf bekannte Einreden – ausgeräumt werden, ohne einen neuen Schuldgrund zu schaffen; schließlich das bloß zu Beweiszwecken erteilte Anerkenntnis[1884].

Das ursprüngliche römische Konstitut unterschied sich vom Anerkenntnis schon in der Zielrichtung: Wenn es auch als Anerkennungshandlung i. S. d. § 212 Abs. 1 BGB angesehen werden könnte, zielte es doch nicht auf die Begünstigung des Gläubigers durch Bereitstellung eines neuen Schuldgrundes, den Verzicht auf Einreden oder Überlassung eines Beweismittels ab, sondern darauf, dem Schuldner Zeit zur Erfüllung seiner Verbindlichkeit zu verschaffen. Erst das entwickelte Konstitut des spätklassischen und justinianischen Rechts war auch nach dem Willen der Parteien ein schuldbegründender Akt wie das abstrakte Schuldanerkenntnis. Es kam aber nicht wie dieses ohne Bezugnahme auf die

1882 Bd. 2, § 284 (S. 165).

1883 BGH NJW 1978, 1914; Palandt-ELLENBERGER, § 212 BGB, Rn. 4; MüKo-GROTHE, § 212 BGB, Rn. 17 f.

1884 Palandt-SPRAU, § 781 BGB, Rn. 1 ff.; vgl. auch MEDICUS, Bürgerliches Recht, Rn. 772 ff.; MüKo-HABERSACK, § 781 BGB, Rn. 2 ff.

Hauptschuld aus, da dieselbe Voraussetzung und Bedingung der Haftung war. Auch war das Konstitut nicht zur Beseitigung von Zweifeln oder zum Verzicht auf bekannte Einreden geeignet, da der Konstituent dem Gläubiger alle Einreden entgegenhalten konnte, die zum Zeitpunkt der Zusage gegen die Hauptschuld begründet waren. Das römische Konstitut sicherte den Gläubiger nur gegen später entstehende Einreden, was wiederum bei einem deklaratorischen Schuldanerkenntnis unter Einredeverzicht nicht der Fall ist.

Erst die oben dargestellte Entwicklung der mittelalterlichen Lehre von der Schenkungspräsumption[1885] ermöglichte ein „abstraktes" Konstitut bzw. den Verzicht auf bekannte Einreden. Da aber die Gerichte im 19. Jahrhundert zu der Auffassung zurückgekehrt waren, der Gläubiger müsse nicht nur das Konstitut, sondern auch die Hauptschuld vollständig darlegen und beweisen, und sie darüber hinaus nicht einmal einen Schuldschein, in dem das Konstitut verkörpert war, als Beweismittel zuließen, unterschied sich das Konstitut am Vorabend der Kodifikation wesentlich von allen Anerkenntnisformen des heutigen Bürgerlichen Rechts. Die Anerkenntnislehre ist von den Ergebnissen Bährs geprägt, nicht von der gemeinrechtlichen Auffassung des Konstituts.

4. Ergebnis

Im geltenden deutschen Recht existiert das *constitutum debiti* nicht mehr. Weder das heutige Bürgschaftsrecht noch die Lehre von der Anerkennung trägt den Stempel des römischen Konstituts. Auch der Neubeginn der Verjährung nach einer Anerkenntnishandlung geht nicht auf dieses Geschäft zurück, was sich nicht zuletzt darin zeigt, dass die Erfüllungszusage weder in § 208 BGB a. F. noch in § 212 BGB n. F. Aufnahme in den Beispielskatalog der Anerkennungshandlungen gefunden hat.

Die Besonderheiten des Konstituts lassen sich zwar unter der Geltung der Vertragsfreiheit ohne weiteres als Rechtsfolgen einer Erfüllungszusage vereinbaren, doch entspricht die römische Regelung keinem typischerweise im Rechtsverkehr vorkommenden Geschäftsziel. Die ursprünglich mit Einführung der Konstitutsklage verfolgten Zwecke erfüllen heute die gesetzlichen Bestimmungen über den Verzug. Keine der Verwendungen und Funktionen, die das Konstitut im Laufe der Zeit gefunden hat, rechtfertigt es auch heute noch, dieses Institut als eigenen Vertragstypus zu erhalten.

1885 S. o. S. 408 f.

VII. Das Konstitut nach Francois Jacob – Eine Renaissance?

Angesichts der Tatsache, dass das Konstitut soweit ersichtlich in keine der heute geltenden Kodifikationen Eingang gefunden hat, hätte man noch vor fünfzehn Jahren ohne weiteres konstatieren dürfen, das *constitutum debiti* existiere nicht mehr. Diese Behauptung wäre wohl in Frankreich auf ebenso wenig Widerspruch gestoßen wie überall sonst auf der Welt. 1998 gelangte jedoch Francois Jacob in einer Straßburger Dissertation[1886] zu dem Ergebnis, das geltende französische Recht der Personalsicherheiten sei unvollkommen, da es kein Mittelding zwischen dem akzessorischen „cautionnement" und der abstrakten „garantie autonome" kenne. Das Konstitut[1887] betrachtet er als das geeignete Mittel, diesem Missstand abzuhelfen.

1. Jacob's Gedankengang

Die Arbeit zerfällt in zwei Teile. Der erste behandelt den Vertrag „Konstitut", nämlich in einem ersten Titel die historische Entwicklung und einen Vergleich mit ähnlichen modernen Verträgen und Instituten, in einem zweiten Titel den Abschluss eines Konstitutsvertrages nach geltendem französischem Recht und seine Unterscheidung von anderen Personalsicherheiten. Der zweite Teil der Arbeit befasst sich im Einzelnen mit der Ausgestaltung und Durchsetzung der aus einem Konstitutsvertrag entstehenden Obligation.

a. Die Idee

Nach einer kurzen und eher oberflächlichen[1888] Skizze des klassischen römischen Rechts[1889], die mit der Feststellung endet, das Konstitut habe aufgrund des ständigen Wechsels seiner Funktionen nur bescheidenen Erfolg gehabt[1890], wirft Jacob (S. 34) die Kernfrage seiner Arbeit auf: „Faut-il aujourd'hui donner une seconde chance au constitut?"

Seine bejahende Antwort gewinnt er durch einen Vergleich des Konstituts mit anderen Instituten des modernen Rechts, insbesondere mit der französischen Bürgschaft (cautionnement)[1891] und der selbständigen Garantie (garantie auto-

1886 „Le constitut ou l'engagement autonome de payer la dette d'autrui à titre de garantie", Paris 1998.

1887 Gemeint ist natürlich das Konstitut fremder Schuld.

1888 Jacob verzichtet auf eine eigene Analyse der Quellen und verlässt sich ausschließlich auf die längst veralteten Werke französischer Gewährsmänner wie Flürer (1874), Haranger (1880), Bentejac (1884) und Philippin (1929), wobei er nicht nur die späteren Arbeiten Astutis, sondern auch die Roussiers vollständig außer Acht lässt.

1889 Jacob, Le constitute, S. 19–34.

1890 Jacob, Le constitut, S. 33 f.

1891 Jacob, Le constitut, S. 36–54.

nome)[1892]. Von der Bürgschaft unterscheide sich das Konstitut als nicht akzessorisches Geschäft[1893] vor allem in zwei Punkten: Während erstens der Bürge keine eigenständige Schuld übernehme, sondern lediglich die Haftung für die Verbindlichkeit des Hauptschuldners (la dette même)[1894], gehe der Konstituent zwar eine gleiche, aber doch eigene Schuld ein (une même dette)[1895]. Anders als die Bürgschaft sei zweitens das Konstitut gekennzeichnet durch eine strenge Beachtung des Grundsatzes der Relativität der Schuldverhältnisse, der Konstituent könne sich nur auf seine eigenen Einwendungen berufen, nicht auf die des Hauptschuldners[1896].

Die Selbständigkeit des Konstituts reiche jedoch wiederum nicht so weit wie diejenige der garantie autonome. Entgegen einer in der französischen Literatur vertretenen Auffassung[1897] sei die garantie autonome nicht das römische Konstitut in moderner Form, sondern ein *aliud*. Jacob sieht im Wesentlichen zwei Unterschiede zwischen beiden Instituten: Zum einen verpflichte sich der Garant zur Zahlung einer im Voraus pauschal bestimmten Summe, so dass die Garantie jede beliebige Pflicht absichern könne, während der Konstituent nur Geldforderungen sichere und das *quantum* seiner Haftung niemals im Voraus feststehe[1898]. Zum anderen begründe die Garantie nicht nur eine eigenständige, sondern eine in jeder Hinsicht abstrakte Verbindlichkeit, das Konstitut hingegen zwar eine eigenständige, nicht aber eine abstrakte Schuld[1899].

Als erstes Ergebnis seiner Untersuchung stellt Jacob fest, dass das Konstitut nicht in einer der heute üblichen Personalsicherheiten aufgehe. Es empfehle sich der Nutzung durch die Praxis, da es „rigoureux, sage, simple et fiable“ sei[1900].

1892 Jacob, Le constitut, S. 55–74; darüber hinaus vergleicht er das Konstitut noch mit anderen Instituten, die als Sicherungsmittel in Betracht kommen: solidarité passive (Schuldnermehrheit, S. 75 - 82), délégation imparfaite (S. 82–100), Wechselbrief (S. 101–104), Aval (S. 104–106) und ducroire (Delkredere, S. 106–108), schließlich noch mit der deutschen Bürgschaft auf erstes Anfordern (S. 109–113) und dem deutschen Schuldbeitritt (S. 114f.).

1893 Jacob, Le constitut, S. 51ff.

1894 Jacob, Le constitut, S. 46: "La caution, autrement dit, n'est pas tenu d'une dette simplement similaire à celle du débiteur principal (une *même dette*, mais une dette propre): elle est véritablement tenue de *la dette même* du débiteur principal)."

1895 Jacob, Le constitut, S. 52: "Nous dirons pour notre part que le constituent ne s'engage pas à *la dette* (principale) *même*, mais à *une même dette*."

1896 Jacob, Le constitut, S. 53f.

1897 Simler, Le cautionnement, 1. Auflage 1982, Nr. 28 (aufgegeben in der 2. Auflage 1991); Delebecque, Encyclopédie Dalloz, Répertoire de droit civil, s.v. cautionnement, Nr. 14

1898 Jacob, Le constitut, S.60ff.

1899 Jacob, Le constitut, S. 69ff.

1900 Jacob, Le constitut, S. 116: das Konstitut sei nicht akzessorisch und daher (im Verhältnis zur Bürgschaft) "rigoreux"; zugleich vermeide es aber durch mangelnde Abstraktheit das Missbrauchsrisiko einer garantie autonome und sei daher im Vergleich zu derselben „sage“.

b. Die Ausgestaltung: Abschluss und Identifikation des Konstituts

Der folgende zweite Titel des ersten Teils untersucht die Frage, unter welchen Voraussetzungen ein Konstitut nach geltendem französischem Recht wirksam abgeschlossen und identifiziert werden könne. JACOB nimmt hier eine sehr praxisbezogene Haltung ein und überlegt u.a., wie den Erfordernissen der „mention manuscrite[1901]" zu genügen sei; in diesem Zusammenhang stellt er auch heraus, dass das Konstitut eines Verbrauchers zur Sicherung eines Verbraucherkredits nicht zu Gebote stehe, da dies eine Umgehung der Verbraucherschutzgesetze vom 31.12.1989 und vom 24.07.1994 darstelle, mit der Folge der Nichtigkeit des Zahlungsversprechens[1902]. Das Konstitut komme daher nur für den Geschäftsverkehr in Betracht. Es liege vor, wenn der Versprechende zum Ausdruck gebracht habe, eine eigenständige Verbindlichkeit zur Sicherung einer bestehenden und ausdrücklich benannten Geldschuld übernehmen zu wollen, ohne jedoch den Betrag seiner Verbindlichkeit im Voraus pauschal festzulegen[1903]. Dabei solle der Konstituent grundsätzlich die Formulierung, er verpflichte sich „zu zahlen", vermeiden und stattdessen erklären, er wolle die bestehende Geldschuld „garantieren"[1904]. Schließlich schlägt JACOB ein Formular vor, das eine Identifikation der übernommenen Verbindlichkeit mit der für die Praxis erforderlichen Sicherheit gewährleisten soll[1905].

c. Die Ausgestaltung: Die Konstitutsobligation im Vergleich mit ihrem römischen Vorbild

Im zweiten Teil der Arbeit entwickelt JACOB die materielle Ordnung der aus dem „neuen" Konstitut entstehenden Obligation. Ohne seine ausführliche Darlegung an dieser Stelle im Einzelnen wiedergeben zu können, drängt sich der Eindruck auf, dass JACOB hier „am Reißbrett" eine Alternative zu den bestehenden Personalsicherheiten entwirft, die mit dem römischen Konstitut nicht viel mehr

---

Als „simple" müsse es gelten, weil es weniger Abweichungen von der „logique des choses" erfordere als Bürgschaft, Garantie und Schuldnermehrheit. Schließlich stelle das Konstitut sich noch gegenüber Schuldnermehrheit und Delegation als besonders „fiable" dar.

1901 Nach art. 1326 Code civil muss der Schuldner bei einem Zahlungsverprechen die versprochene Schuldsumme handschriftlich in Ziffern und Worten eintragen und das Dokument eigenhändig unterzeichnen; vgl. zu der Bedeutung dieser Vorschrift und des Gesetzes vom 31.12.1989 die ausführlichen Darlegungen bei JACOB, Constitut, S. 127ff., der auch umfangreiche Hinweise zur französischen Literatur gibt.

1902 JACOB, Le constitut, S. 139ff.

1903 JACOB, Le constitut, S. 191ff.; 204.

1904 JACOB, Le constitut, S. 201; 204.

1905 JACOB, Le constitut, S. 201: "*Je m'engage à garantir, de manière indépendante* (ou autonome), *la dette souscrite par M. X à votre égard … à l'occasion de telle opération* (de compte courant, par exemple)."

als den bloßen Namen teilt. Dies zeigt sich schon darin, dass sein Konstitut immer Fremdschuldkonstitut ist, er also eine einzige Variante des klassischen *constitutum debiti* auswählt, noch dazu in einer Funktion, die sich erst in nachklassischer Zeit durch die Verschmelzung mit der orientalischen ἀντιφώνησις entwickelt hatte.

Im Vergleich mit dem römischen Konstitut muss auch verwundern, dass die so typische Formulierung *se soluturum* („à payer") mangels Kennzeichnungskraft keine Verwendung mehr finden soll.

Gegenstand des Jacob'schen Konstituts sollen ferner nur Geldschulden sein können, die Erweiterung auf *quascumque res* durch Justinian übergeht er ohne nähere Begründung.

Vor allem aber setzt Jacob Hauptschuld und Konstitut in ein von der römischen Betrachtung grundsätzlich verschiedenes Verhältnis. Von den Eigenarten des römischen Konstituts greift er auch hier nur eine einzige heraus: die prinzipielle Eigenständigkeit der Verbindlichkeit *ex constituto* gegenüber der Hauptschuld. Diese Eigenständigkeit überspitzt er jedoch, wenn er dem Konstitut jede Akzessorietät abspricht. Dem römischen Recht entspricht insofern zwar noch seine Feststellung, die Schuld des Konstituenten könne – vermehrt etwa um Verzugszinsen u. ä. – die des Hauptschuldners im Einzelfall übersteigen, doch gilt dies nicht für die weitere Behauptung, der Konstituent könne seiner Inanspruchnahme Einwendungen aus der Hauptschuld nicht entgegenhalten[1906]. Nur in Fällen der Konfusion und des Rechtsmissbrauchs will Jacob Ausnahmen zulassen. Für den zuletzt genannten Fall greift er auf eine in der französischen Rechtsprechung und Lehre verbreitete Auffassung zur Garantie zurück, nach der die Inanspruchnahme des Garanten nur ausgeschlossen ist, wenn sie sich als illegitim darstellt, der Gläubiger in bösem Glauben handelt und ein offensichtlicher Missbrauch vorliegt[1907]. Beim Konstitut sollen allerdings bereits die ersten beiden Kriterien genügen, um die Durchsetzbarkeit des Forderungsrechts des Gläubigers *ex constituto* zu beseitigen[1908]. Auf derartige Schwierigkeiten stieß der römische Konstituent nicht: Er konnte dem Gläubiger zumindest diejenigen Einwendungen aus der Hauptschuld entgegenhalten, die bei Abgabe der Erfüllungszusage bereits bestanden hatten. Nur spätere Ereignisse blieben – soweit sie nicht zur materiellen Befriedigung des Gläubigers führten – grundsätzlich außer Betracht. Da Jacob dem Konstitut jede Akzessorietät abspricht und sein Konstrukt insbesondere zur

1906 Vgl. Jacob, Le constitut, S. 235 ff. unter Berufung auf Simler, Le cautionnement, Nr. 931; Malaurie/Aynes, Les sûretés, Nr. 343; Thery, Sûretés et publicité foncière, Nr. 107; Cass. Com., 21. Mai 1985, Recueil Dalloz 1986, 213 mit Anmerkung Vasseur.

1907 Jacob, Le constitut, S. 317 ff.

1908 Jacob, Le constitut, S. 318, 335 ff.

Absicherung des Abschlusssaldos eines Kontokorrents verwenden möchte[1909], sieht er keine Schwierigkeiten, das Erfordernis einer *pecunia debita* kurzerhand über Bord zu werfen, um auch das Konstitut zukünftiger Verbindlichkeiten zu ermöglichen. Die Gründe für die strengere Handhabung bei den Römern seien nicht mehr aktuell, das Bestehen einer Hauptschuld bereits bei Abgabe der Zusage sei daher nicht Teil der „nature de l'institution“[1910]. Diese Behauptung könnte unzutreffender nicht sein. Das Bestehen der Hauptschuld bei Abgabe des Konstituts war nach der Klagformel *condicio sine qua non* der Haftung. Ohne Hauptschuld war ein Konstitut nicht möglich[1911]. Wir haben diesen Zusammenhang oben im Anschluss an ASTUTI als „genetische Akzessorietät“ bezeichnet[1912]. Es handelt sich um eine Eigentümlichkeit, die in der innersten Natur des Konstituts als eines Geschäfts im Rahmen der Abwicklung einer bestehenden Verbindlichkeit wurzelt.

Schließlich spricht JACOB dem Konstituenten noch ohne schlüssige Begründung[1913] entgegen Nov. 4 und C. 4, 18, 3 die *beneficia discussionis* (Art. 2021 Code civil) und *divisionis* (Art. 2026 Code civil) ab[1914].

2. Stellungnahme

Zusammenfassend ist festzustellen, dass JACOBS Konstitut nichts anderes als eine leicht abgeschwächte „garantie autonome“ ist, ein Geschäft, das mit seinem römischen Namensvetter nicht mehr viel gemein hat. Die angeblichen Unterschiede zur Garantie, die JACOB nennt, sind minimal: Die Benennung einer pauschalen Garantiesumme bei Vertragsschluss macht nicht das Wesen der Garantie aus.

1909 Dies legt nicht nur seine Auswahl des Urteils der Cour d'appel de Paris, 15. März 1987, Rev. dr. bancaire 1987, S. 96 als Ausgangspunkt seiner Arbeit nahe (dort ging es gerade um die Absicherung eines Kontokorrentsaldos, vgl. JACOB, Le constitut, S. 8 ff.), sondern auch seine häufige Rückkehr zu diesem Fall und dieser Art von Hauptverbindlichkeit im weiteren Verlauf der Untersuchung.

1910 JACOB, Le constitut, S. 213 f. – Entsprechend soll der Betrag, für den der Konstituent einstehen muss, je nach den Umständen erst dann feststehen, wenn die Hauptschuld quantifiziert werden kann (S. 244 f.).

1911 Man wende nicht ein, dass schon Justinian im Geschäftsverkehr einem *indefense* gefassten Konstitut bzw. einer καθαρὰ ἀντιφώνησις Wirksamkeit zuerkannte. Wie sich o. S. 391 ff. gezeigt hat, stellt diese Regelung ein Relikt der aufgegebenen Klage aus dem abstrakten *receptum* eines Argentariers und eine Ausnahme vom natürlichen Regime des Konstituts dar.

1912 S. o. S. 205 ff.

1913 Er führt lediglich (S. 308) an, dass die im Text genannten Rechtswohltaten, die das Gesetz dem Bürgen angedeihen lässt, „faute des dispositions textuelles adéquates“ dem Konstituenten nicht zustünden.

1914 JACOB, Le constitut, S. 308; ebenso versagt er dem Konstituenten das Recht, wie ein Bürge nach Art. 2037 Code civil die Befreiung von seiner Verbindlichkeit zu verlangen, wenn der Gläubiger andere Sicherheiten preisgibt.

Auch die Beschränkung des neuen Konstituts auf Geldschulden macht es nicht zu einem *aliud* und hindert seine Einordnung als Spielart der Garantie nicht. Die Abstraktheit, welche die Garantie dem (neuen) Konstitut laut Jacob voraus haben soll, ist bei näherer Betrachtung eine (beinahe) ausschließlich äußere: Sie macht sich lediglich darin bemerkbar, dass der Konstituent die Schuld, für die er garantieren will, bei Vertragsschluss ausdrücklich benennen muss. Ob sie tatsächlich existiert, interessiert aber (wie bei der Garantie) nur im Ausnahmefall, nämlich bei Rechtsmissbrauch. Der Konstituent muss also, um einen Begriff aus der Lehre von der römischen Stipulation zu gebrauchen, lediglich ein „tituliertes" Formular verwenden, ohne dass dies zu einer nennenswerten Abhängigkeit seiner Schuld von der im Formular bezeichneten Verbindlichkeit führen würde. An dieser inneren Abstraktheit ändert auch der Verzicht auf das Kriterium der Evidenz als Tatbestandsmerkmal des Rechtsmissbrauchs nichts. Viel größer, ja fundamental sind hingegen, wie wir gesehen haben, die Unterschiede zwischen Jacobs Konstitut und dem Konstitut nach römischem Recht.

Ob nach allem sein Konstrukt den Namen „Konstitut" zu Recht trägt, kann hier ebenso dahinstehen wie die Frage, ob es der französischen Praxis Gewinn bringt oder nicht[1915]. Zumindest in der dortigen Lehre ist es wohlwollend aufgenommen worden und hat als selbständiges Institut Eingang in die einschlägigen Lehrbücher gefunden[1916]. Es ist daher zu konstatieren, dass das geltende französische Recht ein Schuldgeschäft unter dem Namen „Konstitut" kennt, das gewisse Gemeinsamkeiten mit dem späten, insbesondere dem gemeinrechtlichen Konstitut fremder Schuld aufweist und bei aller Verschiedenheit zumindest nach der Vorstellung seines Schöpfers unmittelbar von diesem abgeleitet ist. Das Konstitut lebt.

1915 Picod, Sûretés. Publicité fonciere, S. 127 hält fest, das Konstitut sei „peu utilisée en pratique"; Cabrillac/Mouly, Droit des sûretés, S. 30 f. sehen in der „subtilité de le regime une obstacle a la pratique".

1916 S. etwa die kurzen Darstellungen bei Cabrillac/Mouly, Droit des sûretés, S. 30 f.; 317; 415; Malaury/Aynès, Les sûretés, droit du crédit, S. 127 f.; Picod, Sûretés. Publicité fonciere, S. 127; Seube, Droit des sûretés, S. 161; Simler/Delebecque, Les sûretés. La publicité fonciere, S. 13; Aynès/Crocq, Les sûretés. La publicité fonciere, S. 129.

Schluss

§ 23 Zusammenfassung der Ergebnisse der Untersuchung

Unsere Untersuchung hat zunächst gezeigt, dass die Wendung *constituere pecuniam debitam* die Zusage einer geschuldeten Zahlung für einen festen Termin durch den Schuldner oder seinen – im weitesten Sinne – Vertreter bezeichnete[1917]. Eine solche Zusage erfolgte in Rom (wie auch heute noch) häufig mit dem Ziel, den Gläubiger vorerst ruhigzustellen und von Maßnahmen zur Durchsetzung seiner Forderung abzuhalten. Hielt der Schuldner seine Zusage nicht ein, machte er sich eines qualifizierten Treubruchs schuldig, gegen den der Prätor strafend eingriff, indem er eine Klage gewährte, die schließlich als *actio de pecunia constituta* dauerhafte Aufnahme ins *edictum perpetuum* fand[1918]. Der Zeitpunkt, zu dem dies geschah, lässt sich nur erahnen. Die Klage ist jedenfalls dem Zeitalter des Formularverfahrens zuzuordnen und war wohl schon Cicero bekannt, auch wenn dieser nur das ihr zugrunde liegende Geschäft erwähnt[1919].

Ein wichtiger Grund für die Klaggewährung war sehr wahrscheinlich, wie die herrschende Meinung in der romanistischen Literatur[1920] mit Recht annimmt, ein Mangel des Formularsystems: Gerade bei der wichtigsten römischen Geldzahlungsklage, der *actio certae creditae pecuniae*, ließ die starre Formel dem Geschworenen keine Möglichkeit, den langmütigen und in seinem Vertrauen auf pünktliche Zahlung enttäuschten Gläubiger für das Ausbleiben der Zahlung am zugesagten Termin zu entschädigen[1921].

Abhilfe schuf der Prätor mit der Gewährung der Konstitutsklage, die er in enger Anlehnung an die *condictio* gestaltete; die Verwandtschaft beider Klagen

---

1917 S. o. S. 48 ff.

1918 S. o. § 8 (S. 86 ff.).

1919 S. o. S. 63 ff.

1920 Astuti I, S. 128 f.; II, S. 2; Dejardin, L'action, S. 28 ff.; Karadeniz, Constitutum, S. 23 ff. und 243; Roussier, Constitut, S. 106 ff.

1921 S. o. § 8 (S. 86 ff.).

ging aber nicht, wie ein Teil der Lehre annimmt, so weit, dass beide Klagen sich nur in der Höhe der prozessbegleitenden Strafversprechen – ein Drittel der Klagsumme bei der *condictio*, die Hälfte der Klagsumme bei der Konstitutsklage – unterschieden. Die höhere *sponsio* bei der *actio constitutoria* stellte somit auch nicht die ursprüngliche oder gar einzige Sanktion der Terminsversäumnis dar. Diese bestand vielmehr von vornherein in der Gewährung einer auf *quanti ea res erit*[1922] gerichteten Schadensersatzklage[1923].

Der Inhalt dieser Klage galt den römischen Juristen zunächst als *poena*, die Klage kann daher als ursprünglich pönal bezeichnet werden. Mit der Präzisierung des Begriffs *poena* in der Fachsprache überwand man diese Betrachtungsweise jedoch alsbald und gelangte – wenn auch nicht ohne Kontroversen und Zwischenstadien – zu der Einschätzung, dass es sich um eine sachverfolgende Klage handele[1924].

Die klassischen Juristen weiteten den vom Ediktstext vorgegebenen Anwendungsbereich der Klage erheblich aus. Das *constituere* im Sinne des Edikts erforderte nicht die Einhaltung einer bestimmten Form[1925] und nach dem Wortlaut der Formel nicht einmal die Benennung eines Termins. Fehlte ein solcher, blieb dem Schuldner eine angemessene Frist, seine Zahlungszusage zu erfüllen[1926]. Diese Auslegung zeigt ein gewandeltes Verständnis vom Konstitut, das sich in klassischer Zeit durchzusetzen begann: Das Konstitut wurde zunehmend als echtes Rechtsgeschäft betrachtet, die Konstitutsklage nicht mehr als Sanktion gegen die Nichteinhaltung der Zusage, sondern als Mittel zu deren Durchsetzung[1927].

Mit dieser gewandelten Anschauung musste auch die ursprüngliche Beschränkung auf Schulden entfallen, die mit der *actio certae creditae pecuniae* durchgesetzt wurden. Die Hochklassiker ließen die Konstitutsklage denn auch bei Verbindlichkeiten aus beliebigen Schuldgründen zu[1928]. Sie hielten lediglich daran fest, dass die Forderung auf Geld oder fungible Sachen gerichtet sein musste[1929].

Das Bestehen einer Hauptschuld war im Übrigen lediglich im Zeitpunkt der Zusage erforderlich. Späteres Erlöschen der konstituierten Verbindlichkeit beraubte das Konstitut grundsätzlich nicht mehr seiner Wirksamkeit. Die

1922 S. o. S. 96 ff.
1923 S. o. § 9 (S. 96 ff.).
1924 Ulpian-Marcellus D. 13, 5, 18, 2; s. im Einzelnen § 10 (S. 112 ff.).
1925 Ulpian D. 13, 5, 14, 3 (27 ed.); vgl. o. S. 48 ff.
1926 Paulus D. 13, 5, 21, 1 (29 ed.); vgl. o. S. 48 ff.
1927 S. o. S. 344 ff.
1928 Ulpian D. 13, 5, 1, 6 – 8 (27 ed.); vgl. o. S. 183 ff.
1929 C. 4, 18, 2.

Abhängigkeit der Konstitutshaftung von einer Hauptschuld können wir daher mit ASTUTI[1930] als genetische, nicht aber auch volle funktionelle Akzessorietät kennzeichnen[1931].

Inhaltlich konnte die Erfüllungszusage Modifikationen gegenüber der Hauptschuld aufweisen, ohne dass dies ihre Wirksamkeit beeinträchtigt hätte, solange die Zusage nicht über das geschuldete Maß hinausging. Wirksam war insbesondere die Zusage der eigenen Zahlung für fremde Schuld und die Zusage gegenüber einem Dritten, einen geschuldeten Betrag an diesen zu zahlen[1932].

Seine Zahlungszusage hatte der Konstituent grundsätzlich an dem von ihm benannten Termin zu erfüllen, eine spätere Zahlung änderte nichts mehr daran, dass die Klagvoraussetzungen des Edikts erfüllt waren. Mit dem gewandelten Verständnis des Konstituts erschien den klassischen Juristen die so entstehende Schärfe der Konstitutshaftung jedoch als übertrieben und sie bemühten sich, das streng objektive Haftungsregime durch Auslegung und Gewährung von Einreden aufzuweichen. Dabei gelangten sie schließlich dahin, dass der schuldlos an der pünktlichen Erfüllung gehinderte Schuldner die Leistung auch nachträglich noch mit vollständig befreiender Wirkung erbringen durfte. Der schuldhaft säumige Schuldner hingegen war und blieb mit Verstreichen des *dies constituti* der Haftung ausgesetzt[1933].

Das Konstitut wirkte sich auf die Hauptforderung grundsätzlich nicht aus, insbesondere wirkte es keine Novation, und zwar auch dann nicht, wenn die Zusage einen von der Hauptschuld abweichenden Inhalt hatte[1934].

Es begründete jedoch zugunsten des Gläubigers insofern eine Verbesserung seiner Beweissituation, als für das Bestehen der Hauptschuld die Tatsache der Erfüllungszusage eine Präsumption begründete[1935].

Die Konkurrenz von Konstitutsklage und Hauptschuldklage war Gegenstand einer alten Klassikerkontroverse[1936]. Einige Juristen traten für strenge Elektivität ein, mit der Folge, dass die Erhebung der einen Klage zur Konsumption auch der anderen führte; die Gegenansicht sprach sich für Solutionskonkurrenz aus[1937].

Ihre Kernfunktion – die Sicherung des zugesagten Termins – behielt die Konstitutsklage ungeachtet der Entwicklung des Konstituts zu einem echten

1930 ASTUTI II, S. 48 ff.
1931 S. o. S. 205 ff.
1932 S. o. S. 248 ff.
1933 S. o. S. 259 ff.
1934 S. § 18 (S. 294 ff.).
1935 S. § 16 (S. 270 ff.).
1936 Ulpian D. 13, 5, 18, 3 (27 ed.).
1937 S. o. § 19 (S. 326 ff.).

Leistungsversprechen während der gesamten klassischen Zeit bei. Dabei waren sich die klassischen Juristen eines funktionellen Unterschieds zur Stipulation voll bewusst[1938]. Dass das Konstitut zur Konstruktion eines Gattungskaufs verwendet worden wäre, ist nicht bewiesen und nicht wahrscheinlich[1939]. Das Konstitut mit Personenwechsel erfüllte keinen anderen Zweck als das Konstitut *inter easdem partes*. Insbesondere gibt es keinen Beweis für die Verwendung des Konstituts in bürgschaftsähnlicher Weise oder zu Zwecken der Delegation/bargeldlosen Zahlung in klassischer Zeit[1940].

Diese Anwendungsformen gehen auf den Konturenverlust zurück, den das Konstitut in nachklassischer Zeit hinnehmen musste. Nunmehr als Schuldversprechen ohne funktionelle Eigenständigkeit gegenüber der Stipulation verstanden, konnte das nachklassische Konstitut jeden Zweck erfüllen, zu dem auch die Stipulation eingesetzt wurde. Während es im Westreich in dem vulgaren Schuldversprechen allgemeiner Art aufging, erfuhr es aber in der östlichen Schuldoktrin noch eine eigenständige Behandlung[1941].

Die östliche Praxis hat die Konstitutsklage offenbar verwendet, um ein Geschäft mit der griechischen Bezeichnung ἀντιφώνησις vor römischen Gerichten durchzusetzen. Bei der ἀντιφώνησις eines Bankiers benutzte man dazu auch die *actio recepticia*, doch geriet diese Differenzierung wohl bereits vor Justinian außer Übung. Der Kaiser schaffte daher die rezeptizische Klage ab und verschmolz das ihr zugrunde liegende Geschäft mit dem Konstitut des klassischen Rechts[1942]. Damit gewann das Konstitut fremder Schuld erstmals eigenständige Bedeutung, eine Entwicklung, die sich als für das Verständnis der kommenden Jahrhunderte prägend erweisen sollte.

Während wir über das Schicksal des Konstituts im Orient wenig wissen, lässt sich bei der abendländischen Behandlung dieses Instituts seit dem Mittelalter eine gewisse Unsicherheit beobachten, die jedoch den kreativen Umgang mit dem Konstitut in keiner Weise gehindert hat. So hat man sich anfangs bei der Durchsetzung von Wechseln der Konstitutsklage bedient und mit der Lehre vom *pactum geminatum* eine Methode ersonnnen, unter Verwendung des *constitutum debiti* jedes klaglose *pactum* durch Wiederholung klagbar zu machen[1943].

Als sich die Lehre von der Klagbarkeit aller Schuldverträge durchzusetzen begann, mehrten sich die Stimmen, dass das Konstitut durch diese Entwicklung

1938 Ulpian D. 13, 5, 1, 4 (27 ed.).
1939 S. o. S. 350 ff.
1940 S. o. S. 352 ff.
1941 S. o. S. 368 ff.
1942 C. 4, 18, 2; s. o. S. 375 ff.
1943 S. o. S. 409 ff.

obsolet geworden sei. Die Gegenauffassung hielt hingegen zäh an der eigenständigen Bedeutung des Konstituts, insbesondere als Form der Bürgschaft, fest.

In die modernen Kodifikationen hat das Konstitut als eigenständiger Vertrag keinen Eingang gefunden. Soweit ersichtlich existiert heute im europäischen Rechtsraum lediglich in Frankreich noch (bzw. wieder) ein als „constitut" bezeichnetes Rechtsgeschäft. Hierbei handelt es sich um ein von dem Straßburger Professor Francois Jacob in seiner 1999 veröffentlichten Dissertation geschaffenes Kunstprodukt, das nicht an das Konstitut des klassischen römischen Rechts, sondern an das *constitutum debiti alieni* des gemeinen Rechts angelehnt ist[1944].

1944 S. o. S. 433 ff.

Anhang – Johannes Platschek, Das Edikt de pecunia constituta

Die 2013 erschienene Habilitationsschrift von Johannes PLATSCHEK mit dem Titel „Das Edikt *de pecunia constituta* – Die römische Erfüllungszusage und ihre Einbettung in den hellenistischen Kreditverkehr" lag mir bei Fertigstellung der obigen Untersuchung noch nicht vor. PLATSCHEK gelangt in zentralen Bereichen zu Ergebnissen, die von meiner eigenen Einschätzung erheblich abweichen. Der erste betrifft die Entstehung des Edikts *de pecunia constituta*. Dieses sei, so nimmt PLATSCHEK an, der Arbeit des Fremdenprätors zu verdanken und beruhe auf dem Einfluss einer von hellenistischem Rechtsdenken – insbesondere der Vorstellung von einer Haftungsbegründung durch Zweckverfügung – geprägten peregrinen Urkundenpraxis[1945]. Der zweite betrifft das Verhältnis des Konstituts zu dem ihm zugrundeliegenden Geschäft. In dieser Hinsicht misst er dem konsensualen Element des Konstituts erhebliche Bedeutung bei und traut der Erfüllungszusage in weitaus größerem Umfang als ich die Fähigkeit zur Modifikation der häufig auf Geschäften des *ius civile* beruhenden Rechtsbeziehungen (im Sinne von „Effekten einer Novation[1946]") durch Gewährung einer *exceptio* gegen die Inanspruchnahme aus der Hauptschuld zu[1947]. Ein dritter Themenkreis spricht das Verhältnis des Konstituts zu konkurrierenden Geschäften an, insbesondere zur Stipulation. Hier geht PLATSCHEK davon aus, der Gläubiger habe mit der Wahl seiner Handlungsform zugleich eine „Rechtswahl" (zwischen zivilem und prätorischem Recht) getroffen, an der man ihn (anders als etwa im Geltungsbereich des *favor testamenti*[1948]) dann auch festgehalten habe[1949].

1945 Edikt, S. 1 ff.; 56 ff.

1946 PLATSCHEK, Edikt, S. 89 (zu D. 13, 5, 8 und 9); vgl. auch S. 91 (zu D. 13, 5, 25 pr.): Papinian gestehe dem *constitutum* „novatorischen" Effekt zu; S. 98 (zu D. 13, 5, 10): „scheinbar novatorische Wirkung".

1947 PLATSCHEK, Edikt, S. 84 ff.

1948 Wie PLATSCHEK, Edikt, S. 198 ff. aus D. 29, 7, 13, 1 (Pap. 19 quaest.) entwickelt, wo die Umdeutung eines unwirksamen Testaments in einen Kodizill erörtert wird.

1949 PLATSCHEK, Edikt, S. 173 ff., insbesondere S. 198 f.

Seine bereits wiederholt kritisch besprochenen[1950] Erwägungen geben in diesen, aber auch in einigen anderen Punkten Anlass zu folgenden Bemerkungen.

I. Zur Entstehung des Edikts

Beginnen wir mit der ersten Kernthese der Arbeit, die PLATSCHEK hauptsächlich in der Einführung und in § 4 des ersten Kapitels entwickelt. Zusammengefasst lautet sie: Die Verbindlichkeit aus einem Konstitut sei ursprünglich nichts anderes gewesen als die bei Gaius 3, 134 erwähnte Litteralobligation, die aus Schuldscheinen von Peregrinen erwuchs. Gaius berichtet bekanntlich (als unser einziger Gewährsmann für diesen Umstand), dass nach dem *ius proprium peregrinorum* eine Litteralobligation entstehe *chirographis et syngraphis, id est si quis debere se aut daturum se esse scribat, ita scilicet, si eo nomine stipulatio non fiat*. Welche Klage aus diesen Schuldscheinen erwachsen soll, teilt Gaius nicht mit. PLATSCHEK stellt nun fest, dass die beiden in D. 13, 5, 5, 3 und 24 jeweils als wirksame *constituta* behandelten *epistulae* eine derartige schriftliche Erklärung *se debere* bzw. *se soluturum esse* enthalten. Darin entsprechen sie der durch Urkundenfunde belegten römischen Praxis[1951], die wiederum deutliche Parallelen zu den Homologie-Urkunden hellenistischen Ursprungs in der Stilisierung ὁμολογῶ ἀπέχειν καὶ οφεῖλειν[1952] aufweist (aber jedenfalls seit der Kaiserzeit häufig eine Stipulationsklausel hinzufügt). Die dann folgende Untersuchung von Inhalt und Wirkungen des Edikts *de pecunia constituta*[1953] fördert nach PLATSCHEKS Ansicht deutliche Spuren griechischen Rechtsdenkens, ja „griechisches Recht im prätorischen Edikt[1954]" zutage: eine Orientierung der *sponsio dimidiae partis* der Konstitutsklage an der ἡμιολία des griechischen Verkehrs betrachtet er als „nicht unwahrscheinlich[1955]", die Formfreiheit des Konstituts

1950 Von Eva JAKAB in SZ 133 (2016), S. 487 ff. und von Jorge MENABRITO PAZ in Roman Legal Tradition 10 (2014), S. 58 ff.

1951 PLATSCHEK, Edikt, S. 3 zitiert zunächst beispielhaft TPSulp 50 und vertieft seine Bestandsaufnahme aus der hellenistischen Geschäftswelt auf S. 242 ff.

1952 „Ich erkenne an, erhalten zu haben und zu schulden".

1953 Seine Rekonstruktion des Edikts (S. 11 ff.) und der Klageformel (S. 22 ff.) stimmt im Ergebnis mit den oben in § 12 gewonnenen Erkenntnissen überein. Insbesondere verzichtet auch PLATSCHEK gegen LENEL, EP, S. 248 auf eine ediktale Infinitiverweiterung (*se soluturum eove nomine satisfacturum esse*) des *constituere* (Edikt, S. 12 ff.); soweit er (Edikt, S. 18 ff.) das in D. 13, 5, 1, 2 kommentierte *qui constituit* eher für die Umformulierung eines ediktalen *qui constituisse dicetur* hält, bedeutet dies keine Abweichung in der Sache.

1954 So PLATSCHEK, Edikt, S. 84.

1955 PLATSCHEK, Edikt, S. 64 ff.

als „unrömisches“ und „hellenistisches“ Phänomen[1956], das römische Recht der Zahlungszusage als beherrscht von dem Prinzip der Zweckverfügung[1957], auf das er letztlich auch die deliktische Herkunft und den ursprünglich pönalen Charakter der Konstitutsklage zurückführt[1958]. Das Edikt *de pecunia constituta* sieht er motiviert durch das Streben des Fremdenprätors, die Attraktivität des Marktplatzes Rom für den internationalen Geschäftsverkehr zu wahren, indem er den verkehrsüblichen Schuldscheinen auch in Rom gerichtliche Anerkennung verschaffte[1959].

Dieses Erklärungsmodell hat manches für sich. Abgesehen davon, dass es das *constitutum debiti* nahtlos in das System des Gaius integriert, ist es mit meinen Feststellungen zur Verwendung des Begriffs *constituere* im allgemeinen Sprachgebrauch[1960] unschwer zu vereinbaren. Platschek liefert auch eine Erklärung für die zumindest ursprüngliche Affinität des Konstituts zu Darlehensschulden: Gerade das (stipulationslose) Darlehen begründe eine Klage ausschließlich auf Rückzahlung des Kapitals; um die vereinbarungsgemäße Erfüllung besonders zu sanktionieren, sei es kaum zumutbar gewesen, die Parteien auf das ihnen fremde Institut der Stipulation zu verweisen, wenngleich diese in Form der *fidepromissio* auch den Peregrinen offengestanden habe[1961]. Der Siegeszug der *stipulatio/fidepromissio* sei ein Phänomen der Romanisierung und vor der hohen Kaiserzeit kein Element der hellenistischen Rechtspraxis gewesen[1962]. Zwar habe später das römische Recht das Verkehrsrecht des gesamten Mittelmeerraums beeinflusst, doch sei jedenfalls vor dem ersten Jahrhundert v. Chr. eine umgekehrte Tendenz zu vermuten; aus diesem Grund datiert Platschek die *actio de pecunia constituta* auf die Zeit zwischen der Errichtung der Fremdenprätur (Mitte des 3. Jh. v. Chr.) und der *lex Aebutia* (zweite Hälfte des 2. Jh. v. Chr.).

Dennoch überwiegen die Zweifel. Eine hellenistische Prägung des Edikts *de pecunia constituta* sehe ich nach wie vor nicht. Hinsichtlich des Verhältnisses der *sponsio dimidiae partis* zur ἡμιολία verweise ich auf meine obigen Ausführungen[1963]. Nachzutragen ist insoweit lediglich, dass Plato Lg. 956b-d zwar

1956 Platschek, Edikt, S. 71.
1957 Platschek, Edikt, S. 76 ff.
1958 Platschek, Edikt, S. 80 ff.
1959 Platschek, Edikt, S. 66; s. auch S. 77: „Sie [die peregrinen Vertragsparteien] müssen Rechtsschutz auch für – im römischen Sinne – formlose Erfüllungszusagen erhalten, will der *praetor* nicht hinter dem Standard seiner hellenistischen Umwelt zurückbleiben.“
1960 S. o. § 3, insbesondere S. 37 f.
1961 Platschek, Edikt, S. 76 f.
1962 Platschek, Edikt, S. 77.
1963 S. o. S. 59 f.

ein ähnliches Konstrukt zur Bestrafung leichtfertiger Inanspruchnahme des Instanzenzuges ersonnen hat, aber jeglicher Nachweis dafür fehlt, dass diese Idee in den griechischen Poleis jemals umgesetzt worden und somit im engeren Sinne „griechisches Rechtsdenken" gewesen wäre[1964]. Auch die Formfreiheit des Konstituts ist nicht unbedingt ein Anhalt für hellenistische Vorstellungen. Sie beruht eher darauf, dass die Erklärung des Schuldners Teil eines – zunächst als deliktisch angesehenen – Haftungstatbestandes ist, es also im Ursprung gar nicht um die Neubegründung einer Schuld ging. Im Zentrum der Argumentation steht ohnehin der Gedanke, das Edikt *de pecunia constituta* werde vom Prinzip der Zweckverfügung beherrscht, das wiederum als echt griechisch-hellenistische Betrachtungsweise anzusehen sei. Die von Hans Julius Wolff begründete Lehre von der Zweckverfügung als dem tragenden Grundprinzip des griechischen Vertragsrechts hat sich heute weitgehend (gegen Erwin Seidls – allerdings in einem weiteren Kontext entwickelte – „Lehre von der notwendigen Entgeltlichkeit[1965]") durchgesetzt. Sie besagt, dass nach griechischer Vorstellung jeder vertraglichen Haftung eine – romanistisch gesprochen – deliktische Schädigung zugrundelag, die in dem abredewidrigen Verhalten des Schuldners gesehen wurde und sich in dem unberechtigten Einbehalten der empfangenen (Vor-)Leistung durch den Schuldner bzw. der Nichterbringung der ausbedungenen Gegenleistung konkretisierte[1966]. Bei der Vorstellung, die Annahme einer Leistung bzw. deren Behalten stelle ein Delikt dar, handelt es sich indes nicht um ein rein griechisches Phänomen, sondern vielmehr um eine Betrachtungsweise, die viele junge Rechtsordnungen kennzeichnet und die auch für das frühe römische Haftungsrecht anzunehmen ist[1967], wie schon Wolff selbst hervorgehoben hat[1968]. Die Römer haben sich davon mit dem Konzept eines aus einer – zunächst formalen – Rechtshandlung resultierenden *iuris vinculum*

1964 Jakab SZ 133 (2016), S. 487 (492), die unter Hinweis auf die einschlägige Literatur auch auf strukturelle Unterschiede zur *epobelia* des attischen Prozesses hinweist (dort musste der abgewiesene Kläger ein Sechstel des Streitwertes als Prozessgebühr an den Staat bezahlen). – Zutreffend sind auch die Bedenken, die Jakab im Folgenden (S. 493 ff. m. w. N. zur Literatur) gegen Platscheks Auffassung zur Reichweite der attischen Homologiegesetze und einem sich daraus ergebenden Verurteilungstatbestand (Edikt, S. 59 ff.) erhebt.

1965 Seidl Aegyptische Rechtsgeschichte, S. 40 ff.; TR 20 (1952), S. 108 f.; vgl. ferner die bei Kaser, SZ 91 (1974), S. 146 n. 1 nachgewiesenen weiteren Schriften Seidls.

1966 Vgl. H. J. Wolff, SZ 74 (1957), S. 26 (61 ff.; 67 ff.); SZ 90 (1973), S. 63 (78 ff.); SZ 91 (1974), S. 404 (412 ff.); FS Seidl, S. 231 ff.

1967 Vgl. Kaser, Das altrömische Jus, S. 286 f. (gerade zum formlosen Darlehen, das dem Darlehensnehmer ja schon terminologisch sog. *aes alienum* verschaffte); S. 313; ähnlich ders. RP I, S. 593.

1968 S. nur Wolff, FS Seidel, S. 234.

allerdings, anders als die hellenistische Praxis, alsbald befreit. Dass die *actio de pecunia constituta* den auf einer früheren ideengeschichtlichen Stufe verharrten hellenistischen Vorstellungen Geltung verschaffen sollte, will mir nicht recht einleuchten. In dem uns für die Entstehung des Edikts vor allem interessierenden Bereich des (stipulationslosen) Darlehens war ja, worauf PLATSCHEK selbst hinweist[1969], die Rückzahlungspflicht auch mit den bereits bestehenden Rechtsbehelfen – unter Berücksichtigung des Schuldscheins als Beweisurkunde – durchsetzbar. Nur ein darüber hinausgehendes Interesse an abredekonformer Erfüllung konnte der peregrine Gläubiger nicht erlangen[1970] – sein römischer Konterpart allerdings auch nicht. In dieser Hinsicht – Stichwort: Schutzlücke – stimmt PLATSCHEKS Vorstellung mit dem hier entworfenen Konzept in bemerkenswerter Weise überein[1971]. Wenn er aber den Anstoß zur Ausfüllung der Haftungslücke – und hierin liegt der erste Hauptunterschied zwischen unseren Auffassungen – in dem Streben des (Fremden-)Prätors, die Attraktivität des Marktplatzes zu steigern, sucht, scheint mir das allzu modern gedacht; dass man dem Fremden „etwas bieten" müsse (*in puncto* Rechtsschutz), noch dazu etwas, was selbst dem römischen Bürger nicht zustand, passt schlecht zu dem Selbstverständnis einer aufstrebenden *res publica*, die ihren Vorstellungen ansonsten mit dem Schwert in der Hand Geltung zu verschaffen wusste[1972]. Der zweite Hauptunterschied liegt im Zeitpunkt der mit der *actio de pecunia constituta* sanktionierten Rechtshandlung. Mit Recht hat JAKAB darauf hingewiesen, dass es – wie wir oben bemerkt haben[1973] – bei den in den Digesten behandelten Konstituten um bereits (länger) bestehende Kredite geht, was bei der hellenistischen Zweckverfügung in aller Regel gerade nicht der Fall war[1974]. Soweit schon KOSCHAKER vermutet hat[1975], dass die Konstitutserklärung auch gleichzeitig mit der Auszahlung eines Darlehens oder doch in ganz engem zeitlichen Zusammenhang

1969 Vgl. insbesondere Edikt, S. 37 ff.; S. 77.

1970 PLATSCHEK, Edikt, S. 77.

1971 Vgl. § 8 (S. 86 ff.).

1972 Nicht unüberwindlich ist der Einwand JAKABS (SZ 133 (2016), S. 487 (498)), es stelle eine der *aequitas* nicht entsprechende Diskriminierung der fremden Geschäftsleute dar, wenn deren *chirographa* sie automatisch zu der Prozessstrafe des Anderthalbfachen zwängen und damit einem deutlich erhöhten Prozessrisiko aussetzten. Denn zum einen dürften *sponsio* und *restipulatio* eben nicht zwingend gewesen sein (s. o. S. 284 ff.), zum anderen ist die von JAKAB angeschlossene Frage, ob nach Ausstellung des Schuldscheins die (risikoärmere) Klage aus dem Grundgeschäft „gar nicht mehr zulässig" sei, wegen D. 13, 5, 18, 3 zu verneinen.

1973 S. o. S. 67 f.

1974 SZ 133 (2016), S. 487 (497).

1975 SZ 63 (1943), S. 469 (472).

damit erfolgen konnte, und PLATSCHEK das zum Normalfall des Konstituts erhebt[1976], spiegelt sich dies in unseren Quellen nicht wider[1977].

Um noch einmal zu Gaius 3, 134 zurückzukehren, ist bei dessen Interpretation zu bedenken, dass Gaius den entwickelten Rechtszustand im zweiten Jahrhundert n. Chr. beschreibt. Es ist kaum wahrscheinlich, dass er zu dieser Zeit eine Haftung aus *chirographa* und *syngraphae* erstens als *obligatio litteris* charakterisiert und zweitens dem Sonderrecht der Peregrinen zugeordnet hätte, wenn sie tatsächlich schlicht aus dem Edikt *de pecunia constituta* gefolgt wäre, für dessen Unanwendbarkeit auf römische Bürger im klassischen Recht keinerlei Anhaltspunkte sprechen. Auch lassen die Quellen nicht erkennen, dass das Edikt *de pecunia constituta* zumindest im Ursprung allein oder vor allem schriftliche Erklärungen im Blick hatte. Schon die Gallus-Episode in Ciceros Gerichtsrede *pro Quinctio* deutet auf eine mündliche Zusage (übrigens unter römischen Bürgern) hin[1978].

Weitere Bedenken kommen hinzu: PLATSCHEK spricht dem Konstitut zwar eine gewisse Affinität zur Bestimmung der Leistungszeit zu[1979], räumt diesem Umstand aber letztlich keine besondere Bedeutung ein. Die Erwägung des Paulus D. 13, 5, 21, 1, das Fehlen einer Zeitbestimmung könne (trotz der offenen Formulierung des Edikts) der Wirksamkeit eines Konstituts entgegenstehen, tut er als bloß rhetorisch verarbeitetes Gegenargument ab[1980], worin ich ihm nicht zu folgen vermag[1981]. Die verhältnismäßig zahlreichen weiteren Stellen, die unmittelbar oder mittelbar mit der Leistungszeit zusammenhängen, sprechen m. E. eine andere Sprache. Sie erweisen die Zusage der Leistung auf einen konkreten Termin als den Haupt- und Ursprungsfall des Konstituts. Insbesondere brachte schon Labeo (wie Ulpian D. 13, 5, 3, 2 berichtet) die Einführung der Konstitutshaftung mit betagten Schulden und damit der Leistungszeit in Verbindung.

Schließlich ist noch eine prozessuale Besonderheit der Konstitutsklage zu bedenken, die m. E. geradezu zwingend gegen deren Herkunft aus der Fremdenprätur spricht: Nach der Rekonstruktion von Edikt und Klageformel untersucht PLATSCHEK in § 3 des ersten Kapitels die *sponsio dimidiae partis*. Dabei zieht

1976 Edikt, S. 80.

1977 S. o. 67 f.; ebenso nun JAKAB, SZ 133 (2016), S. 487 (497).

1978 PLATSCHEK, Edikt, S. 242 hält allerdings eine technische Verwendung des Begriffs *constituere* an dieser Stelle für nicht nachweisbar; dagegen s. o. S. 45 ff.

1979 Edikt, S. 144.

1980 PLATSCHEK, Edikt, S. 150 ff.

1981 S. o. S. 48 ff.

er – wie ich das auch getan habe[1982] – vor allem das deutlich umfangreichere Quellenmaterial zu der *sponsio tertiae partis* der *actio certae creditae pecuniae* heran[1983] und überträgt die gewonnenen Erkenntnisse auf die *sponsio dimidiae partis*. Wesentliche neue Argumente für den von ihm angenommenen zwingenden Charakter dieses prozessualen *periculum* für beide Parteien gewinnt er gegenüber der obigen Diskussion indes nicht[1984], so dass ich in diesem Punkt auf meine früheren Ausführungen verweisen kann[1985]. Neu sind allerdings seine Überlegungen zum Inhalt der *sponsio* (genauer: der von Lenel vermuteten Verfallsbedingung *si secundum me iudicatum erit*). Wegen der Reihenfolge der Formeln in TPSulp 31 (die sonst umgekehrt sein müsste) schließt Platschek eine solche Bedingung für die *sponsio tertiae partis* aus, was im Lichte dieses (Lenel noch unbekannten) Urkundenfundes richtig erscheint. Damit ist wahrscheinlich, dass die *sponsio* die Bedingung des materiellen Geschuldetseins der – in der *intentio* zu beziffernden[1986] – Klagesumme enthielt[1987]; diese Bezugnahme der *sponsio* auf die Schuld und nicht das Unterliegen im Prozess hindert Platschek indes nicht, den Strafzweck der *sponsio* gleichwohl in der Abwehr leichtfertigen Prozessierens (und nicht etwa in der Nichterfüllung der zur Bedingung gemachten eingeklagten Schuld) zu suchen[1988]. Auch darin ist ihm beizupflichten[1989]. Wenn nun aber das Verfahren *de pecunia constituta*, wie Platschek meint, der Klagbarmachung peregriner Schuldscheine dienen sollte, ist völlig unverständlich, wieso der Prätor das Verfahren mit einer – von Gaius, Cicero und der lex Rubria sicherlich nicht untechnisch so bezeichneten – *sponsio* ausstatten sollte, also einem förmlichen Versprechen, das nur römischen Bürgern offenstand[1990]. Hier erweist sich das Edikt *de pecunia constituta* als eine genuin römische Entwicklung.

1982 S. o. S. 96 ff., insbesondere S. 106 ff.

1983 Dabei gelangt er (Edikt S. 45 ff.) u. a. zu einer neuen Lesart von Cic. Rosc. com. 12.

1984 Sein Hauptargument (Edikt, S. 54 f.), dass die Argumentation des Gaius 4, 13, der das *periculum* der *actio certae creditae* in einem Atemzug mit dem (zwingenden) der *legis actio per sacramentum* nennt, hat bereits Kappeyne, Abhandlungen, S. 210 vorgetragen.

1985 S. o. S. 284 f.

1986 Die gegen diese Folgerung Platscheks, Edikt, S. 56 gerichteten Bedenken bei Jakab, SZ 133 (2016), S. 487 (489) teile ich nicht.

1987 Soweit ich mich oben S. 135 n. 494 a. E. Lenel angeschlossen hatte, halte ich daran nicht fest.

1988 Edikt, S. 55.

1989 S. o. S. 284.

1990 Auch Platschek, Edikt, S. 50 stilisiert sie entsprechend: *si paret / si probo te mihi [...] dare oportere [...] dari spondesne?*

II. Die *exceptio ‚de pecunia constituta'*

Zu einer zweiten Kernthese der Arbeit führen PLATSCHEKS Überlegungen zum Einfluss des Konstituts auf die Hauptschuld in § 5 des ersten Kapitels[1991]. Daraus, dass das *constitutum* auf dem *consensus* der Parteien beruhe, ergebe sich „die Möglichkeit, dass nicht nur das Interesse des *Gläubigers* an seiner Einhaltung, sondern auch das Vertrauen des *Schuldners* in die Maßgeblichkeit des derart Vereinbarten" geschützt wurde. Er gelangt schließlich zu der Annahme, ein anerkanntes *constitutum* habe (stets?) zur Einschaltung einer – möglicherweise sogar ediktalen – *exceptio* in die Klage aus der Hauptschuld (und damit zu Effekten einer Novation) geführt[1992]. Dieses Ergebnis stützt er auf D. 13, 5, 8–10 (nebst D. 46, 3, 59); 25 pr. und 30. So führt nach PLATSCHEKS Deutung von D. 13, 5, 8–10 die Zusage, allein an den Gläubiger und nicht an einen in der Hauptschuld vorgesehenen *solutionis causa adiectus* bzw. an einen bestimmten von mehreren Gläubigern zu leisten, zur Rückforderung der zusagewidrig (aber der Hauptschuld entsprechend) an den jeweils anderen erbrachten Leistung; in D. 13, 5, 25 pr. die Zusage, bei einer Wahlschuld eine der Leistungen zu erbringen, zum Verlust der anderen Alternative; in D. 13, 5, 30 die Leistung an einen erst im Konstitut bestimmten *solutionis causa adiectus* zu einer Einrede gegen die Hauptschuld.

Es fällt sogleich auf, dass von den zitierten Stellen nur die letzte überhaupt einen Fall betrifft, in dem das Vertrauen des *Schuldners* in den Inhalt des Konstituts – und darum geht es PLATSCHEK ja – geschützt wird. In den anderen Fällen hat der Schuldner sich konstitutswidrig verhalten (bzw. beabsichtigt dies möglicherweise erst noch, fr. 25 pr.), dort geht es primär um den Schutz des *Gläubiger*interesses.

Doch verfolgen wir PLATSCHEKS Überlegungen im Einzelnen. Sie beginnen bei fr. 8 unseres Titels[1993]. Seine Ausführungen zum Inhalt dieses Textes stimmen mit meinen eigenen Überlegungen überein: Paulus erörtert einen Fall, in dem die Hauptschuld einen *solutionis causa adiectus* enthielt, der Schuldner dann aber konstituierte, nicht an diesen, sondern allein an den Gläubiger EGO zu leisten (*soli mihi*)[1994], und löst ihn wie folgt: Wenn der Konstituent später trotzdem an

1991 Edikt, S. 84 ff.

1992 Edikt, S. 84 ff., mit Fazit auf S. 110; kritisch zu dieser Vermutung JAKAB, SZ 133 (2016), S. 487 (491) unter Hinweis auf FINKENAUER, Vererblichkeit und Drittwirkung, S. 28 f. und 355 f.; SCHNABEL, Solutionis causa adiectus, S. 31 ff. und 138 ff.

1993 Edikt, S. 85.

1994 Mit Recht weist PLATSCHEK, Edikt, S. 86 ff. – und weitgehend mit denselben Argumenten wie ich – die Gegenauffassung zurück, es sei vielmehr von zwei aufeinanderfolgenden Konstituten,

den *adiectus* leistete, haftete er dem Gläubiger mit der Konstitutsklage. Auch das Verhältnis zu D. 46, 3, 59, wo derselbe Jurist auf den ersten Blick zu einer entgegengesetzten Lösung zu gelangen scheint, sieht PLATSCHEK im Ergebnis nicht anders als ich: Paulus differenzierte danach, ob das Konstitut auf Zahlung allein an den Gläubiger (fr. 8, *soli mihi soluturum*, dann Haftung trotz Zahlung an den *adiectus*) lautete oder allgemein gefasst war (fr. 59, *se mihi soluturum*, dann keine Haftung)[1995].

Nach dem aus der Papinianmasse in den Paulustext eingeschobenen Fragment 9 kann der Schuldner von dem *adiectus* mit der *condictio indebiti* herausverlangen, *quod ei perperam solutum est*[1996]. Dies lasse sich, so folgert PLATSCHEK, nur dadurch erklären, dass die Hauptschuld aufgrund des Konstituts einredebehaftet sei[1997]. Er erkennt auch[1998], dass die Worte *quia loco eius* ... in Fragment 10 die Begründung für die Gewährung der Kondiktion darstellen[1999], betrachtet sie aber nicht als verschobenen Teil von fr. 9, wie ich es getan habe[2000].

Ein ähnliches Phänomen (den Verlust einer Leistungsalternative infolge eines Konstituts) findet PLATSCHEK im *principium* des Fragments 25, wobei er die Vermutung KAPPEYNES, *constituere* sei hier nicht im technischen Sinne gebraucht, sondern bezeichne schlicht die Ausübung des Wahlrechts[2001], mit Recht unter Hinweis auf den palingenetischen Zusammenhang zurückweist[2002].

---

zunächst mit, dann ohne *adiectus* die Rede.

1995 Vgl. PLATSCHEK, Edikt, S. 92 ff. einerseits und oben S. 313 ff. andererseits. PLATSCHEK führt den scheinbaren Widerspruch auf (konträre) Textkürzungen in beiden Stellen durch die Kompilatoren (in Gestalt verschiedener Unterausschüsse der Digestenkommission) zurück. In fr. 8 habe Paulus sich nämlich wohl mit Papinian, in D. 46, 3, 59 mit Julian auseinandergesetzt. Möglicherweise habe er Papinian zu einem *constitutum soli mihi* und Julian zu einem *constitutum mihi* zitiert; die Kompilatoren hätten dann jeweils den nicht durch ein Zitat gestützten Teil seiner Stellungnahme gestrichen. So könne der in Wahrheit differenzierende Standpunkt des Paulus jeweils verwischt worden sein. Diese erfindungsreiche Erklärung scheint mir zu spekulativ, zumal die Stellen ja auch ohne sie erkennen lassen, dass Paulus nach dem *quod actum est* – das sich hier in der Formulierung des Konstituts niederschlägt – unterscheidet.

1996 PLATSCHEK, Edikt, S. 90 hält unter Heranziehung von D. 12, 6, 22 pr. (Pomp. 22 Sab.) einschränkend für denkbar, das *perperam* hier eine irrtümlich erbrachte Leistung bezeichnet, die Kondiktion also nicht stattfand, wenn der Leistende wusste, dass er sich mit ihr nicht befreien konnte. Das liegt in der Tat nicht fern.

1997 Edikt, S. 84 f.

1998 Edikt, S. 98.

1999 Edikt, S. 98; vgl. auch SCHMIEDER, Duo rei, S. 119, 125; STEINER, Solidarobligationen, S. 72. Allerdings lehnt er Überlegungen, fr. 10 inhaltlich unmittelbar an fr. 8 anzuschließen (so dass fr. 10 mit *idem est* nicht den Anspruch auf Rückzahlung aus fr. 9, sondern das Fortbestehen der Haftung mit der Konstitutsklage aus fr. 8 in Bezug nimmt), ab.

2000 S. o. S. 320 ff.

2001 Abhandlungen, S. 257.

2002 Edikt, S. 90 f.

Sodann wendet er sich Fragment 10 zu, das nach seiner Lesart besagen soll, auch der Schuldner, der einem von zwei Gläubigern konstituiert, dann aber an den anderen geleistet habe, könne seine Leistung zurückfordern. Dieses Textverständnis, das eine Gesamtwirkung des Konstituts gegenüber beiden Gläubigern voraussetzt, nötigt ihn zur Auseinandersetzung mit einer anderen Äußerung des Paulus, in der dieser – gestützt auf die Meinungen von Neratius, Atilicinus, Proculus und Labeo – sowohl einem *pactum de non petendo* als auch einer Novation mit nur einem der beiden Gläubiger die Gesamtwirkung abspricht[2003].

D. 2, 14, 27 pr. (Paulus 3 ad edictum):
Si unus ex argentariis sociis cum debitore pactus sit, an etiam alteri noceat exceptio? Neratius Atilicinus Proculus, nec si in rem pactus sit, alteri nocere: tantum enim constitutum, ut solidum alter petere possit. idem Labeo: nam nec novare alium posse, quamvis ei recte solvatur: sic enim et his, qui in nostra potestate sunt, recte solvi quod crediderint, licet novare non possint. quod est verum. idemque in duobus reis stipulandi dicendum est.

Platschek erklärt diesen Widerspruch wie folgt: Labeo, dem Paulus in seiner Ablehnung der Gesamtwirkung einer Novation folge, habe seine Ansicht mit dem Argument begründet, dass nicht jeder, der zum Empfang einer Leistung berechtigt sei, die Schuld auch novieren könne. Dem Phänomen, dass dieselbe Person empfangs-, aber nicht novationsberechtigt sein könne, habe Labeo mit einem Rekurs auf die Stellung von Gewaltunterworfenen Rückhalt verliehen. Dasselbe Argument finde sich in einer Stellungnahme des Celsus[2004], in der dieser Gewaltunterworfenen das Recht zur Novation einer von ihnen begründeten Darlehensforderung abspricht (obwohl sie die Rückzahlung in Empfang nehmen durften). Paulus habe unter Anerkennung des Arguments den gesamten Befund auf die *duo rei stipulandi* übertragen. Beim Konstitut sei jedoch, weil Paulus hier Gewaltunterworfenen die Befugnis zur Entgegennahme eines Konstituts wohl zugesprochen habe, die Argumentation Labeos entfallen. Er habe die Gesamtwirkung des Konstituts allerdings „von vornherein weder durch Annäherung an die Novation, noch durch Abstellen auf ein *pactum* motivieren“ können, sei geradezu gezwungen gewesen, die Gesamtwirkung des *constitutum* mit derjenigen der erfolgten Leistung gleichzusetzen[2005].

2003 Edikt, S. 99 ff.; es handelt sich offenbar um einen alten Meinungsstreit unter den römischen Juristen – die Gegenauffassung findet sich in D. 46, 2, 31, 1 (Venuleius 3 stip.).
2004 D. 46, 2, 25 (Celsus 1 dig.).
2005 Platschek, Edikt, S. 101.

Diese Erwägungen überzeugen nicht recht: Vor allem ist Labeos eigentliches Argument nicht, dass Gewaltunterworfene zu einem *pactum* bzw. einer Novation nicht berechtigt seien; dies ist lediglich ein Beispiel zur Illustration seines Gedankens. Es geht ihm vielmehr um die Relativität des Schuldverhältnisses[2006]: das *alium* bezeichnet nicht einen der beiden[2007] Gläubiger (sonst müsste es *alterum* heißen), sondern allgemein einen anderen[2008]. Inwiefern die Befugnis der Gewaltunterworfenen, ein Konstitut entgegenzunehmen, zur Beseitigung dieses Hindernisses führen sollte, ist mir nicht klar. Die Haltung des Paulus zur (fehlenden) Gesamtwirkung von Novation und *pactum* legt vielmehr nahe, dass er auch beim Konstitut an einen Mitgläubiger nicht zu einer grundsätzlich anderen Lösung gelangte als beim *pactum de non petendo*, und liefert damit ein weiteres Argument dafür, den Begründungssatz aus fr. 10 zu fr. 9 zu ziehen.

Bleibt noch Fragment 30. Platschek liest es im Ergebnis genauso wie ich: die im Falle der Zahlung an einen erst im Konstitut bestimmten *solutionis causa adiectus* durch eine Einrede gehemmte *propria actio* ist nicht die Klage aus dem Konstitut, sondern die aus der Hauptschuld[2009]. Lesenswert sind seine Gedanken zur Rekonstruktion des Textes: Gestützt auf das Schriftbild der Florentiner Digestenhandschrift (in der bei den Worten *propria actione* zwei Buchstaben korrigiert sind[2010]) und den Sprachgebrauch etwa bei Gaius 3, 186 f. (*in eum propria actio constituta est*) macht er wahrscheinlich, dass der Verfasser der Paulus-Sentenzen hier – sprachlich etwas unglücklich – *constituere* bei der Fallbeschreibung im schuldrechtlichen Sinne verwendet, bei der Bezeichnung der Klage aus der Hauptschuld aber untechnisch. Dann hätte der hier offenbar ziemlich unaufmerksame Schreiber des Florentinus den zwei (korrigierten) Fehlern einen dritten, unbemerkt gebliebenen hinzugefügt[2011], so dass richtig zu lesen sei: *propria actione pecuniae constituta*. Das führt inhaltlich zum gleichen Ergebnis wie meine Vermutung, *pecuniae constitutae* sei eine von späterer

2006 Paulus äußert sich dazu etwa auch in D. 3, 3, 49 (54 ad ed.); D. 44, 7, 11 (12 Sab.); D. 45, 1, 126, 2 (3 quaest.).

2007 Dass es sich nur um zwei *argentarii socii* handelt, folgt aus der Bezeichnung des nicht an dem *pactum* beteiligten Bankiers als *alter*.

2008 Platschek, Edikt, S. 99 f. übersetzt hingegen – wie die Neuübersetzung der Digensten von Behrends/Knütel/Kupisch/Seiler, Bd. II, S. 238 – „der andere".

2009 Edikt, S. 102 ff.

2010 Sie hatte ursprünglich *propri actioni*, nach *propri* ist ein *a* eingefügt, bei *actioni* das *i* gestrichen und durch ein *e* ersetzt worden, vgl. Platschek, Edikt, S. 107.

2011 Nämlich einem *constituta* seiner Vorlage ein *e* angehängt, womit zugleich aus dem Ablativ *constituta* und dem ursprünglichen Dativ *pecuniae* ein Genitiv wurde, vgl. Platschek, Edikt, S. 108.

Hand hinzugefügte Glosse[2012]. Zu der nicht näher bezeichneten Einrede vermutet Platschek, es handele sich um eine (vielleicht schon im Edikt vorgesehene) *exceptio ‚pecuniae constitutae'*, die auch der Grund dafür gewesen sein könne, dass dem Konstituenten in fr. 8–10 eine *condictio indebiti* gewährt werde und zu deren Tatbestand nur der Abschluss des Konstituts, nicht aber auch dessen Erfüllung gehört haben soll[2013].

Aus seinem – letztlich auf drei Fälle beschränkten – Befund extrapoliert Platschek schließlich das Ergebnis, dass ein anerkanntes Konstitut zur Einschaltung einer *exceptio* in die Klage aus der Hauptschuld geführt habe. Dies soll offenbar nicht nur in bestimmten Konstellationen, sondern stets der Fall gewesen sein, denn er führt weiter aus, es mache sich besonders bemerkbar, wenn der Schuldner gegenüber einem Dritten ein *constitutum* (auf Leistung an diesen) abgegeben habe, der Gläubiger verliere dann sein Forderungsrecht. Das sei nur denkbar, wenn der Gläubiger dem Dritten ein eigenes Forderungsrecht eingeräumt habe, wie D. 13, 5, 7, 1 zeige[2014].

Zu weit geht mir schon die auf die Fragmente 9 und 25 (pr.) unseres Titels gestützte Auffassung Platscheks, Papinian habe dem Konstitut insofern „novatorischen" Effekt zugestanden, als der Schuldner sich auf eine andere als die im Konstitut zugesagte Form des *solvere* nicht mehr habe zurückziehen können[2015]. Fr. 25 pr. dürfte, wie ich wahrscheinlich gemacht zu haben glaube, allein die Frage betreffen, ob der Konstituent sich von der Haftung *ex constituto* auch durch das Angebot der ursprünglich zu seiner Wahl stehenden, aber nicht mitkonstituierten Leistungsalternative befreien konnte (und nicht, ob damit die Hauptschuld noch zu erfüllen sei)[2016]. Auch fr. 9 (die Gewährung einer *condictio indebiti* des Schuldners gegen den *adiectus* im Fall einer konstitutswidrigen Leistung an diesen) ist nicht allein durch die Annahme erklärbar, die Hauptschuld sei mit dem Konstitut in der Weise „noviert", dass ihr eine dauerhafte Einrede entgegengestanden hätte. Möglicherweise wollte Papinian die Kondiktion gegen den *adiectus* nur für den Fall der erfolgreichen Inanspruchnahme des Schuldners aus dem Konstitut auf eine zweite Zahlung gewähren; die erste Zahlung könnte der Gläubiger ja auch nachträglich noch akzeptieren, zur Nichtschuld würde sie dann erst, wenn er sie nicht gelten lässt.

Vollends in den Bereich der Spekulation gerät Platschek aber, wenn er seine *exceptio pecuniae constitutae* allein an den Abschluss des Konstituts knüpfen

2012 S. o. S. 321 n. 1370.

2013 Platschek, Edikt, S. 109.

2014 Edikt, S. 110.

2015 So seine pointierte Zusammenfassung auf S. 91 unten.

2016 S. o. S. 310 ff.

und sie ausnahmslos gewähren will. Das führt zu kaum mehr auszuräumenden Schwierigkeiten bei den Konstituten mit Personenwechsel. Beim *constitutum debiti alieni* zeigen die Quellen deutlich, dass der Schuldner durch dessen bloßen Abschluss gerade nicht frei wurde[2017]. Das Konstitut an einen Dritten will Platschek sogar zum paradigmatischen Fall der *exceptio* erheben. Das Problem, dass der bisherige Gläubiger so seinen Anspruch aus der Hauptschuld verlor, will er mit dem Erfordernis der Einräumung der *petitio* durch den Gläubiger umgehen. Soweit er als Beleg dafür D. 13, 5, 7, 1 anführt, übersieht er indes die dortige Einschränkung *suo nomine*, die auch den von Platschek nicht weiter erläuterten Widerspruch zu der klaren Äußerung Ulpians in D. 13, 5, 5, 2 beseitigt, nach der gerade nicht verlangt wurde, dass der Konstitutsempfänger selbst Gläubiger der Hauptschuld war.

Nach allem sehe ich keinen Grund, von meinem bisherigen Ergebnis abzurücken.

III. Zur *pecunia debita* des Edikts

Im zweiten Kapitel beleuchtet Platschek die Arbeit der Juristen am Edikt. Bei der Qualifizierung der *pecunia constituta* konzentriert er seine Überlegungen zum einen auf betagte bzw. bedingte Schulden, zum anderen auf Naturalobligationen als Gegenstand des Konstituts.

1. Betagte und bedingte Schulden

Ausgangspunkt seiner Ausführungen zum ersten Punkt ist D. 13, 5, 3, 2, wo Ulpian die Ansicht des Labeo (und des Pedius) zur Statthaftigkeit des Konstituts bei Schulden *in diem* referiert[2018]. Abweichend von dem (insoweit) bisher einhelligen Textverständnis[2019] betrachtet Platschek in einer besonders einfallsreichen Exegese den Konjunktiv *quam sententiam non invitus probarem* als Irrealis. Er entnimmt der Formulierung, dass Ulpian den Zitierten in Wahrheit nicht folgte und übersetzt: „Ich wollte, ich könnte dieser Auffassung zustimmen[2020]." Darin findet er den Bericht Justinians über einen Streit in C. 4, 18, 2, 1 bestätigt, wo es heißt: *et dubitaretur, si pro debito sub condicione vel in diem constituto eam possibile est fieri*. Als möglichen Hintergrund dieses Streites betrachtet Platschek die

2017 S. o. S. 307 ff.

2018 Der Text der Stelle ist oben S. 91 abgedruckt.

2019 Vgl. nur die Übersetzung bei Behrends/Knütel/Kupisch/Seiler, Bd. III, S. 152: „Dieser Meinung stimme ich nicht ungern zu."

2020 Edikt, S. 115.

Frage, ob eine Verbindlichkeit *in diem* bereits vor Fälligkeit im Sinne des Edikts geschuldet sei. Er macht unter Heranziehung zahlreicher Stellen – vor allem aus den Sabinus-Kommentaren des Paulus, des Pomponius und des Ulpian – wahrscheinlich, dass die Frage unter Sabinianern und Prokulianern umstritten war. Ulpian wäre dann der sabinianischen Lösung seines „kaum je kritisierten Vorbilds[2021]“ Pomponius gefolgt und hätte trotz gewisser praktischer Vorteile der prokulianischen Gegenansicht eine Verbindlichkeit *in diem* nicht als *debitum* im Sinne des Edikts betrachtet.

Dass zu Labeos Zeit diese Ansicht vertreten worden sein könnte, hatte auch ich vermutet[2022], die Möglichkeit, Ulpian könne sie ebenfalls noch erwogen haben, jedoch unter Verweis auf Ulpian D. 50, 16, 213 pr., nach dem die Schuld *in diem* sofort entsteht, aber erst später gefordert werden kann, zurückgewiesen[2023]. Diese Stelle stammt allerdings, wie Platschek mit Recht bemerkt[2024], aus den *regularum libri VII*, die gar nicht dem klassischen Juristen (Domitius) Ulpianus selbst, sondern einem anderen Verwender dieses Namens zuzuschreiben sind[2025]. Dennoch halte ich an meiner Ansicht fest: Eine Aussage Ulpians, nach der von einer Schuld *in diem* auch vor dem bestimmten Tag schon *dari oportet* gesagt werden kann, findet sich nämlich auch in D. 16, 2, 7 pr. (28 ed.)[2026]. Platschek hält diesen Text allerdings – vor allem im Hinblick auf die angeblich gegenteilige Äußerung in D. 45, 1, 47 (Ulpian 50 Sab.)[2027] – für korrumpiert. Darin wird man ihm schwerlich folgen können. Die Texte widersprechen sich in Wirklichkeit nicht, weil die Stelle aus dem Sabinus-Kommentar die Frage des Geschuldetseins gar nicht betrifft und Ulpian dort auch nicht den Abschluss der Stipulation in die Zukunft fingiert[2028]. Es geht vielmehr um eine Auslegungsfrage: Der Gläubiger hat sich von dem Schuldner eine *illis Kalendis* zu begleichende Schuld förmlich versprechen lassen, und zwar ohne auch dem neuen Versprechen die Zeitbestimmung ausdrücklich hinzuzufügen. Das *hodie* und das *sua die, hoc est Kalendis*, des Textes beziehen sich m. E. nicht auf den Zeitpunkt der Stipulation, sondern auf den der versprochenen Leistung[2029]. Damit verliert die These, dass

2021 Platschek, Edikt, S. 115.

2022 S. o. S. 93.

2023 S. o. S. 91.

2024 Edikt, S. 121 f.

2025 Vgl. Honoré, Ulpian, S. 111; Liebs, Ulpianus III, *Regularum libri VII*, S. 67 ff.

2026 *Quod in diem debetur, non compensabitur, antequam dies venit, quamquam dari oporteat.*

2027 *Qui sic stipulatur: „quod te mihi illis kalendis dare oportet, id dare spondes?“ videtur non hodie stipulari, sed sua die, hoc est kalendis.*

2028 So aber Platschek, Edikt, S. 120.

2029 Zu übersetzen ist also nicht, wie Platschek, Edikt, S. 120 annimmt, „der scheint nicht heute zu stipulieren, sondern am […] Monatsersten“, sondern: „der scheint nicht ‚Zahlung heute‘

Ulpian eine *obligatio in diem* nicht als schon bestehende Verbindlichkeit – sei es allgemein, sei es im Sinne des Edikts *de pecunia constituta* – betrachtet haben könnte, deutlich an Überzeugungskraft.

Im Folgenden räumt Platschek denn auch ein, dass der Jurist in fr. 3, 2 die Qualifizierung der *in diem obligatio* als *pecunia debita* letztlich vorwegnimmt, wenn er die Forderung als *et iure civili et praetorio* bestehend (*debetur*) bezeichnet, und dass ein so weit gehender Meinungsstreit entweder Labeos Argumentation oder Ulpians Haltung besonders fragwürdig erscheinen lassen würde. Diesen Zweifeln will Platschek begegnen, indem er die Lösung in „der Konkurrenz von *constitutum* und *stipulatio*, prätorischem und zivilen Recht" sucht: Während bei einem stipulationslosen *mutuum* die Fälligkeit durch formlose Abrede habe bestimmt und dann auch verschoben werden können, sei dies bei Aufnahme des Fälligkeitstermins in eine Stipulation ohne novierenden Verbalakt nicht möglich gewesen. Labeo habe mit dem Ursprung des Konstituts argumentiert, der darin liege, den Fälligkeitstermin aufgrund einer Schuldnererklärung mit besonderem Interessenschutz für den Gläubiger zu versehen. Dabei habe er nicht zwischen den verschiedenen Ausgestaltungen der *pecuniae, quae nondum peti possunt,* unterschieden. Es sei denkbar, dass Ulpian die Ansicht Labeos (und des Pedius) so generell nicht habe gelten lassen wollen, weil damit im Bereich des Stipulationsdarlehens der Schuldner durch das Konstitut den Schutz des *ius civile* effektiv verlieren, das *constitutum* das zivile Institut der *novatio* verdrängen würde[2030]. In diesem Zusammenhang hält Platschek eine Kürzung des Textes durch die Kompilatoren für möglich. Sie könnten die von Labeo abweichende Ansicht Ulpians gestrichen haben, die darauf hinausgelaufen sei, dass bei Schulden *in diem* eine Haftung nur eintrete, wenn der im Konstitut benannte Leistungstermin nicht vor dem Fälligkeitstermin der (zivilen) Hauptschuld lag[2031].

Ganz abgesehen davon, dass diese Deutung in einem gewissen Spannungsverhältnis zu Platscheks Lehre von der *exceptio pecuniae constitutae* steht (dort nimmt er keinerlei Anstoß daran, dass im umgekehrten Fall der Gläubiger durch jedes Konstitut den Schutz des *ius civile* – in Form der Hauptklage – verliert), ist dem Text nicht im Ansatz zu entnehmen, dass Ulpian oder Labeo nach der Art der Schuld (Darlehen mit oder ohne Stipulation) unterschieden hätten. Insbesondere klingt dieses Differenzierungskriterium weder in der Begründung Labeos noch in der Ulpians an: einer Ansicht, die bei uneingeschränkter Anwendung beim Stipulationsdarlehen eine Vorverlagerung des Leistungstermins

zu stipulieren, sondern ‚Zahlung […] am Monatsersten'".

2030 Platschek, Edikt, S. 123 ff.

2031 Platschek, Edikt, S. 125 mit entsprechender Rekonstruktion des Ulpian-Textes.

entgegen dem *ius civile* ermöglichte, kann Ulpian nicht zugute gehalten haben, sie habe den Vorteil, dass der Schuldner hafte, wenn er Zahlung *eadem die* zusage.

2. Naturalobligationen

Bei der anschließenden Diskussion des Konstituts von Naturalverbindlichkeiten bemüht PLATSCHEK sich vor allem um den Nachweis, dass sich auch nicht stipulierte (aber vereinbarte) Darlehenszinsen durch *constitutum* klagbar machen ließen[2032]. Diesen Aspekt hatte ich bei meinen obigen Ausführungen zum Konstitut einer *obligatio natura*, wie ich jetzt bemerke, zwar angesprochen[2033], aber in der anschließenden Erörterung der praktischen Bedeutung der Erstreckung des Edikts auf derartige Verbindlichkeiten[2034] nicht weiter vertieft. Im Ergebnis teile ich PLATSCHEKS Ansicht, dass schon in klassischer Zeit eine hinreichend bestimmte Zusage, neben dem geschuldeten Kapital vereinbarte Zinsen zu zahlen, eine mit der *actio de pecunia constituta* durchsetzbare Haftung des Konstituenten auch auf die Zinsen begründete, wenn diese schon in der Hauptschuld formlos vereinbart waren. Wenig überzeugend erscheinen mir allerdings seine Versuche, das „regelrecht in Stein gemeißelte[2035]" Dogma, nicht stipulierte Darlehenszinsen seien im klassischen Recht nicht klagbar gewesen[2036], zu erschüttern, indem er die Aussagekraft der Quellen, die dies belegen[2037], in Zweifel zieht und das Fehlen weiterer Quellen auf die „Allgegenwärtigkeit der Stipulation im Kreditrecht" zurückführt[2038]. Auch soweit er in diesem Zusammenhang in dem bei Modestinus D. 22, 1, 41, 2 wiedergegebenen *chirographum*[2039] ein *constitutum debiti* erkennen will, ist Vorsicht geboten: In dem Schriftstück hat der Aussteller Rückzahlung eines Darlehens „mit den unter uns vereinbarten Zinsen" für die nächsten Kalenden zugesagt; die Darlehenssumme hat er aber laut dem Anfang des Textes *hoc chirographo* entgegengenommen, die Urkunde ist also zugleich mit der schuldbegründenden Auszahlung aufgesetzt worden. Darin kann ein

---

2032 Edikt, S. 130 ff.

2033 S. o. S. 196 f.

2034 S. o. S. 200 f.

2035 PLATSCHEK, Edikt, S. 135.

2036 Vgl. nur KASER, RP I, S. 497 und n. 34; S. 531 und n. 21 m. w. N.; ferner die bei PLATSCHEK, Edikt, S. 137 n. 399 nachgewiesene weitere Literatur.

2037 Er diskutiert insbesondere D. 19, 5, 24 (Afr. 8 quaest); D. 46, 3, 5, 2 (Ulp. 43 ed.); C. 4, 32, 3 und PS 2, 14, 1.

2038 Edikt, S. 137 ff.

2039 *Ab Aulo Agerio Gaius Seius mutuam quandam quantitatem accepit hoc chirographo: „ille scripsi me accepisse et accepi ab illo mutuos et numeratos decem, quos ei reddam Kalendis illis proximis cum suis usuris placitis inter nos". Quaero, an ex eo instrumento usurae peti possint et quae. Modestinus respondit, si non appareat de quibus usuris conventio facta sit, peti eas non posse.*

Konstitut nur sehen, wer dieses – wie PLATSCHEK – nicht grundsätzlich für ein nachträgliches Geschäft hält[2040]. Entscheidend ist die Lösung des Falls: Die Frage, ob aus der Urkunde Zinsen verlangt werden können, verneint Modestinus nicht generell, sondern nur „wenn sich nicht erweist, über welche [Zinsen] die Vereinbarung geschlossen wurde". Hält man diese Einschränkung nicht für einen nachklassischen Zusatz, soll offenbar eine (klagweise durchsetzbare) Pflicht zur Zinszahlung *ex instrumento* möglich sein, wenn sie nur in der Urkunde hinreichend bestimmt ist[2041]. Handelte es sich um ein Konstitut, hätte es aber wegen D. 13, 5, 14 pr. einer genauen Wiedergabe der Zinsabrede in der Urkunde nicht bedurft; der Schuldner müsste haften *sive adiecit certam quantitatem sive non*. Näher liegt daher die von PLATSCHEK abgelehnte Annahme KASERS, es handele sich um einen Fall aus dem peregrinen Rechtsverkehr und damit um eine Litteralobligation der Art, von der Gaius 3, 134 berichtet[2042].

IV. *Constituere*

Im Fokus des dann folgenden Abschnitts[2043] steht das *constituere* der Formel. PLATSCHEK bemüht sich hier vor allem um den Nachweis, dass die Quellen gegen die Annahme sprechen, das Wesen des Konstituts habe allein in der Bestimmung eines Termins für die Leistung bestanden. Zunächst weist er – in Übereinstimmung mit meinem eigenen Befund[2044] – darauf hin, dass der Begriff *constituere* sich ohne einen Zusatz wie *diem* oder *tempus* nicht auf diese Bedeutungsebene eingrenzen lasse. Auch dem ediktalen *constituere* sei eine Terminbestimmung nicht immanent. So sieht er in der von Paulus gebrauchten Wendung *sive pure sive certo die* in D. 13, 5, 19 pr., deren Echtheit er mit Recht gegen ASTUTI und andere[2045] verteidigt, ein Indiz dafür, dass das Konstitut eine Terminbestimmung jedenfalls nicht zwingend enthalten musste[2046], was derselbe Jurist in D. 13, 5, 21, 1 zudem auch ausdrücklich bestätigt. Soweit Paulus letzteres eher vorsichtig formuliert und auch beim Konstitut *sine die* eine Zahlungsfrist von wenigstens

2040 Dagegen mit Recht JAKAB, SZ 133 (2016), S. 487 (491).

2041 Vgl. die Parallelstelle zur *stipulatio*, D. 22, 1, 31 (Ulp. 1 resp.): *Quod in stipulatione sic adiectum est: „ et usuras, si quae competierint", nullius esse momenti, si modus certus non adiciatur.*

2042 KASER, Eranion G. Maridakis I (1963), S. 155 (165).

2043 PLATSCHEK, Edikt, S. 143 ff.

2044 S. o. S. 32 ff.

2045 ASTUTI II, S. 63 f.; FREZZA, Garanzie, S. 246; KARADENIZ, Constitutum, S. 108; RABEL SZ 46 (1926), S. 463 (464); SCHINDLER, Justinians Haltung zur Klassik, S. 76; RABEL SZ 46 (1926), S. 463 (464).

2046 PLATSCHEK, Edikt, S. 145 ff.

zehn Tagen gewährt (womit er letztlich doch eine Art *dies a quo* in die Erklärung hineinliest), betrachtet er das nicht als Argument für eine ursprünglich andere Betrachtungsweise[2047]. Vielmehr lehnt er diese schon von BRUNS[2048] vorgebrachte Auffassung mit dem Argument ab, die Zweifel des Paulus ergäben sich aus der Praktikabilität und dem Zweck eines solchen *constitutum*. Es stehe eine teleologische Reduktion im Raum. Es sei offensichtlich nicht gewollt gewesen, dass derjenige, der seine Leistung *sine die* zusagte, sich im Moment danach bereits für die Nichtleistung zu verantworten hätte; das Konstitut eines ohnehin zur sofortigen Zahlung fähigen und bereiten Schuldners sei völlig überflüssig, eine sofort eröffnete Schadensersatzklage untragbar gewesen[2049].

Etwas unklar bleibt PLATSCHEKS Haltung zu dem *et certo loco et tempore constituere quis potest* bei Ulpian D. 13, 5, 16, 1, wenn er schließlich erklärt, die Aussage, dass man „auch auf eine bestimmte Zeit festsetzen kann", sei „in dieser Form nicht belastbar"; wenn ich ihn richtig verstehe, hält er *et tempore* hier für unecht[2050].

Anschließend untersucht er die drei im Titel D. 13, 5 überlieferten und jeweils als Konstitut behandelten Briefe, von denen nur einer tatsächlich eine Zeitbestimmung enthält. Dabei gelangt er letztlich – auch über einen Vergleich mit der Formel der *actio depositi*, wobei er Parallelen in der Formulierung einzelner Briefe zu der im Verwahrungsrecht gebräuchlichen Terminologie aufzeigt – zu einer von der h. M. abweichenden Auffassung vom *constituere* des Edikts: Erklärungen über eine bestehende Schuld seien als *constituere* zu qualifizieren, wenn sie eine Zusage enthielten, deren Einhaltung anhand der Formelklausel *neque fecisse* messbar sei. Dafür eigneten sich seiner Ansicht nach neben der Zusage der Leistung an einem kalendermäßig bestimmten Termin auch solche, die auf Zahlung bei Eintritt einer bestimmten Bedingung, bei Vorlage bestimmter Dokumente oder einfach auf jederzeitigen Abruf gerichtet waren[2051].

Diesem Befund kann ich für das klassische Recht nicht schlechthin widersprechen[2052], halte aber daran fest, dass es gute Gründe für die von PLATSCHEK

2047 PLATSCHEK, Edikt, S. 150 ff.

2048 ZRG 1 (1861), S. 18 (40 f.).

2049 PLATSCHEK, Edikt, S. 151.

2050 Einem Vergleich mit dem gerade hier offensichtlich gestörten Text der Basiliken (B. 26, 7, 16 1 = A IV 1299 Sch. und III 137 Hb. Mit sehr unterschiedlichen Rekonstruktionsversuchen) entnimmt er in einem vielleicht doch zu kühnen Gedankengang (s. im Einzelnen Edikt, S. 154 f.), dass es ursprünglich um das Gegensatzpaar *certo loco – ubique* gegangen sein und dass der Ausdruck *et certo tempore* ein ursprüngliches *ubique* ersetzt haben könnte.

2051 So sein Ergebnis Edikt, S. 173.

2052 Bezweifeln möchte ich aber doch, dass die Zusage einer Leistung auf jederzeitigen Abruf in jedem Fall geeignet war, den Schutz des Edikts *de pecunia constituta* auszulösen; denn dann

abgelehnte Hypothese gibt, dieser klassische Rechtszustand beruhe auf einer Entwicklung, an deren Ausgangspunkt die Zusage eines festen Termins für die Leistung stand[2053]. Auch wenn das Edikt ursprünglich an terminierte Zahlungszusagen dachte, stellt die Auslegung des Paulus, ein konkret bestimmter *dies* sei im Einzelfall verzichtbar, keinen „geradezu spektakulären Akt" dar[2054]. Es lässt sich vielmehr unschwer erklären, dass ein konkret benannter *dies* zunächst verzichtbar erschien, wenn ein anderer Inhalt der Festlegung eine ähnliche Wirkung hervorbrachte, etwa die Zusage (nicht sofort, sondern erst) bei Eintritt einer bestimmten Bedingung zu leisten. Der Gedanke, dass die Einfügung einer Bedingung in die Leistungszusage dem Schuldner Zeit bis zum Bedingungseintritt verschaffte und damit einen ähnlichen Effekt haben konnte wie die Zusage auf einen bestimmten Termin[2055], lässt sich auch auf die Zusage der Leistung bei Vorlage bestimmter Dokumente erweitern. Ein weiteres Beispiel für eine implizit bestimmte Leistungszeit ist bei der *adiectio loci* sogar sicher belegt: Wer sich eine Leistung in Ephesus versprechen ließ, konnte diese erst nach Ablauf der Zeit verlangen, die der Schuldner benötigte, um Ephesus zu erreichen[2056]. Am Ende der Entwicklung stand dann die Ansicht des Paulus, dass auch beim Fehlen eines *dies* und ähnlicher Zusageinhalte eine Haftung eintrete, wenn der Schuldner nicht spätestens nach Ablauf von zehn Tagen zahlte.

Leider setzt sich PLATSCHEK im Zusammenhang mit der Bedeutung des *constituere* im Edikt nicht eingehend mit denjenigen Stellen auseinander, die einen *dies certus* als Inhalt der Zusage unter dem Gesichtspunkt des *neque fecisse neque per actorem stetisse* der Formel mit großer Selbstverständlichkeit voraussetzen[2057]. Wenn Ulpian sich in fr. 16, 4 unseres Titels fragt, ob das formulare *neque fecisse* auf die *litis contestatio* zu beziehen sei oder auf das *tempus constituti*, und letzteres favorisiert, wenn er – auf den Spuren des Pomponius – dieselbe Lösung in fr. 18 pr. für das *neque per actorem stetisse* befürwortet und wenn schließlich Paulus in fr. 17 den Fall behandelt, dass ein Konstituent die Leistung *alia die* offeriert, kann es doch jeweils nur um einen Termin gehen, der im Konstitut

---

war der Gläubiger nicht gehindert, bereits vor Ablauf der zehntägigen „Mindestfrist" des Paulus (D. 13, 5, 3, 2) zu klagen.

2053 Vgl. oben S. 48 ff.

2054 So aber PLATSCHEK, Edikt, S. 150.

2055 Vgl. o. S. 212 f.; auch COSTA, SDHI 77 (2011), S. 129 (227) weist darauf hin, dass die Anerkennung eines bedingten Konstituts die Bedeutung des *dies* abschwächt.

2056 Vgl. D. 38, 1, 24 (Jul. 52 dig.): [...] *cum ‚Ephesi dari' stipulemur, dies continetur* [...]; D. 45, 1, 137, 2 (Ven. 1 stipul.): *Cum ita stipulatus sum ‚Ephesi dari?' inest tempus.*

2057 Er erwähnt sie zwar zu Beginn seiner Ausführungen (S. 143) als Grundlage der auf BRUNS ZRG 1 (1861), S. 18 (39) zurückgehenden h. L., bietet aber keine spezifische Erklärung dafür, warum der *dies* darin eine so prominente Rolle spielt.

bestimmt war[2058]. Diese Rückbeziehung auch der übrigen Formelbestandteile auf einen konkreten Leistungstermin lässt auch PLATSCHEKS Vergleich mit der *formula in factum* der Verwahrungsklage zweifelhaft erscheinen. Zwar mag auch dort die Verurteilungsbedingung *non redidisse* im Perfekt formuliert gewesen sein, es fehlt jedoch gänzlich an Hinweisen aus den klassischen Ediktskommentaren, dass als Anknüpfungspunkt dieses Perfekts an einen bestimmten Termin gedacht gewesen sein könnte, während der Befund beim Konstitut deutlich in diese Richtung weist.

V. Konkurrenz des Konstituts zu förmlichen Erklärungen

Das zweite Kapitel schließt mit einer Darstellung der Konkurrenz des *constitutum* zu förmlichen Erklärungen, insbesondere zur (unwirksamen) Stipulation und zum zugeschobenen Eid (*iusiurandum delatum*)[2059].

1. *Stipulatio*

Ausgangspunkt ist D. 13, 5, 1, 4, wo Ulpian ausführt, dass eine unwirksame Stipulation nicht Grundlage einer Konstitutsklage sein könne, weil dies vom Geschäftswillen (*animus*) der Parteien nicht umfasst sei[2060]. PLATSCHEK zeigt Parallelen zu Ulpians Argumentation in D. 2, 14, 7, 12 auf. Dort geht es um die üblicherweise in Schuldurkunden aufgenommene Abschlussklausel „*rogavit Titius, spopondit Maevius*". Diese Worte seien, erklärt Ulpian, als *stipulatio* zu verstehen, so dass sich eine *actio ex stipulatu* ergebe, sofern nicht das Gegenteil bewiesen werde. Die dafür angeführte Begründung ist ebenfalls der Parteiwille. PLATSCHEK hält in beiden Stellen den Begründungssatz für eine nachträglich eingefügte Erläuterung des bereits klassischen *animus*-Gedankens, geht also von der Echtheit der Texte im Übrigen aus[2061]. Denn jedenfalls auf den Gläubigerwillen komme es in D. 13, 5, 1, 4 an, der Gläubiger müsse sich an der von ihm gewollten *stipulatio* auch im Falle ihrer Unwirksamkeit festhalten lassen[2062]. Diese Lösung stehe allerdings in einem gewissen Spannungsverhältnis zu

2058 COSTA, SDHI 77 (2011), S. 127 (191 f.) bemerkt, diese Stellen wären nicht erklärlich, wenn es sich bei dem *dies constituti* um einen bloßen *dies a quo* handelte. Noch viel weniger erklärlich sind sie, wenn das Konstitut einen bestimmten *dies* gar nicht mehr oder weniger zwingend voraussetzte.

2059 PLATSCHEK, Edikt, S. 173 ff.

2060 Abgedruckt oben S. 345.

2061 Edikt, S. 174 ff.; 178 f.

2062 PLATSCHEK, Edikt, S. 179.

der Umdeutung einer unwirksamen *acceptilatio* in ein *pactum de non petendo*, die Ulpian in D. 2, 14, 27, 9 und D. 46, 4, 8 pr. bei entsprechendem Parteiwillen[2063] ermöglicht[2064]. Eine Funktionsverschiedenheit von Konstitut und Stipulation[2065] vermöge die unterschiedliche Behandlung beider Konstellationen nicht zu erklären, da Stipulationen vorstellbar seien, deren Wirkungen mit denen eines *constitutum* übereinstimmten oder ausschließlich zulasten des Schulders über diese hinausgingen[2066]. Einen Gedanken von Babusiaux aufnehmend, die den Unterschied der Lösungen vor dem Hintergrund der Editionspflicht der Parteien sieht[2067], findet er die Erklärung in einer „Rechtswahl" des Gläubigers: entscheide dieser sich für das zivile Geschäft, verzichte er zugleich auf den prätorischen Rechtsschutz[2068].

Diese Vorstellung ist nicht ganz unproblematisch. Zunächst scheint mir der Terminus „Rechtswahl" nicht glücklich gewählt. Dieser Begriff wird üblicherweise im internationalen Privatrechtsverkehr verwendet, um eine Entscheidung der Parteien über das anwendbare Recht zu kennzeichnen[2069]. In der von Platschek gebrauchten Form suggeriert er, dass sich das römische Privatrecht

2063 Zu diesem Ergebnis gelangt Platschek, Edikt S. 185 ff. über eine besonders scharfsinnige und eindringende Analyse der Textüberlieferung; er stellt fest, dass der Codex Florentinus (F) sich von den auf ihm (aber teils auch auf einer unabhängigen Quelle) beruhenden Vulgathandschriften (V) darin unterscheidet, dass F der unwirksamen *acceptilatio* grundsätzlich die Wirkung eines *pactum* zuerkennt, während V dies nur ausnahmsweise – wenn es nämlich so vereinbart war – tun. Spuren einer textlichen Veränderung im Schriftbild bei F bringen Platschek zu der Annahme, der ursprüngliche Text könne wie in V darauf hinausgelaufen sein, dass Ulpian ein *pactum* nur annahm, wenn dies dem Konsens der Parteien entsprach.

2064 Platschek, Edikt, S. 179 ff.

2065 Die schon Windscheid/Kipp, Lehrbuch des Pandektenrechts, S. 431 n. 14 ins Feld geführt hatten; vgl. auch oben S. 345 ff.

2066 Platschek, Edikt, S. 182.

2067 Babusiaux, *Id quod actum est*, S. 123 f.: Während der Schuldner bei Zweifeln an der Wirksamkeit der *acceptilatio* vorsorglich auch die Einschaltung einer *exceptio pacti* in die Klageformel habe beantragen können, sei dies bei Vortrag des Klägers nicht möglich gewesen. Eine Klageerhebung, die sich alternativ auf Stipulation oder Konstitut stützte, scheitere nämlich an der Pflicht des Klägers, das gewählte Rechtsmittel genau zu bezeichnen.

2068 Platschek, Edikt, S. 183 sowie 198 ff., wo er eine nicht unähnliche Problematik in D. 29, 7, 13, 1 (Pap. 19 quaest.) beobachtet. Dort erklärt Papinian eine Erbeinsetzung mit den Worten „*Titium heredem esse volo*" für wirkungslos, wenn ihr Verfasser mit dieser Urkunde ein Testament errichten wollte (und nicht etwa einen Kodizill mit einem Universalfideikommiss). Anders als beim Konstitut hält Platschek, Edikt, S. 199 f. hier allerdings eine salvatorische Klausel für möglich, was er mit dem *favor testamenti* erklärt.

2069 S. etwa die Terminologie in der Verordnung (EG) Nr. 593/2008 des Europäischen Parlaments und des Rates über das auf vertragliche Schuldverhältnisse anzuwendende Recht (Rom I), insbesondere in Art. 3, sowie in der Kommentierung dazu bei Palandt-Thorn, Art. 3, Rom I, Rn. 1 ff.; allgemein v. Bar/Mankowski, Internationales Privatrecht, Band 1, § 7 Rn. 67 ff.; vgl. auch Verschraegen, Rechtswahl, Wien 2010.

in die voneinander unabhängigen Systeme *ius civile* und *ius honorarium* aufteilen ließe und die Parteien es in der Hand hätten, für ihre Rechtsbeziehungen eine dieser Ordnungen auszuwählen. Dem ist aber nicht so. Das Verhältnis zwischen römischem Zivil- und Amtsrecht ist ein gänzlich anderes als dasjenige zwischen unterschiedlichen nationalen Rechtsordnungen. Es gibt vielfache Verflechtungen und Abhängigkeiten, große Teile des *ius honorarium* dienen gerade der Ergänzung und Abänderung des Zivilrechts und können schon ihrem Sinn und Zweck nach nicht zur Disposition der Parteien stehen. Auch der Inhalt der „Rechtswahl" ist viel bescheidener als der Begriff vermuten lässt: Die Parteien entscheiden sich nicht für die alleinige Geltung einer (Teil-)Rechtsordnung bzw. einer Rechtsschicht, sondern für einen bestimmten Rechtsakt. Dass sie damit auch die Geltung der auf dieses Geschäft anwendbaren Rechtssätze herbeiführen, ist schon an und für sich eigentlich selbstverständlich, liegt aber in einer von schuldrechtlichem Typenzwang und aktionenrechtlichem Denken beherrschten Rechtsordnung wie der römischen besonders klar auf der Hand. Wenn also bei Auswahl eines zivilen Verpflichtungsgeschäfts das *ius civile* zur Anwendung gelangt, ist dies eher ein Reflex der Auswahlentscheidung als ihr eigentlicher Inhalt.

Zudem spricht die bereits erwähnte Behandlung der parallelen Probleme der unwirksamen *acceptilatio* und der unwirksamen Erbeinsetzung durch die römischen Juristen dagegen, dass sie bei Wahl einer zivilen Handlungsform die Umdeutung in ein prätorisches Geschäft schon deshalb abgelehnt hätten, weil der Handelnde sich nun einmal für das Zivilrecht entschieden hatte. Denn in beiden Fällen wird, wie PLATSCHEK selbst in einer akribischen Untersuchung der einschlägigen Quellen herausarbeitet, der Rückgriff auf das Amtsrecht trotz der Wahl einer zivilen Handlungsform jeweils zugelassen, wenn dies vom Konsens bzw. Erblasserwillen gedeckt war[2070]. Ein überzeugender Grund warum nur bei der Stipulation die Rechtswahl bindend gewesen sein soll, in den anderen Konstellationen aber nicht, ist nicht erkennbar. PLATSCHEK sucht ihn letztlich mit aller Vorsicht (und etwas vage) im *favor debitoris*[2071] bzw. im *favor testamenti*[2072], ohne dass die römischen Juristen ihre Lösungen selbst ausdrücklich damit in Verbindung gebracht hätten. Näher liegt aber, dass man die Unterschiede zwischen Stipulation und Konstitut als Hindernis für eine Umdeutung empfand. PLATSCHEKS Einwand, ein uneingeschränktes Verbot der Umdeutung lasse sich mit der Unterschiedlichkeit von Stipulation und Konstitut schon deshalb nicht

2070 PLATSCHEK, Edikt, S. 179 f. und 185 ff. zur *acceptilatio* und S. 198 f. zur Erbeinsetzung.
2071 Edikt, S. 196.
2072 Edikt, S. 200.

erklären, weil Fälle denkbar seien, in denen die Wirkungen beider Geschäfte übereinstimmten[2073], wiegt nicht sehr schwer. Denn der Regelfall war eine solche Wirkungskongruenz sicher nicht. Zumindest die Erhöhung der prozessbegleitenden *sponsio* und damit eine beträchtliche Steigerung des Prozessrisikos hätte eine Umdeutung den Parteien allemal eingetragen.

2. *Iusiurandum delatum*

Was das Verhältnis von Konstitut und *iusiurandum* betrifft, entwickelt PLATSCHEK einen Gedanken Anton FABERS zu D. 13, 5, 25, 1 (Papinian 8 quaest.) fort, der in der modernen Literatur soweit ersichtlich nicht mehr vertreten, ja kaum auch nur erwähnt wird[2074]: Aus der Zuschiebung eines Eides über das Bestehen der Schuld durch den Beklagten an den Kläger sei diesem (wenn der Eid geleistet wurde) nicht nur die prätorische *actio ex iureiurando* erwachsen, sondern zugleich auch die *actio de pecunia constituta*[2075]. Mit anderen Worten: Die Zuschiebung des Eides und dessen Leistung sollen ein *constituere* im Sinne des Edikts ergeben haben. Dieser Deutung wird man schwerlich folgen können. Allerdings hat sie für sich, dass sie den Papinian-Text[2076] ohne Ergänzung des mitgeteilten Sachverhalts zu erklären vermag, setzt aber voraus, dass man im ersten Satz den Einschub *cum habeas eo nomine actionem* konzessiv versteht, was sprachlich nicht ausgeschlossen ist, sich aber nicht eben aufdrängt.

In jedem auf Delation geleisteten Eid zugleich ein Konstitut zu sehen, passt auch nicht recht zu PLATSCHEKS Ausgangsthese zu den Ursprüngen des Edikts *de pecunia constituta*: Wie sich ein Rechtsbehelf, der im Ausgangspunkt dazu bestimmt war, den Schuldurkunden des hellenistisch geprägten peregrinen Geschäftsverkehrs in Rom Anerkennung zu verschaffen, dahin entwickelt haben soll, dass er zu Papinians Zeiten auch bei dem mündlichen (!) Verfahren der Eidesdelation Anwendung fand (obwohl dafür ein eigener prätorischer Rechtsbehelf zur Verfügung stand), ist kaum zu erklären.

Gegen mein abweichendes Verständnis der Stelle[2077] wendet PLATSCHEK vor allem ein, dass es befremde, wenn Papinian die Abgabe des Konstituts gedanklich

---

2073 Edikt, S. 182.

2074 Er klingt an bei BERTOLINI, Giuramento, S. 136 und n. 184; STURM, St. Scherillo II, S. 529 weist ihn als unhaltbar zurück.

2075 PLATSCHEK, Edikt, S. 200 ff. unter Bezugnahme auf FABER, Rationalia 527 (ad h. l.).

2076 Abgedruckt oben S. 289 f.

2077 Das im Kern der Lesart der Basiliken 26, 7, 25, 1 (A IV 1300 Sch.; III 138 Hb.) entspricht und etwa auch von KAPPEYNE, Abhandlungen, S. 243; ANKUM, Homenaje Martínez Díez, S. 43 (51 f.); STURM, St. Scherillo II, S. 528 ff. m. w. N. in n. 40 geteilt wird; s. o. S. 289 f.: Es geht um die Frage, ob eine *pecunia debita* vorliegt, wenn der Gläubiger vorprozessual die – möglicherweise in Wahrheit gar nicht bestehende, vgl. STURM, St. Scherillo II, S. 532 – Hauptschuld beschworen

und sprachlich überspringe, indem er am Ende des Satzes nicht die „primäre Aussage“ treffe *recte constituo* oder *constituendo teneor*, sondern sich mit der „sekundären“ *recte de constituta agis* begnüge[2078]. Indes hat ANKUM mit Recht darauf hingewiesen, dass unsere Stelle „un de nombreux exemples du laconisme de Papinien“ darstellt und sich darin – wie etwa auch in D. 18, 7, 6, 1 (Papinian 27 quaest.) – „l'approche procédurale des juristes classiques“ zeigt[2079].

VI. Dokumente der antiken Praxis

Im abschließenden dritten Kapitel gewährt PLATSCHEK dem Leser Einblick in die antike Geschäfts- und Urkundenpraxis[2080]. Dabei mustert er in § 1 eine Reihe in den Digesten außerhalb des Titels D. 13, 5 überlieferter Texte durch, in denen schriftliche Erklärungen erhalten sind und die er – zum Teil entgegen der bisher üblichen Deutung – mit *pecunia constituta* in Verbindung bringt. In § 2 behandelt er die drei seit langem in diesem Zusammenhang diskutierten Cicero-Stellen[2081] und in § 3 Dokumente einer hellenistischen Geschäftswelt, von dem Brief des Apostels Paulus an Philemon bis zu verschiedenen griechischen und lateinischen Urkunden aus Dakien, Ägypten, Palästina und Wales sowie vom Oberrhein.

1. Urkunden in den Digesten

Der Streifzug durch die in den Digesten überlieferten Urkunden ist interessant und nicht ohne Ertrag.

a. In dem zunächst untersuchten[2082] D. 16, 3, 24 (Pap. 9 quaest.) sehe ich allerdings kein Konstitut. Papinian hat es dort mit einem Schuldschein zu tun, in welchem der Verwahrer eines Geldbetrages bestätigt, diesen von einem Sklaven des Einzahlers am gleichen Tage (*hac die*) erhalten zu haben, und dann Zahlung auf jederzeitigen Abruf zusagt. Der Jurist untersucht die Frage, ob das Kapital zu verzinsen sei, was in der Urkunde nicht erwähnt ist. Er hält grundsätzlich die

hatte. Dass ein (von dem Schwur zu unterscheidendes) Konstitut erfolgt war, setzt Papinian stillschweigend voraus; in diesem Sinne auch ANKUM, Homenaje Martínez Diez, S. 43 (52).

2078 Edikt, S. 205.

2079 ANKUM, Homenaje Martínez Diez, S. 43 (52).

2080 PLATSCHEK, Edikt, S. 213 ff.

2081 Edikt, S. 236 ff. Diesen Texten gewinnt er gegenüber der bisherigen Diskussion indes nicht viel Neues ab (er sieht in keinem davon ein *constituere* im Sinne des Edikts sicher belegt), so dass ich seine Erörterung hier übergehen und auf meine diesbezüglichen Ausführungen oben S. 45 ff.; S. 94 f. (pro Quinctio); S. 64 und 66 (Atticus-Briefe); verweisen kann.

2082 PLATSCHEK, Edikt, S. 213.

actio depositi für anwendbar, die *actio de pecunia constituta* erwähnt er nicht einmal. PLATSCHEK erklärt sich das mit dem beschränkten Gegenstand der *quaestio*, die eben nur den – in der Urkunde nicht zugesagten – Zinszuwachs betraf[2083]. Es dürfte sich indes um eine reine Beweisurkunde handeln: Der Eigentümer des Sklaven war bei der Ablieferung des Betrages nicht zugegen und sollte schlicht über den Vorgang in Kenntnis gesetzt werden.

b. Näher liegt die Annahme eines Konstituts bei einem Schreiben, von dem Scaevola in D. 14, 3, 20 (5 dig.) berichtet[2084]. Verfasst worden war dieses Schreiben von einem Freigelassenen, den sein Patron zum Betreiber einer *mensa nummularia* bestellt hatte. Es lautete: „*Habes penes mensam patroni mei denarios mille, quos denarios vobis numerare debebo pridie Kalendas Maias*". Der Patron war in der Folge erbenlos verstorben, sein Vermögen versteigert worden. Scaevola beantwortet die Anfrage, ob der Freigelassene noch aufgrund des Briefes in Anspruch genommen (*conveniri*) werden könne: *respondit nec iure his verbis obligatum nec aequitatem conveniendi eum superesse, cum id institoris officio ad fidem mensae protestandam scripsisset.*

PLATSCHEK vergleicht diese Lösung mit der in D. 50, 8, 5, 1 (Pap. 1 resp.), nach dem ein Gemeindebeamter nach Beendigung der Amtsführung zwar noch aus einer *durante officio* erfolgten novierenden *cautio* zugunsten der Gläubiger der Gemeinde, aber nicht mehr aus einem Konstitut verklagt werden konnte[2085]. Der byzantinischen Tradition folgend versteht er Scaevolas Bezugnahme auf die *aequitas* als einen Hinweis auf die *actio de pecunia constituta*. Übertrage man den Gedanken von D. 50, 8, 5, 1 auf den *institor*, so hätte dieser für Geschäfte, die sich im Rahmen seiner *praepositio* hielten, nur bis zum Ende seiner Tätigkeit gehaftet. Dagegen spreche allerdings die Wendung *nec his verbis obligatum*, die darauf hindeute, dass der *institor* von Anfang an nicht gehaftet habe. Auch die Bezugnahme auf die *fides mensae* lege nahe, dass für Scaevola Vertrauen gerade in die Person des *praepositus* niemals begründet worden sei, so dass auch das dem Edikt zugrundeliegende *fidem fallere* in seiner Person nicht erfüllt sei. Schließlich sei noch die Terminologie *nec aequitatem superesse* zu beachten, die sich auch zeitlich verstehen lasse: für die Einhaltung der Zusage hätte der *institor* allenfalls *durante officio* einzustehen gehabt[2086].

2083 Edikt, S. 214.

2084 Vgl. schon BRUNS, ZRG 1 (1861), S. 18 (77); FREZZA, Garanzie I, S. 269; WACKE SZ 111 (1994), S. 280 (348 n. 241).

2085 Edikt, S. 214 ff.

2086 PLATSCHEK, Edikt, S. 220 f.; in diesem Zusammenhang wirft er noch die Frage auf, ob der Geschäftsherr unmittelbar verpflichtet wurde, muss aber schließlich konstatieren, dass sie sich aus der Stelle nicht beantworten lasse

Die letzte Überlegung scheint mir den vorherigen zu widersprechen. Ob Platschek Scaevolas Gedanken nun letzten Endes dahin versteht, dass der *institor* für seine Zusage niemals gehaftet habe, oder dahin, dass lediglich nach Beendigung seiner Tätigkeit nicht mehr hafte, erschließt sich mir daher nicht ganz. Letzteres liegt meines Erachtens näher. Warum sollte der *institor*, der ja bei der Führung der *mensa* Verträge grundsätzlich mit Wirkung für und gegen sich selbst schloss, von vornherein nicht für eine Zusage haften, diese auch zu erfüllen?

Schon die Byzantiner brachten mit dem obigen Scaevola-Text einen weiteren in Verbindung, nämlich D. 44, 7, 61 pr. (28 dig.)[2087]. Dort geht es um ein vom *procurator* des Seius erteiltes Anerkenntnis in griechischer Sprache, das nach dem *responsum* des Scaevola (natürlich) für sich betrachtet keine Verbindlichkeit des Seius begründete. Platschek weist zu Recht darauf hin, dass durch jede Spekulation über eine mögliche Haftung aus *constitutum* das Gutachten des Scaevola überbelastet würde[2088]. Denn selbst wenn die (nicht terminierte!) Zusage als Konstitut aufgefasst werden könnte, war der Jurist nach einer Haftung des *procurator* selbst nicht gefragt worden. Eine Haftung des Seius hätte dann aber vorausgesetzt, dass die Zusage seines *procurator* unmittelbar gegen ihn Wirkungen zeitigte. Dass Scaevola das auch nur erwogen hätte, ist nicht ersichtlich.

c. Die dann folgende sehr gründliche Exegese eines dritten Scaevola-Fragments (D. 2, 14, 47, 1, übrigens ebenfalls aus dem 28. Buch seiner Digesten) beschäftigt sich vor allem mit der Rekonstruktion des Textes in einem für die Lehre vom Konstitut eher nebensächlichen Punkt. Mit scharfsinniger Argumentation begründet Platschek den dann doch allzu kühnen Vorschlag, man möge die in einem Relativsatz erfolgende, schwer verständliche Beschreibung einer *summa aureorum* als *quam apud me tacita habes* eher als *quam apud me<um> tr<apez>itam (ta<rpez>itam?) habes* lesen[2089].

Spezifisch zu unserem Thema hält Platschek die Qualifikation des von Scaevola behandelten Briefes als *constitutum* unter Berufung auf die parallelen Formulierungen in D. 13, 5, 24 und 26 für möglich[2090], obwohl dies erneut nicht Gegenstand der *quaestio* ist (es geht vielmehr um den Erlass der Verbindlichkeiten aus früheren Schuldscheinen in der untersuchten *epistula*) und Scaevola daher eine Haftung *ex constituto* weder untersucht noch auch nur beiläufig erwähnt.

2087 S. im Einzelnen Platschek, Edikt, S. 222 mit n. 630.

2088 Edikt, S. 223; anders wohl Wacke SZ 111 (1994), S. 280 (348 n. 241), der ein Konstitut für möglich hält.

2089 Edikt, S. 225 ff.; vgl. zur Stelle etwa noch Bürge, SZ 104 (1987), S. 465 (473 f.); Petrucci, Mensam exercere, S. 276 ff.

2090 Edikt S. 225 oben.

Dem wird man nur insoweit zustimmen können, als der Aussteller der Urkunde mit den Worten *refundam tibi* die Zahlung gerade jener Goldstücke zusagt, die sich nach der herkömmlichen Lesart bei ihm, nach derjenigen PLATSCHEKS bei einem Bankier befanden. Bei dem davon wohl verschiedenen[2091] Ergebnis der Abrechnung der *ratio implicita propter accepta et data* fehlt es – wie etwa auch in D. 16, 3, 26, 2[2092] – an der über die Mitteilung des bloßen Rechenergebnisses hinausgehenden festen Zahlungszusage.

d. Den letzten Brief aus den Digesten, den PLATSCHEK anführt, haben wir oben bereits untersucht[2093]. Es handelt sich um D. 16, 3, 26, 2 (Paul. 4 resp.). Paulus lässt die Erklärung des Ausstellers eines Briefes, er habe verschiedene Gegenstände des Adressaten in Besitz, zur Begründung einer Verbindlichkeit nicht genügen, weist aber darauf hin, dass damit der Beweis der hinterlegten Sachen geführt werden könne. Der genaue Inhalt des Briefes ist schwer verständlich. Offenbar stellt der Absender seinem Soll (bestehend aus etwa zehn Pfund Gold, einem Paar Teller und einem versiegelten Sack) eigene Forderungen gegenüber. PLATSCHEK sucht eine Erklärung dafür, warum (trotz der D. 13, 5, 24 entsprechenden Formulierung der Urkunde) keine Haftung *de pecunia constituta* eintrat, wie es seiner Vorstellung vom ediktalen *constituere* entspräche[2094]. Dabei gelangt er zu einer Textrekonstruktion, in der sämtliche konkret benannten Geldbeträge als in Abzug gebrachte (Gegen-) Forderungen des Absenders Titius erscheinen. Dann enthalte die Urkunde nichts, was als *pecunia debita* des Erklärenden in Betracht käme; für die Sanktionierung von Leistungszusagen über Geld gebe die Urkunde nichts her[2095].

Dem ist entschieden zu widersprechen. Denn zumindest die zehn Pfund Gold konnten im klassischen Recht sehr wohl bereits Gegenstand eines Konstituts sein[2096]. Das kein tauglicher Schuldgegenstand vorhanden gewesen wäre, kann daher nicht der Grund sein, warum Paulus hier keine Haftung *de pecunia constituta* annimmt. Es fehlt vielmehr auch hier an der festen Zusage der Leistung und der typischen Inanspruchnahme erhöhten Vertrauens.

2091 PLATSCHEK, Edikt, S. 225; ANDREAU, Vie financière, S. 559 n. 114; MITTEIS, SZ 19 (1898), S. 198 (208).

2092 Dazu schon oben S. 467 ff. sowie im folgenden Text unter d.

2093 S. o. S. 152 ff., dort auch abgedruckt.

2094 Edikt, S. 230 ff.

2095 PLATSCHEK, Edikt, S. 235.

2096 Schon Justinian berichtet ja in C. 4, 18, 2, 1b zum Verständnis des Begriffs *pecunia* gerade beim Konstitut, dass *et in antiquis libris prudentium, licet pecunia constituta nominabatur, tamen non pecuniae tantum per eam exigebantur, sed omnes res quae pondere numero mensura constitutae sunt.*

2. Dokumente der hellenistischen Geschäftswelt

Platscheks Arbeit schließt mit der Analyse zahlreicher „körperlich erhaltener römischer Urkunden", bei denen er eine seiner These zur Entstehung des Edikts *de pecunia constituta* gegenläufige Entwicklung beobachtet[2097]:

> „Haben wir oben das *constitutum* als ein Phänomen der Hellenisierung des römischen Rechts und einen Konkurrenten zur zivilen Haftungsordnung kennengelernt, so tritt uns in den Urkunden die Romanisierung der hellenischen Praxis entgegen und der Siegeszug der *stipulatio*."[2098]

Es lasse sich nämlich erkennen, dass die Verfasser in dem Bemühen, dem Gläubiger ein möglichst sicheres und durchschlagendes Dokument zu verschaffen, regelmäßig standardisierte Urkunden verwendeten. Mittel der Wahl sei dabei zunehmend die Aufnahme einer Stipulationsklausel gewesen[2099].

Nicht der Fall ist dies allerdings noch bei dem ersten Beispiel, das er bespricht, dem Brief des Apostels Paulus an Philemon[2100], in dem schon Hugo Grotius Parallelen zu dem Brief in D. 13, 5, 5, 3, ja ein Konstitut im Rechtssinne gesehen hatte[2101]. Paulus erklärt in Vers 18 und 19, falls der Sklave Onesimos dem Philemon Schaden zugefügt habe oder ihm etwas schuldig sei, werde er (der Apostel) es bezahlen. Das mag allerdings im übertragenen Sinne gemeint sein, denn Paulus fährt fort, dass Philemon schon längst sich selbst ihm (dem Apostel) schulde, was sicher nicht buchstäblich aufzufassen ist. Platschek weist mit Recht darauf hin, dass der (mögliche) rechtliche Gehalt der Zusage entgegen der überwiegenden Auffassung in der exegetischen Literatur „für damalige Ohren" nicht „zweifellos spektakulär" geklungen haben dürfte[2102]: Für den Römer habe es sich um ein *constitutum debiti alieni* gehandelt[2103]. Dass ein solches auch bei

---

2097 Edikt, S. 242 ff.

2098 Edikt, S. 243.

2099 Platschek, Edikt, S. 243.

2100 Platschek, Edikt, S. 243 ordnet ihn zutreffend als literarische Quelle ein, rechtfertigt seine Aufnahme in das Kapitel über „Dokumente einer hellenistischen Geschäftswelt" aber mit der Erwägung, er zeige Wendungen einer Briefurkunde.

2101 Annotationes in Novum Testamentum, Band 2, S. 785 f.; vgl. auch Voet, Commentarius ad Pandectas, 13, 5 sub 1; Coops, Disputatio Iuridica [1649], Thesis I.2; ablehnend Heineccius, Elementa, Bd. 1, S. 360, der in der Erklärung des Paulus eine *expromissio* sieht.

2102 Edikt, S. 243 ff. gegen Winter, New Testament Studies 33 (1987), S. 1 (11); Arzt-Grabner, Philemon, S. 226 ff.; Reinmuth, Philemon, S. 49.

2103 Soweit ihm Jakab, SZ 133 (2016), S. 487 (501) entgegenhält, der Ausdruck „Ich schreibe mit der eigenen Hand" sei auch in anderen Briefen des Paulus überliefert, wo ein *constitutum* nicht in Betracht komme (etwa 1 Kor. 16, 21), ist darauf hinzuweisen, dass Platschek seine Einordnung auch nicht auf diese Worte stützt.

(Natural-)Schulden eines Sklaven gültig war, ist nach unserer Überlieferung ziemlich sicher[2104].

Auch in den dann weiter referierten griechischen Urkunden kommt die Stipulationsklausel noch nicht vor. Sie sind vor allem durch die typischen Erklärungsinhalte „ich habe erhalten", „ich schulde" und „ich werde zurückzahlen[2105]" gekennzeichnet[2106].

Diese Elemente finden sich ab dem ersten nachchristlichen Jahrhundert, etwa in einer Reihe von lateinisch verfassten[2107] Soldatenchirographa aus Ägypten, Palästina, Wales und vom Oberrhein (also aus „sehr weit entfernt liegenden Ecken des Römischen Reiches", wie JAKAB[2108] treffend bemerkt), in bemerkenswerter Regelmäßigkeit wieder[2109]. Die Stipulationsklausel ist lediglich in zwei von den acht untersuchten Chirographa (T. Vindonissa 3 und P. Mich. VII 438) enthalten, während sie uns in den Krediturkunden vom Golf von Neapel (ziemlich) durchgehend begegnet[2110].

Als einzigen Fall, bei dem eine Qualifizierung der Urkunde als *pecunia constituta* in Betracht komme[2111], nennt PLATSCHEK TPSulp. 51 (=TPN 43) vom 28.06.37. Diese Möglichkeit sei eröffnet, weil bei der formlosen Erfüllungszusage *reddam cum petiaerit* die Schuld (aus Darlehen und Stipulation) bereits bestanden habe, so dass ein römischer Jurist sich fragen müsste, ob ein ungeschickter Nachsatz zur Stipulation und damit ein *dies adiectus* vorliegt oder ob eine weitere, eigenständige Erklärung abgegeben sein sollte[2112]. In dem Urkundentext[2113] erscheint indes zunächst die Empfangsbestätigung *me accepisse (ob) mutua*, gefolgt von dem Bekenntnis *me debere* und der Zahlungszusage. Erst dann schließt sich die Stipulationsklausel[2114] an

---

2104 Das zeigen D. 13, 5, 1, 7 (Ulp. 27 ed.) und Gaius 3, 119a; PLATSCHEK, Edikt, S. 127 ff.

2105 Teilweise ergänzt um eine Zinszusage, vgl. P. Cair. Zen. II 59265 (Ägypten, 251 v. Chr.); P. Babatha 11 (Iudaea, 124 n. Chr.).

2106 PLATSCHEK, Edikt, S. 245 ff.

2107 Aber gelegentlich mit einer griechischen Subskription versehenen, vgl. P. Vindob. L 135; P. Mich. VII 438; P. Fouad I 45, allesamt abgedruckt bei PLATSCHEK, Edikt, S. 250.

2108 SZ 133 (2016), S. 487 (500).

2109 P. Vindob. L 135 (Alexandria, 27 n. Chr.); P. Mich. VII 438 (Karanis, 140 n. Chr.); P. Fouad I 45 (Alexandria, 153 n. Chr.); P. Mich. III 161 (Caesarea/Mauretanien, 2. Jh. n. Chr.); P. Mich. VII 445 (Jerusalem, 188 n. Chr.); T. Vindonissa 3 (90 n. Chr.); Britannia 23 (1992) 147 (Carlisle/Wales, 83 n. Chr.).

2110 S. im Einzelnen PLATSCHEK, Edikt, S. 253 ff. mit reichem Material.

2111 Dass dies „gesichert sei", wie JAKAB SZ 133 (2016), S. 487 (501) ihn zitiert, sagt er indes gerade nicht, s. oben im Text.

2112 PLATSCHEK, Edikt, S. 255.

2113 Sowohl der – um eine Reihe von Fehlern und Vulgarismen bereinigten – *scriptura exterior* als auch in der *scriptura interior* des Triptychons, vgl. WOLF, Rechtsurkunden, S. 75 ff.

2114 Sie lautet: *et ea HS X m(illia) n(ummum) q(uae) s(upra) s(cripta) s(unt) p(roba) r(ecte) d(ari) stipulatus est Hesychus Eueni Ti(beri) Caesaris Augusti l(iberti) Primiano servus spopondi ego* (sowie eine Pfandbestellung). Von einem „Nachsatz“ kann also nur dann die Rede sein, wenn man unterstellt, dass die Beurkundung die Reihenfolge der Ereignisse umkehrt oder – was der Einschub in Form eines Relativsatzes zumindest nicht ausgeschlossen erscheinen lässt – die Zahlungszusage nach erfolgtem Verbalakt erstmals in der Urkunde selbst erfolgte[2115]. In jedem Fall haben wir es aber wie Modestinus in D. 22, 1, 41, 2 mit einer Situation zu tun, in der der Schuldner das Darlehen unter Errichtung einer Urkunde erhält (*accipere chirographo*), Schuldbegründung und Zusage also zeitlich praktisch zusammenfallen, weshalb die Annahme eines Konstituts nach meinem Verständnis des Edikts fernliegt[2116].

Im Weiteren macht PLATSCHEK gegen GRÖSCHLER und andere[2117] wahrscheinlich, dass die Funktion des Schuldanerkenntnisses (*me/se debere*) in den Urkunden nicht die Betonung der Abstraktheit der Stipulation war, sondern dazu dienen sollte, dem Gläubiger durch Aneinanderreihung mehrerer Rechtsakte und Aspekte größtmögliche Sicherheit zu verschaffen[2118]. Dafür spricht in der Tat, dass auch die Urkunden *ohne* Stipulationsklausel das *se debere* enthalten[2119].

Das Ergebnis der Durchsicht der hellenistisch geprägten Formularpraxis der Kaiserzeit auf Spuren des *constitutum debiti* ist auffällig mager. PLATSCHEK führt dies darauf zurück, dass mit der Stipulation ein rein römisches Element Dominanz entwickelt und „auf breiter Front das Recht der *pecunia constituta* überlagert“ habe[2120]. Eine andere (und meines Erachtens wahrscheinlichere) Erklärung für diesen Befund (und dafür, dass auch in den Digesten die römischen Juristen bei schriftlichen Leistungsversprechen nur selten an *pecunia constituta* zu denken scheinen) ist, dass die als *constituere* zu qualifizierenden Zusagen typischerweise mündlich erfolgten und regelmäßig nicht schriftlich dokumentiert wurden.

C(aius) Novius Eunus.

2115 PLATSCHEK, Edikt, S. 255 scheint von einem anderen Urkundentext als dem bei WOLF, Rechtsurkunden, S. 75 f. abgedruckten auszugehen, denn als Gegenbeispiele führt er TPSulp 67 und TPSulp 68 gerade mit dem Argument an, dass dort „dieselben Elemente *vor* der Stipulationsklausel“ auftauchen.

2116 Vgl. auch JAKAB, SZ 133 (2016), S. 487 (491).

2117 GRÖSCHLER, TR 74 (2006), S. 261 ff. und Symposion Pieler, S. 51 ff.; BOVE, Documenti, S. 41 f.; CAMODECA, Archivio Puteolano, S. 175 m. w. N. in n. 36; ders., Tabulae, S. 133.

2118 PLATSCHEK, Edikt, S. 257 ff.

2119 PLATSCHEK, Edikt, S. 259 f.

2120 So sein Schlusswort, Edikt, S. 263.

Abkürzungen

Hinsichtlich der verwendeten Abkürzungen wird, soweit sie sich nicht von selbst verstehen, auf Heribert Kirchner, Abkürzungsverzeichnis der Rechtssprache, 9. Auflage, Berlin 2018 sowie – für spezifisch romanistische Abkürzungen – auf das Abkürzungsverzeichnis bei Kaser, Das Römische Privatrecht, Band 1, 2. Auflage, München 1971 verwiesen. Soweit verwendete Literatur abgekürzt zitiert wird, ist die Zitierweise im Literaturverzeichnis angegeben.

Verzeichnis des verwendeten Schrifttums

Accarias, Calixte: Precis de droit Romain. 4. Auflage, Paris 1886–1891 (zit. Accarias, Precis);

Albertario, Emilio: Nota sulle azioni penali e sulla loro trasmissibilità passiva nei limiti dell'arricchimento dell'erede. BIDR 26 (1913), Seite 90 ff.;

Ders.: Le fonti delle obbligazioni e la genesi dell'Art. 1097 del cod. Civ., Riv. Dir. Comm. 21, I (1923), Seite 1 ff. (=Studi di diritto romano III, Milano 1936, Seite 71 ff.);

Ders.: La crisi del metodo interpolazionistico. In: Studi in onore di Pietro Bonfante nel XL anno d'insegnamento, Band I, Milano 1930, Seite 609 ff. ;

Alciatus, Andreas: D. Andreae Alciati Mediolanensis iurecos. opera omnia : in quatuor tomos legitimè digesta, nativo suo decori restituta, indice locupletiss. adaucta. Basel 1582;

Amelotti, Mario: La prescrizione delle azioni in diritto Romano. Milano 1958 (zit. Amelotti, Prescrizione);

Amirante, Luigi: Il giuramento prestato prima della litis constestatio nelle legis actiones e nelle formulae. Napoli 1954 (zit. Amirante, Giuramento);

Andreau, Jean: La vie financière dans le monde romain : les métiers de manieurs d'argent (IVe siècle av. J.-C. – IIIe sciècle ap. J.-C.). Rom 1987 (zit. Andreau, La vie financière);

Ders.: Le comptes bancaires en nature. Index 15 (1987), Seite 413 ff.;

Ders.: Banking and business in the Roman world. Cambridge 1999 (zit. Andreau, Banking and Business);

Ankum, Hans: Une nouvelle hypotèse sur l'origine de la règle ‚*alteri dari stipulari nemo potest*'. In: Études offertes à J. Macqueron. Aix-en-Provence 1970, Seite 21 ff.;

Ders.: Le laconisme extrême de Papinian. In: Estudios de Historia del Derecho Europeo. Homenaje al Profesor G. Martínez Diez Band 1 (1994), S. 43 ff.

Ders.: Quelques problèmes sur le *solutionis causa adiectus* en droit romain classique. In: Studi per Giovanni Nicosia, Band 1, Milano 2007, Seite 139 ff.;

Ders.: Some Problems Concerning the Person of the *adiectus solutiionis causa* in Classical Roman Law. In: Essays in Roman Law and Legal History dediated to Janusz Sondel, Krakau 2008;

Ders.: *Solutionis causa adiectus* et *constitutum debiti* en droit romain classique. In: Mémoires de la société pour l'Histoire du Droit et des Institutions des Ancien Pays Bourguignons, Comtois et Romands 65 (2008), Seite 91 ff. ;

Apathy, Peter / Klingenberg, Georg / Pennitz, Martin: Einführung in das römische Recht. 5. Auflage, Wien 2012 (zit. Apathy/Klingenberg/Pennitz, Einführung);

Appleton, Charles: Les négations intruses ou omises dans le manuscript des Pandectes Florentines a propos d'un livre récent. NRH 40 (1916), Seite 1 ff.;

Arangio-Ruiz, Vincenzo: Le genti e la città. Messina 1914 (zit. Arangio-Ruiz, Genti e città);

Ders.: Papiri greci e latini. In: P. S. I. XI (1933), Seite 1182 ff.;

Ders.: Scritti di diritto romano. Jovene 1982;

Ders.: Istituzioni di diritto romano. 11. Auflage, Napoli 1952 (zit. Arangio-Ruiz, Istituzioni);

Ders.: Fontes Iuris Romani Antejustiniani. Band 3: Negotia. 2. Auflage 1972 (zit. Arangio-Ruiz, FIRA);

Archi, Gian Gualberto:

Ders.: Sul concetto di obbligazione solidale. In: Conf. Pav. (1939), S. 269 n. 54;

Ders.: Contributi alla critica del Corpus Juris. II. Riforme giustinianee in tema di garanzie personali. BIDR 65 (1962), Seite 131 ff.;

Ders.: Giustiniano legislatore. Bologna 1970;

Ders.: Scritti di diritto romano. 3 Bände, Padova 1981;

Arndts von Arnesberg, Karl Ludwig: Rezension von Bähr, Die Anerkennung als Verpflichtungsgrund. In: Krit. Überschau der deutschen Gesetzgebung und Rechtswissenschaft 4 (1857), Seite 1 ff.; 219 ff.;

Ders.: Lehrbuch der Pandekten. 10 Auflage, Stuttgart 1879 (zit. Arndts von Arnesberg, Pandekten);

Arriat, Denys: Le préteur pérégrin. Paris 1955;

Arzt-Grabner, Peter: Philemon. Göttingen, 2003;

Astuti, Guido: Studi preliminari intorno alla promessa di pagamento. I. Il costituto di debito. in: Annali della Facoltà Giuridica della Università degli studi di Camerino, vol. XI, Napoli 1937, Seite 83 ff. (zit. Astuti I);

Ders.: *Pactum geminatum*. In: G. Astuti. Tradizione romanistica e civiltà giuridica europea, Band II, Napoli 1984, Seite 1071 ff. (=Studi di storia e diritto in onore di E. Besta. Band 1, Milano 1938, Seite 219 ff.);

Ders.: Studi intorno alla promessa di pagamento. Il costituto di debito – II, Milan 1942 (zit. Astuti II);

Azo: Lectura supra codicem. In: Corpus Glossatorum Iuris Civilis, Band 3: Repr. d. Ausg. Parisiis 1577 – Neudruck 1966;

Ders.: Azonis Summa aurea recens pristinae suae fidei restituta, ac archetypo collata. Unveränd. Nachdruck der Ausgabe Lugduni 1557 – Frankfurt a. M. 1968;

Babusiaux, Ulrike: Id quod actum est. Zur Ermittlung des Parteiwillens im klassischen römischen Zivilprozess. München 2006;

Backhaus, Ralph: *Casus perplexus* – Die Lösung in sich widersprüchlicher Rechtsfälle durch die klassische römische Jurisprudenz, München 1981;

Badosa i Coll, Ferran: Dret d'obligacions. Barcelona 1990;

Bähr, Otto: Die Anerkennung als Verpflichtungsgrund. 2. Auflage, Cassel und Göttingen 1867;

Baldus de Ubaldis: Commentaria ad libros Digestorum, Codicis atque Institutionum: nec non in Tract. de Pactis, et Constituto. Index. 9 Teile u. Register in 8 Bänden. Nachdruck der Ausgabe Venetia 1599 – Goldbach 2004;

Baron, Julius: Die Gesammtrechtsverhältnisse im römischen Recht. Marburg 1864 (zit. Baron, Gesammtrechtsverhältnisse);

Ders.: Rezension von Kappeyne van de Coppello, Abhandlungen zum römischen Staats- und Privatrecht. Stuttgart 1885, Kritische Vierteljahresschrift, Seite 226 ff.;

Bechmann, August: Das römische Dotalrecht. Band 1: Erlangen 1863; Band 2: Erlangen 1867 (zit. Bechmann, Dotalrecht I / II);

Behrends, Okko / Knütel, Rolf / Kupisch, Berthold / Seiler, Hans Hermann (Hrsg.):
Corpus Iuris Civilis – Text und Übersetzung. Band 1: Institutionen, 2. Auflage Heidelberg 1999; Band 2: D. 1–10, Heidelberg 1995; Band 3: D. 11–20, Heidelberg 1999; Band 4: D. 21–27, Heidelberg 2005; Band 5: D. 28–34, Heidelberg 2012;

Behrends, Okko: Der Zwölftafelprozess, Göttingen 1974 (zit. Behrends, Zwölftafelprozess);

Ders.: Die Prokuratur des klassischen römischen Zivilrechts. SZ 88 (1971), Seite 215 ff.;

Ders.: Beitrag zur grundsätzlichen Überwindung der interpolationi(sti)schen Methode. Index 19 (1991), Seite 169 ff.;

Bekker, Ernst Immanuel: "Recipere" und "permutare" bei Cicero. SZ 3 (1882), Seite 1 ff.;

Bellapertica, Petrus de:Lectura super prima et secunda parte Codicis. Paris 1519;

Berger, Adolf: Encyclopedic dictionary of Roman law. Philadelphia 1968 [Reproduktion der Ausgabe von 1953] (zit. Berger, Dictionary);

Ders.: Die Strafklauselnin den Papyrusurkunden: ein Beitrag zum Gräko-Ägyptischen Obligationsrecht. Neudruck der Ausgabe Leipzig 1911. – Aalen 1965 (zit. Berger, Strafklauseln);

Bertolini, Cesare: Appunti didattici di diritto Romano. Seria prima. Torino 1908 (zit. Bertolini, Appunti didattici I);

Ders.: Il giuramento nel diritto privato romano. Roma 1886;

Beseler, Gerhard von: Das Edictum de eo quod certo loco. Leipzig 1907;

Ders.: Beiträge zur Kritik der römischen Rechtsquellen, Tübingen 1910 bis 1931;

Ders.: Miszelle „Einzelne Stellen", SZ 43 (1922), Seite 535 ff.;

Ders.: Miszelle „Einzelne Stellen", SZ 45 (1922), Seite 433 ff.;

Ders. Miszelle „*aequitas*", SZ 45 (1925), Seite 453 ff.;

Ders.: Miszelle „Einzelne Stellen“, SZ 46 (1926), Seite 266 ff.;
Ders.: Miszelle „Einzelne Stellen“, SZ 47 (1927), Seite 355 ff.;
Ders.: Textkritische Studien. SZ 53 (1933), Seite 1 ff.;
Ders.: Romanistische Studien. In: Studi in onore di Salvatore Riccobono nel XL anno del suo insegnamento, Aalen 1974 (Nachdruck der Ausgabe Palermo 1936), Seite 285 ff.;
Ders.: Beiträge zur Kritik der römischen Rechtsquellen. SZ 66 (1948), Seite 266 ff.;
Bethmann-Hollweg, M. A. von: Der römische Civilproceß, Band 2: Bonn 1865 (zit. Bethmann-Hollweg, Civilproceß);
Beuter, Claudia: Die Kommerzialisierung des Persönlichkeitsrechts. Diss. Konstanz 2000 (Internetveröffentlichung);
Bianchi Fossati Vanzetti, Maria: Perpetuatio obligationis. Padova 1979;
Biener, Friedrich August: Wechselrechtliche Abhandlungen. Leipzig 1859;
Binder, Julius: Die Korrealobligationen im römischen und im heutigen Rechte. Aalen 1967 (Neudruck der Ausgabe Leipzig 1899; zit Binder, Korrealobligationen);
Biondi, Biondo: Di nuovo sulla dottrina romana dell'actio arbitraria. BIDR 26 (1913), Seite 1 ff.;
Il diritto romano, Bologna 1957 (zit. Biondi, Diritto romano);
Ders.: Istituzioni di diritto romano. 4. Auflage, Milano 1965 (zit. Biondi, Istituzioni);
Biscardi, Arnaldo: La *litis contestatio* nell'*ordo iudiciorum*. Siena 1953 (zit. Biscardi, Litis contestatio);
Actio pecuniae traiecticiae: contributo alla dottrina delle clausole penale. Siena 1947 (zit. Biscardi, Actio pecuniae traiecticiae);
Bleicken, Jochen: Geschichte der römischen Republik. 6. Auflage, Oldenbourg 2004;
Blume, Wilhelm von: Novation, Delegation und Schulduebertragung: Abhandlungen aus dem roemischen Rechte. Göttingen 1895 (zit. Blume, Novation);
Bodin, J.: Des effets du pacte de constitut. Revue Historique de Droit Francais et Étranger 12 (1866), Seite 209 ff.;
Bonfante, Pietro: Istituzioni di diritto romano, 10. Auflage, Torino 1951 (zit. Bonfante, Istituzioni);
Bonifacio, Franco: La novazione nel diritto romano. 2. Auflage, Napoli 1959 (zit. Bonifacio, Novazione);
Ders.: Rezension zu Roussier, Le Constitut, Paris 1958. TR 28 (1960), Seite 374 ff.;
Bonnecarrère, Philippe: De l'action *pecuniae constitutae*, Paris 1896 (zit. Bonnecarrère, Constitut);
Bove, Lucio: Documenti processuali dalle tabulae pompeianae di Murecine. Napoli 1979 (zit. Bove, Documenti processuali);
Brandis: Ueber den *solutionis causa adiectus*. Rheinisches Museum für Jurisprudenz 5 (1833), Seite 257 ff.;

Bretone, Mario: Tecniche e ideologie dei giuristi romani, 2. Auflage, Napoli 1982 (zit. Bretone, Techniche);

Broggini, Gerardo: *Iudex arbiterve*. Köln 1957;

Bruna, F. J.: Lex Rubria. Caesars Regelung für die richterlichen Kompetenzen der Munizipalmagistrate in Gallia Cisalpina. Text, Übersetzung und Kommentar mit Einleitungen, historischen Anhängen und Indizes. Leiden 1972 (zit. Bruna, Lex Rubria);

Brunnemann, Johannes: Johannis Brunnemanni Commentarius In Qvinqvaginta Libros Pandectarum, Qvo Leges singulae, qvae usum habere videbantur, resolvuntur. Controversiae itidem in Academiis & Foro freqventatae nervosè deciduntur. Frankfurt/Oder 1674;

Bruns, Carl Georg: Das *constitutum debiti*. ZRG 1 (1861), Seite 28 ff.;

Buchka, Hermann: Die Lehre von der Stellvertretung bei Eingehung von Verträgen. Rostock 1852 (zit. Buchka, Stellvertretung);

Buckland, William Warwick: A Textbook of Roman law, 3. Auflage, Cambridge 1966 (zit. Buckland, RL);

Bürge, Alfons: Geld- und Naturalwirtschaft im vorklassischen und klassischen römischen Recht. SZ 99 (1982), Seite 128 ff.;

Ders.: Fiktion und Wirklichkeit: Soziale und rechtliche Strukturen des römischen Bankwesens, SZ 104 (1987), Seite 465 ff.;

Ders.: Römisches Privatrecht. Rechtsdenken und gesellschaftliche Verankerung. Darmstadt 1999 (zit. Bürge, Römisches Privatrecht);

Burdese, Alberto: La nozione classica di *naturalis obligatio*. Torino 1955 (zit. Burdese, Naturalis obligatio);

Ders.: Rezension von Roussier, Le constitut, Paris 1958. IVRA 10 (1959), Seite 216 ff.;

Ders.: Manuale di diritto privato romano, 2. Auflage, Torino 1964 (zit. Burdese, Manuale);

Ders.: Dubbi in tema di ‚naturalis obligatio⊠. In: Studi in honore di Gaetano Scherillo, Band 2, Milano 1972, Seite 485 ff.;

Ders.: Considerazioni in tema di peculio c. d. profettizio. In: Studi in honore di Cesare Sanfilippo, Band 1, Milano 1982, Seite 69 ff.;

Buzzacchi, Chiara: L'abuso del processo nel diritto romano. Milano 2002 (zit. Buzzacchi, L'abuso del processo);

Cabrillac,Michel / Mouly, Christian: Droit des sûretés. 6. Auflage, Litec 2006;

Calonge, Alfredo: En torno al problema de la retroactividad de la condición en el derecho clásico. In: Studi in onore di Edoardo Volterra, Band 3, Milano 1971;

Camodeca, Giuseppe: L'Archivio Puteolano dei Sulpicii I, Napoli 1992;

Tabulae Pompeianae Sulpiciorum (TPSulp.) Edizione critica dell'archivio puteolano dei Sulpicii. Roma 1999;

Cannata, Carlo Augusto: Mora (storia). In: Enciclopedia di diritto. Band 26, Varese 1976. Seite 921 ff.;

Ders.: Sul problema della responsabilità nel diritto privato romano. Catania 1996 ;
Canstein, Raban von: Lehrbuch des Wechselrechts, Berlin 1890;
Castro, Paulus de: Opera omnia. Lyon 1583;
Cerami, Pietro/ DiPorto Andrea/ Petrucci, Aldo: Diritto commerciale romano. Profilo storico. 3. Auflage, Torino 2010;
Chiusi, Tiziana: Die Actio de in rem verso im römischen Recht. München 2001;
Cimma, Maria Rosa: De non numerata pecunia. Milano 1984;
Claus, Axel: Gewillkürte Stellvertretung im Römischen Privatrecht, Berlin 1973 (zit. Claus, Stellvertretung);
Coester, Michael: Die Zahlungszusage auf der Baustelle – OLG Hamm, NJW 1993, 2625. JuS 1994, Seite 370 ff.;
Coing, Helmut: Handbuch der Quellen und Literatur der neueren europäischen Privatrechtsgeschichte. Band 1: Mittelalter (1100 – 1500): die gelehrten Rechte u. d. Gesetzgebung. München 1973;
Collinet, Paul: Études historiques sur le droit de Justinien. Tome premier : Le caractère oriental de l'œuvre législative de Justinien et les destinées des institutions classiques en occident. Paris 1912 ;
Contat, Paul-Louis: Du pacte de constitut, Paris 1890 (zit. Contat, Constitut);
Coops, Dominicus: Disputatio Iuridica Desumpta ex Titulo V. De Pecunia Constituta & seqq. usque ad finem libri XIII. Pandectarum. Franeker 1649;
Corbett, Percy Elwood: The Roman law of marriage. London 1969;
Cornil, Georges: Cause et conséquences de l'apparition tardive de l'*animus novandi*. In: Melanges Paul Fournier, Paris 1929, Seite 87 ff.;
Cornioley, Pierre: *Naturalis obligatio*. Essai sur l'origine et l'évolution de la notion en droit romain. Genf 1964;
Coudert, Jean Joseph Henri: Recherches sur les stipulations et les promesses pour autrui en droit romain. Nancy 1957;
Coulon, Henri: Du constitut *debiti alieni*, Poitiers 1889 (zit. Coulon, Constitut);
Crapelet, Henri: Du *constitutum debiti alieni* en droit romain, Dijon 1888 (zit. Crapelet, Constitut);
Cugia, Stanislao: L'"adiectus solutionis causa": diritto romano classico – giustinianeo – comune. Napoli 1919;
Cujas, Jacques: Iacobi Cuiacii Opera omnia. Paris 1658;
Cuq, Edouard: Les institutions juridiques des Romains. 2 Bände, Paris 1902 und 1904 (zit. Cuq, Institutions);
Manuel des institutions juridiques des Romains. 2. Auflage, Paris 1928 (zit. Cuq, Manuel);
DeFrancisci, Pietro: Studi sopra le azioni penali e la loro intrasmissibilità passiva. Milano 1912;

Dejardin, Jacques: L'action *pecuniae constitutae* principalement dans ses rapports avec l'action *certae creditae pecuniae*, Paris 1914 (zit. Dejardin, L'action);
Dekkers, Rene: Het humanisme en de rechtswetenschap in de Nederlanden. Antwerpen 1938;
Dellebecque, Ph.: Artikel „Cautionnement". In: Encyclopédie Dalloz, Repertoire de droit civil. 2. Auflage, Paris 1985;
Demangeat, Charles: Des obligations solidaires en droit romain: commentaire du titre de Duobus Reis au digeste (Textes expliqués au Cours de Droit romain en 1858), Paris, 1858 (zit. Demangeat, Oblig. solid.);
Demel, Walter: Der Entwurf eines Bürgerlichen Gesetzbuchs für das Königreich Bayern von 1811: revidirter Codex Maximilianeus Bavaricus civilis. Eingeleitet und hrsg. von Walter Demel. Ebelsbach 1986;
Demelius, Gustav: Schiedseid und Beweiseid im römischen Civilprocesse. Beitrag zur Erörterung der Eidesfrage. Leipzig 1887 (zit. Demelius, Schiedseid und Beweiseid);
Dernburg, Heinrich: Pandekten. 7. Auflage, Berlin 1902 bis 1903;
DeVilla, Vittorio: Studi sull'*obligatio naturalis*. In: *Studi sassaresi*, II serie, XVII (1939) Seite 30 ff., 85 ff., 185 ff.);
Ders.: Le "Usurae ex pacto" nel diritto romano. Rom 1937;
Díaz Bautista, Antonio: Les garanties bancaires dans la législation de Justinien. RIDA 29 (1982), Seite 165 ff.;
Dilcher, Hermann: Die Theorie der Leistungsstörungen bei Glossatoren, Kommentatoren und Kanonisten. Frankfurt a. M. 1960;
Ders.: Der Typenzwang im mittelalterlichen Vertragsrecht. SZ 77 (1960), Seite 270 ff.;
Donatuti, Guido: Le *praesumptiones iuris* in diritto romano. Annali Perugia 42 (1931), Seite 1 ff.
Donellus, Hugo: Hugonis Donelli Opera omnia [herausgegeben von Oswald Hilliger]. Florenz 1840 bis 1847;
Drexhage, Hans-Joachim / Konen, Heinrich / Ruffing, Kai: Die Wirtschaft des römischen Reiches (1. bis 3. Jahrhundert). Eine Einführung. Berlin 2002;
Düll, Rudolf: Besprechung zu: H. Lévy-Bruhl, Quelques problèmes du très ancient droit romain, Paris 1934. SZ 56 (1936), Seite 282 ff.;
Durantis, Guilelmus: Speculum iudiciale : 4 partes in 2 tomis. Illustratum et repurgatum a Giovanni Andrea et Baldo degli Ubaldi. Neudr. d. Ausg. Basel 1574 . – Aalen 1975;
Ebeling, Johann C. L.: Ueber die Beweiskraft der Handelsbücher. Hamburg 1815;
Ehrenberg, Victor: Handbuch des gesamten Handelsrechts: mit Einschluss des Wechsel-, Scheck-, See- und Binnenschiffahrtsrechts, des Versicherungsrechts sowie des Post- und Telegraphenrechts. Band 1: Leipzig 1913;
Eisele, Fridolin: Das Dogma von der rückwirkenden Kraft der erfüllten Suspensiv-Bedingung. AcP 50 (1867), Seite 253 ff.
Ders.: Correalität und Solidarität. AcP 77 (1891), Seite 374 ff.;

Ders.: Beiträge zur Erkenntnis der Digesteninterpolationen. SZ 18 (1897), Seite 1 ff.;

Ders.: Weitere Studien zum Texte der Digesten. SZ 30 (1909), Seite 112 ff.;

Eisenhardt, Ulrich: Deutsche Rechtsgeschichte. 6. Auflage, München 2013 (zit. Eisenhardt, Rechtsgeschichte);

Emmerich, Volker: Das Recht der Leistungsstörungen. 6. Auflage, München 2005 (zit. Emmerich, Leistungsstörungen);

Endemann, Wilhelm: Studien in der romanisch-kanonistischen Wirthschafts- und Rechtslehre bis gegen Ende des siebenzehnten Jahrhunderts. Band 1: Berlin 1874; Band 2, Berlin 1883 (zit. Endemann, Studien I / II);

Engelmann, Arthur: Das bürgerliche Recht Deutschlands: mit Einschluss des Handels-, Wechsel- und Seerechts; historisch und dogmatisch dargestellt. 5. Auflage, Berlin 1909;

Erman, Heinrich: Rezension von: Kleineidam, Feodor – Die Personalexekution der Zwölftafeln. Breslau 1904. In: SZ 26 (1905), Seite 556 ff.;

Ennecerus, Ludwig: Lehrbuch des Bürgerlichen Rechts. Band 1.2: Das Recht der Schuldverhältnisse. 9. Auflage, Marburg 1923;

Ernout, A./ Meillet, A.: Dictionnaire étymologique de la langue latine, 4. Auflage, Paris 1967 (zit. Ernout/Meillet, Dctionnaire étymolgique);

Ernst, Wolfgang: Gattungskauf und Lieferungskauf im römischen Recht. SZ 114 (1997), Seite 277 ff.;

Ders.: Kurze Rechtsgeschichte des Gattungskaufs. ZEuP 1999, Seite 583 ff.;

Faber, Anton: Rationalia in primam et secundam partem Pandectarum. Opus nouum, nec ab ullo antehac tentatum, in quo verae ac genuinae dubitandi decidendique rationes ad fingulos versiculos adhibentur, & si quid obscuri extrinsecus occurit dilucide, ac breuiter quantum fieri potest, explicatur. Rudolphstadt 1619 (zit. Faber, Rationalia I+II);

Ders.: Rationalia in tertiam partem Pandectarum. Lugduni 1663 (zit. Faber, Rationalia III);

Falcone, Giuseppe: La formazione del testo della Parafrasi di Teofilo, TR 68 (2000), Seite 417 ff.;

Fasolino, Francesco: Sulle techniche negoziali bancarie: il „receptum argentarii". Labeo 46 (2000), Seite 169 ff.;

Feenstra, Robert: La preuve. Rec. Soc. J. Bodin 16 I (1964), Seite 648 ff.;

Fernandez Barreiro, Alejandrino: De conclusione detegenda. Seminarios Complutenses de Derecho Romano I (1990), Seite 69 ff.;

Ferrini, Contardo: Institutionum graeca paraphrasis Theophilo Antecessori vulgo tributa ad fidem librorum manu scriptorum. Neudr. d. Ausg. Berlin 1884–1897. Aalen 1967;

Ders.: Sull'opuscolo greco intitolato "de actionibus". In: Opere di Contardo Ferrini I, Milano 1929, Seite 365 ff.;

Ders.: Sulla teoria generale dei *pacta*. In: Opere di Contardo Ferrini III, Milano 1929, Seite 243 ff.;

Ders.: Manuale di Pandette. 4. Auflage, Milano 1953 (zit. Ferrini, Manuale);

Finkenauer, Thomas: Direkte Stellvertretung bei Stipulationen? SZ 125 (2008), Seite 440 ff.;
Finley, Moses I.: Die antike Wirtschaft. 2. Auflage München 1980;
Fitting, Hermann: Die Natur der Correalobligationen: eine civilistische Abhandlung; Erlangen 1859 (zit. Fitting, Correalobligationen);
Ders.: Das *castrense peculium* in seiner geschichtlichen Entwicklung und heutigen gemeinrechtlichen Geltung; Halle, 1871 (zit. Fitting, Castrense peculium);
Flach, Dieter: Die Gesetze der frühen römischen Republik, Darmstadt 1994;
Flume, Werner: Studien zur Akzessorietät der römischen Bürgschaftsstipulationen. Weimar 1932;
Ders.: Die Vererblichkeit der suspensiv bedingten Obligation nach klassischem römischem Recht. TR 14 (1936), Seite 19 ff.;
Ders.: Der bedingte Rechtsakt nach den Vorstellungen der römischen Klassiker. SZ 92 (1975), S. 69 ff.;
Ders.: Die Aufhebungsabreden beim Kauf – lex commissoria, in diem addictio und sogenanntes pactum displicentiae – und die Bedingung nach der Lehre der römischen Klassiker. In: Festschrift ür Max Kaser zum 70. Geburtstag, München 1976, Seite 309 ff.
Ders.: Rechtsakt und Rechtsverhältnis. Paderborn 1990 (zit. Flume, Rechtsakt);
Ders.: Allgemeiner Teil des Bürgerlichen Rechts. Zweiter Band: Das Rechtsgeschäft. 4. Auflage, Berlin 1992 (zit. Flume, Rechtsgeschäft);
Ders.: Zu den römischen Bürgschaftsstipulationen. SZ 113 (1996), Seite 88 ff.;
Flurer: Du *pactum constitutae pecuniae* à Rome et dans le temps modernes. Nancy 1874 (zit. Flurer, Constitut);
Frese, Benno: Viva vox iuris civilis. SZ 43 (1922), Seite 466 ff.;
Frezza, Paolo: Osservazioni sulla legis actio per iudicis arbitrile postulationem. SDHI 9 (1943), Seite 21 ff.;
Questioni esegetiche e sistematiche in materia di *constitutum debiti*. In: Studi in memoria di Giovan Battista Funaioli. Milano 1961;
Ders.: Le garanzie delle obbligazioni. Band 1: Le garanzie personali. Padua 1962 (zit. Frezza, Garanzie);
Fritz: Zeitschrift für Zivilrecht und Prozessrecht 19 (1862), Seite 110 ff.;
Fuchs: Über das *constitutum*. AcP 42 (1859), Seite 172 ff.;
García Garrido, M.: Sobre los verdaderos limites de la ficcion en derecho Romano. AHDE 27/28 (1957/58), Seite 305 ff.;
Gasquy, Armand: Cicéron jurisconsulte. Paris 1887;
Gaudemet, E.: Etude sur le transport de dettes a titre particulier. Paris 1898 (zit. Gaudemet, Transport);
Gaudemet, Jean: La formation du droit séculier et du droit de l'Église aux IVe et Ve siècle. 2. Auflage, Paris 1979;
Gay, Jean Lucien: L'in rem versum a l'époque classique. Varia II, Seite 155 ff.;

Georges, Karl Ernst: Ausführliches Lateinisch-Deutsches Handwörterbuch. Band 1: 12. Auflage, Hannover 1969 (zit. Georges, Handwörterbuch);

Gide, Paul: Etudes sur la novation et le transport des créances en droit romain. Paris 1879 (zit. Gide, Novation);

Giodice-Sabatelli, Venanzia: '*Constituere*': dato semantico e valore giuridico. Labeo 27 (1981), Seite 338 ff.;

Giordano, C.: Nuove tavolette cerate pompeiane. In: Rendiconti dell'Accademia di Archeologia, Lettere e Belle Arti di Napoli 46 (1971), Seite 187 ff.;

Girard, Paul Frederic: Manuel elementaire de droit romain. 8. Auflage. Paris 1929 (zit. Girard, Manuel);

Girtanner, Wilhelm: Die Bürgschaft nach gemeinem Civilrechte. Jena 1850–1851 (zit. Girtanner, Bürgschaft);

Giuffrè, Vincenzo: L'utilizzazione degli atti giuridici mediante conversione in diritto romano, Napoli 1965 (zit. Giuffrè, Conversione);

Ders.: ‚Necessitas probandi'. Tecniche processuali e orientamenti teorici. Napoli 1984;

Glück, Christian Friedrich von: Ausfuehrliche Erlaeuterung der Pandecten nach Hellfeld: ein Commentar. Erlangen 1797 bis 1832;

Goeschen, Johann Friedrich Ludwig: Vorlesungen ueber das gemeine Zivilrecht. Göttingen 1839;

Goldschmidt, Levin: Universalgeschichte des Handelsrechts. Nachdruck der 3. Auflage, Stuttgart 1891. - Aalen 1957;

Gordon, William M.: Studies in the transfer of property by traditio. Aberdeen 1970;

Gradenwitz, Otto: Besprechung von: Gustav Demelius. Schiedseid und Beweiseid im römischen Civilprozesse. Beitrag zur Erörterung der Eidesfrage. Leipzig 1887. In: SZ 8 (1887), Seite 275 ff.;

Ders.: Interpolationen in den Pandekten: Kritische Studien. Berlin 1887 (zit. Gradenwitz, Interpolationen);

Ders.: Quotiens culpa intervenit debitoris perpetuari obligationem. SZ 34 (1913), Seite 255 ff.;

Ders.: Natur und Sklave bei der naturalis obligatio. In: Festgabe der Königsberger Juristischen Fakultät zum Doktor-Jubiläum für Geheimrat Dr. Theodor Schirmer, 1900, S. 133 ff.;

Gregoritza, Anna: Die Kommerzialisierung von Persönlichkeitsrechten Verstorbener: eine Untersuchung der Rechtsfortbildung durch den Bundesgerichtshof in den Marlene-Dietrich-Urteilen vom 1. Dezember 1999. Berlin 2003;

Grimal, Pierre: Cicéron. Paris 1986;

Gröschler, Peter: Die tabellae-Urkunden aus den pompejanischen und herkulanensischen Urkundenfunden. Berlin 1997 (zit. Gröschler, Tabellae-Urkunden);

Ders.: Die Konzeption des *mutuum cum stipulatione*. TR 74 (2006), Seite 261 ff.;

Ders.: Auf den Spuren des Synallagma – Überlegungen zu D. 2, 14, 7.2 und D. 50, 16, 19. In: Antike – Recht – Geschichte. Symposion zu Ehren von Peter E. Pieler (2009), Seite 51 ff.;
Grosso, Giuseppe: Efficacia dei patti nei "bonae fidei iudicia" : patti e contratti. In: Memoria dell'Istituto Giuridico della Regia Università di Torino 3 (1928) Seite 3 ff.;
Ders.: Il sistema romano dei contratti. 3. Auflage, Torino 1963;
Ders.: Obbligazioni. 3. Auflage, Torino 1966;
Grotius, Hugo: Annotationes in Novum Testamentum. Band 2. Paris 1646;
Guarneri-Citati, Andrea: *Semel commissa poena non evanescit*. Bull. 32 (1922), Seite 241 ff.;
Ders.: Contributi alla dottrina della *mora* nel diritto romano. In: Annali Palermo XI (1923), Seite 161 ff.;
Ders.: Studi sulle obbligazioni indivisibili nel diritto romano. Roma 1972 (zit. Guarneri-Citati, Obbligazioni indivisibili);
Guignè, Henri de: Du pacte de Constitut. Paris 1888 (zit. Guignè, Constitut);
Guillard, Edmond: Le banquiers athéniens et romains – trapézites & argentarii – suivis du pacte de constitut en droit romain. Paris/Lyon 1875 (zit. Guillard, Constitut);
Gutierrez-Masson, Laura: La prétendue «praescriptio» des Tablettes Pompéiennes. In: Mélanges de droit romain et d'histoire ancienne. Hommage à la mémoire de André Magdelain, Paris 1998, Seite 201 ff.;
Hackl, Karl: *Praeiudicium* im klassischen römischen Recht. Salzburg 1976 (zit. Hackl, Praeiudicium);
Hähnchen, Susanne: Das Nachdenken römischer Juristen über Vertragstypen – Grundlage für ein europäisches Vertragsrecht? In: Giaro/Longchamps de Berier [Hrsg.], Roman Law and Legal Knowledge. Studies in Memory of Henryk Kupiszewski, Warschau 2011, Seite 87 ff.
Haranger, Fernand: Du pacte de constitut en droit romain. Paris 1880 (zit. Haranger, Constitut);
Harke, Jan Dirk: Mora debitoris und mora creditoris im klassischen römischen Recht. Berlin 2005;
Ders.: Der Eid im klassischen römischen Privat- und Zivilprozessrecht. Berlin 2013;
Haug, Friedrich Wilhelm: *Ius* und *fas*. Berlin 1996;
Hausmaninger, Herbert/ Selb, Walter: Römisches Privatrecht. 9. Auflage, Köln 2001 (zit. Hausmaninger/Selb, RP);
Heilfron, Eduard: Lehrbuch des buergerlichen Rechts auf der Grundlage des Buergerlichen Gesetzbuchs. 4 Bände, 2. Auflage Berlin 1902 bis 1904;
Heimbach, Gustav Ernst: Die Lehre von dem *creditum* nach den gemeinen in Deutschland geltenden Rechten. Leipzig 1849 (zit. Heimbach, Die Lehre von dem creditum);
Heineccius, Johann Gottlieb: Elementa Iuris Civilis secundum ordinem Pandectarum. Venedig 1776;
Heldrich, Andreas: Die Form des Vertrages. AcP 147 (1941), Seite 89 ff.;

Hellmann, Fr.: Die Stellvertretung in Rechtsgeschäften. München 1882 (zit. Hellmann, Stellvertretung);

Heumann, Hermann Gottlieb / Seckel, Emil: Handlexikon zu den römischen Quellen. 11. Auflage, Jena 1907 (zit. Heumann/Seckel, Handlexikon);

Heuß, Alfred: Römische Geschichte. 9. Auflage, Paderborn 2003;

Hohlweck, Martin: Nebenabreden: pacta im römischen und im modernen Recht. Bielefeld 1996 (zit. Hohlweck, Nebenabreden);

Hoke, Rudolf: Österreichische und deutsche Rechtsgeschichte. 2. Auflage, Wien 1996;

Holleben, Kevin von: Geldersatz bei Persönlichkeitsverletzungen durch die Medien. Baden-Baden 1999;

Honoré, Tony: Ulpian. Oxford 1982;

Honsell, Heinrich: *Ambiguitas contra stipulatorem*. In: *Iuris professio*. Festgabe für Max Kaser zum 80. Geburtstag. Köln 1986. Seite 73 bis 88;

Ders.: *Naturalis obligatio*. In: *Iuris vincula*. Studi in honore di Mario Talamanca, 2001, Band 4, Seite 365 ff.;

Hubert, Pierre Gaspard: Essai d'une theorie juridique de la delegation en droit francais. Paris 1899 (zit. Hubert, Delegation);

Huschke, Eduard: Kritische Versuche über streitige Pandektenstellen – VI. Zur Lehre vom *constitutum debiti*. AcP 65 (1882), Seite 240 ff.;

Huvelin, Charles: Cours élémentaire de droit romain, II, Les obligations. Paris 1929 (zit. Huvelin, Droit romain II);

Iglesias, Juan: Obligaciones naturales. In: Derecho romano de obligaciones. Homenaje al Professor Josè Luis Murga Gener, Madrid 1994, Seite 135 ff.;

Irnerius: Summa codicis des Irnerius. Mit einer Einleitung herausgegeben von Hermann Fitting. Berlin 1894;

Jacob, Francois: Le constitut ou l'engagement autonome de payer la dette d'autrui à titre de garantie. Strasbourg 1995 (zit. Jacob, Constitut);

Jakab, Eva: Rezension von Johannes Platschek, Das Edikt *de pecunia constituta*. Die römische Erfüllungszusage und ihre Einbettung in den hellenistischen Geschäftsverkehr. München 2013, in SZ 133 (2016), S. 487 ff. ;

Jakobs, Horst Heinrich: Unmöglichkeit und Nichterfüllung. Bonn 1969;

Jhering, Rudolf von: Geist des römischen Rechts auf den verschiedenen Stufen seiner Entwicklung. Leipzig u. a. 1894 bis 1907 (zit. Jhering, Geist);

Ders.: Scherz und Ernst in der Jurisprudenz: eine Weihnachtsgabe für das juristische Publikum. Unveränd. reprograf. Nachdr. d. 13. Aufl., Leipzig, 1924 . – Darmstadt 1964 (zit. Jhering, Scherz und Ernst);

Jobbé-Duval, Emile: Études sur l Histoire de la Procedure Civile chez les Romains. Band 1, Paris 1896 (zit. Jobbé-Duval, Etudes);

Ders.: La Legis Actio avec formule à l'époque de Cicéron. In: Melange Cornil. Band 1: S. 515 ff.

Johnston, David: Roman law in context. Cambridge 1999;

Jörs, Paul / Kunkel, Wolfgang / Wenger, Leopold / Honsell, Heinrich / Mayer-Maly, Theo / Selb, Walter:

Römisches Recht. 4. Auflage, Berlin 1987 (zit. Honsell/Mayer-Maly/Selb, RR);

Kaden, Erich-Hans: Ein Beitrag zur Lehre von der bedingten Novation. SZ 44 (1924), Seite 164 ff.;

Kalb, Wilhelm: Das Juristenlatein. Versuch einer Charakteristik auf der Grundlage der Digesten. 2. Auflage, Nürnberg 1888 (zit. Kalb, Juristenlatein);

Ders.: Wegweiser in die römische Rechtssprache. Würzburg 1911 (zit. Kalb, Wegweiser);

Kappeyne van de Coppello, Johannes: Über *constituta pecunia*. In: Kappeyne van de Coppello, Johannes: Abhandlungen zum römischen Staats- und Privatrecht. Heft 2, Stuttgart 1885, Seite 200 ff. (zit. Kappeyne, Abhandlungen);

Karadeniz, Özcan: Klasik Roma hukukunda *constitutum debiti*. Ankara 1963 (zit. Karadeniz, Constitutum);

Karlowa, Otto: Römische Rechtsgeschichte. 1. Band, Leipzig 1885. 2. Band, Leipzig 1901 (zit. Karlowa, RG I / II);

Karsten, C.: Die Lehre vom Vertrage bei den italienischen Juristen des Mittelalters: ein Beitrag zur inneren Geschichte der Reception des roemischen Rechtes in Deutschland. Rostock 1882 (zit. Karsten, Die Lehre vom Vertrage);

Kaser, Max / Hackl, Karl: Das Römische Zivilprozessrecht. München 1996 (zit. Kaser/Hackl, RZ) ;

Kaser, Max / Knütel, Rolf / Lohsse, Sebastian: Römisches Privatrecht. Ein Studienbuch. 21. Auflage, München 2017 (zit. Kaser/Knütel/Lohsse, Studienbuch);

Kaser, Max: Quanti ea res est. München 1935;

Ders.: Das altrömische Ius. Göttingen 1949 (zit. Kaser, Altrömisches Ius);

Ders.: Römische Rechtsgeschichte. Göttingen 1950 (zit. Kaser, RG);

Ders.: Zur Methode der römischen Rechtsfindung. Göttingen 1962 (zit. Kaser, Methode);

Ders.: Römische Rechtsquellen und angewandte Juristenmethode. Wien 1986 (zit. Kaser, Rechtsquellen);

Ders.: Beweislast und Vermutung im römischen Formularprozess. SZ 71 (1954), Seite 221 ff.;

Ders.: Rezension von Cornioley, Naturalis obligatio, Genf 1964. SZ 83 (1966), Seite 461 ff.;

Ders.: *Restituere* als Prozessgegenstand. 2. Auflage, München 1968 (zit. Kaser, Restituere);

Ders.: Zur Methodologie der römischen Rechtsquellenforschung. Wien 1972 (zit. Kaser, Methodologie);

Ders.: Das Römische Privatrecht. Band 1: 1. Auflage, München 1955; 2. Auflage, München 1971. Band 2: 2. Auflage, München 1975 (zit. Kaser, RP I / II);

Ders.: Stellvertretung und notwendige Entgeltlichkeit. SZ 91 (1974), Seite 146 ff.;
Ders.: Zur Interessebestimmung bei den sog. unechten Verträgen zugunsten Dritter. In: Hübner, Heinz [Hrsg.] Festschrift für Erwin Seidl. Köln 1975. Seite 75 ff.;
Ders.: ‚Perpetuari obligationem'. SDHI 46 (1980), Seite 87 ff.;
Ders.: ‚Unmittelbare Vollstreckbarkeit' und Bürgenregreß. SZ 100 (1983), Seite 80 ff.;
Ders.: ‚Ius honorarium' und ‚ius civile'. SZ 101 (1984), Seite 1 ff.;
Kerr Wylie, John: Solidarity and correality. Edinburgh 1923;
Kessal-Wulf, Sybille: Das Recht der Kreditsicherheiten. In: Beckmann, Roland Michael [Bearb.]:Staudinger: Eckpfeiler des Zivilrechts. Berlin 2005, Seite 405 ff.;
Kissel, Otto Rudolf: Neuere Territorial- und Rechtsgeschichte des Landes Hessen. Wiesbaden 1961;
Kleinertz, Rolf: Die Unklarheitenregel bei der Auslegung von Allgemeinen Geschäftsbedingungen und Gesetzen. München 1968 (zit. Kleinertz, Unklarheitenregel);
Klingenberg, Georg: Das *modicum*-Kriterium. SZ 126 (2009), Seite 187 ff;
Klotz, Reinhold: Handwörterbuch der lateinischen Sprache. Band 1: 7. Abdruck, Graz 1963 (zit. Klotz, Handwörterbuch);
Kniep, Ferdinand: *Praescriptio* und *pactum*. Jena 1891;
Knütel, Rolf: *Stipulatio poenae*. Studien zur römischen Vertragsstrafe. Köln 1976 (zit. Knütel, Stipulatio poenae);
Ders.: *Particularis enim solutio rarum est ut incommoda sit* – Zur Fragwürdigkeit des Teilleistungsverbots (§§ 266 BGB, 1415 ABGB). In: Iurisprudentia universalis. Festschrift für Theo Mayer-Maly, Köln u. a., 2003, Seite 337 ff.;
Koch: De constituto debiti alieni ejusque a fidejussione discrimine. Kiel 1777;
Kohte, Wolfhard: Die Stellung des Schuldbeitritts zwischen Bürgschaft und Schuldübernahme. JZ 1990, Seite 997 ff.;
Kornhardt, Hildegard: *Exemplum* – eine bedeutungsgeschichtliche Studie. Leipzig 1936 (zit. Kornhardt, Exemplum);
Koschaker, Paul: Rezension von: Aus römischem und bürgerlichem Recht. Ernst Immanuel Bekker überreicht. Weimar 1907. In: SZ 29 (1908), Seite 502 ff.;
Ders.: Rezension von Astuti, Guido: Il costituto di debito I, II. SZ 63 (1943), Seite 469 ff.;
Krampe, Christoph: Die Unklarheitenregel. Berlin 1983;
Ders.: Die *ambiguitas*-Regel: *Interpretatio contra stipulatorem, venditorem, locatorem*. SZ 100 (1983), Seite 185 ff.;
Krüger, Hugo: Die humanitas und die pietas nach den Quellen des römischen Rechtes. SZ 19 (1898), Seite 32 ff.;
Ders.: Verweisungsedikte im prätorischen Album. SZ 37 (1916), Seite 287 ff.;
Kübler, Bernhard: Rezension von: Mélanges Gérardin. Paris 1907. in: SZ 30 (1908), Seite 419 ff.;

Kühling, Jürgen: Die Klagenkonkurrenz im römischen Bürgschaftsrecht. Göttingen 1962 (zit. Kühling, Klagenkonkurrenz);

Kuhlenbeck, Ludwig: Von den Pandekten zum Bürgerlichen Gesetzbuch: Eine dogmatische Einführung in das Studium des bürgerlichen Rechts. 3 Bände, Berlin 1899 bis 1901;

Kunkel, Wolfgang / Schermaier, Martin: Römische Rechtsgeschichte. 14. Auflage, Köln u.a. 2005;

Kunkel, Wolfgang: Herkunft und soziale Stellung der römischen Juristen. 2. Auflage, Köln 1967;

Ders.: Epigraphik und Geschichte des römischen Privatrechts. Akten des VI. Internationalen Kongresses für Ders.: Griechische und Lateinische Epigraphik, Vestigia 17, München 1973;

Kuntze, Johannes Emil: Die Obligation und die Singularsuccession des roemischen und heutigen Rechtes: eine civilistische Studie. Leipzig 1856 (zit. Kuntze, Obligation);

Ders.: Deutsches Wechselrecht auf Grundlage der allgemeinen Deutschen Wechselordnung und der Nürnberger Novellen. Band 3 Exkurse über Geschichte, Gesetzgebung und Theorie des Wechselrechts, Leipzig 1862 (zit. Kuntze, Wechselrecht);

Ders.: Excurse über das römische Recht. 2. Auflage, Leipzig 1880 (zit. Kuntze, Excurse);

Ders.: Die Obligationen im römischen und heutigen Recht und das ius extraordinarium der römischen Kaiserzeit: zwei Abhandlungen. Leipzig 1886 (zit. Kuntze, Obligationen);

Kurz, Volker: Vor- und Rückwirkungen im klassischen römischen Recht. Unveröffentlichte Dissertation, Freiburg i. Br. 1971 (zit. Kurz, Vor- und Rückwirkungen);

Laband, Paul: Geschichte des Wechselrechts. Goldschmidt's Zeitschrift 10 (1868), Seite 186 ff.;

Labruna, Luigi: Rescriptum divi Pii : Gli atti del pupillo sine tutoris auctoritate. Napoli 1962;

Lamberti, Francesca: 'Tabulae irnitanae" : municipalità e "Ius Romanorum". Napoli 1993 (zit. Lamberti, Tabulae irnitanae);

Lange, Hermann / Kriechbaum, Maximiliane: Römisches Recht im Mittelalter. Band 2: Die Kommentatoren.München 2007;

Larenz, Karl: Schuldrecht. Band 1. Allgemeiner Teil. 14. Auflage, München 1987;

LaRosa, Franca: I peculii speciali in diritto romano. Milano 1953 (zit. LaRosa, Peculii speciali);

Dies.: Il formalismo del pretore. Labeo 43 (1997), Seite 202 ff.;

Dies.: La pressione degli *argentarii* e la riforma giustinianea del *constitutum debiti* (C. 4, 18, 2, 2). In: Nozione, formazione e interpretatione del diritto dall'età romana alle esperienze moderne. Ricerche dedicate al Professor Filippo Gallo. Band I, Jovene 1997, Seite 445 ff.;

Dies.: L'<<adiectus solutionis causa>> e il <<constitutum debiti>>. Index 36 (2008), Seite 277 ff.;

Lauterbach, Wolfgang Adam: Compendium Iuris. Tübingen u. a. 1698;

Leage, R. W.: Roman Private Law. 3. Auflage, London 1964 (zit. Leage, RPL);

Lemosse, Maxime: Rezension von V. Giuffré. Necessitas probandi. Tecniche processuali e orientamenti teorici. Napoli 1983. In: Labeo 30 (1984), Seite 329 ff.;

Lenel, Otto: Beiträge zur Kunde des Edicts und der Edictcommentare : Mit einer Tafel. SZ 2 (1881), Seite 14 ff.;

Ders.: Das Nexum. SZ 23 (1904), Seite 84 ff.

Ders.: Rezension von: E. Lambert – La question de l'authenticité des XII tables et les annales maximi (Nouvelle Revue Historique de droit francais et étranger 1902); le problème de l'origine des XII tables (Revue générale dur droit 1902); und l'histoire traditionelle des XII tables et les critères d'inauthenticité des traditions en usage dans l'école de Mommsen (Mélanges Ch. Appleton 1903); in: SZ 26 (1905), Seite 498 ff.;

Ders.: Palingenesia iuris civilis. Graz 1960, Repr. d. Ausg. Leipzig 1889;

Ders.: Das Edictum Perpetuum. 3. Auflage, Leipzig 1927 (zit. Lenel, EP);

Leonhardt, Rudolf: Artikel *constituere*. In: Pauly/Wissowa [Hrsg.], Realencyclopädie der classischen Altertumswissenschaft. Band IV, 1, Spalte 1103;

Leumann, Manu / Hoffmann, Johann Baptist / Szantyr, Anton: Lateinische Grammatik. 3 Bände, München 1963 bis 1997;

Levy, Ernst: Sponsio, fidepromissio, fideiussio. Einige Grundfragen zum römischen Bürgschaftsrechte. Berlin 1907 (zit. Levy, Sponsio);

Ders.: Privatstrafe und Schadensersatz im klassischen römischen Recht. Berlin 1915 (zit. Levy, Privatstrafe und Schadensersatz);

Ders.: Die Konkurrenz der Aktionen und Personen im klassischen römischen Recht. Band 1: Berlin 1918; Band 2: Berlin 1922 (zit. Levy, Konkurrenz I / II);

Ders.: Besprechung von: Mélanges Paul Fournier. Paris 1929. In: SZ 50 (1930), Seite 645 ff.;

Ders.: Neue Bruchstücke aus den Institutionen des Gaius. SZ 54 (1934), Seite 258 ff.;

Ders.: Beweislast im klassischen Recht. IVRA 3 (1952), Seite 155 ff.;

Ders.: Die querela non numeratae pecuniae. Ihr Aufkommen und Ausbau. SZ 70 (1953), Seite 214 ff.;

Ders.: Weströmisches Vulgarrecht. Das Obligationenrecht, Weimar 1956;

Ders.: Nachträge zur Konkurrenz der Aktionen und Personen. Weimar 1962 (zit. Levy, Nachträge);

Liddell, Henry George / Scott, Robert: A Greek-English lexicon : with a supplement . 9. Auflage, Oxford 1976;

Liebs, Detlef: Die Herkunft der „Regel" bis de eadem re ne sit actio. SZ 84 (1967), Seite 104 ff.;

Ders.: Damnum, damnare und damnas. SZ 85 (1968), Seite 173 ff.;

Ders.: Die Klagenkonsumption des römischen Rechts. SZ 86 (1969), Seite 169 ff.;

Ders.: Die Klagenkonkurrenz im römischen Recht. Zur Geschichte der Scheidung von Schadensersatz und Privatstrafe. Göttingen 1972 (zit. Liebs, Klagenkonkurrenz);

Ders.: Römische Provinzialjurisprudenz. In: Aufstieg und Niedergang der römischen Welt, Band II.15 (1976), Seite 315 ff.;

Ders.: Römische Jurisprudenz in Africa: mit Studien zu den pseudopaulinischen Sentenzen, Berlin 1993;

Lodge, Gonzalez: Lexicon Plautinum. Hildesheim 1971 (Repr. der Ausgabe Leipzig 1924);

Loewenwarter, Viktor: Lehrkommentar zum Bürgerlichen Gesetzbuch. Band 3: Recht der Schuldverhältnisse, Besonderer Teil. Berlin 1928;

Londres de Nobrega, Vandrick: Miszelle 'Partis secanto' in SZ 76 (1959), Seite 499 ff.;

Longo, Gianetto: Nuovi contributi in tema di „onus probandi". IVRA 8 (1957), Seite 43 ff.;

Ders.: L'onere della prova nel processo civile romano. IVRA 11 (1960), Seite 149 ff.;

Longo, Sara: Naturalis obligatio e debitum servi. IVRA 46 (1995), Seite 53 ff.,

López-Amor, Mercedes: „Receptum argentarii". „Receptum nautarum, cauponum, stabulariorum". In: Derecho romano de obligaciones. Homenaje al Professor Josè Luis Murga Gener, Madrid 1994, Seite 721 ff.;

Luhmann, Niklas: Rechtssoziologie, 4. Auflage, München 2008;

Machelard, Eugene: Les obligations naturelles en droit romain. Paris 1861;

MacKendrick, Paul: The speeches of Cicero. London 1995;

Magdelain, André: Le consensualisme dans l'édit de Preteur. Paris 1958 (zit. Magdelain, Consensualisme);

Ders.: Note sur la „Purgatio Morae". In: Melanges Levy-Bruhl (1959), Seite 199 ff.;

Malaury, Ph./ Aynes, L.: Les sûretés, droit du credit. 8. Auflage, Cujas 1997;

Marrone, Matteo: Istituzioni di diritto romano. Palermo 1989 (zit. Marrone, Istituzioni);

Mayer-Maly, Theo: Perpetuatio obligationis: D. 45. 1. 91. IVRA 7 (1956), Seite 6 ff.;

Ders.: Besprechung von Jules Roussier, Le constitut, Varia III, Paris 1958. In: SZ 76 (1959), S. 616 ff.;

Ders.: Römisches Privatrecht. 2. Auflage, Wien 1999;

Medicus, Dieter: Zur Geschichte des SC Velleianum. Köln 1957 (zit. Medicus, SC Velleianum);

Ders.: *Id quod interest*. Köln 1962;

Ders.: Zur Funktion der Leistungsunmöglichkeit. SZ 86 (1969), Seite 67 ff.;

Medicus, Dieter / Petersen, Jens: Allgemeiner Teil des BGB. 11. Auflage, Heidelberg 2016;

Dies.: Bürgerliches Recht. 26. Auflage München 2017;

Mehls, Gustav: *De pecuniae constitutae origine atque prima natura*, Halle 1854;

Meylan, Philippe: La loi 23 Dig. 46, 4 et la notion de bilatéralité du contrat du vente chez Labéon. In: Studi in onore di Salvatore Riccobono nel XL anno del suo insegnamento, Aalen 1974 (Nachdruck der Ausgabe Palermo 1936), Band IV, Seite 279 ff.;

Micolier, G.: Pécule et capacité patrimoniale. Lyon 1932;

Millett, P.: Lending and borrowing in ancient Athens. Cambridge 1991;
Mitteis, Ludwig / Wilcken, Ulrich: Grundzüge und Chrestomathie der Papyruskunde. Leipzig-Berlin 1912;
Mitteis, Ludwig: Die Lehre von der Stellvertretung nach römischem Recht mit Berücksichtigung des österreichischen Rechts. Aalen 1962 (Neudruck der Ausgabe Wien 1885; zit. Mitteis, Stellvertretung);
Ders.: Reichsrecht und Volksrecht in den östlichen Provinzen des römischen Kaiserreichs : mit Beträgen zur Kenntnis des griechischen Rechts und der spätrömischen Rechtsentwicklung. Hildesheim 1963 (Reproduktion der Ausgabe Leipzig 1891; zit. Mitteis, Reichsrecht und Volksrecht);
Ders.: Römisches Recht bis auf Diocletian. Erster Band: Grundbegriffe und Lehre von den juristischen Personen. Leipzig 1908 (zit. Mitteis, Römisches Recht);
Ders.: Miszelle Receptum argentarii. SZ 29 (1908), Seite 479 ff.;
Ders.: Stipulation und Legat. SZ 32 (1911), Seite 1 ff.;
Ders.: Rezension von Levy, Ernst: Privatstrafe und Schadensersatz im klassischen römischen Recht, SZ 37 (1916), Seite 328 ff.;
Molina, Luis de: De justitia et jure. 6 Bände, 1593 bis 1609;
Monier, Raymond: Les nouveaux fragments des Institutes de Caius (P. S. I. No. 1182) et leur importance pour la connaissance du droit romain. Paris 1933;
Mühlenbruch, Christian Friedrich: Die Lehre von der Cession der Forderungsrechte: nach den Grundsaetzen des Roemischen Rechts. Greifswald 1817;
Ders.: Lehrbuch des Pandekten-Rechts. 3 Bände, Halle 1839 bis 1840;
Müller, Ulrich: Die Entwicklung der direkten Stellvertretung und des Vertrages zugunsten Dritter. Stuttgart 1969 (zit. Müller, Stellvertretung);
Münchener Kommentar:
Münchener Kommentar zum Bürgerlichen Gesetzbuch.
Band 1: Allgemeiner Teil, §§ 1–240, AllgPersönR, ProstG, AGG, 8. Auflage, München 2018;
Band 2: Schuldrecht, Allgemeiner Teil I (§§ 241–310), 8. Auflage, München 2019;
Band 3: Schuldrecht, Allgemeiner Teil II (§§ 311–432), 8. Auflage, München 2019;
Band 6: Schuldrecht, Besonderer Teil VI (§§ 705–853), 7. Auflage 2017;
(zit. MüKo-Bearbeiter, §, Rn.);
Musielak, Joachim: Die Grundlagen der Beweislast. Berlin 1975;
Nanz, Klaus-Peter: Die Entstehung des allgemeinen Vertragsbegriffs im 16. bis 18. Jahrhundert. München 1985 (zit. Nanz, Vertragsbegriff);
Nardi, Enzo: In tema di confini dell'obbligazione naturale. In: Studi in onore di Pietro DeFrancisci, Band 4, Milano 1956, Seite 561 ff.;
Niederländer, Hubert: Die Bereicherungshaftung im klassischen römischen Recht: der Ursprung der Haftungsbefreiung durch Wegfall der Bereicherung. Weimar 1953 (zit. Niederländer, Bereicherungshaftung);

Nörr, Dieter: Die Entstehung der ‚'longi temporis praescriptio" : Studien zum Einfluß der Zeit im Recht und zur Rechtspolitik in der Kaiserzeit. Köln 1969;

Odofredus: Lectura super Codice. Lyon 1552;

Ortolan, Joseph L. E.: Explication historique des Instituts de l'empereur Justinien. 12. Auflage, Paris 1883;

Otte, Gerhard: Dialektik und Jurisprudenz : Untersuchungen zur Methode der Glossatoren. Frankfurt a. M. 1971;

Pacchioni, Giovanni: I Contratti a favore di terzi. Milano 1933;

Palandt: Bürgerliches Gesetzbuch. 78. Auflage, München 2019 (zit. Palandt-Bearbeiter, §, Rn.);

Paoli, J.: *Lis infitiando crescit in duplum*. Paris 1933;

Partsch, Josef: Der ediktale Garantievertrag durch *receptum*. SZ 29 (1908), Seite 403 ff.;

Griechisches Bürgschaftsrecht. Aalen 1966 (Neudruck der Ausgabe Leipzig 1909);

Paulus, Christoph Georg: *Satisdatio*. In: Cancik/Schneider [Hrsg.] Der neue Pauly: Enzyklopädie der Antike. Band 11: Stuttgart 2001. Spalte 105;

Pernice, Alfred: Labeo. Band 3: Halle 1892;

Perozzi, Silvio: Istituzioni di diritto romano. 2. Auflage, Milano 1947 (zit. Perozzi, Istituzioni);

Petrucci, Aldo: Mensam exercere. Studi sull'impresa finanziaria romana (II secolo a. C.- metà del III secolo d. D.), Naples, Jovene, 1991 (zit. Petrucci, Mensam exercere);

Ders.: Profili giuridici delle attività e dell'organizzazione delle banche romane. Torino 2002;

Pfersche, Emil: Rezension von Kappeyne van de Coppello, Abhandlungen zum Römischen Staats- und Privatrecht, Stuttgart 1885. In: Grünhut's Zeitschrift14 (1887), Seite 175 ff.;

Pflüger, Heinrich H.: Nexum und Mancipium. Leipzig 1908;

Philippin, Albert: Le pacte de constitut. Paris 1929 (zit. Philippin, Constitut);

Picod, Yves: Les sûretés, la publicité foncière. 7. Auflage, Montchrestien 1999;

Placentinus: De personalibus actionibus. Tractatus Universi Iuris (TUI), Venedig 1584–86, Bd. III, 2, tit. XVIII;

Planck, Gottlieb: Bürgerliches Gesetzbuch mit Einführungsgesetz. Band 2: Recht der Schuldverhältnisse. 1. und 2. Auflage, Berlin 1900;

Platon, G.: Les banquiers dans la legislation de Justinien. Chapitre V – Histoire et role du constitut. NRH 35 (1911), Seite 158 ff.;

Platschek, Johannes: Das Edikt *De pecunia constituta*. Die römische Erfüllungszusage und ihre EInbettung in den hellenistischen Kreditverkehr. München 2013;

Pólay, E.: *Iniuria*-Tatbestände im archaischen Zeitalter des antiken Rom. SZ 101 (1984), Seite 142 ff.;

Pöpperl, Peter: Quellen und System des Codex Maximilianeus Bavaricus Civilis. Diss. Würzburg 1967;

Pringsheim, Fritz:
Der Kauf mit fremdem Geld. Leipzig 1916;
Ders.: *Animus donandi*. SZ 42 (1921), Seite 273 ff.;
Ders.: „*Ius aequum* und *jus strictum*" in SZ 42 (1921), Seite 643 ff.;
Ders.: Rezension von H. Siber, *Naturalis obligatio*, in GS Mitteis, Leipzig 1925. SZ 46 (1926), Seite 350 ff.;
Ders.: Eigentumsübergang beim Kauf. SZ 50 (1930), Seite 333 ff.;
Ders.: Zur Bezeichnung des Hadrianischen Ediktes als *edictum perpetuum*. In: Symbolae Friburgensis. Festschrift für Otto Lenel, Leipzig 1932. Seite 1 ff.;
Ders.: *Bonum et aequum*. SZ 52 (1932), Seite 78 bis 155;
Prütting, Hanns: Gegenwartsprobleme der Beweislast: eine Untersuchung moderner Beweislasttheorien und ihrer Anwendung insbesondere im Arbeitsrecht. München 1983 (zit. Prütting, Beweislast);
Puchta, Georg Friedrich: Cursus der Institutionen. Band 2: 7. Auflage, Leipzig 1871;
Ders.: Pandekten. 12. Auflage, Leipzig 1877;
Pugliese, Giovanni: L'onere della prova nel processo romano ‚per formulas'. RIDA 3 (3. ser. 1956), Seite 349 ff.;
Ders.: Per l'individuazione dell'onere della prova nel processo romano ‚per formulas'. In: Studi in onore di Giuseppe Menotti DeFrancesco, Band I, Milano 1957, Seite 535 ff.;
Ders.: La prova nel processo romano classico, JUS 11 (1960), Seite 386 ff.;
Purpura, Gianfranco: Tabulae Pompeianae 13 e 34: due documenti relativi al prestito marittimo. In: Atti dell'Accademia di Scienze, Lettere ed Arti di Palermo, serie V, 2 (1982), Seite 449 ff. (= Atti del VII Congresso Internazionale di Papirologia (Napoli, 19–26 maggio 1983), Band III, Napoli 1984, Seite 1245 ff.);
Rabel, Ernst: Rezension zu Vassalli, Dies vel condictio. In: SZ 46 (1926), Seite 463 ff.
Ders.: Miszelle in Atti Congr. Dir. Rom. 1933, Band 1, Seite 238 ff;
Rechnitz, Wilhelm L.: Studien zu Salvius Julianus. Weimar 1925;
Reggi, Roberto: Stichwort „presunzione", ED 35 (1986), Seite 255 ff.;
Reichard, Ingo: Die Frage des Drittschadensersatzes im klassischen römischen Recht. 2. Auflage, Köln 1994;
Ders. Delegation und Novation im klassischen römischen Recht. Unveröffentlichte Habilitationsschrift, Bonn 1998 (zit. als Reichard, Delegation und Novation);
Reichel, Hans: Die Schuldmitübernahme. München 1909;
Rein, Wilhelm: Das Privatrecht und der Civilprocess der Römer : von der ältesten Zeit bis auf Justinianus ; ein Hülfsbuch zur Erklärung der Classiker und der Rechtsquellen fuer Philologen und angehende Juristen. Leipzig 1858;
Reinicke, Dietrich / Tiedtke, Klaus: Kreditsicherung : durch Schuldbeitritt, Bürgschaft, Patronatserklärung, Garantie, Sicherungsübereignung, Sicherungsabtretung,

Eigentumsvorbehalt, Pool-Vereinbarungen, Pfandrecht an beweglichen Sachen und Rechten, Hypothek und Grundschuld. 5. Auflage, Neuwied 2006;

Reinmuth, Eckart: Der Brief des Paulus an Philemon. Leipzig 2006 ;

Revillout, Eugene: Les origines égyptiennes du droit civil romain. Paris 1912 (zit. Revillout, Origines);

Ricart Marti, Encarnació: '*Constitutum debiti*' y '*solutionis causa adiectus*'. In: Revista de la Facultad de Derecho Universidad Complutense. Homenaje al Profesor D. Juan Antonio Arias Bonet. Madrid 1990. Seite 241 ff.;

Dies.: Perfil del '*constitutum debiti*'. Seminarios complutenses de derecho romano 3 (1991), Seite 135 ff.;

Dies.: Constitutum debiti. In: Paricio, Javier (ed.): Derecho romano de obligaciones. Homenaje al Profesor José Luis Murga Gener. Madrid 1995. Seite 695 ff.;

Riccobono, Salvatore: Formazione del domma della trasmissibilità all'erede dei rapporti sotto condizione. In: Studi in onore di Silvio Perozzi, S. 352 ff.;

Ders.: Fasi e fattori dell'evoluzione del diritto romano. In: Melanges de droit romain: dédiés à Georges Cornil. Gand 1926, Band 2, Seite 235 ff.;

Ders.: Stipulatio ed instrumentum nel Diritto giustinianeo. SZ 43 (1922), Seite 262 ff.;

Ders.: Dal diritto romano classico al diritto moderno. Annales Palermo 14 (1930), Seite 392 ff.;

Ders.: La formazione della teoria generale de contractus. In: Studi in onore di Pietro Bonfante nel XL anno d'insegnamento, Band I, Milano 1930, Seite 123 ff.;

Ders.: *Formulae ficticiae* a normal means of creating new law. TR 9 (1929), Seite 1 ff.;

Robinson, Olivia F.: The Sources of Roman Law: Problems and Methods for Ancient Historians. London 1996;

Rodríguez González, Ana Maria: *El Receptum Argentarii en el Derecho Románico Clásico. Una Propuesta de Análisis. Madrid 2004;*

Rogerius: Summa Codicis. In: Scripta anecdota glossatorum. Ristampa anastatica, Torino;

Rossello, A.:Receptum argentariorum. AG 45 (1890), Seite 1 ff.;

Rostovtzeff, Michael Ivanovitch: Gesellschaft und Wirtschaft im römischen Kaiserreich. Leipzig 1931;

Rotondi, Giovanni: Scritti giuridici. Milano 1922;

Roussier, Jules: Le constitut. In: Varia III (1958), Seite 1 ff. (zit. Roussier, Constitut);

Rudorff, Adolf August: *De iuris dictione edictum: edicti perpetui quae reliquae sunt.* Leipzig 1869 (zit. Rudorff, EP);

Rüfner, Thomas: Vertretbare Sachen? Die Geschichte der *res quae pondere numero mensura constant.* Berlin 2000;

Ruggiero,Roberto de: Satisdatio e pigneratio nelle azioni pretorie. In: Studi Fadda, Band 2, Napoli 1906. Seite 99 ff.;

Rutsaert, Paul: Étude sur la délégation en droit privé romain. Brüssel 1929;

Sacconi, Giuseppina: La "pluris petitio" nel processo formulare. Contributo allo studio dell'oggetto del processo. Milano 1977 (zit. Sacconi, Pluris petitio);

Sanguinetti, Andrea: La promessa del fatto altrui nella riflessione dei giuristi romani. SDHI 65 (1999), Seite 151 ff.;

Santoro, Raimondo: Le due formule della Tabula Pompeiana 34. In: Annali dell'Università di Palermo (AUPA) 38 (1985), Seite 335 ff.;

Savigny, Friedrich Carl von: System des heutigen römischen Rechts. 9 Bände, Berlin 1840/1841 (zit. Savigny, System);

Ders.: Obligationenrecht als Theil des heutigen römischen Rechts. Band 1: Berlin 1851; Band 2: Berlin 1853 (zit. Obligationenrecht I / II);

Schaube, Adolf: Einige Beobachtungen zur Entstehungsgeschichte der Tratte. SZ GA 14 (1893), Seite 111 ff.;

Schellenberg, Hartwig: Die Interpretationen zu den Paulussentenzen. Göttingen 1965;

Scherer, Anton: Handbuch der lateinischen Syntax. Heidelberg 1975;

Scherer, Martin: Recht der Schuldverhältnisse des Bürgerlichen Gesetzbuches für das Deutsche Reich: BGB II. Buch, § 241 – 853. Erlangen 1899;

Scheuermann, Eva Simone: Cicero und das Geld. Frankfurt am Main 2015;

Scheurl, Christoph Gottlieb Adolf von: Zur Lehre von den Nebenbestimmungen bei Rechtsgeschäften , Erlangen 1871 (zit. Scheurl, Nebenbestimmungen);

Schiemann, Gottfried: Pendenz und Rückwirkung der Bedingung. Eine dogmengeschichtliche Untersuchung. Köln u. a. 1973 (zit. Schiemann, Pendenz und Rückwirkung);

Schilter, Johannes: Praxis Juris Romani in foro germanico iuxta ordinem Edicti Perpetui & Pandectarum Justiniani. Jena 1680 bis 1684;

Schindler, Karl-Heinz: Die Bedeutung der Kaufpreiszahlung im nachklassischen römischen Recht. In: Festschrift für Konrad Duden, München 1977, Seite 555 ff.;

Ders.: Justinians Haltung zur Klassik: Versuch einer Darstellung an Hand seiner Kontroversen entscheidenden Konstitutionen. Köln 1966;

Schlesinger,Rudolph: Zur Lehre von den Formalcontracten und der Querela non numeratae pecuniae: 2 Abhandlungen. Leipzig 1858;

Schlossmann, Siegmund: Besitzerwerb durch Dritte nach römischem und deutschem Recht. Leipzig 1881 (zit. Schlossmann, Besitzerwerb);

Ders.: Die Lehre von der Stellvertretung insbesondere bei obligatorischen Verträgen. 1. Teil: Leipzig 1900; 2. Teil: Leipzig 1902 (zit. Schlossmann, Stellvertretung I / II);

Ders.: Litis contestatio: Studien zum römischen Zivilprozess. Neudruck der Ausgabe Leipzig 1905; Aalen 1972;

Schmieder, Philipp: Duo rei. Gesamtobligationen im römischen Recht. Diss. Freiburg i.Br., Berlin 2007;

Schnabel, Christian: Der *solutionis causa adiectus* im römischen Recht. Diss. München 2015;

Schultze, August Sigmund: Privatrecht und Process in ihrer Wechselbeziehung : Grundlinien einer geschichtlichen Auffassung des heutigen Civilprocessrechts; zugleich ein Beitrag zur Lehre von den Rechtsquellen insbesondere zur Lehre vom sogenannten Gewohnheitsrecht. Freiburg i. Br. 1883;

Schulz, Fritz: Einführung in das Studium der Digesten. Tübingen 1916;

Ders.: Überlieferungsgeschichte der *responsa* des Cervidius Scaevola. In: Symbolae Friburgenses in honorem Ottonis Lenel. Leipzig 1931. Seite 143 ff.;

Ders.: Interpolationen in den justinianischen Reformgesetzen. In: Studi in onore di Pietro Bonfante nel XL anno d'insegnamento, Band I, Milano 1930, Seite 357 ff.;

Ders.: Prinzipien des römischen Rechts. Berlin 1934 (zit. Schulz, Prinzipien);

Classical Roman Law. Oxford 1961 (Repr. der Ausgabe von 1951);

Ders.: Geschichte der römischen Rechtswissenschaft. Weimar 1961;

Schwarz, Fritz: Die Grundlage der condictio im klassischen Römischen Recht. Münster u. a. 1952;

Seckel, Emil: Die Haftung de peculio und de in rem verso aus der Litis-kontestation und dem Urteil nach klassischem römischem Recht. Weimar 1907;

Segré, Gino: La denominazione di „actio confessoria" in particolare per la rivendicazione dell'usufrutto e delle servitù. In: Mélanges Paul Frederic Girard, Band 2, Seite 511 ff.;

Ders.: Obligatio obligare obligari nei testi della giurisprudenza classica e del tempo di Diocleziano. In: Studi in onore di Pietro Bonfante nel XL anno d'insegnamento, Band III, Milano 1930, Seite 499 ff.;

Seidl, Erwin: Rezension von Fritz Pringsheim, Greek Law of Sale, Weimar 1950. In: TR 20 (1959), Seite 108 ff.

Ders.: Aegyptische Rechtsgeschichte der Saiten- Perserzeit. Glückstadt 1956;

Ders.: Ptolemäische Rechtsgeschichte. 2. Auflage, Glückstadt u. a. 1968;

Selb, Walter: Formeln mit unbestimmter intentio iuris. Studien zum Formelaufbau I. Wien – Köln – Graz 1974;

Seube, Jean-Baptiste: Droit des sûretés. 3. Auflage, Sirey 2006;

Seuffert, Lothar von: Zur Geschichte der obligatorischen Vertraege: dogmengeschichtliche Untersunchung. Noerdlingen 1881;

Siber, Heinrich: *Naturalis obligatio*. In: Gedenkschrift für Ludwig Mitteis, Leipzig 1926, Seite 1 ff.;

Ders.: Römisches Recht in Grundzügen für die Vorlesung. 2. Auflage, Darmstadt 1968;

Simler, Philippe / Delebeque, Ph.: Droit civil : Les Sûretés – La Publicité foncière. 4. Auflage, Sirey 2004;

Simler, Philippe: Le cautionnement et garanties autonomes. 1. Auflage, Litec 1982; 2. Auflage, Litec 1991;

Simon, Dieter: Untersuchungen zum justinianischen Zivilprozess. München 1969;

Sitzia, Francesco: De actionibus : edizione e commento. Milano 1973;

Sohm, Rudolph / Mitteis, Ludwig / Wenger, Leopold: Institutionen. Geschichte und System des Römischen Privatrechts. 17. Auflage, München 1923;

Solazzi, Siro: L'estinzione dell'obbligazione nel diritto romano, Band I, 2. Auflage, Napoli 1935;

Söllner, Adolf: Einführung in die römische Rechtsgeschichte. 5. Auflage, München 1996;

Ders.: Die causa im Kondiktionen- und Vertragsrecht des Mittelalters bei den Glossatoren, Kommentatoren und Kanonisten. SZ 77 (1960), Seite 182 ff.;

Sossna, Ralf-Peter: Die Geschichte der Begrenzung von Vertragsstrafen. Berlin 1993;

Staudinger, Julius von [Hrsg.]: Julius von Staudingers Kommentar zum Bürgerlichen Gesetzbuch und dem Einführungsgesetze. Band 2: Recht der Schuldverhältnisse. 7./8 Auflage, München und Berlin 1912; §§ 249–254 Schadensersatzrecht; Neubearbeitung 2017; zit. als: Staudinger-Bearbeiter, § Rn.;

Stehle, Matthias: Lateinische Grammatik. 9. Auflage, Stuttgart 1975.

Steiner, Hans: Datio in solutum. Zürich 1914;

Steinwenter, Artur: Studien zum römischen Versäumnisverfahren. München 1914;

Ders.: *Satisdatio*. In: Pauly/Wissowa [Hrsg.], Realencyclopädie der classischen Altertumswissenschaft. Zweite Reihe, Dritter Halbband. Stuttgart 1921. Spalte 78 f.;

Ders.: Die Anfänge des Libellprozesses. SDHI 1 (1935), Seite 132 ff.;

Stolfi, Emanuele: Studi sui „libri ad edictum" di Pomponio. Band 2: Contesti e pensiero. Milano 2001;

Streicher, Karl Ludwig: Periculum Dotis. Berlin 1973;

Ströfer, Joachim: Schadensersatz und Kommerzialisierung: Grundprobleme der Grenzbereiche von materiellem und immateriellem Schaden unter besonderer Berücksichtigung des Vertragsrechts. Berlin 1982;

Sturm, Fritz: Zur ursprünglichen Funktion der actio Publiciana. RIDA 9 (1962), Seite 357 ff.;

Ders.: Stipulatio aquiliana : Textgestalt und Tragweite der Aquilianischen Ausgleichsquittung im klassischen Römischen Recht. München 1972;

Ders.: Der Eid im Dienste von Abtretung und Schuldübernahme. In: Studi in onore di Gaetano Scherillo II (1972), S. 515 ff.;

Ders.: Ea res agetur de sponsione, La tabula Pompeiana 34 nous révèle-t-elle une forme inconnue de la praescriptio pro actore ? In: Règle et pratique du droit dans les réalités juridiques de l'Antiquité, Atti della 51a Sessione della SIHDA Crotone-Messina 16–20 settembre 1997, Catanzaro, Rubbettino Editore, Soveria Mannelli, 1999 Piro I. ed., Seite 90 ff.;

Talamanca, Mario u. a.(Hrsg.): Lineamenti di storia del diritto romano. 2. Auflage, Milano 1989;

Talamanca, Mario: 'Legatum liberationis': critica ed anticritica. St. Senesi 17 (1968), Seite 87 ff.;

Ders.: Processo civile (diritto romano). ED 36 (1987), Seite 17 ff.;
Ders.: Istituzioni di diritto romano. Milano 1990 (zit. Talamanca, Istituzioni);
Taubenschlag, Rafael: Geschichte der Rezeption des römischen Privatrechts in Ägypten. In: Studi in onore di Pietro Bonfante, Band I, Milano 1930;
Ders.: The law of Greco-Roman Egypt in the light of the papyri. München 1955;
Tellegen-Couperus, Olga E.: The so-called consilium of the praetor and the development of Roman law. TR 69 (2001), Seite 11 ff.;
Thery, Ph.: Sûretés et publicité foncière. PUF 1988;
Thesaurus linguae latinae: Band 4: Leipzig 1906–1909;
Thibaut, Anton Friedrich Justus: System des Pandekten-Rechts. 3 Bände, 6. Auflage, Jena 1823;
Thilo, Ralf Michael: Der *Codex accepti et expensi* im römischen Recht. Göttingen 1980;
Tolk, Martin: Der Frustrierungsgedanke und die Kommerzialisierung immaterieller Schäden. Berlin 1977;
Tondo, Salvatore: In tema di *constitutum debiti*. Labeo 4 (1959), Seite 208 ff.;
Tripiccione, Luigi: L'actio rei uxoriae e l'actio ex stipulatu : nella restituzione della dote secondo il diritto di Giustiniano. Ancona 1920;
Türcke, Robert / Niedenführ, Konrad / Winter, Paul: Das bürgerliche Recht : für den Handgebrauch in der Praxis. Band 1: 2. Auflage, Leipzig 1904;
Tuhr, Andreas von: Actio de in rem verso: zugleich ein Beitrag zur Lehre von der Geschäftsführung. (Neudruck der Ausgabe Freiburg im Br. 1895) Aalen 1970;
Unger, Joseph: Verträge zugunsten Dritter. Jena 1869;
Unterholzner, Karl August Dominik: K. A. D. Unterholzner's Quellenmaessige Zusammenstellung der Lehre des roemischen Rechts von den Schuldverhaeltnissen : mit Beruecksichtigung der heutigen Anwendung. Leipzig 1840;
Valery, Jules: Histoire du pacte de constitut. Montpellier 1889 (zit. Valery, Constitut);
Ders.: Conjectures sur l'origine et les transformations di pacte de constitut. Revue générale du droit, de la législation et de la jurisprudence en France et a l'étranger 15 (1891), Seite 528 ff.; 16 (1892), Seite 193 ff.; 17 (1893), Seite 52 ff. und Seite 97 ff.;
Van der Wal, Nicolaas: Manuale novellarum Justiniani: aperçu systématique du contenu des novelles de Justinien. Groningen 1964;
Van Wetter, Polynice Alfred Henri: Pandectes. Paris 1909–1911;
Vangerow, Karl Adolph von: Lehrbuch der Pandekten. 3 Bände, 7. Auflage 1863 bis 1869;
Varvaro, Mario: Praescriptio e sponsio nella Tabula Pompeiana Sulpiciorum 31. In: Annali del Seminario Giuridico dell'Università di Palermo (AUPA) 47 (2002), Seite 367 ff.;
Ders.: Sulla storia dell'editto *de pecunia constituta*. In: Annali del Seminario Giuridico dell'Università di Palermo (AUPA) 52 (2007–2008), Seite 327 ff.;
Ders.: Per la storia del certum: alle radici della categoria delle cose fungibili. Turin 2008;
Vasalli, Francesco: Dies vel condicio. BIDR 27 (1914), 193;

Verschraegen, Bea [Hrsg.]: Rechtswahl. Grenzen und Chancen, Wien 2010;

Villers, R.: La procédure formulaire à la lumière des recentes découvertes. In: Studi in honore di Arnaldo Biscardi, Band I, Milano 1982, Seite 218 ff.;

Visky, Karoly: Spuren der Wirtschaftskrise der Kaizerzeit in den römischen Rechtsquellen. Bonn 1983;

Voci, Pasquale: Risarcimento e pena privata nel diritto romano classico. Milano 1939;

Ders.: Istituzioni di diritto romano. 3. Auflage, Milano 1968 (zit. Voci, Istituzioni);

Voet, Johannes: Compendium juris juxta seriem Pandectarum, adjectis differentiis juris civilis et canonici. Editio sexta. Leuven 1730;

Vogt, Heinrich: Studien zum Senatus Consultum Velleianum, Bonn 1952;

Ders.: Miscellanea ad senatus consultum Velleianum. TR 35 (1967), Seite 90 ff.;

Vogt, Wilfrid: Franciscus Duarenus, 1509 – 1559: sein didaktisches Reformprogramm und seine Bedeutung für die Entwicklung der Zivilrechtsdogmatik. Stuttgart 1971;

Voigt, Moritz: Ueber die condictiones ob causam und ueber causa und titulus im allgemeinen. Leipzig 1862;

von Bar, Christian / Mankowski, Peter: Internationales Privatrecht. Band 1: Allgemeine Lehren, 2. Auflage, München 2003;

Wacke, Andreas: Prozessformel und Beweislast im Pfandrechtsprätendentenstreit. TR 37 (1969), Seite 369 ff.;

Ders.: Zur *causa* der Stipulation. TR 40 (1972), Seite 231 ff.;

Ders.: Kannte das Edikt eine in integrum restitutio propter dolum? SZ 88 (1971), Seite 105 ff.;

Ders.: Zur Beweislast im klassischen Zivilprozess. Giovanni Pugliese versus Ernst Levy. SZ 109 (1992), Seite 411 ff.;

Ders.: Die adjektizischen Klagen im Überblick. SZ 111 (1994) Seite 280 ff.;

Waelkens, Laurent: *Pecunia constituta.* In: Viva Vox Iuris Romani. Essays in honour of Johannes Emil Spruit, Amsterdam u. a. 2002, Seite 171 ff.;

Ders.: *Pecunia constituta*, un mode de paiement du droit romain; Mémoires de la société pour l'Histoire du Droit et des Institutions des Ancien Pays Bourguignons, Comtois et Romands 65 (2008), Seite 67 ff. ;

Wagner, Gerhard: Prävention und Verhaltenssteuerung durch Privatrecht – Anmaßung oder legitime Aufgabe? AcP 206 (2006), Seite 352 ff.;

Walde, A./ Hofmann, J. B.: Lateinisches etymologisches Wörterbuch. 5. Auflage, Heidelberg 1972;

Waldstein, Wolfgang / Rainer, Michael: Römische Rechtsgeschichte, 11. Auflage, München 2014;

Watson, Alan: The law of obligations in the later Roman republic, Aalen 1984;

Weber, Adolph Dietrich: Ueber die Verbindlichkeit zur Beweisführung im Civilprozess , 2. Auflage mit Anmerkungen und Zusätzen von August Wilhelm Heffter , Halle 1832;

Weiß, Egon: Griechisches Privatrecht auf rechtsvergleichender Grundlage: 1. (einziger Bd.) Allgemeine Lehren. Neudruck der Ausgabe Leipzig 1923; Aalen 1965 (zit. Weiß, Griechisches Privatrecht);

Ders.: Institutionen des römischen Privatrechts als Einführung in die Privatrechtsordnung der Gegenwart. 2. Auflage, Mittelbach 1949 (zit. Weiß, Institutionen);

Wendt, Otto Heinrich: Die Lehre vom bedingten Rechtsgeschäft. Erlangen 1872;

Wenger, Leopold: Die Stellvertretung im Rechte der Papyri. Aalen 1966 (Neudruck der Ausgabe Leipzig 1906; zit. Wenger, Stellvertretung);

Ders.: Papyrologische Neuerscheinungen während der Kriegszeit (Neue Rechtsurkunden III.). Krit. Vjschr. – 3. Folge – 18 (1919), Seite 75 ff.;

Ders.: Die Quellen des römischen Rechts. Wien 1953 (zit. Wenger, Quellen);

Wesel, Uwe: Geschichte des Rechts. Von den Frühformen bis zur Gegenwart. 3. Auflage, München 2006;

Wesener, Gunter: *Actiones ad exemplum*. SZ 75 (1958), Seite 220 ff.;

Ders.: Rezension von V. Giuffrè, L'utilizzazione degli atti giuridici mediante conversione in diritto romano Napoli 1965; in: SZ 85 (1968), Seite 502 ff.;

Westerkamp, Wilhelm: Bürgschaft und Schuldbeitritt. Marburg 1907;

Wieacker, Franz: Zum Ursprung der bonae fidei iudicia. SZ 80 (1963), Seite 1 ff.;

Ders.: Privatrechtsgeschichte der Neuzeit : unter besonderer Berücksichtigung der deutschen Entwicklung. 2. Auflage, Göttingen 1967;

Ders.: Textkritik und Sachforschung. SZ 91 (1974), Seite 1 ff.;

Ders.: Römische Rechtsgeschichte. Band 1: München 1988; Band 2: München 2006;

Wienstein, Friedrich: Das Erfüllungsversprechen, Beiträge zur Erläuterung des deutschen Rechts 53 (1909), Seite 555 ff.;

Wilcken, Ulrich: Papyrus-Urkunden. Archiv f. Pap. 5 (1913), Seite 198 ff.;

Willems, Josephe: De l'effet du constitut a l'égard des co-sujets corréaux. In: Melanges de droit romain : dédiés à Georges Cornil. Gand 1926, Band 2, Seite 615 ff.;

Windscheid, Bernhard: Die Wirkung der erfüllten Bedingung. Basel 1851;

Ders.: Lehrbuch des Pandektenrechts. 3 Bände, 9. Auflage 1906 (bearbeitet von Theodor Kipp);

Ders.: Die Actio des römischen Civilrechts vom Standpunkte des heutigen Rechts. Düsseldorf 1856;

Winter, Sara C.: Paul's Letter to Philemon. In: New Testament Studies 33 (1987), Seite 1 ff.;

Wlassak, Moriz: Edict und Klageform. Jena 1882;

Ders.: Römische Prozessgesetze. Band I, Berlin 1888; Band II, Berlin 1891;

Ders.: Der Ursprung der römischen Einrede. Sonderauszug aus der Festgabe der Zeitschrift für Notariat und freiwillige Gerichtsbarkeit in Österreich zum 50jährigen Doktorjubiläum von Leopold Pfaff. Wien 1910;

Ders.: Praescriptio und bedingter Prozess. Überlegungen und Vermutungen. SZ 33 (1912), Seite 81 ff.;

Ders.: Konfessio in Jure und Defensionsweigerung nach der Lex Rubria de Gallia Cisalpina. München 1934;

Wolf, Joseph Georg: Die *litis contestatio* im römischen Zivilprozess. Karlsruhe 1968;

Ders.: Causa stipulationis. Köln 1970;

Ders.: Aus dem neuen pompejanischen Urkundenfund: die Kondiktionen des C. Sulpicius Cinnamus. SDHI 45 (1979), Seite 141 ff.;

Ders.: Neue Rechtsurkunden aus Pompeji. *Tabulae Pompeianae Novae*. Lateinisch und Deutsch. 2. Auflage, Darmstadt 2012;

Wolf, Manfred / Neuner, Jörg: Allgemeiner Teil des Bürgerlichen Rechts. 11. Auflage, München 2016;

Wolff, Hans Julius: Die Grundlagen des griechischen Vertragsrechts. SZ 74 (1957), Seite 26 ff.;

Ders.: Hellenistisches Privatrecht. SZ 90 (1973), Seite 63 ff.;

Ders.: Rezension von: Erwin Seidl, Rechtsgeschichte Ägyptens als römischer Provinz. Sankt Augustin 1973. In: SZ 91, Seite 404 ff.;

Ders.: Zum Prinzip der notwendigen Entgeltlichkeit. In: Festschrift für Erwin Seidl, Köln 1975, Seite 231 ff.;

Wollschläger, Christian: Die Entstehung der Unmöglichkeitslehre: zur Dogmengeschichte des Rechts der Leistungsstörungen. Köln 1970;

Woodcock, E. C.: A new latin syntax. London 1959;

Zachariae von Lingenthal, Karl Eduard: De actionibus. SZ 14 (1893), Seite 88 ff.;

Zanzucchi, P.: Il divieto delle azioni famose e la 'reverentia' tra coniugi in Diritto romano «Parte prima». RISG 42 (1906), Seite 46 ff.;

Zasius, Ulrich: Opera omnia. Neudruck der Ausgabe Lyon 1550 – Aalen 1964 bis 1966;

Ziegler, Karl-Heinz: Das private Schiedsgericht im antiken römischen Recht. München 1971;

Zilletti, Ugo: Studi sul processo civile giustinianeo. Milano 1965;

Zimmermann, Reinhard: The law of obligations. Roman foundations of the civilian tradition. Kapstadt 1990;

Zülch, Carsten: Der *liber singularis responsorum* des Ulpius Marcellus. Berlin 2001;

Zulueta, Francis de: The Institutes of Gaius. Part 1: Oxford 1969 (Repr. der Ausgabe von 1946). Part 2: Oxford 1967 (Repr. der Ausgabe von 1953).

Quellenregister

A. Juristische Quellen

I. Vorjustinianische Quellen

II. Corpus iuris civilis

III. Byzantinische Quellen

B. Nichtjuristische literarische Quellen

C. Dokumentarische Quellen

I. Papyri

II. Tabulae

III. Inschriften